NCS 국가직무능력표준
National Competency Standards

2024 개정

국가공인
재경관리사

K-IFRS 재무회계

삼일회계법인 저

국가공인 재경관리사 자격시험 신유형 반영

K-IFRS 개정사항 반영

삼일회계법인
삼일인포마인

머리말

회계의 투명성이 강조되는 사회적 분위기와 함께 기업에서도 회계이론과 실무능력을 갖춘 인재에 대한 수요가 급증하고 있습니다. 그런데 신규직원 채용시 기업에서는 어느 정도 실력이 검증된 사람을 찾으려는 경향이 두드러지고 있는 반면, 회계실력을 객관적으로 측정할 수 있는 제도가 미흡하다는 아쉬움이 있습니다. 또한, 학교에서 가르치는 교과과정이 실무와 상당한 차이가 있어서 기업에서는 신규직원 채용 후 재교육에 많은 시간과 비용을 지출하고 있는 것이 현실입니다.

이러한 문제를 해결하기 위하여 저희 삼일회계법인은 이론과 실무능력을 겸비한 재경전문가를 양성하는 국가공인 회계관리자격제도를 시행하고 있습니다. 회계관리자격제도는 수준에 따라 회계관리2급, 회계관리1급, 재경관리사로 나뉘어집니다.

재경관리사는 회계관리자격제도의 최상위단계로서 재무회계, 세무회계, 원가관리회계 등 재경업무에 필요한 종합적인 지식과 실무능력을 겸비하여 대기업 또는 중소기업의 전반적인 관리책임자 역할을 수행할 수 있는 재경전문가를 선발하는 과정입니다.

재경관리사 시험은 시대의 흐름에 맞춰 종합적인 사고와 문제해결 능력을 평가하는 방향으로 변화해 왔으며, 본서는 이러한 변화를 적극 반영하여 실무중심의 다양한 사례를 제시하고 사례를 풀어가는 방법을 이론과 연계하여 알기 쉽게 해설했습니다.

본서를 통해 수험생은 K-IFRS의 심화된 계정과목별 주요 회계처리방법과 결산 시 유의사항을 숙지할 수 있으며, 재경실무관리책임자에게 요구되는 파생상품회계, 지분법회계, 이연법인세회계 등의 고급회계 분야까지 학습할 수 있을 것입니다.

본서는 재경관리사 시험에 대비한 교재이지만, 그 동안 저희 삼일회계법인이 쌓아온 지식과 경험을 바탕으로 실무중심의 사례를 곁들여 알기 쉽게 설명하였기 때문에 회계를 처음 접하는 분들을 위한 회계의 길잡이로 활용할 수 있을 것입니다.

끝으로 이 책이 나오기까지 수고해주신 집필진 여러분께 심심한 사의를 표하며, 본 책자가 수험생 여러분의 합격을 앞당기는 길잡이가 되기를 희망합니다.

삼일회계법인 대표이사 윤 훈 수

재경관리사 자격시험 안내

■ 개요

회계, 세무, 원가, 경영관리 등 재경분야의 실무 전문가임을 인증하는 삼일회계법인 주관 자격시험으로 수준에 따라 재경관리사 / 회계관리 1급 / 회계관리 2급으로 구분됩니다.

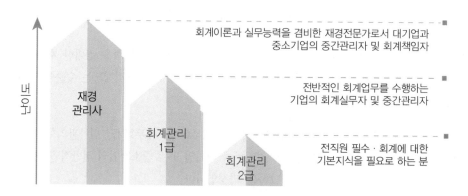

재경관리사: 회계이론과 실무능력을 겸비한 재경전문가로서 대기업과 중소기업의 중간관리자 및 회계책임자

회계관리 1급: 전반적인 회계업무를 수행하는 기업의 회계실무자 및 중간관리자

회계관리 2급: 전직원 필수 · 회계에 대한 기본지식을 필요로 하는 분

■ 2024년 시험안내

	재경관리사	회계관리 1급	회계관리 2급
자격종류	국가공인 등록 민간자격		
공인번호	금융위원회 제2022-2호	금융위원회 제2022-3호	
등록번호	금융위원회 제2008-0106호	금융위원회 제2008-0105호	
시험과목	재무회계 세무회계 원가관리회계	재무회계 세무회계	회계원리
시험시간	14:00 ~ 16:30 (150분)	14:00 ~ 15:40 (100분)	11:00 ~ 11:50 (50분)
평가 및 합격	객관식 4지선다형 40문항 / 과목별 70점(100점 만점) 이상 합격		
시행지역	서울, 부산, 대구, 창원, 광주, 대전, 인천, 수원, 익산, 청주, 천안 외		
응시료	7만 원	5만 원	3만 원
환불규정	접수기간 내 100% 환불 / 접수취소기간 내 50% 환불 / 접수취소기간 종료 이후 환불불가		
자격발급기관	삼일회계법인		

■ 재경관리사 시험일자

정기회차	원서접수기간	시험일	합격자발표
1회차	2024. 01. 04 ~ 01. 11	01. 27 (토)	02. 02 (금)
2회차	2024. 03. 07 ~ 03. 14	03. 30 (토)	04. 05 (금)
3회차	2024. 04. 25 ~ 05. 02	05. 18 (토)	05. 24 (금)
4회차	2024. 05. 30 ~ 06. 04	06. 15 (토)	06. 21 (금)
5회차	2024. 07. 04 ~ 07. 11	07. 27 (토)	08. 02 (금)
6회차	2024. 09. 05 ~ 09. 12	09. 28 (토)	10. 04 (금)
7회차	2024. 10. 24 ~ 10. 31	11. 16 (토)	11. 22 (금)
8회차	2024. 12. 05 ~ 12. 10	12. 21 (토)	12. 27 (금)

* 홈페이지(www.samilexam.com)에서 시험일정과 장소 관련 자세한 정보를 확인할 수 있습니다.

■ 시험문의

홈페이지	www.samilexam.com
연락처	070-4412-3131, kr_samilexam@pwc.com

■ 재경관리사 재무회계 평가범위

과목		평가범위	
재무회계	재무회계 일반	재무보고와 국제회계기준	회계의 구분, 국제회계기준의 특징 및 도입과정
		재무보고를 위한 개념체계	재무제표의 기본가정, 질적특성, 재무제표 기본요소의 인식 및 측정방법
		재무제표 표시	재무제표의 일반사항, 재무상태표, 포괄손익계산서, 자본변동표, 현금흐름표 및 주석
		기타공시	보고기간후사건, 특수관계자 공시, 중간재무보고
	재무상태표	자산	금융자산, 재고자산, 유형자산, 무형자산, 투자부동산의 종류 및 회계처리
		부채	금융부채, 충당부채, 우발부채의 종류 및 회계처리
		자본	자본의 의의, 자본의 분류 및 회계처리
	포괄손익계산서	수익	수익의 의의 및 측정기준, 거래유형별 수익인식기준, 건설계약의 회계처리
		비용	종업원급여, 주식기준보상거래 및 법인세의 회계처리
		기타사항	회계변경과 오류수정, 주당이익
	특수회계	관계기업	관계기업의 정의 및 회계처리
		환율변동효과	외화거래의 기말환산 및 해외사업장의 환산
		파생상품회계	파생상품의 종류 및 회계처리
		리스회계	리스의 분류 및 회계처리
		현금흐름표	현금흐름표의 구조, 작성절차 및 작성원칙

CONTENTS

I 재무회계의 의의

1 회계의 의의

기업실체의 경제적 활동에는 종업원, 주주, 채권자, 경영자 등 다양한 이해관계자들이 관련되어 있다. 이러한 이해관계자들은 기업실체의 경제적 활동과 관련하여 자신들의 정보이용목적에 맞는 정보를 원한다.

종업원은 자신들이 회사에 기여한 생산성과 회사가 그 대가를 지급할 수 있는지의 능력을 판단하여 급여인상에 대한 협상을 한다. 또한 다른 회사로 이직하는 것이 나은지 아니면 계속 현재의 회사에서 일하는 것이 나은지에 대한 판단을 해야 할 때가 있다. 이러한 의사결정을 위해서 회사에 대한 재무적 정보를 필요로 한다.

주주는 투자한 주식의 주가가 상승할 경우 이를 매각하여 처분이익을 얻으려고 하거나, 보유하는 동안 주식을 통해 배당을 받고자 한다. 따라서 주주는 새로운 회사에 투자할 것인가의 여부와 기존투자액을 변경 또는 유지할 것인가를 결정하기 위해서 회사의 재무적 정보를 필요로 한다.

채권자는 회사에 자금을 빌려주고 일정기간동안 이자를 받으며 빌려준 돈을 상환받는 데 관심이 있다. 따라서 채권자는 자금을 더 빌려줄 것인가의 여부를 결정짓고 회사의 상환능력을 평가하기 위한 재무적 정보를 필요로 한다.

경영자는 올바른 경영을 하기 위해서 회사가 필요로 하는 자금은 얼마인지 또한 회사가 미래에 어디까지 성장할 수 있는지를 예측하여야만 한다. 이와 같은 예측을 위해서 회사의 재무적 정보를 필요로 한다.

기업입장에서는 앞에서 언급한 여러 이해관계자들의 정보이용목적을 충족시켜주고 신뢰성을 얻기 위해서 믿을 수 있는 재무적 정보를 제공하는 것이 필요하다.

결국, 회계란 정보이용자들이 경제적인 의사결정을 할 수 있도록 기업실체에 관한 재무적 정보를 식별·측정하여 그들에게 전달하는 과정을 말한다.

2 정보이용자에 따른 기업회계 구분

재무회계는 외부보고목적의 회계로서 외부정보이용자의 투자결정, 신용결정 기타의 의사결정에 유용한 정보를 제공함을 목적으로 하는 것으로 주로 재무제표 중심의 회계를 말한다. 반면에 관리회계는 내부보고목적의 회계로서 기업내부의 경영자가 관리적 의사결정을 하는데 유용한 정보를 제공함을 목적으로 하는 것으로 특히 경영의 계획과 통제를 위한 정보제공이 중요시된다.

재무회계와 관리회계를 비교·요약하면 다음과 같다.

구분	재무회계	관리회계
의의	• 기업의 재무상태, 재무성과, 자본변동, 현금흐름을 표시 • 외부보고	• 의사결정을 위한 정보의 제공 • 경영계획통제를 위한 회계 • 내부보고
목적	외부정보이용자의 경제적 의사결정에 유용한 정보의 제공(투자결정, 신용결정 등)	경영자의 관리적 의사결정에 유용한 정보의 제공
보고대상	투자자, 채권자 등 외부이해관계자	경영자(내부이용자)
작성근거	일반적으로 인정된 회계원칙	경제이론, 경영학, 통계학 등
보고양식	재무제표(재무보고서)	일정한 양식이 없음
보고시점	보통 1년 단위(또는 분기, 반기)	일별, 월별, 분기별, 반기별 등 수시
법적 강제력	있음	없음

II 재무회계와 재무보고

1 재무회계와 재무제표

일반적으로 재무회계는 투자자나 채권자 등 기업의 외부정보이용자들이 합리적인 의사결정을 할 수 있도록 유용한 정보를 제공하는 것이다. 이러한 투자자와 채권자는 기업에 유입될 미래 순현금 유입의 금액, 시기 및 불확실성을 예측하기 위하여 재무상태, 재무성과, 자본변동 및 현금흐름에 관한 정보를 제공해야 한다. 이러한 재무회계의 목적을 달성하기 위해서는 다양한 회계정보가 필요하고, 이를 위하여 표준화된 일정한 양식이 필요한데 이를 재무제표(financial statements)라고 한다.

한국채택국제회계기준에서 규정하고 있는 재무제표에는 재무상태표(statement of financial position), 포괄손익계산서(statement of comprehensive income), 자본변동표(statement of changes in owner's equity), 현금흐름표(statement of cash flow)가 있다. 또한 재무제표의 본문에 포함되어 있지 않지만 재무제표에는 주석을 포함한다.

각각의 재무제표들의 정의는 다음과 같다.

구분	정의
재무상태표	일정시점 기업의 경제적 자원(자산)과 보고기업에 대한 청구권(부채 및 자본)에 관한 정보를 제공하는 재무제표
포괄손익계산서	일정기간 동안의 지분참여자에 의한 출연과 관련된 것은 제외한 순자산의 증감에 의하여 발생하는 재무성과에 관한 정보를 제공하는 재무제표
자본변동표	일정시점 자본의 잔액과 일정기간 동안 자본의 변동에 관한 정보를 제공하는 재무제표
현금흐름표	일정기간 동안 재무제표이용자에게 현금및현금성자산의 창출능력과 현금흐름의 사용 용도를 평가하는 데 유용한 기초를 제공하는 재무제표
주석	재무상태표, 포괄손익계산서, 자본변동표 및 현금흐름표에 표시하는 정보에 추가하여 제공된 정보(주석은 상기 재무제표에 표시된 항목을 구체적으로 설명하거나 세분화하고, 상기 재무제표 인식요건을 충족하지 못하는 항목에 대한 정보를 제공한다.)

2 재무보고

재무보고의 목적은 현재 및 잠재적 투자자, 대여자 및 기타 채권자가 기업에 자원을 제공하는 것에 대한 의사결정을 할 때 유용한 보고기업의 재무정보를 제공하는 것이다. 앞에서 살펴본 재무제표는 그 목적을 달성하기 위한 대표적 수단으로 사용되지만 현대회계에서는 보다 확장된 재무보고의 개념을 사용하고 있다.

과거회계에서는 재무제표만을 이용하여 유용한 보고기업의 정보를 제공하려고 했다. 그러나 현대회계에서는 개념을 더 확장시켜 재무제표뿐만 아니라 계량화하기 어려운 비재무적 정보를 포함하는 재무보고의 개념을 사용하고 있다.

재무보고의 수단으로 사용되는 재무제표와 기타정보는 정보이용자의 이해관계가 다르기 때문에 모든 정보이용자를 만족시키는 유용한 정보는 존재할 수 없다. 따라서 '재무보고를 위한 개념체계'에서는 모든 외부정보이용자가 공통적으로 요구하는 정보를 제공한다는 점에서 일반목적재무보고 (general purpose of financial reporting)라고 한다.

III 국제회계기준

1 국제회계기준의 필요성

오늘날에는 세계화로 인하여 글로벌 경영이 보편화되면서 자금조달이나 해외증시에 상장을 위하여 자국의 회계원칙에 따라 작성된 재무제표를 다른 국가의 회계원칙에 따라 수정해야 하는 일이 흔하게 되었다. 이에 따라 각국의 회계기준이 별도로 운영됨에 따른 비용손실이 매우 커지게 되었으며 국경을 초월하여 투자를 하고 있는 국제적인 투자자들에게도 각국 재무제표의 비교가능성과 투명성의 부족은 자본자유화의 걸림돌이 되었다.

국제적으로 통일된 회계기준에 의하여 재무제표가 작성되면 해외자금조달이나 투자시 추가적으로 다른 국가의 회계원칙에 따라 재무제표를 재작성할 필요가 없으므로 이에 대한 노력과 비용을 절감할 수 있고, 회계정보의 국제적 비교가능성과 신뢰성이 제고될 수 있다. 뿐만 아니라 국제적 합작계약에서 상호이해가능성을 증진시킬 수 있다. 가속화된 자본자유화 추세에 발맞추어 해외사업확장을 촉진하여 자본시장의 활성화에도 기여할 수 있을 것으로 기대된다.

2 국제회계기준의 특징

(1) 원칙중심의 회계기준

국제회계기준은 원칙중심의 회계기준(principle-based standards)으로 상세하고 구체적인 회계처리 방법을 제시하기 보다는 회사 경영자가 경제적 실질에 기초하여 합리적으로 회계처리할 수 있도록 회계처리의 기본원칙과 방법론을 제시하는 데 주력한다. 따라서 재무제표의 구체적인 양식이나 계정과목을 정형화하지 않고 선택가능한 대안을 제시하여 재무제표 표시 방법의 다양성을 인정하고 있다.

(2) 연결재무제표 중심의 회계기준

국제회계기준은 연결실체가 재무제표를 작성하는 것을 전제로 제정되어 있다. 따라서 종속회사가 있는 경우에는 경제적 실질에 따라 지배회사와 종속회사의 재무제표를 결합하여 보고하는 연결재무제표(consolidated financial statements)를 기본 재무제표로 제시하고 있다.

(3) 공시의 강화

국제회계기준은 개별 국가의 법률 및 제도에 따른 차이와 기업의 상황을 반영할 수 있도록 국제회계기준의 적용에 최소한 적용되어야 하는 지침을 규정하고 정보이용자를 보호하기 위해 공시를 강화하고 있다.

(4) 공정가치 적용확대

국제회계기준은 국제자본시장의 이용자들에게 목적적합한 정보를 제공하기 위해 자산 및 부채에 대한 공정가치 적용이 확대되었다. 따라서 유형자산과 무형자산 및 투자부동산에까지 공정가치 측정을 의무화 또는 선택 적용할 수 있도록 하고 있다.

K-IFRS와 K-GAAP의 주요 특징 비교

K-IFRS	K-GAAP
원칙 중심 회계 (Principles-based approach)	규칙 중심 회계 (Rules-based approach)
연결재무제표 중심 (Consolidated financial statements)	개별재무제표 중심
공정가치 회계 확대 적용	제한적인 공정가치 회계 적용
공시 항목의 확대	상대적으로 적은 공시 항목
가구의 협업을 통해 기준 제정	독자적인 기준 제정

3 우리나라 국제회계기준의 도입 및 적용

(1) 국제회계기준의 도입 과정

회계투명성 제고와 국제적 정합성을 확보하기 위하여 2007년 3월 국제회계기준 도입 로드맵 발표회에서 국제회계기준을 우리나라 기업회계기준으로 도입할 것을 선언하고 2007년 11월에 한국채택국제회계기준을 제정하였다. 그에 따라 모든 상장기업은 2011년부터 국제회계기준을 적용하되, 상장기업을 포함하여 비상장기업도 희망하는 경우 2009년부터 조기에 적용할 수 있도록 하였다.

(2) 국제회계기준 채택에 따른 회계기준의 체계

우리나라의 상장기업은 2011년부터 국제회계기준을 적용하기로 함에 따라 회계기준이 상장기업들이 강제적으로 따라야 하는 한국채택국제회계기준(K-IFRS)과 비상장기업들이 사용할 수 있는 일반기업회계기준으로 이원화되었다.

한국채택국제회계기준은 국제회계기준을 한국어로 번역한 것이기 때문에 국제회계기준의 형태를 그대로 따르고 있으며 회계기준서 및 회계기준해석서로 구성된다. 한국채택국제회계기준을 적용하지 않는 외감대상 비상장기업은 2011년 1월 1일 이후 최초 개시하는 회계연도부터 일반기업회계기준을 적용한다.

회계기준	한국채택국제회계기준	일반기업회계기준
적용대상	• 상장법인(코넥스 제외) • 금융기관 • 자발적 채택 비상장법인	비상장법인

* 결론도출근거 및 실무지침은 기준서를 구성하지 않음.

(3) 국제회계기준의 제정과 도입

1) IASC와 IAS

국가 간에 통일된 회계기준의 필요성이 대두되면서 IASC(International Accounting Standard Committee, 국제회계기준위원회)가 1973년에 영국의 주도하에 미국, 프랑스, 독일, 일본 등 9개국이 참여한 가운데 런던에서 설립되어 IAS(International Accounting Standards, 국제회계기준)를 제정하기 시작하였다. 그러나 IASC는 국제회계기준을 다른 국가들이 준수하도록 강제할 수 있는 권한이 없었다.

이후 IASC는 조직을 개편하기 시작하였고 그 결과 2000년에 IOSCO(International Organization of Securities Commissions, 국제증권감독자기구)의 인정을 받아 EC 회원국들의 국제회계기준 적용을 의무화 할 수 있게 되었다. 그리고 2001년 IASC는 IASB(International Accounting Standards Board, 국제회계기준위원회)라는 새로운 조직체계로 거듭나게 되었다.

2) IASB와 IFRS

IASB가 조직되기 전인 2000년에 우선 IASC Foundation(국제회계기준위원회 재단)이 설립되었다. IASC Foundation은 기준제정을 위한 기금모금과 IASB, IFRIC 및 SAC의 회원 지명에 대한 책임을 가지고 있다.

IFRIC(Internation Financial Reporting Interpretation Committee, 국제재무보고기준해석위원회)는 IASB가 제정하는 IFRS(International Financial Reporting Standards, 국제재무보고기준)에 대한 해석서를 제정하는 기관이다. 또한 SAC(Standards Advisory Council, 기준자문위원회)는 재무분석가, 경영자, 감사인, 증권규제기관 등 참여하는 기구로서 IASB의 의제에 대한 광범위한 자문을 제공한다.

아래에서 보듯이 IASB는 IASB, IFRIC 및 SAC의 조직으로 구성되어 있고, 이들 조직을 총괄하는 재단(IASC Foundation)이 있다고 볼 수 있다.

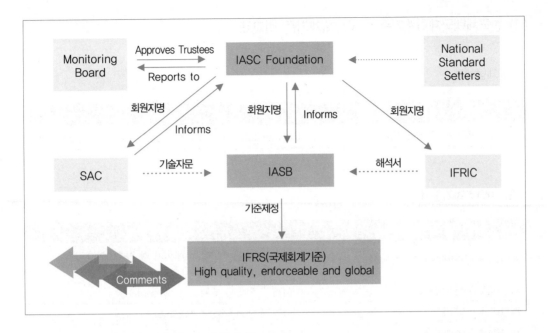

　　IASB가 제정한 IFRS 및 여기에 대한 해석서인 IFRIC Interpretation과 IASB의 전신인 IASC가 제정한 IAS 및 여기에 대한 해석서인 SIC Interpretation까지 포함하여 전체적인 국제회계기준을 구성하고 있다.

국제회계기준의 구조

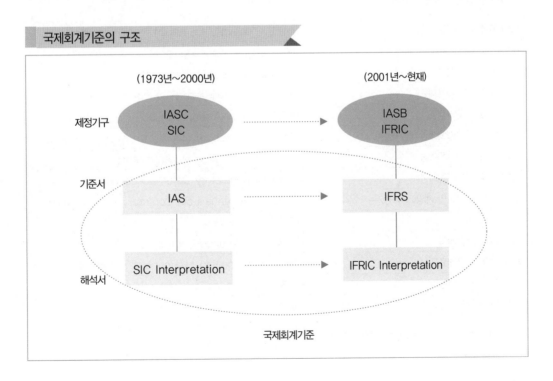

(4) 한국채택국제회계기준과 국제회계기준 비교표

1) 개념체계

한국채택국제회계기준	국제회계기준
재무보고를 위한 개념체계	Conceptual Framework for Financial Reporting

2) 기업회계기준서

한국채택국제회계기준서(K-IFRS)	국제회계기준(IFRS)
제1101호 한국채택국제회계기준의최초채택	IFRS 1 First-time Adoption of International Financial Reporting Standards
제1102호 주식기준보상	IFRS 2 Share-based Payment
제1103호 사업결합	IFRS 3 Business Combinations
제1104호 보험계약	IFRS 4 Insurance Contracts
제1105호 매각예정비유동자산과중단영업	IFRS 5 Non-current Assets Held for Sale and Discontinued Operations
제1106호 광물자원의탐사와평가	IFRS 6 Exploration for and Evaluation of Mineral Resources
제1107호 금융상품 : 공시	IFRS 7 Financial Instruments: Disclosures
제1108호 영업부문	IFRS 8 Operating Segments
제1109호 금융상품	IFRS 9 Financial Instruments
제1110호 연결재무제표	IFRS 10 Consolidated Financial Statements
제1111호 공동약정	IFRS 11 Joint Arrangements
제1112호 타기업에대한지분의공시	IFRS 12 Disclosure of Interests in Other Entities
제1113호 공정가치측정	IFRS 13 Fair Value Measurement
제1114호 규제이연계정	IFRS 14 Regulatory Deferral Accounts
제1115호 고객과의 계약에서 생기는 수익	IFRS 15 Revenue from Contracts with Customers
제1116호 리스	IFRS 16 Leases
제1117호 보험계약	IFRS 17 Insurance Contracts
제1001호 재무제표표시	IAS 1 Presentation of Financial Statements
제1002호 재고자산	IAS 2 Inventories
제1007호 현금흐름표	IAS 7 Statement of Cash Flows
제1008호 회계정책, 회계추정치 변경과 오류	IAS 8 Accounting Policies, Changes in Accounting Estimates and Errors

한국채택국제회계기준서(K-IFRS)	국제회계기준(IFRS)
제1010호 보고기간후사건	IAS 10 Events after the Reporting Period
제1012호 법인세	IAS 12 Income Taxes
제1016호 유형자산	IAS 16 Property, Plant and Equipment
제1019호 종업원급여	IAS 19 Employee Benefits
제1020호 정부보조금의회계처리와정부지원의공시	IAS 20 Accounting for Government Grants and Disclosure of Government Assistance
제1021호 환율변동효과	IAS 21 The Effects of Changes in Foreign Exchange Rates
제1023호 차입원가	IAS 23 Borrowing Costs
제1024호 특수관계자공시	IAS 24 Related Party Disclosures
제1026호 퇴직급여제도에의한회계처리와보고	IAS 26 Accounting and Reporting by Retirement Benefit Plans
제1027호 별도재무제표	IAS 27 Separate Financial Statements
제1028호 관계기업과공동기업에대한투자	IAS 28 Investments in Associates and Joint Ventures
제1029호 초인플레이션경제에서의재무보고	IAS 29 Financial Reporting in Hyperinflationary Economies
제1032호 금융상품:표시	IAS 32 Financial Instruments: Presentation
제1033호 주당이익	IAS 33 Earnings per Share
제1034호 중간재무보고	IAS 34 Interim Financial Reporting
제1036호 자산손상	IAS 36 Impairment of Assets
제1037호 충당부채, 우발부채, 우발자산	IAS 37 Provisions, Contingent Liabilities and Contingent Assets
제1038호 무형자산	IAS 38 Intangible Assets
제1039호 금융상품 : 인식과측정	IAS 39 Financial Instruments: Recognition and Measurement (updated 14 March 2016)
제1040호 투자부동산	IAS 40 Investment Property
제1041호 농림어업	IAS 41 Agriculture

01 다음 중 재무보고의 목적에 관한 설명으로 가장 올바르지 않은 것은?

① 채권자에게는 회사의 상환능력을 평가하는 데 유용한 정보를 제공한다.
② 주주에게는 회사에 대한 투자여부를 결정하는 데 유용한 정보를 제공한다.
③ 종업원은 내부이용자이므로 재무적 정보를 필요로 하지 않는다.
④ 경영자가 올바른 경영을 하기 위해서 회사가 필요로 하는 자금이 얼마인지 등을 예측하는 데 필요한 정보를 제공한다.

02 다음 중 국제회계기준의 특징으로 볼 수 없는 것은?

① 국제회계기준은 원칙중심의 회계기준이다.
② 국제회계기준은 연결재무제표가 아닌 개별재무제표 중심이다.
③ 국제회계기준의 가장 큰 특징은 역사적 원가에 기초한 측정에서 공정가치 측정으로 대폭 그 방향을 전환하였다는 점이다.
④ 국제회계기준은 각국의 협업을 통해 기준을 제정한다.

03 재무회계와 관리회계에 대한 다음 설명 중 옳지 않은 것은?

① 재무회계는 기업외부의 정보이용자를 위한 회계인 반면 관리회계는 기업내부의 정보이용자를 위한 회계이다.
② 재무회계는 재무제표라는 양식으로 보고하지만 관리회계는 일정한 양식이 없다.
③ 재무회계는 일반적으로 인정된 회계원칙에 따라 작성되지만 관리회계는 경제 · 경영 · 통계 등 다양한 정보를 활용하여 작성된다.
④ 재무회계와 관리회계 모두 법적 강제력을 가진다.

04 다음은 정보이용자에 따라 기업회계의 특징을 구분하기 위한 표이다. 옳게 설명하고 있는 것을 모두 고르시오.

구 분	재무회계	관리회계
(가) 보고대상	투자자, 채권자 등 외부 이해관계자	경영자 및 기타 내부이용자
(나) 작성근거	일반적으로 인정된 회계원칙	경제이론, 경영학, 통계학 등
(다) 보고양식	비정형화	정형화
(라) 보고시점	보통 1년(또는 분기, 반기)	주기적 또는 수시
(마) 법적 강제력	있음	있음

① (가), (나), (다)   ② (가), (나), (라)

③ (가), (나), (다), (라)   ④ (가), (나), (라), (마)

05 우리나라는 2011년부터 모든 상장사에 대하여 국제회계기준을 전면 도입하였다. 다음 중 이에 따른 효과에 대한 설명으로 가장 올바르지 않은 것은?

① 회계정보의 국제적 비교가능성이 제고된 반면 재무제표에 대한 신뢰성은 낮아졌다.
② 각국의 회계기준이 별도로 운영됨에 따라 발생했던 비용손실이 절감되었다.
③ 국제적 합작계약 등에서 상호이해가능성이 증가되었다.
④ 해외사업 확장을 촉진하여 자본시장의 활성화에 기여할 수 있었다.

06 다음은 재무회계에서 재무제표를 작성하는 목적에 대한 설명으로 가장 올바르지 않은 것은?

① 재무제표는 주로 과거 사건의 재무적 영향을 표시하기 위한 것이다.

② 재무제표는 그 고유 한계로 인하여 경제적 의사결정을 위해 필요할 수 있는 모든 정보를 제공하지는 못한다.

③ 재무제표는 위탁받은 자원에 대한 경영진의 수탁책임이나 회계책임의 결과를 반영하고자 한다.

④ 재무제표는 경영자 등 내부 이해관계자의 경제적 의사결정에 유용한 기업의 정보를 제공하기 위하여 작성된다.

07 다음 중 일반목적재무보고에 관한 설명으로 가장 올바르지 않은 것은?

① 경영진은 필요한 재무정보를 기업내부에서 얻을 수 없으므로 의사결정을 위하여 일반목적재무보고에 의존한다.

② 현재 및 향후 잠재적인 투자자, 대여자 및 기타채권자가 일반목적재무보고의 주요 이용자에 해당한다.

③ 감독당국 및 일반 대중도 일반목적재무보고를 유용하게 활용할 수 있다.

④ 일반목적재무보고의 목적은 기업에 자원을 제공하는 것에 대한 의사결정을 할 때 유용한 보고기업 재무정보를 제공하는 것이다.

08 다음 중 국제회계기준의 특징에 관한 설명으로 가장 옳은 것은?

① 국제회계기준은 규정중심의 회계기준으로 상세하고 구체적인 회계처리 방법을 제시한다.

② 국제회계기준은 원칙적으로 자산부채에 대해 공정가치 측정을 할 수 없다.

③ 국제회계기준은 연결재무제표를 기본 재무제표로 제시하고 있다.

④ 국제회계기준을 적용한 후 주석공시 양이 줄어들었다.

09 다음 중 한국채택국제회계기준과 일반기업회계기준의 특징으로 가장 올바르지 않은 것은?

① 한국채택국제회계기준은 연결재무제표를 기본 재무제표로 제시하고 있다.

② 한국채택국제회계기준은 비용을 기능별 분류만 규정하고 있다.

③ 일반기업회계기준은 자본항목을 자본금, 자본잉여금, 자본조정, 기타포괄손익누계액, 이익잉여금(결손금)으로 구분하고 있다.

④ 한국채택국제회계기준은 포괄손익계산서를 작성하도록 하고 있다.

재무보고를 위한 개념체계

I 개념체계의 위상과 목적

재무보고를 위한 개념체계는 일반목적재무보고의 목적과 개념을 서술한다. 개념체계의 목적은 다음과 같다.

① 한국회계기준위원회: 한국회계기준위원회가 일관된 개념에 기반하여 한국채택국제회계기준을 제·개정하는 데 도움을 준다.
② 재무제표 작성자: 특정 거래나 다른 사건에 적용할 회계기준이 없거나 회계기준에서 회계정책 선택이 허용되는 경우에 재무제표 작성자가 일관된 회계정책을 개발하는 데 도움을 준다.
③ 기타 이해관계자: 모든 이해관계자가 회계기준을 이해하고 해석하는 데 도움을 준다.

이 개념체계는 한국채택국제회계기준이 아니므로 이 개념체계의 어떠한 내용도 회계기준이나 회계기준의 요구사항에 우선하지 아니한다.

일반목적재무보고의 목적을 달성하기 위해 회계기준위원회는 개념체계의 관점에서 벗어난 요구사항을 정하는 경우가 있을 수 있다. 만약, 회계기준위원회가 그러한 사항을 정한다면, 해당 기준서의 결론도출근거에 그러한 일탈에 대해 설명할 것이다.

Ⅱ 일반목적재무보고의 목적

일반목적재무보고의 목적은 현재 및 잠재적 투자자, 대여자와 그 밖의 채권자가 기업에 자원을 제공하는 것과 관련된 의사결정을 할 때 유용한 보고기업 재무정보를 제공하는 것이다.

1 정보수요

많은 현재 및 잠재적 투자자, 대여자 및 그 밖의 채권자는 정보를 제공하도록 보고기업에 직접 요구할 수 없고, 그들이 필요로 하는 재무정보의 많은 부분을 일반목적재무보고서에 의존해야만 한다. 따라서 그들이 일반목적재무보고서의 대상이 되는 주요이용자이다.

보고기업의 경영진도 해당 기업에 대한 재무정보에 관심이 있다. 그러나 경영진은 그들이 필요로 하는 재무정보를 내부에서 구할 수 있기 때문에 일반목적재무보고서에 의존할 필요가 없다.

또한 규제기관 그리고 투자자, 대여자와 그 밖의 채권자가 아닌 일반대중도 일반목적재무보고서가 유용하다고 여길 수 있다. 그렇더라도 일반목적재무보고서는 이러한 그 밖의 집단을 주요 대상으로 한 것이 아니다.

기업에 자원을 제공한 적이 없고 제공을 고려하지 않는 그 밖의 정보이용자가 다양한 이유로 재무보고서를 이용한다. 그럼에도 불구하고 국제회계기준위원회는 주요 이용자집단을 규정하지 않으면 개념체계가 지나치게 추상적이거나 모호할 위험에 처할 수 있으므로 주요 이용자 집단을 현재 및 잠재적 투자자, 대여자와 그 밖의 채권자로 규정하고 있다.

2 일반목적재무보고서가 제공하는 정보

(1) 경제적 자원과 청구권

보고기업의 경제적 자원과 청구권의 성격 및 금액에 대한 정보는 이용자들이 보고기업의 재무적 강점과 약점을 식별하는 데 도움을 줄 수 있다. 이 정보는 이용자들이 보고기업의 유동성과 지급능력, 추가적인 자금 조달의 필요성 및 그 자금 조달이 얼마나 성공적일지를 평가하는 데 도움을 줄 수 있다. 현재 청구권의 우선순위와 지급 요구사항에 대한 정보는 이용자들이 기업에 대한 청구권이 있는 자들에게 미래 현금흐름이 어떻게 분배될 것인지를 예측하는 데 도움이 된다.

(2) 경제적 자원 및 청구권의 변동

보고기업의 경제적 자원과 청구권의 변동은 그 기업의 재무성과, 그리고 채무상품 또는 지분상품의 발행과 같은 그 밖의 사건 또는 거래에서 발생한다. 보고기업의 미래 순현금유입액에 대한 전망과 기업의 경제적자원에 대한 경영진의 수탁책임을 올바르게 평가하기 위하여 정보이용자는 이 두 가지 변동을 구별할 수 있는 능력이 필요하다.

(3) 발생주의 회계가 반영된 재무성과

발생기준 회계는 거래와 그 밖의 사건 및 상황이 보고기업의 경제적자원 및 청구권에 미치는 영향을, 비록 그 결과로 발생하는 현금의 수취와 지급이 다른 기간에 이루어지더라도, 그 영향이 발생한 기간에 보여준다. 이것이 중요한 이유는 보고기업의 경제적자원과 청구권 그리고 기간 중 변동에 관한 정보는 그 기간의 현금 수취와 지급만의 정보보다 기업의 과거 및 미래 성과를 평가하는 데 더 나은 근거를 제공하기 때문이다.

(4) 과거 현금흐름이 반영된 재무성과

한 기간의 보고기업의 현금흐름에 대한 정보는 이용자들이 기업의 미래 순현금유입 창출 능력을 평가하고 기업의 경제적자원에 대한 경영진의 수탁책임을 평가하는 데에도 도움이 된다. 이 정보는 채무의 차입과 상환, 현금배당 등 투자자에 대한 현금 분배 그리고 기업의 유동성이나 지급능력에 영향을 미치는 그 밖의 요인에 대한 정보를 포함하여, 보고기업이 어떻게 현금을 획득하고 사용하는지 보여준다.

현금흐름에 대한 정보는 이용자들이 보고기업의 영업을 이해하고, 재무활동과 투자활동을 평가하며, 유동성이나 지급능력을 평가하고, 재무성과에 대한 그 밖의 정보를 해석하는 데 도움이 된다.

(5) 재무성과에 기인하지 않는 경제적 자원 및 청구권의 변동

보고기업의 경제적자원 및 청구권은 채무상품이나 지분상품의 발행과 같이 재무성과 외의 사유로도 변동될 수 있다. 이러한 유형의 변동에 관한 정보는 보고기업의 경제적자원 및 청구권이 변동된 이유와 그 변동이 미래 재무성과에 주는 의미를 이용자들이 완전히 이해하는 데 필요하다.

Ⅲ 기본가정

기본가정은 기업실체를 둘러싼 환경으로부터 도출해낸 회계이론 전개의 기초가 되는 사실들을 말하며 개념체계에서는 계속기업을 유일한 기본가정으로 규정하고 있다.

1 계속기업가정

재무제표는 일반적으로 보고기업이 계속기업이며 예측가능한 미래에 영업을 계속할 것이라는 가정 하에 작성된다. 따라서 기업이 청산을 하거나 거래를 중단하려는 의도가 없으며, 그럴 필요도 없다고 가정한다. 만약 그러한 의도나 필요가 있다면, 재무제표는 계속기업과는 다른 기준에 따라 작성되어야 한다. 그러한 경우라면, 사용된 기준을 재무제표에 기술한다.

Ⅳ 유용한 재무정보의 질적 특성

질적 특성이란 재무정보가 의사결정에 유용한 정보가 되기 위한 속성을 말한다. 재무정보의 질적 특성은 근본적 질적 특성과 보강적 질적 특성으로 구성된다. 이들은 각각 다음과 같은 특성으로 구성되어 있으며, 재무정보 제공에 대한 포괄적 제약요인으로 원가제약이 있다.

구분		설명
근본적 질적특성	목적적합성	예측가치와 확인가치: 의사결정에 차이를 발생시키는 가치 중요성: 정보의 누락이 이용자의 의사결정에 영향을 주는 것
	표현충실성	서술이 완전하고 중립적이며 오류가 없어야 함
보강적 질적특성	비교가능성	회계정보가 항목 간 차이를 발생시켜야 함 기업 간, 기간 간 비교가능성
	검증가능성	검증이 가능해야 함
	적시성	정보이용자가 회계정보를 제때에 이용할 수 있어야 함
	이해가능성	정보이용자가 쉽게 이해할 수 있어야 함

1 근본적 질적특성

(1) 목적적합성

목적적합한 재무정보는 정보이용자의 의사결정에 차이가 나도록 할 수 있다. 정보는 일부 정보 이용자가 정보를 이용하지 않기로 하였거나 다른 원천을 통하여 이미 이를 알고 있다고 할지라도 의사결정에 차이가 나도록 할 수 있다.

1) 예측가치와 확인가치

재무정보에 예측가치와 확인가치 또는 이 둘 모두가 있다면 의사결정에 차이가 나도록 할 수 있다. 정보가 정보이용자들이 미래 결과를 예측하기 위해 사용하는 절차의 투입요소로 사용될 수 있다면 그 재무정보는 예측가치를 갖는다. 재무정보가 과거 평가에 대한 피드백을 제공한다면, 즉 확인하거나 변경시킨다면 확인가치를 갖는다.

재무정보가 예측가치를 갖기 위해서 그 자체가 예측치 또는 예상치일 필요는 없다. 예측가치를 갖는 재무정보는 이용자들 자신이 예측하는 데 사용된다.

재무정보의 예측가치와 확인가치는 상호 연관되어 있다. 예측가치를 갖는 정보는 확인가치도 갖는 경우가 많다. 예를 들어, 미래 연도 수익의 예측 근거로 사용될 수 있는 당해 연도 수익 정보를 과거 연도에 행한 당해 연도 수익 예측치와 비교할 수 있다. 그 비교 결과는 이용자가 그 과거 예측에 사용한 절차를 수정하고 개선하는 데 도움을 줄 수 있다.

2) 중요성

정보를 누락하거나 잘못 기재하거나 불분명하게 하여, 이를 기초로 내리는 주요 이용자들의 의사결정에 영향을 줄 것으로 합리적으로 예상할 수 있다면 그 정보는 중요한 것이다.

중요성은 개별 기업 재무보고서 관점에서 해당 정보와 관련된 항목의 성격이나 규모 또는 이 둘 다에 근거하여 해당 기업에 특유한 측면의 목적적합성을 의미한다. 따라서 회계기준위원회는 중요성에 대한 획일적인 계량 임계치를 정하거나 특정한 상황에서 무엇이 중요한 것인지를 미리 결정할 수 없다.

(2) 표현충실성

재무정보가 유용하기 위해서는 목적적합한 현상을 표현하는 것뿐만 아니라 나타내고자 하는 현상의 실질을 충실하게 표현해야 한다. 완벽한 표현충실성을 위해서는 서술에 세 가지의 특성이 있어야 할 것이다. 서술은 완전하고, 중립적이며, 오류가 없어야 할 것이다.

완전한 서술은 필요한 기술과 설명을 포함하여 정보이용자가 서술되는 현상을 이해하는 데 필요한 모든 정보를 포함하는 것이다. 중립적 서술은 재무정보의 선택이나 표시에 편의가 없는 것이다. 중립성은 신중을 기함으로써 뒷받침된다. 신중성은 불확실한 상황에서 판단할 때 주의를 기울이는 것이다. 오류가 없다는 것은 현상의 기술에 오류나 누락이 없고, 보고 정보를 생산하는데 사용되는 절차의 선택과 적용 시 절차상 오류가 없음을 의미하며, 모든 면에서 완벽하게 정확하다는 것을 의미하지는 않는다. 재무보고서의 화폐금액을 직접 관측할 수 없어 추정해야만 하는 경우에는 측정 불확실성이 발생한다. 합리적인 추정치의 사용은 재무정보의 작성에 필수적인 부분이며, 추정이 명확하고 정확하게 기술되고 설명되는 한 정보의 유용성을 저해하지 않는다.

(3) 근본적 질적 특성의 적용

정보가 유용하기 위해서는 목적적합하고 나타내고자 하는 바를 충실하게 표현해야 한다. 목적적합하지 않은 현상에 대한 표현충실성과 목적적합한 현상에 대한 충실하지 못한 표현 모두 이용자들이 좋은 결정을 내리는 데 도움이 되지 않는다. 근본적인 질적 특성을 적용하기 위한 가장 효율적이고 효과적인 절차는 일반적으로 다음과 같다.

① 보고기업의 재무정보 이용자에게 유용할 수 있는 경제적 현상을 식별한다.
② 그 현상에 대한 가장 목적적합한 정보의 유형을 식별한다.
③ 그 정보가 이용가능한지, 그리고 경제적 현상을 충실하게 표현할 수 있는지 결정한다.

2 보강적 질적 특성

(1) 비교가능성

비교가능성은 이용자들이 항목 간의 유사점과 차이점을 식별하고 이해할 수 있게 하는 질적 특성이다. 보고기업에 대한 정보는 다른 기업에 대한 유사한 정보 및 해당 기업에 대한 다른 기간이나 다른 일자의 유사한 정보와 비교될 수 있다면 더욱 유용하다. 다른 질적 특성과 달리 비교가능성은 단 하나의 항목에 관련된 것이 아니다. 비교하려면 최소한 두 항목이 필요하다.

일관성은 비교가능성과 관련은 되어 있지만 동일하지는 않다. 일관성은 한 보고기업 내에서 기간 간 또는 같은 기간 동안에 기업 간, 동일한 항목에 대해 동일한 방법을 적용하는 것을 말한다. 비교가능성은 목표이고 일관성은 그 목표를 달성하는 데 도움을 준다.

(2) 검증가능성

검증가능성은 정보가 나타내고자 하는 경제적 현상을 충실히 표현하는지를 이용자들이 확인하는 데 도움을 준다. 검증가능성은 합리적인 판단력이 있고 독립적인 서로 다른 관찰자가 어떤 서술이 표현충실성에 있어, 비록 반드시 완전히 의견이 일치하지는 않더라도, 합의에 이를 수 있다는 것을 의미한다. 계량화된 정보가 검증가능하기 위해서 단일 점추정치이어야 할 필요는 없다. 가능한 금액의 범위 및 관련된 확률도 검증될 수 있다.

(3) 적시성

적시성은 의사결정에 영향을 미칠 수 있도록 의사결정자가 정보를 제때에 이용가능하게 하는 것을 의미한다. 일반적으로 정보는 오래될수록 유용성이 낮아진다. 그러나 일부 정보는 보고기간 말 후에도 오랫동안 적시성이 있을 수 있다. 예를 들어, 일부 이용자들은 추세를 식별하고 평가할 필요가 있을 수 있기 때문이다.

(4) 이해가능성

이해가능성은 이용자가 정보를 쉽게 이해할 수 있어야 한다는 것으로, 정보를 명확하고 간결하게 분류하고, 특징 지으며, 표시하는 것은 정보를 이해가능하게 한다. 일부 현상은 본질적으로 복잡하여 이해하기 쉽지 않다. 그 현상에 대한 정보를 재무보고서에서 제외하면 그 재무보고서의 정보를 더 이해하기 쉽게 할 수 있다. 그러나 그 보고서는 불완전하여 잠재적으로 오도할 수 있다.

재무보고서는 사업활동과 경제활동에 대해 합리적인 지식이 있고, 부지런히 정보를 검토하고 분석하는 이용자들을 위해 작성된다. 때로는 박식하고 부지런한 이용자들도 복잡한 경제적 현상에 대한 정보를 이해하기 위해 자문가의 도움을 받는 것이 필요할 수 있다.

(5) 보강적 질적 특성의 적용

보강적 질적 특성은 가능한 한 극대화되어야 한다. 그러나 보강적 질적 특성은, 정보가 목적적합하지 않거나 나타내고자 하는 바를 충실하게 표현하지 않으면, 개별적으로든 집단적으로든 그 정보를 유용하게 할 수 없다.

보강적 질적 특성을 적용하는 것은 어떤 규정된 순서를 따르지 않는 반복적인 과정이다. 때로는 하나의 보강적 질적 특성이 다른 질적 특성의 극대화를 위해 감소되어야 할 수도 있다. 예를 들어, 새로운 회계기준의 전진 적용으로 인한 비교가능성의 일시적 감소는 장기적으로 목적적합성이나 표현충실성을 향상시키기 위해 감수될 수도 있다. 적절한 공시는 비교가능성의 미비를 부분적으로 보완할 수 있다.

3 유용한 재무보고에 대한 원가제약

원가는 재무보고로 제공될 수 있는 정보에 대한 포괄적 제약요인이다. 재무정보의 보고에는 원가가 소요되고, 해당 정보 보고의 효익이 그 원가를 정당화한다는 것이 중요하다.

원가제약요인을 적용함에 있어서, 회계기준위원회는 특정 정보를 보고하는 효익이 그 정보를 제공하고 사용하는 데 발생한 원가를 정당화할 수 있을 것인지 평가한다. 제안된 회계기준을 제정하는 과정에 원가제약요인을 적용할 때, 회계기준위원회는 그 회계기준의 예상되는 효익과 원가의 성격 및 양에 대하여 재무정보의 제공자, 이용자, 외부감사인, 학계 등으로부터 정보를 구한다. 대부분의 상황에서 평가는 양적 그리고 질적 정보의 조합에 근거한다.

V 재무제표의 기본요소

개념체계에 정의된 재무제표 요소는 다음과 같다.

① 보고기업의 재무상태와 관련된 자산, 부채 및 자본
② 보고기업의 재무성과와 관련된 수익(income) 및 비용

1 재무상태

(1) 자산

과거사건의 결과로 기업이 통제하는 현재의 경제적자원이다. 여기서 경제적자원은 경제적효익을 창출할 잠재력을 지닌 권리이다.

1) 경제적효익을 창출할 잠재력을 지닌 권리는 다음을 포함하여 다양한 형태를 갖는다.

① 다른 당사자의 의무에 해당하는 권리. 예를 들면 다음과 같다.

ⓐ 현금을 수취할 권리
ⓑ 재화나 용역을 제공받을 권리

ⓒ 유리한 조건으로 다른 당사자와 경제적자원을 교환할 권리

　　　　예) 현재 유리한 조건으로 경제적자원을 구매하는 선도계약 또는 경제적자원을 구매하는
　　　　　옵션

　　　ⓓ 불확실한 특정 미래사건이 발생하면 다른 당사자가 경제적효익을 이전하기로 한 의무로
　　　　인해 효익을 얻을 권리

　　② 다른 당사자의 의무에 해당하지 않는 권리. 예를 들면 다음과 같다.

　　　　ⓐ 유형자산 또는 재고자산과 같은 물리적 대상에 대한 권리
　　　　　예) 물리적 대상을 사용할 권리 또는 리스제공자산의 잔존가치에서 효익을 얻을 권리
　　　　ⓑ 지적재산 사용권

2) 경제적자원은 경제적효익을 창출할 잠재력을 지닌 권리. 잠재력이 있기 위해 권리가 경제적
　효익을 창출할 것이라고 확신하거나 그 가능성이 높아야 하는 것은 아니다. 권리가 이미 존재
　하고, 적어도 하나의 상황에서 그 기업을 위해 다른 모든 당사자들에게 이용가능한 경제적효
　익을 초과하는 경제적효익을 창출할 수 있으면 된다.

3) 지출의 발생과 자산의 취득은 밀접하게 관련되어 있으나 양자가 반드시 일치하는 것은 아니다.

4) 통제는 경제적자원을 기업에 결부시킨다. 통제의 존재 여부를 평가하는 것은 기업이 회계처
　리할 경제적자원을 식별하는 데 도움이 된다. 예를 들어, 기업은 부동산 전체의 소유권에서
　발생하는 권리를 통제하지 않고, 부동산 지분에 비례하여 통제할 수 있다. 그러한 경우, 기업
　의 자산은 통제하고 있는 부동산의 지분이며, 통제하지 않는 부동산 전체의 소유권에서 발생
　하는 권리는 아니다.

(2) 부채

과거사건의 결과로 기업이 경제적자원을 이전해야 하는 현재의무이다.

1) 부채가 존재하기 위해서는 다음의 세 가지 조건을 모두 충족하여야 한다.
　① 기업에게 의무가 있다.
　② 의무는 경제적자원을 이전하는 것이다.
　③ 의무는 과거사건의 결과로 존재하는 현재의무이다.

(3) 자본

　기업의 자산에서 모든 부채를 차감한 후의 잔여지분이다. 자본청구권은 기업의 자산에서 모든
부채를 차감한 후의 잔여지분에 대한 청구권이다. 즉, 부채의 정의에 부합하지 않는 기업에 대한

청구권이다. 그러한 청구권은 계약, 법률 또는 이와 유사한 수단에 의해 성립될 수 있으며 부채의 정의를 충족하지 않는 한, 다음을 포함한다.

　　① 기업이 발행한 다양한 유형의 지분
　　② 기업이 또 다른 자본청구권을 발행할 의무

2 성과

(1) 수익과 비용

수익은 자산의 증가 또는 부채의 감소로서 자본의 증가를 가져오며, 자본청구권 보유자의 출자와 관련된 것을 제외한다. 비용은 자산의 감소 또는 부채의 증가로서 자본의 감소를 가져오며, 자본청구권 보유자에 대한 분배와 관련된 것을 제외한다. 이러한 수익과 비용의 정의에 따라, 자본청구권 보유자로부터의 출자는 수익이 아니며 자본청구권 보유자에 대한 분배는 비용이 아니다.

수익과 비용은 기업의 재무성과와 관련된 재무제표 요소이다. 재무제표이용자들은 기업의 재무상태와 재무성과에 대한 정보가 필요하다. 따라서 수익과 비용은 자산과 부채의 변동으로 정의되지만, 수익과 비용에 대한 정보는 자산과 부채에 대한 정보만큼 중요하다. 서로 다른 거래나 그 밖의 사건은 서로 다른 특성을 지닌 수익과 비용을 발생시킨다. 수익과 비용의 서로 다른 특성별로 정보를 별도로 제공하면 재무제표이용자들이 기업의 재무성과를 이해하는 데 도움이 될 수 있다.

VI 재무제표 요소의 인식과 제거

1 인식기준

인식은 자산, 부채, 자본, 수익 또는 비용과 같은 재무제표 요소 중 하나의 정의를 충족하는 항목을 재무상태표나 재무성과표에 포함하기 위하여 포착하는 과정을 말한다.

요소의 정의를 충족하는 항목을 인식하지 않는 것은 재무상태표 및 재무성과표를 완전하지 않게 하고 재무제표에서 유용한 정보를 제외할 수 있다. 반면에, 어떤 상황에서는 요소의 정의를 충족하는 일부 항목을 인식하는 것이 오히려 유용한 정보를 제공하지 않을 수 있다. 자산이나 부채를 인식하고 이에 따른 결과로 수익, 비용 또는 자본변동을 인식하는 것이 재무제표이용자들에게 다음과 같이 유용한 정보를 모두 제공하는 경우에만 자산이나 부채를 인식한다.

> ① 자산이나 부채에 대한 그리고 이에 따른 결과로 발생하는 수익, 비용 또는 자본변동에 대한 목적적합한 정보
> ② 자산이나 부채 그리고 이에 따른 결과로 발생하는 수익, 비용 또는 자본변동의 충실한 표현

자산이나 부채의 정의를 충족하는 항목이 인식되지 않더라도, 기업은 해당 항목에 대한 정보를 주석에 제공해야 할 수도 있다. 재무제표에서 제공하는 구조화된 요약에 그 항목이 포함되지 않은 것을 보완하기 위해 그러한 정보를 어떻게 충분히 보여줄 수 있는지를 고려하는 것이 중요하다.

2 제거

제거는 기업의 재무상태표에서 인식된 자산이나 부채의 전부 또는 일부를 삭제하는 것이다. 제거는 일반적으로 해당 항목이 더 이상 자산 또는 부채의 정의를 충족하지 못할 때 발생한다.

> ① 자산은 일반적으로 기업이 인식한 자산의 전부 또는 일부에 대한 통제를 상실하였을 때 제거한다.
> ② 부채는 일반적으로 기업이 인식한 부채의 전부 또는 일부에 대한 현재의무를 더 이상 부담하지 않을 때 제거한다.

VII 재무제표 요소의 측정

1 측정

측정은 재무상태표와 포괄손익계산서에 인식되고 평가되어야 할 재무제표 요소의 화폐금액을 결정하는 과정이다. 재무제표에 인식된 요소들은 화폐단위로 수량화되어 있다. 이를 위해 측정기준을 선택해야 한다. 측정기준은 측정 대상 항목에 대해 식별된 속성(예: 역사적 원가, 공정가치 또는 이행가치)이다. 자산이나 부채에 측정기준을 적용하면 해당 자산이나 부채, 관련 수익과 비용의 측정치가 산출된다.

2 측정속성의 종류

자산과 부채의 측정에 사용될 수 있는 측정속성에는 다음과 같은 종류가 있다.

(1) 역사적원가

자산을 취득하거나 창출할 때의 역사적 원가는 자산의 취득 또는 창출에 발생한 원가의 가치로서, 자산을 취득 또는 창출하기 위하여 지급한 대가와 거래원가를 포함한다. 부채가 발생하거나 인수할 때의 역사적 원가는 발생시키거나 인수하면서 수취한 대가에서 거래원가를 차감한 가치이다.

(2) 공정가치

공정가치는 측정일에 시장참여자 사이의 정상거래에서 자산을 매도할 때 받거나 부채를 이전할 때 지급하게 될 가격이다.

(3) 사용가치(이행가치)

사용가치는 기업이 자산의 사용과 궁극적인 처분으로 얻을 것으로 기대하는 현금흐름 또는 그 밖의 경제적효익의 현재가치이다. 이행가치는 기업이 부채를 이행할 때 이전해야 하는 현금이나 그 밖의 경제적자원의 현재가치이다.

(4) 현행원가

자산의 현행원가는 측정일 현재 동등한 자산의 원가로서 측정일에 지급할 대가와 그 날에 발생할 거래원가를 포함한다. 부채의 현행원가는 측정일 현재 동등한 부채에 대해 수취할 수 있는 대가에서 그 날에 발생할 거래원가를 차감한다.

01 다음 중 일반목적재무보고서가 제공하는 정보에 포함되지 않는 것은?

① 기업의 경제적 자원과 청구권의 성격 및 금액에 대한 정보
② 발생주의 회계가 반영된 기업의 재무성과
③ 과거 현금흐름이 반영된 재무성과
④ 미래의 현금흐름에 대한 예측이 반영된 재무성과

02 다음 중 '재무보고를 위한 개념체계'의 목적과 위상에 관한 설명으로 가장 올바르지 않은 것은?

① 특정 거래나 다른 사건에 적용할 회계기준이 없거나 회계기준에서 회계정책 선택이 허용되는 경우에 재무제표 작성자가 일관된 회계정책을 개발하는 데 도움을 준다.
② 모든 이해관계자가 회계기준을 이해하고 해석하는 데 도움을 준다.
③ 한국회계기준위원회가 일관된 개념에 기반하여 한국채택국제회계기준을 제·개정하는 데 도움을 준다.
④ 개념체계와 한국채택국제회계기준이 상충될 경우에는 개념체계가 우선한다.

03 다음 중 재무제표의 질적 특성에 대한 설명으로 가장 타당하지 않은 것은?

① 복잡한 계정을 통합하여 공시하면 그 재무보고서의 정보를 더욱 이해하기 쉽게 만들 수 있으나 그 보고서는 불완전하여 잠재적으로 오도할 수 있다.
② 목적적합한 재무정보는 정보이용자의 의사결정에 차이가 나도록 할 수 있다.
③ 재무정보는 나타내야 하는 현상을 충실하게 표현하여야 하지만 표현충실성 그 자체가 반드시 유용한 정보를 만들어 내는 것은 아니다.
④ 분·반기 보고서를 작성하는 것은 재무정보의 신뢰성을 높이기 위해 적시성을 포기한 것으로 볼 수 있다.

04 다음 중 재무제표 요소의 인식에 관한 설명으로 가장 올바르지 않은 것은?

① 미래 경제적 효익의 유입(유출) 가능성이 높고 이를 금액적으로 신뢰성 있게 측정할 수 있다면 재무제표에 인식되어야 한다.
② 자산이나 부채의 정의를 충족하는 항목이 인식되지 않더라도, 기업은 해당 항목에 대한 정보를 주석에 제공해야 할 수도 있다.
③ 주문 후 아직 인도되지 않은 재고자산 매입대금에 대한 부채는 일반적으로 재무상태표에 부채로 인식되지 않는다.
④ 비용의 인식은 부채가 증가하는 경우에만 인식된다.

05 정보이용자의 의사결정에 차이가 나도록 하는 목적적합한 재무정보에 대한 설명으로 옳지 않은 것은?

① 재무정보에 예측가치와 확인가치 또는 둘 모두가 있다면 의사결정에 차이가 나도록 할 수 있다.

② 미래 결과를 예측하기 위해 사용하는 절차의 투입요소로 사용될 수 있다면 그 정보는 예측가치를 갖는다.

③ 재무정보가 과거 평가에 대해 피드백을 제공, 즉 확인하거나 변경시킨다면 예측가치를 가진다.

④ 재무정보가 예측가치를 가지기 위해서는 그 자체로 예측치가 될 필요는 없다.

06 중요성에 대한 설명으로 틀린 것은?

① 정보가 누락되거나 잘못 기재된 경우 특정 보고기업의 재무정보에 근거한 이용자들의 의사결정에 영향을 줄 수 있다면 그 정보는 중요한 것이다.

② 중요성은 목적적합성의 하부속성이다.

③ 중요성은 개별 기업 재무보고서 관점에서 해당 정보와 관련된 항목의 성격이나 규모 또는 이 둘 모두에 근거하여 해당 기업에 특유한 측면의 목적적합성을 의미한다.

④ 중요성은 기업의 특유한 측면의 목적적합성으로 미리 정할 수 있다.

07 재무정보의 근본적인 질적 특성인 표현충실성과 관련된 설명으로 틀린 것은?

① 완벽하게 충실한 표현을 하기 위해서는 서술이 완전하고, 중립적이며, 오류가 없어야 할 것이다.

② 완전한 서술은 필요한 기술과 설명을 포함하여 정보이용자가 서술되는 현상을 이해하는 데 필요한 모든 정보를 포함하는 것이다.

③ 중립적 서술은 재무정보의 선택이나 표시에 편의가 없어야 함을 의미한다.

④ 관측 가능하지 않은 가격이나 가치의 추정치는 절차상의 오류가 없더라도 충실한 표현이라고 할 수 없다.

08 다음 중 목적적합성과 표현충실성에 관한 설명으로 가장 올바르지 않은 것은?

① 표현충실성은 모든 면에서 정확한 것을 의미한다.
② 재무정보가 유용하기 위해서는 목적적합한 현상을 표현하는 것뿐만 아니라 나타내고자 하는 현상을 충실하게 표현해야 한다.
③ 표현충실성을 위해 서술은 완전하고, 중립적이며, 오류가 없어야 할 것이다.
④ 목적적합한 재무정보는 정보이용자의 의사결정에 차이가 나도록 할 수 있다.

09 다음 중 자산의 측정방법에 대한 설명으로 가장 타당한 것은?

① 역사적원가: 자산의 취득 또는 창출에 발생한 원가의 가치로서, 자산을 취득 또는 창출하기 위하여 지급한 대가와 거래원가를 포함한다.
② 공정가치: 기업이 자산의 사용과 궁극적인 처분으로 얻을 것으로 기대하는 현금흐름 또는 그 밖의 경제적효익의 현재가치이다.
③ 사용가치: 측정일 현재 동등한 자산의 원가로서 측정일에 지급할 대가와 그 날에 발생할 거래원가를 포함한다.
④ 현행원가: 측정일에 시장참여자 사이의 정상거래에서 자산을 매도할 때 받게 될 가격이다.

10 다음 중 재무제표의 질적 특성에 대한 설명으로 가장 올바르지 않은 것은?

① 재무정보가 제공되기 위해서는 해당 정보 보고의 효익이 관련 원가를 정당화 할 수 있어야 한다.
② 비교가능성과 검증가능성은 보강적 질적 특성에 해당한다.
③ 목적적합성과 충실한 표현은 근본적 질적 특성에 해당한다.
④ 보강적 질적 특성은 가능한 극대화 되어야 하며 근본적 질적 특성의 극대화를 위해 감소되거나 포기될 수 없다.

11 다음 중 주석에 관한 설명으로 가장 올바르지 않은 것은?

① 주석은 특수한 형태의 재무제표로서 재무회계개념체계의 적용을 받지 아니한다.
② 주석은 정보이용자의 이해를 위해 재무상태표, 포괄손익계산서에 대한 추가적인 정보를 포함한다.
③ 주석에는 재무상태표 본문에 인식되지 않은 자원과 의무에 대한 내용도 공시될 수 있다.
④ 주석은 재무제표에 포함된다.

12 다음 재무제표 정보의 근본적 질적 특성 중 목적적합성과 표현충실성에 대한 설명으로 가장 올바르지 않은 것은?

① 재무정보가 예측가치를 지니기 위해서는 그 자체가 예측치이어야 한다.
② 정보가 정보이용자들이 미래 결과를 예측하기 위해 사용하는 절차의 투입요소로 사용될 수 있다면 그 재무정보는 예측가치를 가진다.
③ 정보가 누락되거나 잘못 기재된 경우 특정 보고기업의 재무정보에 근거한 정보이용자의 의사결정에 영향을 줄 수 있다면 그 정보는 중요한 것이다.
④ 완벽하게 충실한 표현을 하기 위해서는 서술이 완전하고 중립적이며 오류가 없어야 할 것이다.

13 다음의 빈칸에 들어갈 알맞은 말을 바르게 짝지은 것은?

> 재무제표가 제공하는 정보가 정보이용자의 의사결정에 목적적합성을 제공하기 위해서 기본적으로 갖추어야
> 할 주요 질적 특성으로 (ㄱ)와 (ㄴ), (ㄷ)을 들 수 있다.
> 정보가 정보이용자들이 미래 결과를 예측하기 위해 사용하는 절차의 투입요소로 사용될 수 있다면 그 재무
> 정보는 (ㄱ)를 갖는다. 재무정보가 과거 평가에 대한 피드백을 제공, 즉 확인하거나 변경시킨다면 (ㄴ)를 갖
> 는다. 정보가 누락되거나 잘못 기재된 경우 특정 보고기업의 재무정보에 근거한 정보이용자의 의사결정에
> 영향을 줄 수 있다면 그 정보는 중요한 것이다.
> (ㄷ)은 개별 기업 재무보고서 관점에서 해당 정보와 관련된 항목의 성격이나 규모 또는 이 둘 모두에 근거하
> 여 해당 기업에 특유한 측면의 목적적합성을 의미한다.

	(ㄱ)	(ㄴ)	(ㄷ)
①	예측가치	확인가치	중요성
②	표현충실성	비교가능성	중요성
③	확인가치	예측가치	적시성
④	적시성	이해가능성	확인가치

14 다음 중 일반목적재무보고의 목적에 관한 설명으로 가장 올바르지 않은 것은?

① 일반목적재무보고의 목적은 현재 및 잠재적 투자자, 대여자 및 기타 채권자가 기업에 자원
을 제공하는 것에 대한 의사결정을 할 때 유용한 보고기업 재무정보를 제공하는 것이다.

② 현재 및 잠재적 투자자, 대여자 및 기타채권자에 해당하지 않는 기타 당사자들(예를 들
어 감독당국)이 일반목적재무보고서가 유용하다고 여긴다면 이들도 일반목적재무보고의
주요 대상에 포함된다.

③ 보고기업의 경제적 자원과 청구권의 성격 및 금액에 대한 정보는 정보이용자가 보고기업
의 재무적 강점과 약점을 식별하는 데 도움을 줄 수 있다.

④ 보고기업의 경제적 자원과 청구권의 변동은 그 기업의 재무성과, 그리고 채무상품 또는
지분상품의 발행과 같은 그 밖의 사건 또는 거래에서 발생한다.

15 다음 중 유용한 재무정보의 질적 특성에 관한 설명으로 가장 올바르지 않은 것은?

① 목적적합한 재무정보는 정보이용자의 의사결정에 차이가 나도록 할 수 있다. 재무정보에 예측가치, 확인가치 또는 이 둘 모두가 있다면 그 재무정보는 의사결정에 차이가 나도록 할 수 있다.

② 표현충실성은 모든 면에서 정확한 것을 의미하지는 않는다. 오류가 없다는 것은 현상의 기술에 오류나 누락이 없고, 보고 정보를 생산하는 데 사용되는 절차의 선택과 적용 시 절차상 오류가 없음을 의미한다. 이 맥락에서 오류가 없다는 것은 모든 면에서 완벽하게 정확하다는 것을 의미하지는 않는다.

③ 검증가능성은 합리적인 판단력이 있고 독립적인 서로 다른 관찰자가 어떤 서술이 표현충실성이라는 데, 비록 반드시 완전히 일치하지는 못하더라도, 의견이 일치할 수 있다는 것을 의미한다. 계량화된 정보가 검증가능하기 위해서 단일 점추정치이어야 한다.

④ 비교가능성, 검증가능성, 적시성 및 이해가능성은 목적적합하고 충실하게 표현된 정보의 유용성을 보강시키는 질적 특성이다. 때로는 하나의 보강적 질적 특성이 다른 질적 특성의 극대화를 위해 감소되어야 할 수도 있다.

16 다음 중 재무제표를 통해 제공되는 정보가 이용자에게 유용하기 위해 갖추어야 할 속성 가운데 근본적인 질적 특성에 해당되는 것들로만 짝지어진 것은?

① 중요성, 예측가치와 확인가치, 충실한 표현
② 중요성, 비교가능성, 검증가능성
③ 적시성, 이해가능성, 충실한 표현
④ 비교가능성, 검증가능성, 적시성

17 다음 중 재무제표의 기본가정에 대한 설명으로 가장 올바르지 않은 것은?

① 기본가정이란 회계이론 전개의 기초가 되는 사실들을 의미한다.

② 기업에 경영활동을 청산할 의도나 필요성이 있더라도 계속기업의 가정에 따라 재무제표
를 작성한다.

③ 목적적합성은 재무제표를 통해 제공되는 정보가 갖추어야 할 근본적인 질적 특성이지만
개념체계에서 규정하는 기본가정에 해당하지는 않는다.

④ 재무보고를 위한 개념체계에서는 계속기업을 기본가정으로 규정한다.

재무제표 표시

Ⅰ 재무회계의 의의

1 재무제표의 목적

재무제표는 기업의 재무상태와 재무성과를 체계적으로 표현한 것이다. 재무제표의 목적은 광범위한 정보이용자의 경제적 의사결정에 유용한 기업의 재무상태, 재무성과와 재무상태변동에 관한 정보를 제공하는 것이다. 또한 재무제표는 위탁받은 자원에 대한 경영진의 수탁책임 결과도 보여준다. 이러한 목적을 충족하기 위하여 재무제표는 다음과 같은 기업 정보를 제공한다.

① 자산
② 부채
③ 자본
④ 차익과 차손을 포함한 광의의 수익과 비용
⑤ 소유주로서의 자격을 행사하는 소유주에 의한 출자와 소유주에 대한 배분
⑥ 현금흐름

이러한 정보는 주석에서 제공되는 정보와 함께 재무제표이용자가 기업의 미래현금흐름, 특히 그 시기와 확실성을 예측하는 데 도움을 준다.

2 전체 재무제표

한국채택국제회계기준에서는 전체 재무제표를 다음과 같이 정의하고 있다.

① 기말 재무상태표
② 기간 포괄손익계산서
③ 기간 자본변동표
④ 기간 현금흐름표
⑤ 주석(중요한 회계정책 정보와 그 밖의 설명정보로 구성)
⑥ 회계정책을 소급하여 적용하거나, 재무제표의 항목을 소급하여 재작성 또는 재분류하는 경우 가장 이른 비교기간의 기초 재무상태표

　　각각의 재무제표는 전체 재무제표에서 동등한 비중으로 표시한다. 또한 기업들은 기업회계기준서 제1001호 '재무제표 표시'에서 사용하는 재무제표의 명칭이 아닌 다른 명칭을 사용할 수 있다.

　　기존 기업회계기준서와 비교하였을 경우 이익잉여금처분계산서가 재무제표에서 제외되었으며, '포괄손익계산서' 및 '회계정책 소급 시 가장 이른 비교기간의 기초 재무상태표'가 재무제표의 범위에 포함되고 있다.

3 일반사항

(1) 공정한 표시와 한국채택국제회계기준의 준수

　　재무제표는 기업의 재무상태, 재무성과 및 현금흐름을 공정하게 표시해야 한다. 공정한 표시를 위해서는 '개념체계'에서 정한 자산, 부채, 수익 및 비용에 대한 정의와 인식요건에 따라 거래, 그 밖의 사건과 상황의 효과를 충실하게 표현해야 한다. 한국채택국제회계기준에 따라 작성된 재무제표(필요에 따라 추가공시한 경우 포함)는 공정하게 표시된 재무제표로 본다.

　　한국채택국제회계기준을 준수하여 재무제표를 작성하는 기업은 그러한 준수 사실을 주석에 명시적이고 제한없이 기재하여야 하는데, 재무제표가 한국채택국제회계기준의 요구사항을 모두 충족한 경우가 아니라면 한국채택국제회계기준을 준수하여 작성되었다고 기재할 수 없다.

　　또한 부적절한 회계정책은 이에 대하여 공시나 주석 또는 보충 자료를 통해 설명하더라도 정당화될 수 없다. 그러나 극히 드문 상황으로서 한국채택국제회계기준의 요구사항을 준수하는 것이 오히려 '개념체계'에서 정하고 있는 재무제표의 목적과 상충되어 재무제표이용자의 오해를 유발할 수 있다고 경영진이 결론을 내리는 경우에는, 관련 감독체계가 이러한 요구사항으로부터의 일탈을 의무화하거나 금지하지 않는다면, 한국채택국제회계기준의 요구사항을 달리 적용하고, 다음의 모든 항목을 공시한다.

---

① 재무제표가 기업의 재무상태, 재무성과 및 현금흐름을 공정하게 표시하고 있다고 경영진이 결론을 내렸다는 사실

② 공정한 표시를 위해 특정 요구사항을 달리 적용하는 것을 제외하고는 한국채택국제회계기준을 준수했다는 사실

③ 기업이 달리 적용하는 해당 한국채택국제회계기준의 제목, 그 한국채택국제회계기준에서 요구하는 회계처리의 방법과 이에 대한 일탈의 내용, 그러한 회계처리가 해당 상황에서 재무제표이용자의 오해를 유발할 수 있어 '개념체계'에서 정한 재무제표의 목적과 상충되는 이유, 그리고 실제로 적용한 회계처리방법

④ 표시된 각 회계기간에 대해, 한국채택국제회계기준 요구사항으로부터의 일탈이 이를 준수하였다면 보고되었을 재무제표의 각 항목에 미치는 재무적 영향

---

(2) 계속기업

경영진은 재무제표를 작성할 때 계속기업으로서의 존속가능성을 평가해야 한다. 계속기업의 가정이 적절한지의 여부를 평가할 때 경영진은 적어도 보고기간 말로부터 향후 12개월 기간에 대하여 이용가능한 모든 정보를 고려한다.

경영진이 기업을 청산하거나 경영활동을 중단할 의도를 가지고 있지 않거나, 청산 또는 경영활동의 중단 외에 다른 현실적 대안이 없는 경우가 아니면 계속기업을 전제로 재무제표를 작성한다. 계속기업으로서의 존속능력에 유의적인 의문이 제기될 수 있는 사건이나 상황과 관련된 중요한 불확실성을 알게 된 경우, 경영진은 그러한 불확실성을 공시하여야 한다. 재무제표가 계속기업의 기준하에 작성되지 않는 경우에는 그 사실과 함께 재무제표가 작성된 기준 및 그 기업을 계속기업으로 보지 않는 이유를 공시하여야 한다.

(3) 발생기준 회계

기업은 현금흐름 정보를 제외하고는 발생기준 회계를 사용하여 재무제표를 작성한다. 발생기준 회계를 사용하는 경우, 각 항목이 '개념체계'의 정의와 인식요건을 충족할 때 자산, 부채, 자본, 광의의 수익 및 비용(재무제표의 요소)으로 인식한다.

(4) 중요성과 통합표시

유사한 항목은 중요성 분류에 따라 재무제표에 구분하여 표시한다. 상이한 성격이나 기능을 가진 항목은 구분하여 표시한다. 다만, 중요하지 않은 항목은 성격이나 기능이 유사한 항목과 통합하여 표시할 수 있다.

한편, 재무제표와 주석에 적용하는 중요성의 기준은 다를 수 있다. 즉, 재무제표에는 중요하지 않아 구분하여 표시하지 않은 항목이라도 주석에서는 구분 표시해야 할 만큼 충분히 중요할 수 있다.

(5) 상계

한국채택국제회계기준에서 요구하거나 허용하지 않는 한 자산과 부채 그리고 수익과 비용은 상계하지 않는다. 왜냐하면 이러한 항목들을 상계표시할 경우 재무제표이용자가 발생한 거래, 그 밖의 사건과 상황을 이해하고 기업의 미래현금흐름을 분석하는 데 있어 지장을 줄 수 있기 때문이다. 그러나 재고자산에 대한 재고자산평가충당금과 매출채권에 대한 대손충당금과 같은 평가충당금을 차감하여 관련 자산을 순액으로 측정하는 것은 상계표시에 해당하지 아니한다.

또한 동일한 거래에서 발생하는 수익과 이와 관련된 비용의 상계표시가 거래나 그 밖의 사건의 실질을 반영한다면 그러한 거래의 결과는 상계하여 표시한다. 이러한 상계 표시의 예를 들면 다음과 같다.

① 투자자산 및 영업용자산을 포함한 비유동자산의 처분손익은 처분대금에서 그 자산의 장부금액과 관련된 처분비용을 차감하여 표시한다.
② 충당부채와 관련된 지출을 제3자와의 계약관계(예: 공급자의 보증약정)에 따라 보전받는 경우, 당해 지출과 보전받는 금액은 상계하여 표시할 수 있다.
③ 외환손익 또는 단기매매 금융상품에서 발생하는 손익과 같이 유사한 거래의 집합에서 발생하는 차익과 차손은 순액으로 표시한다. 그러나 그러한 차익과 차손이 중요한 경우에는 구분하여 표시한다.

(6) 보고빈도

전체 재무제표(비교정보를 포함)는 적어도 1년마다 작성한다. 그런데 보고기간종료일을 변경하여 재무제표의 보고기간이 1년을 초과하거나 미달하는 경우에는 재무제표의 보고기간을 공시할 뿐만 아니라 아래의 사항도 추가하여 공시한다.

---

① 보고기간이 1년을 초과하거나 미달하게 된 이유
② 재무제표에 표시된 금액이 완전하게 비교가능하지는 않다는 사실

---

(7) 비교정보

한국채택국제회계기준이 달리 허용하거나 요구하는 경우를 제외하고는 당기 재무제표에 보고되는 모든 금액에 대해 전기 비교정보를 공시한다. 또한 당기 재무제표를 이해하는 데 목적적합하다면 서술형 정보의 경우에도 비교정보를 표시한다.

비교정보를 공시하는 기업은 적어도 두 개의 재무상태표와 두 개의 그 밖의 재무제표(포괄손익계산서, 자본변동표 및 현금흐름표) 및 관련 주석을 표시해야 한다. 회계정책을 소급하여 적용하거나 재무제표의 항목을 소급하여 재작성 또는 재분류하는 경우에는 적어도 세 개의 재무상태표, 두 개의 그 밖의 재무제표(포괄손익계산서, 자본변동표 및 현금흐름표) 및 관련 주석을 표시해야 한다. 재무상태표의 경우 다음 시점을 기준으로 표시한다.

① 당기말
② 전기말
③ 전기초

　예를 들어 2011년부터 회계정책을 변경한 기업의 경우 2011년의 재무제표를 비교공시하기 위해서는 2010년의 재무제표도 변경 후의 회계정책을 적용하여 재작성하여야 한다. 또한 가장 이른 비교기간의 기초시점인 2010년초의 재무상태표도 공시하여야 하기 때문에 총 2010년 초, 2010년 말, 2011년 말의 3개의 재무상태표를 공시하게 된다.

　그런데 어떤 경우에는 전기 재무제표에 공시된 서술형 정보가 당기에도 계속 관련될 수 있다. 예를 들어, 법률 분쟁의 결과가 20X1년말 현재 불확실하였고 20X2년에도 아직 해결되지 않은 경우에는 그 상세한 내용을 20X2년에 공시한다. 왜냐하면 20X1년 말 현재 불확실성이 존재하였다는 사실과 20X2년에 그러한 불확실성을 해소하기 위하여 취한 절차에 대한 정보는 재무제표이용자에게 유용하기 때문이다. 또한 재무제표 항목의 표시나 분류를 변경하는 경우에는 실무적으로 적용할 수 없는 경우가 아니라면 비교금액도 재분류해야 한다. 비교금액을 재분류할 때에는 아래의 사항을 공시한다.

① 재분류의 성격
② 재분류된 개별 항목이나 항목군의 금액
③ 재분류의 이유

　그러나 비교금액을 실무적으로 재분류할 수 없는 경우에는 아래의 사항을 공시한다.

① 해당 금액을 재분류하지 아니한 이유
② 해당 금액을 재분류한다면 이루어질 수정의 성격

(8) 표시의 계속성

　재무제표 항목의 표시와 분류는 다음의 경우를 제외하고는 매기 동일하여야 한다.

① 사업내용의 유의적인 변화나 재무제표를 검토한 결과 다른 표시나 분류방법이 더 적절한 것이 명백한 경우('회계정책, 회계추정치 변경과 오류' 기준서에서 정하는 회계정책의 선택 및 적용요건을 고려한다).
② 한국채택국제회계기준에서 표시방법의 변경을 요구하는 경우

예를 들어, 유의적인 인수나 매각, 또는 재무제표의 표시에 대해 검토한 결과 재무제표를 다른 방법으로 표시할 필요가 있을 수 있다. 이때 기업은 변경된 표시방법이 재무제표 이용자에게 신뢰성 있고 더욱 목적적합한 정보를 제공하며, 변경된 구조가 지속적으로 유지될 가능성이 높아 비교가능성을 저해하지 않을 것으로 판단할 때에만 재무제표의 표시방법을 변경한다.

II 재무상태표

1 재무상태표에 표시되는 정보

재무상태표에 표시되는 정보는 적어도 아래의 항목으로 구분되어 표시되어야 한다.

자산	자본 및 부채
① 유형자산	① 지배기업소유주 귀속 자본
② 투자부동산	② (자본에 표시된) 비지배지분
③ 무형자산	③ 충당부채
④ 금융자산	④ 금융부채
⑤ 지분법에 따라 회계처리하는 투자자산	⑤ 매입채무 및 기타 채무
⑥ 생물자산	⑥ 당기법인세 관련 부채
⑦ 재고자산	⑦ 이연법인세부채
⑧ 매출채권 및 기타 채권	⑧ 매각예정자산집단에 포함된 부채
⑨ 현금및현금성자산	
⑩ 당기법인세 관련 자산	
⑪ 이연법인세자산	
⑫ 매각예정비유동자산과 매각예정 자산집단에 포함된 자산	

참고사항

일반기업회계기준에서는 재무상태표의 형식을 구체적으로 제시하고 개별 항목을 상세하게 예시하고 있으나, K-IFRS에서는 재무상태표에 포함될 최소한의 항목을 대분류 수준에서만 예시하고 있다. 또한 재무상태표의 형식이나 항목의 순서를 제시하고 있지 않다. 즉, 기업마다 재무상태표의 양식 및 재무상태표에 포함할 항목을 재량적으로 결정하는 것이 가능하다.

2 재무상태표의 작성 방법

재무상태표의 작성방법은 아래와 같다.

① 형식이나 계정과목 순서에 대해서는 강제규정을 두지 아니한다.
② 일반적인 경우 유동자산과 비유동자산, 유동부채와 비유동부채로 재무상태표에 구분하여 표시한다. 단, 유동성 순서에 따른 표시방법이 신뢰성 있고 더욱 목적적합한 정보를 제공하기 때문에 유동성 순서에 따른 표시방법을 적용할 경우, 모든 자산과 부채는 유동성의 순서에 따라 표시한다.

유동성 순서에 따른 표시방법이란 재무상태표상 자산 · 부채의 과목을 유동성이 높은 것부터 먼저 표시하고 유동성이 낮은 것은 나중에 표시하는 방법이다.

┤ 참고사항 ├

일반기업회계기준에서는 재무상태표의 자산과 부채를 유동성 항목과 비유동성 항목으로 구분하여 유동성이 큰 항목부터 배열하도록 규정하고 있으나, K-IFRS에서는 유동성 항목과 비유동성 항목의 구분을 강제하지 않으며 다음의 세 가지 방법 모두 인정하고 있다. 단 유동성 순서에 따른 표시방법이 신뢰성 있고 더욱 목적적합한 경우를 제외하고는 원칙적으로 유동성 · 비유동성 구분법을 선택해야 한다.
① 유동성 · 비유동성 구분법
② 유동성 순서에 따른 표시방법
③ ①과 ②의 혼합법

---

3 유동과 비유동의 구분

자산과 부채는 다음의 경우에 유동자산 및 유동부채로 분류하고 그 외에는 비유동자산 및 비유동부채로 분류한다.

유동자산
① 기업이 정상영업주기 내에 실현될 것으로 예상되거나 정상영업주기 내에 판매하거나 소비될 의도가 있다.
② 주로 단기매매 목적으로 보유하고 있다.
③ 보고기간 후 12개월 이내에 실현될 것으로 예상한다.
④ 현금이나 현금성자산으로서, 교환이나 부채 상환 목적으로의 사용에 대한 제한 기간이 보고기간 후 12개월 이상이 아니다.

유동부채
① 정상영업주기 내에 결제될 것으로 예상되고 있다.
② 주로 단기매매 목적으로 보유하고 있다.
③ 보고기간 후 12개월 이내에 결제하기로 되어 있다.
④ 보고기간 후 12개월 이상 부채의 결제를 연기할 수 있는 무조건의 권리를 가지고 있지 않다.

자산과 부채는 1년 기준으로 하여 유동자산 또는 비유동자산, 유동부채 또는 비유동부채로 구분하는 것을 원칙으로 한다. 다만, 재고자산·매출채권 및 매입채무 등 운전자본에 대하여는 1년을 초과하더라도 정상적인 영업주기 내에 실현 혹은 결제되리라 예상되는 부분에 대하여서는 유동항목으로 분류한다.

(1) 적어도 12개월 이상 부채의 결제를 연기할 수 있는 권리

① 보고기간 후 적어도 12개월 이상 부채의 결제를 연기할 수 있는 기업의 권리는 실질적이어야 하고, 보고기간말 현재 존재해야 한다. 만약 특정 조건을 준수해야만 결제를 연기할 수 있는 권리가 있다면, 기업이 보고기간말 현재 해당 조건들을 준수한 경우에만 그 권리가 보고기간말 현재 존재한다. 비록 대여자가 해당 조건의 준수 여부를 보고기간말 후에 확인하더라도 기업은 보고기간말 현재 해당 조건들을 준수해야 한다.

② 부채의 분류는 기업이 보고기간 후 적어도 12개월 이상 부채의 결제를 연기할 권리의 행사 가능성에 영향을 받지 않는다. 부채가 비유동부채로 분류되는 기준을 충족한다면, 비록 경영진이 보고기간 후 12개월 이내에 부채의 결제를 의도하거나 예상하더라도, 또는 보고기간말과 재무제표 발행승인일 사이에 부채를 결제하더라도 비유동부채로 분류한다.

(2) 유동성 분류의 사례

① 보고기간일 현재의 결제기간이 12개월 이내의 장기차입금에 대해 보고기간 후 재무제표 발행승인일 전에 지급기일을 장기로 재조정하는 약정이 체결되더라도 유동부채로 분류한다.

② 보고기간 후 12개월 이내에 만기가 도래한다 하더라도 기업이 기존의 대출계약조건에 따라 보고기간 후 적어도 12개월 이상 부채를 차환하거나 연장할 것으로 기대하고 있고, 그런 재량권이 있다면, 비유동부채로 분류한다.

그러나 채무자에게 재량권이 없다면, 유동부채로 분류한다.

분류	내용	비고
유동부채	원칙적으로 적용 (보고기간 후 차환계약이 체결된 경우에도 동일함)	
비유동부채	보고기간 후 12개월 이상 부채를 차환 또는 연장할 것으로 기대하고 있고, 그런 재량권이 있는 경우	재량권이 없는 경우에는 유동부채

③ 보고기간 말 이전에 장기차입약정을 위반했을 때 대여자가 즉시 상환을 요구할 수 있는 채무는 보고기간 후 재무제표 발행승인일 전에 채권자가 약정위반을 이유로 상환을 요구하지 않기로 합의하더라도 유동부채로 분류한다.

④ 대여자가 보고기간 말 이전에 보고기간 후 적어도 12개월 이상의 유예기간을 주는 데 합의하여 그 유예기간 내에 기업이 위반사항을 해소할 수 있고, 또 그 유예기간 동안에는 대여자가 즉시 상환을 요구할 수 없다면 그 부채는 비유동부채로 분류한다.

차입약정 위반 시 대여자가 즉시 상환을 요구할 수 있는 장기금융부채의 분류 ▲

분류	내용	비고
유동부채	보고기간 말 이전에 위반한 경우 (보고기간 후 상환을 요구하지 않기로 합의한 경우에도)	
비유동부채	보고기간 말 이전에 12개월 이상의 유예기간을 부여하고 동 기간 내에 위반사항을 해소할 수 있는 경우 (보고기간 후에 결정되는 경우에는 해당되지 않음)	단, 유예기간 중 대여자가 상환을 요구할 수 없음

〈은행차입금의 유동성 분류〉
6개월 이내에 만기가 도래하는 차입금에 대해 보고기간일 전에 채권자와 만기가 3년인 새로운 계약을 체결하여 새로운 계약으로 기존 대출을 차환할 수 있는 권리와 의도가 있는 경우
(a) 재무상태표에서 어떻게 분류되는 것이 적절한가?
   기존의 은행차입금은 보고기간 후 6개월 내에 만기가 도래하지만, 기업이 새로운 계약기간으로 차환할 능력과 의도가 있기 때문에 비유동부채로 분류하는 것이 적절하다.
(b) 만약 새로운 차입계약이 다른 은행을 통해서 이루어진다면 기업이 보고기간 말에 대출을 차환할 능력이 있지만, 사실상 이는 기존 차입금을 상환하고, 신규 차입을 발생시키는 거래이므로 유동부채로 분류한다.

4 재무상태표 또는 주석에 표시되는 정보

기업은 재무제표에 표시된 개별항목을 기업의 영업활동을 나타내기에 적절한 방법으로 세분류하고, 그 추가적인 분류 내용을 재무상태표 또는 주석에 공시한다. 한국채택국제회계기준에서 예시하고 있는 세분류의 내용은 다음과 같다.

① 유형자산: 토지, 토지와 건물, 기계장치, 선박, 항공기, 차량운반구, 집기, 사무용비품 등
② 채권: 일반상거래 채권, 특수관계자 채권, 선급금 등
③ 재고자산: 상품, 소모품, 원재료, 재공품, 제품 등
④ 충당부채: 종업원급여 충당부채, 기타 충당부채 능
⑤ 납입자본과 적립금: 자본금, 주식발행초과금, 적립금 등

또한 재무상태표, 자본변동표 또는 주석에 다음 항목을 공시한다.

① 주식의 종류별로 다음의 사항
 ㉠ 수권주식수
 ㉡ 발행되어 납입 완료된 주식수와 발행되었으나 부분 납입된 주식수
 ㉢ 주당 액면금액 또는 무액면주식이라는 사실
 ㉣ 유통주식수의 기초 수량으로부터 기말 수량으로의 조정내역
 ㉤ 배당의 지급 및 자본의 환급에 대한 제한을 포함하여 각 종류별 주식에 부여된 권리, 우선권 및 제한사항
 ㉥ 발행주식 중 당해 기업, 종속기업 또는 관계기업이 소유하고 있는 주식
 ㉦ 옵션과 주식 매도 계약에 따라 발행 예정된 주식(조건과 금액 포함)
② 자본을 구성하는 각 적립금의 성격과 목적에 대한 설명

5 재무상태표 양식

재무상태표

(주)삼일   (단위: 천 원)

	20X2년 12월 31일	20X1년 12월 31일
자산		
비유동자산		
유형자산	350,700	360,020
영업권	80,800	91,200
기타무형자산	227,470	227,470
관계기업투자	100,150	110,770

상각후원가측정금융자산	142,500	156,000
	901,620	945,460
유동자산		
재고자산	135,230	132,500
매출채권	91,600	110,800
기타유동자산	25,650	12,540
현금및현금성자산	312,400	322,900
	564,880	578,740
자산총계	1,466,500	1,524,200
자본 및 부채		
지배기업의 소유주에게 귀속되는 자본		
납입자본	650,000	600,000
이익잉여금	243,500	161,700
기타자본구성요소	10,200	21,200
	903,700	782,900
비지배지분	70,050	48,600
자본총계	973,750	831,500
비유동부채		
장기차입금	120,000	160,000
이연법인세	28,800	26,040
장기충당부채	28,850	52,240
비유동부채합계	177,650	238,280
유동부채		
매입채무와 기타미지급금	115,100	187,620
단기차입금	150,000	200,000
유동성장기차입금	10,000	20,000
당기법인세부채	35,000	42,000
단기충당부채	5,000	4,800
유동부채합계	315,100	454,420
부채총계	492,750	692,700
자본 및 부채 총계	1,466,500	1,524,200

III 포괄손익계산서

포괄손익계산서란 일정기간 동안 발생한 모든 수익과 비용을 보고하는 재무제표이다. 포괄손익은 당기손익과 기타포괄손익으로 구성되며, 기타포괄손익은 당기손익으로 인식하지 않은 수익과 비용항목(재분류조정 포함)을 포함한다. 기타포괄손익항목으로는 예를 들어, 유형자산의 재평가잉여금과 기능통화로 작성된 재무제표를 표시통화로 환산하는 과정에서 발생한 해외사업장외화환산차이 등이 있다.

1 포괄손익계산서에 표시되는 정보

포괄손익계산서에 최소한 포함되어야 할 항목은 다음과 같다.

① 수익, 유효이자율법을 사용하여 계산한 이자수익은 별도 표시
　①-1 상각후원가로 측정한 금융자산의 제거로 발생한 손익
② 금융원가
　②-1 기업회계기준서 제1109호 제5.5절에 따라 결정된 손상차손(손상차손의 환입을 포함)
③ 지분법 적용대상인 관계기업과 공동기업의 당기순손익에 대한 지분
　③-1 금융자산을 상각후원가에서 당기손익-공정가치 측정 범주로 재분류하는 경우, 재분류일에 이전 금융자산의 상각후원가와 공정가치 간 차이로 발생하는 손익
　③-2 금융자산을 기타포괄손익-공정가치 측정 범주에서 당기손익-공정가치 측정 범주로 재분류하는 경우 이전에 인식한 기타포괄손익누적액 중 당기손익으로 재분류되는 손익
④ 법인세비용
⑤ 중단영업의 합계를 표시하는 단일금액

 심화학습

이자수익과 이자비용 표시방법
이자수익은 이자비용과 상계하지 않고 기업의 주된 영업활동이라면, 수익으로 표시하며, 주된 영업활동이 아니라면 영업외손익으로 분류될 것이다.

2 포괄손익계산서 작성

포괄손익계산서를 작성할 때 '단일 포괄손익계산서' 또는 '별개의 손익계산서와 포괄손익계산서' 중 하나의 양식을 선택하여 표시할 수 있다(3절 "포괄손익계산서 양식" 참고). 포괄손익계산서를 작성할 때 당기순손익과 총포괄손익은 비지배지분과 지배기업의 소유주 지분으로 구분하여 표시하여야 한다.

---

① 단일 포괄손익계산서
② 별개의 손익계산서(당기순손익의 구성요소를 배열하는 보고서)와 포괄손익계산서(당기순손익에서 시작하여 기타
　포괄손익의 구성요소를 배열하는 보고서)

포괄손익은 당기손익과 기타포괄손익으로 구성되며, 기타포괄손익은 당기손익으로 인식하지 않은 수익과 비용항목(재분류조정 포함)을 포함한다. 당기손익항목과 기타포괄손익항목 작성 시 유의사항을 살펴보겠다.

(1) 당기손익항목

기업은 성격별 분류법과 기능별 분류법 중 하나의 방법으로 당기손익으로 인식한 비용의 분석내용을 표시하며, 좀 더 신뢰성 있고 목적적합한 정보를 제공할 수 있는 방법을 선택하여 당기손익으로 인식한 비용의 분석내용을 표시한다.

1) 성격별 분류법

성격별 분류란 당기손익에 포함된 비용을 그 성격(예: 감가상각비, 원재료의 구입, 운송비, 종업원급여와 광고비)별로 통합하여 표시하는 방법이다. 성격별 분류법으로 비용을 분류하는 경우 비용을 기능별로 배분할 필요가 없기 때문에 작성이 간단할 수 있다. 비용의 성격별 분류의 예는 다음과 같다.

포괄손익계산서(성격별 분류)

(주)삼일

20X1년 1월 1일부터 12월 31일까지

수익	×× ×
기타수익	×× ×
총비용	(×× ×)
제품과 재공품의 변동	×× ×
원재료와 소모품의 사용액	×× ×
종업원급여비용	×× ×
감가상각비와 기타상각비	×× ×
기타비용	×× ×
금융원가	×× ×
관계기업의 이익에 대한 지분	(×× ×)
법인세비용차감전순이익	×× ×
법인세비용	(×× ×)
당기순이익	×× ×
기타포괄손익	×× ×
총포괄이익	×× ×

2) 기능별 분류법

기능별 분류란 비용을 매출원가, 그리고 물류원가와 관리활동원가 등과 같이 기능별로 분류하는 방법으로 매출원가를 다른 비용과 분리하여 공시하는 것이 특징이다. 이 방법은 성격별 분류보다 재무제표이용자에게 더욱 목적적합한 정보를 제공할 수 있지만 비용을 기능별로 배분해야 하기 때문에 자의적인 배분이 요구되고 상당한 정도의 판단이 개입될 수 있다는 것이 단점이다. 비용의 기능별 분류의 예는 다음과 같다.

<u>포괄손익계산서(기능별 분류)</u>

(주)삼일	20X1년 1월 1일부터 12월 31일까지	
수익		× × ×
매출원가		(× × ×)
매출총이익		× × ×
기타수익		× × ×
물류원가		(× × ×)
관리비		(× × ×)
기타비용		(× × ×)
금융원가		(× × ×)
관계기업의 이익에 대한 지분		× × ×
법인세비용차감전순이익		× × ×
법인세비용		(× × ×)
계속영업이익		× × ×
당기순이익		× × ×
기타포괄손익		× × ×
총포괄이익		× × ×

비용을 기능별로 분류하는 기업은 감가상각비, 기타 상각비와 종업원급여비용을 포함하여 비용의 성격별 분류에 대한 추가 정보를 주석에 공시한다.

(2) 기타포괄손익항목

기타포괄손익은 다른 한국채택국제회계기준서에서 요구하거나 허용하여 당기손익으로 인식하지 않은 수익과 비용항목을 말하며, 재분류조정을 포함한다. 다시 말해, 기타포괄손익은 손익거래의 결과임에도 불구하고 당기손익에는 포함되지 않는 항목들을 의미한다.

① 후속적으로 당기손익으로 재분류되지 않은 항목

- ㉠ 재평가잉여금의 변동
- ㉡ 당기손익－공정가치 측정 항목으로 지정한 특정 부채의 신용위험 변동으로 인한 공정가치 변동 금액
- ㉢ 기타포괄손익－공정가치 측정 항목으로 지정한 지분상품에 대한 투자에서 발생한 손익
- ㉣ 확정급여제도의 재측정요소
- ㉤ 관계기업 및 공동기업의 재분류되지 않는 기타포괄손익에 대한 지분
- ㉥ 기타포괄손익－공정가치로 측정하는 지분상품투자에 대한 위험회피에서 위험회피 수단의 평가손익 중 효과적인 부분

② 후속적으로 당기손익으로 재분류되는 항목

- ㉠ 기타포괄손익－공정가치로 측정하는 금융자산(채무상품)에서 발생한 손익
- ㉡ 해외사업장의 재무제표 환산으로 인한 손익
- ㉢ 현금흐름위험회피의 위험회피수단평가손익 중 효과적인 부분
- ㉣ 관계기업 및 공동기업의 재분류되는 기타포괄손익에 대한 지분

(3) 재분류조정

재분류조정은 당기나 과거 기간에 기타포괄손익으로 인식되었으나 당기손익으로 재분류된 금액을 말한다. 재분류조정은 그 조정액이 당기손익으로 재분류되는 기간의 기타포괄손익의 관련 구성요소에 포함되는데 다음과 같은 경우 발생된다.

---

① 기타포괄손익－공정가치 측정 금융자산(채무상품)이 제거되거나 손상되었을 때
② 해외사업장을 매각할 때
③ 위험회피예상거래가 당기손익에 영향을 미칠 때
④ 관계기업이나 공동기업의 기타포괄손익이 당기손익으로 재분류될 때

재분류조정은 포괄손익계산서나 주석에 표시할 수 있다. 재분류조정을 주석에 표시하는 경우에는 관련 재분류조정을 반영한 후에 기타포괄손익의 항목을 표시한다. 재분류조정은 재평가잉여금의 변동, 당기손익-공정가치 측정 항목으로 지정한 특정 부채의 신용위험 변동으로 인한 공정가치 변동, 기타포괄손익-공정가치 측정 항목으로 지정한 지분상품에 대한 투자에서 발생한 손익 및 확정급여제도의 재측정요소에 의해서는 발생하지 않는다. 이러한 구성요소는 기타포괄손익으로 인식하고 후속 기간에 당기손익으로 재분류하지 않는다. 그러나 재평가잉여금의 변동은 자산이 사용되는 후속 기간 또는 자산이 제거될 때 이익잉여금으로 대체될 수 있다.

(4) 기타포괄손익의 표시방법

기타포괄손익 부분은 당기손익으로 재분류되지 않은 항목과 당기손익으로 재분류되는 항목으로 각각 구분하여 포괄손익계산서에 표시한다.

그리고 기타포괄손익의 항목(재분류조정 포함)과 관련한 법인세비용 금액은 포괄손익계산서나 주석에 공시하며, 기타포괄손익의 항목은 다음 중 한 가지 방법으로 표시할 수 있다.

① 관련 법인세 효과를 차감한 순액으로 표시
② 기타포괄손익의 항목과 관련된 법인세 효과 반영 전 금액으로 표시하고, 각 항목들에 관련된 법인세 효과는 단일 금액으로 합산하여 표시

대안 ②를 선택하는 경우, 법인세는 후속적으로 당기손익 부분으로 재분류되는 항목과 재분류되지 않는 항목 간에 배분한다.

또한, 기타포괄손익의 구성요소와 관련된 재분류조정을 공시한다.

3 포괄손익계산서 양식

(1) 단일 포괄손익계산서로 작성

(당기손익과 기타포괄손익을 단일의 보고서에 표시하고 손익 내 비용을 기능별로 분류하는 사례)

포괄손익계산서

		(단위: 천 원)
	20X2년	20X1년
수익	390,000	355,000
매출원가	(245,000)	(230,000)
매출총이익	145,000	125,000

기타수익	20,667	11,300
물류원가	(9,000)	(8,700)
관리비	(20,000)	(21,000)
기타비용	(2,100)	(1,200)
영업이익	134,567	105,400
금융원가	(8,000)	(7,500)
관계기업의 이익에 대한 지분	35,100	30,100
법인세비용차감전순이익	161,667	128,000
법인세비용	(40,417)	(32,000)
계속영업이익	121,250	96,000
중단영업손실	–	(30,500)
당기순이익	121,250	65,500
기타포괄손익 :		
당기손익으로 재분류되지 않는 항목		
자산재평가잉여금	600	2,700
순확정급여부채(자산)의 재측정손익	(500)	1,000
관계기업의 기타포괄손익에 대한 처분	400	(700)
기타포괄손익-공정가치 측정 금융자산(지분상품)		
당기손익으로 재분류되는 항목		
해외사업장환산외환차이	(14,000)	28,000
현금흐름위험회피(파생상품 평가손익)	(500)	(3,000)
법인세비용차감후기타포괄손익	(14,000)	28,000
총포괄이익	107,250	93,500
당기순이익의 귀속:		
지배기업의 소유주	97,000	52,400
비지배지분	24,250	13,100
	121,250	65,500
총포괄이익의 귀속:		
지배기업의 소유주	85,800	74,800
비지배지분	21,450	18,700
	107,250	93,500
주당이익(단위: 원):		
기본 및 희석	0.46	0.30

(2) 별개의 손익계산서와 포괄손익계산서로 작성

(당기손익과 기타포괄손익을 두 개의 보고서에 표시하고 당기손익 내 비용을 성격별로 분류하는 사례)

손익계산서

(단위: 천 원)

	20X2년	20X1년
수익	390,000	355,000
기타수익	20,667	11,300
제품과 재공품의 변동	(115,100)	(107,900)
기업이 수행한 용역으로서 자본화되어 있는 부분	16,000	15,000
원재료와 소모품의 사용액	(96,000)	(92,000)
종업원급여비용	(45,000)	(43,000)
감가상각비와 기타 상각비	(19,000)	(17,000)
유형자산손상차손	(4,000)	–
기타비용	(6,000)	(5,500)
영업이익	141,567	115,900
금융원가	(15,000)	(18,000)
관계기업의 이익에 대한 지분	35,100	30,100
법인세비용차감전순이익	161,667	128,000
법인세비용	(40,417)	(32,000)
계속영업이익	121,250	96,000
중단영업손실	–	(30,500)
당기순이익	121,250	65,500
당기순이익의 귀속:		
지배기업의 소유주	97,000	52,400
비지배지분	24,250	13,100
	121,250	65,500
주당이익 (단위: 원):		
기본 및 희석	0.46	0.30

포괄손익계산서

(단위: 천 원)

	20X2년	20X1년
당기순이익	121,250	65,500
기타포괄손익:		
당기손익으로 재분류되지 않는 항목		
자산재평가잉여금	600	2,700
순확정급여부채(자산)의 재측정손익	(500)	1,000
관계기업의 기타포괄손익에 대한 처분	400	(700)
기타포괄손익−공정가치 측정 금융자산(지분상품)		
당기손익으로 재분류되는 항목		
해외사업장환산외환차이	(14,000)	28,000
현금흐름위험회피(파생상품 평가손익)	(500)	(3,000)
법인세비용차감후기타포괄손익	(14,000)	28,000
총포괄이익	107,250	93,500
총포괄이익의 귀속:		
지배기업의 소유주	85,800	74,800
비지배지분	21,450	18,700
	107,250	93,500

Ⅳ 자본변동표

1 자본변동표의 의의

자본변동표는 자본의 크기와 그 변동에 관한 정보를 제공하는 재무보고서로서, 자본을 구성하고 있는 각 분류별 납입자본, 각 분류별 기타포괄손익의 누계액과 이익잉여금의 누계액 등에 대한 포괄적인 정보를 제공해 준다. 따라서 기업실체의 자본변동에 관한 정보는 일정 기간 동안에 발생한 기업실체와 소유주(주주)간의 거래 내용을 이해하고 소유주에게 귀속될 이익 및 배당가능이익을 파악하는 데 유용하다.

2 자본변동표의 기본구조

한국채택국제회계기준 제1001호 '재무제표 표시'에서는 자본변동표에 최소한 표시되어야 하는 항목을 제시하고 있으며 구체적인 항목은 다음과 같다.

① 지배기업의 소유주와 비지배지분에게 각각 귀속되는 금액으로 구분하여 표시한 해당 기간의 총포괄손익
② 자본의 각 구성요소별로, 한국채택국제회계기준 제1008호 '회계정책, 회계추정치 변경과 오류'에 따라 인식된 소급적용이나 소급재작성의 영향
③ 자본의 각 구성요소별로 다음의 각 항목에 따른 변동액을 구분하여 표시한, 기초시점과 기말시점의 장부금액 조정내역
　㉠ 당기순손익
　㉡ 기타포괄손익의 각 항목
　㉢ 소유주로서의 자격을 행사하는 소유주와의 거래(소유주에 의한 출자와 소유주에 대한 배분, 그리고 지배력을 상실하지 않는 종속기업에 대한 소유지분의 변동을 구분하여 표시)

자본변동표나 주석에 당해 기간 동안에 소유주에 대한 배분으로 인식된 배당금액과 주당배당금을 표시한다.

3 자본변동표의 양식

자본변동표
제×기 20X1년 1월 1일부터 20X1년 12월 31일까지
제×기 20X2년 1월 1일부터 20X2년 12월 31일까지

(주)삼일 (단위: 천 원)

	납입자본	이익 잉여금	해외사업장 환산	현금흐름 위험회피	재평가 잉여금	총계	비지배 지분	총자본
20X1년 1월 1일 현재 잔액	600,000	118,100	(2,400)	2,000	–	717,700	29,800	747,500
회계정책의 변경	–	400	–	–	–	400	100	500
재작성된 금액	600,000	118,500	(2,400)	2,000	–	718,100	29,900	748,000
20X1년 자본의 변동								
배당	–	(10,000)	–	–	–	(10,000)	–	(10,000)
총포괄손익	–	53,200	22,400	(2,400)	1,600	74,800	18,700	93,500
20X1년 12월 31일 현재 잔액	600,000	161,700	20,000	(400)	1,600	782,900	48,600	831,500
20X2년 자본의 변동								
유상증자	50,000	–	–	–	–	50,000	–	50,000
배당	–	(15,000)	–	–	–	(15,000)	–	(15,000)
총포괄손익	–	96,600	(11,200)	(400)	800	85,800	21,450	107,250
이익잉여금 으로 대체	–	200	–	–	(200)	–	–	–
20X2년 12월 31일 현재 잔액	650,000	243,500	8,800	(800)	2,200	903,700	70,050	973,750

V 현금흐름표

현금흐름표는 기업의 현금및현금성자산에 대한 창출능력과 기업의 현금흐름 사용 필요성에 대한 평가의 기초를 재무제표이용자에게 제공하는 재무제표로서 영업활동으로 인한 현금흐름, 투자활동으로 인한 현금흐름 및 재무활동으로 인한 현금흐름으로 구분하여 표시한다. 현금흐름표에 대한 자세한 내용은 24장에서 설명하기로 한다.

VI 주석공시

주석(footnote)은 재무제표를 이해하는 데 필요한 추가적인 정보를 기술한 것으로서 재무제표의 본문과 별도로 작성되며 추가적 설명이 필요하거나 동일한 내용으로 둘 이상의 계정과목에 대하여 설명을 하게 되는 경우에 사용된다. 주석이 필요한 경우에는 해당 재무제표상 관련과목이나 금액 옆에 (주석 ×) 또는 (주석 × 참조)식으로 표시한 후, 별지에 주석번호 순서대로 필요한 설명을 한다.

주석은 재무제표의 하나로서 재무제표 이용자에게 유용하고 의미있는 회계정보제공을 위해서 필수불가결한 정보이므로 현대 기업회계의 추세는 주석공시를 강화하는 방향으로 발전해 가고 있으며 우리나라에서도 이를 반영하여 주석공시사항이 계속적으로 증가되고 있다. 주요 주석공시사항은 다음과 같다.

---

① 한국채택국제회계기준을 준수하였다는 사실
② 적용한 유의적인 회계정책
③ 재무상태표, 포괄손익계산서, 자본변동표 및 현금흐름표에 표시된 항목에 대한 보충정보
④ 우발부채 및 약정사항
⑤ 비재무적 공시항목
⑥ 추정의 불확실성에 대한 주요 원천
⑦ 자본관리와 관련된 사항

MEMO

01 다음 중 재무상태표의 작성기준으로 가장 올바르지 않은 것은?

① 한국채택국제회계기준에서 요구하거나 허용하지 않는 한 자산과 부채 그리고 수익과 비용은 상계하지 않는다.

② 중요하지 않은 항목은 성격이나 기능이 유사한 항목과 통합하여 표시할 수 있다.

③ 재무상태표에 포함될 항목은 세부적으로 명시되어 있으며, 기업의 재량에 따라 추가 또는 삭제하는 것은 허용되지 않는다.

④ 유동성 순서에 따른 표시방법이 신뢰성 있고 더욱 목적적합한 정보를 제공하는 경우를 제외하고는 원칙적으로 유동성·비유동성 구분법을 선택해야 한다.

02 다음 중 K-IFRS에서 예시하고 있는 포괄손익계산서에 포함될 최소한의 항목으로 가장 올바르지 않은 것은?

① 수익
② 금융원가
③ 법인세비용
④ 매출원가

03 재무제표에 대한 설명 중 옳지 않은 것은?

① 재무상태는 일정기간 동안 기업의 재무상태를 보여주는 보고서이다.

② 포괄손익계산서는 일정기간 동안 발생한 모든 수익과 비용을 보고하는 재무제표이다.

③ 주석도 재무제표에 포함된다.

④ 현금흐름표의 현금흐름은 영업활동으로 인한 현금흐름, 투자활동으로 인한 현금흐름, 재무활동으로 인한 현금흐름으로 구성된다.

04 다음의 포괄손익계산서에 대한 설명 중 옳지 않은 것은?

① 포괄손익계산서는 일정기간 동안 소유주의 투자나 소유주에 대한 분배거래를 제외한 기타거래에서 발생하는 순자산의 변동내용을 표시하는 동태적 보고서이다.

② 포괄손익계산서는 단일의 포괄손익계산서를 작성하거나 당기순손익을 표시하는 손익계산서와 포괄손익계산서를 포함하는 2개의 보고서로 작성될 수 있다.

③ 포괄손익계산서에서 비용을 표시할 때는 기능별로 분류하여 표시하여야 한다.

④ 기타포괄손익항목은 관련 법인세효과를 차감한 순액으로 표시하거나 세전금액으로 표시하고 관련 법인세효과는 단일 금액으로 합산하여 표시하는 방법이 가능하다.

05 다음은 재무상태표 작성방법에 대한 설명이다. 옳은 것은?

① 재무상태표의 형식이나 계정과목순서에 대해서 강제규정을 두고 있다.

② 기업이 정상영업주기 내에 실현될 것으로 예상되거나 정상영업주기 내에 판매하거나 소비될 의도가 있는 자산은 유동자산으로 분류한다.

③ 재무상태표를 작성할 때 반드시 유동성배열법을 사용하여야 한다.

④ 원래의 결제기간이 12개월을 초과하고, 보고기간 후 재무제표 발행승인일 전에 지급기일을 장기로 재조정하는 약정이 체결되었으나, 보고기간 후 12개월 이내에 결제일이 도래하면 비유동부채로 분류한다.

06 기타포괄손익 항목 중 후속적으로 당기손익으로 재분류될 수 있는 것은?

① 재평가잉여금의 변동
② 기타포괄손익—공정가치 측정 항목으로 지정한 지분상품에 대한 투자에서 발생한 손익
③ 확정급여제도의 재측정요소
④ 해외사업장의 재무제표 환산으로 인한 손익

07 다음 중 재무제표에 관한 설명으로 가장 올바르지 않은 것은?

① 재고자산, 매출채권 등의 운전자본에 대해서는 보고기간 후 12개월 이내 또는 1년을 초과하더라도 정상적인 영업주기 내에 판매 또는 실현되리라 예상되는 경우에는 유동자산으로 분류한다.
② 포괄손익계산서에서 비용을 표시할 때 반드시 기능별로 분류하여 표시한다.
③ 자본변동표는 지배기업의 소유주와 비지배지분에게 각각 귀속되는 금액으로 구분하여 표시한 해당 기간의 총포괄손익 정보를 포함한다.
④ 현금흐름표는 기업의 현금및현금성자산에 관한 창출능력과 기업의 현금흐름 사용 필요성에 관한 평가의 기초 정보를 정보이용자에게 제공한다.

08 다음은 자산에 속하는 계정들의 잔액이다. 유동성 분류에 따라 재무상태표에 유동자산으로 계상될 금액은 얼마인가?

ㄱ. 장기대여금	40,000원	ㄴ. 매출채권	400,000원
ㄷ. 재고자산	600,000원	ㄹ. 선급금	50,000원
ㅁ. 기계장치	800,000원	ㅂ. 개발비	40,000원

① 1,000,000원

② 1,040,000원

③ 1,050,000원

④ 1,090,000원

09 다음 중 포괄손익계산서의 작성과 관련된 설명으로 가장 올바르지 않은 것은?

① 단일포괄손익계산서 또는 별개의 손익계산서와 포괄손익계산서 중 하나의 양식을 선택할 수 있다.

② 포괄손익은 크게 당기손익과 기타포괄손익으로 구성된다.

③ 영업이익은 수익에서 매출원가 및 판매비와관리비에 해당하는 비용을 차감하여 산출한 금액이다.

④ 비용을 성격별로 분류하여 손익계산서를 작성한 기업은 비용의 기능별 배부에 대한 내용을 주석에 추가적으로 공시하여야 한다.

10 다음 중 재무상태표상 유동항목으로 분류될 항목으로 가장 올바르지 않은 것은?

① 정상 영업주기 내에 판매될 것으로 예상되는 재고자산

② 사용제한 없는 보통예금

③ 단기매매 목적으로 보유하는 다른 기업의 주식

④ 보고기간 후 12개월 이내에 결제일이 도래하는 차입금으로서 보고기간 후 12개월 이상 만기를 연장할 것으로 기대하고 있고, 그런 재량권이 있는 차입금

11 다음 중 재무제표의 작성 및 표시에 관한 설명으로 가장 올바르지 않은 것은?

① 경영진은 재무제표를 작성할 때 계속기업으로서의 존속가능성을 평가해야 한다.
② 매출채권에 대해 대손충당금을 차감하여 순액으로 측정하는 것은 상계표시에 해당한다.
③ 기업은 현금흐름 정보를 제외하고는 발생기준 회계를 사용하여 재무제표를 작성한다.
④ 중요하지 않은 항목은 성격이나 기능이 유사한 항목과 통합하여 표시할 수 있다.

12 다음 중 포괄손익계산서에 관한 설명으로 가장 올바르지 않은 것은?

① 포괄손익계산서에서 비용을 기능별 분류를 하는 경우 성격별 분류에 대한 추가 정보를 주석에 공시해야 한다.
② 금융원가는 포괄손익계산서에 표시해야 할 최소한의 항목 중 하나이다.
③ 기타포괄손익은 손익거래의 결과임에도 불구하고 당기손익에는 포함되지 않는 항목들을 의미한다.
④ 매출원가가 표시되어 있는 포괄손익계산서는 비용을 성격별로 분류하고 있는 것이다.

13 다음 중 포괄손익계산서에 대한 설명으로 가장 올바르지 않은 것은?

① 포괄손익계산서는 기타포괄손익을 후속적으로 당기순이익으로 재분류되는 항목과 재분류되지 않는 항목을 구분하여 표시한다.
② 기타포괄손익 항목은 관련 법인세 효과를 차감한 순액으로 표시해야만 한다.
③ 포괄손익계산서에서 비용을 기능별 분류를 하는 경우 주석에 성격별 분류 내용을 공시해야 한다.
④ 포괄손익계산서를 작성할 때'단일 포괄손익계산서'또는'별개의 손익계산서와 포괄손익계산서' 중 하나의 양식을 선택하여 표시할 수 있다.

14 다음 중 포괄손익계산서에서 당기순손익과 총포괄손익 간에 차이를 발생시키는 항목으로 가장 옳은 것은?

① 투자부동산 평가손익
② 확정급여제도의 재측정요소
③ 당기손익-공정가치 측정 금융자산 평가손익
④ 자기주식처분이익

15 다음 중 재무제표 작성과 관련된 설명으로 가장 올바르지 않은 것은?

① 경영진이 경영활동의 중단 이외에 다른 현실적 대안이 없는 경우에도 재무제표는 계속기업의 기준 하에 작성하여야 한다.
② 원칙적으로 당기 재무제표에 보고되는 모든 금액에 대해 전기 비교정보를 공시하여야 한다.
③ 재무제표와 주석에 적용하는 중요성의 기준은 다를 수 있다.
④ 자산과 부채는 원칙적으로 상계하지 않으나 매출채권에 대한 대손충당금을 순액으로 측정하여 보고하는 것은 상계표시에 해당하지 않는다.

16 다음 중 재무제표 작성에 관한 설명으로 가장 올바르지 않은 것은?

① 비교정보를 포함한 전체 재무제표는 적어도 1 년마다 작성되어야 한다.
② 재무제표 본문과 주석에 적용하는 중요성의 기준은 항상 일치하여야 한다.
③ 중요하지 않은 항목은 성격이나 기능이 유사한 항목과 통합하여 표시할 수 있다.
④ 한국채택국제회계기준을 준수하여 재무제표를 작성하는 기업은 그 사실을 주석에 기재하여야 한다.

보고기간후사건, 특수관계자 공시, 중간재무보고

I 보고기간후사건

1 개념 및 의의

보고기간후사건이란 보고기간 말과 재무제표 발행승인일 사이에 발생한 유리하거나 불리한 사건 으로 다음 두 가지 유형으로 구분한다.

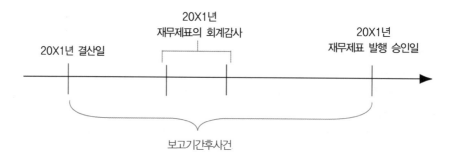

① 수정을 요하는 보고기간후사건: 보고기간 말에 존재하였던 상황에 대해 증거를 제공하는 사건
② 수정을 요하지 않는 보고기간후사건: 보고기간 후에 발생한 상황을 나타내는 사건

재무제표 발행승인일은 주주가 재무제표를 승인한 날이 아니라 주주총회에 제출하기 위한 재무 제표를 이사회가 발행 승인한 날을 의미한다.

또한 경영진이 별도의 감독이사회(비집행이사로만 구성)의 승인을 얻기 위하여 재무제표를 발행 하는 경우 발행승인일은 경영진이 감독이사회에 제출하기 위하여 승인한 날이다.

2 인식과 측정

(1) 보고기간종료일 후 사건의 구분 및 회계처리

1) 수정을 요하는 보고기간후사건

수정을 요하는 보고기간후사건은 이를 반영하기 위하여 재무제표에 이미 인식한 금액은 수정하고, 재무제표에 인식하지 아니한 항목은 새로 인식하여야 한다. 수정을 요하는 보고기간후사건의 예는 다음과 같다.

① 보고기간 말에 존재하였던 현재의무가 보고기간 후에 소송사건의 확정에 의해 확인되는 경우
② 보고기간 말에 이미 자산손상이 발생되었음을 나타내는 정보를 보고기간 후에 입수하는 경우나 이미 손상차손을 인식한 자산에 대하여 손상차손금액의 수정이 필요한 정보를 보고기간 후에 입수하는 경우
  ㉠ 보고기간 후의 매출처 파산은 일반적으로 보고기간 말에 고객의 신용이 손상되었음을 확인해준다.
  ㉡ 보고기간 후의 재고자산 판매는 보고기간 말의 순실현가능가치에 대한 증거를 제공할 수 있다.
③ 보고기간 말 이전에 구입한 자산의 취득원가나 매각한 자산의 대가를 보고기간 후에 결정하는 경우
④ 보고기간 말 이전 사건의 결과로서 보고기간 말에 종업원에게 지급하여야 할 법적 의무나 의제의무가 있는 이익분배나 상여금지급 금액을 보고기간 후에 확정하는 경우
⑤ 재무제표가 부정확하다는 것을 보여주는 부정이나 오류를 발견한 경우

2) 수정을 요하지 않는 보고기간후사건

수정을 요하지 않는 보고기간후사건은 재무제표에 인식된 금액을 수정하지 아니한다. 이러한 사건의 예로는 보고기간 말과 재무제표 발행승인일 사이에 투자자산의 공정가치 하락을 들 수 있다. 공정가치의 하락은 일반적으로 보고기간 말의 상황과 관련된 것이 아니라 보고기간 후에 발생한 상황이 반영된 것이다. 따라서 그 투자자산에 대해서 재무제표에 인식된 금액을 수정하지 아니한다.

기업은 수정을 요하지 않는 보고기간후사건으로서 중요한 것은 그 범주별로 다음 사항을 공시한다.

---
① 사건의 성격
② 사건의 재무적 영향에 대한 추정치 또는 그러한 추정을 할 수 없는 경우 이에 대한 설명
---

(2) 배당금

보고기간 후부터 재무제표 발행 승인일 전에 지분상품 보유자에 대해 배당을 선언한 경우 그 배당금을 보고기간 말의 부채로 인식하지 않는다. 왜냐하면 보고기간 말에는 기업이 배당을 지급하겠다고 선언을 하지 않은 상태이므로 보고기간 말에 현재 의무가 존재하지 않기 때문이다. 따라서 미지급배당금 등은 배당을 선언한 날(즉, 다음연도)에 회계처리한다.

(3) 계속기업

경영진이 보고기간 후에, 기업을 청산하거나 경영활동을 중단할 의도를 가지고 있거나, 청산 또는 경영활동의 중단 외에 다른 현실적 대안이 없다고 판단하는 경우에는 계속기업의 기준에 따라 재무제표를 작성해서는 아니된다.

만약 계속기업의 가정이 더 이상 적절하지 않다면 그 효과가 광범위하게 미치므로, 단순히 원래의 회계처리방법 내에서 이미 인식한 금액을 조정하는 정도가 아니라 회계처리방법을 근본적으로 변경해야 한다.

한국채택국제회계기준 제1001호 '재무제표 표시'에서는 다음의 경우에 대한 공시 사항을 규정하고 있다.

---

① 재무제표가 계속기업의 기준 하에 작성되지 않은 경우
② 계속기업으로서의 존속 능력에 대해 유의적인 의문이 제기될 수 있는 사건이나 상황과 관련된 중요한 불확실성을 경영진이 알게 된 경우

Ⅱ 특수관계자 공시

1 특수관계자 공시의 목적

특수관계는 상거래에서 흔히 나타난다. 예를 들어, 기업은 영업활동의 일부를 종속기업, 공동기업 및 관계기업을 통하여 수행하기도 한다. 이 경우 기업은 지배력, 공동지배력 또는 유의적인 영향력을 통하여 피투자자의 재무정책과 영업정책에 영향을 미칠 수 있고 그에 따라 피투자자의 당기순손익과 재무상태에 영향을 미칠 수 있다. 특수관계자는 특수관계가 아니라면 이루어지지 않을

거래를 성사시킬 수 있기 때문이다. 예를 들어, 기업이 지배기업에 원가로 판매하는 재화를 다른 고객에게는 동일한 조건으로 판매하지 않을 수 있다. 또한 특수관계자거래의 거래 금액은 특수관계에 있지 않은 자와의 거래의 거래 금액과는 다르게 이루어질 수 있다.

또한 특수관계자거래가 없더라도 특수관계 자체가 기업의 당기순손익과 재무상태에 영향을 줄수 있다. 특수관계가 존재한다는 사실만으로도 기업과 다른 당사자와의 거래에 영향을 줄 수 있기 때문이다. 예를 들어, 지배기업이 종속기업의 거래처와 동일한 활동을 하는 기업을 인수하여 그기업의 지배기업이 되는 경우에 종속기업은 이전 거래처와 거래를 중단할 수 있다. 또 다른 경우 기업은 특수관계자의 유의적인 영향력 때문에 활동에 제약을 받을 수 있다. 예를 들어, 지배기업은 종속기업이 연구개발 활동을 하지 않도록 지시할 수 있다.

이러한 이유로 특수관계자와의 거래, 약정을 포함한 채권·채무 잔액 및 특수관계에 대한 이해는 재무제표이용자가 기업이 직면하고 있는 위험과 기회에 대한 평가를 포함하여 기업의 영업을 평가하는 데 영향을 줄 수 있다.

2 특수관계자의 범위

당해 기업의 특수관계자는 개인과 기업 두 가지로 구분해 볼 수 있다. 개인의 경우, 다음 중 어느 하나에 해당한다면 그 개인이나 그 개인의 가까운 가족은 보고기업과 특수관계에 있는 것으로 본다.

---

① 보고기업에 지배력 또는 공동지배력이 있는 경우
② 보고기업에 유의적인 영향력이 있는 경우
③ 보고기업 또는 그 지배기업의 주요 경영진의 일원인 경우

위에서 언급한 개인의 가까운 가족은 당해 기업과의 거래 관계에서 개인의 영향을 받거나 영향력을 행사할 것으로 예상되는 가족으로 자녀 및 배우자 또는 배우자의 자녀 및 당해 개인이나 배우자의 피부양자 등을 포함한다.

기업의 경우, 다음 중 어느 하나에 해당한다면 보고기업과 특수관계에 있는 것으로 본다.

① 기업과 보고기업이 동일한 연결실체 내의 일원인 경우
  (지배기업과 종속기업 및 연결실체 내의 다른 종속기업은 서로 특수관계에 있음을 의미)
② 한 기업이 다른 기업의 관계기업이거나 공동기업인 경우
  (또는 그 다른 기업이 속한 연결실체 내의 일원의 관계기업이거나 공동기업인 경우)
③ 두 기업이 동일한 제3자의 공동기업인 경우
④ 제3의 기업에 대해 한 기업이 공동기업이고 다른 기업이 관계기업인 경우
⑤ 기업이 보고기업이나 그 보고기업과 특수관계에 있는 기업의 종업원급여를 위한 퇴직급여제도인 경우, 보고기업 자신이 퇴직급여제도인 경우, 그 제도의 책임 사용자도 보고기업과 특수관계에 있음.
⑥ 기업이 특수관계인 개인에 의해 지배 또는 공동지배되는 경우
⑦ 보고기업에 지배력 또는 공동지배력이 있는 것으로 식별된 특수관계자 개인이 기업에 유의적인 영향력이 있거나 그 기업(또는 그 기업의 지배기업)의 주요 경영진의 일원인 경우

3 공시

1) 지배, 종속기업간 특수관계의 주석공시

지배기업과 그 종속기업 사이의 관계는 거래의 유무에 관계없이 공시하며, 기업은 지배기업의 명칭을 공시한다. 다만, 최상위 지배자와 지배기업이 다른 경우에는 최상위 지배자의 명칭도 공시한다. 지배기업과 최상위 지배자가 일반이용자가 이용할 수 있는 연결재무제표를 작성하지 않는 경우에는 일반이용자가 이용할 수 있는 연결재무제표를 작성하는 가장 가까운 상위의 지배기업의 명칭도 공시한다.

가장 가까운 상위의 지배기업이란 지배기업보다는 상위에 있고 일반이용자가 이용할 수 있는 연결재무제표를 작성하는 지배기업 가운데 연결실체에서 가장 하위에 있는 지배기업을 말한다.

2) 주요 경영진의 주석공시

주요 경영진에 대한 보상의 총액과 다음 분류별 금액을 공시한다.

① 단기종업원급여
② 퇴직급여
③ 기타 장기종업원급여
④ 해고급여
⑤ 주식기준보상

3) 특수관계자거래가 있는 경우의 주석공시

회계기간 내에 특수관계자거래가 있는 경우, 기업은 이용자가 재무제표에 미치는 특수관계의 잠재적 영향을 파악하는 데 필요한 거래, 약정을 포함한 채권·채무 잔액에 대한 정보뿐만 아니라 특수관계의 성격도 공시한다. 공시는 최소한 다음 내용을 포함한다.

---

① 거래 금액
② 약정을 포함한 채권·채무 잔액과 다음 사항
　　㉠ 그 채권·채무의 조건(담보 제공 여부 포함)과 결제할 때 제공될 대가의 성격
　　㉡ 그 채권·채무에 대하여 제공하거나 제공받은 보증의 상세 내역
③ 채권 잔액에 대하여 설정된 대손충당금
④ 특수관계자 채권에 대하여 당해 기간 중 인식된 대손상각비

---

4) 특수관계자별 주석공시

3)에서 규정하는 사항은 다음과 같은 범주로 분류하여 공시한다.

---

① 지배기업
② 당해 기업을 공동지배하거나 당해 기업에 유의적인 영향력을 행사하는 기업
③ 종속기업
④ 관계기업
⑤ 당해 기업이 참여자인 공동기업
⑥ 당해 기업이나 당해 기업의 지배기업의 주요 경영진
⑦ 그 밖의 특수관계자

---

5) 기타

독립된 당사자 사이의 거래 조건에 따라 거래가 이루어졌음을 입증할 수 있는 경우에 한하여 특수관계자거래가 그러한 조건으로 이루어졌다는 사실을 공시한다.

기업의 재무제표에 미치는 특수관계자거래의 영향을 파악하기 위하여 분리하여 공시할 필요가 있는 경우를 제외하고는 성격이 유사한 항목은 통합하여 공시할 수 있다.

Ⅲ 중간재무보고

중간재무보고서는 한 회계연도보다 짧은 회계기간(분기 또는 반기)을 대상으로 하는 재무제표를 말한다. 중간재무보고를 하는 가장 중요한 이유는 회계정보의 적시성을 확보하여 줌으로써 회계정보의 유용성을 높일 수 있기 때문이다.

반면에 중간재무보고를 할 때는 주관이 많이 개입되므로 회계정보의 신뢰성이 떨어질 수 있는 문제점이 있을 수 있다. 그러나 이러한 문제점이 있음에도 회계정보의 적시성을 높여주기 위하여 우리나라에서는 상장회사의 경우에는 중간재무보고서를 작성·공시하도록 규정하고 있다.

(1) 용어의 정의

중간재무보고와 관련된 용어의 정의는 다음과 같다.

① 중간기간: 한 회계연도보다 짧은 회계기간
② 중간재무보고서: 중간기간에 대한 재무보고서로서 한국채택국제회계기준 제1001호 '재무제표 표시'에 따른 전체 재무제표 또는 이 기준에 따른 요약재무제표를 포함한 보고서

(2) 중간재무보고서의 내용

1) 중간재무보고서의 종류

중간재무보고서는 최소한 다음의 구성요소를 포함하여야 한다.

---

① 요약재무상태표
② 다음 중 하나로 표시되는 요약포괄손익계산서
  ㉠ 단일 요약포괄손익계산서
  ㉡ 별개의 요약손익계산서와 요약포괄손익계산서
③ 요약자본변동표
④ 요약현금흐름표
⑤ 선별적 주석

---

2) 중간재무제표의 형식과 내용

전체 재무제표를 중간재무보고서에 포함하는 경우, 이러한 재무제표는 한국채택국제회계기준 제1001호 '재무제표 표시'에서 정한 전체 재무제표의 형식과 내용에 부합하여야 한다.

요약재무제표를 중간재무보고서에 포함하는 경우, 이러한 재무제표는 최소한 직전 연차재무제표에 포함되었던 제목, 소계 및 이 기준에서 정하는 선별적 주석을 포함하여야 한다. 단, 추가적인 항목이나 다른 주석들이 생략될 경우 요약중간재무제표가 재무제표이용자의 오해를 유발할 수 있다면 그러한 항목이나 주석은 추가되어야 한다.

한편 기본주당이익과 희석주당이익은 기업이 한국채택국제회계기준 제1033호 '주당이익'의 적용범위에 해당하는 경우에 중간기간의 당기순손익의 구성요소를 표시하는 재무제표에 표시한다.

한국채택국제회계기준 제1001호 '재무제표 표시'에서 규정하는 별개의 손익계산서에 당기순손익의 구성요소를 표시하는 경우에는 별개의 손익계산서에 기본주당이익과 희석주당이익을 표시한다.

3) 선별적 주석

다음과 같은 정보가 중요하고 중간재무보고서의 다른 곳에 공시되지 않았다면, 최소한 이러한 정보는 중간재무제표에 대한 주석에 포함하여야 한다. 이러한 정보는 일반적으로 당해 회계연도 누적기준으로 보고한다. 그러나 당해 중간기간을 이해하는 데 중요한 사건이나 거래도 공시한다.

① 직전 연차재무제표와 동일한 회계정책과 계산방법을 사용하였다는 사실 또는 회계정책이나 계산방법에 변경이 있는 경우 그 내용과 영향
② 중간기간 영업활동의 계절적 또는 주기적 특성에 대한 설명
③ 내용, 크기, 또는 발생빈도 때문에 비경상적인 항목으로서 자산, 부채, 자본, 순이익, 현금흐름에 영향을 미치는 항목의 내용과 금액
④ 당해 회계연도의 이전 중간기간에 보고된 추정금액에 대한 변경 또는 과거 회계연도에 보고된 추정금액에 대한 변경으로서 그 변경이 당해 중간기간에 중요한 영향을 미치는 경우 그 내용과 금액
⑤ 채무증권과 지분증권의 발행, 재매입 및 상환
⑥ 보통주식과 기타 주식으로 구분하여 지급된 배당금(배당금 총액 또는 주당배당금)
⑦ 영업부문에 대한 정보(한국채택국제회계기준 제1108호 '영업부문'에서 연차재무제표에 공시를 요구하는 경우)
⑧ 중간보고기간 말 후에 발생하였으나 중간재무제표에 반영되지 않은 중요한 사건
⑨ 사업결합, 종속기업 및 장기투자에 대한 지배력의 획득이나 상실, 구조조정, 중단영업 등으로 중간기간 중 기업 구성에 변화가 있는 경우 그 효과
⑩ 직전 연차보고기간 말 후에 발생한 우발부채나 우발자산의 변동

4) 중간재무제표가 제시되어야 하는 기간

중간재무보고서는 다음 기간에 대한 중간재무제표(요약 또는 전체)를 포함하여야 한다.

① 당해 중간보고기간 말과 직전 연차보고기간 말을 비교하는 형식으로 작성한 재무상태표
② 당해 중간기간과 당해 회계연도 누적기간을 직전 회계연도의 동일기간과 비교하는 형식으로 작성한 포괄손익
　계산서
③ 당해 회계연도 누적기간을 직전 회계연도의 동일기간과 비교하는 형식으로 작성한 자본변동표
④ 당해 회계연도 누적기간을 직전 회계연도의 동일기간과 비교하는 형식으로 작성한 현금흐름표

예를 들어, 연차보고기간 말 12월 31일인 회사의 20X2년도 2분기 중간재무제표(회계기간이 4월 1일부터 6월 30일까지)를 20X1년도 재무제표와 비교하는 형식으로 작성한다면 각 중간재무제표의 보고기간 말 또는 보고기간은 다음과 같다.

재무제표 종류	당기(20X2년도)	전기(20X1년도)
재무상태표	20X2. 6. 30.	20X1. 12. 31.
포괄손익계산서	20X2. 4. 1. ~ 6. 30. 20X2. 1. 1. ~ 6. 30.	20X1. 4. 1. ~ 6. 30. 20X1. 1. 1. ~ 6. 30.
자본변동표, 현금흐름표	20X2. 1. 1. ~ 6. 30.	20X1. 1. 1. ~ 6. 30.

계절성이 높은 사업을 영위하는 기업의 경우, 중간보고기간 말까지 12개월 기간의 재무정보와 직전 회계연도의 동일기간에 대한 비교 재무정보는 유용할 것이다. 따라서 계절성이 높은 사업을 영위하는 기업은 이러한 정보를 보고할 것을 권장한다.

5) 연차재무제표 공시

특정 중간기간에 보고된 추정금액이 최종 중간기간에 중요하게 변동하였지만 최종 중간기간에 대하여 별도의 재무보고를 하지 않는 경우, 추정의 변동 내용과 금액을 해당 회계연도의 연차재무제표에 주석으로 공시하여야 한다.

(3) 인식과 측정

1) 연차기준과 동일한 회계정책

중간재무제표는 연차재무제표에 적용하는 회계정책과 동일한 회계정책을 적용하여 작성한다. 직전 연차보고기간 말 후에 회계정책을 변경하여 그 후의 연차재무제표에 반영하는 경우에는 변경된 회계정책을 적용한다. 그러나 연차재무제표의 결과가 보고빈도(연차보고, 반기보고, 분기보고)에 따라 달라지지 않아야 한다. 이러한 목적을 달성하기 위하여 중간재무보고를 위한 측정은 당해 회계연도 누적기간을 기준으로 하여야 한다.

중간재무제표에 대하여 연차재무제표에서와 동일한 회계정책을 적용한다는 것은 개별 중간기간을 독립적 보고기간으로 간주하여 중간기간에 대해 측정하라는 뜻으로 여겨질 수도 있다. 그러나 재무보고의 작성빈도가 연차재무제표의 결과에 영향을 미치지 않아야 한다는 점을 지적하여 중간기간은 회계연도의 부분이라는 사실을 인정하고 있다.

2) 계절적, 주기적 또는 일시적인 수익

계절적, 주기적 또는 일시적으로 발생하는 수익은 연차보고기간 말에 미리 예측하여 인식하거나 이연하는 것이 적절하지 않은 경우 중간보고기간 말에도 미리 예측하여 인식하거나 이연하여서는 아니된다.

3) 연중 고르지 않게 발생하는 원가

연중 고르지 않게 발생하는 원가는 연차보고기간 말에 미리 비용으로 예측하여 인식하거나 이연하는 것이 타당한 방법으로 인정되는 경우에 한하여 중간재무보고서에서도 동일하게 처리한다.

(4) 이전에 보고된 중간기간에 대한 재작성

새로운 한국채택국제회계기준서의 경과규정에 의하지 않은 회계정책의 변경은 다음과 같이 재무제표에 반영하여야 한다.

① 당해 회계연도의 이전 중간기간의 재무제표 및 비교표시되는 과거 회계연도 중간기간의 재무제표를 재작성한다.
② 새로운 회계정책을 적용하게 되는 회계연도 개시일에, 회계변경의 누적효과를 이전의 전체 회계기간에 적용하는 것이 실무상 어려울 경우에는 실무적으로 적용할 수 있는 최초일부터 새로운 회계정책을 전진적으로 적용하여 당해 회계연도의 이전 중간기간과 비교표시되는 과거 회계연도의 중간기간에 대한 재무제표를 조정한다.

01 보고기간후사건에 대한 회계처리의 설명 중 옳지 않은 것은?

① 보고기간후사건이란 보고기간 말과 재무제표 발행승인일 사이에 발생한 유리하거나 불리한 사건을 말한다.

② 재무제표 발행승인일이란 주주가 재무제표를 승인한 날이 아니라 주주총회에 제출하기 위한 재무제표를 이사회가 발행 승인한 날을 의미한다.

③ 보고기간 말에 존재하였던 상황에 대해 증거를 제공하는 사건이라면 수정을 요하는 보고기간후사건으로 본다.

④ 보고기간 후에 기업의 청산이 확정되었더라도 재무제표는 계속기업의 기준에 기초하여 작성하고 청산관련 내용을 주석에 기재한다.

02 다음 보고기간 후 발생한 사건 중 재무제표의 수정을 요하지 않는 사항은?

① 보고기간 말 이전에 계류중인 소송사건이 보고기간 후에 확정되어 금액 수정을 요하는 경우

② 보고기간 말에 지급의무가 존재하였던 종업원에 대한 상여금액을 보고기간 후에 확정하는 경우

③ 보고기간 말 현재 존재하였던 매출채권에 대한 대손충당금 금액이 보고기간 후에 매출처에 심각한 재무상태의 악화로 수정을 요하는 경우

④ 보고기간 말 현재 존재하는 투자자산이 보고기간 후에 시장가치가 현저히 하락한 경우

03 다음 중 보고기간후사건에 관한 회계처리로 가장 올바르지 않은 것은?(단, 보고기간말은 20X1년 12월 31일이며, 재무제표 발행 승인일은 20X2년 3월 10일이라고 가정한다)

① 20X1년 12월 31일 공정가치로 평가한 당기손익-공정가치 측정 금융자산의 공정가치가 20X2년 1월 20일 하락하여 추가적인 평가손실을 20X1년 재무제표에 인식하였다.

② 20X2년 2월 10일에 순실현가능가치 미만의 가격으로 재고자산을 판매하여 이미 인식한 20X1년 말 현재의 해당 재고자산의 순실현가능가치 금액을 수정하였다.

③ 20X1년 5월부터 진행 중이던 소송의 결과가 20X2년 1월에 확정되어 이미 인식한 손실금액과의 차이를 20X1년 재무제표에 추가로 인식하였다.

④ 20X1년 12월 2일에 취득한 기계장치의 취득원가가 20X2년 1월 10일 확정되어 이미 인식한 20X1년 말 현재의 해당 기계장치의 금액을 수정하였다.

04 다음 중 특수관계자 공시에 관한 설명으로 가장 올바르지 않은 것은?

① 당해기업이 통상적인 대출을 받은 은행 등 금융기관은 당해기업의 특수관계자가 아니다.

② 종속기업과 매출 등의 내부거래가 없다면 특수관계자 공시는 불필요하다.

③ 주요 경영진에 대한 보상의 총액과 분류별(단기종업원급여, 퇴직급여, 기타장기급여, 해고급여, 주식기준보상) 금액을 공시한다.

④ 당해기업이 유의적인 영향력을 행사하는 기업은 당해기업의 특수관계자이다.

05 다음 중 재무제표 보고기간 후에 발생한 사건에 대한 설명으로 가장 올바르지 않은 것은?

① 수정을 요하지 않는 보고기간 후 사건의 예로 보고기간 말과 재무제표 발행 승인일 사이에 투자자산의 공정가치의 하락을 들 수 있다.
② 수정을 요하지 않는 보고기간 후 사건으로서 중요한 것은 그 범주별로 사건의 성격이나 재무적 영향에 대한 추정치 등을 공시하여야 한다.
③ 수정을 요하는 보고기간 후 사건의 예로 보고기간 말 이전에 구입한 자산의 취득원가나 매각한 자산의 대가를 보고기간 후에 결정하는 경우 등을 들 수 있다.
④ 수정을 요하는 보고기간 후 사건이란 보고기간 후에 발생한 상황을 나타내는 사건을 말한다.

06 다음 중 수정을 요하는 보고기간 후 사건에 해당하는 것을 모두 고른 것은?

> ㄱ. 보고기간 말 기준으로 보고되었던 매출채권 평가금액 중 일부가 보고기간 후 매출처의 파산으로 인하여 수정을 요하게 된 경우
> ㄴ. 보고기간 말 이전에 자산손상이 발생되었음을 나타내는 정보를 보고기간 후에 입수한 경우
> ㄷ. 보고기간 말에 존재하였던 소송사건에 대한 현재의무가 보고기간 후의 재판 결과에 의해 확정된 경우
> ㄹ. 재무제표가 부정확하다는 것을 보여주는 부정이나 오류에 대한 증거를 보고기간 후에 발견한 경우

① ㄱ, ㄴ, ㄷ   ② ㄱ, ㄷ, ㄹ
③ ㄱ, ㄴ, ㄹ   ④ ㄱ, ㄴ, ㄷ, ㄹ

07 다음 중 중간재무보고서에 대한 설명으로 가장 올바르지 않은 것은?

① 중간재무보고서는 한 회계연도보다 짧은 회계기간을 대상으로 하는 재무제표를 말한다.

② 포괄손익계산서는 당해 중간보고기간말과 직전 연차보고기간말을 비교하는 형식으로 작성한다.

③ 자본변동표는 당해 회계연도 누적기간을 직전 회계연도의 동일기간과 비교하는 형식으로 작성한다.

④ 현금흐름표는 당해 회계연도 누적기간을 직전 회계연도의 동일기간과 비교하는 형식으로 작성한다.

08 (주)삼일은 20X1년 실적이 양호하여 20X2년 2월 10일에 배당금 지급을 결의하였다. 배당금 지급결의에 대한 회계처리는 언제하여야 하는가?

① 20X1년 12월 31일 ② 20X1년 1월 1일
③ 20X2년 1월 1일 ④ 20X2년 2월 10일

09 다음 중 수정을 요하는 보고기간 후 사건이 아닌 것은?

① 보고기간말에 지급의무가 존재하였던 종업원에 대한 상여금액을 보고기간 후에 확정하는 경우

② 재무제표가 부정확하다는 것을 보여주는 부정이나 오류를 보고기간 후에 발견한 경우

③ 보고기간말과 재무제표 발행승인일 사이에 기타포괄손익-공정가치 측정 금융자산의 시장가치가 하락한 경우

④ 보고기간말에 존재하였던 현재의무가 보고기간 후에 소송사건의 확정에 의해 확인되는 경우

10 다음 중 특수관계자와의 거래에 관한 공시에 대한 설명으로 가장 올바르지 않은 것은?

① 수익 · 비용거래 및 채권 · 채무 거래 등에 대하여 그 성격이 유사한 항목은 통합하여 공시할 수 있다.

② 보고대상기간 중에 아무런 거래도 존재하지 않았다면 지배기업과 종속기업 사이의 관계에 대한 공시는 생략할 수 있다.

③ 지배기업, 종속기업, 관계기업 등 공시의 대상이 되는 특수관계자의 범주별로 해당 거래를 분류하여 공시한다.

④ 주요 경영진에 대한 보상의 총액 및 그 구성 내역을 공시한다.

11 다음 중 12월말 결산법인인 (주)삼일의 3분기 중간재무보고서에 대한 설명으로 가장 올바르지 않은 것은?

① 자본변동표는 당 회계연도 7월 1일부터 9월 30일까지의 중간기간과 1월 1일부터 9월 30일까지의 누적기간을 대상으로 작성하고 직전 회계연도의 동일 기간을 대상으로 작성한 자본변동표와 비교 표시한다.

② 포괄손익계산서는 당 회계연도 7월 1일부터 9월 30일까지의 중간기간과 1월 1일부터 9월 30일까지의 누적기간을 대상으로 작성하고 직전 회계연도의 동일 기간을 대상으로 작성한 포괄손익계산서와 비교 표시한다.

③ 현금흐름표는 당 회계연도 1월 1일부터 9월 30일까지의 누적기간을 대상으로 작성하고 직전 회계연도의 동일 기간을 대상으로 작성한 현금흐름표와 비교 표시한다.

④ 재무상태표는 당 회계연도 9월 30일 현재를 기준으로 작성하고 직전 회계연도 12월 31일 재무상태표와 비교 표시한다.

12 다음 중 특수관계자 공시에 대한 설명으로 가장 옳은 것은?

① 최상위 지배자와 지배기업이 다른 경우에는 최상위 지배자의 명칭은 공시하지 않는다.

② 주요 경영진에 대한 보상에는 단기종업원급여만을 포함한다.

③ 보고기업에 유의적인 영향력을 행사할 수 있는 개인은 보고기업과 특수관계자이다.

④ 지배기업의 보고서에서 지배기업과 거래가 있는 종속기업만 명칭을 공시한다.

13 다음 중 당해기업의 특수관계자로 가장 올바르지 않은 것은?

① 당해기업과 통상적인 업무 관계를 맺고 있는 경우

② 당해기업 또는 그 지배기업의 주요 경영진의 일원인 경우

③ 보고기업에 공동지배력이 있는 경우

④ 보고기업에 유의적인 영향력이 있는 경우

Ⅰ 취득원가의 결정

(1) 재고자산의 의의

재고자산이란 판매를 위하여 보유하거나 생산과정 중에 있는 다음의 자산을 말한다.

① 정상적인 영업과정에서 판매를 위하여 보유중인 자산
② 정상적인 영업과정에서 판매를 위하여 생산중인 자산
③ 생산이나 용역제공에 사용될 원재료나 소모품

재고자산으로 분류되기 위해서는 정상적인 영업활동과 관련되어야 할 것을 조건으로 하기 때문에 동일한 자산이라 할지라도 소유하고 있는 회사의 정상적인 영업활동 내용이 무엇이냐에 따라 그 구분이 달라진다. 예를 들어 일반제조기업이 영업활동에 사용할 목적으로 보유하고 있는 토지, 건물 등은 유형자산으로 분류되나, 부동산매매업을 영위하고 있는 기업이 보유하고 있는 판매목적의 부동산은 재고자산으로 분류한다. 재고자산의 계정과목은 다음과 같다.

① 상품

판매를 목적으로 구입한 상품·미착상품·적송품 등을 말하며, 부동산매매업에 있어서 판매를 목적으로 소유하는 토지·건물 기타 이와 유사한 부동산을 포함한다.

② 제품

판매를 목적으로 제조한 생산품을 말하며, 제품계정에는 제조원가로부터 대체되는 주요제품의 제조원가 이외에도 당해 제품과 관련하여 생산된 부산물 등도 포함된다.

③ 반제품

제품이 둘 이상의 공정을 거쳐서 완성될 때 전체공정 중 한 공정의 작업을 마치고 다음 공정으로 이행단계에 있는 중간제품과 부분품 등을 말한다. 자가제조한 반제품은 현재 상태로 판매할 수도 있다는 점에서는 제품과 동일하고, 추가가공하여 완제품으로 판매할 수 있다는 점에서는 재공품과 유사하다.

④ 재공품

제품 또는 반제품의 제조를 위하여 재공과정에 있는 것을 말한다. 따라서 재공품은 현재 상태로는 정상적인 가격으로 판매하기가 곤란하고 추가 가공하여 완제품으로 제조하여야만 비로소 정상적인 가격으로 판매할 수 있다.

⑤ 원재료

제품생산에 소비할 목적으로 구입한 모든 소비적 재화를 가리키며, 한국채택국제회계기준에서는 원재료의 범위에 원료, 재료, 매입부분품 및 미착원재료 등을 포함하도록 하고 있다.

⑥ 저장품

생산이나 용역 제공에 사용될 소모품 등으로서 결산기말 현재 미사용액을 말한다. 여기서 소모품 등이라 함은 포장재료, 유류, 연료, 기타의 사무용품, 소액의 공구, 기구, 비품 중 취득하였을 때 비용처리하지 아니한 것으로서 결산기말 현재 남아 있는 것을 말한다.

(2) 재고자산의 취득원가

재고자산의 취득원가는 매입원가, 전환원가 및 재고자산을 현재의 장소에 현재의 상태로 이르게 하는 데 발생한 기타 원가 모두를 포함한다.

기타 원가는 재고자산을 현재의 장소에 현재의 상태로 이르게 하는 데 발생한 범위내에서만 취득원가에 포함된다. 예를 들어 특정한 고객을 위한 비제조 간접원가 또는 제품 디자인원가를 재고자산의 원가에 포함하는 것이 적절할 수도 있다.

그러나 다음의 원가는 재고자산의 취득원가에 포함할 수 없으며 발생기간의 비용으로 인식하여야 한다.

① 재료원가, 노무원가 및 기타 제조원가 중 비정상적으로 낭비된 부분
② 후속 생산단계에 투입하기 전에 보관이 필요한 경우 이외에 발생하는 보관원가
③ 재고자산을 현재의 장소에 현재의 상태로 이르게 하는 데 기여하지 않은 관리간접원가
④ 판매원가

재고자산을 후불조건으로 취득할 경우 계약이 실질적으로 금융요소를 포함하고 있다면, 해당 금융요소(예: 정상신용조건의 매입가격과 실제 지급액 간의 차이)는 금융이 이루어지는 기간 동안 이자비용으로 인식한다.

예를 들어, 즉시 현금지급조건이라면 1,000원에 취득할 수 있는 재고자산을 장기외상조건으로 1,100원에 취득할 경우 재고자산의 취득원가는 1,000원으로 하고, 추가로 지급하는 100원은 금융요소로 보아서 외상기간에 걸쳐 이자비용으로 인식한다.

1) 상품매매기업

재고자산의 매입원가는 매입가격에 수입관세와 제세금(과세당국으로부터 추후 환급받을 수 있는 금액은 제외), 매입운임, 하역료 그리고 완제품, 원재료 및 용역의 취득과정에 직접 관련된 기타 원가를 가산한 금액이다. 매입할인, 리베이트 및 기타 유사한 항목은 매입원가를 결정할 때 차감한다.

- 매입할인: 구매자가 외상매입금을 조기에 지급할 경우 판매자가 매입금액의 일부를 할인해 주는 것
- 리베이트: 환급액 또는 감액이라고 하는 것으로 지급한 대금의 일부를 환불 하여 주거나 대금의 일부를 줄여 주는 것

2) 제조기업

상품매매업을 영위하는 기업의 재고자산은 주로 상품인데 반해, 제조업을 영위하는 기업의 재고자산은 주로 원재료, 재공품 및 제품으로 구성된다. 상품매매업을 영위하는 기업의 상품은 판매될 때 매출원가로 대체되는 반면, 제조업을 영위하는 기업은 원재료가 생산과정에 투입되어 재공품으로 전환되고, 생산과정이 완료되면 재공품이 제품으로 대체되며, 제품이 판매될 때 매출원가로 대체된다. 이때, 원재료가 제품으로 전환되는데 소요되는 원가를 전환원가라고 한다. 전환원가는 직접노무원가 등 생산량과 직접 관련된 원가와 고정 및 변동제조간접원가의 체계적인 배부액을 포함한다.

한편, 연산품(동일한 원료를 동일한 공정으로 가공하였을 때 생산되는 2가지 이상의 생산품)이 생산되거나 주산물과 부산물(주산물의 생산과정에서 필연적으로 발생하는 제2차적 생산물)이 생산되는 경우처럼 하나의 생산과정을 통하여 동시에 둘 이상의 제품이 생산될 수도 있다. 이 경우, 제품별 전환원가를 분리하여 식별할 수 없다면, 전환원가를 합리적이고 일관성 있는 방법으로 각 제품에 배부한다. 예를 들어, 각 제품을 분리하여 식별가능한 시점 또는 완성 시점의 제품별 상대적 판매가치를 기준으로 배부할 수 있다. 한편 대부분의 부산물은 본래 중요하지 않은데, 이 경우 부산물은 흔히 순실현가능가치(정상적인 영업과정의 예상 판매가격에서 예상되는 추가 완성원가와

판매비용을 차감한 금액)로 측정하며 주산물의 원가에서 차감된다. 따라서 주산물의 장부금액은 원가와 중요한 차이가 없다.

3) 생물자산에서 수확한 농림어업 수확물의 취득원가

생물자산에서 수확한 농림어업 수확물(젖소에서 수확한 우유, 양에서 수확한 양모 등)로 구성된 재고자산은 순공정가치(공정가치에서 예상되는 처분부대원가를 차감한 금액)로 측정하여 수확시점에 최초로 인식하며, 이 금액이 당해 재고자산의 취득원가가 된다.

Ⅱ 기말 재고자산의 평가

(1) 수량의 결정

재고자산의 수량 결정 방법에는 계속기록법과 실지재고조사법이 있다.

1) 계속기록법(perpetual inventory method)

계속기록법이란 상품의 입·출고시마다 수량을 계속적으로 기록하는 방법으로 장부상 재고잔량을 기말재고수량으로 결정하는 방법이다. 즉, 기말재고수량은 당기판매가능수량(기초재고수량+당기매입수량)에서 당기판매수량을 차감하여 계산한다.

기초재고수량+당기매입수량−당기판매수량＝기말재고수량

계속기록법에 의할 경우 기초재고수량, 당기매입수량, 당기판매수량이 모두 기입되므로 언제든지 장부상의 재고수량을 파악할 수 있다.

2) 실지재고조사법(periodic inventory method)

실지재고조사법이란 정기적으로 실지재고조사를 통하여 재고수량을 파악하는 방법으로 상품재고장에 입고기록만 할 뿐, 출고기록을 하지 않기 때문에 당기판매수량은 당기판매가능수량(기초재고수량+당기매입수량)에서 기말실지재고수량을 차감하여 계산한다.

> 기초재고수량+당기매입수량－기말실지재고수량＝당기판매수량

즉, 기초재고수량과 당기매입수량만 기록하고 당기판매수량은 기말에 실지재고조사를 한 후에 일괄적으로 파악하는 방법이다.

(2) 재고자산의 원가흐름에 대한 가정

재고자산의 기말평가는 그 재고자산의 취득원가에 의하여 결정된다. 한국채택국제회계기준에서는 원칙적으로 개별법을 사용하여 취득단가를 결정하고, 개별법으로 원가를 결정할 수 없는 재고자산의 원가는 선입선출법, 가중평균법을 사용하여 결정하도록 규정하고 있다.

1) 개별법

개별법은 재고자산 각각에 대하여 구입한 가격을 기록해 두었다가 그 재고자산이 판매되었을 때 그 재고자산의 구입가격을 매출원가로 기록하는 방법이다. 현실적으로 재고자산의 종류가 많고 거래가 빈번한 경우에는 실무에서 사용하기가 번거롭고 관리비용이 너무 많이 소요된다. 한국채택국제회계기준에서는 통상적으로 상호 교환될 수 없는 재고자산 항목의 원가와 특정 프로젝트별로 생산되는 재화 또는 용역의 원가는 개별법을 사용하여 결정하도록 규정하고 있다. 예를 들면, 특수기계를 주문 생산하는 경우와 같이 제품별로 원가를 식별할 수 있는 때에는 개별법을 사용하여 원가를 결정한다. 그러나 이 방법을 통상적으로 상호교환 가능한 대량의 동질적인 제품에 대해서 적용하는 것은 적절하지 아니하다.

2) 선입선출법

선입선출법은 물량의 실제흐름과는 관계없이, 먼저 구입한 상품이 먼저 사용되거나 판매된 것으로 가정하여 기말재고액을 결정하는 방법이다. 이와 같은 가정은 장기간 보관할 때 품질이 저하되거나 진부화되는 재고자산의 경우에 물량의 흐름과 원가의 흐름을 일치시키기 위한 의도로 많이 사용되고 있다.

실지재고조사법에서는 기말에 가서야 단위원가가 계산되고, 계속기록법에서는 매입 또는 출고 때마다 단위원가가 계산되지만 선입선출법을 적용하면 위의 두 방법 중 어느 것으로 기말재고자산을 파악하더라도 한 회계기간에 계상되는 기말재고자산 및 매출원가의 금액은 동일하다.

예 제

(주)삼일의 20X1년 중 재고자산거래의 내역은 다음과 같다.

구분	단위	단위원가	총원가
기초재고(1.1)	1,000개	₩80	₩80,000
매입(3.15)	200	110	22,000
매입(5.16)	1,200	145	174,000
매입(11.23)	400	147	58,800
판매가능량	2,800		334,800
매출(4.22)	800		
매출(9.18)	900		
판매수량	1,700		
기말재고(12.31)	1,100		

선입선출법하에서의 기말재고액과 매출원가를 구하시오.

풀 이

〈재고자산수불부〉

일자	수입			불출			잔액		
	수량	단가	금액	수량	단가	금액	수량	단가	금액
기초	1,000	80	80,000				1,000	80	80,000
3.15	200	110	22,000				1,000	80	80,000
							200	110	22,000
							1,200		102,000
4.22				800	80	64,000	200	80	16,000
							200	110	22,000
							400		38,000
5.16	1,200	145	174,000				200	80	16,000
							200	110	22,000
							1,200	145	174,000
							1,600		212,000
9.18				200	80	16,000	700	145	101,500
				200	110	22,000			
				500	145	72,500			
				900		110,500			
11.23	400	147	58,800				700	145	101,500
							400	147	58,800
							1,100		160,300
합계	2,800		334,800	1,700		174,500	1,100		160,300

• 매출원가 : 174,500원   • 기말재고액 : 160,300원

---

3) 가중평균법

가중평균법은 기초 재고자산과 회계기간 중에 매입 또는 생산된 재고자산의 원가를 가중평균하여 재고항목의 단위원가를 결정하는 방법이다. 이 경우 평균은 기업의 상황에 따라 주기적으로 계산하거나 매입 또는 생산할 때마다 계산할 수 있다. 실지재고조사법에 따라 장부기록시에는 총평균법을 적용하지만, 계속기록법에 따라 장부기록시에는 판매할 때마다 재고자산의 단위당 취득원가를 파악하여 매출원가로 인식해야 하므로 이동평균법을 적용한다.

① 총평균법은 일정기간(회계기간) 단위로 품목별 총평균원가를 산출하는 방법으로서 기초 재고금액과 일정기간 동안 취득한 재고금액의 합계액을 그 자산의 총수량으로 나눈 평균단가에 따라 산출한 취득가액을 그 자산의 평가액으로 하는 방법으로 실지재고조사법하에서의 평균법이다.

② 이동평균법은 자산을 취득할 때마다 장부재고금액을 장부재고수량으로 나누어 평균단가를 산출하고 그 평균단가에 의하여 산출한 취득가액을 그 자산의 평가액으로 하는 방법으로 계속기록법 하에서의 평균법이다.

예제

(주)삼일의 20X1년 중 재고자산거래의 내역은 다음과 같다.

구분	단위	단위원가	총원가
기초재고(1.1)	1,000개	₩80	₩80,000
매입(3.15)	200	110	22,000
매입(5.16)	1,200	145	174,000
매입(11.23)	400	147	58,800
판매가능량	2,800		334,800
매출(4.22)	800		
매출(9.18)	900		
판매수량	1,700		
기말재고(12.31)	1,100		

총평균법과 이동평균법에 의하여 기말재고액과 매출원가를 구하라.

───── 풀 이 ─────

(1) 총평균법

    단위원가 : 334,800원÷2,800개≒119.57원

    기말재고액 : 1,100개×119.57원=131,527원

    매출원가 : 판매가능액-기말재고액=334,800원-131,527=203,273원

(2) 이동평균법

일자	수입			불출			잔액		
	수량	단가	금액	수량	단가	금액	수량	단가	금액
기초	1,000	80	80,000				1,000	80	80,000
3.15	200	110	22,000				1,200	85	102,000
4.22				800	85	68,000	400	85	34,000
5.16	1,200	145	174,000				1,600	130	208,000
9.18				900	130	117,000	700	130	91,000
11.23	400	147	58,800				1,100	136.18*	149,800
합계	2,800		334,800	1,700		185,000	1,100		149,800

- 기말재고액 : 149,800원
- 매출원가 : 185,000원

$$* \ \frac{(91,000+58,800)}{1,100} = 136.181818180이나 \ 136.18로 \ 표시함.$$

한편 한국채택국제회계기준 제1002호 '재고자산'에서는 후입선출법을 허용하고 있지 않다. 후입선출법은 실제물량흐름과는 관계없이 매입의 역순으로 재화가 판매되거나 사용된다는 가정하에 기말재고액을 결정하는 방법이다. 후입선출법을 사용하면 재고자산은 최근 현행원가 수준과 거의 관련이 없는 금액으로 표시될 뿐만 아니라 재고자산이 과거의 낮은 취득원가로 계상되어 있을 때 의도적으로 당해 재고자산이 매출원가로 대체되도록 함으로써 이익조정의 수단으로 활용될 수도 있다. 따라서 한국채택국제회계기준에서는 후입선출법을 허용하지 않는다.

성격과 용도 면에서 유사한 재고자산에는 동일한 단위원가 결정방법을 적용하여야 하며, 성격이나 용도 면에서 차이가 있는 재고자산에는 서로 다른 단위원가 결정방법을 적용할 수 있다.

예를 들어, 동일한 재고자산이 동일한 기업내에서 영업부문에 따라 서로 다른 용도로 사용되는 경우도 있다. 그러나 재고자산의 지역별 위치나 과세방식이 다르다는 이유만으로 동일한 재고자산에 다른 단위원가 결정방법을 적용하는 것이 정당화될 수는 없다.

회계기간 중에 재고자산의 취득단가가 계속 상승하는 상황에서 기말재고수량이 기초재고수량보다 같거나 증가하는 경우 선입선출법과 가중평균법에 의한 기말재고자산, 매출원가 및 당기순이

익의 크기를 비교한다면 다음과 같다.

	기말재고자산	매출원가	당기순이익
선입선출법	대	소	대
가중평균법	소	대	소

선입선출법의 경우에는 최근에 높은 가격으로 매입한 재고자산부터 기말재고자산 장부금액을 구성하는 것으로 가정하는 반면, 가중평균법에서는 기초재고자산과 당기매입재고자산의 평균취득원가를 기말재고자산 장부금액으로 결정하기 때문에 선입선출법이 가중평균법보다 기말재고자산 장부금액을 더 많이 계상한다. 그 결과 매출원가는 선입선출법이 가중평균법보다 적게, 당기순이익은 선입선출법이 가중평균법보다 더 많이 계상된다.

회계기간 중 재고자산의 취득단가에 대한 등락이 심하지 않은 경우 선입선출법과 가중평균법이 재무제표에 미치는 영향의 차이는 중요하지 않을 수 있다. 그러나 재고자산 취득단가의 등락이 심한 경우에는 재무제표 주석에 공시되는 단위원가 결정방법의 내용을 이해한 후 재무제표를 분석하여야 한다.

(3) 재고자산의 추정

재고자산의 취득원가는 실제 원가를 의미한다. 그러나 실제 원가가 표준원가법이나 소매재고법과 유사한 경우에 표준원가법이나 소매재고법을 편의상 사용할 수 있다.

표준원가법은 제품을 생산하기 전에 제품단위당 표준원가(표준재료원가, 표준노무원가, 표준제조간접원가 등)를 설정하고, 사후적으로 실제원가와의 차이를 파악함으로써 예외에 의한 관리를 가능하게 하는 원가계산방법이다.

소매재고법은 이익률이 유사하고 품종변화가 심한 다품종 상품을 취급하는 유통업에서 실무적으로 다른 원가측정법을 사용할 수 없는 경우에 흔히 사용한다. 소매재고법에서 재고자산의 원가는 재고자산의 판매가격을 적절한 총이익률을 반영하여 환원하는 방법으로 결정한다. 이때 적용되는 이익률은 최초판매가격 이하로 가격이 인하된 재고자산을 고려하여 계산하는데, 일반적으로 판매부문별 평균이익률을 사용한다.

(4) 저가법 평가

1) 재고자산평가손실의 인식

재고자산은 취득원가와 순실현가능가치 중 낮은 금액으로 측정한다. 다음과 같은 사유가 발생하면 재고자산의 순실현가능가치가 취득원가보다 낮아질 수 있다.

① 물리적으로 손상된 경우
② 완전히 또는 부분적으로 진부화 된 경우
③ 판매가격이 하락한 경우
④ 완성하거나 판매하는데 필요한 원가가 상승한 경우

재고자산을 순실현가능가치로 감액하는 저가법은 항목별로 적용한다. 그러나 경우에 따라서는 서로 유사하거나 관련있는 항목들을 통합하여 적용하는 것이 적절할 수 있다. 예를 들어, 재고자산 항목이 유사한 목적 또는 용도를 갖는 동일한 제품군과 관련되고, 동일한 지역에서 생산되어 판매되며, 실무적으로 동일한 제품군에 속하는 다른 항목과 구분하여 평가할 수 없는 경우에는 통합할 수 있다. 그러나 재고자산의 분류(예: 완제품)나 특정 영업부문에 속하는 모든 재고자산과 같은 분류에 기초하여 저가법을 적용하는 것은 적절하지 않다.

한편, 용역제공기업은 일반적으로 용역대가가 청구되는 용역별로 원가를 집계한다. 그러므로 그러한 각 용역은 별도의 항목으로 취급되어야 한다.

2) 순실현가능가치의 추정

순실현가능가치를 추정할 때에는 재고자산으로부터 실현가능한 금액에 대하여 추정일 현재 사용가능한 가장 신뢰성 있는 증거에 기초하여야 한다.

순실현가능가치의 추정

보유목적	사례	순실현가능가액
판매	상품 · 제품 · 재공품	예상판매가격－추가완성원가와 판매비용
사용	원재료 · 기타 소모품	현행대체원가
확정판매계약의 이행		계약가격

완성될 제품이 원가 이상으로 판매되는
경우 감액하지 않음

완성될 제품이 원가 이상으로 판매될 것으로 예상하는 경우에는 그 생산에 투입하기 위해 보유하는 원재료 및 기타 소모품을 감액하지 않는다. 그러나 원재료 가격이 하락하여 제품의 원가가 순실현가능가치를 초과할 것으로 예상된다면 해당 원재료를 순실현가능가치로 감액한다. 이 경우 원재료의 현행대체원가(재고자산을 현재 시점에서 매입하거나 재생산하는 데 소요되는 금액)는 순실현가능가치에 대한 최선의 이용가능한 측정치가 될 수 있다.

순실현가능가치를 추정할 때 재고자산의 보유 목적도 고려하여야 한다. 예를 들어 확정판매계약 또는 용역계약을 이행하기 위하여 보유하는 재고자산의 순실현가능가치는 계약가격에 기초한다.

---

① 순실현가능가치: 정상적인 영업과정의 예상 판매가격에서 예상되는 추가 완성원가와 판매비용을 차감한 금액
② 현행대체원가: 현재 시점에서 매입하거나 재생산하는 데 소요되는 금액

---

3) 재고자산평가손실의 환입

기업은 매 후속기간에 순실현가능가치를 재평가한다. 재고자산의 감액을 초래했던 상황이 해소되거나 경제상황의 변동으로 순실현가능가치가 상승한 명백한 증거가 있는 경우에는 최초의 장부금액을 초과하지 않는 범위 내에서 평가손실을 환입한다. 그 결과 새로운 장부금액은 취득원가와 수정된 순실현가능가치 중 작은 금액이 된다. 판매가격의 하락 때문에 순실현가능가치로 감액한 재고항목을 후속기간에 계속 보유하던 중 판매가격이 상승한 경우가 이에 해당한다.

재고자산평가손실환입의 회계처리

| (차) 재고자산평가충당금×××| (대) 재고자산평가손실환입* ××× |

* 재고자산평가손실환입 = 순실현가능가치 - 장부금액
* 환입한도액 = 최초의 장부금액

4) 재고자산감모손실과 재고자산평가손실

재고자산감모손실이란 재고자산의 실지재고수량이 장부수량보다 적은 경우 그 차액을 말한다. 재고자산을 순실현가능가치로 감액한 평가손실과 모든 감모손실은 감액이나 감모가 발생한 기간에 비용으로 인식한다.

① 재고자산감모손실의 회계처리

(차) 재고자산감모손실	×××	(대) 재고자산	×××

② 재고자산평가손실의 회계처리

(차) 재고자산평가손실	×××	(대) 재고자산평가충당금 (재고자산차감계정)	×××

01 다음 중 재고자산에 대한 설명으로 가장 옳지 않은 것은?

① 재고자산은 판매를 위하여 보유하거나 생산과정 중에 있는 자산을 말한다.
② 재고자산의 취득원가는 매입원가, 전환원가 및 재고자산을 현재의 장소에 현재의 상태로 이르게 하는 데 발생한 기타 원가 모두를 포함한다.
③ 재고자산을 현재의 장소에 현재의 상태로 이르게 하는데 기여하지 않는 관리간접원가는 재고자산의 취득원가에 포함할 수 없으며 발생기간의 비용으로 인식한다.
④ 판매원가는 재고자산의 취득원가에 포함한다.

02 다음 중 재고자산의 평가와 관련된 설명으로 가장 올바르지 않은 것은?

① 선입선출법은 실제 물량의 흐름을 고려하여 기말 재고액을 결정하는 방법이다.
② 선입선출법에 의하면 실지재고조사법과 계속기록법 중 어느것을 사용하는지에 관계없이 한 회계기간에 계상될 기말재고자산 및 매출원가의 금액이 동일하게 산정된다.
③ 가중평균법으로 재고자산을 평가하고자 할 때 계속기록법에 따라 장부를 기록하는 경우에는 이동평균법을 적용하여야 한다.
④ 특정 프로젝트별로 생산되는 제품 또는 서비스의 원가는 개별법을 사용하여 결정한다.

03 다음 중 재고자산의 수량결정방법과 관련된 설명으로 가장 올바르지 않은 것은?

① 계속기록법에서는 장부상의 재고잔량을 기말재고수량으로 결정한다.
② 계속기록법에서는 기중 언제라도 장부상에서 재고수량을 파악할 수 있다.
③ 실지재고조사법에서는 실지재고조사를 통해 기말재고수량을 파악하므로 재고장에 입고기록 및 출고기록을 일절 수행하지 않는다.
④ 실지재고조사법에서는 기말재고를 먼저 확정한 뒤에 당기판매수량을 계산한다.

04 다음 자료에서 재고자산평가손실은 (주)용산의 재고자산이 진부화되어 발생하였다. 다음 자료 중 (주)용산의 20X2년 포괄손익계산서상 매출원가 등 관련비용은 얼마인가?

20X1년 12월 31일 재고자산	500,000원
20X2년 매입액	2,000,000원
20X2년 재고자산평가손실	200,000원
20X2년 재고자산감모손실(정상감모)	100,000원
20X2년 12월 31일 재고자산(평가손실과 감모손실 차감 후)	1,000,000원

① 1,200,000원

② 1,300,000원

③ 1,400,000원

④ 1,500,000원

05 다음은 20X1년 (주)삼일의 재고자산과 관련된 자료이다. 계속기록법과 실지재고조사법에 의하여 당기기말재고자산을 각각 계산하였을 때 그 결과로 가장 옳은 것은?(단, 주어진 자료 이외에 다른 재고자산거래는 없다고 가정한다)

ㄱ. 20X1년 1월 1일 기초재고금액:	6,500,000원
ㄴ. 20X1년 3월 3일 매입원가:	20,000,000원
ㄷ. 20X1년 5월 10일 매출원가:	25,500,000원
ㄹ. 20X1년 9월 30일 매입원가:	12,000,000원
ㅁ. 20X1년 12월 31일 실제 기말재고금액:	10,000,000원

	계속기록법	실지재고조사법
①	0원	10,000,000원
②	10,000,000원	0원
③	10,000,000원	13,000,000원
④	13,000,000원	10,000,000원

06 (주)삼일은 8월 21일 발생한 홍수로 인하여 보유하고 있던 재고자산이 손상되었다. (주)삼일의 당기 회계자료 중 일부는 다음과 같다.

(1) 재고자산: 1월 1일	500,000원		8월 21일	?
매출채권: 1월 1일	2,000,000원		8월 21일	2,400,000원

(2) 1월 1일부터 8월 21일까지 발생한 거래
매출채권 현금회수액: 7,000,000원
매출할인: 10,000원
매입액: 6,300,000원

(3) 8월 21일 현재 F.O.B. 선적지조건의 매입 중인 운송상품 ₩10,000이 있다.

(4) 손상된 재고자산의 처분가치: 200,000원

매출총이익률(매출총이익/매출액)을 20%라고 할 때 홍수로 인한 재고손실액은 얼마인가?(단, (주)삼일은 모든 판매와 구매를 외상으로 하고 있다)

① 662,000원
② 670,000원
③ 672,000원
④ 680,000원

07 자동차부품제조업을 영위하고 있는 (주)삼일은 당기 중 원자재를 후불 조건으로 수입하는 과정에서 다음과 같은 항목의 원가가 발생하였다. 동 매입거래에 의하여 재무상태표 상에 증가하게 될 재고자산의 가액은 얼마인가?(단, 거래당시의 환율은 @1,100원이다)

ㄱ. 재고자산의 매입원가	USD 1,000
ㄴ. 매입할인	USD 120
ㄷ. 운송보험료	80,000원
ㄹ. 재고자산 매입관리부서 인원의 매입기간 인건비	20,000원

① 968,000원
② 1,048,000원
③ 1,118,000원
④ 1,140,000원

08 다음 중 재고자산에 관한 설명으로 가장 올바르지 않은 것은?

① 재고자산의 매입원가는 매입가격에 취득과정에 직접 관련된 매입운임, 하역료 및 기타 원가를 가산한 금액이다.

② 매입할인 및 리베이트는 매입원가를 결정할 때 차감한다.

③ 재고자산의 전환원가는 직접노무원가 등 생산과 직접 관련된 원가를 포함한다.

④ 재고자산 구입 후 상품의 하자로 인해 매입대금을 할인받는 경우 당기수익으로 인식한다.

09 다음은 (주)삼일의 20X1년 재고수불부이다. (주)삼일은 20X1년 1월 1일에 설립되었으며, (주)삼일의 김사장은 기말재고자산을 총평균법으로 평가할지 선입선출법으로 평가할지 고민 중이다. 재고자산평가방법에 관한 설명으로 가장 올바르지 않은 것은?

	수량	단가	금액
5/5 구입	3,000개	2,000원	6,000,000원
6/6 구입	7,000개	3,000원	21,000,000원
9/9 판매	8,500개		
기 말	1,500개		

① 기말재고자산금액은 선입선출법을 적용했을 때보다 총평균법을 적용하였을 경우 450,000원 만큼 작다.

② 매출총이익률은 선입선출법을 적용했을 때보다 총평균법을 적용했을 경우 상대적으로 더 크다.

③ 매출원가는 선입선출법을 적용했을 때보다 총평균법을 적용하였을 경우 450,000원 만큼 크다.

④ 당기순이익은 선입선출법을 적용했을 때보다 총평균법을 적용하였을 경우 450,000원 만큼 작다.

10 다음 중 재고자산에 관한 설명으로 가장 올바르지 않은 것은?

① 고객에 대한 판매를 목적으로 구입한 상품, 미착품, 적송품은 모두 재고자산에 포함된다.

② 제품 또는 반제품의 제조를 위한 과정에 있는 미완성 자산도 재고자산에 포함된다.

③ 토지 및 건물 등의 부동산은 재고자산으로 분류될 수 없으며 모든 기업에서 유형자산으로 분류한다.

④ 영업활동의 일환인 서비스를 제공하기 위해 사용될 원재료 및 소모품은 재고자산으로 분류된다.

NEW

11 20X1년 말 재고실사를 수행한 결과 (주)삼일의 재고자산 현황은 아래와 같다. 자료를 바탕으로 (주)삼일이 재고자산감모손실로 인식할 금액을 계산하면 얼마인가(장부금액은 재고자산감모손실 인식 전 금액임)?

	장부수량	장부금액	실사수량
상품	1,100개	4,400,000원	1,000개
제품	1,000개	3,000,000원	1,000개

① 40,000원

② 1,000,000원

③ 1,400,000원

④ 1,900,000원

12 다음은 (주)삼일의 20X1년 재고수불부이다. (주)삼일이 재고자산을 선입선출법으로 평가하는 경우와 총평균법(회계기간 단위로 평균단가를 산출하는 방법)으로 평가하는 경우 각각의 기말 재고자산금액은 얼마인가?

	수량	단가	금액
전기이월	3,000개	2,000원	6,000,000원
1. 20. 구입	2,000개	2,500원	5,000,000원
6. 15. 판매	2,500개		
8. 14. 구입	2,000개	2,800원	5,600,000원
10. 1. 판매	3,500개		
12. 4. 구입	1,000개	3,000원	3,000,000원
기말	2,000개		

	선입선출법	총평균법
①	5,800,000원	4,900,000원
②	5,800,000원	5,700,000원
③	6,400,000원	4,900,000원
④	6,400,000원	5,700,000원

13 다음 중 재고자산의 평가에 관한 설명으로 가장 올바르지 않은 것은?

① 재고자산은 취득원가와 순실현가능가치 중 낮은 금액으로 측정한다.

② 원재료의 현행대체원가가 장부금액보다 낮게 추정된다면 예외 없이 재고자산평가손실이 발생한다.

③ 상품 및 제품의 순실현가능가액은 예상판매가격에서 추가 완성원가 및 기타 판매비용을 차감한 금액으로 추정한다.

④ 재고자산의 판매가 계약에 의해 확정되어 있는 경우 순실현가능가액은 그 계약가격이다.

14 다음은 (주)삼일의 재고자산과 관련된 자료이다. 선입선출법으로 평가할 경우 3월의 매출총이익은 얼마인가?(단, 재고자산과 관련된 감모손실이나 평가손실 등 다른 원가는 없다.)

일자	구분	수량	매입 단가	판매 단가
3월 1일	기초재고	10개	100원	
3월 8일	매입	30개	110원	
3월 15일	매출	25개		130원
3월 30일	매입	15개	120원	

① 600원

② 700원

③ 800원

④ 900원

15 다음 중 (주)삼일의 재무상태표상 재고자산으로 표시될 순장부금액은 얼마인가?(단, 각 상품은 성격과 용도가 유사하지 않다.)

구분	장부수량	단위당 장부금액	실사수량	단위당 순실현가능가치
상품A	1,500개	@ 100	1,500개	@ 90
상품B	5,000개	@ 500	4,500개	@ 1,000
상품C	2,000개	@ 400	2,000개	@ 300

① 2,985,000원

② 3,150,000원

③ 5,235,000원

④ 5,735,000원

16 다음 자료에서 재고자산평가손실은 (주)삼일의 재고자산이 진부화되어 발생하였다. 다음 중 (주)삼일의 20X2년 포괄손익계산서 상 매출원가는 얼마인가?(단, (주)삼일은 재고자산평가손실과 정상재고자산감모손실을 매출원가에 반영하고, 비정상재고자산감모손실은 기타비용으로 처리하고 있다.)

20X1년 12월 31일 재고자산	400,000원
20X2년 매입액	1,000,000원
20X2년 재고자산평가손실	550,000원
20X2년 재고자산감모손실(비정상감모)	20,000원
20X2년 12월 31일 재고자산(평가손실과 감모손실 차감 후)	300,000원

① 1,080,000원 ② 1,100,000원
③ 1,120,000원 ④ 1,670,000원

17 (주)삼일은 재고자산을 선입선출법에 의하여 평가하고 있다. 다음의 자료를 토대로 (주)삼일의 20X1년 기말재고자산의 금액을 측정한 것으로 가장 옳은 것은?

구 분	장부수량	취득단가	장부금액
전 기 이 월	3,000개	@ 12,000	36,000,000원
구입(20X1. 07. 01)	2,000개	@ 14,000	28,000,000원
시용판매(20X1. 11. 25)(*)	4,800개		
구입(20X1. 12. 22)	1,500개	@ 14,500	21,750,000원
차 기 이 월	1,700개		

(*) (주)삼일은 당기 중 4,800개를 시용판매 하였으나 그 중 300개는 고객이 기말 현재까지 매입의사를 표시하지 않고 있다.

① 24,550,000원 ② 24,650,000원
③ 28,750,000원 ④ 29,000,000원

18 다음은 (주)삼일의 재고수불부이다. (주)삼일이 기말재고자산을 총평균법과 선입선출법으로 각각 평가할 경우 두 평가금액의 차이는 얼마인가?

구 분	단 위	단 위 원 가
기초재고(1.1)	1,000 개	@ 100
매입(3.5)	500 개	@ 120
매입(5.15)	1,500 개	@ 140
매입(11.10)	200 개	@ 150
총 판매가능수량	3,200 개	
매출(4.22)	1,500 개	
매출(9.29)	1,000 개	
총 판매수량	2,500 개	
기말재고(12.31)	700 개	

① 2,500원 ② 7,500원

③ 10,000원 ④ 12,500원

19 재고자산은 매년 결산일 현재의 순실현가능가치와 취득원가를 비교하여 둘 중 낮은 금액으로 측정한다. 다음 중 이와 관련된 설명으로 가장 올바르지 않은 것은?

① 한번 손상된 재고자산은 그 후속기간에 환입될 수 없다.
② 저가법은 원칙적으로 재고자산 항목별로 적용한다.
③ 기업은 매 후속기간에 순실현가능가치를 재평가한다.
④ 순실현가능가치의 중요한 하락은 물리적 손상뿐만 아니라 기술적 진부화에 의해서도 발생할 수 있다.

20 다음은 (주)삼일의 20X1회계연도 결산시 재고자산과 관련된 자료이다. 재고자산과 관련된 결산수정분개가 당기손익에 미치는 영향으로 가장 옳은 것은? (단, 기초시점에 재고자산평가충당금은 없다고 가정한다.)

ㄱ. 결산수정분개전 기말재고자산 장부상 수량	100개
ㄴ. 결산수정분개전 기말재고자산 장부상 매입단가	200원/개
ㄷ. 기말재고자산 실사수량	95개
ㄹ. 기말재고자산의 예상판매가격	160원/개
ㅁ. 기말재고자산의 예상판매비용	예상판매가격의 5 %

① 4,800원 증가　　　　　　② 5,560원 증가
③ 4,800원 감소　　　　　　④ 5,560원 감소

21 (주)삼일의 재고자산과 관련하여 20X1년 포괄손익계산서에 비용으로 계상될 금액은 얼마인가?(단, 기말재고자산 장부수량과 실사수량은 일치한다.)

ㄱ. 20X1년 판매가능상품(=기초재고자산+당기매입액)	450,000원
ㄴ. 20X1년 기말재고자산 장부금액(재고자산평가손실 차감 전)	150,000원
ㄷ. 기말재고자산의 예상판매가격	170,000원
ㄹ. 기말재고자산의 예상판매비용	40,000원

① 320,000원　　　　　　② 340,000원
③ 360,000원　　　　　　④ 380,000원

22 재고자산 평가방법으로 이동평균법을 적용하고 있는 (주)삼일의 재고자산수불부가 다음과 같을 때, (주)삼일의 기말재고자산 금액으로 가장 옳은 것은?(단, 기말재고자산 실사결과 확인된 재고수량은 400개이다.)

	수량	단가	금액
전기이월	1,000개	90원	90,000원
3월 5일 구입	200개	150원	30,000원
4월 22일 판매	900개		
6월 8일 구입	200개	110원	22,000원
7월 12일 판매	100개		
기말	400개		

① 36,000원

② 38,400원

③ 41,600원

④ 44,000원

23 다음 중 재고자산의 취득원가에 관한 설명으로 가장 올바르지 않은 것은?

① 구매자가 외상매입금을 조기에 지급할 경우와 판매자가 매입금액의 일부를 할인해 주는 경우에는 할인 받은 부분을 재고자산의 취득가액에서 차감하여 기록한다.

② 외부구입시 재고자산의 취득원가는 구입가액뿐만 아니라 판매 가능한 상태에 이르기까지 소요된 구입원가 및 제반부대비용을 포함한다.

③ 재고자산 구입 이후 상품에 하자가 있어 매입대금의 일정액을 할인 받는 경우 이는 재고자산의 취득가액에서 차감해야 한다.

④ 재고자산의 취득과정에서 정상적으로 발생한 매입부대비용 외에 매입 후 보관단계에서 발생한 보관비용과 비효율적 사용으로 인한 지출도 취득원가에 산입한다.

24 단일 제품을 생산하는 (주)삼일은 제품생산에 투입될 취득원가 100,000원의 원재료와 제조원가 200,000원의 제품 재고를 보유하고 있다. 원재료의 현행대체원가가 90,000원이고 제품의 순실현가능가치가 230,000원일 때, 저가법에 의한 재고자산평가손실은?(단, 기초에 재고자산평가충당금은 없다.)

①   0원   ② 10,000원
③ 20,000원   ④ 30,000원

25 다음은 모자를 수입하여 판매하는 (주)삼일의 상품재고 현황이다.

	장부수량	장부금액	실사수량	실사수량에 따른 기말재고자산금액
모자	1,200개	4,800,000원	1,000개	4,000,000원

(주)삼일은 섬유신소재의 개발로 상품재고를 다음연도로 이월하여 정상가격으로 판매하기가 곤란하다고 판단하였다. 모자의 순실현가능가치가 3,000,000원일 때 (주)삼일이 모자에 대한 재고자산평가손실로 인식할 금액은 얼마인가?(단, 기초에 재고자산평가충당금 없다.)

①   0원   ②   800,000원
③ 1,000,000원   ④ 1,800,000원

I 유형자산의 의의 및 종류

1 유형자산의 의의

유형자산이란 재화나 용역의 생산이나 제공, 타인에 대한 임대 또는 관리활동에 사용할 목적으로 보유하는 물리적 형태가 있는 자산으로서 한 회계기간을 초과하여 사용할 것이 예상되는 자산을 의미한다.

2 유형자산의 종류

대표적인 유형자산의 예는 다음과 같다.

① 토지 : 영업활동에 사용하고 있는 대지, 임야, 잡종지 등
  임대수익이나 시세차익을 목적으로 보유하고 있는 토지는 투자부동산으로 분류되고, 매매목적용으로 보유하고 있는 토지는 재고자산으로 분류된다.
② 건물 : 영업활동으로 사용하고 있는 건물과 건물의 부속설비 등
③ 구축물 : 선거·교량·안벽·부교·궤도·저수지·갱도·굴뚝·정원설비 및 기타의 토목설비 또는 공작물 등
④ 기계장치 : 기계장치와 운송설비 및 기타의 부속설비 등
⑤ 건설중인 자산 : 유형자산의 건설을 위한 재료비·노무비 및 경비로 하되, 건설을 위하여 지출한 도급금액 등 포함
⑥ 기타자산 : ① 내지 ⑤ 이외에 차량운반구, 선박, 비품, 공기구 등 기타자산

II 유형자산의 인식

1 인식기준

유형자산으로 인식되기 위해서는 다음의 인식기준을 모두 충족하여야 한다.

① 자산으로부터 발생하는 미래경제적효익이 기업에 유입될 가능성이 높다.
② 자산의 원가를 신뢰성 있게 측정할 수 있다.

예비부품, 대기성 장비 및 수선용구와 같은 항목은 유형자산의 정의를 충족하면 인식한다. 그렇지 않다면 그러한 항목은 재고자산으로 분류한다.

2 최초원가 및 후속원가

(1) 최초원가

유형자산은 인식시점의 원가로 측정하며, 원가는 자산을 취득하기 위하여 자산의 취득시점이나 건설시점에서 지급한 현금 또는 현금성자산이나 제공한 기타 대가의 공정가치를 말한다.

안전 또는 환경상의 이유로 취득하는 유형자산은 그 자체로는 직접적인 미래경제적효익을 얻을 수 없지만, 다른 자산에서 미래경제적효익을 얻기 위하여 필요할 수 있다. 이러한 유형자산은 당해 유형자산을 취득하지 않았을 경우보다 관련 자산으로부터 미래경제적효익을 더 많이 얻을 수 있게 해주기 때문에 자산으로 인식할 수 있다. 예를 들면, 화학제품 제조업체가 위험한 화학물질의 생산과 저장에 관한 환경규제요건을 충족하기 위하여 새로운 화학처리공정설비를 설치하는 경우, 이러한 설비 없이는 화학제품을 제조 및 판매할 수 없기 때문에 관련증설원가를 자산으로 인식한다.

(2) 후속원가

일상적인 수선·유지와 관련하여 발생하는 원가는 해당 유형자산의 장부금액에 포함하여 인식하지 않고 발생시점에 당기손익으로 인식한다.

일부 유형자산의 경우 주요 부품이나 구성요소의 정기적 교체가 필요할 수 있다. 예를 들면, 용광로의 경우 일정시간 사용 후에 내화벽돌의 교체가 필요할 수 있으며, 항공기의 경우에도 좌석과 취사실 등의 내부설비를 항공기 동체의 내용연수 동안 여러번 교체할 필요가 있을 수 있다. 또한 유형자산이 취득된 후 반복적이지만 비교적 적은 빈도로 대체(예: 건물 인테리어 벽 대체)되거나 비반복적으로 대체되는 경우도 있다.

유형자산의 일부를 대체할 때 발생하는 원가가 인식기준을 충족하는 경우에는 이를 해당 유형자산의 장부금액에 포함하여 인식하고 대체되는 부분의 장부금액은 제거한다.

항공기와 같은 유형자산을 계속적으로 가동하기 위해서는 당해 유형자산의 일부가 대체되는지 여부와 관계없이 결함에 대한 정기적인 종합검사가 필요할 수 있다. 정기적인 종합검사과정에서 발생하는 원가가 인식기준을 충족하는 경우에는 유형자산의 일부가 대체되는 것으로 보아 해당 유형자산의 장부금액에 포함하여 인식하고 직전에 이루어진 종합검사에서의 원가와 관련되어 남아 있는 장부금액(물리적 부분의 장부금액과는 구별됨)을 제거한다. 이러한 회계처리는 해당 유형자산을 매입하거나 건설할 때 종합검사와 관련된 원가를 분리하여 인식하였는지 여부와 관계가 없다.

구분		회계처리	비고
최초원가		제공 대가의 공정가치	
후속원가	일상적 수선유지 (수익적 지출)	당기비용	
	일부대체원가와 종합검사원가 등 (자본적지출)	유형자산의 인식기준 충족시 자산으로 인식	분리 인식하지 않은 경우도 대체되는 부분을 제거

예 제

(주)삼일은 20X1년 1월 1일 보유하고 있던 장부가액 100,000원의 건물에 대해서 10,000원의 내장공사를 하였다.
내장공사를 통해 기존 내장공사부분을 제거하였고 내장공사의 내용연수는 5년으로 예상되었다.
건물의 잔여내용연수는 20년이고 기존내장공사의 장부금액은 5,000원, 잔존가치는 모두 0원인 경우 20X1년의 감가상각비는?

풀 이

기존건물 감가상각비 = (100,000−5,000) / 20년 = 4,750원
내장공사 감가상각비 = 10,000 / 5년 = 2,000원
20X1년 감가상각비 = 4,750 + 2,000 = 6,750원

III 유형자산의 측정

1 원가의 구성요소

유형자산의 원가에는 당해 유형자산을 사용가능한 상태에 이르게 할 때까지 발생한 모든 지출이 포함된다. 예를 들어, 보유중인 건물에 대하여 부과되는 재산세는 일반적으로 당기비용으로 인식된다. 그러나 건물을 취득할 때 이전 소유자가 체납한 재산세를 대납하는 조건으로 건물을 취득하였다면 당해 체납한 재산세의 납부액은 건물의 원가에 포함된다.

유형자산의 원가는 다음과 같은 항목으로 구성된다.

---

① 관세 및 환급불가능한 취득 관련 세금을 가산하고 매입할인과 리베이트를 차감한 구입가격
② 경영진이 의도하는 방식으로 자산을 가동하는 데 필요한 장소와 상태에 이르게 하는데 직접 관련되는 원가
    ㉠ 유형자산의 매입 또는 건설과 직접적으로 관련되어 발생한 종업원급여
    ㉡ 설치장소 준비 원가
    ㉢ 최초의 운송 및 취급 관련 원가
    ㉣ 설치원가 및 조립원가
    ㉤ 유형자산이 정상적으로 작동되는지 여부를 시험하는 과정(예: 자산의 기술적, 물리적 성능이 재화나 용역의 생산이나 제공, 타인에 대한 임대 또는 관리활동에 사용할 수 있는 정도인지를 평가)에서 발생하는 원가
    ㉥ 전문가에게 지급하는 수수료
③ 자산을 해체, 제거하거나 부지를 복구하는 데 소요될 것으로 최초에 추정되는 원가

그러나 다음의 경우에는 유형자산의 원가에 포함되지 않는다.

---

① 새로운 시설을 개설하는 데 소요되는 원가
② 새로운 상품과 서비스를 소개하는 데 소요되는 원가(예: 광고 및 판촉활동과 관련된 원가)
③ 새로운 지역에서 또는 새로운 고객층을 대상으로 영업을 하는 데 소요되는 원가(예: 직원 교육훈련비)
④ 관리 및 기타 일반간접원가

또한 유형자산이 경영진이 의도하는 방식으로 가동될 수 있는 장소와 상태에 이른 후에 발생한 원가는 더 이상 인식하지 않는다. 따라서 유형자산을 사용하거나 이전하는 과정에서 발생하는 다음과 같은 원가는 유형자산의 장부금액에 포함하지 않는다.

① 유형자산이 경영진이 의도하는 방식으로 가동될 수 있으나 아직 실제로 사용되지는 않고 있는 경우 또는 가동수준이 완전조업도 수준에 미치지 못하는 경우에 발생하는 원가
② 유형자산과 관련된 산출물에 대한 수요가 형성되는 과정에서 발생하는 가동손실과 같은 초기 가동손실
③ 기업의 영업 전부 또는 일부를 재배치하거나 재편성하는 과정에서 발생하는 원가

경영진이 의도한 방식으로 유형자산을 가동할 수 있는 장소와 상태에 이르게 하는 동안에 재화(예: 자산이 정상적으로 작동되는지를 시험할 때 생산되는 시제품)가 생산될 수 있다. 그러한 재화를 판매하여 얻은 매각금액과 그 재화의 원가는 적용 가능한 기준서에 따라 당기손익으로 인식한다. 그 재화의 원가는 기업회계기준서 제1002호 '재고자산'의 측정 요구사항을 적용하여 측정한다.

유형자산을 경영진이 의도하는 방식으로 가동하는 데 필요한 장소와 상태에 이르게 하기 위해 필요한 활동은 아니지만, 유형자산의 건설 또는 개발과 관련하여 영업활동이 이루어질 수 있다. 예를 들어 건설이 시작되기 전에 건설용지를 주차장 용도로 사용함에 따라 수익이 획득될 수 있다. 이러한 부수적인 영업활동은 유형자산을 경영진이 의도하는 방식으로 가동하는 데 필요한 장소와 상태에 이르게 하기 위해 필요한 활동이 아니므로 관련 수익과 비용을 당기손익으로 인식하고 각각 수익과 비용항목으로 구분하여 표시한다.

2 유형자산별 원가

(1) 토지

토지는 구입가격에 중개수수료, 취득세, 등록세 및 법률비용 등 취득부대원가를 가산한 금액을 원가로 한다. 토지의 보유와 관련하여 부담하는 재산세 등의 세금은 원가에 포함하지 않고 당기비용으로 처리한다. 그러나 재산세 등 보유와 관련된 세금이 항상 당기비용으로 처리되는 것은 아니다. 만일 재산세가 체납된 토지를 구입하면서 체납한 재산세를 대신 납부하기로 한 경우 대납한 체납 재산세는 토지의 원가에 포함된다.

토지를 취득목적에 사용하기 위하여 발생한 구획정리비용 및 산업공단 입주시의 하수종말처리장 분담금도 원가에 포함된다. 또한 내용연수가 영구적인 배수공사비용 및 조경공사비용과 국가나 지방자치단체가 유지·관리하는 진입도로 포장공사비 및 상하수도 공사비도 토지의 원가에 포함된다. 그러나 내용연수가 영구적이지 않거나 기업이 유지·관리하는 경우에는 토지가 아닌 구축물 등의 과목으로 인식하고 감가상각한다. 예를 들어, 정부와 기업이 공동부담으로 가로등 설치 및 도로포장 등을 하였으나 정부기관 등에 의하여 계속적으로 보수대체되지 않을 경우에는 투입된 비용 등을 토지계정과는 별도로 토지부대시설계정이나 구축물 계정에 계상하여 감가상각을 하여야 한다.

(2) 토지와 건물의 일괄구입

1) 토지와 건물을 모두 사용할 목적인 경우

토지와 건물을 모두 사용할 목적으로 취득한 경우, 토지와 건물의 원가는 일괄구입대가와 중개수수료 등 공통부대원가의 합계액을 개별 자산의 공정가치비율로 안분하여 산정한다. 이때, 토지와 건물 중 어느 하나의 공정가치만을 신뢰성 있게 추정할 수 있는 경우에는 당해 자산은 공정가치를 원가로 하고, 나머지 자산은 잔액을 원가로 한다. 또한 취득부대원가 중 토지나 건물과 개별적으로 관련되어 발생하는 취득세 및 등록세는 공통부대원가가 아니므로 토지와 건물에 각각 개별적으로 배분한다.

2) 토지만 사용할 목적인 경우

토지만 사용할 목적으로 토지와 건물을 일괄구입하는 경우 건물취득에 대한 대가는 토지취득을 위하여 발생한 회피불가능한 지출이므로 일괄구입대가를 모두 토지의 취득원가로 처리한다.

일괄구입 후 기존 건물을 철거할 때 발생하는 건물철거비용은 토지의 원가에 가산하고, 건물 철거로 인한 폐자재 처분수입은 토지의 원가에서 차감한다. 만일 건물 철거로 발생한 폐자재들을 처리하는 비용이 발생하는 경우에는 동 비용을 토지의 원가에 가산한다.

토지와 건물의 일괄구입

구입목적	토지원가	건물원가
모두 사용	일괄구입가격을 공정가치비율로 안분	
토지만 사용	일괄구입가격(건물의 철거비용포함, 폐자재 처분수입 차감)	없음

예 제

20X1. 1. 1 (주)삼일은 토지와 건물을 일괄하여 10,000,000원에 현금을 지급하고 취득하였다. 취득일 현재 토지와 건물을 감정한 결과는 다음과 같다.

토지	12,000,000원
건물	8,000,000원
계	20,000,000원

1. 20X1년 1월 1일에 토지와 건물의 취득 직후 50,000원의 철거비용을 지출하여 건물을 철거하였을 경우 토지와 건물의 취득과 관련된 회계처리를 하시오.
2. (물음1)과 관계없이 (주)삼일은 20X1년 1월 1일에 일괄취득한 건물을 사용하기로 한 경우 토지와 건물의 취득과 관련된 회계처리를 하시오.

1. 20X1. 1. 1

| (차) 토지 | 10,000,000 | (대) 현금 | 10,000,000 |
| (차) 토지 | 50,000 | 현금 | 50,000 |

2. 20X1. 1. 1

| (차) 토지 | 6,000,000[*1] | (대) 현금 | 10,000,000 |
| (차) 건물 | 4,000,000[*2] | | |

[*1] 10,000,000원×60%=6,000,000원
[*2] 10,000,000원×40%=4,000,000원

3 취득형태별 원가

(1) 장기연불거래시의 원가

기업이 유형자산을 구입하고 그 대금을 구입시점에서 현금으로 구입하는 것이 아니라 장기성지급어음 등을 발행하여 실질적으로 자산에 대한 대금지급을 이연시키는 경우 다음과 같이 두 가지 경우로 구분하여 회계처리한다.

1) 장기성지급어음 등의 표시이자율이 시장이자율과 같은 경우

자산구입시 현금대신에 발행된 장기성지급어음 등의 표시이자율이 시장이자율과 일치할 경우에는 어음 등의 액면금액이 자산의 현행가격과 같다고 할 수 있다. 이와 같은 경우에는 어음 등의 액면금액을 새로 취득한 자산의 원가로 하고 이후 지급되는 이자는 당기비용으로 처리한다.

20X1. 1. 1에 (주)삼일은 토지를 취득하고 그 대가로 액면금액 250,000,000원인 장기성지급어음(만기 : 5년, 표시이자율 : 14%)을 발행하였다. 이자는 매년 말에 지급하며 (주)삼일의 정상적인 차입이자율은 14%라고 가정할 때 20X1년에 (주)삼일의 적절한 회계처리는?

풀 이

20X1. 1. 1

| (차) 토지 | 250,000,000 | (대) 장기성지급어음 | 250,000,000 |

20X1. 12. 31

| (차) 이자비용 | 35,000,000* | (대) 현금 | 35,000,000 |

* 250,000,000원×14%=35,000,000원

2) 장기성지급어음 등의 표시이자율이 시장이자율과 현저히 다르거나 또는 무이자부조건으로 발행된 경우

이 경우에는 어음 등의 액면금액이 유형자산의 현행가격을 정확히 반영하지 못하므로 액면금액을 유형자산의 원가로 사용해서는 아니된다. 대신 유형자산의 현행 현금등가액을 구하여 이를 그 유형자산의 원가로 기록하고, 현행 현금등가액과 어음 등의 액면금액과의 차액인 할인(증)액은 현재가치할인차금(현재가치할증차금)의 평가계정(contra account 또는 adjunct account)을 설정하여 계상하여야 한다. 이 할인(증)액은 어음 등의 상환기간에 걸쳐 유효이자율법을 적용하여 상각이나 환입하고 이를 이자비용 또는 이자수익 과목에 계상한다. 단, 한국채택국제회계기준 제1023호 '차입원가'에 따라 자본화하는 경우에는 자본화할 수 있다.

예 제

20X1. 1. 1에 (주)삼일은 토지를 취득한 대가로 액면금액 250,000,000원인 무이자부 지급어음(만기 3년)을 발행하였다. (주)삼일이 구입한 토지의 시가는 187,828,700원으로 이미 형성되어 있다고 가정할 경우 20X1. 1. 1의 회계처리를 하시오.

풀 이

20X1. 1. 1

| (차) 토지 | 187,828,700 | (대) 장기미지급금 | 250,000,000 |
| 현재가치할인차금 | 62,171,300 | | |

(2) 교환에 의하여 취득한 자산

교환취득이란 하나 이상의 비화폐성 자산이 결합된 대가와 교환하여 유형자산을 취득하는 경우를 말한다. 교환으로 취득한 유형자산의 원가는 교환거래에 상업적 실질이 있는지 여부에 따라 다음과 같이 결정되며, 현금이 수수되는 경우에는 현금수수액을 가감하여야 한다.

1) 상업적 실질이 있는 경우 : 제공한 자산의 공정가치

(단, 취득한 자산의 공정가치가 더 명백한 경우에는 취득한 자산의 공정가치)

2) 상업적 실질이 결여된 경우 : 제공한 자산의 장부금액

상업적 실질이 있는 경우	= 제공한 자산의 공정가치+현금지급액−현금수령액 = 취득한 자산의 공정가치
상업적 실질이 결여된 경우	= 제공한 자산의 장부금액+현금지급액−현금수령액

교환거래의 상업적 실질이 있는지 여부는 교환거래의 결과 미래현금흐름이 얼마나 변동될 것인지를 고려하여 결정한다. 교환거래는 다음에 모두 해당하는 경우 상업적 실질이 있는 것으로 본다.

① 다음 중 하나에 해당하는 경우
  ㉠ 취득한 자산과 관련된 현금흐름의 구성(위험, 유출입시기, 금액)이 제공한 자산과 관련된 현금흐름의 구성과 다르다.
  ㉡ 교환거래의 영향을 받는 영업 부분의 기업특유가치가 교환거래의 결과로 변동한다.
② 상기 ①의 차이가 교환된 자산의 공정가치에 비하여 유의적이다.

예 제

상업적 실질이 있는 자산의 교환
(주)삼일은 사용 중이던 건물을 (주)용산의 기계장치와 교환하였다. 이 교환과 관련하여 (주)삼일은 공정가치의 차액 100,000원을 현금으로 지급하였다(단, 동 교환거래는 상업적 실질이 있다고 가정함).

	건물	기계장치
취득원가	2,000,000원	4,000,000원
감가상각누계액	800,000원	3,120,000원
공정가치	1,000,000원	1,100,000원

양사의 회계처리를 표시하시오.

풀이

(주)삼일의 입장

(차) 기계장치	1,100,000	(대) 건물	2,000,000
감가상각누계액	800,000	현금	100,000
유형자산처분손실	200,000		

(주)용산의 입장

(차) 건물	1,000,000	(대) 기계장치	4,000,000
감가상각누계액	3,120,000	유형자산처분이익	220,000
현금	100,000		

예제

상업적 실질이 없는 자산의 교환

(주)삼일은 사용 중이던 차량운반구 A를 (주)용산이 사용하던 차량운반구 B와 교환하였다. 이 교환과 관련하여 (주)삼일은 100,000원을 현금으로 지급하였다(단, 동 교환거래는 상업적실질이 없다고 가정함). 양사의 회계처리를 표시하시오.

	차량운반구A	차량운반구B
취득원가	2,000,000원	4,000,000원
감가상각누계액	800,000원	3,120,000원
공정가치	1,000,000원	1,100,000원

풀이

(주)삼일의 입장

| (차) 차량운반구B | 1,300,000 | (대) 차량운반구A | 2,000,000 |
| 감가상각누계액 | 800,000 | 현금 | 100,000 |

(주)용산의 입장

(차) 차량운반구A	780,000	(대) 차량운반구B	4,000,000
감가상각누계액	3,120,000		
현금	100,000		

(3) 복구원가

복구원가란 해당 유형자산의 경제적 사용이 종료된 후에 원상회복을 위하여 그 자산을 제거, 해체하거나 또는 부지를 복원하는데 소요될 것으로 추정되는 비용이 부채의 인식요건을 충족하는 경우 그 지출의 현재가치를 말한다. 토양, 수질, 대기, 방사능 오염 등을 유발할 가능성이 있는 시설물, 예를 들면, 원자력발전소, 해상구조물, 쓰레기매립장, 저유설비 등의 유형자산에 대해서는 경제적 사용이 종료된 후에 환경보전을 위하여 반드시 원상을 회복시켜야 한다. 따라서 자산을 사용하기 위해 부담해야 할 원가에는 최초 취득시점에서 부담해야 할 지출뿐만 아니라 경제적 사용이 종료된 후의 복구원가도 해당 자산을 사용하기 위한 회피불가능한 비용이라는 관점에서 관련된 복구원가를 모두 유형자산의 원가에 포함시켜야 한다.

> ### 예제
>
> 20X1. 1. 1.에 (주)삼일은 해저유전을 탐사할 목적으로 해양구조물을 1,000,000원에 취득하였다. 해양구조물의 경제적 내용연수는 3년으로 (주)삼일은 내용연수 종료 후 이를 해체하여 원상복구를 해야 할 의무를 부담하며, 3년 후 복구비용으로 지출할 금액은 300,000원으로 추정하였다. 이러한 복구비용은 충당부채의 인식요건을 충족시키며, 복구충당부채의 산정 시 적정한 이자율은 10%이다(10%, 3기간의 현재가치계수는 0.7513이다). 동 거래를 회계처리하시오.
>
> ### 풀이
>
> | (차) 구축물 | 1,225,390 | (대) 현금 | 1,000,000 |
> |---|---|---|---|
> | | | 복구충당부채 | 225,390[*1] |
>
> [*1] 300,000원×0.7513=225,390원

(4) 정부보조금으로 취득한 자산

정부보조금이란 기업의 영업활동과 관련하여 과거나 미래에 일정한 조건을 충족하였거나 충족할 경우 기업에게 자원을 이전하는 형식의 정부지원을 말한다. 정부란 지방자치단체, 중앙정부 또는 국제기구인 정부, 정부기관 및 이와 유사한 단체를 말한다.

정부지원의 요건을 충족하는 기업이 장기성 자산을 매입, 건설하거나 다른 방법으로 취득하여야 하는 일차적 조건이 있는 정부보조금을 자산관련보조금이라 하고, 자산관련보조금 이외의 정부보조금을 수익관련보조금이라 한다.

자산관련보조금은 다음의 두 가지 방법 중 한 가지 방법을 선택하여 처리할 수 있다.

① 정부보조금을 관련 자산의 장부금액에서 차감하여 표시하며 자산의 내용연수에 걸쳐 감가상각비를 감소시키는 방식으로 당기손익에 인식하는 방법
② 정부보조금을 이연수익(부채)으로 표시하며 자산의 내용연수에 걸쳐 체계적이고 합리적인 기준으로 당기손익에 인식하는 방법

1) 관련 자산의 장부금액에서 차감하는 방법의 회계처리

(차) 감가상각비	×××	(대) 감가상각누계액	×××
(차) 정부보조금(자산차감)	×××	(대) 감가상각비	×××

2) 이연수익(부채)으로 표시하는 방법의 회계처리

(차) 감가상각비	×××	(대) 감가상각누계액	×××
(차) 이연정부보조금수익(부채)	×××	(대) 정부보조금수익	×××

수익관련보조금은 다음의 두 가지 방법 중 한 가지 방법을 선택하여 처리할 수 있다.

① 관련 비용에서 정부보조금을 차감하는 방법
② 정부보조금을 당기손익의 일부로 별도의 계정이나 기타수익과 같은 일반 계정으로 표시하는 방법

1) 관련 비용에서 차감하는 방법의 회계처리

(차) 급여(관련 비용)	×××	(대) 현금	×××
(차) 이연정부보조금수익(부채)	×××	(대) 급여(관련 비용)	×××

2) 기타수익 등으로 표시하는 방법의 회계처리

(차) 급여(관련 비용)	×××	(대) 현금	×××
(차) 이연정부보조금수익(부채)	×××	(대) 정부보조금수익(기타수익)	×××

자산관련보조금: 관련 자산의 장부금액에서 차감하는 방법

20X1. 1. 1에 (주)삼일은 기계장치를 1,000,000원에 취득하였으며, 해당 기계장치의 내용연수는 5년, 잔존가치는 200,000원이다. (주)삼일은 기계장치 취득과 관련하여 20X1. 1. 1에 정부보조금 600,000원을 수령하였다. (주)삼일의 보고기간 말은 매년 12월 31일이며, 기계장치를 정액법으로 감가상각한다고 가정할 경우 20X1. 1. 1과 20X1. 12. 31의 회계처리를 하시오.

정부보조금을 관련 자산의 장부금액에서 차감하는 방법으로 처리할 경우의 회계처리

20X1. 1. 1

| (차) 기계장치 | 1,000,000 | (대) 현금 | 1,000,000 |
| (차) 현금 | 600,000 | 정부보조금(자산차감) | 600,000 |

20X1. 12. 31

| (차) 감가상각비 | 160,000*1 | (대) 감가상각누계액 | 160,000 |
| (차) 정부보조금(자산차감) | 120,000*2 | 감가상각비 | 120,000 |

*1 $(1,000,000 - 200,000) \div 5 = 160,000$
*2 $MIN[160,000 \times 600,000 \div (1,000,000 - 200,000), 160,000] = 120,000$

자산관련보조금: 이연수익(부채)으로 표시하는 방법

20X1. 1. 1에 (주)삼일은 기계장치를 1,000,000원에 취득하였으며, 해당 기계장치의 내용연수는 5년, 잔존가치는 200,000원이다. (주)삼일은 기계장치 취득과 관련하여 20X1. 1. 1에 정부보조금 600,000원을 수령하였다. (주)삼일의 보고기간 말은 매년 12월 31일이며, 기계장치를 정액법으로 감가상각한다고 가정할 경우 20X1. 1. 1과 20X1. 12. 31의 회계처리를 하시오.

정부보조금을 이연수익(부채)으로 표시하는 방법으로 처리할 경우의 회계처리

풀 이

20X1. 1. 1

(차) 기계장치	1,000,000	(대) 현금	1,000,000
(차) 현금	600,000	이연정부보조금수익	600,000

20X1. 12. 31

(차) 감가상각비	160,000*1	(대) 감가상각누계액	160,000
(차) 이연정부보조금수익	120,000*2	정부보조금수익	120,000

*1 $(1,000,000 - 200,000) \div 5 = 160,000$

*2 $MIN[160,000 \times 600,000 \div (1,000,000 - 200,000), 160,000] = 120,000$

(5) 기타 취득

1) 주식발행에 의해 취득한 자산(현물출자)

기업이 자산을 취득하고 그 대가로 주식을 교부하는 것을 현물출자라고 한다. 현물출자에 의해서 취득한 자산의 취득원가는 취득한 자산의 공정가치와 교부된 주식의 공정가치 중 보다 명확히 측정되는 것을 기준으로 결정하여야 한다.

예 제

(주)삼일은 1주당 액면금액이 5,000원인 보통주 10,000주를 발행하여 토지를 취득하였다.
(주)삼일은 상장회사로서 증권시장에서 주당 8,000원에 거래되고 있으며 토지의 시가는
80,000,000원으로 형성되어 있다. 동 거래를 회계처리 하시오.

풀 이

(차) 토지	80,000,000	(대) 자본금	50,000,000
		주식발행초과금	30,000,000

2) 증여 또는 무상취득

증여 등 무상으로 취득한 자산은 당해 자산의 공정가치를 원가로 계상한다. 이때 취득자산의 공정가치는 자산수증이익으로 인식한다.

예제

(주)삼일은 (주)용산으로부터 취득원가 50,000,000원인 토지를 기증받았다. 동 토지의 공정가액은 150,000,000원이었다. 이 거래에 대하여 회계처리하시오.

풀이

(차) 토지	150,000,000	(대) 자산수증이익	150,000,000

3) 유형자산 취득에 수반되는 국·공채 매입

기업이 보유하고 있는 국·공채 등 유가증권은 유형자산의 구입이나 각종 인·허가 취득과 관련하여 법령 등에 의하여 불가피하게 매입한 경우가 대부분이다. 이 경우 당해 국·공채를 액면금액으로 매입하지만 대부분 액면이자율이 시장이자율보다 낮기 때문에 국·공채 등 유가증권의 시가(현재가치)는 취득가액인 액면금액보다 낮게 된다. 이렇게 발생하는 유가증권의 현재가치와 취득가액의 차액은 유형자산의 취득을 위하여 불가피하게 지출한 금액이므로 당해 유형자산의 원가로 계상하여야 한다.

예제

(주)삼일은 업무용차량을 30,000,000원에 구입하면서 액면금액 1,000,000원 무이자 5년 만기 상환조건의 공채를 액면금액으로 매입하였다. 시장이자율은 12%이고, 5년의 현가요소가 0.57이라고 가정할 경우 회계처리를 하시오.

풀이

(차) 차량운반구	30,430,000	(대) 현금	31,000,000
유가증권	570,000*		

* 1,000,000원 × 0.57 = 570,000원

Ⅳ 감가상각

1 감가상각의 의의

유형자산은 소모·파손·노후 등의 물리적 원인이나 경제적 여건변동, 유형자산의 기능변화 등의 기능적 원인에 의하여 그 효용이 점차로 감소하는데, 이러한 효용의 감소현상을 감가라 한다. 유형자산의 감가원인은 다양하고 또한 복합적이므로 법인이 기간손익계산을 하기 위하여 유형자산의 감가분을 금액적으로 측정하기란 매우 어렵다. 따라서 유형자산의 감가분을 합리적인 방법으로 추정하여 기간손익에 배분하는 절차가 필요한 바, 이러한 원가배분의 절차를 감가상각이라 한다.

감가상각회계의 목적은 특정자산의 감가상각대상금액(취득원가 또는 취득원가를 대체하는 다른 금액−잔존가치)을 자산의 이용에 따라 효익이 발생하는 기간에 체계적이고 합리적인 방법으로 배분하는 것이다.

2 감가상각의 기본요소

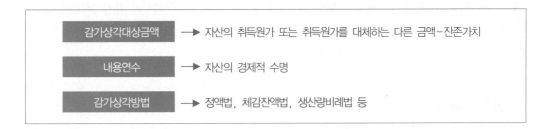

감가상각대상금액	➡ 자산의 취득원가 또는 취득원가를 대체하는 다른 금액−잔존가치
내용연수	➡ 자산의 경제적 수명
감가상각방법	➡ 정액법, 체감잔액법, 생산량비례법 등

(1) 감가상각대상금액

감가상각대상금액은 감가상각의 기준이 되는 금액으로서 내용연수 동안의 가치감소액을 말한다. 이러한 감가상각대상금액은 유형자산의 취득원가 또는 취득원가를 대체하는 다른 금액에서 잔존가치를 차감하여 계산한다.

(2) 내용연수

내용연수는 기업이 자산을 사용할 수 있을 것으로 예상하는 기간이나 자산에서 얻을 것으로 예상하는 생산량 또는 이와 비슷한 단위 수량을 말한다. 유형자산의 미래경제적효익은 주로 사용함으로써 소비하는 것이 일반적이다. 그러나 자산을 사용하지 않더라도 기술적 또는 상업적 진부화 및 마모나 손상 등의 요인으로 인하여 자산으로부터 기대하였던 경제적효익이 감소될 수 있다. 따라서 자산의 내용연수를 결정할 때에는 다음의 요소를 모두 고려한다.

① 자산의 예상 생산능력이나 물리적 생산량을 토대로 한 자산의 예상 사용수준
② 자산을 교대로 사용하는 빈도, 수선·유지계획과 운휴 중 유지보수 등과 같은 가동요소를 고려한 자산의 예상 물리적 마모나 손상
③ 생산방법의 변경, 개선 또는 해당 자산에서 생산되는 제품 및 용역에 대한 시장수요의 변화로 인한 기술적 또는 상업적 진부화
④ 리스계약의 만료일 등 자산의 사용에 대한 법적 또는 이와 유사한 제한

유형자산의 잔존가치와 내용연수는 적어도 매 회계연도말에 재검토한다. 재검토결과 추정치가 종전 추정치와 다르다면 그 차이는 회계추정의 변경으로 회계처리한다.

토지와 건물을 동시에 취득하는 경우에도 이들은 분리가능한 자산이므로 별개의 자산으로 회계처리한다. 채석장이나 매립지 등을 제외하고는 토지는 내용연수가 무한하므로 감가상각하지 않고, 건물은 내용연수가 유한하므로 감가상각한다. 이때 건물이 위치한 토지의 가치가 증가하더라도 건물의 감가상각대상금액에는 영향을 미치지 않는다.

(3) 감가상각방법

유형자산의 감가상각대상금액을 내용연수 동안 체계적으로 배부하기 위해 다양한 방법을 사용할 수 있는데, 이러한 감가상각방법에는 정액법, 체감잔액법 및 생산량비례법 등이 있다. 어떤 감가상각방법을 적용하느냐에 따라 회계기간별 감가상각비가 달라지는데, 회사는 해당 자산에 내재되어 있는 미래경제적효익의 예상 소비형태를 가장 잘 반영하는 방법에 따라 선택하고, 소비형태를 신뢰성 있게 결정할 수 없는 경우에는 정액법을 사용한다. 또한 예상 소비형태가 변하지 않는 한 매 회계기간에 일관성 있게 적용하여야 한다.

기업이 선택한 감가상각방법은 적어도 매 회계연도말에 재검토하며, 재검토 결과 자산에 내재된 미래경제적효익의 예상되는 소비형태에 유의적인 변동이 있다면 이를 반영하기 위하여 감가상각방법을 변경한다. 그리고 이러한 변경은 회계추정의 변경으로 회계처리한다.

3 회계기간별 감가상각비 계산

(1) 정액법

정액법은 유형자산의 취득원가 또는 취득원가를 대체하는 다른 금액에서 잔존가치를 차감한 감가상각대상금액을 매기간 균등하게 상각하는 방법이다.

> 감가상각비=(취득원가 또는 취득원가를 대체하는 다른 금액−잔존가치)÷내용연수

(2) 정률법

정률법은 기초 장부금액에서 일정한 상각률을 곱하여 감가상각비를 계산한다. 정률법을 적용하면 매년 감가상각누계액이 증가하게 되어 유형자산의 장부금액은 감소하며, 감소하는 장부금액에 상각률을 곱하여 감가상각비를 계상하기 때문에 매년 인식하는 감가상각비는 감소한다. 정률법은 내용연수 초기에 감가상각비를 많이 계상하다가 내용연수 후기로 갈수록 감가상각비를 적게 계상하는 방법인데, 이를 체감잔액법이라고도 한다.

정률법에서의 상각률은 다음과 같이 계산한다.

> 감가상각비 = (취득원가 또는 취득원가를 대체하는 다른 금액−감가상각누계액)×상각률
>
> $$상각률 = 1 - \sqrt[n]{s/c}$$
>
> n : 내용연수   s : 잔존가치   c : 취득원가 또는 취득원가를 대체하는 다른 금액

(3) 생산량비례법

생산량비례법은 유형자산의 감가가 단순히 시간이 경과함에 따라 나타난다고 하기보다는 생산량에 비례하여 나타난다고 하는 것을 전제로 감가상각비를 계산하는 상각방법으로 각 회계연도의 감가상각범위액은 총생산예정량에 대한 각 회계연도의 실제생산량의 비율을 상각비율로 하여 이를 기초가액에 곱하여 계산한다. 생산량비례법에 의한 감가상각범위액의 계산식은 다음과 같다.

$$감가상각비 = (취득원가\ 또는\ 취득원가를\ 대체하는\ 다른\ 금액-잔존가치) \times \frac{당기\ 중\ 실제\ 생산량}{해당\ 유형자산을\ 통한\ 추정\ 총\ 생산량}$$

예 제

(주)삼일은 20X1. 1. 1 내용연수 5년, 잔존가치가 5,000,000원인 기계장치를 50,000,000원에 취득하였다. 다음 각각의 감가상각방법에 의하여 20X1년과 20X2년의 감가상각비를 계산하시오.
1. 정액법
2. 정률법(상각률 : 0.451)
3. 생산량비례법(추정 총 생산제품수량 : 6,000개 중 20X1년 생산량 : 1,500개,
   20X2년 생산량 : 3,000개)

풀 이

1. 정액법
   ① 20X1년 감가상각비=(50,000,000원-5,000,000원)÷5=9,000,000원
   ② 20X2년 감가상각비 : 20X1년과 동일

2. 정률법
   ① 20X1년 감가상각비=50,000,000원×0.451=22,550,000원
   ② 20X2년 감가상각비=(50,000,000원-22,550,000원)×0.451=12,379,950원

3. 생산량비례법
   ① 20X1년 감가상각비= $(50,000,000원-5,000,000원) \times \dfrac{1,500개}{6,000개} = 11,250,000원$

   ② 20X2년 감가상각비= $(50,000,000원-5,000,000원) \times \dfrac{3,000개}{6,000개} = 22,500,000원$

V 후속측정

기업은 원가모형과 재평가모형 중 하나를 회계정책으로 선택하여 유형자산의 유형별로 동일하게 적용한다. 원가모형을 선택한 경우 유형자산은 원가에서 감가상각누계액과 손상차손누계액을 차감한 금액을 장부금액으로 하며, 재평가모형을 선택한 경우 유형자산을 보고기간 말의 공정가치로 측정하여 장부금액을 산정한다.

1 재평가모형의 일반

재평가모형이란 취득일 이후 재평가일의 공정가치로 해당 자산금액을 수정하고, 당해 공정가치에서 재평가일 이후의 감가상각누계액과 손상차손누계액을 차감한 금액을 장부금액으로 공시하는 방법을 말한다.

재평가는 보고기간 말에 자산의 장부금액이 공정가치와 중요하게 차이가 나지 않도록 주기적으로 수행해야 하며 재평가의 빈도는 재평가되는 유형자산의 공정가치 변동에 따라 달라진다. 공정가치의 변동이 빈번하고 그 금액이 중요하다면 매년 재평가할 필요가 있으나, 공정가치의 변동이 유의적이지 않아서 빈번한 재평가가 필요하지 않은 경우에는 3년이나 5년마다 재평가할 수 있다. 또한 유형자산별로 선택적 재평가를 하거나 재무제표에서 서로 다른 기준일의 평가금액이 혼재된 재무보고를 하는 것을 방지하기 위하여 동일한 유형 내의 유형자산은 동시에 재평가한다. 그러나 재평가가 단기간에 수행되며 계속적으로 갱신된다면, 동일한 분류에 속하는 자산을 순차적으로 재평가할 수 있다.

구분	내용	비고
재평가 시기	주기적으로 재평가	매 보고기간 말 재평가하는 것은 아님
재평가 범위	동일한 유형 내 동시에 재평가	재평가가 단기간 수행되고 계속적으로 갱신될 경우, 동일한 분류 내 순차적 재평가

2 재평가 시 공정가치 결정

자산항목	공정가치결정
토지와 건물	시장에 근거한 증거를 기초로 수행된 평가 (자격이 있는 평가인에 의해 수행)
설비장치와 기계장치	감정에 의한 시장가치

해당 유형자산의 특수성 때문에 공정가치에 대해 시장에 근거한 증거는 없고, 해당 자산이 계속 사업의 일부로서 거래되는 경우를 제외하고는 거의 거래가 되지 않는다면, 이익접근법이나 상각후대체원가법을 사용해서 공정가치를 측정할 필요가 있다.

이익접근법이란 당해 자산으로부터 미래 창출될 추정현금흐름의 현재가치로 공정가치를 측정하는 방법이다. 한편 상각후대체원가법이란 별도로 분리하여 매각하기 어렵거나 당해 자산의 규모나 위치의 특별한 성격상 거래시장이 존재하기 어려운 자산에 대해서 현재 상태(경과연수, 상태, 진부화 정도 등)를 고려한 자산의 대체원가로 공정가치를 측정하는 방법이다.

3 재평가의 회계처리

(1) 재평가손익이 발생한 경우

유형자산을 재평가하는 경우에는 공정가치와 장부금액의 차액에 해당하는 재평가손익이 발생하게 된다.

자산의 장부금액이 재평가로 인하여 증가된 경우에 그 증가액은 기타포괄이익으로 인식하고 재평가잉여금의 과목으로 자본(기타포괄손익누계액)에 가산한다. 그러나 동일한 자산에 대하여 이전에 당기손익으로 인식한 재평가감소액이 있다면 그 금액을 한도로 재평가증가액만큼 당기손익으로 인식한다.

반면 자산의 장부금액이 재평가로 인하여 감소된 경우에 그 감소액은 당기손실로 인식한다. 그러나 그 자산에 대한 재평가잉여금의 잔액이 있다면 그 금액을 한도로 재평가감소액을 기타포괄손익으로 인식한다. 재평가감소액을 기타포괄손익으로 인식하는 경우 재평가잉여금의 과목으로 자본에 누계한 금액을 감소시킨다.

1) 재평가이익(공정가치 〉 장부금액)의 회계처리

(차) 유형자산	×××	(대) 재평가잉여금	×××
		(기타포괄손익)	

2) 재평가손실(공정가치 〈 장부금액)의 회계처리

(차) 재평가손실	×××	(대) 유형자산	×××
(당기손익)	×.×.×		

예 제

재평가손익의 회계처리
(주)삼일은 20X1년 초에 토지를 1,000,000원에 취득하였다. 이 토지는 20X2년 말에 1,300,000원으로 재평가되었고, 20X3년 말에는 800,000원으로 재평가되었다. 20X2년 말과 20X3년 말의 회계처리를 하시오.

풀 이

회계처리
20X2년 말:

(차) 토지	300,000	(대) 재평가잉여금(기타포괄손익)	300,000

20X3년 말:

(차) 재평가잉여금(기타포괄손익)	300,000	(대) 토지	500,000
자산재평가손실(비용항목)	200,000		

---

(2) 재평가잉여금의 처리방법

원칙적으로 당해 자산이 폐기되거나 제거될 때에는 해당 자산과 관련해서 자본(기타포괄손익누계액)에 계상된 재평가잉여금은 일괄적으로 이익잉여금으로 대체하여야 하며 이는 당기손익으로 반영하지 않는다. 그러나 기업이 자산을 사용함에 따라 재평가잉여금의 일부를 이익잉여금으로 대체할 수 있는데, 이 경우 재평가된 금액에 근거한 감가상각액과 최초 취득원가에 근거한 감가상각액의 차이를 이익잉여금으로 대체할 수 있다.

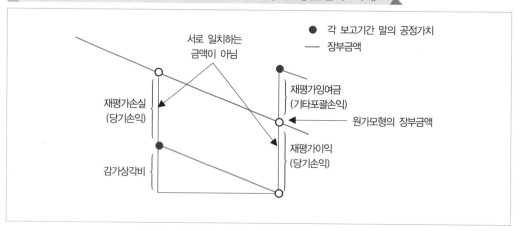

재평가잉여금을 이익잉여금으로 대체하는 경우의 재평가모형(손실 후 이익)

서로 일치하는
금액이 아님

● 각 보고기간 말의 공정가치
— 장부금액

재평가손실
(당기손익)

재평가잉여금
(기타포괄손익)

원가모형의 장부금액

재평가이익
(당기손익)

감가상각비

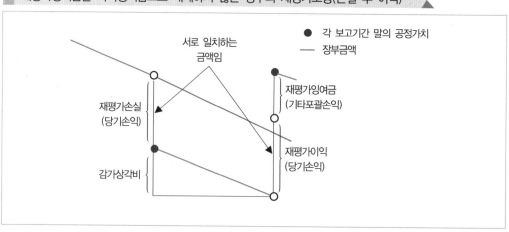

재평가잉여금을 이익잉여금으로 대체하지 않는 경우의 재평가모형(손실 후 이익)

서로 일치하는
금액임

● 각 보고기간 말의 공정가치
— 장부금액

재평가손실
(당기손익)

재평가잉여금
(기타포괄손익)

재평가이익
(당기손익)

감가상각비

구분		설명
재평가이익	최초평가	재평가잉여금으로 기타포괄이익으로 인식
	후속평가	과거에 당기손실로 인식한 재평가손실과 우선상계 후 기타포괄이익으로 인식
재평가손실	최초평가	당기손실로 인식
	후속평가	과거에 기타포괄이익으로 인식한 재평가잉여금과 우선상계 후 당기손실로 인식
재평가잉여금		해당 자산 제거(또는 사용) 시 이익잉여금으로 대체 가능

(3) 장부금액의 수정

재평가모형을 이용하여 유형자산을 측정하는 경우, 자산의 순장부금액을 재평가금액으로 수정하는 방법은 다음과 같다.

구분	설명
비례수정법	자산 장부금액의 재평가와 일치하는 방식으로 자산의 총장부금액을 조정
전액제거법	자산의 총장부금액에서 감가상각누계액을 제거

예 제

장부금액 조정 회계처리
(주)삼일은 20X1년 초에 기계장치 1대를 10,000원에 구입하였다. 동 기계장치의 내용연수는 5년이고, 잔존가치는 없으며 감가상각방법은 정액법이다. 회사는 기계장치에 대하여 재평가모형을 이용하여 회계처리하고 있으며 20X1년 말의 기계장치의 공정가치는 16,000원이다.
다음 각각의 방법에 의하여 20X1년 말의 재평가와 관련한 회계처리를 하시오.
1. 재평가모형(비례수정법)
2. 재평가모형(전액제거법)

풀 이

1. 재평가모형(비례수정법)

(차) 기계장치	10,000	(대) 감가상각누계액	2,000
		재평가잉여금(기타포괄손익)	8,000

2. 재평가모형(전액제거법)

(차) 기계장치	6,000	(대) 재평가잉여금(기타포괄손익)	8,000
감가상각누계액	2,000		

(해설)

1. 기계장치	10,000	〉	총장부금액	20,000
감가상각누계액	2,000	〉	감가상각누계액	4,000
평가전 장부금액	8,000	〉	재평가금액	16,000

평가전 장부금액(8,000원)에서 재평가금액(16,000원)으로 총장부금액과 감가상각누계액이 2배씩 비례적으로 증가하게 된다.

2. 기계장치	10,000	〉	총장부금액	16,000
감가상각누계액	2,000	〉	감가상각누계액	0
평가전 장부금액	8,000	〉	재평가금액	16,000

평가전 장부금액과 재평가금액과의 차이금액(8,000원) 중 감가상각누계액(2,000원)에 우선 배부
하고 나머지 차액(6,000원)을 총장부금액에 배분한다.

 심화학습

기업회계기준서 제1016호(유형자산)의 재평가모형 적용
"자산을 사용하는 기간 중에도 재평가잉여금의 일부(재평가된 금액에 근거한 감가상각액과 최초원가에 근거한 감
가상각액의 차이)를 대체할 수 있다."

【예시자료】
재평가된 금액에 근거한 감가상각액   100,000원
최초원가에 근거한 감가상각액   40,000원

【감가상각시 회계처리】
(차) 감가상각비   40,000   (대) 감가상각누계액   100,000
     재평가잉여금   60,000

(차) 감가상각비   100,000   (대) 감가상각누계액   100,000
     재평가잉여금   60,000   (대) 이익잉여금   60,000

재평가잉여금은 당기손익을 통해 재분류조정되는 기타포괄손익이 아니고 이익잉여금으로 직접 대체되는 기타포
괄손익이기 때문에 재평가잉여금을 이익잉여금으로 대체하는 것이 선택규정이기 때문이다.
실무상 두 회계처리는 동일하다고 할 것이다.

VI 유형자산의 손상

1 자산손상의 식별

자산이 손상되었다는 것은 자산의 장부금액이 회수가능액을 초과하는 경우를 말한다. 기업은 매
보고기간 말마다 자산손상을 시사하는 징후가 있는지를 검토하고 그러한 징후가 있다면 당해 자산
의 회수가능액을 추정하여 회수가능액이 장부금액에 미달하는 경우 손상차손을 인식한다.
자산손상을 시사하는 징후가 있는지를 검토할 때는 다음과 같은 외부정보와 내부정보를 모두 고
려한다.

구분	개별자산
외부정보	① 시장가치의 중요한 하락 ② 기업에 불리한 영향을 미치는 중요한 변화의 발생(예상) 　: 기업 경영상의 기술·시장·경제·법률 환경 등이 기업에 불리한 영향을 미치는 변화 ③ 시장이자율 상승 ④ 순자산 장부금액 〉 시가총액
내부정보	① 진부화와 물리적 손상 ② 기업에 불리한 영향을 미치는 중요한 변화의 발생(예상) 　: 자산의 사용범위 및 사용방법에서 불리한 영향을 미치는 변화 발생 ③ 자산의 경제적 성과가 기대에 미달

2 회수가능액의 측정

자산의 회수가능액은 당해 자산의 순공정가치와 사용가치 중 큰 금액이다.

순공정가치는 측정일에 시장참여자 사이의 정상거래에서 자산을 매도할 때 수취하거나 부채를 이전할 때 지급하게 될 가격에서 처분부대원가를 차감한 금액을 말하며 사용가치는 자산의 계속적인 사용과 최종 처분에서 기대되는 미래현금흐름을 추정하고 적정한 할인율로 할인한 현재가치를 말한다.

회수가능액	MAX[순공정가치, 사용가치]

3 개별자산의 손상차손 및 손상차손환입의 인식

(1) 원가모형 적용시

매 회계기간 말마다 자산손상을 시사하는 징후가 있는지 검토한다. 만약 그러한 징후가 있다면 당해 자산의 회수가능가액을 측정하여 회수가능액과 장부금액을 비교하여 회수가능액이 장부금액보다 작다면 손상차손을 인식한다.

그러나 손상차손 인식 후 측정한 회수가능액이 장부금액보다 크다면 손상차손환입을 인식한다.

손상차손환입으로 증가된 유형자산의 장부금액은 과거에 손상차손을 인식하기 전 장부금액의 감가상각후 잔액을 초과할 수 없다.

> 손상차손 = 자산의 장부금액 − 회수가능액
> 손상차손환입 = 회수가능액 − 자산의 장부금액
> 환입한도액 = MIN(회수가능액, 손상차손을 인식하지 않았을 경우 계상되었을 기말장부금액)
> 회수가능액 = MAX(순공정가치, 사용가치)

1) 원가모형 적용시 손상차손의 회계처리

(차) 유형자산손상차손	×××	(대) 손상차손누계액	×××
		(유형자산 차감계정)	

2) 원가모형 적용시 손상차손환입의 회계처리

(차) 손상차손누계액	×××	(대) 유형자산손상차손환입	×××

(2) 재평가모형 적용시

자산에 대하여 재평가모형을 적용하는 경우에도 손상징후를 검토한 후 손상차손을 인식한다. 재평가모형으로 자산을 평가한 후에 손상차손을 인식하는 경우 기존에 인식한 재평가잉여금이 있다면 이를 우선 감소시키고, 초과액이 있으면 손상차손으로 하여 당기손익에 반영한다.

손상차손을 인식한 후, 손상차손환입을 인식하는 경우에는 손상차손환입을 우선 인식하고, 재평가를 적용한다. 이 경우 과거에 당기손익으로 인식한 손상차손금액만큼은 손상차손환입을 당기손익으로 인식하고, 초과액이 있으면 재평가잉여금의 증가로 회계처리한다.

한편, 유형자산에 대하여 손상차손 또는 손상차손환입을 인식한 후에는 원가모형을 적용하든 재평가모형을 적용하든 관계없이 수정된 장부금액에서 잔존가치를 차감한 금액에 기초하여 잔존내용연수에 걸쳐 감가상각을 한다.

1) 재평가모형 적용시 손상차손의 회계처리

(차) 재평가잉여금*	×××	(대) 손상차손누계액	×××
유형자산손상차손	×××		

* 잔액이 있는 경우

2) 재평가모형 적용시 손상차손환입의 회계처리

| (차) 손상차손누계액 | ××× | (대) 유형자산손상차손환입 | ××× |
| | | 재평가잉여금* | ××× |

* 과거 손상차손 인식액을 초과하는 금액

심화학습

현금창출단위의 손상차손 및 손상차손환입의 인식

(1) 현금창출단위의 식별과 회수가능액의 측정
자산손상을 시사하는 징후가 있다면 개별 자산별로 회수가능액을 추정한다. 만약 개별 자산의 회수가능액을 추정할 수 없다면 그 자산이 속하는 현금창출단위(자산의 현금창출단위)의 회수가능액을 결정한다. 현금창출단위란 다른 자산이나 자산집단에서의 현금유입과는 거의 독립적인 현금유입을 창출하는 식별가능한 최소자산집단을 말한다.

예를 들어 광업기업이 채광활동을 지원하기 위하여 소유하고 있는 사설철로는 사용가치를 개별적으로 결정할 수 없고, 그 사용가치가 폐기물 가치와 다를 가능성이 높기 때문에 사설철로를 포함하는 현금창출단위(즉, 광산전체)의 회수가능액을 추정한다.

현금창출단위의 회수가능액은 그 현금창출단위의 순공정가치와 사용가치 중 큰 금액으로 한다.
회수가능성을 평가할 목적으로 자산집단을 구성하는 경우 현금창출단위에는 관련 현금유입을 직접 창출하거나 그러한 현금유입 창출에 사용되는 모든 자산을 포함한다. 그렇지 않으면 현금창출단위가 실제로 손상되었더라도 충분히 회수가능한 것으로 보일 수 있다. 경우에 따라서는 자산이 현금창출단위의 미래현금흐름에 기여하더라도 현금창출단위에 합리적이고 일관되게 배분되지 못할 수 있다.

(2) 현금창출단위의 손상차손 및 손상차손환입의 인식
현금창출단위(또는 영업권이나 공동자산이 배분된 최소 현금창출단위집단)의 회수가능액이 장부금액에 미달하는 경우에는 손상차손을 인식한다. 손상차손은 다음과 같은 순서로 배분하여 현금창출단위(또는 현금창출단위집단)에 속하는 자산의 장부금액을 감소시킨다.

> ① 우선, 현금창출단위(또는 현금창출단위집단)에 배분된 영업권의 장부금액을 감소
> ② 그 다음 현금창출단위에 속하는 다른 자산에 각각 장부금액에 비례하여 배분한다.

한편, 현금창출단위의 손상차손환입은 현금창출단위를 구성하는 자산들(영업권 제외)의 장부금액에 비례하여 배분한다. 다만, 손상차손환입을 배분할 때 개별 자산의 장부금액은 다음 중 작은 금액을 초과하여 증가시킬 수 없다.

> ① 회수가능액(결정가능한 경우)
> ② 과거기간에 손상차손을 인식하지 않았다면 현재 기록되어 있을 장부금액(감가상각 또는 상각 후)

Ⅶ 차입원가

1 차입원가의 의의

차입원가는 자금의 차입과 관련하여 발생하는 이자 및 기타 원가를 말한다.

한국채택국제회계기준에서는 적격자산의 취득, 건설 또는 생산과 직접 관련되는 차입원가는 당해 자산의 원가에 포함시키고, 기타 차입원가는 발생기간의 비용으로 인식하도록 규정하고 있다.

적격자산이란 의도된 용도로 사용하거나 판매가능한 상태에 이르게 하는데 상당한 기간을 필요로 하는 자산으로서 재고자산, 제조설비자산, 전력생산설비, 무형자산, 투자부동산 및 생산용식물이 적격자산이 될 수 있다. 그러나 금융자산 및 단기간 내에 제조되거나 다른 방법으로 생산되는 재고 자산은 적격자산이 될 수 없다. 그리고 취득시점에 의도된 용도로 사용할 수 있거나 판매가능한 상태에 있는 자산인 경우에도 적격자산에 해당하지 않는다.

2 자본화기간

자본화기간은 적격자산의 취득에 사용한 차입금에 대한 차입원가를 당해 자산의 원가로 처리하는 기간을 말한다.

(1) 자본화의 개시

차입원가는 자본화 개시일에 적격자산 원가로 처리한다. 자본화 개시일은 최초로 다음 조건을 모두 충족시키는 날이다.

---
① 적격자산에 대하여 지출한다.
② 차입원가를 발생시킨다.
③ 적격자산을 의도된 용도로 사용하거나 판매가능한 상태에 이르게 하는 데 필요한 활동을 수행한다.

적격자산을 의도된 용도로 사용하거나 판매가능한 상태에 이르게 하는데 필요한 활동은 당해 자산의 물리적인 제작 이전단계에서 이루어진 기술 및 관리상의 활동(예: 각종 인·허가를 얻기 위한 활동)도 포함한다. 그러나 자산의 상태에 변화를 가져오지 않는 단순한 보유는 활동으로 보지 않는다.

예를 들어, 토지가 개발되고 있는 경우 개발과 관련된 활동이 진행되고 있는 기간 동안 발생한 차입원가는 자본화 대상에 해당된다. 그러나 건설목적으로 취득한 토지를 별다른 개별활동 없이 보유하는 동안 발생한 차입원가는 자본화조건을 충족하지 못한다.

(2) 자본화의 중단

적격자산에 대한 적극적인 개발활동을 중단한 기간에는 차입원가의 자본화를 중단한다. 그러나 이러한 중단기간에도 상당한 기술 및 관리활동이 진행되고 있다면 자본화를 중단하지 않는다. 또한 일시적인 지연이 필수적인 경우(예: 하천수위가 높아져 교량건설이 지연되는 경우)에도 자본화를 중단하지 않는다.

(3) 자본화의 종료

적격자산을 의도된 용도로 사용하거나 판매가능한 상태에 이르게 하는데 필요한 대부분의 활동이 완료된 시점에서 차입원가의 자본화를 종료한다. 적격자산의 건설활동을 여러 부분으로 나누어 완성하고, 남아 있는 부분의 건설활동을 계속 진행하고 있더라도 이미 완성된 부분이 사용가능하다면, 당해 부분을 의도된 용도로 사용하거나 판매가능한 상태에 이르게 하는데 필요한 대부분의 활동이 완료된 시점에서 차입원가의 자본화를 종료한다.

3 자본화차입원가의 인식

(1) 자본화가능차입원가의 구분

자본화가능차입원가란 차입원가 중 당해 적격자산과 관련된 지출이 발생하지 않았다면 부담하지 않았을 차입원가를 말한다. 예를 들어, 공장 신축을 위해 차입한 시설자금의 차입원가는 자본화가능차입원가로 식별된다. 한편 일반적인 목적으로 차입한 자금도 적격자산의 취득을 위해서 사용하였다면 당해 일반목적 차입금의 차입원가를 자본화한다. 결국 특정 목적을 위해서 차입한 자금이든 일반 운영자금 목적으로 차입한 자금이든 적격자산 취득 등에 사용하였음을 식별할 수 있다면 자본화하며, 그렇지 않다면 발생기간의 비용으로 인식한다.

자본화가능차입원가에는 다음과 같은 항목이 있다.

① 유효이자율법을 사용하여 계산된 이자비용
② 금융리스 관련 금융원가
③ 외화차입금과 관련되는 외환차이 중 이자원가의 조정으로 볼 수 있는 부분

(2) 적격자산의 연평균지출액

적격자산에 대한 지출액이란 현금의 지급, 다른 자산의 제공 또는 이자부 부채의 발생 등에 따른 지출액을 말한다. 회계기간 동안 적격자산의 평균장부금액은 일반적으로 당해 기간 동안 지출액의 적절한 근사치로 이미 자본화된 차입원가를 포함할 수 있다. 적격자산에 대한 평균장부금액은 연평균지출액으로 계산되는데, 연평균지출액은 자본화기간 중 지출액을 연평균의 개념으로 환산한 금액을 말한다.

$$\text{연평균지출액} = \text{지출액} \times \frac{\text{지출일로부터 자본화종료시점까지의 기간}}{12}$$

(3) 특정목적 차입금의 자본화차입원가의 결정

적격자산을 취득하기 위한 목적으로 특정하여 차입한 자금에 한하여 회계기간 동안 그 차입금으로부터 실제 발생한 차입원가에서 당해 차입금의 일시적 운용에서 생긴 투자수익을 차감한 금액을 자본화가능차입원가로 결정한다.

특정목적 차입금의 자본화차입원가
= 특정목적 차입금 × 이자율 × 자본화기간 - 일시운용 투자수익

자본화기간 동안 발생한 차입원가만 자본화 대상이 되는데, 이때 자본화기간이란 차입기간과 취득·건설 기간이 겹치는 기간을 의미한다.

(4) 일반목적차입금의 자본화차입원가의 결정

일반적인 목적으로 자금을 차입하고 이를 적격자산 취득을 위해 사용하는 경우에 한하여 상이한 이자율을 갖는 다양한 일반차입금들을 평균적으로 사용하였다고 가정하고 다음과 같은 방식으로 자본화차입원가를 계산한다.

일반목적차입금의 자본화차입원가
= (적격자산에 대한 연평균지출액 - 특정차입금 연평균지출액) × 자본화이자율

일반목적차입금에 대한 자본화이자율은 회계기간에 존재하는 모든 차입금에서 발생된 차입원가를 가중평균하여 산정한다. 그러나 어떤 적격자산을 의도된 용도로 사용 가능하게 하는데 필요한 대부분의 활동이 완료되기 전까지는, 그 적격자산을 취득하기 위해 특정 목적으로 차입한 자금에서 생기는 차입원가는 위에서 기술된 자본화이자율 산정에서 제외한다.

> 일반목적차입금에 대한 자본화이자율
> = 당기 일반목적차입금 이자비용 ÷ 당기 일반목적차입금 연평균금액

차입원가는 실제 발생한 차입원가만 자본화하여야 하므로, 일반차입금과 관련하여 자본화할 차입원가는 회계기간 동안 실제 발생한 차입원가를 초과할 수 없다.

예 제

12월 결산법인인 (주)삼일은 수년전부터 보유하고 있던 토지에 사옥을 건설하기 위하여 20X1. 1. 1에 H건설회사와 도급계약을 체결하였다.
상기 사옥건설은 20X2. 12. 31 준공예정이고 (주)삼일은 사옥건설을 위해 다음과 같이 지출하였다.

20X1. 1. 1	40,000원
20X1. 7. 1	80,000원
20X1. 10. 1	60,000원
합계	180,000원

(주)삼일의 20X1회계연도 중 차입금은 다음과 같다.

차입금	차입일	차입금액	상환일	이자율	이자지급조건
a	20X1. 1. 1	50,000	20X3. 12. 31	12%	분기별복리/만기지급
b	20X0. 1. 1	60,000	20X2. 12. 31	10%	단리/매년말 지급
c	20X0. 1. 1	70,000	20X2. 12. 31	12%	단리/매년말 지급
d	20X1. 1. 1	100,000	20X3. 12. 31	7%	단리/매년말 지급

이들 차입금 중 차입금 a는 사옥건설을 위하여 개별적으로 차입되었으며 이 중 10,000원은 20X1. 1. 1부터 20X1. 6. 30까지 연 9%(단리)이자지급조건의 정기예금에 예치하였다. 차입금 b, c는 일반적으로 차입되었으며, 차입금 d는 해외공장건설과 직접 관련하여 개별적으로 차입되었다. 이 경우 건설중인 자산인 사옥에 대하여 당기에 자본화할 차입원가의 금액은?

1. 적격자산 평균지출액

지출일	지출액	자본화대상기간	평균지출액
20X1. 1. 1	40,000	12/12	40,000
20X1. 7. 1	80,000	6/12	40,000
20X1. 10. 1	60,000	3/12	15,000
합계	180,000		95,000

2. 일반목적차입금에 대한 자본화이자율의 계산

특정목적차입금을 제외한 일반목적으로 차입되어 사용된 사옥건설관련 차입금에 대하여 적용할 자본화이자율은 다음과 같이 산정됨.

차입금	차입금액	차입기간	평균차입금	차입원가
b	60,000	12/12	60,000	6,000
c	70,000	12/12	70,000	8,400
합계			130,000	14,400

$$\text{자본화이자율} = \frac{\text{일반목적차입금에 대한 실제발생비용}}{\text{평균차입금총액}} = \frac{14,400}{130,000} = 11.08\%$$

3. 특정목적차입금범위 내에서 자본화할 차입원가

당기 중 발생한 차입원가(A)	$50,000 \times (1+12\%/4)^4 - 50,000 =$	6,275
일시투자수익(B)	$10,000 \times 9\% \times 6/12 =$	450
자본화할 차입원가(A−B)		5,825

4. 일반목적차입금범위 내에서 자본화할 차입원가

① 자본화할 차입원가 : 적격자산에 대한 평균지출액에서 특정목적차입금으로 지출한 금액을 제외하고 자본화 이자율을 곱함.

$$[95,000-(50,000 \times \frac{12}{12} - 10,000 \times \frac{6}{12})] \times 11.08\% = 5,540$$

② 자본화이자율 산정에 포함된 차입금에서 회계기간 동안 발생한 차입원가

차입금 b : $60,000 \times 10\% =$		6,000
차입금 c : $70,000 \times 12\% =$		8,400
합 계		14,400

③ 한도비교 : 일반목적차입금범위 내 자본화할 차입원가(5,540)은 당기한도(14,400) 이내이므로 전액 자본화

5. 당기에 자본화할 총차입원가

5,825(특정목적차입금)+5,540(일반목적차입금) = 11,365원

VIII 유형자산의 제거

유형자산의 장부금액은 다음과 같은 때에 재무상태표에서 제거한다.

---

① 처분하는 때
② 사용이나 처분을 통하여 미래경제적효익이 기대되지 않을 때

유형자산의 제거로 인하여 발생하는 손익은 순매각금액과 장부금액의 차이로 결정한다. 이때 관련처분비용은 별도의 비용으로 인식하지 않고 순매각금액에서 차감하여 처분손익에 반영한다.

이때 유형자산의 장부금액은 유형자산의 원가에서 감가상각누계액, 손상차손누계액을 차감한 잔액을 말한다.

유형자산의 처분대가는 공정가치로 인식한다. 따라서 처분대가의 지급이 지연되는 경우에는 현금가격상당액으로 인식하고, 처분대가의 명목금액과 현금가격상당액의 차이는 유효이자율법을 적용하여 회수기간에 걸쳐 이자수익으로 인식한다.

1 유형자산처분손익의 회계처리

(1) 유형자산처분이익이 발생한 경우

(차) 현금	×××	(대) 유형자산	×××
감가상각누계액	×××	유형자산처분이익	×××
손상차손누계액	×××		

(2) 유형자산처분손실이 발생한 경우

(차) 현금	×××	(대) 유형자산	×××
감가상각누계액	×××		
손상차손누계액	×××		
유형자산처분손실	×××		

01 다음은 유형자산에 대한 설명이다. 올바르지 못한 것은?

① 유형자산이란 재화나 용역의 생산이나 제공, 타인에 대한 임대 또는 관리활동에 사용할 목적으로 보유하는 물리적 형태가 있는 자산으로서 한 회계기간을 초과하여 사용할 것이 예상되는 자산을 의미한다.

② 유형자산은 인식시점에 원가로 측정한다.

③ 원가는 자산을 취득하기 위하여 자산의 취득시점이나 건설시점에서 지급한 현금 또는 현금성자산이나 제공한 기타 대가의 공정가치를 말한다.

④ 일상적인 수선·유지와 관련하여 발생하는 원가는 해당 유형자산의 장부금액에 포함하여 인식한다.

02 다음 중 유형자산의 취득원가에 관한 설명으로 가장 올바르지 않은 것은?

① 토지는 취득세, 등록세 등 취득부대원가를 가산한 금액을 취득원가로 한다.

② 토지만 사용할 목적으로 토지와 건물을 일괄구입하는 경우 일괄구입대가 모두 토지의 취득원가로 처리한다.

③ 토지와 건물 일괄구입 후 기존 건물을 철거할 때 발생하는 건물철거비용은 토지의 원가에 가산한다.

④ 토지와 건물 일괄구입 후 기존 건물 철거로 발생한 폐자재들을 처리하는 비용이 발생하는 경우 당기 손실로 처리한다.

03 다음 중 회사가 정부보조금으로 취득한 유형자산이 있을 경우와 관련된 설명으로 가장 올바르지 않은 것은?

① 정부보조금 회계처리 방법 결정에 있어서 기업에 어느 정도의 재량권이 부여되어 있다.
② 정부보조금은 재무상태표에 이연수익(부채)으로 표시할 수 있다.
③ 정부보조금은 재무상태표에 관련 자산의 장부금액에서 차감하는 방법으로 표시할 수 있다.
④ 정부보조금을 관련 자산에서 차감하는 방법으로 표시하는 경우 유형자산의 장부금액은 유형자산 취득금액으로 한다.

04 제조업을 영위하는 (주)삼일은 20X1년 1월 1일에 경리과장이 사용할 컴퓨터를 5,000,000원에 취득해서 사용하다가 20X2년 7월 1일에 3,500,000원에 처분하면서 다음과 같이 500,000원의 처분이익을 계상하였다. (주)삼일은 이 컴퓨터에 대해 내용연수 5년, 잔존가액 0원, 정액법(월할상각)을 적용하여 감가상각해 왔다. 당신이 (주)삼일의 담당회계사라면 이 회계처리에 대해 (주)삼일의 경리과장에게 바르게 조언한 것은?

• (주)삼일의 컴퓨터 처분시 회계처리

| (차) 현금 | 3,500,000 | (대) 컴퓨터 | 5,000,000 |
| 감가상각누계액 | 2,000,000 | 유형자산처분이익 | 500,000 |

① 회사는 처분한 컴퓨터의 전기말 재무상태표상 장부금액과 당기중 처분가액과의 차액을 처분이익으로 계상하였으므로 회사의 회계처리는 적정합니다.
② 회사는 당기 6개월분에 대한 감가상각비 500,000원을 계상하지 않았으므로 당기순이익이 500,000원만큼 과대계상되어 있습니다.
③ 회사는 상기 회계처리로 인해 감가상각비를 500,000원 만큼 과대계상하고 있지만 법인세비용차감전 계속영업이익은 적정하게 계상하고 있습니다.
④ 손익계산서에 유형자산처분이익으로 1,500,000원이 계상되어야 적정하지만 금액적으로 차액이 별로 중요하지 않은 것으로 판단됩니다.

05 다음은 (주)삼일이 20X1년 7월 1일에 취득하여 20X1년 현재 사용 중인 기계장치들에 대한 내용이다. 20X1년 말 사용 중인 기계장치들에 대하여 자산손상을 시사하는 징후가 존재하였다. (주)삼일이 20X1년 말에 유형자산손상차손으로 인식해야 할 금액은 얼마인가?

구 분	기계장치 A	기계장치 B
20X1년 말 장부금액	225,000,000원	80,000,000원
20X1년 말 처분시 예상 순공정가치	150,000,000원	40,000,000원
계속 사용할 경우의 사용가치	135,000,000원	96,000,000원

① 0원
② 59,000,000원
③ 74,000,000원
④ 75,000,000원

06 전자기기 제조업을 영위하는 (주)삼일은 당기 중 신제품 A의 출시를 위해 필요한 유형자산 B를 취득하였다. 이와 관련된 지출항목이 다음과 같다고 할 때, 유형자산 B의 취득원가로 계상될 금액은 얼마인가?

지 출 항 목	금 액
유형자산 B의 매입가격	100,000,000원
최초의 운송	5,000,000원
설치 및 조립	3,000,000원
신제품 A를 시장에 소개하기 위한 광고	5,000,000원
정상적인 가동 여부를 확인하는데 소요된 원가	2,000,000원
유형자산 B의 관리 업무를 담당하는 직원에 대한 급여	10,000,000원

① 100,000,000원
② 108,000,000원
③ 110,000,000원
④ 115,000,000원

07 (주)삼일은 20X1년 1월 1일 임직원 연수동의 건설에 착공하였다. 회사가 20X1년 중 동 연수동 신축과 관련하여 지출한 금액은 다음과 같으며 완공까지는 약 3년이 소요될 예정이다.

지출일	지출액	비고
20X1. 01. 01	10,000,000원	공사착공
20X1. 07. 01	8,000,000원	
20X1. 09. 01	9,000,000원	

한편, 회사의 차입금 현황은 다음과 같다.

차입처	차입일	차입금	연이자율	용도
S 은행	20X1. 01. 01	8,000,000원	10%	특정목적차입금
M 은행	20X1. 07. 01	20,000,000원	8%	일반목적차입금

(주)삼일이 20X1년에 자본화 할 차입원가는 얼마인가?(단, 평균지출액과 이자는 월할계산한다.)

① 800,000원
② 1,520,000원
③ 1,600,000원
④ 2,400,000원

08 (주)삼일은 연구개발을 전담할 연구소를 신축하기로 하였다. 이와 관련하여 20X1년 1월 1일에 50,000,000원을 지출하였고, 연구소는 20X3년 중에 완공될 예정이다. 회사의 차입금 현황이 다음과 같을 경우 20X1년도 일반차입금에 대한 자본화 이자율은 얼마인가?(단, 차입금은 모두 만기가 3년 후이고 평균지출액과 이자는 월할계산한다.)

차입처	차입일	차입금	연이자율	용도
S 은행	20X1. 01. 01	10,000,000원	6%	일반목적차입금
M 은행	20X1. 07. 01	20,000,000원	9%	일반목적차입금

① 6%
② 7.5%
③ 8%
④ 9%

09 다음 중 유형자산의 손상을 시사하는 징후로서 가장 적절하지 않은 것은?

① 기업경영환경에 중요한 영향을 미치는 법률이 불리한 방향으로 개정됨
② 자산의 사용가치를 계산하는 데 영향을 미치는 시장이자율이 하락함
③ 기업의 순자산 장부금액이 당해 시가총액을 상회함
④ 해당 유형자산을 이용한 경제적 성과가 기대에 비해 저조할 것으로 예측됨

10 (주)삼일은 20X1년 초 영업활동에 사용할 목적으로 취득원가 10억 원의 토지를 매입하여 재평가모형을 적용하고 있다. 20X1년 말 해당 토지의 공정가치는 9억 원으로 추정되어 1억 원의 당기손실을 인식하였다. 20X2년 말 토지의 공정가치는 13억 원으로 추정된다. 20X2년 말 (주)삼일의 토지에 관한 회계처리로 가장 적절한 것은?

① (차) 토지   4억 원   (대) 토지재평가이익(당기손익)   1억 원
                                        재평가잉여금(기타포괄손익)   3억 원
② (차) 토지   3억 원   (대) 토지재평가이익(당기손익)   3억 원
③ (차) 토지   4억 원   (대) 재평가잉여금(기타포괄손익)   4억 원
④ (차) 토지   4억 원   (대) 토지재평가이익(당기손익)   4억 원

11 (주)삼일은 20X1년 1월 1일에 기계장치(내용연수는 5년, 잔존가치는 없음)를 100,000원에 취득하였다. (주)삼일은 기계장치에 대하여 원가모형을 적용하고 있으며, 감가상각방법으로 정액법을 사용한다. 20X1년 말에 동 기계장치의 회수가능액이 40,000원으로 하락하여 손상차손을 인식하였다. 그러나 20X2년 말에 동 기계장치의 회수가능액이 80,000원으로 회복되었다. 20X2년 말에 인식할 손상차손환입액은 얼마인가?

① 20,000원   ② 30,000원

③ 40,000원   ④ 50,000원

12 건물을 정액법으로 감가상각한 결과 제3차 연도의 감가상각비는 200,000원이었다. 건물의 내용연수는 4년이고, 잔존가치는 100,000이라고 할 때 건물의 취득원가는 얼마인가?(단, 유형자산은 원가모형으로 후속측정하고 있으며, 내용연수 및 잔존가치의 변동은 없다고 가정한다)

① 800,000원   ② 900,000원

③ 1,000,000원   ④ 1,100,000원

13 (주)삼일은 20X1년 초에 토지를 10,000 원에 구입하였으며, 이 토지에 대해 재평가모형을 적용하여 매년 말에 재평가하였다. 토지는 20X1년 말에 15,000원, 20X2년 말에 7,000원으로 각각 재평가되었다. 20X2년 말에 시행한 토지의 재평가가 ㈜삼일의 20X2년도 당기순이익에 미치는 영향은 얼마인가?

① 영향 없음   ② 3,000 원 감소

③ 5,000 원 감소   ④ 8,000 원 감소

14 (주)삼일은 20X1년 1월 1일에 기계장치를 총 8,000,000원을 지급하는 조건으로 취득하였다. 단, 지급조건은 기계장치 구입시점에 현금 5,000,000원을 지급하고 나머지 3,000,000원은 무이자부 약속어음을 발행하여 지급하는 것이다. 이 약속어음은 매연도말에 1,000,000원씩 3회 분할지급하는 조건이며, 약속어음 발행당시의 시장이자율은 연 12%이다. 이자율 12%, 기간 3년일 경우 정상연금 현재가치계수는 2.4018이고, 1원의 현재가치계수는 0.7118이다. (주)삼일의 기계장치 취득을 기록하기 위한 회계처리에 대한 다음 설명 중 옳은 것은? (단, (주)삼일은 현재가치할인차금 계정을 사용하여 회계처리하는 방법을 선택하고 있다)

① 기계장치의 취득원가는 8,000,000원이며 장기미지급금 계정(대변)에 기록되는 금액은 3,000,000원이다.

② 장기미지급금 계정(대변)에 기록되는 금액은 2,401,800원이고, 현재가치할인차금 계정 대변에 598,200원이 기록된다.

③ 기계장치의 취득원가는 7,135,400원이고, 현재가치할인차금 계정의 차변에는 864,600원이 기록된다.

④ 기계장치의 취득원가는 7,401,800원이다.

15 (주)삼일은 사용 중이던 차량운반구를 (주)용산이 사용하던 기계장치와 교환하였다. 이 교환과 관련하여 (주)삼일은 공정가치의 차액 300,000원을 현금으로 지급하였다. 이 경우 (주)삼일이 인식해야 할 처분손익은 얼마인가?(단, 동 교환거래는 상업적 실질이 있다고 가정)

	차량운반구	기계장치
취득원가	4,000,000원	5,000,000원
감가상각누계액	2,000,000원	2,500,000원
공정가치	2,700,000원	3,000,000원

① 유형자산처분이익 500,000원
② 유형자산처분이익 700,000원
③ 유형자산처분손실 500,000원
④ 유형자산처분손실 700,000원

16 다음 중 유형자산의 재평가모형 회계처리에 관한 설명으로 가장 올바르지 않은 것은?

① 재평가는 보고기간 말에 자산의 장부금액이 공정가치와 중요하게 차이가 나지 않도록 주기적으로 수행해야 한다.
② 특정 유형자산을 재평가할 때, 동일한 유형 내의 유형자산 유형 전체를 재평가한다.
③ 자산의 장부금액이 재평가로 인하여 증가된 경우 원칙적으로 그 증가액은 당기손익(재평가이익)으로 인식한다.
④ 자산의 장부금액이 재평가로 인하여 감소한 경우 원칙적으로 그 감소액은 당기손실(재평가손실)로 인식한다.

17 다음 중 유형자산의 인식에 관한 설명으로 가장 옳은 것은?

① 안전 또는 환경상의 이유로 취득하는 유형자산은 직접적인 미래 경제적 효익을 기대할 수 없으므로 자산으로 인식할 수 없다.

② 일상적인 수선·유지와 관련하여 발생하는 후속적 원가는 해당 유형자산의 장부금액에 포함된다.

③ 사용 중이던 유형자산의 일부가 대체될 때 발생하는 원가는 항상 수선비(비용)으로 인식한다.

④ 유형자산의 정기적인 종합검사 과정에서 발생하는 원가가 인식기준을 충족한다면 해당 유형자산의 일부가 대체되는 것으로 본다.

NEW

18 다음은 의류 제조업을 영위하는 ㈜삼일이 20X1년 1월 1일에 취득한 자산의 목록이다. 동 자산의 취득으로 인하여 20X1년 말에 증가할 유형자산의 금액은 얼마인가(단, ㈜삼일은 모든 상각대상 유형자산에 대하여 내용연수 4 년, 정액법, 잔존가치 0원을 적용한다)?

ㄱ. 본사 사옥 건설을 위해 취득한 토지	10 억
ㄴ. 임대수익을 얻을 목적으로 취득한 건물	8 억
ㄷ. 재고자산의 운송을 위해 취득한 설비자산	2 억
ㄹ. 제조공장 내 구축물을 자체 건설하는데 소요된 원가(20X1년 말 현재 건설중임)	1 억

①　12 억　　　　　　　② 12.5 억

③　13 억　　　　　　　④　21 억

19 (주)삼일은 영업활동에 사용하던 건물(부속토지 포함)을 20X4년 12월 31일에 현금을 받고 처분하였다. 동 건물과 관련된 사항은 다음과 같다.

(1) 건물의 취득원가	5,000,000원
취득일	20X1년 10월 1일
내용연수	20년
잔존가치	500,000원
감가상각방법	정액법
(2) 부속토지(취득원가)	3,000,000원
(3) 처분금액(건물 및 부속토지)	7,000,000원

20X4년도에 (주)삼일의 토지·건물 처분에 대한 회계처리로 가장 옳은 것은?(단, (주)삼일은 최초 인식시점 이후 유형자산을 원가모형으로 회계처리하고 있음)

① (차) 현금 7,000,000 (대) 토지 3,000,000
　　　감가상각누계액 731,250 　　　건물 5,000,000
　　　유형자산처분손실 268,750

② (차) 현금 7,000,000 (대) 토지 3,000,000
　　　유형자산처분손실 200,000 　　　건물 4,200,000

③ (차) 현금 7,000,000 (대) 토지 3,000,000
　　　감가상각누계액 900,000 　　　건물 5,000,000
　　　유형자산처분손실 100,000

④ (차) 현금 7,000,000 (대) 토지 3,000,000
　　　유형자산처분손실 100,000 　　　건물 4,100,000

20 (주)삼일은 유형자산인 토지에 대해 재평가모형으로 회계처리하고 있으며, 당기 중 토지의 공정 가치가 2억 원 증가하였다. 이러한 재평가로 인하여 (주)삼일의 재무상태에 미치는 영향으로 가장 옳지 않은 것은?

재무상태표

① 비유동자산 증가
③ 자본 증가
② 부채비율 감소
④ 부채 감소

21 다음은 (주)삼일이 사용 중인 기계장치와 관련된 내용이다. (주)삼일이 기계장치와 관련하여 20X2년에 인식할 감가상각비는 얼마인가?(단, 기계장치는 정액법으로 상각하고, 잔존가치는 0원이라고 가정한다)

ㄱ. 20X1년 말 현재 기계장치 장부금액(손상차손 인식전):	60,000,000원
ㄴ. 20X1년 말 현재 기계장치의 순공정가치:	35,000,000원
ㄷ. 20X1년 말 현재 기계장치의 사용가치:	30,000,000원
ㄹ. 20X1년 말 현재 기계장치의 잔존내용연수:	10년
ㅁ. (주)삼일은 20X1년 말 상기 기계장치에 대해서 손상차손을 인식함	

① 600,000원
③ 3,500,000원
② 3,000,000원
④ 3,888,889원

22 다음 중 유형자산의 감가상각에 관한 설명으로 가장 올바르지 않은 것은?

① 감가상각방법은 자산의 미래경제적효익이 소비될 것으로 예상되는 형태를 반영한다.
② 감가상각방법은 적어도 매 회계연도 말에 재검토하며, 재검토 결과 자산에 내재된 미래 경제적효익의 예상되는 소비형태에 유의적인 변동이 있다면 이를 반영하기 위하여 감가 상각방법을 변경한다. 이러한 변경은 회계정책의 변경으로 회계처리한다.
③ 채석장이나 매립지 등을 제외하고는 토지의 내용연수가 무한하므로 감가상각하지 않는다.
④ 정률법은 내용연수 초기에 감가상각비를 많이 계상하다가 내용연수 후기로 갈수록 감가 상각비를 적게 계상하는 방법인데, 이를 체감잔액법이라고도 한다.

23 (주)삼일의 재무상태표상 유형자산으로 표시되는 기계장치의 취득금액으로 가장 옳은 것은?

기계장치의 취득과 관련하여 발생한 원가	금액
구입금액	700,000,000원
기계장치에서 생산된 새로운 상품을 소개하는 데 소요되는 광고비	50,000,000원
기계장치와 관련된 산출물에 대한 수요가 형성되는 과정에서 발생하는 가동손실	30,000,000원
경영진이 의도하는 방식으로 자산을 가동하는 데 필요한 장소와 상태에 이르게 하는데 직접 관련이 있는 전문가에게 지급한 수수료	15,000,000원
경영진이 의도하는 방식으로 가동될 수 있으나 아직 실제로 사용되지는 않고 있음에 따라 발생하는 원가	500,000원
합 계	795,500,000원

① 715,000,000원
② 715,500,000원
③ 730,500,000원
④ 750,000,000원

24 통신업을 영위하고 있는 (주)삼일은 20X1년 7월 1일 5억 원에 취득하여 사용해 오던 건물 A (내용연수 10년, 정액법, 잔존가치 0원)를 20X5년 4월 1일 3억 원에 처분하였다. 다음 중 (주)삼일이 유형자산 A 의 처분과 관련하여 20X5년 포괄손익계산서에 인식할 계정과 금액으로 짝지어진 것은?(단, (주)삼일은 건물을 원가모형으로 후속측정한다.)

① 유형자산처분이익, 10,000,000원
② 유형자산처분이익, 12,500,000원
③ 유형자산처분손실, 10,000,000원
④ 유형자산처분손실, 12,500,000원

25 (주)삼일은 20X1년 중 기숙사 신축과 관련하여 지출한 금액은 다음과 같다. 20X1년 1월 1일 착공한 이 공사는 20X2년 중에 완공할 예정이다.

지출일	지출액	비고
20X1년 1월 1일	10,000,000원	착수금 지급
20X1년 4월 1일	9,000,000원	1차 중도금 지급
20X1년 7월 1일	6,000,000원	2차 중도금 지급
20X1년 11월 1일	12,000,000원	3차 중도금 지급

한편, (주)삼일의 특정차입금 관련 사항은 아래와 같다.

차입일	금액	연 이자율
20X1년 1월 1일	5,000,000원	12 %

특정차입금 중 1,000,000원을 20X1년 1월1일부터 6월 30일까지 연 이자율 9 %(단리) 정기예금에 예치하였을 때, 유형자산 취득과 관련된 적격자산의 자본화 차입원가는 얼마인가? (단, 일반차입금은 없다고 가정하며, 평균지출액과 이자는 월할계산한다.)

① 455,000원
② 500,000원
③ 555,000원
④ 600,000원

26 (주)삼일이 보유하고 있는 건물의 20X3년말 장부금액은 얼마인가?

> 20X1년초 건물을 1,000,000원에 취득하였다. 건물의 내용년수는 5년이고, 잔존가치는 0원이며, 정액법으로 감가상각하기로 하였다. 20X3년초 건물 엘리베이터 설치비용 100,000원을 지출하였으며 이로 인해 건물의 기능이 향상되어 내용연수가 2년 연장되었다(유형자산의 인식요건을 충족함).

① 500,000원 　　　　　　　② 560,000원
③ 640,000원 　　　　　　　④ 700,000원

27 다음 중 유형자산의 손상에 관한 설명으로 가장 옳은 것은?

① 유형자산에 대해 재평가모형을 적용하는 경우 손상차손을 인식하지 않는다.
② 자산의 회수가능액은 순공정가치와 사용가치 중 작은 금액이다.
③ 기업은 매 보고기간말마다 자산손상을 시사하는 징후가 있는지를 검토하여야 한다.
④ 자산손상을 시사하는 징후가 있는지를 검토할 때는 경제상황과 같은 외부정보는 고려하지 않는다.

28 (주)삼일의 20X2년말 기계장치의 장부금액은 얼마인가?

> (주)삼일은 20X1년초 기계장치 1대를 50,000원에 취득하였다. 동 기계장치의 내용년수는 5년이고, 잔존가치는 없으며 감가상각방법은 정액법을 채택하기로 하였다. (주)삼일은 이 기계장치에 대해 재평가모형을 적용하고 있으며, 20X2년말의 공정가치는 100,000원이었다(전액제거법으로 회계처리한다).

① 50,000원 　　　　　　　② 60,000원
③ 80,000원 　　　　　　　④ 100,000원

29 (주)삼일의 재무팀장은 재무제표를 최종 검토하던 중 20X1년 12월 31일에 손상차손을 인식한 건물에 대해 당기(20X2년) 중 어떠한 회계처리도 하지 않았다는 사실을 발견하여 이를 반영하려 한다. 아래 내용을 참고하여 수정 후 당기 손익계산서 상 감가상각비와 손상차손환입 금액을 가장 올바르게 나열한 것은?

> 20X1년 12월 31일의 손상전 장부금액은 30,000만원이고 손상후 장부금액은 12,000만원이다. 동 건물의 20X1년 12월 31일 기준 잔존내용연수는 10년, 잔존가치는 0원이고 감가상각방법은 정액법이다. 20X2년 말에 손상차손환입을 시사하는 징후가 발생하였고 20X2년 12월 31일 현재 동 건물의 순공정가치는 28,000만원, 사용가치는 22,000만원이다.

	감가상각비	손상차손환입
①	1,000만원	10,000만원
②	1,000만원	11,200만원
③	1,200만원	16,200만원
④	1,200만원	17,200만원

30 (주)삼일은 20X1년 1월 1일 내용연수 5년, 잔존가치 500,000원인 기계장치를 5,000,000원에 취득하였다. 다음 감가상각방법 중 20X1년 감가상각비로 인식되는 금액이 가장 작은 것은?

① 정액법
② 정률법(상각률: 0.451)
③ 생산량비례법(추정 총 생산제품수량: 6,000개 중 20X1년 생산량 1,500개)
④ 연수합계법

31 다음 중 유형자산의 후속측정에 관한 설명으로 가장 올바르지 않은 것은?

① 기업은 원가모형과 재평가모형 중 하나를 회계정책으로 선택하여 유형자산의 유형별로 동일하게 적용하여야 한다.

② 재평가모형이란 취득일 이후 재평가일의 공정가치로 해당 자산금액을 수정하고, 당해 공정가치에서 재평가일 이후의 감가상각누계액과 손상차손누계액을 차감한 금액을 장부금액으로 공시한다.

③ 재평가로 인하여 자산이 증가된 경우 그 증가액은 기타포괄이익으로 인식하고 재평가잉여금의 과목으로 자본(기타포괄손익누계액)에 가산한다.

④ 재평가로 인하여 자산이 감소된 경우 그 감소액은 기타포괄손실로 인식하고 재평가잉여금의 과목으로 자본(기타포괄손익누계액)에 차감한다.

32 (주)서울은 사용 중이던 차량운반구A를 (주)부산이 사용하던 차량운반구B와 교환하였다. 이 교환과 관련하여 (주)서울은 공정가치의 차액 300,000원을 현금으로 지급하였다. 이 경우 (주)서울이 차량운반구B의 취득원가로 인식해야 할 금액은 얼마인가?(단, 동 거래는 상업적 실질이 결여된 거래임)

(단위: 원)

	차량운반구A	차량운반구B
취득원가	3,500,000	4,000,000
감가상각누계액	1,200,000	1,500,000
공정가치	1,700,000	2,000,000

① 2,600,000원　　　　　　② 2,300,000원

③ 2,000,000원　　　　　　④ 1,700,000원

I 무형자산의 정의

무형자산이란 물리적 실체는 없지만 식별가능한 비화폐성자산을 말한다.

기업은 경제적 자원을 사용하거나 부채를 부담하여 과학적, 기술적 지식, 새로운 공정이나 시스템의 설계와 실행, 라이선스, 지적재산권, 시장에 대한 지식과 상표(브랜드명 및 출판표제 포함) 등의 무형자산을 취득, 개발, 유지하거나 개선한다. 이러한 예에는 컴퓨터소프트웨어, 특허권, 저작권, 영화필름, 고객목록, 모기지관리용역권, 어업권, 수입할당량, 프랜차이즈, 고객이나 공급자와의 관계, 고객충성도, 시장점유율과 판매권 등이 있다.

예시된 모든 항목이 무형자산의 정의 즉, 식별가능성, 자원에 대한 통제와 미래경제적효익의 존재를 충족하는 것은 아니다.

이러한 항목들이 무형자산의 정의를 충족하지 못한다면 발생한 지출은 발생시점에 비용으로 인식한다. 무형자산이 되기 위해서는 다음의 요건을 모두 충족시켜야 한다.

1 식별가능성

무형자산이 식별가능하다는 것은 다음 중 하나에 해당하는 경우를 말한다.

> ① 분리가능성: 기업의 의도와는 무관하게 기업에서 분리하거나 분할할 수 있고, 개별적으로 또는 관련된 계약, 식별가능한 자산이나 부채와 함께 매각, 이전, 라이선스, 임대, 교환할 수 있다.
> ② 계약상 권리 또는 기타 법적 권리로부터 발생: 권리가 이전가능한지 여부 또는 기업이나 기타 권리와 의무에서 분리가능한지 여부는 고려하지 아니한다.

2 통제

기초가 되는 자원에서 유입되는 미래경제적효익을 확보할 수 있고, 그 효익에 대한 제3자의 접근을 제한할 수 있다면 기업이 자산을 통제하고 있는 것이다. 무형자산의 미래경제적효익에 대한 통제능력은 일반적으로 법원에서 강제할 수 있는 법적 권리에서 나오며, 법적 권리가 없는 경우에는 통제를 제시하기 어렵다. 그러나 다른 방법으로도 미래경제적효익을 통제할 수 있기 때문에 권리의 법적 집행가능성이 통제의 필요조건은 아니다.

(1) 시장에 대한 지식과 기술적 지식

시장에 대한 지식과 기술적 지식에서도 미래경제적효익이 발생할 수 있다. 이러한 지식이 저작권, 계약상의 제약이나 법에 의한 종업원의 기밀유지의무 등과 같은 법적 권리에 의하여 보호된다면, 기업은 그러한 지식에서 얻을 수 있는 미래경제적효익을 통제하고 있는 것이다.

(2) 숙련된 종업원과 교육훈련

기업은 숙련된 종업원을 보유할 수 있고, 교육훈련을 통하여 습득된 미래경제적효익을 가져다 줄 수 있는 종업원의 기술 향상을 식별할 수 있다. 또한 그러한 숙련된 기술을 계속하여 이용할 수 있을 것으로 기대할 수 있다. 그러나 숙련된 종업원이나 교육훈련으로부터 발생하는 미래경제적효익은 일반적으로 무형자산의 정의를 충족하기에는 충분한 통제를 가지고 있지 않다.

(3) 특정 경영능력과 기술적 재능

특정 경영능력이나 기술적 재능도 그것을 사용하여 미래경제적효익을 확보하는 것이 법적 권리에 의하여 보호되지 않거나 무형자산 정의의 기타 요건을 충족하지 않는다면 일반적으로 무형자산의 정의를 충족할 수 없다.

(4) 고객관계와 고객충성도

기업은 고객구성이나 시장점유율에 근거하여 고객관계와 고객충성도를 잘 유지함으로써 고객이 계속하여 거래할 것이라고 기대할 수 있다. 그러나 그러한 고객관계나 고객충성도를 지속할 수 있는 법적 권리나 그것을 통제할 기타 방법이 없다면 일반적으로 고객관계나 고객충성도에서 창출될 미래경제적효익이 무형자산의 정의를 충족하기에 기업이 충분한 통제를 가지고 있지 않다. 그러나 법적 권리가 없는 경우에도 동일하거나 유사한 고객관계를 교환하는 거래는 고객관계로부터 기대되는 미래 경제적효익을 통제할 수 있다는 증거를 제공한다. 그러한 교환거래는 고객관계가 분리가 능하다는 증거를 제공하므로 그러한 고객관계는 무형자산의 정의를 충족한다.

3 미래경제적효익

무형자산의 미래경제적효익은 제품의 매출, 용역수익, 원가절감 또는 자산의 사용에 따른 기타 효익의 형태로 발생할 수 있다. 예를 들면, 제조과정에서 지적재산을 사용하면 미래 수익을 증가시키기보다는 미래 제조원가를 감소시킬 수 있다.

Ⅱ 무형자산의 인식과 측정

1 인식요건

무형자산으로 인식되기 위해서는 앞에서 설명한 무형자산의 정의와 다음의 인식조건을 모두 충족시켜야 한다.

---
① 자산으로부터 발생하는 미래경제적효익이 기업에 유입될 가능성이 높다.
② 자산의 원가를 신뢰성 있게 측정할 수 있다.

무형자산의 정의와 인식조건을 모두 충족하는 경우에는 무형자산으로 인식하지만, 충족시키지 못할 경우에는 발생했을 때 비용으로 인식한다. 발생한 기간의 비용으로 인식하는 지출의 예는 다음과 같다.

---
① 사업개시원가: 법적 실체를 설립하는 데 발생하는 법적 비용과 같은 설립원가, 새로운 시설이나 사업을 개시할 때 발생하는 개업원가, 그리고 새로운 영업을 시작하거나 새로운 제품 또는 공정을 시작하기 위하여 발생하는 신규영업준비원가 등과 같은 사업개시비용
② 교육훈련비: 교육 훈련을 위한 지출
③ 광고선전비: 광고 또는 판매촉진 활동을 위한 지출
④ 조직개편비: 기업의 전부 또는 일부의 이전 또는 조직 개편에 관련된 지출
---

2 원가의 측정

(1) 개별 취득

일반적으로 무형자산을 개별 취득하기 위하여 지급하는 가격은 그 자산이 갖는 기대 미래경제적효익이 기업에 유입될 확률에 대한 기대를 반영할 것이다. 즉, 기업은 유입의 시기와 금액이 불확실하더라도 미래경제적효익의 유입이 있을 것으로 기대하며, 개별 취득하는 무형자산의 원가는 일반적으로 신뢰성 있게 측정할 수 있다. 특히 현금이나 기타 화폐성 자산으로 구입대가를 지급하는 경우에는 좀 더 신뢰성 있게 원가를 측정할 수 있다. 개별 취득하는 무형자산의 원가는 다음 항목으로 구성된다.

> ① 구입가격(매입할인과 리베이트를 차감하고 수입관세와 환급받을 수 없는 제세금을 포함한다)
> ② 자산을 의도한 목적에 사용할 수 있도록 준비하는 데 직접 관련되는 원가

원가에 포함 또는 제외되는 지출

구분	사례
원가포함	① 그 자산을 사용 가능한 상태로 만드는 데 직접적으로 발생하는 종업원급여 ② 그 자산을 사용 가능한 상태로 만드는 데 직접적으로 발생한 전문가 수수료 ③ 그 자산이 적절하게 기능을 발휘하는지 검사하는 데 발생하는 원가
원가제외	① 새로운 제품이나 용역의 홍보원가 ② 새로운 지역에서 또는 새로운 계층의 고객을 대상으로 사업을 수행하는 데에서 발생하는 원가 　(교육훈련비 포함) ③ 관리원가와 기타 일반경비원가

무형자산 원가의 인식은 그 자산을 경영자가 의도하는 방식으로 운용될 수 있는 상태에 이르면 중지한다. 따라서 무형자산을 사용하거나 재배치하는데 발생하는 원가는 무형자산의 장부금액에 포함하지 아니한다. 예를 들면, 다음의 원가는 무형자산의 장부금액에 포함하지 아니한다.

① 경영자가 의도하는 방식으로 운용될 수 있으나 아직 사용하지 않고 있는 기간에 발생한 원가
② 자산의 산출물에 대한 수요가 확립되기 전까지 발생하는 손실과 같은 초기 영업손실

무형자산의 개발과 관련한 영업활동 중에는 해당 자산을 경영자가 의도하는 방식으로 운영될 수 있는 상태에 이르도록 하는 데 반드시 필요하지는 않은 활동도 있다. 이러한 부수적인 영업활동은 개발활동 전이나 개발활동 중에 발생할 수 있다. 이러한 부수적인 영업활동은 자산을 경영자가 의

도하는 방식으로 운영될 수 있는 상태에 이르도록 하는 데 반드시 필요한 것은 아니기 때문에 부수적인 영업활동과 관련된 수익과 비용은 즉시 당기손익으로 인식한다.

무형자산에 대한 대금지급기간이 일반적인 신용기간보다 긴 경우 무형자산의 원가는 현금가격상당액으로 한다. 이때 현금가격상당액과 실제 총지급금액과의 차액은 자본화 대상이 아닌 한 신용기간에 걸쳐 이자비용으로 인식한다.

(2) 사업결합으로 취득

사업결합으로 취득하는 무형자산은 식별가능성을 충족한다면 항상 인식기준을 충족하는 것으로 본다. 사업결합 전에 무형자산을 피취득자가 인식하였는지 여부에 관계없이 취득자는 취득일에 피취득자의 무형자산을 영업권과 분리하여 인식한다. 따라서 피취득자가 진행하고 있는 연구·개발 프로젝트가 무형자산의 정의를 충족하는 경우 취득자는 영업권과 분리하여 별도의 자산으로 인식하여야 한다. 피취득자가 진행하고 있는 연구·개발 프로젝트는 다음의 조건을 모두 충족할 경우 무형자산의 정의를 충족한다.

---

① 자산의 정의를 충족
② 식별가능: 분리가능하거나 계약상 또는 기타 법적 권리에서 발생

개별 취득하거나 사업결합으로 취득하고 무형자산으로 인식한 진행 중인 연구·개발 프로젝트에 대한 후속지출은 내부적으로 창출된 무형자산의 규정에 따라 회계처리한다.

(3) 정부보조에 의한 취득

정부보조로 무형자산을 무상이나 낮은 대가로 취득할 수 있다. 예를 들면, 정부가 공항 착륙권, 라디오나 텔레비전 방송국 운영권, 수입면허 또는 수입할당이나 기타 제한된 자원을 이용할 수 있는 권리를 기업에게 이전하거나 할당하는 경우이다. 정부보조에 의해 무형자산으로 취득한 경우에는 무형자산과 정부보조금 모두를 최초에 공정가치로 인식할 수 있다. 그러나 최초에 자산을 공정가치로 인식하지 않기로 선택하는 경우에는, 자산을 명목상 금액과 자산을 의도한 용도로 사용할 수 있도록 준비하는 데 직접 관련되는 지출을 합한 금액으로 인식한다.

3 자산의 교환

무형자산을 비화폐성 자산과 교환하여 취득하는 경우 취득한 무형자산의 원가는 다음 중 하나에 해당하는 경우에는 제공한 자산의 장부금액으로 하며, 그 외에는 공정가치로 측정한다.

① 교환거래에 상업적 실질이 결여된 경우
② 취득한 자산과 제공한 자산의 공정가치를 둘 다 신뢰성 있게 측정할 수 없는 경우

4 내부적으로 창출한 무형자산

(1) 영업권

내부적으로 창출한 영업권은 무형자산으로 인식하지 않는다. 내부적으로 창출한 영업권은 원가를 신뢰성 있게 측정할 수 없고 기업이 통제하고 있는 식별가능한 자원이 아니기 때문에 자산으로 인식하지 아니한다.

(2) 내부 프로젝트 연구단계와 개발단계

내부적으로 창출된 무형자산이 인식기준에 부합하는지를 평가하기 위하여 무형자산의 창출과정을 연구단계와 개발단계로 구분한다. 이 경우 무형자산을 창출하기 위한 내부 프로젝트를 연구단계와 개발단계로 구분할 수 없는 경우에는 그 프로젝트에서 발생한 지출은 모두 연구단계에서 발생한 것으로 본다.

1) 연구단계

프로젝트 연구단계에서는 미래경제적효익을 창출할 무형자산이 존재한다는 것을 제시할 수 없기 때문에 연구단계에서 발생한 지출은 무형자산으로 인식할 수 없고 발생한 기간의 비용으로 인식한다.
연구단계에 속하는 활동의 일반적인 예는 다음과 같다.

┌───┐
│ ○ 새로운 지식을 얻고자 하는 활동   │
│ ○ 연구결과 또는 기타 지식을 탐색, 평가, 최종 선택 및 응용하는 활동   │
│ ○ 재료, 장치, 제품, 공정, 시스템, 용역 등에 대한 여러 가지 대체안을 탐색하는 활동 │
│ ○ 새롭거나 개선된 재료, 장치, 제품, 공정, 시스템, 용역 등에 대한 여러 가지 대체안을 제안, 설계, 평가 및 │
│   최종 선택하는 활동   │
└───┘

2) 개발단계

개발단계에서 발생한 지출은 다음의 조건을 모두 충족하는 경우에만 무형자산으로 인식하고, 그 외의 경우에는 경상개발비의 과목으로 발생한 기간의 비용으로 인식한다.

┌───┐
│ ○ 무형자산을 사용 또는 판매하기 위해 그 자산을 완성시킬 수 있는 기술적 실현가능성을 제시할 수 있다. │
│ ○ 무형자산을 완성해 그것을 사용하거나 판매하려는 기업의 의도가 있다.   │
│ ○ 완성된 무형자산을 사용하거나 판매할 수 있는 기업의 능력을 제시할 수 있다. │
│ ○ 무형자산이 미래경제적효익을 창출하는 방법. 그 중에서도 특히 무형자산의 산출물이나 무형자산 자체를 거래 │
│   하는 시장이 존재함을 제시할 수 있거나 또는 무형자산을 내부적으로 사용할 것이라면 그 유용성을 제시할 수 │
│   있다.   │
│ ○ 무형자산의 개발을 완료하고 그것을 판매 또는 사용하는 데 필요한 기술적, 재정적 자원 등의 입수가능성을 제 │
│   시할 수 있다.   │
│ ○ 개발단계에서 발생한 무형자산 관련 지출을 신뢰성 있게 구분하여 측정할 수 있다. │
└───┘

개발단계는 연구단계보다 훨씬 더 진전되어 있는 상태이기 때문에 프로젝트의 개발단계에서는 무형자산을 식별할 수 있으며, 그 무형자산이 미래경제적효익을 창출할 것임을 입증할 수 있기 때문에 연구단계에서 발생한 지출은 발생한 기간의 비용으로 처리하지만 위의 조건을 충족시키는 개발단계에서의 지출은 무형자산으로 인식하는 것이다.

개발단계에 속하는 활동의 일반적인 예는 다음과 같다.

┌───┐
│ ○ 생산 전 또는 사용 전의 시제품과 모형을 설계, 제작 및 시험하는 활동   │
│ ○ 새로운 기술과 관련된 공구, 금형, 주형 등을 설계하는 활동   │
│ ○ 상업적 생산목적이 아닌 소규모의 시험공장을 설계, 건설 및 가동하는 활동   │
│ ○ 새롭거나 개선된 재료, 장치, 제품, 공정, 시스템 및 용역 등에 대하여 최종적으로 선정된 안을 설계, 제작 및 │
│   시험하는 활동   │
└───┘

한편, 내부적으로 창출된 브랜드, 고객목록 및 이와 유사한 항목에 대한 지출은 무형자산으로 인식하지 않는다. 왜냐하면 내부적으로 창출한 브랜드, 제호, 출판표제, 고객 목록과 이와 실질이 유사한 항목은 사업을 전체적으로 개발하는 데 발생한 원가와 구별할 수 없기 때문이다.

예제

다음은 (주)삼일의 프로젝트 개발활동과 관련된 지출들 중 내부적으로 창출된 무형자산에 관련한 것이다.

프로젝트	금액	내용
A	200,000원	연구단계에서 발생한 지출
B	1,000,000원	개발단계에서 발생한 지출로 자산인식조건을 만족시킴
C	500,000원	개발단계에서 발생한 지출로 자산인식조건을 만족시키지 못함
D	400,000원	프로젝트 개발과 관련된 내부개발 소프트웨어로 자산인식조건을 만족시킴

(주)삼일의 프로젝트별로 그 처리방안에 대해서 설명하고 각각에 대해서 당해 지출의 발생 시의 회계처리를 하시오.

풀이

1. 프로젝트 A : 연구단계에서 발생한 지출이므로 연구비의 과목으로 당기비용 처리한다.

   (차) 연구비   200,000   (대) 현금   200,000

2. 프로젝트 B : 개발단계에서 발생하고 개발비(자산) 인식조건을 만족시키고 있으므로 개발비의 과목으로 무형자산으로 처리한다.

   (차) 개발비(자산)   1,000,0000   (대) 현금   1,000,000

3. 프로젝트 C : 개발단계에서 발생한 지출이나 개발비(자산) 인식요건을 만족시키지 못하므로 당기비용 처리한다.

   (차) 경상개발비(당기비용) 500,000 (대) 현금   500,000

4. 프로젝트 D : 프로젝트 개발과 관련된 내부개발 소프트웨어로 개발비(자산) 인식요건을 만족시키고 있으므로 개발비의 과목으로 무형자산으로 처리한다.

   (차) 개발비(자산)   400,000   (대) 현금   400,000

5 탐사평가자산

광물자원(mineral resourses)은 원유, 천연가스, 석탄, 철광석 등 사용함에 따라 고갈되는 자원을 말한다. 광물자원을 개발하기 위해서는 먼저 특정지역을 탐사할 수 있는 권리를 획득하여야 하고, 탐사에 대한 권리가 확보된 후에는 광물자원에 대한 조사와 광물자원 추출의 기술적 실현가능성 및 상업화가능성에 대한 결정을 하여야 한다.

(1) 최초인식

기업의 회계정책에 따라 탐사평가자산을 자산으로 인식하기로 한 경우에는 당해 회계정책을 계속 적용한다. 이 경우 인식되는 지출에 대해 해당 지출이 특정 광물자원의 발견과 어느 정도 관련되는지를 고려하고, 탐사평가자산에 포함여부를 검토한다. 탐사평가자산을 최초로 측정할 때 원가에 포함할 수 있는 지출의 예는 다음과 같다.

① 탐사 권리의 취득
② 지형학적, 지질학적, 지구화학적 및 지구물리학적 연구
③ 탐사를 위한 시추
④ 굴착
⑤ 표본추출
⑥ 광물자원 추출의 기술적 실현가능성과 상업화가능성에 대한 평가와 관련된 활동

탐사평가자산은 그 성격에 따라 유형자산이나 무형자산으로 분류하고 이 분류를 일관되게 적용하며, 탐사평가자산은 무형자산(예: 시추권)이나 유형자산(예: 차량운반구, 시추장비)으로 처리된다. 무형자산을 개발하기 위하여 소모된 유형자산 금액은 무형자산의 원가를 구성한다. 그러나 무형자산을 개발하기 위하여 유형자산을 사용하더라도 유형자산에서 무형자산으로 변경되는 것은 아니다.

(2) 후속측정

탐사평가자산을 인식한 후에는 원가모형이나 재평가모형을 적용한다.

광물자원 추출에 대한 기술적 실현가능성과 상업화가능성을 제시할 수 있는 시점에는 더 이상 탐사평가자산으로 분류하지 아니한다. 이 경우 탐사평가자산은 유형자산이나 무형자산으로 재분류하며, 탐사평가자산을 재분류하기 전에 손상을 검토하여 손상차손을 인식한다.

6 웹 사이트 원가

내부 또는 외부 접근을 위한 기업 자체의 웹 사이트의 개발과 운영에 내부 지출이 발생할 수 있다. 외부 접근을 위해 설계한 웹 사이트는 다양한 목적으로 사용된다. 예를 들면, 기업 자체의 재화와 용역의 판매촉진 및 광고, 전자적인 용역 제공, 재화와 용역의 판매 등을 위하여 사용된다. 내부 접근을 위해 설계한 웹 사이트는 회사의 정책과 고객의 세부정보를 저장하고 관련 정보의 검색을 위하여 사용될 수 있다.

(1) 개발과 운영단계의 지출

웹 사이트에 대한 지출은 개발단계에서의 지출과 운영단계에서의 지출로 구분된다. 개발단계는 다음과 같다.

① 계획단계: 실현가능성 연구, 목적과 세부사항 정의, 대안의 평가 및 선택을 포함한다.
② 적용응용프로그램과 하부구조 개발단계: 도메인 등록, 하드웨어와 운영 소프트웨어의 구매와 개발, 개발한 응용프로그램의 설치와 안정성 테스트를 포함한다.
③ 그래픽 디자인 개발단계: 웹 페이지의 외양설계를 포함한다.
④ 콘텐츠 개발단계: 웹 사이트 개발이 완료되기 전에 텍스트나 그래픽 속성의 정보를 창출·구매·작성하여 웹 사이트에 올리는 것을 포함한다. 이러한 정보는 웹 사이트에 통합되어 있거나 웹 사이트에서 접근할 수 있는 데이터베이스에 저장되거나 웹 페이지에 직접 코드화될 수 있다.

웹 사이트의 개발이 완료되면 운영 단계가 개시된다. 이 단계에서 기업은 웹 사이트의 응용프로그램, 하부구조, 그래픽 디자인 및 콘텐츠를 유지하고 향상시킨다.

(2) 인식과 측정

기업이 내부 또는 외부 접근을 위해 개발한 자체의 웹 사이트는 내부적으로 창출한 무형자산이다. 자체적으로 개발한 웹 사이트는 인식과 최초 측정을 규정한 무형자산에서 설명하고 있는 일반적인 조건뿐만 아니라 기업회계기준서 무형자산의 조건을 모두 충족하는 경우에만 무형자산으로 인식한다. 특히, 웹 사이트가 수익을 창출할 수 있을 때 웹 사이트가 어떻게 미래 경제적 효익을 창출할지를 제시하도록 하는 기업회계기준서 무형자산의 요건을 충족시킬 수 있을 것이다. 기업이 주로 자체의 재화와 용역의 판매촉진과 광고를 위해 웹 사이트를 개발한 경우에는 웹 사이트 개발에 대한 모든 지출은 발생시점에 비용으로 인식한다.

기업 자체의 웹 사이트 개발과 운영에 대한 내부 지출은 기업회계기준서 제1038호 '무형자산'에 따라 회계처리한다. 적절한 회계처리를 위하여 지출이 발생한 활동별 성격과 웹 사이트의 개발단계 및 개발 후 단계를 평가한다. 예를 들면 다음과 같다.

① 계획단계: 연구단계와 성격이 유사하므로 발생시점에 비용으로 인식한다.
② 응용프로그램과 하부구조 개발단계, 그래픽 디자인 단계, 콘텐츠 개발단계: 특정 웹 사이트를 위하여 콘텐츠를 구매하거나 창출하기 위한 지출 또는 그 웹 사이트에서 콘텐츠의 사용을 가능하게 하는 지출은 이 조건을 충족하는 경우에 개발원가에 포함한다. 콘텐츠 개발단계에서 발생한 지출은, 콘텐츠가 기업 자체의 재화와 용역을 광고하고 판매를 촉진하기 위하여 개발되었다면 무형자산에 따라 발생시점에 비용으로 인식한다.
③ 운영단계는 웹 사이트의 개발이 완성되면 개시한다. 이 단계에서 발생한 지출은 무형자산의 인식조건을 충족하지 못하면 발생시점에 비용으로 인식한다.

무형자산으로 인식한 웹 사이트는 최초 인식 후에 무형자산과 동일하게 원가모형과 재평가모형을 선택하여 회계처리하며, 웹 사이트 내용연수에 대한 최선의 추정치는 짧아야 한다.

한편, 웹 사이트 하드웨어(예: 웹 서버, 스테이징 서버, 프로덕션 서버, 인터넷 연결)의 구매 · 개발 · 운영을 위한 지출은 유형자산 기준서에 따라 회계처리 한다. 또한 기업의 웹 사이트를 호스팅하는 인터넷 서비스 공급자에 대한 지출은 용역의 제공시점에 비용으로 인식한다.

Ⅲ 무형자산의 후속측정

1 인식 후의 측정

무형자산의 회계정책으로 원가모형이나 재평가모형을 선택할 수 있다. 재평가모형을 적용하여 무형자산을 회계처리하는 경우에는, 같은 분류의 기타 모든 자산도 그에 대한 활성시장이 없는 경우를 제외하고는 동일한 방법을 적용하여 회계처리한다.

무형자산은 영업상 유사한 성격과 용도로 분류한다. 자산을 선택적으로 재평가하거나 재무제표에서 서로 다른 기준일의 원가와 가치가 혼재된 금액을 보고하는 것을 방지하기 위하여 같은 유형 내의 무형자산 항목들은 동시에 재평가한다.

2 원가모형

원가모형을 적용할 경우 무형자산은 최초 인식 후에 취득원가에서 상각누계액과 손상차손누계액을 차감한 금액을 장부금액으로 하고, 재평가모형을 적용할 경우 무형자산은 재평가일의 공정가치에서 이후의 상각누계액과 손상차손누계액을 차감한 금액을 장부금액으로 한다.

(1) 내용연수가 유한한 무형자산

1) 내용연수

내용연수가 유한한 무형자산은 상각하지만 내용연수가 비한정인 무형자산은 상각을 하지 않는다. 무형자산의 내용연수가 비한정이라는 것은 무한(infinite)을 의미하는 것은 아니다. 왜냐하면 무형자산의 내용연수를 추정하는 시점에서 여러 가지 요인을 종합적으로 고려하여 볼 때 미래경제적효익의 지속연수를 결정하지 못할 뿐이지, 미래경제적효익이 무한히 지속될 것으로 보는 것은 아니기 때문이다.

무형자산이 계약상 권리 또는 기타 법적 권리로부터 발생하는 것이라면 내용연수는 그러한 계약상 권리 또는 기타 법적 권리의 기간을 초과할 수는 없지만, 자산의 예상사용기간에 따라 더 짧을 수는 있다. 또한 그러한 권리가 유의적인 원가 없이 한정된 기간동안 갱신될 것이 명백한 경우에만 그 갱신기간을 무형자산의 내용연수에 포함한다.

> 무형자산의 내용연수 = MIN [경제적 내용연수, 법적 내용연수]

2) 잔존가치

잔존가치란 자산이 이미 오래되어 내용연수 종료시점에 도달하였다는 가정하에 자산의 처분으로부터 현재 획득할 금액에서 추정 처분부대원가를 차감한 금액의 추정치로, 내용연수가 유한한 무형자산의 잔존가치는 다음의 ①과 ② 중 하나에 해당하는 경우를 제외하고는 영(0)으로 본다.

> ① 내용연수 종료 시점에 제3자가 자산을 구입하기로 한 약정이 있다.
> ② 무형자산의 활성시장이 있고 다음을 모두 충족한다.
>   ㉠ 잔존가치를 그 활성시장에 기초하여 결정할 수 있다.
>   ㉡ 그러한 활성시장이 내용연수 종료 시점에 존재할 가능성이 높다.

무형자산의 잔존가치는 해당 자산의 장부금액과 같거나 큰 금액으로 증가할 수도 있다. 이 경우에는 자산의 잔존가치가 이후에 장부금액보다 작은 금액으로 감소될 때까지는 무형자산의 상각액은 영(0)이 된다.

무형자산의 잔존가치는 처분으로 회수가능한 금액을 근거로 하여 추정하며, 적어도 매 회계기간 말에 검토한다.

3) 무형자산의 상각

내용연수가 유한한 무형자산은 원가에서 잔존가치를 차감한 금액을 내용연수동안 체계적인 방법으로 배분하여야 한다. 상각은 자산이 사용할 수 있는 때부터 시작한다. 즉 자산이 경영자가 의도하는 방식으로 운영할 수 있는 위치와 상태에 이르렀을 때부터 시작한다. 상각은 자산이 매각예정으로 분류되는 날과 자산이 재무상태표에서 제거되는 날 중 이른 날에 중지한다. 상각방법은 자산의 경제적 효익이 소비되는 형태를 반영한 방법이어야 한다. 다만, 소비되는 형태를 신뢰성 있게 결정할 수 없는 경우에는 정액법을 사용한다.

4) 상각기간과 상각방법의 검토

무형자산의 잔존가치뿐만 아니라 상각기간과 상각방법도 적어도 매 회계연도 말에 검토한다. 자산의 예상 내용연수가 과거의 추정치와 다르다면 상각기간을 이에 따라 변경하며, 자산이 갖는 미래 경제적 효익의 예상소비형태가 변동된다면, 변동된 소비형태를 반영하기 위하여 상각방법을 변경한다.

5) 회계처리방법

무형자산의 상각을 회계처리하는 방법은 무형자산의 취득원가에서 상각누계액을 직접 차감하는 직접법과 취득원가에서 상각누계액을 차감하는 형식으로 표시하는 간접법이 있다. 검토결과 잔존가치 상각기간, 상각방법을 변경하는 경우에는 회계추정의 변경으로 회계처리한다.

(2) 내용연수가 비한정인 무형자산

내용연수가 비한정인 무형자산은 상각을 하지 않고, 다음의 각 경우에 회수가능액과 장부금액을 비교하여 손상검사를 수행하여야 한다.

① 매년 일정시기
② 무형자산의 손상을 시사하는 징후가 있을 때

상각하지 않는 무형자산에 대하여 매 회계기간마다 내용연수가 비한정이라는 평가가 정당한지 검토한다. 만일 검토 결과 비한정이라는 평가를 정당화할 수 없다면 내용연수가 유한한 무형자산으로 변경해야 하며, 이 경우에는 회계추정의 변경으로 회계처리한다.

3 재평가모형

재평가모형을 적용하는 경우에는 다음의 사항은 허용되지 않는다.

> ① 이전에 자산으로 인식하지 않은 무형자산의 재평가
> ② 원가가 아닌 금액으로 무형자산을 최초로 인식

재평가모형은 자산을 원가로 최초에 인식한 후에 적용한다. 그러나 일부 과정이 종료될 때까지 인식기준을 충족하지 않아서 무형자산의 원가의 일부만 자산으로 인식한 경우에는 그 자산 전체에 대하여 재평가모형을 적용할 수 있다. 또한 정부보조를 통하여 취득하고 공정가치가 아닌 명목상 금액으로 인식한 무형자산에 대해서도 재평가모형을 적용할 수 있다.

재평가한 무형자산과 같은 분류 내의 무형자산을 그 자산에 대한 활성시장이 없어서 재평가할 수 없는 경우에는 원가에서 상각누계액과 손상차손누계액을 차감한 금액으로 표시한다. 또한 재평가한 무형자산의 공정가치를 더 이상 활성시장을 기초로 하여 결정할 수 없는 경우 무형자산의 장부금액은 활성시장을 기초로 한 최종 평가일의 재평가금액에서 이후의 상각누계액과 손상차손누계액을 차감한 금액으로 한다. 그러나 자산의 공정가치를 이후의 측정일에 활성시장을 기초로 하여 결정할 수 있는 경우에는 그 날부터 재평가모형을 적용한다.

4 재평가 회계처리

무형자산을 재평가하는 경우 장부금액의 변동에 대한 회계처리는 유형자산의 경우와 동일하며 다음과 같다.

구분	최초 평가 시 회계처리	이후 재평가 시 회계처리
최초 재평가 시 평가증	재평가잉여금 인식	① 평가증의 경우: 재평가잉여금 인식 ② 평가감의 경우: 전기 이전 인식 재평가잉여금을 우선 감소시키고, 초과액이 있으면 재평가손실 인식
최초 재평가 시 평가감	당기비용 인식	① 평가감의 경우: 재평가손실 인식 ② 평가증의 경우: 전기 이전 인식 재평가손실만큼 재평가이익을 인식하고, 초과액이 있으면 재평가잉여금 인식

185

무형자산에 대하여 재평가모형을 적용함으로써 장부금액을 증가시키는 경우에는 재평가잉여금을 기타포괄손익으로 인식하고, 반대로 장부금액을 감소시키는 경우에는 당기비용(재평가손실)으로 처리한다. 한편, 자본에 포함된 재평가잉여금은 무형자산의 폐기나 처분, 상각시점에 이익잉여금으로 대체할 수 있다. 이와 같이 재평가잉여금은 어떠한 경우에도 직접 당기손익으로 대체되지 않는다.

Ⅳ 무형자산의 손상

기업은 매 보고기간 말마다 자산손상을 시사하는 징후가 있는지 검토하고, 만약 그러한 징후가 있다면 당해 자산의 회수가능액을 추정한다. 그러나 다음의 경우에는 자산손상을 시사하는 징후가 있는지에 관계없이 회수가능액을 추정하고 장부금액과 비교하여 손상검사를 한다.

구분	손상검사 절차
내용연수가 비한정인 무형자산 아직 사용할 수 없는 무형자산	매년 손상검사를 한다. 손상검사는 어느 때라도 할 수 있으며 매년 같은 시기에 실시한다. 서로 다른 무형자산에 대해서는 각기 다른 시점에서 손상검사를 할 수 있다. 다만, 회계연도 중에 이러한 무형자산을 최초로 인식한 경우에는 당해 회계연도 말 전에 손상검사를 한다.
사업결합으로 취득한 영업권	매년 손상검사를 한다.

원가모형을 적용할 경우 손상차손과 손상차손환입은 다음과 같이 계산한다.

> 손상차손 = 자산의 장부금액 − 회수가능액
> 손상차손환입 = 회수가능액 − 자산의 장부금액
> 환입한도액 = MIN(회수가능액, 손상차손을 인식하지 않았다면 계상되었을 기말장부 금액)
> 회수가능액 = MAX(순공정가치, 사용가치)

무형자산에 대하여 재평가모형을 적용하는 경우에도 손상징후를 검토한 후 손상차손을 인식한다. 재평가모형으로 자산을 평가한 후에 손상차손을 인식하는 경우 기존에 인식한 재평가잉여금이 있다면 이를 우선 감소시키고, 초과액이 있으면 손상차손으로 하여 당기손익에 반영한다.

손상차손을 인식한 후, 손상차손환입을 인식하는 경우에는 손상차손환입을 우선 인식하고, 재평가를 적용한다. 이 경우 과거에 당기손실로 인식한 손상차손금액만큼은 손상차손환입을 당기이익으로 인식하고, 초과액이 있으면 재평가잉여금의 증가로 회계처리한다.

한편 무형자산에 대하여 손상차손 또는 손상차손환입을 인식한 후에는 원가모형을 적용하든 재평가모형을 적용하든 관계없이 수정된 장부금액에서 잔존가치를 차감한 금액에 기초하여 잔존내용연수에 걸쳐 감가상각을 한다.

V 무형자산의 제거

무형자산은 다음의 각 경우에 재무상태표에서 제거하고, 제거로 인하여 발생하는 손익은 당해 자산을 제거할 때 당기손익으로 인식한다.

---

① 처분하는 때
② 사용이나 처분으로부터 미래경제적효익이 기대되지 않을 때

무형자산의 제거로 인하여 발생하는 이익이나 손실은 순매각가액과 장부금액의 차이로 결정한다. 무형자산의 처분대가는 최초에는 공정가치로 인식한다. 무형자산에 대한 지급이 지연되면, 받은 대가는 최초에는 현금가격상당액으로 인식한다. 받은 대가의 명목금액과 현금가격상당액의 차이는 처분으로 인하여 받을 금액에 유효이자율을 반영하여 이자수익으로 인식한다.

01 다음 항목 중 무형자산에 해당되는 금액의 합계는 얼마인가?

새로운 지식을 얻고자 하는 활동 지출액	140,000원
내부적으로 창출된 브랜드의 가치평가금액	200,000원
내부적으로 창출된 영업권의 가치평가금액	160,000원
개발단계 지출로 자산인식 조건을 만족하는 금액	320,000원
사업결합으로 취득한 고객목록 평가금액	180,000원

① 500,000원   ② 660,000원
③ 800,000원   ④ 860,000원

02 (주)삼일은 신제품 개발 프로젝트와 관련하여 당기 중 90억 원을 지출하였다. 동 지출 중 20억 원은 새로운 지식을 얻고자 하는 활동으로 소요되었고 70억 원은 사용 전의 시제품을 설계, 제작 및 시험하는 활동으로 소요되었다. 다음 중 이에 관한 회계처리로 가장 옳은 것은?

① 20억 원은 기간비용으로 처리하고, 70억 원 중 무형자산인식기준을 충족하지 못하는 것은 발생시점에 비용으로 인식하고, 무형자산 인식기준을 충족하는 것은 무형자산으로 인식한다.

② 신제품 프로젝트와 관련하여 발생한 90억 원은 전액 개발단계에 속하는 활동이므로 무형자산으로 인식한다.

③ 신제품 프로젝트와 관련하여 발생한 90억 원은 전액 연구단계에 속하는 활동이므로 현금지출시점에 비용으로 인식한다.

④ 개발단계에서 지출한 금액은 무형자산을 완성해 그것을 판매하려는 기업의 의도가 없더라도 무형자산으로 인식한다.

03 다음은 (주)삼일이 20X1년 중 신제품 A의 연구 및 개발비 내역이다. 이와 관련하여 당해 포괄손익계산서에 비용으로 계상될 금액은 모두 얼마인가? (단, 신제품 A와 관련하여 계상된 무형자산은 20X1년 7월 1일부터 사용이 가능하며 내용연수 5년, 정액법으로 상각한다)

일자	세부내역	금액
20X1. 01. 01	연구단계에서 발생한 지출	200,000원
20X1. 03. 01	개발단계에서 발생한 지출로 자산인식 조건을 만족시키지 못함	1,500,000원
20X1. 04. 01	개발단계에서 발생한 지출로 자산인식 조건을 만족시킴	500,000원
20X1. 05. 01	프로젝트 개발과 관련된 내부개발 소프트웨어로 자산인식 조건을 만족시킴	800,000원

① 1,300,000원
② 1,700,000원
③ 1,830,000원
④ 1,960,000원

04 '무형자산'에 대한 다음 설명 중 가장 올바르지 않은 것은?

① 무형자산은 미래경제적효익의 유입가능성이 높고 취득원가를 신뢰성 있게 측정할 수 있는 경우에 인식할 수 있다.
② 무형자산에는 산업재산권, 라이선스와 프랜차이즈, 저작권, 컴퓨터소프트웨어, 개발비, 임차권리금, 광업권, 어업권, 훈련을 통해 습득된 종업원의 기술 등이 포함된다.
③ 무형자산은 재화나 용역의 생산, 타인에 대한 임대 또는 관리에 사용할 목적으로 기업이 보유하고 있으며, 물리적 형체가 없지만 식별가능하고, 기업이 통제하고 있으며, 미래경제적효익이 있는 비화폐성자산을 말한다.
④ 내용연수 종료 시점에 제3자가 구입을 약정한 무형자산의 잔존가치는 영(0)으로 보지 않는다.

05 다음 중 관련된 원가의 발생이 재무제표상 무형자산으로 인식되기 위하여 갖추어야 할 요건으로 가장 올바르지 않은 것은?

① 식별 가능할 것
② 통제 가능할 것
③ 사업결합으로 취득할 것
④ 미래 경제적 효익의 발생과 연관될 것

06 다음 중 무형자산의 후속 측정에 관한 설명으로 가장 올바르지 않은 것은?

① 내용연수가 비한정인 무형자산은 최소한 1년에 1회 이상의 손상검사가 이루어져야 한다.
② 손상검토시 회수가능액은 순공정가치와 사용가치 중 작은 금액을 기준으로 판단한다.
③ 무형자산의 경제적 효익이 소비되는 형태를 신뢰성 있게 결정할 수 없는 경우 정액법으로 상각한다.
④ 무형자산의 잔존가치, 상각기간 및 상각방법의 적정성에 대하여 매 보고기간 말에 재검토하여야 한다.

07 무형자산 회계처리 중 옳지 않은 것은?

① 자체적으로 개발한 웹 사이트는 무형자산의 인식기준을 충족하고 개발단계에서 발생한 지출이 무형자산으로 인식되기 위해서 갖추어야 할 요건을 모두 충족할 경우에만 무형자산으로 인식한다.
② 무형자산의 미래경제적효익은 재화의 매출이나 용역수익, 원가절감 또는 그 자산의 사용에 따른 기타 효익의 형태로 발생한다.
③ 고정고객, 시장점유율, 고객과의 관계 및 고객의 충성도 등은 무형자산의 정의를 충족하므로 무형자산으로 기록한다.
④ 사업결합으로 취득하는 무형자산은 식별가능한 경우 항상 인식기준을 충족하는 것으로 보며, 원가는 취득일의 공정가치로 한다.

08 다음은 (주)삼일의 20X1년 중 연구 및 개발활동으로 지출한 내역이다.

> ① 연구활동관련: 100,000원
> ② 개발활동관련: 150,000원
> 개발활동에 소요된 150,000원 중 30,000원은 20X1년 4월 1일부터 동년 9월 30일까지 지출되었으며 나머지 금액은 10월 1일 이후에 지출되었다. 단, 10월 1일에 지출된 120,000원만 무형자산 인식기준을 충족하며, 동일부터 사용가능하게 되었다.

개발비는 취득 후 5년간 정액법으로 상각한다. 20X1년 12월 31일 (주)삼일의 재무상태표에 보고되어야 할 무형자산 금액과 포괄손익계산서상 무형자산상각비는 각각 얼마인가?(단, 무형자산에 대해서 원가모형을 선택하고 있다.)

	무형자산	무형자산상각비
①	94,000원	6,000원
②	100,000원	24,000원
③	114,000원	6,000원
④	120,000원	24,000원

09 제조업을 영위하는 (주)삼일은 특허권 취득에 직접적으로 관련하여 20,000,000원을 지출하였다. (주)삼일은 이를 이용하여 향후 10년 간 경제적 효익을 얻을 수 있을 것이라고 판단하고 있으나 법적으로 배타적 권리를 보장받는 기간은 5년이다. 동 특허권은 20X1년 10월 1일부터 사용 가능하며 잔존가치는 없다고 할 때, 20X1년 말 무형자산 상각비로 인식될 금액은 얼마인가?(단, 동 특허권의 경제적 효익이 소비되는 형태는 신뢰성 있게 결정할 수 없다.)

① 0원	② 500,000원
③ 1,000,000원	④ 4,000,000원

10 다음 중 내부적으로 창출한 무형자산의 인식에 대한 설명으로 가장 올바르지 않은 것은?

① 내부적으로 창출한 영업권은 일정 요건을 충족하는 경우 무형자산으로 인식한다.
② 내부프로젝트에서 발생한 원가 중 연구단계에서 발생한 원가는 항상 발생한 기간의 비용으로 인식한다.
③ 개발단계는 연구단계보다 훨씬 더 진전되어 있는 상태이므로 무형자산의 식별이 가능하다.
④ 생산 전 또는 사용 전의 시제품과 모형을 설계, 제작 및 시험하는 활동은 일반적으로 개발단계에 해당한다.

11 다음 중 무형자산의 상각에 대한 설명으로 가장 올바르지 않은 것은?

① 내용연수가 유한한 무형자산은 내용연수 동안 상각을 하고, 내용연수가 비한정인 무형자산은 상각을 하지 않는다.
② 무형자산의 상각방법은 자산의 경제적 효익이 소비되는 형태를 반영해야 하며, 소비되는 형태를 신뢰성 있게 결정할 수 없는 경우에는 정액법을 사용한다.
③ 내용연수가 비한정인 무형자산은 상각을 하지 않고, 손상징후에 관계없이 최소 매년 손상검사를 수행하여 손상차손을 인식한다.
④ 무형자산의 잔존가치와 상각기간, 상각방법을 적어도 매 회계연도 말에 검토하며, 검토 결과 잔존가치, 상각기간, 상각방법을 변경하는 경우에는 회계추정의 변경으로 보고 소급적용하여 회계처리한다.

12 한국채택국제회계기준하에서 20X2년 12월 31일로 종료하는 회계기간의 무형자산 상각액으로 인식될 금액을 올바르게 짝지어진 것은?

> ㄱ. 취득원가는 400,000원이다. 동 자산의 경제적 내용연수는 비한정인 것으로 판단되고 경영진인 김이 사도 내용연수의 제한없이 사용할 것으로 예상하고 있으나, 내용연수를 보다 명확히 하기 위하여 20년 의 기간 동안 정액법으로 상각하기로 하였다.
>
> ㄴ. 취득 시점(20X2년 1월 1일)에 바로 사용이 가능하나 경영진인 김이사는 20X3년 1월 1일에 사용 을 시작하기로 결정하였다. 동 자산의 취득원가는 200,000원이며, 20X5년 12월 31일까지 사용 가 능할 것으로 예상하고 있다. 자산의 미래경제적효익이 소비되는 형태는 신뢰성 있게 결정한다.

	ㄱ	ㄴ
①	0원	50,000원
②	0원	67,000원
③	20,000원	50,000원
④	20,000원	67,000원

13 다음 중 내부적으로 창출한 무형자산에 관한 설명으로 가장 올바르지 않은 것은?

① 재료, 장치, 제품, 공정, 시스템이나 용역에 대한 여러 가지 대체안을 탐색하는 활동에서 발생한 지출은 비용으로 인식한다.

② 내부 프로젝트의 연구단계에서는 미래경제적효익을 창출할 무형자산이 존재한다는 것을 제시할 수 없기 때문에, 내부 프로젝트의 연구단계에서 발생한 지출은 발생시점에 비용 으로 인식한다.

③ 무형자산을 창출하기 위한 내부 프로젝트를 연구단계와 개발단계로 구분할 수 없는 경우 에는 그 프로젝트에서 발생한 지출은 모두 연구단계에서 발생한 것으로 본다.

④ 내부적으로 창출한 고객목록, 브랜드 등은 개별식별이 어렵기 때문에 영업권으로 인식한다.

14 다음은 20X1년 (주)삼일의 엔진 개발과 관련하여 20X1년 6월 30일까지 발생한 지출에 대한 자료이다. 동 엔진이 20X1년 7월 1일부터 사용가능할 것으로 예측된 경우 20X1년 (주)삼일이 엔진 개발과 관련하여 무형자산 상각비를 포함한 인식해야 할 총비용은 얼마인가?(단, 엔진 개발비에 대하여 내용연수 10년, 정액법 상각함)

연구단계	엔진 연구 결과의 평가를 위한 지출 :	3,000,000원
	여러 가지 대체안 탐색 활동을 위한 지출 :	27,000,000원
개발단계	자산인식조건을 만족하는 개발 단계 지출 :	40,000,000원
	자산인식조건을 만족하지 않는 개발 단계 지출 :	7,000,000원

① 30,000,000원　　　　　　　　② 37,000,000원
③ 39,000,000원　　　　　　　　④ 75,000,000원

15 (주)삼일은 20X1년 7월 1일 기계장치 A를 100억원에 취득한 후 이를 신약개발활동에 사용하고 있다. 동 활동이 개발비의 인식요건을 충족하며, 당기 말 현재 동 신약개발활동이 계속 진행 중이라면 (주)삼일이 당기 포괄손익계산서에 비용으로 인식할 금액은 얼마인가?(단, 기계장치 A는 내용연수 5년, 정액법으로 상각한다.)

① 0억원　　　　　　　　② 10억원
③ 20억원　　　　　　　　④ 100억원

16 (주)삼일이 20X1년 초에 취득한 특허권 관련 자료는 다음과 같다.

취득원가	내용연수	20X1년 말	
		순공정가치	사용가치
500,000원	5년	400,000원	360,000원

특허권은 정액법으로 상각하며, 잔존가치는 0원이다. (주)삼일이 20X1년 말에 인식할 특허권 장부금액과 관련 손상차손 금액은 얼마인가?

	장부금액	손상차손
①	400,000원	0원
②	360,000원	0원
③	400,000원	40,000원
④	360,000원	40,000원

17 제조업을 영위하고 있는 (주)삼일은 신제품 개발활동과 관련하여 6,000,000원을 개발비로 계상하였다(해당 개발비는 무형자산인식기준을 충족함). 해당 무형자산은 20X1년 10월 1일부터 사용 가능하며, 내용연수는 5년이고 잔존가치는 없다. 동 개발비의 경제적 효익이 소비되는 형태를 신뢰성 있게 결정할 수 없다고 가정할 경우, 개발비 관련하여 20X1년에 인식할 무형자산 상각비는 얼마인가?

① 300,000원   ② 600,000원
③ 1,200,000원   ④ 6,000,000원

I 투자부동산의 의의, 범위 및 분류

1 투자부동산의 의의

투자부동산은 임대수익이나 시세차익 또는 두 가지 모두를 얻기 위하여 소유자가 보유하거나 리스이용자가 사용권자산으로 보유하고 있는 부동산을 말한다.

특정 자산을 투자부동산으로 분류하는 이유는 투자부동산이 유형자산이나 재고자산 등 다른 자산과 거의 독립적으로 현금흐름을 창출하기 때문에 별도의 회계기준을 적용함으로써 목적적합한 정보를 제공할 수 있다는데 근거한다.

2 투자부동산의 범위 및 분류

투자부동산은 임대수익이나 시세차익 또는 두 가지 모두를 얻기 위하여 소유자가 보유하거나 리스이용자가 사용권자산으로 보유하고 있는 부동산을 의미하는 반면, 재화의 생산이나 용역의 제공 또는 관리에 사용하는 목적으로 보유하는 부동산은 유형자산으로 분류하며, 정상적인 영업과정에서의 판매목적으로 보유하는 부동산은 재고자산으로 분류한다. 투자부동산에 해당되는 경우와 해당되지 않는 경우의 예는 다음과 같다.

(1) 투자부동산에 해당되는 경우의 예

① 장기 시세차익을 얻기 위하여 보유하고 있는 토지
② 장래 용도를 결정하지 못한 채로 보유하고 있는 토지
③ 직접 소유하고 운용리스로 제공하는 건물(또는 보유하는 건물에 관련되고 운용리스로 제공하는 사용권자산)
④ 운용리스로 제공하기 위하여 보유하고 있는 미사용 건물
⑤ 미래에 투자부동산으로 사용하기 위하여 건설 또는 개발 중인 부동산

(2) 투자부동산에 해당되지 않는 경우의 예

① 통상적인 영업과정에서 판매하기 위한 부동산이나 이를 위하여 건설 또는 개발 중인 부동산
② 자가사용부동산
③ 금융리스로 제공한 부동산

부동산 중 일부분은 임대수익이나 시세차익을 얻기 위하여 보유하고, 일부분은 재화의 생산이나 용역의 제공 또는 관리목적에 사용하기 위하여 보유하는 경우에는 다음과 같이 처리한다.

① 부문별로 분리하여 매각할 수 있는 경우: 각 부분을 분리하여 회계처리
② 부문별로 분리하여 매각할 수 없는 경우: 재화나 용역의 생산이나 제공 또는 관리목적에 사용하기 위하여 보유하는 부분이 경미한 경우에만 투자부동산으로 분류

한편, 부동산 소유자가 부동산 사용자에게 부수적인 용역을 제공하는 경우에는 다음과 같이 처리한다.

① 부수용역이 경미한 경우: 투자부동산으로 분류(예: 사무실 건물의 소유자가 그 건물을 사용하는 리스이용자에게 보안과 관리용역을 제공하는 경우)
② 부수용역이 유의적인 경우: 자가사용부동산으로 분류(예: 호텔을 소유하고 직접 경영하는 경우에 투숙객에게 제공하는 용역)

Ⅱ 투자부동산의 인식 및 측정

투자부동산은 최초 인식시점에 원가로 측정하고, 원가에는 거래원가를 포함한다. 구입한 투자부동산의 원가는 구입금액과 구입에 직접 관련이 있는 지출로 구성된다. 직접 관련이 있는 지출에는 법률용역의 대가로 전문가에게 지급하는 수수료, 부동산 구입과 관련된 세금 및 그 밖의 거래원가 등이 있다.

투자부동산을 후불조건으로 취득하는 경우의 원가는 취득시점의 현금가격상당액으로 하고, 현금가격상당액과 실제 총지급액의 차액은 신용기간 동안의 이자비용으로 인식한다.

Ⅲ 인식 후의 측정

투자부동산은 보고기간 말에 공정가치모형과 원가모형 중 하나를 선택하여 모든 투자부동산에 적용한다.

1 원가모형

최초 인식 이후 투자부동산의 평가방법을 원가모형으로 선택한 경우에는 모든 투자부동산에 대하여 '유형자산'의 원가모형에 따라 측정된다. 따라서 투자부동산이 감가상각대상자산인 경우에는 유형자산과 동일하게 감가상각비를 인식한다. 다만, 매각예정으로 분류되는 경우에는 한국채택국제회계기준 제1105호 '매각예정비유동자산과 중단영업'에 따라 처리한다.

2 공정가치모형

투자부동산에 대하여 공정가치모형을 선택한 경우에는 최초 인식 후 모든 투자부동산을 공정가치로 측정하고 공정가치 변동으로 발생하는 손익은 발생한 기간의 당기손익에 반영한다. 이 경우 감가상각대상자산인 경우에도 감가상각은 하지 않는다.

투자부동산의 공정가치는 측정일에 시장참여자 사이의 정상거래에서 자산을 매도할 때 수취하거나 부채를 이전할 때 지급하게 될 가격을 말한다. 투자부동산의 공정가치를 산정할 때에는 매각이나 다른 형태의 처분으로 발생할 수 있는 거래원가를 차감하지 않고 산정한다.

투자부동산을 공정가치로 측정해 온 경우라면 비교할 만한 시장의 거래가 줄어들거나 시장가격 정보를 쉽게 얻을 수 없게 되더라도, 당해 부동산을 처분할 때까지 또는 자가사용부동산으로 대체하거나 정상적인 영업과정에서 판매하기 위하여 개발을 시작하기 전까지는 계속하여 공정가치로 측정한다.

공정가치모형과 원가모형 및 재평가모형

	공정가치 모형	원가모형	재평가 모형
대상	투자부동산 (모든 투자부동산)	유형자산, 투자부동산	유형자산 (유형별 적용)
평가손익	당기손익인식	−	평가이익(기타포괄손익) 평가손실(당기손익)
감가상각	N/A	수행	수행

예 제

투자부동산의 인식 후의 측정
(주)삼일은 20X1년 초에 임대수익 및 시세차익 등을 목적으로 본사건물을 10,000,000원에 취득하였다. 건물의 취득당시 내용연수는 10년, 잔존가치는 없으며, 회사의 감가상각방법은 정액법이다. 각 시점별 건물의 공정가치는 다음과 같다.

| 20X1년 말 | 9,500,000원 | 20X2년 말 | 7,500,000원 |

1. 원가모형을 적용할 경우 20X1년 초부터 20X2년 말까지의 회계처리를 하시오.
2. 공정가치모형을 적용할 경우 20X1년 초부터 20X2년 말까지의 회계처리를 하시오.

풀 이

1. 원가모형을 적용할 경우 20X1년 초부터 20X2년 말까지의 회계처리를 하시오.
   〈20X1년 초〉

   | (차) 투자부동산 | 10,000,000 | (대) 현금 | 10,000,000 |

   〈20X1년 말〉

   | (차) 감가상각비 | 1,000,000 | (대) 감가상각누계액 | 1,000,000 |

   〈20X2년 말〉

   | (차) 감가상각비 | 1,000,000 | (대) 감가상각누계액 | 1,000,000 |

   * 원가모형을 적용할 경우에는 유형자산 규정을 적용하여 내용연수에 감가상각을 통하여 비용배분하고 감가상각 후 장부금액을 재무상태표에 공시한다.

2. 공정가치모형을 적용할 경우 20X1년 초부터 20X2년 말까지의 회계처리를 하시오.
   〈20X1년 초〉

   | (차) 투자부동산 | 10,000,000 | (대) 현금 | 10,000,000 |

   〈20X1년 말〉

   | (차) 투자부동산평가손실* | 500,000 | (대) 투자부동산 | 500,000 |

   * 9,500,000원 − 10,000,000원 = (500,000)원

   〈20X2년 말〉

   | (차) 투자부동산평가손실* | 2,000,000 | (대) 투자부동산 | 2,000,000 |

   * 7,500,000원 − 9,500,000원 = (2,000,000)원
   * 공정가치모형을 적용할 경우에는 감가상각은 하지 않고 매기말 공정가치로 평가하고 평가손익은 당기손익으로 반영한다.

계정대체

  부동산의 용도가 변경되는 경우 다음과 같은 사실로 입증되는 경우에만 투자부동산의 대체가 발생한다.

투자부동산의 계정대체

① 자가사용의 개시: 투자부동산을 자가사용부동산으로 대체한다.
② 정상적인 영업과정에서 판매하기 위한 개발의 시작: 투자부동산을 재고자산으로 대체한다.
③ 자가사용이 종료: 자가사용부동산을 투자부동산으로 대체한다.
④ 제3자에게 운용리스 제공: 재고자산을 투자부동산으로 대체한다.

  투자부동산을 원가모형으로 평가하는 경우에는 대체 전 장부금액을 승계하므로 별도 손익이 발생하지 않는다. 반면 공정가치 모형을 적용하는 경우 대체전 장부가액을 대체시점의 공정가치로 계정대체하므로 평가손익이 발생한다.

  만약 자가사용부동산과 같은 유형자산을 공정가치로 평가하는 투자부동산으로 대체하는 경우 용도변경시점의 장부가액과 공정가치의 차액을 유형자산 재평가와 동일하게 회계처리한다. 즉, 평가이익을 기타포괄손익 평가손실을 당기손익으로 인식한다. 재고자산을 공정가치로 평가하는 투자부동산으로 대체하는 경우, 재고자산의 장부금액과 대체시점의 공정가액의 차액을 당기손익으로 인식한다.

대체 전	대체 후	평가손익
자가사용 부동산(유형자산)	투자부동산	유형자산 재평가와 동일 – 재평가이익: 기타포괄손익 – 재평가손실: 당기손실
분양 등 판매목적 부동산(재고자산)	투자부동산	당기손익으로 인식

자가사용부동산의 투자부동산 대체

(주)삼일은 20X1년 1월 1일에 20,000,000원에 공장건물을 취득하여 생산활동에 사용하기 시작하였다. 공장건물의 내용연수는 20년으로 추정하였으며, 잔존가치 없이 정액법으로 상각하기로 하였다. 20X2년 7월 1일에 (주)삼일은 공장건물을 임대목적으로 변경하였다. (주)삼일은 20X2년 8월 1일에 (주)한양과 임대차 계약을 체결하여 (주)한양이 사용하기 시작하였다.

1. 공장건물에 대해서 원가모형과 재평가모형을 각각 적용하여 (주)삼일이 20X1년 말에 해야 할 회계처리를 하시오(단, 20X1년 말 공장건물의 공정가치는 19,500,000원이며, 재평가모형 적용시 감가상각누계액을 전액 제거하는 방법으로 회계처리한다).

2. 공장건물에 대해서 원가모형과 재평가모형을 각각 적용하여 회계처리한 것으로 가정하고, 20X2년 7월 1일 공장건물을 임대목적으로 변경하였을 때의 회계처리를 하시오(단, (주)삼일은 투자부동산에 대해서 공정가치모형을 적용하며, 20X2년 7월 1일 현재 공장건물의 공정가치는 19,300,000원이다).

1. 공장건물에 대해서 원가모형과 재평가모형을 각각 적용하여 (주)삼일이 20X1년 말에 해야 할 회계처리를 하시오(단, 20X1년 말 공장건물의 공정가치는 19,500,000원이며, 재평가모형 적용시 감가상각누계액을 전액 제거하는 방법으로 회계처리한다).

① 원가모형 적용시

(차) 감가상각비   1,000,000*[1]   (대) 감가상각누계액   1,000,000

*[1] 20,000,000원÷20=1,000,000원

② 재평가모형 적용시

(차) 감가상각비   1,000,000*[2]   (대) 감가상각누계액   1,000,000

(차) 감가상각누계액   1,000,000   (대) 건물   500,000
                                        재평가잉여금   500,000*[3]

*[2] 20,000,000원÷20=1,000,000원
*[3] 재평가전 장부금액=19,000,000원
   재평가로 인한 장부금액 증가=19,500,000원-19,000,000=500,000원

2. 공장건물에 대해서 원가모형과 재평가모형을 각각 적용하여 회계처리한 것으로 가정하고, 20X2년 7월 1일 공장건물을 임대목적으로 변경하였을 때의 회계처리를 하시오(단, (주)삼일은 투자부동산에 대해서 공정가치모형을 적용하며, 20X2년 7월 1일 현재 공장건물의 공정가치는 19,300,000원이다).

① 원가모형 적용시

〈20X2년도 6개월분 감가상각비 인식〉

(차) 감가상각비　　　　500,000*1　　(대) 감가상각누계액　　　　500,000

*1 20,000,000원÷20×6/12=500,000원

〈투자부동산 대체〉

(차) 감가상각누계액　　1,500,000　　(대) 건물　　　　　　20,000,000
　　　투자부동산　　　19,300,000　　　　재평가잉여금　　　　800,000*2

*2 19,300,000원-18,500,000=800,000원

② 재평가모형 적용시

〈20X2년도 6개월분 감가상각비 인식〉

(차) 감가상각비　　　　513,158*3　　(대) 감가상각누계액　　　　513,158

*3 19,500,000원÷19×6/12=513,158원

〈투자부동산 대체〉

(차) 감가상각누계액　　　513,158　　(대) 건물　　　　　　19,500,000
　　　투자부동산　　　19,300,000　　　　재평가잉여금　　　　313,158*4

*4 19,300,000원-18,986,842=313,158원

예 제

투자부동산의 다른 자산 대체

(주)삼일은 20X1년 7월 1일에 시세차익을 목적으로 건물을 2,000,000원에 취득하였으며, 공정가치 모형을 적용하기로 하였다. (주)삼일은 20X2년 7월 1일에 동 건물을 공장건물로 사용 목적을 변경하고, 즉시 사용하기 시작하였다. 각 일자별 건물의 공정가치는 다음과 같다.

20X1. 12. 31	20X2. 7. 1	20X2. 12. 31
2,100,000원	2,050,000원	2,010,000원

1. 20X1년 12월 31일에 (주)삼일이 투자부동산에 대해서 해야 할 회계처리를 하시오.
2. 20X2년 7월 1일 건물의 사용목적 변경시 (주)삼일이 해야 할 회계처리를 하시오.
3. 20X2년 7월 1일 현재 건물의 내용연수는 20년으로 추정하였으며, 잔존가치 없이 정액법으로 감가상각하기로 하였다. 건물에 대해서 원가모형과 재평가모형을 각각 적용할 경우 20X2년 말에 (주)삼일이 해야 할 회계처리를 하시오(단, 재평가모형을 적용하는 경우에는 감가상각누계액을 전액 제거하는 방법으로 회계처리한다).

풀 이

1. 20X1년 12월 31일에 (주)삼일이 투자부동산에 대해서 해야 할 회계처리를 하시오.

(차) 투자부동산　　　　100,000　　(대) 투자부동산평가이익　　　　100,000*

　* 2,100,000원-2,000,000원=100,000원

2. 20X2년 7월 1일 건물의 사용목적 변경시 (주)삼일이 해야 할 회계처리를 하시오.

(차) 건물　　　　　　2,050,000　　(대) 투자부동산　　　　　　2,100,000
　　투자부동산평가손실　50,000*

　* 2,050,000원-2,100,000원=(50,000)원

3. 20X2년 7월 1일 현재 건물의 내용연수는 20년으로 추정하였으며, 잔존가치 없이 정액법으로 감가상각하기로 하였다. 건물에 대해서 원가모형과 재평가모형을 각각 적용할 경우 20X2년 말에 (주)삼일이 해야 할 회계처리를 하시오(단, 재평가모형을 적용하는 경우에는 감가상각누계액을 전액 제거하는 방법으로 회계처리한다).

① 원가모형

(차) 감가상각비　　　　51,250*　　(대) 감가상각누계액　　　　51,250

　* 2,050,000원÷20×6/12=51,250원

② 재평가모형

(차) 감가상각비　　　　51,250　　(대) 감가상각누계액　　　　51,250

(차) 감가상각누계액　　51,250　　(대) 건물　　　　　　　　40,000
　　　　　　　　　　　　　　　　　　　재평가잉여금　　　　11,250*

　* 재평가전 장부금액=2,050,000원-51,250원=1,998,750원
　　재평가로 인한 장부금액 증가=2,010,000원-1,998,750원=11,250원

V 처분

투자부동산을 처분하거나, 사용을 영구히 중지하고 처분으로도 더 이상의 경제적효익을 기대할 수 없는 경우에는 재무상태표에서 제거한다. 이때, 투자부동산의 처분일은 수령자가 한국채택국제회계기준 제1115호 '고객과의 계약에서 생기는 수익'의 수행의무이행시기를 판단하는 규정에 따라 해당 자산을 통제하게 되는 날이다. 한편, 금융리스계약으로 처분하거나 판매 후 리스계약을 체결하는 경우에는 기업회계기준서 제1116호를 적용한다.

투자부동산의 장부금액과 순처분금액의 차이는 폐기나 처분이 발생한 기간에 당기손익으로 인식한다. 이때 처분대가는 공정가치로 인식한다. 만일 대금 지급이 이연되는 경우에는 수취하는 대가의 현금등가액으로 인식하고, 명목금액과 현금등가액의 차액은 유효이자율법을 적용하여 대금회수기간 동안 이자수익으로 인식한다. 투자부동산의 손상, 멸실 또는 포기로 제3자에게서 받는 보상은 받을 수 있게 되는 시점에 당기손익으로 인식한다.

MEMO

01 다음 중 투자부동산과 관련된 내용으로 올바르지 않은 것은?

① 투자부동산은 임대수익이나 시세차익 또는 두 가지 모두를 얻기 위하여 소유자나 금융리스의 이용자가 보유하고 있는 부동산을 말한다.

② 장래 용도를 결정하지 못한 채로 보유하고 있는 토지는 투자부동산에 해당되는 경우의 예이다.

③ 미래에 투자부동산으로 사용하기 위하여 건설 또는 개발 중인 부동산은 투자부동산으로 분류하여야 한다.

④ 정상적인 영업과정에서 판매를 위한 부동산이나 이를 위하여 건설 또는 개발 중인 부동산은 투자부동산으로 분류하여야 한다.

02 다음 중 투자부동산의 후속적 측정에 대한 설명으로 가장 올바르지 않은 것은?

① 원가모형으로 측정해 오던 투자부동산이 매각예정으로 분류된다면 별도의 기준서에 따라 처리하여야 한다.

② 최초 인식 이후 투자부동산의 평가방법을 원가모형으로 선택한 경우에는 모든 투자부동산에 대하여 원가모형을 적용한다.

③ 공정가치모형을 선택한 경우에는 해당 투자부동산이 감가상각대상자산인 경우에도 감가상각은 수행하지 않는다.

④ 공정가치모형에서 공정가치를 산정할 때에는 매각, 또는 다른 형태의 처분으로 발생할 수 있는 거래원가를 차감하여야 한다.

03 (주)삼일은 20X1년 초에 임대수익 및 시세차익 등을 목적으로 건물을 10억 원에 취득하였다. 취득당시 건물의 내용연수는 10년, 잔존가치는 없으며, 회사의 감가상각방법은 정액법이다. 건물의 회계처리와 관련하여 (주)삼일의 20X2년 당기순이익에 미치는 영향은 얼마인가?(단, 법인세비용은 고려하지 않으며, (주)삼일은 투자부동산을 공정가치 모형으로 측정하고 있다.)

[공정가치]

구분	20X1년 12월 31일	20X2년 12월 31일
건　물	8억 원	12억 원

① 4억 원 당기순이익 감소
② 2억 원 당기순이익 감소
③ 4억 원 당기순이익 증가
④ 2억 원 당기순이익 증가

04 다음 중 투자부동산으로 분류되지 않는 것은?

① 장기 시세차익을 얻기 위하여 보유하고 있는 토지
② 장래 용도를 결정하지 못한 채로 보유하고 있는 토지
③ 미래에 투자부동산으로 사용하기 위하여 건설 또는 개발 중인 부동산
④ 금융리스로 제공한 부동산

05 (주)삼일과 (주)용산은 20X1년 초에 임대수익 및 시세차익 등을 목적으로 각각 건물 1동씩을 40억 원에 매입하였다. 두 건물의 취득 당시 내용연수는 20년, 잔존가치는 없으며 20X1년 말 건물의 공정가치는 36억 원으로 동일하다. (주)삼일과 (주)용산이 선택하고 있는 측정방식은 다음과 같다.

구분	(주)삼일	(주)용산
유형자산 평가방법	원가모형	원가모형
투자부동산 평가방법	원가모형	공정가치모형
감가상각방법	정액법	정액법

다음 중 상기 건물의 취득과 보유가 20X1년 말 (주)삼일과 (주)용산의 당기손익에 미치는 영향에 대한 설명으로 가장 올바른 것은?(단, 손상사유는 발생하지 않은 것으로 가정한다.)

① (주)삼일이 (주)용산보다 당기이익이 2억 원 더 많이 계상된다.
② (주)삼일이 (주)용산보다 당기이익이 2억 원 더 적게 계상된다.
③ (주)삼일이 (주)용산보다 당기이익이 4억 원 더 많이 계상된다.
④ (주)삼일과 (주)용산의 당기손익에 미치는 영향은 동일하다.

06 통신업을 영위하는 (주)삼일은 임대수익을 얻기 위한 목적으로 20X1년 1월 1일 건물을 1억 원에 취득하였다. 공정가치모형을 적용할 경우 동 건물과 관련하여 (주)삼일이 20X2년 말에 수행할 회계처리로 가장 옳은 것은?(단, (주)삼일은 건물을 10년간 사용 가능할 것으로 예상하고 있다.)

> 〈건물의 공정가치〉
> 20X1년 말:　　　　97,000,000원
> 20X2년 말:　　　　95,000,000원

① (차) 감가상각비　　　　10,000,000원　(대) 감가상각누계액　　10,000,000원
② (차) 투자부동산평가손실 5,000,000원　(대) 투자부동산　　　　5,000,000원
③ (차) 감가상각비　　　　10,000,000원　(대) 감가상각누계액　　10,000,000원
　　　 투자부동산　　　　15,000,000원　　　 투자부동산평가이익 15,000,000원
④ (차) 투자부동산평가손실 2,000,000원　(대) 투자부동산　　　　2,000,000원

07 부동산매매업을 영위하고 있는 (주)삼일은 당기 중 판매목적으로 보유하던 장부금액 100억 원
의 상가건물을 제 3자에게 운용리스를 통해 제공하기로 하였다. 용도 변경시점의 동 상가건물
의 공정가치가 120억 원이었다고 할 때 (주)삼일의 회계처리로 가장 적절한 것은? (단, (주)삼
일은 투자부동산에 대해 공정가치모형을 적용한다.)

① (차) 투자부동산　　　120억　(대) 재고자산　　　　　　　　　100억
　　　　　　　　　　　　　　　　　재평가이익(당기손익)　　　　20억
② (차) 투자부동산　　　120억　(대) 재고자산　　　　　　　　　120억
③ (차) 투자부동산　　　120억　(대) 재고자산　　　　　　　　　100억
　　　　　　　　　　　　　　　　　재평가잉여금(기타포괄손익)　20억
④ (차) 투자부동산　　　100억　(대) 재고자산　　　　　　　　　100억

08 다음은 (주)삼일이 보유하고 있는 자산의 내역이다. 투자부동산으로 계정분류 되어야 할 금액으
로 가장 적절한 것은?

ㄱ. 장기 시세차익을 얻기 위하여 보유하고 있는 토지	100,000,000원
ㄴ. 장래 사용목적을 결정하지 못한 채로 보유하고 있는 건물	80,000,000원
ㄷ. 직원 연수원으로 사용할 목적의 건물	50,000,000원
ㄹ. 금융리스로 제공한 토지	40,000,000원

① 90,000,000원　　　　　　　　② 100,000,000원
③ 140,000,000원　　　　　　　　④ 180,000,000원

09 다음 중 투자부동산의 계정대체에 관한 설명으로 가장 올바르지 않은 것은?

① 원가모형 적용 임대수익 목적의 건물을 자가사용으로 전환하면 유형자산으로 분류하고 별도의 손익은 인식하지 않는다.

② 공정가치모형 적용 임대수익 목적의 건물을 자가사용으로 전환하면 유형자산으로 분류하고 대체시점에서 발생한 재평가차액을 기타포괄손익으로 인식한다.

③ 자가사용건물을 제3자에게 운용리스로 제공하는 경우에는 투자부동산으로 분류한다.

④ 자가사용건물의 사용이 종료되면 투자부동산으로 대체한다.

10 (주)삼일은 20X1년 3월 1일에 임대수익을 얻을 목적으로 건물을 1,000,000원에 취득하여 공정가치 모형을 적용하여 회계처리하기로 하였다. (주)삼일은 동 건물을 20X2년 10월 1일에 본사사옥으로 사용 목적을 변경하고, 즉시 사용하기 시작하였다. 동 건물의 20X1년 12월 31일과 20X2년 10월 1일의 공정가치는 각각 900,000원과 1,100,000원이었으며, 유형자산으로 대체된 상기 건물에 대해서 (주)삼일은 원가모형을 적용하기로 하였다. 20X2년 10월 1일 현재 동 건물의 내용연수는 10년이고, 잔존가치는 없는 것으로 추정하였다. 상기 건물에 대한 회계처리가 (주)삼일의 20X2년 당기순손익에 미치는 영향은?(단, 감가상각비의 계산이 필요한 경우 정액법을 적용하여 월할 계산하기로 한다.)

① 당기순이익   90,000원 감소
② 당기순이익   27,500원 감소
③ 당기순이익 172,500원 증가
④ 당기순이익 200,000원 증가

11 (주)삼일은 20X1년 10월 1일 다음과 같은 건물을 구입하고 투자부동산으로 분류하였다. 투자부동산의 회계처리와 관련하여 (주)삼일의 20X1년 당기순이익에 미치는 영향은 얼마인가?(단, 법인세비용은 고려하지 않으며, 원가모형으로 투자부동산을 측정하고 있다.)

ㄱ. 취득원가:		600,000,000원	
ㄴ. 감가상각방법 및 내용연수:		정액법, 30년	
ㄷ. 잔존가치:		60,000,000원	
ㄹ. 공정가치			

구분	20X1년 10월 1일	20X1년 12월 31일
투자부동산	600,000,000원	610,000,000원

① 당기순이익 5,500,000원 증가
② 당기순이익 10,000,000원 증가
③ 당기순이익 4,500,000원 감소
④ 당기순이익 20,000,000원 감소

12 다음 중 투자부동산에 해당하는 것을 모두 고르면?

ㄱ. 정상적인 영업과정에서 판매하기 위한 부동산이나 이를 위하여 건설 또는 개발 중인 부동산
ㄴ. 자가사용중인 부동산
ㄷ. 미래에 투자부동산으로 사용하기 위하여 건설 또는 개발 중인 부동산
ㄹ. 리스제공자가 운용리스로 제공하기 위하여 보유하고 있는 미사용 건물
ㅁ. 금융리스로 제공한 부동산

① ㄱ, ㄴ
② ㄴ, ㄷ
③ ㄷ, ㄹ
④ ㄹ, ㅁ

13 다음 중 투자부동산으로의 계정대체가 가능한 경우로 가장 옳은 것은?

① 제3자에게 운용리스제공을 개시한 경우
② 제3자에게 금융리스제공을 개시한 경우
③ 자가사용을 개시한 경우
④ 정상적인 영업과정에서 판매하기 위한 개발을 시작한 경우

I 금융상품의 의의 및 분류

1 금융상품의 의의

금융상품은 정기예금, 정기적금, 금전신탁, 중개어음 등 정형화된 상품뿐만 아니라 다른 기업의 지분상품, 거래상대방에게서 현금 등 금융자산을 수취할 계약상의 권리(의무) 등을 포함하는 포괄적인 개념이다. 금융상품을 보유한 자와 발행한 자로 구분할 수 있는데, 보유자 입장에서 금융자산으로 인식한 금융상품에 대하여 발행자는 금융부채 또는 지분상품으로 인식하게 된다. 즉, 금융상품은 거래당사자(보유자) 어느 한쪽에게는 금융자산을 생기게 하고 거래상대방(발행자)에게 금융부채나 지분상품이 생기게 하는 모든 계약을 말한다. 금융자산에 해당하는 계정으로는 현금및현금성자산, 매출채권, 미수금, 대여금, 지분상품 및 채무상품 등이 있으며, 금융부채에 해당하는 계정으로는 매입채무, 미지급금, 차입금, 사채 등이 있다.

▎**금융상품**

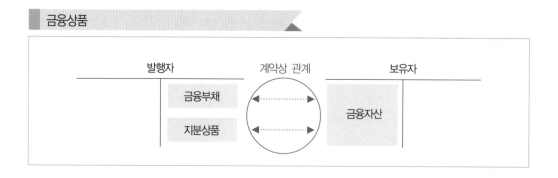

2 금융상품의 정의

금융상품은 보유자와 발행자 입장에서 다음과 같이 정의된다.

분류	정의
금융자산 (보유자)	① 현금 ② 다른 기업의 지분상품 ③ 다음 중 하나에 해당하는 계약상의 권리 　㉠ 거래상대방에게서 현금 등 금융자산을 수취할 계약상 권리 　㉡ 잠재적으로 유리한 조건으로 거래상대방과 금융자산이나 금융부채를 교환하기로 한 계약상 권리 ④ 기업이 자신의 지분상품(이하 '자기지분상품')으로 결제되거나 결제될 수 있는 다음 중 하나의 계약 　㉠ 수취할 자기지분상품의 수량이 변동가능한 비파생상품 　㉡ 확정수량의 자기지분상품을 확정금액의 현금 등 금융자산을 교환하여 결제하는 방법 외의 방법으로 결제되거나 결제될 수 있는 파생상품
금융부채 (발행자)	① 다음 중 하나에 해당하는 계약상의 의무 　㉠ 거래상대방에게 현금 등 금융자산을 인도하기로 한 계약상 의무 　㉡ 잠재적으로 불리한 조건으로 거래상대방과 금융자산이나 금융부채를 교환하기로 한 계약상 의무 ② 자기지분상품으로 결제되거나 결제될 수 있는 다음 중 하나의 계약 　㉠ 인도할 자기지분상품의 수량이 변동가능한 비파생상품 　㉡ 확정수량의 자기지분상품을 확정금액의 현금 등 금융자산을 교환하여 결제하는 방법 외의 방법으로 결제되거나 결제될 수 있는 파생상품
지분상품 (발행자)	기업의 자산에서 모든 부채를 차감한 후의 잔여지분을 나타내는 모든 계약

(1) 금융자산의 정의

1) 현금 및 다른 기업의 지분상품

현금은 지폐, 주화 이외에도 타인발행당좌수표, 자기앞수표, 송금환, 우편환, 만기도래한 공사채이자표, 만기도래한 어음, 일람출급어음과 같이 일반 지급수단으로 쓰이는 대용증권과 당좌예금·보통예금을 포함한다.

현금성 자산이란 유동성이 매우 높은 단기 투자자산으로서 확정된 금액의 현금으로 전환이 용이하고 가치변동의 위험이 경미한 자산이다. 일반적으로, 현금성자산은 투자나 다른 목적이 아닌 단기의 현금수요를 충족하기 위한 목적으로 보유한다.

투자자산이 현금성자산으로 분류되기 위해서는 확정된 금액의 현금으로 전환이 용이하고, 가치변동의 위험이 경미해야 한다. 따라서 투자자산은 일반적으로 만기일이 단기에 도래하는 경우(예를 들어, 취득일로부터 만기일이 3개월 이내인 경우)에만 현금성자산으로 분류된다.

지분상품은 일반적으로 현금성자산에서 제외하지만 상환일이 정해져 있고 취득일로부터 상환일까지의 기간이 단기인 우선주와 같이 실질적인 현금성자산인 경우에는 예외로 한다.

한편, 다른 기업의 지분상품으로는 주식을 예로 들 수 있다.

예제

현금및현금성자산

다음 중 재무상태표상에 기재될 현금및현금성자산 잔액을 계산하면 얼마인가?

• 통화	125,600원
• 타인발행수표	980,300원
• 보통예금	1,235,200원
• 당좌예금	1,650,700원
• 취득일로부터 만기일이 5개월인 투자자산	3,600,000원

풀이

통화	125,600원
타인발행수표	980,300원
보통예금	1,235,200원
당좌예금	1,650,700원
	₩ 3,991,800원

(2) 계약상 권리와 의무

미래에 현금을 수취할 계약상 권리에 해당하는 금융자산과 이에 대응하여 미래에 현금을 지급할 계약상 의무에 해당하는 금융부채의 일반적인 예는 다음과 같다.

① 매출채권과 매입채무
② 대여금과 차입금
③ 투자사채와 사채

각각의 사례에서, 한 거래당사자가 현금을 수취할 계약상 권리는 다른 거래당사자가 지급할 계약상 의무에 대응한다.

금융리스의 경우, 대출약정에 따른 원금과 이자의 지급액을 혼합한 것과 실질적으로 동일한 일련의 지급액을 수취할 권리와 지급할 의무가 각각 리스제공자와 리스이용자에게 있다. 반면에 운용리스의 경우, 리스제공자는 미래 기간에 자산을 사용하게 하는 대가로 용역수수료와 유사한 대가를 수취하게 된다. 따라서 금융리스는 금융상품에 해당하지만 운용리스는 금융상품에 해당되지 않는다.

그러나 실물자산(예: 재고자산, 유형자산), 사용권자산과 무형자산(예: 특허권, 상표권)은 금융자산이 아니다. 그 이유는 이러한 실물자산이나 무형자산에 대한 통제는 현금 등 금융자산이 유입될 기회를 제공하지만, 현금 등 금융자산을 수취할 현재의 권리를 발생시키지 않기 때문이다.

미래경제적효익이 현금 등 금융자산을 수취할 권리가 아니라 재화나 용역의 수취인 자산(예: 선급비용)은 금융자산이 아니다. 마찬가지로 선수수익과 대부분의 품질보증의무와 같은 항목도 현금 등 금융자산을 지급할 계약상 의무가 아니라 재화나 용역의 인도를 통하여 당해 항목과 관련된 경제적효익이 유출될 것이므로 금융부채가 아니다. 그러나 미지급비용과 미수수익은 미래경제적효익이 현금 등 금융자산을 지급하거나 수취할 계약상 권리나 의무이므로 금융부채와 금융자산이다.

계약에 의하지 않은 부채나 자산은 금융부채나 금융자산이 아니다. 이러한 예로는 정부가 부과하는 법적 요구사항에 따라 발생하는 법인세와 관련된 부채를 들 수 있다. 제11장 '충당부채, 우발부채 및 우발자산'에서 정의하고 있는 의제의무도 계약에서 발생한 것이 아니며, 금융부채가 아니다.

마지막으로 자기지분상품을 통하여 결제되거나 결제될 계약에 대한 사항은 다음에 나오는 '금융부채와 지분상품의 구분'에서 설명하기로 한다.

3 금융부채와 지분상품의 구분

금융상품은 발행자 입장에서 금융부채나 지분상품으로 구분되는데 다음의 조건을 모두 충족하는 금융상품은 지분상품으로 규정하고, 그 이외의 경우는 금융부채로 구분한다. 지분상품의 정의는 금융부채의 정의의 반대 개념이다.

---

① 다음의 계약상 의무를 포함하지 아니한다.
- 거래상대방에게 현금 등 금융자산을 인도하기로 하는 계약상 의무
- 발행자에게 잠재적으로 불리한 조건으로 거래상대방과 금융자산이나 금융부채를 교환하는 계약상 의무

② 자기지분상품으로 결제되거나 결제될 수 있는 계약으로서, 다음 중 하나에 해당한다.
- 변동가능한 수량의 자기지분상품을 인도할 계약상 의무가 없는 비파생상품
- 확정 수량의 자기지분상품에 대하여 확정 금액의 현금 등 금융자산의 교환을 통해서만 결제될 파생상품

특정 금융상품이 금융부채로 구분되지 않기 위해서는 계약상의 의무가 없어야 하며, 자기지분상품으로 결제되는 계약의 경우에는 확정수량과 확정금액 간의 교환이어야 한다.

(1) 계약상의 의무조건

일반적으로 금융부채와 지분상품을 구분하는 중요한 특성은 금융상품의 거래당사자인 발행자가, 금융상품의 다른 거래당사자인 보유자에게 현금 등 금융자산을 인도하는 등의 계약상 의무의 존재 여부이다.

법적 형식으로는 지분상품의 형식을 가지고 있지만 실질적으로 계약상 현금지급 의무가 있는지 여부를 판단하여 금융부채 분류를 고려한다.

실질적으로 계약상 의무가 존재하여 금융부채로 분류되는 금융상품의 예

금융부채로 분류되는 상환우선주

① 우선주 발행자가 보유자에게 미래의 시점에 확정되었거나 결정 가능한 금액을 의무적으로 상환해야 하는 경우
② 우선주의 보유자가 발행자에게 특정일이나 그 이후에 확정되었거나 결정 가능한 금액의 상환을 청구할 수 있는 권리를 보유하고 있는 상환우선주
  예: 의무상환우선주, 조건부의무상환우선주

풋가능 금융상품

금융상품의 보유자가 발행자에게 당해 금융상품의 환매를 요구하여 현금 등 금융자산을 수취할 권리가 부여된 금융상품

(2) 자기지분상품으로 결제하는 경우

기업이 특정대가를 수취하고 자기지분상품을 발행하는 경우 해당 계약이 모두 지분상품으로 분류되는 것이 아니라 아래와 같이 수취대가 및 발행하는 자기지분상품의 성격에 따라 지분상품 또는 금융부채로 분류한다.

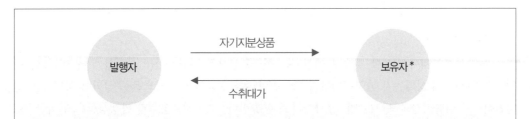

	수취대가	자기지분상품	분류
Case1	확정금액	확정수량	지분상품
Case2	확정금액	미확정수량	금융부채
Case3	미확정금액	미확정수량	금융부채
Case4	미확정금액	확정수량	금융부채

* 단, 자기지분상품으로 결제되는 경우 확정 대 확정의 요건을 만족하더라도 순액결제되거나 발행자나 보유자가 순액결제를 선택할 수 있는 경우에는 파생상품으로 보아 금융자산이나 금융부채로 분류된다.

Case1의 사례	액면 100억 원의 사채에 대해 상환 대신 1만 주의 주식으로 교환할 계약
Case2의 사례	100억 원의 가치에 해당하는 지분상품을 인도할 계약
Case3의 사례	100킬로그램의 금의 가치에 해당하는 현금을 대가로 지분상품을 인도할 계약
Case4의 사례	100킬로그램의 금의 가치에 해당하는 현금을 대가로 주식 1만 주를 인도할 계약

4 금융자산의 분류

금융자산은 ① 금융자산의 계약상 '현금흐름 특성'과 ② 금융자산의 관리를 위한 '사업모형'에 근거하여 후속적으로 '상각후원가', '기타포괄손익-공정가치', '당기손익-공정가치'로 측정되도록 분류한다.

1) 현금흐름 특성

금융자산 계약에서 발생할 것으로 예상되는 현금흐름으로 금융자산의 분류를 위해 현금흐름이 원금과 이자로 구성되는지 파악하여야 한다. 만약 현금흐름이 원리금으로 구성되어 있지 않다면 일반적으로 금융자산을 '당기손익-공정가치'로 분류한다. 즉, 지분상품과 파생상품은 원리금으로 구성되어 있지 않으므로 사업모형을 검토할 필요없이 원칙적으로 당기손익-공정가치 측정 금융자산으로 분류한다.

2) 사업모형

사업모형은 현금흐름을 창출하기 위해 금융자산을 관리하는 방식을 의미한다. 사업모형은 아래와 같이 구분되는데 기업은 하나 이상의 사업모형을 가질 수 있다.

① 계약상 현금흐름의 수취
② 계약상 현금흐름의 수취와 금융자산의 매도
③ 그 밖의 목적(①, ② 외의 목적)

예를 들어 적극적 매매를 목적으로 취득하하는 '단기매매증권', '자산유동화 대출' 혹은 '공정가치로 관리하고 성과를 평가하는 금융자산의 포트폴리오(집합)'는 매도를 통해 현금흐름을 획득하는 것이 사업목적이므로 사업모형 ①과 ②가 아닌 ③에 해당한다.

금융자산의 분류

구분	정의	평가손익
당기손익－공정가치 측정 금융자산	① '상각후원가 측정 금융자산'이나 '기타포괄손익－공정가치측정 금융자산'으로 분류되지 않는 경우(예: 단기매매항목, 주식) ② 회계불일치를 제거하기 위해 '당기손익－공정가치 측정'을 선택한 경우	당기손익
기타포괄손익－공정가치 측정 금융자산	① 아래 두 조건을 모두 만족하는 금융자산 • 사업모형이 '계약상 현금흐름 수취와 매도' • 계약상 현금흐름이 원리금으로만 구성 ② 단기매매항목이 아닌 지분상품으로 최초인식시점에 선택한 경우	기타 포괄손익
상각후원가 측정 금융자산	① 아래 두 조건을 모두 만족하는 금융자산 • 사업모형이 '계약상 현금흐름 수취' • 계약상 현금흐름이 원리금으로만 구성	

채무상품과 지분상품의 분류

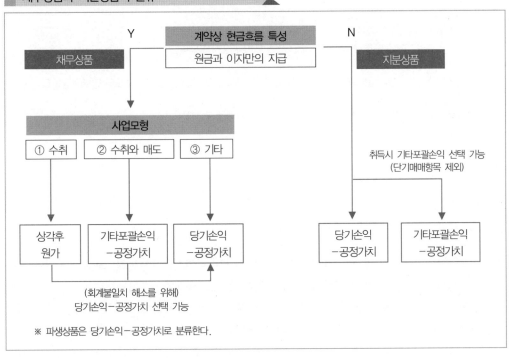

219

(1) 당기손익-공정가치 측정 금융자산

당기손익－공정가치 측정 금융자산(이하 '당기손익인식금융자산')은 최초 취득시 공정가치로 측정하고 관련 거래원가는 비용으로 인식한다. 이후 보고기간 말에 공정가치로 평가하며 그 평가손익을 당기손익으로 인식한다.

일반적으로 지분증권은 단기매매목적 외의 지분상품 중 기업이 기타포괄손익－공정가치 측정 금융자산(이하 '기타포괄손익인식금융자산')으로 지정한 것을 제외하고는 당기손익인식금융자산으로 분류한다. 그리고 현금흐름이 원리금의 구성되어 있는 채무상품은 사업모형이 ① 원리금의 수취('상각후원가측정금융자산'으로 분류함)나 ② 원리금의 수취와 매도('기타포괄손익－공정가치 측정 금융자산'으로 분류함)가 아닌 경우 당기손익인식금융자산으로 분류한다.

또한, 회계불일치를 제거하기 위해 원래 당기손익인식금융자산이 아닌 것을 기업이 당기손익인식금융자산으로 지정할 수 있다.

〈당기손익-공정가치 측정 금융자산〉
① 지분증권(단, 기타포괄손익인식금융자산으로 지정한 것 제외)
② 채무증권(단, 상각후원가측정금융자산과 기타포괄손익인식금융자산이 아닌 것)
③ 파생상품
④ 단기매매항목(단기간 매매목적으로 보유하는 자산, 최초 인식시점에 특정금융포트폴리오의 일부로 운용되는 단기이익 획득 목적의 자산)
⑤ 회계불일치를 제거하기 위해 당기손익인식금융자산으로 지정한 금융자산

당기손익인식지정(Fair value option)
당기손익인식항목으로 지정하면, 서로 다른 기준에 따라 자산이나 부채를 측정하거나 그에 따른 손익을 인식함으로써 발생할 수 있는 인식이나 측정상의 불일치(회계불일치)가 제거되거나 상당히 감소되는 경우 지정 가능

(2) 기타포괄손익-공정가치 측정 금융자산

기타포괄손익－공정가치 측정 금융자산(이하 '기타포괄손익인식금융자산')은 보고기간 말에 공정가치로 측정하되 평가손익을 자본항목인 기타포괄손익으로 인식하는 금융자산이다.

이때 지분증권의 기타포괄손익인식금융자산 평가손익은 이후 처분하는 경우에도 손익계산서상 처분손익으로 대체되지 않으나 채무증권은 평가손익을 손익계산서상 처분손익에서 조정한다. 즉, 지분증권의 경우는 처분손익을 영업외손익으로 인식하지 않고 기타포괄손익으로 계속 인식하지만 채무증권은 기타포괄손익을 감안하여 손익계산서에 처분손익을 인식하게 된다.

단기매매항목으로 분류되지 않는 지분증권 중 기타포괄손익인식금융자산으로 지정한 것과 채무증권 중 사업모형이 원리금수취와 매도인 것을 기타포괄손익인식금융자산으로 분류한다.

(3) 상각후원가측정금융자산

상각후원가측정금융자산은 계약상 현금흐름을 수취하는 목적으로 보유하는 금융자산으로 보고기간 말에 공정가치로 평가하지 않는다. 계약상 현금흐름을 수취하는 것은 반드시 금융자산을 만기까지 보유할 것을 전제로 하지 않는다. 상각후원가측정금융자산의 할인 혹은 할증 발행시 할증차금 등은 유효이자율법에 따라 이자수익에 가감하는데 이렇게 가감한 금액을 상각후원가라고 한다.

상각후원가측정금융자산의 경우 보고기간 말 공정가치평가를 하지 않지만 기대신용손실모형에 기초하여 손상발생 전에 손실을 미리 당기손실로 평가할 수 있다.

Ⅱ 금융자산의 측정

1 최초 측정

(1) 공정가치 측정

금융자산은 계약당사자가 되는 시점에 공정가치로 측정한다. 공정가치란 측정일에 시장참여자 사이의 정상거래에서 자산을 매도할 때 받거나 부채를 이전할 때 지급하게 될 가격을 의미한다. 공정가치의 최선의 추정치는 활성시장에서 공시되는 가격으로 하고, 활성시장이 없다면 금융상품의 공정가치는 평가기법을 사용하여 측정하여야 한다. 최초인식시 금융상품의 공정가치는 일반적으로 거래가격(즉, 제공한 대가의 공정가치)이다. 그러나 제공한 대가 중 일부가 금융상품이 아닌 다른 것에 대한 대가라면, 평가기법을 사용하여 금융상품의 공정가치를 추정한다. 예를 들면, 이자를 지급하지 아니하는 장기대여금이나 장기수취채권의 공정가치는 유사한 신용등급을 가진 유사한 금융상품(통화, 기간, 이자율유형 및 그 밖의 요소에 관하여 유사함)의 시장이자율로 할인한 미래 모든 현금수취액의 현재가치로 추정할 수 있다. 추가로 지급한 금액이 어떤 형태로든 자산의 인식기준을 충족하지 못하면, 당해 금액은 비용으로 인식하거나 수익에서 차감한다.

(2) 거래비용

당기손익인식금융자산의 취득과 직접 관련되는 거래원가는 지출시점에 당기비용으로 처리한다. 그러나 기타포괄손익인식금융자산과 상각후원가측정금융자산은 당해 금융자산의 취득과 직접 관련되는 거래원가는 취득원가에 가산하여 측정한다.

(주)삼일은 20X1년 7월 1일에 (주)한라의 주식 10주를 주당 100,000원에 현금으로 취득하였다. 취득과 직접 관련되는 거래원가는 주당 1,000원이다. 이 경우 주식이 아래와 같이 분류될 경우 각각의 회계처리를 하시오.

1) 당기손익인식금융자산
2) 기타포괄손익인식금융자산

1) 당기손익인식금융자산

(차) 당기손익인식금융자산	1,000,000	(대) 현금	1,000,000
(차) 수수료비용	10,000	(대) 현금	10,000

2) 기타포괄손익인식금융자산

(차) 기타포괄손익인식금융자산	1,010,000	(대) 현금	1,010,000

금융자산의 최초 측정

구분	최초 측정	취득 부대비용
당기손익인식금융자산	제공대가의 공정가치	당기비용으로 인식
당기손익인식금융자산 이외	제공대가의 공정가치	금융자산 취득원가에 가산

2 최초 측정시 채무상품의 공정가치 적용

(1) 최초 측정시 채무상품의 취득원가

채무상품의 최초 측정은 당해 채무상품의 공정가치, 즉 발행을 통하여 발생될 미래에 현금유입액의 현재가치로 결정되어야 한다.

채무상품의 가격결정에는 다음의 요소가 영향을 미친다.

① 만기에 지급받을 금액 → 액면금액(채무상품표면에 기재된 금액)
② 이자 → 이자율*과 이자지급기일
③ 돈 빌리는 기간 → 채무상품의 발행일과 만기일

* 채무상품의 가격결정시 고려해야 할 이자율은 다음과 같다.
　┌ 액면이자율 : 발행회사가 채무상품의 구입자에게 지불하기로 약정한 이자율을 말한다.
　└ 시장이자율 : 일반투자자들이 채무상품을 구입하는 대신 다른 곳에 투자하는 경우 받을 수 있는 평균이자율을 말한다.
　　　　　　　 이 시장이자율로 할인하여 현재가치를 계산한다.

다음과 같은 조건의 채무상품을 예를 들어 살펴보자.

채무상품의 발행일 : 20X1년 1월 1일
채무상품의 상환일 : 20X3년 12월 31일
액면금액 　　　　　:100,000원
액면이자율 　　　　:10%, 매년 말 지급
시장이자율 　　　　:10%

이 채무상품을 구입하는 사람은 3년 동안 다음의 현금을 수취하게 된다.
　　매년 말 : 이자 10,000원(액면금액 100,000원×이자율 10%)
　　만기 　 : 액면금액 100,000원

3년 동안 수취할 현금을 채무상품 발행시점으로 앞당겨 채무상품의 현재가치를 구하면 다음과 같다.

채무상품의 현재가치(채무상품의 가격)=이자의 현재가치+액면금액의 현재가치

① 이자의 현재가치

$$= \frac{10,000}{(1.1)} + \frac{10,000}{(1.1)^2} + \frac{10,000}{(1.1)^3} = 24,869원$$

② 원금의 현재가치

$$= \frac{100,000}{(1.1)^3} = 75,131원$$

③ 채무상품의 현재가치(①+②) : 100,000원

이 채무상품으로 인해 들어오는 현금을 현재가치로 환산하면 100,000원이므로 이 가격이 채무상품의 최고가격이라고 할 수 있다. 이 채무상품의 구입가격이 100,000원보다 큰 110,000원이라면 투자자는 채무상품으로 인한 현금흐름의 현재가치가 구입가격보다 작으므로 이 채무상품을 구입하지 않고 다른 투자안을 찾을 것이기 때문이다.

이와 같이 채무상품의 현재가치가 투자자에게는 채무상품의 취득원가가 되며, 채무상품을 발행하는 회사의 입장에서는 발행가가 되는 것이다.

3 후속측정

최초인식 후 금융자산(파생상품자산 포함)은 공정가치로 측정하는 것을 원칙으로 한다. 금융자산 분류별 후속측정 방법은 아래와 같다.

금융자산 후속측정

분류		측정방법
당기손익인식금융자산		공정가치 평가하여 당기손익에 반영
기타포괄손익인식 금융자산	지분증권	공정가치 평가하여 기타포괄손익에 반영(처분시 환원 X)
	채무증권	공정가치 평가하여 기타포괄손익에 반영(처분시 환원 O)
상각후원가측정금융자산		유효이자율법을 적용하여 상각후원가로 평가

기타포괄손익인식금융자산(지분상품)의 평가와 처분

(주)삼일은 20X0. 1. 1 기타포괄손익인식금융자산(지분상품)을 100원에 취득하였다.
해당 금융상품의 20X0년 말 공정가치 및 20X1년 말 처분시 처분가액은 다음과 같을 때 20X0
년과 20X1년의 (주)삼일의 회계처리는?

일자	공정가치(처분가치)
20X0년 말	120원
20X1년 말	150원

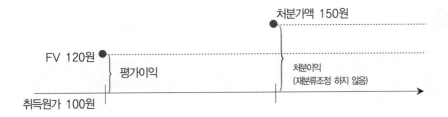

회계처리

• 20X0. 1. 1

(차) 기타포괄손익인식금융자산	100	(대) 현금	100

• 20X0. 12. 31: 공정가치 평가

(차) 기타포괄손익인식금융자산	20	(대) 평가이익(기타포괄손익)	20

• 20X1. 12. 31
  기타포괄손익인식금융자산의 처분: 평가손익(기타포괄손익)을 재분류하지 않음

(차) 현금	150	(대) 기타포괄손익인식금융자산	120
		평가이익(기타포괄손익)*	30

* 기타포괄손익으로 표시하는 금액은 후속적으로 당기손익으로 이전하지 않는다. 그러나 자본 내에서 누적 손익을 이전할 수는 있다.

(차) 기타포괄손익인식금융자산	30	(대) 평가이익(기타포괄손익)	30
(차) 현금	150	(대) 기타포괄손익인식금융자산	150
(차) 평가이익	50	(대) 이익잉여금	50

(주)삼일은 20X1. 1. 1에 다음과 같은 조건의 회사채를 취득하였으며 회사채를 기타포괄손익인식금융자산으로 분류하였다. (주)삼일이 이 회사채를 20X2년 말에 공정가치로 처분한 경우 사채의 취득일로부터 20X2년 말까지의 회계처리를 하시오.

[사채 내역]
- 발행일 : 20X1. 1. 1
- 만기일 : 20X3. 12. 31
- 취득원가 : 922,687원(유효이자율 : 8%)
- 액면가액 : 1,000,000원
- 표시이자율 : 5%(매년 말 지급조건)

[사채의 시장가격]
- 20X1. 1. 1 : 922,687원
- 20X1. 12. 31 : 960,000원
- 20X2. 12. 31 : 990,000원

풀 이

① 유효이자율법에 의한 상각표

일자	유효이자 (8%)	표시이자 (5%)	할인차금 상각액	상각후 취득원가	공정가치	평가손익
20X1. 1. 1				922,687원	922,687원	–
20X1. 12. 31	73,815원	50,000원	23,815원	946,502원	960,000원	13,498원
20X2. 12. 31	75,720원	50,000원	25,720원	972,222원		
20X3. 12. 31	77,778원	50,000원	27,778원	1,000,000원		
계	227,313원	150,000원	77,313원			

② 회계처리

- 20X1. 1. 1

(차) 기타포괄손익인식금융자산	922,687	(대) 현금및현금성자산		922,687

- 20X1. 12. 31

(차) 현금및현금성자산	50,000	(대) 이자수익		73,815
기타포괄손익인식금융자산	23,815			

(차) 기타포괄손익금융자산	13,498	(대) 평가이익(기타포괄손익)		13,498

- 20X2. 12. 31

(차) 현금및현금성자산	50,000	(대) 이자수익		75,720
기타포괄손익인식금융자산	25,720			

(차) 현금및현금성자산	990,000	(대) 기타포괄손익인식금융자산		985,720
평가이익(기타포괄손익)	13,498	금융자산처분이익		17,778

예제

(주)삼일은 20X1. 1. 1에 다음과 같은 조건의 회사채를 취득하였으며 회사가 이 사채를 상각후
원가측정금융자산으로 분류할 경우, 사채의 취득일로부터 만기까지의 회계처리는?

[사채 내역]
- 발행일 : 20X1. 1. 1
- 만기일 : 20X3. 12. 31
- 취득원가 : 922,687원(유효이자율 : 8%)

- 액면가액 : 1,000,000원
- 표시이자율 : 5%(매년 말 지급조건)

풀 이

① 유효이자율법에 의한 상각표

일자	유효이자(8%)	표시이자(5%)	할인차금상각액	상각후취득원가
20X1. 1. 1				922,687원
20X1. 12. 31	73,815원	50,000원	23,815원	946,502원
20X2. 12. 31	75,720원	50,000원	25,720원	972,222원
20X3. 12. 31	77,778원	50,000원	27,778원	1,000,000원
계	227,313원	150,000원	77,313원	

② 회계처리
- 20X1. 1. 1

(차) 상각후원가측정금융자산	922,687	(대) 현금및현금성자산	922,687

- 20X1. 12. 31

(차) 현금및현금성자산	50,000	(대) 이자수익	73,815
상각후원가측정금융자산	23,815		

- 20X2. 12. 31

(차) 현금및현금성자산	50,000	(대) 이자수익	75,720
상각후원가측정금융자산	25,720		

- 20X3. 12. 31

(차) 현금및현금성자산	50,000	(대) 이자수익	77,778
상각후원가측정금융자산	27,778		
(차) 현금및현금성자산	1,000,000	(대) 상각후원가측정금융자산	1,000,000

이를 그래프로 나타내면 다음과 같다.

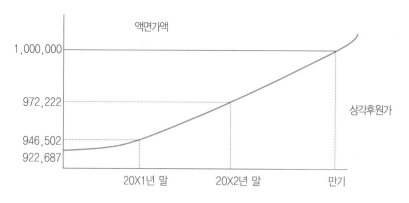

III 　금융자산의 손상

(1) 손상차손의 인식

한국채택국제회계기준 제1109호 '금융상품'에서는 상각후원가측정금융자산과 기타포괄손익인식금융자산으로 분류되는 채무상품에 대해서 손상차손을 규정하고 있다. 이때 실제 금융자산에서 신용손실(손상)이 발생하지 않더라도 기대신용손실을 추정하여 손상을 인식하는데 이를 기대손실모형이라고 한다. 기대신용손실은 개별 채무불이행 발생위험으로 가중평균한 신용손실로서 다음사항을 반영하여 측정한다.

① 일정 범위의 발생가능한 결과를 평가하여 산정한 금액으로서 편의가 없고 확률로 가중평균한 금액
② 화폐의 시간가치
③ 보고기간 말에 과거자산, 현재 상황과 미래 경제적 상황의 예측에 대한 정보로서 합리적이고 뒷받침 될 수 있으며 과도한 원가나 노력 없이 이용할 수 있는 정보

구분	손상차손의 인식
상각후원가측정금융자산	당기비용 처리하고 손실충당금을 설정
기타포괄손익인식금융자산(채무상품)	당기비용 처리하고 손실충당금이 아닌 기타포괄손익에서 조정

1) 신용이 손상되지 않은 경우

금융자산의 신용이 손상되지 않은 경우 신용위험의 유의적인 증가 여부에 따라 아래와 같이 기대손상금액을 측정하고 손상차손(비용)과 손실충당금으로 장부금액을 차감하여 표시한다. 다만 기타포괄손익인식금융자산은 손실충당금을 설정하는 대신 재평가손익으로 조정하게 된다. 계약상 지급연체가 30일이 초과하는 경우 반증이 없는 한 신용위험이 유의적으로 증가했다고 간주한다.

구분	측정방법
금융상품의 신용위험이 유의적으로 증가한 경우	보고기간 말에 전체기간 기대신용손실에 해당하는 금액으로 손실충당금을 측정
금융상품의 신용위험이 유의적으로 증가하지 않은 경우	보고기간 말에 12개월 기대신용손실금액에 해당하는 금액으로 손실충당금 측정

전체기간에 대한 신용손실은 금융상품의 기대존속기간에 발생할 수 있는 모든 채무불이행에 대한 기대신용손실을 말하나 12개월 기대신용손실은 보고기간 말 이후 12개월 내에 발생 가능한 기대신용손실로 전체기간 기대신용손실의 일부에 해당한다.

당초 취득시 신용이 손상되어 있는 금융자산은 보고기간 말에 최초 인식 이후 전체기간 기대신용손실의 누적변동분만을 손실충당금으로 인식한다.

2) 신용이 손상된 경우

금융자산의 신용이 후속적으로 손상된 경우 전체기간에 대한 기대신용손실을 손상차손으로 인식한다. 다음과 같은 경우 금융자산의 신용이 손상된 증거로 볼 수 있다.

〈손상 발생의 증거〉
① 금융자산의 발행자나 지급의무자의 중요한 재무적 어려움
② 이자지급이나 원금상환의 불이행이나 지연과 같은 계약 위반
③ 차입자의 재무적 어려움에 관련된 경제적 또는 법률적 이유로 인한 당초 차입조건의 불가피한 완화
④ 차입자의 파산이나 기타 재무구조조정의 가능성이 높은 상태가 된 경우
⑤ 재무적 어려움으로 당해 금융자산에 대한 활성거래시장의 소멸
⑥ 이미 발생한 신용손실을 반영하여 크게 할인한 가격으로 금융자산을 매입하거나 창출하는 경우

3) 매출채권, 계약자산, 리스채권에 대한 간편법

기업회계기준서 제1115호 및 제1116호의 적용범위에 포함되는 거래에서 생기는 매출채권, 계약자산 및 리스채권은 신용위험의 유의적인 증가 여부를 고려하지 아니하고 항상 전체기간 기대신용손실에 해당하는 금액으로 손실충당금을 측정한다.

기업은 매출채권, 리스채권, 계약자산에 각각 독립적으로 간편법 적용 여부에 관한 회계정책을 선택할 수 있다.

예제

(주)삼일은 20X1년 1월 1일 액면이자율 5%, 액면 100,000,000원의 기타포괄손익인식금융자산을 액면취득하고 신용위험이 비슷한 금융상품, (주)용산의 신용위험, 향후 12개월간 경제전망 등을 고려하여 향후 12개월간 채무불이행확률을 0.3%로 예상하였다. 채무불이행시 총 채권액의 20%가 손상될 것이고 신용위험은 유의적으로 증가하지 않았다고 판단하였다. 20X1년 말 공정가치는 110,000,000원인 경우 회계처리는?

풀이

- 20X1. 1. 1

  (차) 기타포괄손익인식금융자산 100,000,000 (대) 현금   100,000,000

- 20X1. 12. 31

  (차) 현금   5,000,000   (대) 이자수익   5,000,000

  (차) 기타포괄손익인식금융자산 10,000,000   (대) 평가이익(기타포괄손익) 10,060,000
  　　손상차손   60,000

  * 손상차손 = 100,000,000 × 20% × 0.3% = 60,000

※ 만일 상각후원가측정금융자산이었다면 12월 말 다음과 같이 손상 회계처리한다.

  (차) 현   금   5,000,000   (대) 이자수익   5,000,000
  　　손상차손   60,000   (대) 손실충당금   60,000

Ⅳ 재분류

금융자산의 재분류는 지분상품 혹은 파생상품은 원칙적으로 불가능하고 채무상품만 사업모형을 변경하는 경우에만 가능하다. 금융자산을 재분류하는 경우 재분류일은 사업모형의 변경 후 첫 번째 보고기간의 첫 번째 날을 의미한다. 즉, 기중 사업모형이 변경되는 경우 다음 회계연도 초에 재분류를 하게 된다.

금융상품의 재분류

재분류 전(From)	재분류 후(To)	재분류시 회계처리
당기손익인식 금융자산	상각후원가측정 금융자산	재평가일에 취득한 것으로 인식
	기타포괄손익인식 금융자산	재평가일에 취득한 것으로 인식
기타포괄손익인식 금융자산	상각후원가측정 금융자산	평가손익(기타포괄손익)을 금융자산과 상계 제거 최초취득부터 상각후원가로 측정한 것으로 인식
	당기손익인식 금융자산	평가손익(기타포괄손익)은 당기손익으로 대체
상각후원가측정 금융자산	당기손익인식 금융자산	공정가치 평가후 평가손익을 당기손익으로 인식
	기타포괄손익인식 금융자산	공정가치 평가후 평가손익을 기타포괄손익으로 인식
지분상품·파생상품		재분류 금지

(1) 당기손익인식금융자산의 재분류

당기손익인식금융자산을 상각후원가측정금융자산 혹은 기타포괄손익인식금융자산으로 재분류하는 경우 재분류일의 공정가치로 취득원가를 대체한다. 상각후원가와 기타포괄손익의 유효이자계산도 재분류일 현재 취득한 것으로 보아 재분류일 현재의 유효이자율을 사용하여 측정한다.

(2) 기타포괄손익인식금융자산의 재분류

기타포괄손익인식금융자산을 상각후원가측정금융자산으로 재분류하는 경우 재분류일의 공정가치로 대체하되 기타포괄손익으로 인식했던 평가손익은 금융자산의 공정가치와 상계제거한다. 이는 최초부터 상각후원가금융자산을 취득한 것으로 조정하기 위한 것이다. 유효이자율은 기존의 유효이자율을 그대로 사용한다. 기타포괄손익금융자산을 당기손익인식금융자산으로 분류하는 경우 재분류일 현재 공정가치로 대체하고 평가손익을 당기손익으로 대체한다.

(3) 상각후원가측정금융자산의 재분류

상각후원가측정금융자산을 당기손익인식금융자산으로 재분류하는 경우 재분류일의 공정가치로 대체하고 평가손익을 당기손익으로 인식한다. 반면 기타포괄손익인식금융자산으로 분류하는 경우 공정가치로 대체하되 평가손익을 기타포괄손익으로 인식한다. 이때 유효이자율은 최초 취득일 것을 사용하고 조정하지 않는다.

예 제

(주)알크는 20X1. 1. 1에 액면 100,000원의 회사채를 87,318원에 취득(액면이자 6%)하고 기타포괄손익인식금융자산으로 분류하였다. 취득시 유효이자율은 10%이었다. (주)알크는 20X2년 중 사업모형이 변경되어 이를 상각후원가측정금융자산으로 변경하였다. 20X1년 말 공정가치는 89,000원이었고 20X2년 말 유효이자율은 8%이고 사채의 공정가치는 96,433원이다. (주)알크의 회계처리는?

풀 이

- 20X1. 1. 1

  (차) 기타포괄손익인식금융자산　87,318　(대) 현금　　　　　　　　　　87,318

- 20X1. 12. 31

  (차) 현금　　　　　　　　　6,000　(대) 이자수익　　　　　　　　8,732
  　　기타포괄손익인식금융자산　2,732

  (차) 평가손실(기타포괄손실)　1,050　(대) 기타포괄손익인식금융자산　1,050
  * 이자수익 = 87,318 × 10% = 8,732　평가손실 = (87,318 + 2,732) − 89,000 = 1,050

- 20X2. 12. 31

  (차) 현금　　　　　　　　　6,000　(대) 이자수익　　　　　　　　9,005
  　　기타포괄손익인식금융자산　3,005

  (차) 기타포괄손익인식금융자산　4,428　(대) 평가이익(기타포괄이익)　4,428
  * 이자수익 = (87,318 + 2,732) × 10% = 9,005
  * 평가이익 = 96,433 − (87,318 + 2,732 − 1,050 + 3,005) = 4,428

- 20X3. 1. 1

  (차) 상각후원가측정금융자산   93,055   (대) 기타포괄손익인식금융자산 96,433
       평가이익(기타포괄손익)   3,378

V 금융자산의 제거

1 금융자산 제거의 판단

금융자산은 당해 금융자산의 현금흐름에 대한 계약상 권리가 소멸하거나 당해 금융자산을 아래와 같은 방법으로 양도하며 그 양도가 위험과 보상의 이전 정도에 따른 제거조건을 충족하는 경우 제거한다.

① 금융자산의 현금흐름을 수취할 계약상 권리의 양도
② 금융자산의 현금흐름을 수취할 계약상 권리를 보유하고 있으나 그 현금흐름을 거래 상대방에게 지급할 의무를 부담하는 경우

금융자산을 양도하는 경우에는 양도자는 금융자산의 소유에 따른 위험과 보상의 보유 정도를 평가하여 아래와 같이 회계처리한다.

위험과 보상 이전	회계처리
위험과 보상을 대부분 이전	금융자산 제거하고 양도에 따라 발생한 권리와 의무를 자산·부채로 인식
위험과 보상을 대부분 보유	금융자산을 계속 보유한 것으로 회계처리

위험과 보상 대부분을 보유하지도 이전하지도 않은 경우	• 양도자가 금융자산을 통제하고 있지 않은 경우
	  −금융자산을 제거하고 발생한 권리·의무를 자산·부채로 인식
	• 양도자가 금융자산을 계속 통제하는 경우
	  −금융자산에 지속적으로 관여하는 정도까지 금융자산을 보유하는 회계처리

지속적 관여
양도자산의 가치 변동에 대하여 양도자가 부담하는 금액을 지속적 관여의 정도라고 한다. 예를 들어 양도자산에 대한 보증을 제공하는 형태로 지속적 관여가 이루어지는 경우, 지속적 관여의 정도는 MIN[양도자산의 장부금액, 수취한 대가 중 상환을 요구받을 수 있는 최대금액]으로 결정된다.

금융자산 제거 여부 판단에 대한 플로차트(Flow Chart)는 다음과 같다.

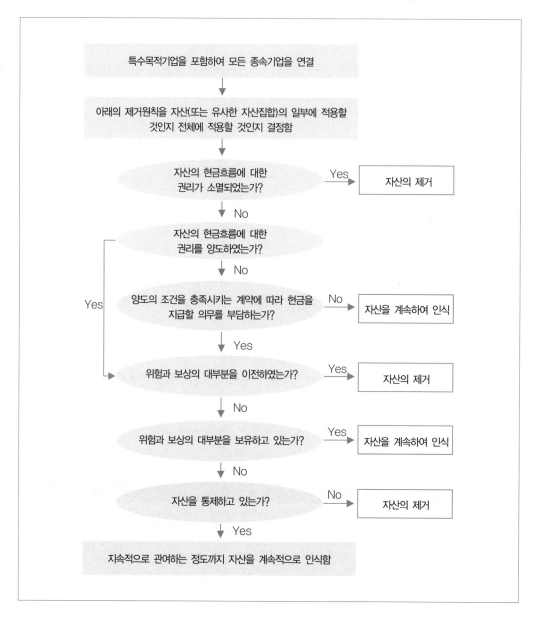

2 금융자산 제거의 회계처리

(1) 일반적인 금융자산 제거의 회계처리

금융자산 전체를 제거하는 경우 다음 ①과 ②의 차액을 당기손익으로 인식한다.

---

① 제거일 현재 측정된 금융자산의 장부금액
② 수취한 대가

(차) 수취한 대가	×××	(대) 금융자산(장부금액) ×××
당기손익(차액)	×××	

양도의 결과로 금융자산 전체가 제거되지만 새로운 금융자산을 취득하거나 새로운 금융부채나 관리용역부채를 부담한다면, 그 새로운 금융자산, 금융부채 또는 관리용역부채를 공정가치로 인식한다.

채무상품인 기타포괄손익금융자산과 상각후원가측정금융자산은 (기타포괄손익이 가감된)장부금액과 수취한 대가차이를 처분손익으로 인식하나 지분상품의 기타포괄손익금융자산은 처분하더라도 평가이익을 기타포괄손익으로 인식한 다음 처분하므로 처분손익이 인식되지 않는다.

(2) 관리용역을 제공하는 경우

금융자산 전체가 제거 조건을 충족하는 양도로 금융자산을 양도하고, 수수료를 대가로 당해 양도자산의 관리용역을 제공하기로 한다면, 관리용역제공계약과 관련하여 자산이나 부채를 인식한다. 관리용역 수수료가 용역제공의 적절한 대가에 미달할 것으로 예상한다면, 용역제공의무에 따른 부채를 공정가치로 인식한다. 관리용역 수수료가 용역제공의 적절한 대가를 초과할 것으로 예상한다면, 전체 금융자산의 장부금액 중 상대적 공정가치 기준에 따라 배분된 금액으로 용역제공권리에 따른 자산을 인식한다.

구분	회계처리
관리용역수수료 〈 용역제공의 적절한 대가	용역제공의무에 따른 부채를 공정가치로 인식
관리용역수수료 〉 용역제공의 적절한 대가	전체 금융자산의 장부금액 중 금융자산과 용역제공권리의 상대적 공정가치에 비례하여 배분한 금액을 관리용역자산으로 인식

(3) 제거 요건을 충족하지 않는 양도

양도자가 양도자산의 소유에 따른 위험과 보상의 대부분을 보유하고 있기 때문에 양도자산이 제거되지 않는다면, 그 양도자산 전체를 계속하여 인식하며 수취한 대가를 금융부채로 인식한다. 양도자는 후속기간에 양도자산에서 발생하는 모든 수익과 금융부채에서 발생하는 모든 비용을 인식한다.

(4) 양도자산에 대한 지속적 관여가 있는 경우

양도자가 양도자산의 소유에 따른 위험과 보상의 대부분을 보유하지도 아니하고 이전하지도 아니하며, 양도자가 양도자산을 통제하고 있다면, 그 양도자산에 대하여 지속적으로 관여하는 정도까지 그 양도자산을 계속하여 인식한다. 양도자가 지속적 관여의 정도까지 자산을 계속 인식하는 경우 관련 부채도 함께 인식한다. 양도자는 양도자산에서 발생하는 수익을 지속적 관여의 정도까지 계속 인식하며, 관련 부채에서 발생하는 모든 비용을 인식한다. 그리고 후속 측정시 양도자산과 관련 부채의 공정가치 변동액은 양도자산이 당기손익으로 인식하는 항목인지, 기타포괄손익으로 인식하는 항목인지에 따라 각각 일관성 있게 회계처리하며 상계하지 않는다.

예제

(주)삼일은 20X1년 12월 31일에 장부금액이 20,000,000원인 상각후원가측정금융자산을 보유하고 있다. 이 금융자산의 공정가치는 21,000,000원으로 이 자산을 20X1년 12월 31일에 공정가치로 매도하였다. 매도시 이 금융자산에 대하여 5,000,000원의 지급보증을 제공하였다. 이 지급보증이 지속적 관여에 해당한다고 할 때, 회사가 20X1년 12월 31일에 해야 하는 회계처리는?

풀 이

① 이 금융상품의 매도거래에서 매수자에게 지급보증을 제공하고 있기 때문에 관련 위험이 모두 이전되지도 않았고, 모두 보유하고 있지도 않다. 이러한 경우 지속적으로 관여하는 정도까지 자산을 인식해야 한다.

② 회계처리

〈20X1. 12. 31〉

(차) 현금및현금성자산	21,000,000	(대) 금융자산	20,000,000
		처분이익	1,000,000
(차) 지속적관여자산	5,000,000*	(대) 관련부채	5,000,000

* 양도자산 장부금액(20,000,000)과 수취한 대가 중 상환을 요구받을 수 있는 최대금액(5,000,000) 중 작은 금액

예 제

20X0년 12월 31일에 취득금액 15,000,000원인 기타포괄손익인식금융자산의 공정가치가 20,000,000원이었다. 이 자산을 20X1년 6월 10일에 공정가치로 23,000,000원에 매도하였다. 이 금융자산이 채무상품인 경우와 지분상품인 경우 처분손익은?

풀 이

① 채무상품인 경우 기타포괄손익으로 인식한 평가손익을 당기손익으로 대체한다.

〈20X0. 12. 31〉

| (차) 기타포괄손익인식금융자산 | 5,000,000 | (대) 평가이익(기타포괄이익) | 5,000,000 |

〈20X1. 6. 10〉

| (차) 현 금 | 23,000,000 | (대) 기타포괄손익인식금융자산 | 20,000,000 |
| 평가이익(기타포괄이익) | 5,000,000 | 처분이익 | 8,000,000 |

② 지분상품인 경우 기타포괄손익으로 인식한 평가손익을 당기손익으로 대체하지 않는다.

〈20X0. 12. 31〉

| (차) 기타포괄손익인식금융자산 | 5,000,000 | (대) 평가이익(기타포괄이익) | 5,000,000 |

〈20X1. 6. 10〉

| (차) 현 금 | 23,000,000 | (대) 기타포괄손익인식금융자산 | 20,000,000 |
| | | 평가이익(기타포괄이익) | 3,000,000 |

01 다음 중 한국채택국제회계기준에 의한 금융상품과 관련된 설명 중 타당하지 않은 것은?

① 금융상품은 거래당사자(보유자)에게 금융자산을 발생시키고 동시에 거래상대방(발행자)에게 금융부채나 지분상품을 발생시키는 모든 계약을 말한다.
② 잠재적으로 유리한 조건으로 거래상대방과 금융자산이나 금융부채를 교환하기로 한 계약상 권리는 금융상품 보유자 입장에서 금융자산으로 분류한다.
③ 거래상대방에게 현금 등 금융자산을 인도하기로 한 계약상 의무는 금융상품 발행자 입장에서 금융부채로 분류한다.
④ 확정수량의 자기지분상품을 확정금액의 현금 등 금융자산을 교환하여 결제하는 방법 외의 방법으로 결제되거나 결제될 수 있는 파생상품은 발행자 입장에서 지분상품으로 분류한다.

02 다음 중 재무상태표상에 기재될 현금 및 현금성자산 잔액을 계산하면 얼마인가?

• 통화	100,000원
• 타인발행수표	200,000원
• 보통예금	300,000원
• 선일자수표	200,000원
• 차용증서	150,000원
• 당좌예금	300,000원

① 600,000원
② 700,000원
③ 800,000원
④ 900,000원

03 다음 자료를 통해 재무상태표상에 기재될 현금및현금성자산의 잔액을 계산하면 얼마인가?

ㄱ. 요구불예금	1,650,000원
ㄴ. 타인발행수표	2,500,000원
ㄷ. 취득일로부터 상환일까지의 기간이 2개월인 상환우선주	1,000,000원
ㄹ. 결산일로부터 만기일이 1개월 남은 1년 만기 정기예금	1,220,000원

① 3,870,000원   ② 4,150,000원

③ 5,150,000원   ④ 6,370,000원

04 다음 중 금융자산의 손상에 대한 설명으로 가장 올바르지 않은 것은?

① 금융상품에서 실제 신용손실이 발생하지 않더라도 기대신용손실을 추정하여 손상을 인식할 수 있다.

② 상각후원가측정금융자산과 채무상품 중 기타포괄손익-공정가치 측정 금융자산은 손상금액을 인식할 수 있다.

③ 상각후원가측정금융자산의 손상금액은 손실충당금을 설정하여 금융상품의 장부금액에서 차감표시한다.

④ 신용이 손상되지 않은 경우 금융상품의 신용위험이 유의적으로 증가하지 않았다면 전체 기간 기대신용손실에 해당하는 금액으로 손실충당금을 측정한다.

05 다음 중 금융자산의 분류에 대한 설명으로 가장 올바르지 않은 것은?

① 원리금 수취와 매도의 목적을 모두 가지고 있는 경우 기타포괄손익-공정가치 측정 금융자산으로 분류한다.
② 원리금 수취만을 목적으로 보유하는 채무상품에 대해 최초 인식 시점에 당기손익-공정가치 측정 금융자산으로 분류할 수 있다.
③ 단기매매 목적으로 보유하는 지분상품에 대한 공정가치 변동을 기타포괄손익으로 인식하기로 선택한 경우 기타포괄손익-공정가치 측정 금융자산으로 분류한다.
④ 지분상품은 어떠한 경우에도 상각후원가측정금융자산이 될 수 없다.

06 다음 중 당기손익-공정가치 측정 금융자산에 대한 설명으로 틀린 내용은?

① 단기매매 목적의 금융자산은 당기손익-공정가치 측정 금융자산으로 분류된다.
② 채무상품인 당기손익-공정가치 측정 금융자산은 사업모형이 변경되는 경우 다른 금융자산으로 재분류할 수 있다.
③ 당기손익-공정가치 측정 금융자산은 취득후 공정가치로 평가하여 당기손익에 반영한다.
④ 당기손익-공정가치 측정 금융자산 취득시 지출된 거래원가는 취득원가에 가산하여 측정한다.

07 다음 중 기타포괄손익-공정가치 측정 금융자산에 대한 설명으로 가장 올바르지 않은 것은?

① 기타포괄손익-공정가치 측정 금융자산은 원칙적으로 공정가치로 평가하여 평가손익을 기타포괄손익으로 반영한다.
② 기타포괄손익-공정가치 측정 금융자산 취득시 지출된 거래원가는 금융자산의 취득원가에 가산한다.
③ 기타포괄손익-공정가치 측정 금융자산으로 분류되는 채무상품은 당기손익-공정가치 측정 금융자산으로 분류변경할 수 있다.
④ 기타포괄손익-공정가치 측정 금융자산에 대한 손상차손은 인식하지 아니한다.

08 (주)서울은 20X1년 초에 (주)용산의 주식 1,000주를 취득하고 당기손익-공정가치 측정 금융자산으로 분류하였다. 20X2년 초에 1,000주를 공정가치로 처분한 경우 (주)서울이 20X2년의 포괄손익계산서에 계상할 처분손익은 얼마인가?

일 자	구 분	주 당 금 액
20X1년 1월 3일	취득원가	10,000원
20X1년 12월 31일	공정가치	9,500원
20X2년 1월 1일	공정가치	10,200원

① 손실 500,000원
② 손실 700,000원
③ 이익 200,000원
④ 이익 700,000원

09 (주)삼일은 20X1년에 다음과 같이 (주)용산의 주식(기타포괄손익-공정가치 측정 금융자산으로 분류)을 취득하여 보유하다 20X2년 말 처분하였다. 이 주식과 관련하여 (주)서울의 20X1년과 20X2년 재무상태표에 계상할 기타포괄손익-공정가치 측정 금융자산 평가손익(기타포괄손익누계액)은 얼마인가?(단, 이연법인세효과는 고려하지 않는다.)

ㄱ. 20X1년 3월 1일: (주)용산 주식 1,000주 취득(취득원가 1,000원/주)
ㄴ. 20X1년 말 (주)용산 주식의 공정가치: 1,100원/주
ㄷ. 20X2년 말 (주)용산 주식의 처분금액: 900원/주

	20X1년	20X2년
① 기타포괄손익-공정가치 측정 금융자산 평가이익	100,000원	0원
② 기타포괄손익-공정가치 측정 금융자산 평가이익	200,000원	0원
③ 기타포괄손익-공정가치 측정 금융자산 평가이익(손실)	100,000원	(100,000)원
④ 기타포괄손익-공정가치 측정 금융자산 평가이익(손실)	200,000원	(100,000)원

[문제 10~11] 20X1년 초 (주)삼일은 GS전자가 발행한 다음의 사채를 취득하였다. ((주)삼일의 결산일은 매년 12월 31일이다)

- 사채발행일 : 20X1년 1월 1일
- 표시이자율 : 연 10%
- 만기 : 20X3년 12월 31일
- 액면금액 : 1,000,000원
- 이자지급 : 매년말 후급

취득 당시 시장이자율은 12%, 20X1년 말 시장이자율은 9%이었다. 각 이자율하에서의 현가계수는 다음과 같다.

기간	9%	12%
1	0.91743	0.89286
2	0.84168	0.79719
3	0.77218	0.71178

10 (주)삼일이 계약상 현금흐름 수취목적인 사업모형으로 동 금융자산을 보유한 경우 20X1년 말 (주)삼일의 상각후원가측정금융자산의 장부가액은?

① 951,963원 ② 856,880원
③ 957,864원 ④ 966,199원

11 해당 금융자산이 기타포괄손익-공정가치 측정 금융자산으로 분류될 경우, 20X1년 말의 금융자산 관련 인식하여야 할 평가이익은?

① 당기손익   14,236원 ② 당기손익   51,396원
③ 기타포괄손익 73,349원 ④ 기타포괄손익 51,396원

12 다음 중 손상차손 인식 대상 금융자산에 해당하는 것은?

① 당기손익-공정가치 측정 금융자산(채무상품)
② 당기손익-공정가치 측정 금융자산(지분상품)
③ 기타포괄손익-공정가치 측정 금융자산(채무상품)
④ 기타포괄손익-공정가치 측정 금융자산(지분상품)

13 (주)삼일은 20X1년 1월 1일에 다음과 같은 조건의 상각후원가측정금융자산을 취득 당시의 공정가치로 취득하였다. 이 경우 (주)삼일의 상각후원가측정금융자산의 취득원가는 얼마인가?

> ㄱ. 액면금액: 100,000원
> ㄴ. 발행일: 20X1년 1월 1일
> ㄷ. 만기일: 20X2년 12월 31일(2년)
> ㄹ. 액면이자율: 10%, 매년 말 지급조건
> ㅁ. 시장이자율: 20X1년 1월 1일 현재 12%
> ㅂ. 현가계수
>
> | 이자율 | 현가계수 | | |
> |---|---|---|---|
> | | 1년 | 2년 | 계 |
> | 12% | 0.89285 | 0.79719 | 1.69005 |

① 96,000원
② 96,620원
③ 98,991원
④ 100,000원

14 (주)삼일은 매출채권에 대하여 대손예상액을 추정하고 당기의 대손상각비를 계상하고 있다. 다음 자료에 의하여 20X3년 말 결산시 대손상각비로 계상할 금액은 얼마인가?

> ㄱ. 20X3년 12월 31일 현재의 매출채권 잔액 200,000,000원에는 발생시점이 20X1년인 매출채권 23,000,000원과 20X2년인 매출채권 50,000,000원이 포함되어 있으며 나머지는 모두 20X3년 발생분이다.
> ㄴ. (주)삼일의 매출채권 잔액에 대하여 회수가능가액을 추정한 결과 계상해야 할 대손충당금 금액은 49,270,000원이다.
> ㄷ. 20X2년 말 대손충당금 잔액은 51,000,000원이고, 당기(20X3.1.1 ~ 20X3.12.31) 중에 대손이 확정되어 대손충당금과 상계된 매출채권은 10,000,000원이다.

① 8,270,000원
② 10,270,000원
③ 12,600,000원
④ 15,600,000원

15 다음 중 상각후원가측정금융자산에 대한 설명으로 틀린 내용은?

① 상각후원가측정금융자산은 사업모형이 원리금을 수취하는 것인 금융자산을 의미한다.
② 상각후원가측정금융자산은 유효이자율법을 적용하여 상각후원가로 평가한다.
③ 원칙적으로 모든 채무증권은 상각후원가측정금융자산으로 분류한다.
④ 상각후원가측정금융자산 취득시 지출된 거래원가는 취득원가에 우선 가산한 후 유효이자율법에 의해 이자수익에 가감된다.

16 다음 중 금융자산의 손상 발생에 대한 객관적인 증거로 보기에 가장 올바르지 않은 것은?

① 유동부채가 유동자산을 초과
② 차입자의 재무적 어려움에 관련된 경제적 또는 법률적 이유로 인한 당초 차입조건의 불가피한 완화
③ 차입자의 파산이나 기타 재무구조조정의 가능성이 높은 상태가 된 경우
④ 이자지급이나 원금상환의 불이행이나 지연과 같은 계약 위반

17 다음 중 양도자가 소유에 따른 위험과 보상의 대부분을 이전하는 경우는?

① 금융자산을 아무런 조건이 없이 매도한 경우

② 유가증권대여계약을 체결한 경우

③ 양도자가 매도 후에 미리 정한 가격 또는 매도가격에 양도자에게 금전을 대여하였더라면 그 대가로 받았을 이자수익을 더한 금액으로 양도자산을 재매입하는 거래의 경우

④ 양도자가 양수자에게 발생가능성이 높은 대손의 보상을 보증하면서 단기 수취채권을 매도한 경우

18 (주)삼일은 20X1년 1월 1일에 다음과 같은 조건의 회사채를 취득하고, 이를 기타포괄손익－공정가치 측정 금융자산으로 분류하였다. (주)삼일이 이 회사채를 20X2년 1월 1일에 현금 990,000원에 처분하였다면 (주)삼일이 처분시점에서 인식해야 할 금융자산처분손익은 얼마인가?

> ㄱ. 발행일: 20X1년 1월 1일
> ㄴ. 액면가액: 1,000,000원
> ㄷ. 만기일: 20X3년 12월 31일
> ㄹ. 표시이자율: 10 % (매년 말 지급조건)
> ㅁ. 취득원가: 885,839원(유효이자율 15%)
> ㅂ. 20X1년 12월 31일 사채의 공정가치: 980,000원

① 금융자산처분손실 10,000원

② 금융자산처분이익 10,000원

③ 금융자산처분손실 71,285원

④ 금융자산처분이익 71,285원

19 (주)삼일은 20X1년 1월 1일 다음과 같이 금융자산을 취득하였다. 최초 인식시점에 재무상태표에 인식될 금융자산의 분류별 취득원가는 각각 얼마인가?

(주)마포의 지분증권	(주)용산의 채무증권	(주)강남의 지분증권
−취득가격: 2,000,000원 −거래원가: 100,000원 −단기매매목적	−액면가액: 2,000,000원 −시장이자율: 10% −액면이자율: 10% −계약상 현금흐름 수취목적	−취득가격: 1,000,000원 −거래원가: 150,000원 −취득시점에 기타포괄손익으로 지정

	당기손익-공정가치 측정 금융자산	기타포괄손익-공정가치 측정 금융자산	상각후원가측정금융자산
①	2,100,000원	1,150,000원	2,000,000원
②	2,000,000원	1,150,000원	2,000,000원
③	2,100,000원	1,000,000원	2,100,000원
④	2,000,000원	1,000,000원	2,000,000원

20 (주)삼일은 20X0년 6월 10일 100,000원에 취득한 주식을 기타포괄손익−공정가치 측정 금융자산으로 분류하였다. 20X0년 12월 31일 주식의 공정가치가 200,000원이었고 이를 20X1년 6월 16일에 230,000원에 매도하였다. 다음 중 처분일의 회계처리로 가장 옳은 것은?

① (차) 현금   230,000원   (대) 기타포괄손익인식금융자산   200,000원
                                                    처분이익   30,000원

② (차) 현금   230,000원   (대) 기타포괄손익인식금융자산   200,000원
                                                    평가이익(기타포괄손익)   30,000원

③ (차) 현금   230,000원   (대) 기타포괄손익인식금융자산   200,000원
      평가이익(기타포괄손익)   100,000원   처분이익   130,000원

④ (차) 현금   230,000원   (대) 기타포괄손익인식금융자산   230,000원

21 (주)삼일은 20X0년 6월 10일 180,000원에 취득한 채권을 기타포괄손익-공정가치 측정 금융자산으로 분류하였다. 20X0년 12월 31일 채권의 공정가치가 200,000원이었고 이를 20X1년 6월 16일에 230,000원에 매도하였다. 다음 중 처분일의 회계처리로 가장 옳은 것은? (단, 취득시점 표시이자율과 유효이자율은 동일하며, 이자와 관련한 회계처리는 무시한다.)

① (차) 현금   230,000원   (대) 기타포괄손익인식금융자산 200,000원
                                                      처분이익   30,000원

② (차) 현금   230,000원   (대) 기타포괄손익인식금융자산 200,000원
                                                      평가이익(기타포괄손익)   30,000원

③ (차) 현금   230,000원   (대) 기타포괄손익인식금융자산 200,000원
     평가이익(기타포괄손익) 20,000원   처분이익   50,000원

④ (차) 현금   230,000원   (대) 기타포괄손익인식금융자산 230,000원

22 다음 중 금융자산 제거의 경제적 실질 판단 요소에 포함되는 사항으로 가장 올바르지 않은 것은?

① 법률상 금융자산의 이전 여부
② 금융자산의 소유에 따른 위험과 보상의 이전 여부
③ 금융자산의 현금흐름 양도에 대한 판단
④ 금융자산에 대한 통제권 상실 여부

23 다음 중 금융자산에 해당하지 않는 것은?

① 다른 기업의 지분상품

② 거래상대방에게서 현금 등 금융자산을 수취할 계약상 권리

③ 잠재적으로 유리한 조건으로 거래상대방과 금융자산이나 금융부채를 교환하기로 한 계약상 권리

④ 기업이 자신의 지분상품으로 결제되거나 결제될 수 있는 계약으로서 수취할 자기지분상품의 수량이 확정된 비파생상품

24 (주)삼일은 20X1년 1월 1일 다음과 같은 조건의 회사채에 투자하기로 하였다. 동 투자사채의 취득과 관련하여 유출될 현금은 얼마인가?(소수점 이하 첫째 자리에서 반올림한다. 단, (주)삼일은 동 투자사채를 기타포괄손익–공정가치 측정 금융자산으로 분류하였다.)

ㄱ. 액면금액:		200,000,000원
ㄴ. 만기일:		20X2년 12월 31일
ㄷ. 액면이자율:	12%,	매년 말 지급 조건
ㄹ. 시장이자율:		8%
ㅁ. 금융거래 수수료:		액면금액의 0.5%

① 186,479,592원　　　　② 200,000,000원

③ 214,266,118원　　　　④ 215,266,118원

25 (주)삼일의 단기매매목적으로 취득한 금융자산의 취득, 처분내역은 다음과 같다. 다음 자료를 이용하여 물음에 답하시오.((주)삼일의 결산일은 12월 31일이며, 시가를 공정가치로 본다.)

> 20X1. 1. 7   주당 액면금액이 500원인 (주)용산의 주식 10주를 주당 2,000원에 취득하였다.
> 20X1. 9. 10 (주)용산 주식 중 4주를 주당 3,000원에 처분하였다.
> 20X1. 12. 31 (주)용산 주식의 시가는 주당 3,000원이었다.

20X1년 (주)삼일의 포괄손익계산서에 보고될 당기손익-공정가치 측정 금융자산의 평가손익은 얼마인가?

① 평가이익　　5,000원　　　　　② 평가이익　　6,000원
③ 평가손실　　5,000원　　　　　④ 평가손실　　6,000원

26 (주)삼일의 20X1년말 재무상태표에 표시될 기타포괄손익-공정가치 측정 금융자산의 기타포괄손익누계액은 얼마인가?

> (주)삼일은 20X0년초 기타포괄손익-공정가치 측정 금융자산을 취득하였다. 취득시 공정가치는 100,000원이고, 취득관련수수료는 10,000원이다. 20X0년말 동 금융자산의 공정가치는 100,000원이다. 20X1년말 동 금융자산의 공정가치는 150,000원이다.

① 10,000원　　　　　　　② 20,000원
③ 40,000원　　　　　　　④ 50,000원

27 다음 중 금융자산의 손상에 대한 설명으로 가장 올바르지 않은 것은?

① 신용이 손상되지 않은 경우 금융상품의 신용위험이 유의적으로 증가하지 않았다면 보고기간 말에 12개월 기대신용손실금액에 해당하는 금액으로 손실충당금을 측정한다.

② 상각후원가측정금융자산의 손상차손은 당기비용 처리하고 손실충당금을 설정한다.

③ 기타포괄손익-공정가치 측정 금융자산으로 분류되는 채무상품의 손상차손은 손실충당금을 설정하여 금융상품의 장부금액에서 차감하여 표시한다.

④ 상각후원가측정금융자산과 기타포괄손익-공정가치 측정 금융자산으로 분류되는 채무상품에 대해서 손상차손을 인식할 수 있다.

28 다음은 (주)삼일의 20X2년 12월 31일 현재 매출채권 잔액 및 대손충당금에 관한 자료이다. 20X2년 중 대손이 확정되어 상계된 매출채권은 얼마인가?

〈 매출채권 잔액 및 대손충당금 〉

구분	매출채권 잔액	대손충당금
20X2년 12월 31일	1,600,000원	85,000원

20X1년 말 대손충당금 잔액은 42,500원이고, 20X2년에 인식한 대손상각비는 72,500원이다.

① 10,000원   ② 15,000원

③ 27,000원   ④ 30,000원

29 (주)서울은 20X1년 초에 (주)용산의 주식 1,000주를 기타포괄손익–공정가치 측정 금융자산으로 분류하고 있다. (주)서울이 20X1년과 20X2년 말의 재무상태표에 기타포괄손익누계액으로 계상할 평가손익은 각각 얼마인가?(단, 법인세 효과는 고려하지 않는다.)

일 자	구 분	주 당 금 액
20X1년 1월 3일	취득원가	5,000원
20X1년 12월 31일	공정가치	6,500원
20X2년 12월 31일	공정가치	4,900원

	20X1년 말	20X2년 말
①	0원	0원
②	이익 1,500,000원	손실 100,000원
③	이익 1,500,000원	이익 100,000원
④	이익 1,500,000원	손실 1,600,000원

30 다음 중 금융상품에 대한 설명으로 가장 올바르지 않은 것은?

① 금융상품은 정기예·적금과 같은 정형화된 상품 뿐만 아니라 다른 기업의 지분상품, 거래상대방에게서 현금 등 금융자산을 수취할 계약상의 권리 등을 포함하는 포괄적인 개념이다.

② 한국채택국제회계기준은 보유자에게 금융자산을 발생시키고 동시에 상대방에게 금융부채나 지분상품을 발생시키는 모든 계약을 금융상품으로 정의하였다.

③ 매입채무와 미지급금은 금융부채에 해당하지 않는다.

④ 현금및현금성자산, 지분상품 및 채무상품은 금융자산에 해당한다.

31 (주)삼일은 20X1년 1월 1일에 다음과 같은 조건의 회사채를 취득하였으며, 회사가 이 사채를 상각후원가측정금융자산으로 분류할 경우 20X2년 12월 31일에 인식해야 할 이자수익을 계산한 것으로 가장 옳은 것은?(단, 소수점 이하는 절사한다.)

ㄱ. 발행일 :	20X1년 1월 1일	
ㄴ. 액면가액 :	1,000,000원	
ㄷ. 만기일 :	20X3년 12월 31일	
ㄹ. 표시이자율 :	8%(매년 말 지급조건)	
ㅁ. 취득원가 :	950,266원(유효이자율 10%)	

① 80,000원　　　　　　　　　② 95,267원

③ 96,529원　　　　　　　　　④ 100,000원

32 (주)서울은 (주)용산의 주식을 취득하고 기타포괄손익-공정가치 측정 금융자산으로 분류하였다. 해당 주식과 관련하여 인식하게 될 계정과목 중 당기손익에 반영되는 항목으로 가장 옳은 것은?

① 주식보유로 인한 배당수익

② 주식처분으로 인한 처분손익

③ 공정가치평가로 인한 평가손익

④ 주식취득과 관련하여 발생한 거래원가

33 다음 중 지분상품으로 분류될 수 있는 계약으로 가장 옳은 것은?

① 100 억의 가치에 해당하는 지분상품을 인도할 계약

② 100 킬로그램의 금의 가치에 해당하는 현금에 상응하는 지분상품을 인도할 계약

③ 액면 100 억의 사채에 대한 상환 대신 1 만주의 주식으로 교환할 계약

④ 공모가액의 80 % 해당하는 현금을 대가로 주식 1만주를 인도할 계약

MEMO

금융부채

I 금융부채의 분류

금융부채는 채무상품으로서 크게 당기손익-공정가치 측정 금융부채(이하 '당기손익인식금융부채')와 기타금융부채로 구분하고 있다. 당기손익인식금융부채는 단기매매금융부채와 당기손익인식지정금융부채로 나누어진다.

1 당기손익-공정가치 측정 금융부채

당기손익인식금융부채는 다음 중 하나의 요건에 해당하는 금융부채이다. 단, 부채가 단기매매활동의 자금조달에 사용된다는 사실만으로는 당해 부채를 단기매매금융부채로 분류할 수 없다는 점에 주의해야 한다.

---

① 단기매매 항목 분류
  ㉠ 주로 단기간 내에 매각하거나 재매입할 목적으로 취득하거나 부담한다.
  ㉡ 최초인식시점에 최근의 실제 운용형태가 단기적 이익획득 목적이라는 증거가 있으며, 그리고 공동으로 관리되는 특정 금융상품 포트폴리오의 일부이다.
  ㉢ 파생상품이다(다만, 금융보증계약인 파생상품이나 위험회피수단으로 지정되고 위험회피에 효과적인 파생상품은 제외한다).
② 최초인식시점에 당기손익인식항목으로 지정한다(당기손익인식지정금융부채).

단기매매금융부채의 예는 아래와 같다.

① 위험회피수단으로 회계처리하지 아니하는 파생상품부채
② 공매자(차입한 금융자산을 매도하고 아직 보유하고 있지 아니한 자)가 차입한 금융자산을 인도할 의무
③ 단기간 내에 재매입할 의도로 발행하는 금융부채(예: 공정가치 변동에 따라 발행자가 단기간 내에 재매입할 수 있으며 공시가격이 있는 채무상품)
④ 최근의 실제 운용형태가 단기적 이익획득 목적이라는 증거가 있고 공동으로 관리되는 특정 금융상품 포트폴리오를 구성하는 금융부채

아래의 항목 중 하나에 해당하는 금융부채를 당기손익인식금융부채로 지정할 수 있다. 단, 한번 당기손익인식금융부채로 지정하면 취소할 수 없다.

① 당기손익인식항목으로 지정하면, 서로 다른 기준에 따라 자산이나 부채를 측정하거나 그에 따른 손익을 인식함으로써 발생할 수 있는 인식이나 측정상의 불일치('회계불일치'라 불리기도 한다)가 제거되거나 유의적으로 감소된다.

② 문서화된 위험관리전략이나 투자전략에 따라, 금융상품집합(금융자산, 금융부채 또는 금융자산과 금융부채의 조합으로 구성된 집합)을 공정가치기준으로 관리하고 그 성과를 평가하며 그 정보를 이사회, 대표이사 등 주요 경영진에게 공정가치기준에 근거하여 내부적으로 제공한다.

2 기타금융부채

기타금융부채는 당기손익인식금융부채로 분류되지 않은 모든 금융부채를 의미한다.

II 금융부채의 최초측정 및 후속측정

1 최초측정

금융부채는 원칙적으로 최초인식 시 공정가치로 인식하도록 규정하고 있다.

2 거래비용

당기손익인식금융부채와 관련되는 거래원가는 당기손익으로 처리한다. 그 외 기타금융부채와 직접 관련되는 거래원가는 최초인식하는 공정가치에 차감하여 측정한다.

3 후속측정

최초인식 후, 다음을 제외한 모든 금융부채는 유효이자율법을 사용하여 상각후원가로 측정한다.

① 당기손익인식금융부채
② 금융자산의 양도가 제거 조건을 충족하지 못하거나 지속적관여접근법이 적용되는 경우에 발생하는 금융부채
③ 금융보증계약
④ 시장이자율보다 낮은 이자율로 대출하기로 한 약정
⑤ 사업결합에서 취득자가 인식하는 조건부대가

(1) 상각후원가측정 금융부채의 후속측정

상각후원가란 상각후원가측정 금융부채의 발행금액에서 상환기간에 걸쳐 유효이자율법을 적용할 경우의 할인(할증)차금 상각누적액을 가산(차감)한 금액을 말한다.
유효이자율법을 적용할 경우 이자비용과 금융부채의 장부금액 조정금액은 다음과 같이 계산한다.

이자비용=금융부채의 이자계산기간의 기초 장부금액 × 유효이자율
금융부채의 장부금액=이자비용 계상 전 장부금액 + (유효이자 − 표시이자)

유효이자율법을 적용하여 할인(할증)차금을 상각(환입)하는 경우 상각후취득원가는 다음의 그래프와 같이 조정되어 만기에는 액면금액으로 수렴하게 된다.

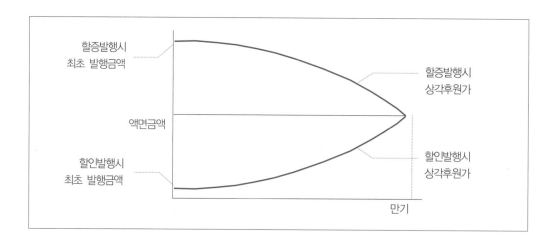

금융부채의 인식 및 후속측정

구분	최초인식		후속측정	
	최초인식	거래비용	평가방법	관련손익
당기손익인식 금융부채	공정가치로 측정	발생시 비용처리	공정가치	평가손익: 당기손익 인식 (공정가치-장부금액)
기타금융 부채	공정가치로 측정	공정가치에 차감하여 측정: 금융부채에 차감	상각후 원가	유효이자율법에 따른 이자비용 인식

(2) 상각후원가로 측정하지 않는 금융부채의 후속측정

구분	측정치
당기손익인식금융부채	① 금융부채의 신용위험 변동에 따른 공정가치 변동은 기타포괄손익으로 표시(단, 회계불일치를 발생, 확대시키는 경우 당기손익 처리) ② 당기손익 - 공정가치로 측정
금융자산의 양도가 제거조건을 충족하지 못하거나 지속적관여접근법을 적용하는 금융자산의 양도시 발생하는 금융부채	① 양도자산을 상각후원가로 측정한다면, 양도자산과 관련부채의 순장부금액이 양도자가 보유하는 권리와 부담하는 의무의 상각후원가가 되도록 관련부채 추정 ② 양도자산을 공정가치로 측정한다면, 양도자산과 관련 부채의 순장부금액이 양도자가 보유하는 권리와 부담하는 의무의 독립적으로 측정된 공정가치가 되도록 관련부채 측정
금융보증계약	MAX(①, ②) ① 기대신용손실로 산정한 손실충당금
시장이자율보다 낮은 이자율로 대출하기로 한 약정	② 최초 인식 금액에서 한국채택국제회계기준 제1115호 '고객과의 계약에서 생기는 수익'에 따라 인식한 누계액을 차감한 금액

4 금융부채 회계처리

(1) 사채

1) 사채의 의의

사채는 발행자가 약정에 따라 일정기간 동안 표시이자를 지급하고 만기일에는 원금을 상환하기로 한 채무증권이다.

사채로 계상되는 금액은 1년 후에 상환되는 사채의 가액으로 하되, 사채의 종류별로 구분하고 그 내용을 주석으로 기재한다. 여기서 '1년 후에 상환되는 사채의 가액'의 의미는 1년 이후에 만기 도래하는 것만이 사채계정에 포함됨을 의미한다. 따라서 전기말에 사채로 분류된 계정도 당기말 현재시점에서 만기가 1년 이내에 도래한다면 유동부채 중 유동성사채 등의 계정과목으로 재분류하여야 한다.

사채를 발행하면 사채발행회사는 미래에 특정액을 지급해야 하는 의무가 발생하기 때문에 사채는 미래에 지급될 것으로 기대되는 총현금유출액의 현재가치로 평가해야 한다. 이는 사채의 표시이자율과 현행 시장이자율이 다르기 때문에 발생하며 상환기간에 따라서 상각 또는 환입하여야 한다.

일반적으로 사채는 발행조건에 따라 다음과 같이 구분한다.

---

① 지급보증 유무 : 보증사채, 무보증사채
② 담보유무 : 담보부사채, 무담보사채
③ 부여된 권리종류 : 전환사채, 신주인수권부사채
④ 상환방법 : 일시상환사채, 연속상환사채
⑤ 명의 기재여부 : 기명식사채, 무기명식사채

---

2) 사채의 가격 결정

사채를 발행하면 발행회사는 미래에 채무액을 상환하여야 할 의무가 있으므로 사채의 가격은 미래에 지급될 것으로 기대되는 현금유출액 즉, 액면금액과 이자의 현재가치로 결정되어야 한다.

사채의 가격결정에는 다음의 요소가 영향을 미친다.

---

① 만기에 지급할 금액 → 액면금액(사채표면에 기재된 금액)
② 이자 → 이자율*과 이자지급기일
③ 돈 빌리는 기간 → 사채의 발행일과 만기일

---

* 사채의 가격결정시 고려해야 할 이자율은 다음과 같다.
  • 액면이자율 : 발행회사가 사채의 구입자에게 지불하기로 약정한 이자율을 말한다.
  • 시장이자율 : 일반투자자들이 사채를 구입하는 대신 다른 곳에 투자하는 경우 받을 수 있는 평균이자율을 말한다. 이 시장이자율로 할인하여 현재가치를 계산한다.

다음과 같은 조건의 사채를 예를 들어 살펴보자.

사채의 발행일 : 20X1년 1월 1일
사채의 상환일 : 20X3년 12월 31일
액면금액   : 100,000원
액면이자율   : 10%, 매년 말 지급
시장이자율   : 10%

이 사채를 구입하는 사람은 3년 동안 다음의 현금을 수취하게 된다.

　매년 말 : 이자 10,000원(액면금액 100,000원×이자율 10%)

　만기　 : 액면금액 100,000원

20X1. 1. 1	20X1. 12. 31	20X2. 12. 31	20X3. 12. 31
	10,000원	10,000원	110,000원

3년 동안 수취할 현금을 사채발행시점으로 앞당겨 사채의 현재가치를 구하면 다음과 같다.

사채의 현재가치(사채의 가격)＝이자의 현재가치＋액면금액의 현재가치

---

① 이자의 현재가치

$$= \frac{10,000}{(1.1)} + \frac{10,000}{(1.1)^2} + \frac{10,000}{(1.1)^3} = 24,869원$$

② 원금의 현재가치

$$= \frac{100,000}{(1.1)^3} = 75,131원$$

③ 사채의 현재가치(①+②) : 100,000원

　이 사채로 인해 들어오는 현금을 현재가치로 환산하면 100,000원이므로 이 가격이 사채의 최고 가격이라고 할 수 있다. 이 사채의 구입가격이 100,000원보다 큰 110,000원이라면 투자자는 사채로 인한 현금흐름의 현재가치가 구입가격보다 작으므로 이 사채를 구입하지 않고 다른 투자안을 찾을 것이기 때문이다.

　이와 같이 사채의 현재가치가 투자자에게는 사채의 구입가가 되며, 사채를 발행하는 회사의 입장에서는 발행가가 되는 것이다.

3) 발행시와 후속 회계처리

사채가 발행되면 사채발행회사는 정기적으로 이자지급일에 고정액의 이자를 지불해야 하고, 만기일에 액면금액인 원금을 상환할 의무를 진다. 그러나 사채를 발행할 때 사채발행회사가 항상 액면금액과 동일한 현금액을 수취하는 것은 아니다. 사채발행 당시의 시장이자율과 사채의 표시이자율이 일치하지 않는 경우에는 사채를 할인발행할 수도 있고 할증발행할 수도 있다.

┃ 보충학습 ┃

한국채택국제회계기준은 사채할인발행차금과 사채할증발행차금에 대한 계상을 규정하지 않고 있다. 이에 대하여 사채할인발행과 사채할증발행에 대하여 순액으로 계상하는 방법과 총액으로 계상하고 사채할인(할증)발행차금을 계상하는 방법 중에서 본서는 실무상 편의 등을 고려하여 후자의 방법으로 서술하였다.

---

① 할인발행

사채의 할인발행이란 사채를 액면금액보다 낮은 가액으로 발행함을 의미한다. 사채의 할인발행은 사채발행시점의 시장이자율이 사채의 표시이자율보다 높기 때문에 발생한다.

사채할인발행차금은 사채의 발행자가 투자자에게 시장이자율을 보장해 주기 위해서 사채의 발행금액을 액면금액 이하로 할인해 준 금액이다. 사채할인발행차금은 이자의 성격을 갖고 있으므로 사채상환기간에 걸쳐 적절한 방법으로 상각하여 이자비용에 가감한다.

즉, 만기일에 상환해야 할 금액은 발행시의 실제 수령액이 아니라 사채의 액면금액이므로 액면금액과 실제 수령한 금액과의 차이는 결국 사채발행회사가 부담해야 하는 이자비용을 나타내는 것이다. 따라서 발생주의에 입각해서 시간이 경과함에 따라 사채할인발행차금계정의 잔액을 점차적으로 이자비용으로 인식하여야 하는데 이를 사채할인발행차금의 상각이라고 한다.

한국채택국제회계기준에서는 사채할인발행차금의 상각방법으로 유효이자율법을 적용하도록 규정하고 있다.

〈유효이자율법〉

사채와 관련된 유효이자율이란 사채의 현재가치를 사채의 취득가액과 일치시키는 이자율로서, 사채권자가 관련사채를 취득할 때 실질적으로 얼마의 수익률로 이자수익을 얻게 되는가를 나타내주는 이자율을 말한다. 그러므로 사채발행회사가 각 연도에 인식할 이자비용은 다음과 같이 계산된다.

당해 연도의 이자비용=사채의 기초장부금액×유효이자율

그러나 각 이자지급일에 현금으로 지급되는 이자액은 사채의 액면금액에 표시이자율을 곱하여 계산된 금액이다. 따라서 유효이자율법에서는 각 연도에 인식할 이자비용(유효이자액)과 각 이자지급일에 실제로 지급할 이자액(표시이자액)의 차이만큼 할인액을 상각한다. 이를 분개를 통해 살펴보면 다음과 같다.

(차) 이자비용	×××[1]	(대) 현금	×××[2]
		사채할인발행차금	×××
		(유효이자액-표시이자액)	

[1] 유효이자액=사채의 기초장부금액×유효이자율

[2] 표시이자액=액면금액×표시이자율

이 방법은 각 연도에 적용되는 이자율이 유효이자율로 일정하지만 각 연도에 인식하여야 할 이자비용금액(유효이자액)은 장부금액이 변함에 따라 달라진다. 사채가 할인발행된 경우 각 연도의 사채장부금액은 계속 증가하여 만기일에 액면금액과 일치하게 된다. 따라서 부채의 실질적 금액이 증가함에 따라 기간이자비용 역시 계속 증가한다.

예 제

사채의 할인발행

20X1. 1. 1에 (주)삼일은 20X3. 12. 31에 만기가 도래하는 사채(액면금액 500,000원, 표시이자율 10%)를 발행하였다. 이자지급일은 매년 12월 31일이며 시장이자율은 18%이다(단, 18%, 3년, 1원의 현가계수는 0.60863이며 1원의 연금현가계수는 2.17427이다).

다음 질문에 답하여라.

1. 20X1. 1. 1에 발생한 거래를 회계처리하라.
2. 유효이자율법에 의한 할인액 상각표를 작성하라.
3. 20X1. 12. 31에 필요한 회계처리를 하라.
4. 20X1. 12. 31에 사채의 장부금액을 계산하라.

풀 이

1. (차) 현금   413,029   (대) 사채   500,000
   사채할인발행차금   86,971

   • 원금의 현가 500,000원×0.60863[1]   = 304,315원
   • 이자의 현가 50,000원×2.17427[2]   = 108,714원
   합 계(사채의 현가)   413,029원

^{*1} $1/(1+r)^n$: r(유효이자율), n(기간)

^{*2} $\dfrac{1-\{1/(1+r)^n\}}{r}$: r(유효이자율), n(기간)

2. 유효이자율법에 의한 할인액 상각표

연도	기초부채	총이자 비용	현금 지급이자	할인액 상각	부채증가액	기말부채
	①	①×18%=②	③	②-③=④	④	
20X1	413,029원	74,345원	50,000원	24,345원	24,345원	437,374원
20X2	437,374원	78,727원	50,000원	28,727원	28,727원	466,101원
20X3	466,101원	83,899원	50,000원	33,899원	33,899원	500,000원
계		236,971원	150,000원	86,971원	86,971원	

3. (차) 이자비용　　　　74,345　　　(대) 사채할인발행차금　　　24,345
　　　　　　　　　　　　　　　　　　　　　현금　　　　　　　　　50,000

4. 사채　　　　　　　　500,000원
　　사채할인발행차금　(-)62,626원
　　　　　　　　　　　437,374원

② 할증발행

　사채의 할증발행이란 사채를 액면금액보다 높은 가액으로 발행함을 의미한다. 사채가 할증발행될 때 사채의 액면금액과 사채발행금액과의 차액을 사채할증발행차금이라 한다. 사채의 할증발행은 사채발행시점의 시장이자율이 사채의 표시이자율보다 낮기 때문에 발생한다.

　사채할증발행차금을 당해 사채의 액면금액에 부가하는 형식으로 기재하도록 하고, 그 환입액을 사채이자에서 차감하도록 한다.

　사채할증발행차금의 환입이란 발행금액과 액면금액의 차이를 사채기간에 걸쳐 차감적으로 인식하여야 할 이자비용으로 배분하는 과정을 말한다. 사채할증발행차금의 환입방법은 할인발행과 마찬가지로 유효이자율법에 따른다.

　사채가 할증발행된 경우 각 연도의 사채장부금액은 계속 감소하여 만기일에 액면금액과 일치하게 된다. 따라서 부채의 실질적 금액이 감소함에 따라 기간이자비용 역시 계속 감소한다.

예 제

사채의 할증발행

20X1. 1. 1에 (주)삼일은 사채(액면 1,000,000원 표시이자율 12%)를 발행하였다. 사채이자 계산은 20X1. 1. 1부터 시작되며 만기일은 20X3. 12. 31이다. 시장이자율은 10%이며, 사채의 발행금액은 1,049,730원이다.

1. 20X1. 1. 1에 발생한 거래를 회계처리하여라. 또, 만기일까지 인식될 총이자비용을 계산하라.
2. 유효이자율법을 적용하여 다음 사항에 답하여라.
　㉠ 할증액 환입표를 작성하여라.
　㉡ 20X1년 결산시 필요한 회계처리를 하라.

풀 이

1. 20X1. 1. 1 회계처리

| (차) 현금 | 1,049,730 | (대) 사채 | 1,000,000 |
| | | 사채할증발행차금 | 49,730 |

만기일까지 인식될 총이자비용 : 310,270원
(1,360,000원-1,049,730원=310,270원)

2. 할증액 환입표

유효이자율법에 의한 환입표

연도	기초부채	총이자 비용[1]	현금지급이자	할증액환입	부채감소	기말부채
20X1	1,049,730원	104,973원	120,000원	15,027원	15,027원	1,034,703원
20X2	1,034,703원	103,470원	120,000원	16,530원	16,530원	1,018,173원
20X3	1,018,173원	101,827원[2]	120,000원	18,173원	18,173원	1,000,000원
		310,270원	360,000원	49,730원	49,730원	

[1] 총이자비용=기초부채×10%
[2] 단수차이를 조정한 것임.

• 20X1. 12. 31회계처리
　〈유효이자율법〉

| (차) 이자비용 | 104,973 | (대) 현금 | 120,000 |
| 사채할증발행차금 | 15,027 | | |

4) 사채발행비

사채발행비란 사채를 발행하는데 직접적으로 발생한 발행수수료 및 기타 지출비용으로 사채인쇄비용, 법률수수료 및 기타 절차비용, 공고비용 등이 있다.

한국채택국제회계기준에서는 사채발행비를 사채발행금액에서 차감하도록 하고 있다. 그 결과 할인발행의 경우는 사채발행금액이 감소하고 사채할인발행차금이 증가하게 되며, 할증발행의 경우는 사채발행금액과 사채할증발행차금이 감소하게 된다.

5) 이자지급기간과 회계기간의 불일치

일반적으로 회사의 회계기간과 사채이자지급기간은 일치하지 않는데 이때에는 이자비용에 대한 수정분개가 필요하다. 즉, 기간손익을 정확하게 계산하기 위해서는 직전의 이자지급일로부터 회계연도말까지 발생한 이자비용을 결산시에 인식해야 하는 것이다. 예를 들어 사채이자가 6개월마다 지불된다면 사채에 대한 회계처리도 이자지급기간을 기준으로 이루어져야 한다. 그리고 사채할인발행차금 및 사채할증발행차금 상각(환입)표를 6개월 단위로 작성하고 해당기간만큼 안분하여 상각하면 된다.

6) 사채의 상환

사채의 상환은 그 상환시점에 따라 만기상환과 조기상환으로 구분할 수 있다. 사채를 조기상환하는 경우 사채상환손익이 발생하게 되는데, 사채의 상환손익이 발생하는 이유는 상환일의 시장이자율이 발행일의 시장이자율과 다르기 때문이다. 즉, 상환일의 시장이자율이 발행일의 시장이자율보다 높으면 사채의 가격이 하락하는데 이때 사채발행회사가 자신이 발행한 사채를 재취득하면 사채상환이익이 발생하게 되는 것이다.

사채상환손익 계산과정을 요약하면 다음과 같다.

---

① 사채의 순장부금액계산 : 사채의 만기가액(사채의 액면금액)＋미지급이자－미상각할인액(또는＋미환입할증액)
② 사채의 재취득가액
③ 사채의 조기상환손익(①－②) : 사채상환손익

예 제

사채상환손익의 계산

20X1. 1. 1에 (주)삼일은 3년 만기 사채(액면금액 : 200,000원, 표시이자율 : 15%)를 186,954원에 발행하였다. 이자는 매년 12월 31일에 지급되며 유효이자율은 18%이다.

1. 할인액 상각표를 작성하시오.
2. 20X3. 7. 1에 현금 203,000원을 지급하고 사채를 상환하였을 경우 조기상환과 관련된 회계처리를 하시오.

풀 이

1. 할인액 상각표(유효이자율법)

구분	기초부채	유효이자율	총이자비용	현금지급이자	할인액상각 =부채증가	기말부채
20X1. 12. 31	186,954원	18%	33,652원	30,000원	3,652원	190,606원
20X2. 12. 31	190,606원	18%	34,309원	30,000원	4,309원	194,915원
20X3. 12. 31	194,915원	18%	35,085원	30,000원	5,085원	200,000원
합계			103,046원	90,000원	13,046원	

2. • 20X3. 1. 1부터 20X3. 6. 30까지 이자비용 인식을 위한 분개

(차) 이자비용	17,542	(대) 사채할인발행차금	2,542
		미지급이자	15,000

• 사채의 조기상환을 기록하기 위한 분개

(차) 사채	200,000	(대) 사채할인발행차금	2,543
미지급이자	15,000	현금	203,000
		사채상환이익	9,457[*]

```
* 사채조기상환손익 계산내역
 -사채의 재취득가액                                          203,000원
 -사채의 순장부금액
  액면금액                                      200,000원
  미지급이자(200,000원×0.15×6/12)                 15,000 원
  미상각할인액(5,085원×6/12)                     (-)2,543원    212,457원
                                                          ─────────
 -사채조기상환이익                                           9,457원
```

(주)삼일이 20X1. 1. 1에 다음과 같은 조건의 사채를 발행하였을 경우 취득일로부터 만기까지의 회계처리를 하시오.

[사채 내역]
• 발행일 : 20X1. 1. 1
• 만기일 : 20X3. 12. 31
• 발행금액 : 922,687원(유효이자율 : 8%)
• 액면금액 : 1,000,000원
• 표시이자율 : 5%(매년 말 지급조건)

풀이

1. 유효이자율법에 의한 상각표

일자	유효이자(8%)	표시이자(5%)	할인차금상각액	상각후원가
20X1. 1. 1				922,687원
20X1. 12. 31	73,815원	50,000원	23,815원	946,502원
20X2. 12. 31	75,720원	50,000원	25,720원	972,222원
20X3. 12. 31	77,778원	50,000원	27,778원	1,000,000원
계	227,313원	150,000원	77,313원	

2. 회계처리

```
20X1. 1. 1  : (차) 현금및현금성자산   922,687   (대) 사채              1,000,000
                  사채할인발행차금      77,313

20X1. 12. 31: (차) 이자비용           73,815   (대) 현금및현금성자산       50,000
                                              사채할인발행차금         23,815

20X2. 12. 31: (차) 이자비용           75,720   (대) 현금및현금성자산       50,000
                                              사채할인발행차금         25,720

20X3. 12. 31: (차) 이자비용           77,778   (대) 현금및현금성자산       50,000
                                              사채할인발행차금         27,778
             (차) 사채           1,000,000   (대) 현금및현금성자산   1,000,000
```

이를 그래프로 나타내면 다음과 같다.

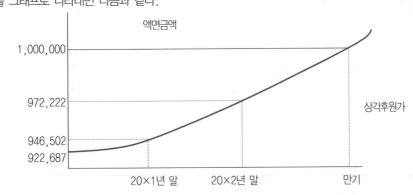

(2) 자기사채

자기사채는 사채의 발행회사가 자기가 발행한 사채를 재취득하여 보유하고 있는 경우를 말한다. 자기사채의 취득은 사채의 조기상환과 경제적 실질이 동일하므로 사채의 조기상환과 동일한 방법으로 처리한다. 따라서 자기사채를 취득하는 경우 취득금액과 사채 장부금액의 차액은 사채상환손익으로 처리한다.

보유중인 자기사채를 재발행하는 경우 재발행금액과 액면금액의 차액은 사채발행차금으로 계상한다. 사채발행차금은 사채의 잔여상환기간에 걸쳐 유효이자율법으로 상각하고 이자비용에 가감한다.

(3) 연속상환사채

연속상환사채는 사채의 액면금액을 만기에 일시상환하지 않고 중도에 분할하여 상환하는 사채이다. 연속상환사채의 발행금액은 일반사채와 마찬가지로 사채로부터 발생하는 미래현금흐름을 사채발행시점의 시장이자율로 할인한 현재가치가 된다. 연속상환사채의 사채발행할인(할증)차금도 일반사채와 마찬가지로 유효이자율법을 적용하여 상각(환입)한다.

20X1. 1. 1에 (주)삼일은 액면 2,000,000원, 표시이자율 8%의 사채를 발행하였으며, 사채의 원금은 20X1년과 20X2년에 각각 500,000원을 분할상환하고 잔액 1,000,000원을 20X3년에 상환한다. 이자지급일은 매년 12월 31일이며 발행시점의 시장이자율은 10%이다(단, 10%의 1년, 1원의 현가계수는 0.90909이며, 2년, 1원의 현가계수는 0.82644이고, 3년 1원의 현가계수는 0.75131이다).

다음 질문에 답하여라.

1. 20X1. 1. 1에 발생한 거래를 회계처리하라.
2. 유효이자율법에 따라 할인액 상각표를 작성하라.
3. 20X1. 12. 31에 필요한 회계처리를 하라.

1. (차) 현금   1,923,807   (대) 사채   2,000,000
      사채할인발행차금   76,193

• 원금의 현가＝500,000원 × 0.90909＋500,000 × 0.82644＋1,000,000 × 0.75131
                                                    ＝1,619,075원

• 이자의 현가＝2,000,000원 × 8% × 0.90909＋1,500,000 × 8% × 0.82644＋
            1,000,000 × 8% × 0.75131＝   304,732원

  합계(사채의 현가)   1,923,807원

2. 유효이자율법에 의한 할인액 상각표

연도	기초부채	총이자비용	현금지급이자	할인액상각	사채의 상환	부채의 감소	기말부채
	①	①×10%＝②	③	②-③＝④	⑤	⑤-④＝⑥	
20X1	1,923,807원	192,381원	160,000원	32,381원	500,000원	467,619원	1,456,188원
20X2	1,456,188원	145,619원	120,000원	25,619원	500,000원	474,481원	981,807원
20X3	981,807원	98,193원*	80,000원	18,193원	1,000,000원	981,807원	0원
계		436,293원	360,000원	76,193원			

* 단수차이조정

3. (차) 이자비용   192,381   (대) 사채할인발행차금   32,381
      사채   500,000   현금   660,000

(4) 금융보증계약

1) 금융보증계약의 정의

금융보증계약은 채무상품의 최초 계약조건이나 변경된 계약조건에 따라 지급기일에 특정 채무자가 지급하지 못하여 보유자가 입은 손실을 보상하기 위해 발행자가 특정금액을 지급하여야 하는 계약이다.

2) 금융보증계약의 회계처리

금융보증계약은 최초인식시 공정가치로 인식한다. 금융보증계약이 독립된 당사자 사이의 거래에서 특수관계가 없는 자에게 발행된다면, 당해 계약의 최초 공정가치는 반증이 없는 한 수취한 대가와 동일할 것이다. 발행자는 후속적으로 기대신용손실로 산정한 손실충당금과 최초인식금액에서 수익으로 인식한 누계액을 차감한 금액 중 큰 금액으로 금융보증계약을 측정한다.

(5) 상환우선주

상환우선주란 특정기간 동안 우선주의 성격을 가지고 있다가 기간이 만료되면 발행회사에서 이를 되사도록 한 주식을 말한다.

상환우선주는 발행자가 의무적으로 상환하여야 하는 계약상 의무를 부담하거나 보유자가 상환을 청구할 수 있는 권리를 보유한다면, 발행자의 지분상품으로 분류할 수 없으며 금융부채로 분류하여야 한다.

배당이 상환 전까지 발행자의 재량에 따라 지급되는 비누적적 우선주는 상환금액의 현재가치에 상당하는 부채요소를 가지고 있는 복합금융상품에 해당한다. 그러나 지급되지 않은 배당이 상환금액에 가산되는 경우에는 금융상품 전체가 부채에 해당하고 배당은 이자비용으로 분류한다. 각각의 회계처리는 다음과 같다.

> 예제
>
> **상환우선주(금융부채 분류)**
> (주)삼일은 2X11년 초에 액면금액이 주당 500원인 상환우선주 100주(연배당률 액면금액의 5%, 매년 말 지급)를 발행하였다. 상환우선주는 3년 후에 의무적으로 상환하여야 한다. 상환시 주당 600원의 조건으로 상환하여야 한다(상환우선주의 유효이자율은 10%이다).
> - 10%, 3기간, 현가 계수: 0.751
> - 10%, 3기간, 연금현가계수: 2.487

이 경우 상환우선주가 지급되지 않은 배당이 상환금액에 가산되는 누적적 우선주일 경우와 배당이 상환 전까지 (주)삼일의 재량에 따라 지급되는 비누적적 우선주일 경우에 각각의 발행시와 2X11년 결산시의 회계처리를 하시오.

풀 이

1. 누적적 우선주

- 발행금액 :

  배당금현가 2,500×2.487(이자율 10%, 기간 3, 연금현가)   =   6,218

  원금현가 60,000×0.751(이자율 10%, 기간 3, 1원의 현가)   = 45,060

                                        51,278

- 발행시점의 회계처리

  (차) 현금   51,278   (대) 상환우선주(부채)   60,000

         현재가치할인차금   8,722

- 장부금액 상각표

연도	기초부채	유효이자	표시이자	할인액상각	장부증가액	기말장부가
	①	①×10%=②	③	②-③=④	④	
2X11	51,278원	5,128원	2,500원	2,628원	2,628원	53,906원
2X12	53,906원	5,391원	2,500원	2,891원	2,891원	56,797원
2X13	56,797원	5,703원	2,500원	3,203원	3,203원	60,000원
계		16,222원	7,500원	8,722원	8,722원	

- 2X11년 결산분개

  (차) 이자비용   5,128   (대) 현금   2,500

                                       현재가치할인차금   2,628

2. 비누적적 우선주

- 발행금액 :

  원금현가 60,000×0.751(이자율 10%, 기간 3, 1원의 현가) = 45,060

- 발행시점의 회계처리

  (차) 현금   45,060   (대) 상환우선주(부채)   60,000

         현재가치할인차금   14,940

  * 발행금액에서 상환우선주의 현재가치를 차감한 금액은 자본으로 분류되며 예제에서 그 금액은 영(0)이다.

- 장부금액 상각표

연도	기초부채	유효이자	표시이자	할인액상각	장부증가액	기말장부가
	①	①×10%=②	③	②-③=④	④	
2X11	45,060원	4,506원	–	4,506원	4,506원	49,566원
2X12	49,566원	4,957원	–	4,957원	4,957원	54,523원
2X13	54,523원	5,477원	–	5,477원	5,477원	60,000원
계		14,940원	–	14,940원	14,940원	

- 2X11년 결산분개

(차) 이익잉여금	2,500	(대) 현금	2,500
이자비용	4,506	현재가치할인차금	4,506

Ⅲ 　금융부채의 재분류

금융부채는 원칙적으로 당기손익인식금융부채와 상각후원가로 측정하는 금융부채 항목 간에 재분류하지 아니한다.

Ⅳ 　제거

금융부채는 계약상 의무가 이행, 취소 또는 만료되어 소멸한 경우 재무상태표에서 제거한다. 기존 채무자와 채권자가 실질적으로 다른 조건으로 채무상품을 교환한 경우, 금융부채의 조건이 실질적으로 변경된 경우에는 금융부채를 제거하고 새로운 금융부채를 발행한 것으로 본다.

소멸하거나 제3자에게 양도한 금융부채의 장부금액과 지급한 대가의 차액은 당기손익(상환손익)으로 인식한다. 만약 금융부채의 일부를 제거하는 경우, 제거일 현재 각 부분의 상대적 공정가치를 기준으로 배분하여 장부금액과 지급한 대가의 차액을 당기손익으로 인식한다.

1 복합금융상품의 의의

한국채택국제회계기준에서 규정하고 있는 복합금융상품은 부채요소와 자본요소를 모두 가지고 있는 금융상품을 의미한다.

복합금융상품은 형식적으로는 하나의 금융상품이지만 실질적으로는 둘 이상의 금융상품을 복합하여 만들어진 신종금융상품으로 전환사채(convertible bond)가 가장 대표적이다.

복합금융상품

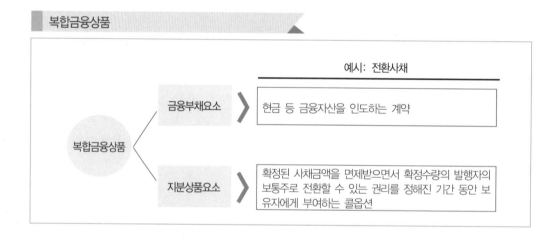

전환사채는 당해 증권의 소유자가 보통주청구에 대한 권리를 행사하면 보통주가 추가로 발행되는 금융상품 또는 기타 계약을 말한다. 전환사채는 유가증권을 이용한 회사의 자금조달 방법 중 하나로 투자자를 유인하기 위하여, 채권자적 지위와 주주적 지위의 장점만을 결합하여 만든 복합금융상품으로 법적인 형식은 부채이지만, 경제적 실질로 볼 때에는 잠재적인 보통주자본이다.

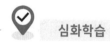

심화학습

복합금융상품과 관련하여 전환사채, 비분리형신주인수권부사채 등에 포함되어 있는 전환권, 신주인수권 등의 파생상품은 발행조건에 따라 자본으로 분류될 수도 있고, 부채로 분류될 수도 있다. 다만, 본서에서는 전환권, 신주인수권 등의 파생상품이 자본으로 분류되었다고 가정하여 설명하겠다.

2 복합금융상품의 종류

복합금융상품의 종류로는 전환사채, 신주인수권부사채, 전환우선주, 교환사채 등이 있다.

복합금융상품의 종류

종류	내용
전환사채	유가증권의 소유자가 일정한 조건하에 보통주로의 전환권을 행사할 수 있는 사채로서, 전환권을 행사하면 보통주로 전환되는 사채
신주인수권부사채	유가증권의 소유자가 일정한 조건하에 신주인수권을 행사하여 보통주 발행을 청구할 수 있는 권리가 부여된 사채
전환우선주	유가증권의 소유자가 일정한 조건하에 전환권을 행사할 수 있는 우선주로서, 전환권을 행사하면 보통주로 전환되는 우선주
교환사채	유가증권의 소유자가 사채발행자가 보유하고 있는 유가증권과 교환을 청구할 수 있는 권리가 부여된 사채

복합금융상품의 발행금액에서 상환할 원금과 액면이자의 현재가치는 금융부채로 인식하며, 발행금액에서 금융부채의 공정가치를 차감한 잔액은 지분상품(자본)으로 인식한다.

3 복합금융상품의 회계처리

한국채택국제회계기준에서는 복합금융상품의 발행자는 금융부채를 발생시키는 요소와 발행자의 지분상품으로 전환할 수 있는 옵션을 보유자에게 부여하는 요소를 별도로 분리하여 인식하도록 규정하고 있다.

예를 들어 전환사채와 신주인수권부사채는 회계상 실질로 볼 때 순수한 사채와 전환권(신주인수권)이라는 부채와 납입자본의 요소로 구성되어 있다. 따라서 전환사채나 신주인수권부사채를 발행한 경우에 전환권의 가치와 신주인수권의 가치를 사채와 별도로 분리하여 인식하도록 한국채택국제회계기준에서는 규정하고 있다.

전환권(신주인수권)가치 인식법

전환사채나 신주인수권부사채가 일반사채와 전환권(신주인수권)의 두 가지 성격이 복합된 증권이므로 회계처리가 형식보다는 경제적 실질에 기초한다는 점에서 전환권의 가치를 별도로 인식한다는 것이다. 일반적으로 부채로 인식하는 금액을 측정하기 용이하므로 복합금융상품의 발행가액에서 일반사채(부채)의 가치를 차감하여 전환권(자본) 금액을 측정한다.

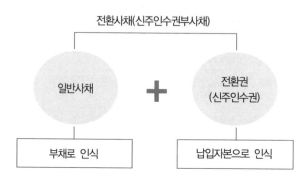

예: 전환사채의 발행금액이 1,000,000원일 경우 전환사채 중 일반사채의 가치가 950,000원이라면 950,000 원은 금융부채로, 나머지 50,000원은 지분상품(자본)으로 재무상태표에 인식한다.

4 전환사채의 의의

(1) 전환사채의 개념

전환사채는 전환사채소유자가 일정한 조건 하에 전환권을 행사할 수 있는 사채로서, 권리를 행사하면 보통주로 전환되는 사채를 말한다. 전환사채소유자의 희망에 따라 주식으로 전환할 수 있는 권리가 내재되어 있으므로 일반사채보다 유리한 조건으로 발행된다. 여기서 유리한 조건이란 전환사채의 경우 일반사채보다 표면금리가 낮게 책정, 발행되는 것을 말하는데, 이는 사채에 주식으로 전환할 수 있는 권리인 전환권, 즉 일종의 프리미엄이 부가되어 있기 때문이다.

(2) 용어의 정의

1) 상환할증금지급조건

전환사채는 보통주로 전환할 수 있는 전환권이 부가되어 있기 때문에 일반사채보다 낮은 이자율로 이자를 지급할 수 있으므로 발행자 입장에서 금융비용의 부담이 적다는 장점이 있다. 전환사채 만기까지 주식으로 전환되지 못하였을 경우 다른 자금운용수단보다 낮은 전환사채의 이율에 대한 보상을 해주기 위해 만기에 액면금액에 추가하여 지급하기로 약정을 하는데, 이를 상환할증금이라 하며 이러한 발행조건을 상환할증금지급조건이라고 한다. 반면, 전환사채 만기때까지 전환권이 행사되지 않아도 전환사채소유주에게 액면금액만을 지급하는 조건을 액면상환조건이라고 한다.

2) 전환권대가

전환사채는 일반사채와 전환권의 두 가지 요소로 구성되는 복합적 성격을 지닌 증권이다. 따라서 전환사채를 발행한 경우에는 발행금액을 일반사채에 해당하는 부채부분과 전환권에 해당하는 자본부분으로 분리하여 자본부분의 가치를 전환권대가로 인식한다.

전환권대가＝전환사채의 발행금액－일반사채일 경우 발행금액*
*사채의 미래현금흐름의 현재가치(일반사채의 유효이자율로 할인한 금액)

예제

전환권대가

(주)삼일은 디지털위성관련 부품을 생산하는 업체로 2년간 급속한 매출성장을 이루었다. 이로 인하여 공장을 확장하기로 하였고, 12월말 결산인 이 회사는 20X1년 1월 1일 다음과 같은 상환할증금지급조건의 전환사채를 액면발행하였다(단, 시장이자율 15%, 기간 3년, 1원의 현가계수는 0.6575이고 1원의 연금현가계수는 2.2832이다).

① 액면금액 : 10,000백만 원
② 표시이자율 : 연 7%
③ 일반사채 시장수익률 : 연 15%
④ 발행금액 : 10,000백만 원
⑤ 이자지급방법 : 매연도말 후급
⑥ 전환조건 : 전환으로 인하여 발행되는 주식 1주(액면금액 : 5,000원)에 대하여 요구되는 사채 발행금액은 20,000원으로 한다.
⑦ 전환청구기간 : 사채발행일 이후 1개월 경과일부터 상환기일 30일 전까지
⑧ 상환기일(만기) : 20X3. 12. 31
⑨ 원금상환방법 : 상환기일에 액면금액의 116.86%를 일시상환

(주)삼일이 인식해야 할 전환권대가금액은 얼마인가?

1. 발행가 : 10,000백만 원

2. 일반사채의 가치 :
   이자현가 700×2.2832(이자율 15%, 기간 3, 1원의 연금현가)   = 1,598백만 원
   원금현가 11,686[*]×0.6575(이자율 15%, 기간 3, 1원의 현가)   = 7,684백만 원
                           9,282백만 원

   [*] 원금=액면금액+상환할증금=10,000×116.86%=11,686백만 원

3. 전환권의 대가 : 10,000백만 원−9,282백만 원=718백만 원

5 전환사채의 발행 및 후속 측정

(1) 전환사채의 발행에 관한 회계처리

1) 액면상환조건

전환사채의 발행금액 중 전환권대가에 해당하는 금액을 계산하여 전환권조정과 전환권대가로 각각 계상한다. 전환권조정은 당해 전환사채의 액면금액에서 차감하고, 전환권대가는 자본항목으로 분류한 후 전환권이 행사되어 추가로 주식을 발행하는 시점에서 주식발행초과금으로 대체한다.

전환권조정은 사채할인발행차금과 마찬가지로 상환기간동안 유효이자율법을 적용하여 상각하고 상각된 금액은 이자비용으로 인식한다.

발행일시점의 회계처리는 다음과 같다.

(차) 현금	×××	(대) 전환사채	×××
전환권조정	×××	전환권대가	×××

〈부분재무상태표〉

비유동부채	
전환사채	×××
전환권조정	(×××)
	×××
자본	
전환권대가	×××

2) 상환할증금지급조건

상환할증금지급조건에서는 발행시점에 상환할증금을 인식한다. 그리고 동 금액을 전환사채의 액면금액에 부가하여 표시한다. 이 경우 전환권조정은 상환할증금과 전환권대가를 합한 금액이 된다.

(차) 현금	×××	(대) 전환사채	×××
전환권조정	×××	사채상환할증금	×××
		전환권대가	×××

〈부분재무상태표〉

비유동부채	×××
전환사채	×××
사채상환할증금	(×××)
전환권조정	
	―――――
	×××
자본	
전환권대가	×××

(2) 결산시점의 회계처리

전환사채를 발행한 회사는 결산시점에 전환사채의 이자비용을 인식하는 분개를 한다. 전환사채의 이자비용은 사채의 장부금액에 전환사채 중 부채로 분류된 부분의 유효이자율을 적용하여 계산한다.

이자비용=기초 부채금액×일반사채의 유효이자율

결산시점의 이자비용인식과 관련한 회계처리는 다음과 같다.

(차) 이자비용	×××	(대) 현금	×××
		전환권조정	×××

전환사채발행 및 결산시점의 회계처리

1. 앞 예제의 전환사채와 관련하여 다음의 질문에 답하여라.
   1) 발행시점의 회계처리를 하라.
   2) 만기상환을 가정한 전환권조정의 상각표를 작성하라.
   3) 20X1년 결산시 필요한 분개를 하라.
2. 상기 전환사채가 액면상환조건으로 발행되었다고 가정할 경우 다음에 답하라.
   1) 발행시점의 회계처리를 하라.
   2) 만기상환을 가정한 전환권조정의 상각표를 작성하라.
   3) 20X1년 결산시 필요한 분개를 하라.

1.

1) 발행시점의 회계처리(단위 : 백만 원)

(차) 현금	10,000	(대) 전환사채	10,000
전환권조정	2,404	사채상환할증금	1,686
		전환권대가	718

2) 만기상환을 가정한 전환권조정 상각표

(단위 : 백만 원)

연도	기초장부금액	사채이자비용	현금지급이자	전환권조정		기말장부금액
	①	①×15%=②	③	상각액(②-③=④)	잔액	①+④
20X1	9,282	1,392	700	692	1,712	9,974
20X2	9,974	1,496	700	796	916	10,770
20X3	10,770	1,616	700	916	0	11,686
계		4,504	2,100	2,404		

3) 20X1년 결산분개(단위 : 백만 원)

(차) 이자비용	1,392	(대) 현금	700
		전환권조정	692

〈20X1. 12. 31 부분재무상태표 표시〉

전환사채	10,000백만 원
사채상환할증금	1,686백만 원
전환권조정	(1,712백만 원)
전환사채장부금액	9,974백만 원
전환권대가 (자본항목)	718백만 원

2. 액면상환을 가정한 경우

1) 발행시점의 회계처리
- 전환권대가의 계산
  ① 발행가 : 10,000백만 원
  ② 일반사채의 가치 :

이자현가 700×2.2832(이자율 15%, 기간 3, 1원의 연금현가) =	1,598백만 원
원금현가 10,000×0.6575(이자율 15%, 기간 3, 1원의 현가) =	6,575백만 원
	8,173백만 원

전환권의 대가 : ①-②=1,827백만 원

(차) 현금	10,000	(대) 전환사채	10,000
전환권조정	1,827	전환권대가	1,827

2) 만기상환을 가정한 전환권조정의 상각표

(단위 : 백만 원)

연도	기초장부금액	사채이자비용	현금지급이자	전환권조정		기말장부금액
	①	①×15%=②	③	상각액(②-③=④)	잔액	①+④
20X1	8,173	1,226	700	526	1,301	8,699
20X2	8,699	1,305	700	605	696	9,304
20X3	9,304	1,396	700	696	0	10,000
계		3,927	2,100	1,827		

3) 20X1년 결산분개(단위 : 백만 원)

(차) 이자비용	1,226	(대) 현금	700
		전환권조정	526

〈20X1. 12. 31 부분재무상태표 표시〉

비유동부채	
전환사채	10,000백만 원
전환권조정	(1,301백만 원)
	8,699백만 원
자본	
전환권대가	1,827백만 원

6 전환 및 상환, 조기상환 또는 재매입

(1) 전환사채의 전환에 관한 회계처리

전환권이 회계기간 중에 행사된 경우에는 실제 권리가 행사된 날을 기준으로 사채의 장부금액을 결정하여 주식의 발행금액으로 한다.

> 전환권행사시 주식의 발행금액은 전환권을 행사한 부분에 해당하는 전환사채의 장부금액과 전환권대가의 합계금액으로 한다. 이 경우 전환사채의 장부금액은 액면금액에서 다음을 가감한 금액을 말한다.
> ① 사채발행차금
> ② 전환권조정
> ③ 사채상환할증금(상환할증금 지급조건이 있는 경우)
> ④ 최종이자지급일로부터 전환권행사일까지의 발생이자(전환권이 회계기간 중에 행사된 경우)

예를 들어, 전환사채의 50%가 전환청구 되었다고 가정하자. 이 경우 주식의 발행가는 다음과 같다.

> • 주식의 발행가=전환사채액면가의 50%+전환권대가의 50%
>   +사채상환할증금의 50%
>   −전환권조정 미상각잔액의 50%
>   −사채할인발행차금 미상각잔액(할인발행의 경우)의 50%

예 제

전환사채전환에 관한 회계처리

앞 예제의 전환사채에 대해 20X3년 1월 1일 액면 5,000백만 원의 전환청구가 발생하였다. 전환시점의 회계처리는 다음과 같다.

풀 이

20X3. 1. 1(전환청구로 신주식 발행시)(단위 : 백만 원)

(차) 전환사채	5,000	(대) 자본금	1,250[*3]
전환권대가	359[*1]	주식발행초과금	4,494
사채상환할증금	843[*2]	전환권조정	458[*4]

[*1] 718백만 원 × 5,000/10,000=359백만 원
[*2] 1,686백만 원 × 5,000/10,000=843백만 원
[*3] 발행주식수 : 5,000백만 원÷20,000=250,000주
　　 자본금 : 250,000주 × 5,000=1,250백만 원
[*4] 전환권조정 상각 : 916백만 원 × 5,000/10,000=458백만 원

〈20X3. 1. 1 전환 후 부분재무상태표 표시〉

전환사채	5,000백만 원
사채상환할증금	843백만 원
전환권조정	(458백만 원)
전환사채장부금액	5,385백만 원
전환권대가	359백만 원
(자본항목)	

(2) 전환사채의 상환에 관한 회계처리

전환사채가 만기에 상환되는 경우 장부금액은 전환사채가액과 상환할증금의 합계와 일치하므로 상환손익이 발생하지 않는다. 이때, 자본으로 계상한 전환권대가는 계속 자본항목으로 분류한다. 위의 사례에서 전환되지 않은 50%에 대해 20X3. 12. 31 상환시의 회계처리를 살펴보면 다음과 같다.

• 이자지급시(단위 : 백만 원) :

(차) 이자비용	808	(대) 현금	350
		전환권조정	458

• 원금상환시(단위 : 백만 원) :

(차) 전환사채	5,000	(대) 현금	5,843
사채상환할증금	843		

(3) 조기상환, 재매입

재매입 등을 통하여 만기 전에 전환상품이 소멸되는 경우 지급한 대가와 거래원가를 거래의 발생 시점의 부채요소와 자본요소에 배분한다. 지급한 대가 등을 각 요소별로 배분하는 방법은 전환사채가 발행되는 경우와 일관되어야 한다. 이때, 대가를 배분한 결과 발생한 상환손익은 부채요소에 관련된 경우 당기손익으로, 자본요소와 관련된 경우 자본으로 인식한다.

심화학습

전환사채와 관련된 여러가지 이자율의 비교

전환사채를 발행하게 되면 다음과 같은 3가지 종류의 이자율이 나타나게 된다. 이러한 이자율의 개념적 차이점을 명확히 구분할 필요가 있다.

1. 표시이자율 : 표시이자율(또는 액면이자율)이란 전환사채 발행자가 투자자에게 매기 지급하는 액면이자를 결정하는 이자율로서 전환사채의 액면금액에 표시이자율을 곱한 금액을 매기 액면이자로 지급한다.

2. 보장수익률 : 보장수익률이란 전환사채의 발행으로 인해 발생하는 모든 현금유출액의 현재가치와 전환사채의 액면금액을 일치시켜주는 이자율을 말하며 보장수익률을 이용하면 전환사채를 만기까지 전환권을 행사하지 않고 보유하고 있을 경우의 상환할증금을 계산할 수 있다. 이를 수식으로 나타내면 다음과 같다.

$$F = \sum_{t=1}^{n} \frac{Ct}{(1+R)^t} + \frac{(F+A)}{(1+R)^n}$$

R : 보장수익률, Ct : t 기의 액면이자, n : 만기, F : 액면금액, A : 상환할증금

3. 유효이자율 : 유효이자율이란 전환사채의 발행으로 인해 발생하는 모든 현금유출액의 현재가치와 전환사채의 발행금액을 일치시켜주는 이자율로서 전환사채의 장부금액에 유효이자율을 곱한 금액이 전환사채 발행회사의 이자비용으로 계상되는 것이다. 이를 수식으로 나타내면 다음과 같다.

$$P = \sum_{t=1}^{n} \frac{Ct}{(1+r)^t} + \frac{(F+A)}{(1+r)^n}$$

r : 유효이자율, Ct : t 기의 액면이자, n : 만기, P : 발행금액, F : 액면금액, A : 상환할증금

그러므로, 전환사채를 액면금액으로 발행할 경우에는 보장수익률과 유효이자율이 동일하게 되는 것이다.

7 신주인수권부사채

신주인수권은 유가증권의 소유자가 사전에 약정된 가격으로 보통주의 발행을 청구할 수 있는 권리를 말하며, 신주인수권부사채는 이러한 권리가 부여된 사채를 말한다.

신주인수권부사채에는 신주인수권이 사채와 분리되어 거래되는 분리형신주인수권부사채와 분리되지 않는 비분리형신주인수권부사채가 있다.

신주인수권부사채의 기본적인 내용은 전환사채의 경우와 유사하다. 그러나 신주인수권부사채는 신주인수권 행사시 별도의 주금납입이 이루어지고 사채는 만기까지 그대로 존속된다는 점에서, 사채 자체가 소멸되는 전환사채와는 그 성격을 달리한다.

예제

신주인수권부사채
(주)삼일은 디지털위성관련 부품을 생산하는 업체로 2년간 급속한 매출성장을 이루었다. 이로 인하여 공장을 확장하기로 하였고, 12월말 결산인 이 회사는 20X1년 1월 1일 다음과 같은 상환할증금지급조건의 신주인수권부사채를 액면발행하였다(단, 시장이자율 15%, 기간 3년, 1원의 현가는 0.6575이고, 1원의 연금현가는 2.2832이며 비분리형신주인수권부사채라고 가정함).
① 액면금액 : 10,000백만 원
② 표시이자율 : 연 7%
③ 일반사채 시장수익률 : 연 15%
④ 발행금액 : 10,000백만 원
⑤ 이자지급방법 : 매연도말 후급
⑥ 신주인수조건 : 신주인수권의 행사로 인하여 발행되는 주식 1주(액면금액: 5,000원)에 대하여 요구되는 주당 주금납입액은 20,000원으로 하며, 사채의 액면금액 20,000원당 1주의 신주주인수권을 행사할 수 있다.
⑦ 신주인수권청구기간 : 사채발행일 이후 1개월 경과일부터 상환기일 30일 전까지
⑧ 상환기일(만기) : 20X3. 12. 31
⑨ 원금상환방법 : 신주인수권을 행사하지 않는 경우 상환기일에 액면금액의 116.86%를 일시 상환

• 다음 질문에 답하라.
  1. (주)삼일이 인식해야 할 신주인수권대가금액은 얼마인가?
  2. 발행시점의 회계처리를 하시오.
  3. 만기상환과 신주인수권 미행사를 가정한 신주인수권조정의 상각표를 작성하시오.
  4. 20X1년 결산시 필요한 분개를 하시오.
  5. 20X3년 1월 1일 액면 5,000백만 원의 신주인수권이 행사된 경우 신주인수권 행사시점의
     회계처리를 하시오.

풀이

1.
  1) 발행가 : 10,000백만 원
  2) 일반사채의 가치 :
     이자현가 700×2.2832(이자율 15%, 기간 3, 1원의 연금현가)   = 1,598백만 원
     원금현가 11,686*×0.6575(이자율 15%, 기간 3, 1원의 현가)   = 7,684백만 원
                                                              9,282백만 원

     * 원금=액면금액+상환할증금=10,000×116.86%=11,686백만 원
  3) 신주인수권의 대가 : 10,000백만 원－9,282백만 원=718백만 원

2. 발행시점의 회계처리(단위 : 백만 원)

(차) 현금	10,000	(대) 신주인수권부사채	10,000
신주인수권조정	2,404	사채상환할증금	1,686
		신주인수권대가	718

3. 만기상환을 가정한 신주인수권조정 상각표

(단위 : 백만 원)

연도	기초 장부금액	사채이자 비용	현금지급 이자	신주인수권조정		기말 장부금액
	①	①×15%=②	③	상각액(②－③=④)	잔액	①+④
20X1	9,282	1,392	700	692	1,712	9,974
20X2	9,974	1,496	700	796	916	10,770
20X3	10,770	1,616	700	916	0	11,686
계		4,504	2,100	2,404		

4. 20X1년 결산분개(단위 : 백만 원)

(차) 이자비용	1,392	(대) 현금	700
		신주인수권조정	692

〈20X1. 12. 31 부분재무상태표 표시〉

신주인수권부사채	10,000백만 원
사채상환할증금	1,686백만 원
신주인수권조정	(1,712백만 원)
신주인수권부사채장부금액	9,974백만 원
신주인수권대가 (자본항목)	718백만 원

5. 20X3. 1. 1(전환청구로 신주식 발행시) (단위 : 백만 원)

(차) 현금	5,000	(대) 자본금	1,250*3
신주인수권대가	359*1	주식발행초과금	4,842
사채상환할증금	843*2	신주인수권조정	110*4

*1 718백만 원 × 5,000/10,000=359백만 원
*2 1,686백만 원 × 5,000/10,000=843백만 원
*3 발행주식수 : 5,000백만 원 ÷ 20,000=250,000주
    자본금 : 250,000주 × 5,000=1,250백만 원
*4 신주인수권조정 상각 : 843백만 원－843백만 원 ÷ 1.15=110백만 원
    (신주인수권이 행사되면 사채발행자는 사채의 원리금 중 사채상환할증금 부분에 대하여만 채무를 부담하지 않게 되고 따라서 신주인수권이 행사되면 향후에 부담하지 않는 사채상환할증금의 현재가치만큼 신주인수권조정이 감소한다)

〈20X3. 1. 1 전환 후 부분재무상태표 표시〉

신주인수권부사채	10,000백만 원
사채상환할증금	843백만 원
신주인수권조정	(806백만 원)
신주인수권부사채장부금액	10,037백만 원
신주인수권대가 (자본항목)	359백만 원

01 다음 중 금융상품에 대한 설명으로 가장 올바르지 않은 것은?

① 금융상품은 정기예금·적금과 같은 정형화된 상품뿐만 아니라 다른 기업의 지분상품·거래상대방에게서 현금 등 금융자산을 수취할 계약상 권리 등을 포함하는 포괄적인 개념이다.

② 매입채무와 미지급금은 금융부채에 해당하지 않는다.

③ 한국채택국제회계기준은 보유자에게 금융자산을 생기게 하고 상대방에게 금융부채나 지분상품을 생기게 하는 모든 계약으로 금융상품을 정의하였다.

④ 현금및현금성자산, 지분상품 및 채무상품은 금융자산에 해당한다.

02 다음 중 금융부채에 해당하는 것은 무엇인가?

① A사가 재고자산을 외상으로 판매하면서 발생한 채권

② B사가 보유하고 있는 다른 기업의 지분상품

③ 5백만 원을 받고 자기지분상품 100주를 발행해주기로 한 계약

④ 자기지분상품 100주를 1개월 후 공정가치의 80%에 발행해주기로 한 계약

03 부채의 요소와 자본의 요소가 복합되어 있는 금융상품을 무엇이라고 하는가?

① 전환금융상품
② 교환금융상품
③ 신주인수권부금융상품
④ 복합금융상품

04 다음 중 사채 보유자가 일정한 조건하에 보통주로의 전환을 청구할 수 있는 권리가 부여된 사채를 무엇이라 하는가?

① 전환사채 ② 영구채
③ 신주인수권부사채 ④ 회사채

05 다음 중 금융부채에 해당하지 않는 것을 〈보기〉에서 모두 고르면?

ㄱ. 미지급금	ㄴ. 사채
ㄷ. 미지급법인세	ㄹ. 차입금
ㅁ. 선수금	ㅂ. 제품보증충당부채

① ㄱ, ㄴ, ㄹ ② ㄷ, ㅁ
③ ㅁ, ㅂ ④ ㄷ, ㅁ, ㅂ

06 다음 중 당기손익-공정가치 측정 금융부채의 요건이 아닌 것은?

① 주로 단기간 내에 매각하거나 재매입할 목적으로 취득하거나 부담한다.
② 최초인식시점에, 최근의 실제 운용형태가 단기적 이익획득 목적이라는 증거가 있으며, 그리고 공동으로 관리되는 특정 금융상품 포트폴리오의 일부이다.
③ 실제 운용형태가 장기적 이익획득 목적으로 공동으로 관리되는 특정금융상품의 포트폴리오를 구성하는 금융부채이다.
④ 최초인식시점에 당기손익인식항목으로 지정한다.

07 다음 중 단기매매금융부채의 예가 아닌 것은?

① 위험회피수단으로 회계처리하는 파생상품부채
② 공매자가 차입한 금융자산을 인도할 의무
③ 단기간 내에 재매입할 의도로 발행하는 금융부채
④ 최근의 실제 운용형태가 단기적 이익획득 목적이라는 증거가 있고 공동으로 관리되는 특정 금융상품 포트폴리오를 구성하는 금융부채

08 (주)삼일은 20X1년 초 만기 3년, 이자율 A%, 액면금액 100,000원의 사채를 87,565원에 할인발행하였다. 사채 발행시점의 유효이자율이 10%라면 20X1년 말에 (주)삼일의 재무상태표 상 동 사채의 순 장부금액은 얼마로 평가되겠는가?(단, 소수점 첫째자리에서 반올림한다.)

1년	2년	3년	합계
0.90909	0.82645	0.75131	2.48685

① 91,322원
② 93,765원
③ 95,454원
④ 100,000원

09 유효이자율법에 의한 사채할인(할증)발행차금에 대한 설명으로 가장 옳은 것은?

① 사채할증발행시 인식할 이자비용은 사채할증발행차금에서 현금이자를 차감한 금액이다.
② 사채를 할인발행할 경우 사채할인발행차금 상각액은 점차 감소한다.
③ 사채를 할인 또는 할증발행할 경우 마지막 기간 상각 완료 후의 장부가액은 항상 사채의 액면 금액과 동일하게 된다.
④ 사채할인발행차금의 총 발생액과 각 기간 상각액의 합계금액은 같으나, 사채할증발행차금의 총 발생액과 각 기간 상각액의 합계금액은 다르다.

10 (주)삼일은 20X1년 1월 1일에 액면금액 50,000,000원의 사채를 50,875,800원에 발행하였다. 다음 중 (주)삼일이 만기까지 매년 인식해야 할 유효이자율법에 의한 이자비용의 변화를 그래프로 나타낸 것으로 가장 올바른 것은?

① 이자비용

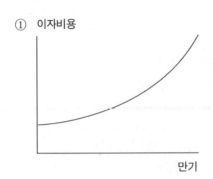

만기

② 이자비용

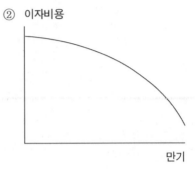

만기

③ 이자비용

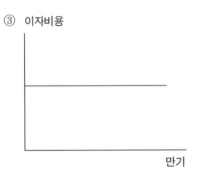

만기

④ 이자비용

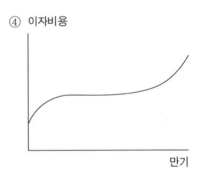

만기

11 (주)삼일은 다음과 같은 조건으로 사채를 발행하였으며, 상각후원가측정금융부채로 분류하였다. 20X2년도에 인식할 이자비용은 얼마인가?

> ㄱ. 액면금액: 1,000,000원
> ㄴ. 발행일: 20X1년 1월 1일
> ㄷ. 만기일: 20X3년 12 월 31일
> ㄹ. 액면이자율 및 이자지급조건: 연 10%, 매년 말 지급
> ㅁ. 발행일의 시장이자율: 연 12%
> ㅂ. 이자율 12%, 3년 정상연금현가계수: 2.40183
>   이자율 12%, 3년 현가계수: 0.71178

① 100,000원   ② 114,236원
③ 115,944원   ④ 120,000원

12 다음의 빈칸에 들어갈 말로 가장 적절한 것끼리 묶인 것은?

> 일반적으로 사채는 (㉠)로 후속 측정된다. 만약 사채발행 시점에 시장이자율보다 계약상 액면이자율이 더 큰 경우에는 사채가 (㉡) 되는데 이 경우에는 (㉠)가 만기로 갈수록 점점 감소하게 된다.

	㉠	㉡
①	상각후원가	할인발행
②	상각후원가	할증발행
③	공정가치	할인발행
④	공정가치	할증발행

[문제 13~14] (주)삼일은 20X1. 1. 1 다음과 같은 연속상환사채를 발행하였다. 주어진 현가계수를 이용하여 아래의 물음에 답하시오.

	〈현가표〉	
	10%	12%
1년	0.90909	0.89286
2년	0.82645	0.79719
3년	0.75131	0.71178
합계	2.48685	2.40183

액면금액: 3,000,000원
표시이자율: 연 10%
만기: 20X3. 12. 31
이자지급일: 매년 말
유효이자율: 연 12%

* 동 사채는 연속상환사채로서, 매년 말 원금 1,000,000원씩 상환된다.

13 상기 연속상환사채의 발행금액은 얼마인가?

① 2,642,013원　　　　　② 2,855,890원
③ 2,900,304원　　　　　④ 3,122,379원

14 유효이자율법에 의해 사채할인(할증)발행차금을 상각(환입)하는 경우 20X2년의 이자비용은 얼마인가?

① 200,000원　　　　　② 217,859원
③ 233,801원　　　　　④ 248,036원

15 (주)삼일은 20X1년 1월 1일에 만기 3년, 액면금액 100,000,000원, 표시이자율 10%인 사채를 발행하였다. 이자는 매년 말에 지급되고 사채 발행시점의 유효이자율은 8%라고 할 때 (주)삼일이 동 사채의 발행기간에 걸쳐 인식하게 될 이자비용은 총 얼마인가?

구분	1 년	2 년	3 년	합 계
8%	0.92593	0.85734	0.79383	2.57710

① 20,974,200원　　　　　② 23,755,000원
③ 24,846,000원　　　　　④ 30,000,000원

16 (주)삼일은 20X1년 4월 1일 사채(액면 1,000,000원, 표시이자율 10%, 이자지급일 매년 3월 31일 후급, 만기 3년)를 951,980원에 발행을 하였다. (주)삼일이 동 사채를 20X2년 4월 1일 847,180원에 상환할 경우 이로 인한 사채상환손익은 얼마인가?(20X1년 4월 1일의 시장이자율은 12%이며, 사채발행차금은 유효이자율법으로 상각한다.)

① 사채상환이익 119,038원　　　　② 사채상환손실 119,038원
③ 사채상환손실 190,788원　　　　④ 사채상환이익 190,788원

17 (주)삼일은 20X1년 1월 1일에 만기 3년, 액면금액 100,000,000원, 표시이자율 10%인 사채를 발행하였다. 이자는 매년 말에 지급되고 사채 발행시점의 유효이자율은 8%라고 할 때 사채의 발행가액은 얼마인가?

구분	1 년	2 년	3 년	합 계
8%	0.92593	0.85734	0.79383	2.57710

① 95,025,800원　　　　② 100,000,000원
③ 105,154,000원　　　　④ 106,245,000원

18 다음 중 복합금융상품의 발행자 회계처리로 가장 올바르지 않은 설명은?

① 전환사채에 포함되어 있는 전환권은 발행조건과 무관하게 자본으로 분류된다.
② 복합금융상품의 발행금액에서 일반사채(부채)의 가치를 차감하여 전환권(자본)금액을 측정한다.
③ 현금 등 금융자산을 인도하기로 하는 계약 부분은 금융부채요소에 해당한다.
④ 최초 인식시점에서 자본요소와 부채요소의 분리가 필요하다.

19 다음 중 전환사채에 관한 설명으로 가장 올바르지 않은 것은?

① 전환사채의 발행금액과 미래현금흐름의 현재가치를 일치시켜주는 이자율을 보장수익률이라고 한다.
② 전환사채는 복합금융상품에 해당한다.
③ 전환사채의 발행금액에는 전환권대가가 포함되어 있다.
④ 상환할증금 지급조건의 경우 보장수익률이 액면이자율보다 높다.

20 보유자가 확정된 사채금액을 면제하면서 전환일 기준 공정가치에 해당하는 수량의 보통주로 전환할 수 있는 권리를 가진 전환사채의 발행금액이 3,000,000원이고 전환사채의 발행요건과 동일한 요건으로 발행하되 전환권이 부여되지 않은 사채의 가치가 2,500,000원인 경우, 전환사채의 발행금액 중 2,500,000원은 (ㄱ)(으)로, 전환권가치인 500,000원은 (ㄴ)(으)로 분리하여 표시한다. 다음 중 ㄱ, ㄴ에 들어갈 가장 올바른 용어들로 짝지어진 것은?

	ㄱ	ㄴ
①	금융부채	금융부채
②	지분상품(자본)	지분상품(자본)
③	지분상품(자본)	금융부채
④	금융부채	지분상품(자본)

21 (주)삼일은 20X1년 1월 1일 만기 3년, 표시이자율 7%, 이자는 매년 말에 지급하는 액면 2,000,000원의 전환사채를 액면발행 하였다. (주)삼일은 전환사채의 만기일에 액면금액의 13%를 할증금으로 지급하기로 하였다. 일반사채의 시장이자율이 12%라고 할 때 발행시점에 계상할 전환권대가와 전환권조정은 각각 얼마인가?(12%, 3기간, 현재가치계수 : 0.7118이고 12%, 3기간 연금현재가치계수는 2.4018이다.)

	전환권대가	전환권조정		전환권대가	전환권조정
①	55,080원	260,000원	②	260,000원	260,000원
③	55,080원	315,080원	④	315,080원	55,080원

22 (주)삼일은 20X1년 1월 1일 액면금액 1,200,000원의 전환사채를 액면발행 하였으며, 전환조건은 사채액면 40,000원당 액면가 10,000원인 보통주 1주로 전환할 수 있다. 전환청구일 현재 전환권대가는 60,000원, 사채상환할증금은 100,000원, 전환권조정은 80,000원이었다. 이 경우 전환으로 발행한 주식의 주식발행초과금으로 계상할 금액은 얼마인가?

① 900,000원

② 980,000원

③ 1,080,000원

④ 1,280,000원

23 다음의 빈칸에 들어갈 말로 가장 적절한 것끼리 묶인 것은?

(㉠)는 사채 보유자의 희망에 따라 주식으로 전환할 수 있는 권리가 내재되어 있는 사채를 말한다. 반면에, (㉡)는 사채 보유자의 희망에 따라 유가증권 소유자가 사전에 약정된 가격으로 보통주의 발행을 청구할 수 있는 권리가 부여된 사채를 말한다.

	㉠	㉡
①	전환사채	신수인수권부사채
②	신주인수권부사채	전환사채
③	영구채	회사채
④	회사채	영구채

[문제 24~25] 다음 자료를 이용하여 다음의 물음에 답하시오.

(주)화신은 20X1년 1월 1일에 다음과 같은 조건으로 전환사채를 발행하였다.

(1) 액면금액 : 20,000,000원
(2) 액면이자율 : 10%(매년 말에 이자 지급)
(3) 발행금액 : 20,000,000원
(4) 상환할증금 : 2,000,000원
(5) 동일한 조건의 일반사채인 경우의 발행금액 : 19,000,000원
(6) 만기 : 3년

24 다음 중 이 전환사채와 관련한 설명으로 가장 올바르지 않은 것은?

① 만기에 상환될 금액은 액면금액인 20,000,000원이다.
② 사채발행일에는 전환사채 발행으로 부채가 19,000,000원 증가한다.
③ 이 전환사채와 관련한 이자비용은 동일한 조건의 일반사채에 대한 유효이자율을 적용하여 산정한다.
④ 이 전환사채의 발행금액 20,000,000원에는 전환권대가가 포함되어 있다.

25 상기 사채의 전환조건이 다음과 같다면, 전환사채를 발행한 시점에 재무상태표상 자본으로 인식할 금액은 얼마인가?

전환가능기간: 사채 만기일로부터 1년
전환조건: 액면금액 50,000원 당 보통주 1주를 전환

① 1,500,000원   ② 1,000,000원
③   500,000원   ④   0원

26 보유자가 확정된 사채금액을 면제하면서 확정수량으로 발행자의 보통주로 전환할 수 있는 전환사채는 (ㄱ)에 속한다. 전환사채의 발행금액이 3,000,000원이고 전환사채의 발행요건과 동일한 요건으로 발행하되 발행금액 중 2,500,000원은 (ㄴ)(으)로, 전환권가치인 500,000원은 지분상품(자본)으로 분리하여 표시한다. 다음 중 ㄱ, ㄴ에 들어갈 가장 올바른 용어들로 짝지어진 것은?

	ㄱ	ㄴ
①	금융보증계약	지분상품(자본)
②	금융보증계약	금융부채
③	복합금융상품	지분상품(자본)
④	복합금융상품	금융부채

27 신주인수권부사채에 대한 설명 중 옳지 않은 것은?

① 신주인수권부사채는 사전에 약정된 가액으로 신주를 인수할 수 있는 권리가 부여된 사채를 말한다.
② 전환사채와 달리 신주인수권을 행사하는 경우 주금의 납입이 필요하다.
③ 신주인수권을 행사하는 경우 그에 상응하는 사채가액은 소멸하게 된다.
④ 신주인수권부사채는 희석증권에 해당하므로, 신주인수권부사채 존재 시 희석 주당순이익은 기본 주당순이익보다 작을 수 있다.

28 상환우선주에 대한 설명으로 가장 올바르지 않은 것은?

① 상환우선주를 발행하면 부채비율(부채÷자본)이 항상 감소한다.
② 한국채택국제회계기준 하에서 상환우선주는 경제적인 실질에 따라서 분류해야 한다.
③ 상환가능성이 100%라고 한다면 전액을 금융부채로 분류한다.
④ 상환우선주도 상법상 자본이다.

29 금융부채의 최초측정 및 후속측정과 관련한 다음 설명으로 가장 올바르지 않은 것은?

① 금융부채는 최초인식 시 공정가치로 인식하도록 규정하고 있다.
② 당기손익-공정가치 측정 금융부채는 공정가치로 후속측정을 한다.
③ 상각후원가측정금융부채는 유효이자율법에 따라 이자비용을 인식한다.
④ 당기손익인식금융부채의 거래원가는 최초인식하는 공정가치에 차감하여 측정한다.

30 다음 중 복합금융상품으로 보기 가장 어려운 것은?

① 전환사채
② 연속상환사채
③ 전환우선주
④ 신주인수권부사채

31 다음 중 (주)삼일의 20X1년 12월 31일 사채 관련 분개에 관한 설명으로 가장 옳은 것은?(소수점 이하는 반올림한다.)

> (주)삼일은 20X1년 1월 1일 사채(액면 100,000원, 표시이자율 10%, 이자는 매년말에 지급, 만기일은 20X3년 12월 31일이고, 유효이자율은 8%)를 발행하였다. 20X1년 12월 31일에 사채를 105,000에 상환하였다.(가치계산표: 3년 8% 단일금액의 현재가치 = 0.7938, 3년 8% 정상연금의 현재가치 = 2.5771)

① 3년동안 사채의 총이자비용은 8,412원이다.
② 사채의 장부금액은 103,563원이다.
③ 사채상환손실은 3,563원이다.
④ 사채할증발행차금상각액은 2,000원이다.

32 다음 중 금융부채에 관한 설명으로 가장 올바르지 않은 것은?

① 금융부채는 원칙적으로 최초 인식시 공정가치로 인식한다.
② 당기손익–공정가치측정 금융부채와 관련되는 거래원가는 당기손익으로 처리한다.
③ 사채의 상환손익이 발생하는 이유는 상환일의 시장이자율이 발행일의 시장이자율과 다르기 때문이다.
④ 연속상환사채의 발행금액은 사채로부터 발생하는 미래현금흐름의 사채 상환시점의 시장이자율로 할인한 현재가치가 된다.

33 20X1년 4월 1일 발행한 사채(액면 1,000,000원, 표시이자율 10%, 이자지급일 매년 3월 31일 후급, 만기 20X4년 3월 31일)를 20X2년 4월 1일 공정가치(단, 공정가치는 아래의 현가계수 자료를 이용해서 계산하시오)로 상환할 경우 이 사채의 조기상환손익은 얼마인가?(단, 단수차이로 인해 오차가 있다면 가장 근사치를 선택하며, 20X1년 4월 1일과 20X2년 4월 1일의 시장이자율은 각각 8%와 10%이다.)

구분	8%		10%	
	1원의 현가계수	연금현가계수	1원의 현가계수	연금현가계수
2년	0.8573	1.7833	0.8264	1.7355
3년	0.7938	2.5771	0.7513	2.4868

① 사채상환이익 35,680원
② 사채상환이익 90,780원
③ 사채상환손실 35,680원
④ 사채상환손실 90,780원

MEMO

Chapter 11 충당부채, 우발부채 및 우발자산

I 충당부채, 우발부채 및 우발자산의 개념 및 인식

1 개념

(1) 충당부채

충당부채는 지출하는 시기 또는 금액이 불확실한 부채를 말한다. 충당부채는 과거사건에 의해서 발생한 현재의무(법적의무 또는 의제의무)로 지출하는 시기 또는 금액이 불확실한 부채를 의미하며, 반드시 재무상태표에 부채로 인식한다.

의제의무란 과거의 실무관행, 발표된 경영방침 또는 구체적이고 유효한 약속 등을 통하여 기업이 특정 책임을 부담하겠다는 것을 상대방에게 표명하였고, 그 결과 기업이 당해 책임을 이행할 것이라는 정당한 기대를 상대방이 가지게 함에 따라 발생하는 의무를 의미한다.

(2) 우발부채

우발부채는 다음의 ① 또는 ②에 해당하는 의무를 의미한다.

① 과거사건에 의하여 발생하였으나, 기업이 전적으로 통제할 수는 없는 하나 이상의 불확실한 미래사건의 발생 여부에 의하여서만 그 존재가 확인되는 잠재적 의무
② 과거사건에 의하여 발생한 현재의무이지만, 그 의무를 이행하기 위하여 경제적효익을 갖는 자원이 유출될 가능성이 높지가 않거나, 또는 그 가능성은 높으나 당해 의무를 이행하여야 할 금액을 신뢰성 있게 측정할 수 없는 경우

(3) 우발자산

우발자산은 과거사건에 의하여 발생하였으나 기업이 전적으로 통제할 수는 없는 하나 이상의 불확실한 미래사건의 발생 여부에 의하여서만 그 존재가 확인되는 잠재적 자산을 의미한다.

2 인식

(1) 충당부채

충당부채는 다음의 세 가지 요건을 모두 충족하는 경우에 재무상태표에 부채로 인식한다.

① 과거사건이나 거래의 결과로 현재의무가 존재한다.
② 당해 의무를 이행하기 위하여 경제적효익이 있는 자원이 유출될 가능성이 높다.
③ 해당 의무를 이행하기 위하여 필요한 금액을 신뢰성 있게 추정할 수 있다.

(2) 우발부채

우발부채는 재무상태표상 부채로 인식하지 않고, 유형별로 그 성격을 주석에 설명한다. 당해 의무를 이행하기 위하여 자원이 유출될 가능성이 희박한 경우에는 주석기재를 생략할 수 있다.

위의 내용을 요약하면 다음과 같다.

금액추정가능성 자원유출가능성	신뢰성 있게 추정가능	추정불가능
가능성이 높음	충당부채인식	우발부채로 주석공시
가능성이 어느 정도 있음	우발부채로 주석공시	
가능성이 희박함	공시하지 않음	공시하지 않음

(3) 우발자산

우발자산은 자산으로 인식하지 아니하고, 자원이 유입될 것이 확정된 경우에는 그러한 상황변화가 발생한 기간에 관련 자산과 이익을 인식한다.

금액추정가능성 경제적효익의 유입가능성	신뢰성 있게 추정 가능	추정불가능
가능성이 높음	우발자산으로 주석공시	우발자산으로 주석공시
가능성이 어느 정도 있음	공시하지 않음	공시하지 않음

충당부채 · 우발부채의 인식

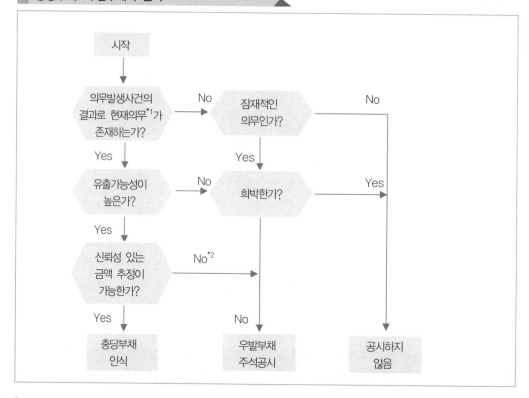

*1 현재의무가 발생하였는지의 여부가 명확하지 않은 경우에도 모든 이용가능한 증거를 통하여 보고기간종료일 현재 의무의 발생 가능성이 높다고 판단되면 과거의 사건이나 거래의 결과로 현재의무가 발생한 것으로 본다.
*2 아주 드물게 발생한다.

예제

다음 각각의 사례들에 대한 회계처리 방법에 대하여 설명하시오.

1. 제품보증
   (주)삼일은 판매시점으로부터 3년간 품질을 보증하는 조건으로 제품을 판매하였다. 판매일로부터 3년 이내에 제품의 결함이 발생하는 경우 수리 또는 교체해 주고 있다. 20X1년 중 판매한 제품에 대한 보증수리비용은 향후 3년간 총 10,000,000원이 발생할 것으로 예상된다.

2. 환불정책
   가방도소매점을 운영하는 (주)용산은 법적의무가 없음에도 불구하고 제품에 대해 만족하지 못하는 고객에게 환불해 주는 정책을 펴고 있으며, 이러한 사실은 고객에게 널리 알려져 있다. 20X1년 중 판매한 제품에 대한 환불비용은 5,000,000원으로 예상된다.

3. 재산의 손실위험
   (주)성북은 화재, 폭발 또는 기타 재해에 의한 재산상의 손실이나 손상에 대비한 보험에 가입하고 있지 않다. (주)성북이 소유하고 있는 건물의 취득원가는 300,000,000원이다.

4. 법적 소송
   (주)종암은 예식장 부근에서 대형 음식점을 경영하고 있다. 20X1년 중 (주)종암에서 피로연을 하던 중 음식물에 포함된 독극물 영향인지 확실하지 않으나 5명이 사망했다. (주)종암은 20X1년 말 현재 고객이 제소한 손해배상청구 소송의 피고로 재판을 받고 있으며, 책임이 있는지의 여부에 대해 원고와 다투고 있다. 변호를 맡고 있는 법무법인은 회사가 법적의무를 지지 않을 가능성이 매우 높다고 조언하였다.

풀이

1. 보증판매에 의한 자원의 유출가능성이 높고, 그 금액을 신뢰성 있게 측정할 수 있으므로 10,000,000원을 충당부채로 인식한다.

2. 기업이 환불해 줄 것이라는 정당한 기대를 고객이 가지고 있고, 반품된 금액 중 일정비율만큼 자원의 유출가능성이 높기 때문에, 환불예상비용 5,000,000원을 충당부채로 인식한다.

3. 화재, 폭발, 다른 유사한 사건은 재산상의 손실이나 손상의 원인이 되지만 그 발생을 예측할 수 없으며, 보험에 가입하지 않았다는 사실 자체가 보고기간종료일에 현재 의무를 발생시키지는 않으므로 재무상태표에 인식할 부채가 없다.

4. 소송결과에 따른 자원의 유출가능성이 높지 않고, 그 금액도 측정할 수 없으므로 부채로 인식하지는 않으며, 배상금을 지급할 가능성도 아주 낮으므로 우발부채로 공시할 사항도 없다.

Ⅱ   충당부채의 측정

1 최선의 추정치

충당부채로 인식하는 금액은 현재의무를 보고기간 말에 이행하기 위하여 필요한 지출의 최선의 추정치이어야 한다. 현재의무를 이행하기 위하여 소요되는 지출에 대한 최선의 추정치는 보고기간 말에 의무를 이행하거나 제3자에게 이전하는 경우에 지급하여야 하는 금액이다.

충당부채로 인식하여야 하는 금액에 대한 최선의 추정치는 관련된 사건과 상황에 대한 불확실성이 고려되어야 한다. 측정하고자 하는 충당부채가 다수의 항목과 관련되는 경우에 당해 의무는 모든 가능한 결과와 그와 관련된 확률을 가중평균하여 추정한다. 따라서 충당부채로 인식하는 금액은 특정금액의 손실이 발생할 확률에 따라 다르게 측정된다. 만일 가능한 결과가 연속적인 범위 내에 분포하고 있으며, 각각의 발생확률이 동일할 경우에는 당해 범위의 중간 값을 사용한다.

예를 들어 제품 구입 후 1년 이내에 발생하는 제조상의 결함에 대해 제품보증을 실시하고 있는 (주)삼일은 다음과 같은 상황에 의해 보증가능성이 달라진다. (주)삼일이 인식해야 하는 충당부채 금액을 계산해보자.

상황	보증금액	예측발생확률
치명적 결함 발생	8억 원	10%
중요하지 않은 결함 발견	2억 원	20%
결함이 없는 경우	–	70%

제품보증충당부채금액 : 8억 원×10%+2억 원×20%+0원×70% = 1.2억 원

2 현재가치

충당부채의 화폐의 시간가치 영향이 중요한 경우에는 의무를 이행하기 위하여 예상되는 지출액의 현재가치로 평가한다.

현재가치 평가에 사용하는 할인율은 그 부채의 특유한 위험과 화폐의 시간가치에 대한 현행 시장의 평가를 반영한 세전 이자율이다. 이 할인율에 반영되는 위험에는 미래 현금흐름을 추정할 때 고려된 위험은 포함하지 아니한다.

3 기타사항

현재의무를 이행하기 위하여 소요되는 지출 금액에 영향을 미치는 미래사건이 발생할 것이라는 충분하고 객관적인 증거가 있는 경우에는 그러한 미래사건을 감안하여 충당부채 금액을 추정한다. 충당부채를 측정하는 데 있어서 예상되는 미래사건은 특히 중요할 수 있다. 예를 들어, 내용연수 종료 후에 부담하여야 하는 오염지역의 정화에 필요한 원가는 미래에 기술이 발전하면서 감소할 수 있다. 이 경우 부채로 인식할 금액은 정화시점에 이용할 수 있는 기술에 대한 모든 증거를 기초로 전문적인 지식을 갖춘 독립적인 전문가의 합리적인 예측을 반영한다.

충당부채를 발생시킨 사건과 밀접하게 관련된 자산의 처분이익이 예상되는 경우에 당해 처분이익은 충당부채 금액을 측정하는 데 고려하지 아니한다.

4 충당부채의 변제

기업이 의무이행을 위하여 지급한 금액을 제 3자가 보험약정이나 보증계약 등에 따라 보전하여 주거나, 기업이 지급할 금액을 제 3자가 직접 지급하는 경우, 제 3자가 변제할 것이 확실한 경우에 한하여 그 금액을 자산으로 인식하고, 수익에 해당하는 금액은 충당부채의 인식에 따라 손익계산서에 계상될 관련 비용과 상계하여 표시할 수 있다. 다만, 자산으로 인식하는 금액은 관련 충당부채 금액을 초과할 수 없다.

III 특수한 상황

1 미래의 예상 영업손실

미래의 예상 영업손실은 부채의 정의에 부합하지 아니할 뿐만 아니라 충당부채의 인식요건을 충족시키지 못하므로 충당부채로 인식하지 아니한다.

2 손실부담계약

손실부담계약이란 계약상의 의무에 따라 발생하는 회피 불가능한 원가가 당해 계약에 의하여 받을 것으로 기대되는 경제적효익을 초과하는 계약을 말하는데, 예를 들어 손실이 예상되는 확정매입 계약 등이 있다. 이러한 손실부담계약을 체결한 경우에는 관련된 현재의무를 충당부채로 인식한다.

회피 불가능한 원가는 다음의 ①과 ② 중 작은 금액으로서 계약을 해지하기 위한 최소순원가를 말한다.

① 계약을 이행하기 위하여 필요한 원가
② 계약을 이행하지 못하였을 때 지급하여야 할 보상금 또는 위약금

여기에서 계약을 이행하는데 드는 원가는 계약에 직접 관련되는 원가로 구성된다. 계약에 직접 관련되는 원가는 다음 ①과 ②로 구성된다.

① 그 계약을 이행하는데 드는 증분원가(예: 직접 노무원가 및 재료원가)
② 계약을 이행하는데 직접 관련되는 그 밖의 원가 배분액(예: 그 계약을 이행하는데 사용하는 유형자산 항목의 감가상각비 배분액)

3 구조조정

구조조정은 사업부 매각 또는 폐쇄, 이전, 조직구조변경 등과 같이, 경영자의 계획과 통제 하에 사업의 범위 또는 사업수행방식을 중대하게 변화시키는 일련의 절차를 말한다.

다음의 요건을 모두 충족하는 구조조정과 관련된 의제의무로서 충당부채의 인식요건을 모두 충족하는 경우에는 재무상태표상 충당부채로 인식한다.

(1) 구조조정에 대한 공식적이며 구체적인 계획

① 구조조정 대상이 되는 사업이나 사업의 일부
② 구조조정의 영향을 받는 주사업장 소재지
③ 구조조정에 필요한 지출 내용
④ 구조조정계획의 실행 시기
⑤ 해고에 따른 보상을 받게 될 것으로 예상되는 종업원의 근무지, 역할 및 대략적인 인원

(2) 기업이 구조조정 계획의 이행에 착수하였거나 구조조정의 주요 내용을 공표

구조조정의 영향을 받을 당사자가 기업이 구조조정을 이행할 것이라는 정당한 기대를 가져야 한다.

위 요건을 모두 만족한 경우에도 구조조정과 관련하여 직접 발생하고, 구조조정과 관련하여 필수적으로 발생하는 지출로서 기업의 계속적인 활동과 관련 없는 지출에 해당하는 경우에만 구조조정충당부채로서 인식할 수 있다.

Ⅳ 충당부채 및 우발부채의 인식에 대한 사례

1 제품보증

(1) 사례

제조자는 제품을 판매하는 시점에 구매자에게 제품보증을 약속한다. 판매 후 3년 안에 제조상 결함이 명백한 경우 제조자는 판매 계약조건에 따라서 수선해 주거나 대체해 준다. 과거 경험에 비추어 보면 제품보증에 따라 일부 청구가 있을 가능성이 높다. 이 경우 제조자는 제품보증에 대한 충당부채를 인식해야 하는지 충당부채 인식 요건에 비추어 알아보자.

(2) 판단

① 의무발생사건은 제품의 보증판매이며, 이는 법적의무를 발생시키고 경제적효익을 갖는 자원이 유출될 가능성이 높다.
② 따라서 보고기간 말 전에 판매된 제품의 보증을 하는 데 드는 원가에 대한 최선의 추정치로 충당부채를 인식한다.

2 오염된 토지: 법률 제정이 거의 확실한 경우

(1) 사례

기업은 석유사업을 영위하는 중이며 오염을 유발하고 있다. 이러한 사업이 운영되고 있는 국가에서 오염된 토지를 정화하여야 한다는 법규가 제정되지 않았고, 기업은 몇 년에 걸쳐 토지를 오염시켜 왔었다. 이미 오염된 토지를 정화하는 것을 의무화하는 법률 초안이 연말 후에 제정될 것이 2X11년 12월 31일 현재 거의 확실하다. 이 경우 기업은 토지정화 의무와 관련하여 충당부채를 인식해야 하는지 충당부채 인식 요건에 비추어 알아보자.

(2) 판단

① 토지 정화를 요구하는 법률 제정이 거의 확실하므로 의무발생사건은 토지의 오염이고, 경제적효익을 갖는 자원의 유출 가능성이 높다.
② 따라서 토지정화 원가에 대한 최선의 추정치로 충당부채를 인식한다.

3 환불방침

(1) 사례

한 소매상은 고객이 상품에 만족하지 못한 경우에는 법적의무가 없더라도 환불해주는 방침을 갖고 있다. 이 환불방침은 널리 알려져 있다.

(2) 판단

① 상품 판매는 의제의무를 생기게 하는 의무발생사건이다. 소매상의 행위로 소매상이 판매한 상품을 환불해 줄 것이라는 정당한 기대를 고객이 갖게 되기 때문이다.
② 해당 의무 이행에 따른 경제적 효익이 있는 자원의 유출 가능성이 높다면 환불원가에 대한 최선의 추정치로 충당부채를 인식한다.

4 소송사건

(1) 사례

20X1년에 피로연 후에 10명이 사망하였는데, 기업이 판매한 제품에서 식중독이 일어났을 가능성이 있다. 기업에게 손해배상을 청구하는 법적절차가 시작되었으나, 기업은 그러한 책임에 대해 이의를 제기하였다. 법률전문가는 20X1년 12월 31일로 종료하는 연차재무제표의 발행승인일까지는 기업의 책임이 밝혀지지 않을 가능성이 높다고 조언하였다. 그러나 20X2년 12월 31일로 종료하는 연차재무제표를 작성할 때에는 법률전문가는 상황의 진전에 따라 기업이 책임지게 될 가능

성이 높다고 조언하였다. 이 경우 기업은 소송사건과 관련하여 각 연도별로 충당부채를 인식해야 하는지 충당부채 인식 요건에 비추어 알아보자.

(2) 판단

1) 20X1년 12월 31일

① 재무제표가 승인되는 시점에 이용 가능한 증거에 근거하여 볼 때 과거 사건에 따른 의무는 없다.

② 따라서 충당부채를 인식하지 아니한다. 단, 유출될 가능성이 희박하지 않다면 그러한 사항을 우발부채로 공시한다.

2) 20X2년 12월 31일

① 이용 가능한 증거에 근거하여 볼 때 현재의무가 존재하고 경제적효익을 갖는 자원의 유출 가능성이 높다.

② 따라서 의무를 이행하기 위한 금액에 대한 최선의 추정치로 충당부채를 인식한다.

01 충당부채를 재무상태표에 부채로 인식할 수 있는 요건이 아닌 것은?

① 과거사건이나 거래의 결과로 현재의무가 존재한다.

② 지출의 시기와 금액을 확실히 추정할 수 있다.

③ 당해 의무를 이행하기 위하여 경제적효익이 있는 자원이 유출될 가능성이 높다.

④ 해당 의무의 이행에 필요한 금액을 신뢰성 있게 추정할 수 있다.

02 다음 중 충당부채에 관한 설명으로 가장 올바르지 않은 것은?

① 미래의 예상 영업손실은 부채의 정의에 부합하지 못할 뿐 아니라 충당부채의 인식기준도 충족하지 못하기 때문에 충당부채로 인식하지 않는다.

② 계약상의 의무에 따라 발생하는 회피 불가능한 원가가 당해 계약 때문에 받을 것으로 기대되는 경제적 효익을 초과하는 계약을 체결한 경우에는 관련된 현재의무를 충당부채로 인식한다.

③ 구조조정을 완료하는 날까지 발생할 것으로 예상하는 영업손실은 충당부채로 인식하지 않지만 손실부담계약과 관련된 예상영업손실은 충당부채로 인식한다.

④ 구조조정의 일환으로 관련 자산을 매각할 때 예상처분이익은 구조조정충당부채를 측정하는 데 반영한다.

03 다음 중 재무상태표에 충당부채를 인식하는 경우로 짝지어진 것은?

금액추정가능성 자원유출가능성	신뢰성 있게 추정 가능	추정 불가능
가능성이 높음	(ㄱ)	(ㄴ)
가능성이 높지 않음	–	–
가능성이 희박함	(ㄷ)	–

① (ㄱ)

② (ㄱ), (ㄴ)

③ (ㄱ), (ㄷ)

④ (ㄱ), (ㄴ), (ㄷ)

04 다음 중 (주)삼일의 충당부채에 관한 회계처리로 가장 올바르지 않은 것은?

① 판매시점으로부터 2년간 품질을 보증(확신유형의 보증)하는 조건으로 제품을 판매하여 20X1년 중에 판매한 제품에 대해 추정한 보증수리비용을 충당부채로 인식하였다.

② 충당부채를 계상할 때 현재의무의 이행에 소요되는 지출에 대한 보고기간종료일 현재의 최선의 추정치를 산출하였다.

③ 충당부채의 명목가액과 현재가치의 차이가 중요하여 예상 지출의 현재가치로 충당부채를 평가하였다.

④ 화재, 폭발 또는 기타 재해에 의한 재산상의 손실에 대비한 보험에 가입하고 있지 않아 이의 멸실에 대비하여 충당부채를 계상하였다.

05 다음 중 우발부채 및 우발자산에 관한 설명으로 가장 올바르지 않은 것은?

① 우발자산은 과거사건에 의해 발생하였으나, 기업이 전적으로 통제할 수 없는 하나 이상의 불확실한 미래사건의 발생 여부에 의하여서만 그 존재가 확인되는 잠재적 자산을 의미한다.

② 과거사건에 의하여 발생하였으나, 그 의무를 이행하기 위하여 경제적효익을 갖는 자원이 유출될 가능성이 어느 정도 있는 경우에는 우발부채로 인식한다.

③ 우발부채는 재무상태표상 부채로 인식하고, 유형별로 그 성격을 주석에 추가적으로 설명한다.

④ 우발부채의 경우 당해 의무를 이행하기 위하여 자원이 유출될 가능성이 희박한 경우에는 주석기재를 생략할 수 있다.

06 다음 중 충당부채에 대한 설명으로 옳지 않은 것은?

① 충당부채의 일부를 제3자가 변제할 것이 거의 확실시되는 경우 변제금액을 제외한 잔액에 대해서만 충당부채를 인식한다.

② 보증판매에 따라 보증청구가 있을 가능성이 높고, 그 금액에 대한 신뢰성 있는 추정이 가능한 경우 보증판매에 따른 제품보증비를 충당부채로 인식한다.

③ 제품에 대해 만족하지 못하는 고객에게 법적 의무가 없음에도 불구하고 환불해주는 정책을 펴고 있으며, 고객에게 이 사실이 널리 알려져 있는 경우 환불비용을 충당부채로 계상한다.

④ 화재, 폭발 등의 재해에 의한 재산상의 손실에 대비한 보험에 가입하고 있지 않을 때 보험 미가입으로 인하여 인식하여야 할 부채는 없다.

07 20X1년 초 사업을 개시한 (주)삼일은 제품판매 후 발생한 결함을 2년간 무상으로 수리해주고 있으며, 보증비용은 매출액의 5%로 추정된다. (주)삼일의 20X1년 매출액은 50억 원이며, 20X1년 중 당기 매출분에 대해 2억 원의 제품보증비가 발생하였다. 20X1년 말 결산시 회계처리로 옳은 것은?

① 회계처리 없음
② (차) 제품보증비 0.5억 원 　　　　(대) 제품보증충당부채 0.5억 원
③ (차) 제품보증비 1.5억 원 　　　　(대) 제품보증충당부채 1.5억 원
④ (차) 제품보증비 3.5억 원 　　　　(대) 제품보증충당부채 3.5억 원

08 다음은 항공운송업을 영위하고 있는 희문항공사의 구조조정 계획과 관련된 자료들이다. 한국채택국제회계기준 하에서 구조조정충당부채로 인식할 금액은 얼마인가?

> 희문항공사는 국내선 항공사업부를 폐쇄하기로 하고, 구조조정의 영향을 받을 당사자가 구조조정을 이행할 것이라는 정당한 기대를 가질 정도로 구조조정계획의 주요 내용을 구체적으로 공표하였다. 구조조정과 관련하여 예상되는 지출이나 손실은 다음과 같다.
> ㄱ. 해고대상직원들의 퇴직위로금: 5,000,000원
> ㄴ. 계속 근무하는 직원에 대한 재배치비용: 2,000,000원
>   구조조정과 관련된 자산의 예상처분이익: 1,000,000원

① 0원
② 5,000,000원
③ 7,000,000원
④ 8,000,000원

09 20X1년 초 사업을 개시한 (주)삼일은 판매 후 3년 동안 제품에서 발생하는 결함을 무상으로 수리해주고 있으며, 보증비용은 매출액의 2%로 추정된다. 20X1년 말 재무상태표에 제품보증충당부채로 계상되어야 할 금액은 얼마인가?

> ㄱ. 20X1년 매출액은 2,000억 원임
> ㄴ. 20X1년 중 당기 매출분에 대해 20억 원의 제품보증비가 발생함

① 10억 원
② 20억 원
③ 30억 원
④ 40억 원

10 (주)삼일은 판매일로부터 1년간 판매한 제품에 발생하는 하자를 무상으로 수리해주는 제품보증 정책(확신유형의 보증)을 시행하고 있다. 제품보증비용은 매출액의 2%가 발생할 것으로 예측 된다. 각 회계연도의 매출액과 실제 제품보증 발생액이 다음과 같은 경우 20X2년 말 재무상태 표상 제품보증충당부채로 계상할 금액은 얼마인가?

구분	20X1년	20X2년
매출액	1,000,000원	2,000,000원
20X1년 판매분에 대한 제품보증비용	5,000원	10,000원
20X2년 판매분에 대한 제품보증비용	–	20,000원

①   0원
② 20,000원
③ 25,000원
④ 40,000원

11 다음은 (주)삼일의 사례이다. 사례와 관련된 설명으로 가장 옳은 것은?

> 20X1년 현재 (주)삼일은 석유사업을 영위하는 중이며 오염을 유발하고 있다. 이러한 사업이 운영되고 있는 국가에서 오염된 토지를 정화하여야 한다는 법규가 제정되지 않았고, (주)삼일은 몇 년에 걸쳐 토지 를 오염시켜 왔었다. 이미 오염된 토지를 정화하는 것을 의무화하는 법률 초안이 연말 후에 제정될 것이 20X1년 말 현재 거의 확실시 되었다.

① 토지정화 원가에 대한 최선의 추정치로 충당부채로 인식한다.
② 당해 의무를 이행하기 위해 경제적효익을 갖는 자원의 유출가능성이 매우 높지 않으므로 우발부채로 공시한다.
③ 20X1년 말 시점에 법률이 제정되지 않아 현재의무가 존재하지 않으므로 충당부채로 인 식하지 않는다.
④ 의무발생사건의 결과 현재의무가 존재하지 않으므로 충당부채 또는 우발부채로 공시하 지 않는다.

12 다음 중 충당부채에 관한 설명으로 가장 올바르지 않은 것은?

① 충당부채는 과거사건이나 거래의 결과에 의한 현재의무로서, 지출의 시기 또는 금액이 불확실하지만 그 의무를 이행하기 위하여 자원이 유출될 가능성이 높고 또한 금액을 신뢰성 있게 추정할 수 있는 의무를 말한다.

② 충당부채로 인식하는 금액은 현재의무의 이행에 소요되는 지출에 대한 보고기간종료일 현재의 최선의 추정치이어야 한다.

③ 충당부채를 설정하는 의무에는 명시적인 법규 또는 계약의무는 아니지만 과거의 실무 관행에 의해 기업이 이행해 온 의무도 포함된다.

④ 충당부채는 반드시 재무상태표에 부채로 인식할 필요는 없으며 주석으로만 공시할 수 있다.

13 (주)삼일은 제조상의 결함이나 하자에 대하여 1년간 제품보증을 시행하고 있다. 20X1년 7월 1일에 판매된 5,000,000원의 제품에서 중요하지 않은 결함이 발견된다면 50,000원의 수리비용이 발생하고, 치명적인 결함이 발생하면 200,000원의 수리비용이 발생할 것으로 예상한다. 20X1년 7월 1일의 매출액 5,000,000원에 대하여 판매된 제품의 80%에는 하자가 없을 것으로 예상하고, 제품의 15%는 중요하지 않은 결함이 발견될 것으로 예상하고, 5%는 치명적인 결함이 있을 것으로 예상하였다. (주)삼일이 20X1년 말에 인식할 충당부채의 금액은 얼마인가?(단, 20X1년에는 결함이나 하자가 발생하지 않았다.)

① 7,500원   ② 10,000원

③ 17,500원   ④ 32,500원

14 다음 중 충당부채를 인식해야 할 상황으로 가장 올바르지 않은 것은?

① A사는 제품을 판매하는 시점에 구매자에게 제품보증을 약속하고 있으나 법적 의무가 존재하는 것은 아니다. 과거 경험에 비추어 보면 제품 보증 요청이 발생할 가능성이 높다.

② B사는 해양플랜트 사업을 영위하고 있으며 해양오염을 유발하고 있다. 결산일 현재 발생한 해양오염을 복구할 것을 요구하는 법안이 차기 2월 중 제정될 것이 거의 확실하다.

③ C사는 고객으로부터의 손해배상 소송사건에 계류 중이다. 법률 전문가는 당기 말 현재 기업이 배상책임을 이행할 가능성이 높다고 조언하고 있다.

④ D사는 주기적인 수선을 요하는 설비자산을 이용하여 제품을 생산하고 있다. 과거 경험에 따르면 동 설비자산의 노후로 인하여 1년 후 중요한 금액의 수선비가 발생할 가능성이 높은 것으로 예상된다.

15 다음 중 손실부담계약에 관한 설명으로 가장 올바르지 않은 것은?

① 손실부담계약을 체결한 경우에는 관련된 현재의 의무를 충당부채로 인식 및 측정한다.

② 손실부담계약은 계약상 의무에 따른 회피 불가능한 원가가 당해 계약에 의하여 받을 것으로 기대되는 경제적 효익을 초과하는 계약을 뜻한다.

③ 일반적인 구매주문과 같이 보상 없이 해약할 수 있는 계약은 의무발생이 없으므로 충당부채로 인식되지 않는다.

④ 회피 불가능한 원가는 계약을 이행하기 위하여 필요한 원가와 계약을 이행하지 못하였을 때 지급하여야 할 보상금 중 큰 금액이다.

16 다음 중 충당부채의 회계처리에 관한 설명으로 가장 옳은 것은?

① 미래의 예상 영업손실은 최선의 추정치를 금액으로 하여 충당부채로 인식한다.
② 충당부채로 인식하는 금액은 현재의무의 이행에 소요되는 지출에 대한 보고기간말 현재의 최선의 추정치이어야 하며 이 경우 관련된 사건과 상황에 대한 불확실성이 고려되어야 한다.
③ 충당부채란 과거사건이나 거래의 결과에 의한 현재의무로서, 그 의무를 이행하기 위하여 자원이 유출될 가능성이 높고 지출 금액이 불확실하지만, 지출 시기는 확정되어 있는 의무를 의미한다.
④ 충당부채의 명목금액과 현재가치의 차이가 중요하더라도 의무를 이행하기 위하여 예상되는 지출액의 명목금액으로 평가한다.

17 (주)삼일은 20X1년 1월 1일 거래처의 토지에 구축물을 설치하고 이를 이용하는 계약을 체결하였다. 구축물의 취득원가는 1,000,000원, 내용연수는 5년이며, 잔존가치는 50,000원이며 정액법으로 감가상각한다. (주)삼일은 5년 후에 구축물을 해체하고 원상복구를 해야 하며, 5년 후에 복구비용으로 지출할 금액은 200,000원으로 추정하였다. 복구비용은 충당부채의 인식요건을 충족하며, 현재가치 계산 시 적용할 할인율은 10%이다. (주)삼일이 20X1년 1월 1일에 인식할 복구충당부채는 얼마인가?(단, 소수점 이하는 절사한다.)

① 93,138원
② 124,184원
③ 200,000원
④ 758,158원

18 다음은 소송사건 사례에 대한 자료이다. 소송사건과 관련하여 해당연도에 해당하는 충당부채 또는 우발부채로 인식하는 방법에 대한 설명으로 올바르지 않은 것은?

> 20X0년 결혼식 후에 10명이 사망하였는데, 기업이 판매한 제품 때문에 식중독이 생겼을 가능성이 있다. 그 기업에 손해배상을 청구하는 법적 절차가 시작되었으나, 기업은 그 책임에 대해 이의를 제기하였다. 법률 전문가는 20X0년 12월 31일로 종료하는 연차 재무제표의 발행승인일까지는 기업에 책임이 있는지 밝혀지지 않을 가능성이 높다고 조언하였다. 그러나 법률 전문가는 20X1년 12월 31일로 종료하는 연차 재무제표를 작성할 때에는 소송 사건의 진전에 따라 기업에 책임이 있다고 밝혀질 가능성이 높다고 조언하였다.

① 20X0년 12월 31일 과거 의무발생사건의 결과로 생기는 현재의무는 재무제표가 승인되는 시점에 사용 가능한 증거에 따르면 과거 사건의 결과로 생기는 의무는 없다.

② 20X0년 12월 31일 충당부채를 인식하지 아니한다. 다만 유출될 가능성이 희박하지 않다면 그 사항을 충당부채로 공시한다.

③ 20X1년 12월 31일 과거 의무발생사건의 결과로 생기는 현재의무는 사용 가능한 증거에 따르면 현재의무가 존재한다.

④ 20X1년 12월 31일 의무를 이행하기 위한 금액의 최선의 추정치로 충당부채를 인식한다.

MEMO

I 자본의 기초

1 자본의 의의

전통적으로 소유주지분이라고 불려 온 자본은 오늘날 주식회사가 기업의 대표적인 형태가 됨에 따라 주주지분이라는 말로 통용되고 있다.

주주지분(stockholder's equity)은 기업이 소유하고 있는 자산의 총액에서 부채의 총액을 차감한 잔액으로 측정된다. 즉, 주주지분은 자산과 부채의 평가결과에 따라 종속적으로 산출되는 잔여지분(residual interests)의 성격을 갖는다. 이러한 주주지분은 특정자산에 대한 청구권이 아니라 총자산 중 일부분에 대한 청구권을 나타내는 것이며, 그 금액도 일정액으로 고정되어 있는 것이 아니라 기업의 수익성에 따라 변한다.

이와 같은 주주지분은 법률적 관점과 경제적 관점에서 분류할 수 있다.

법률적 관점에서 보면 주주지분은 법정자본과 잉여금으로 분류된다. 법정자본(legal capital)은 자본금(capital stock)이라고도 불리는 것으로 채권자를 보호하기 위해서 회사가 보유하여야 할 재산의 최소한의 기준액 또는 채권자를 위한 최소한의 담보액을 의미하며, 잉여금(surplus)은 전체주주지분 중 법정자본인 자본금을 초과하는 부분을 의미한다.

경제적 관점에서 보면 주주지분은 조달원천에 따라 불입자본과 유보이익(이익잉여금)으로 분류된다. 불입자본(contributed capital 또는 paid-in capital)은 주주가 기업에 불입한 금액으로 자본금(1주당 액면금액×발행주식수)에 주식발행초과금을 가산하거나 주식할인발행차금을 차감한 금액을 의미하며, 유보이익(earned capital) 또는 이익잉여금(retained earnings)은 기업활동에 의해 창출된 이익 중에서 사외로 유출되지 않고 사내에 유보된 부분을 의미한다.

자본은 기업의 자산에서 모든 부채를 차감한 후의 잔여지분으로 별도로 측정되지 않는다. 자본은 증감을 원인별로 구분하여 표시하는데, 현재 또는 잠재적 주주와의 거래는 자본거래로, 그 이외의 거래는 손익거래로 구분한다.

2 주식의 종류

상법은 이익배당이나 잔여재산분배 등에 관하여 그 내용이 다른 수종의 주식을 인정하고 있다. 즉, 재산적 내용에 따라 분류하면 재산적 내용에 관하여 표준이 되는 보통주, 재산적 내용에 관하여 우선적 지위를 가지는 우선주, 보통주보다 후순위로 배당을 받는 후배주, 이익배당에서는 보통주에 우선하고 잔여재산분배에서는 후순위로 배당하는 혼합주로 구분된다. 또, 주식에 부가된 특성에 따라 배당우선주이지만 일정한 요건하에 이익으로 소각할 수 있는 상환주식, 다른 종류의 주식으로 전환할 수 있는 권리가 인정된 전환주식, 정관으로 배당우선주에 대하여 주주에게 의결권이 없는 것으로 규정된 무의결권주식으로 구분된다. 이외에 액면금액의 표시여부에 따라 주식을 액면주식과 무액면주식으로 나눌 수 있다.

(1) 보통주

보통주는 다른 모든 종류의 지분상품보다 후순위인 지분상품을 말한다.

(2) 우선주

우선주는 특정 사항에 관해서 보통주에 비하여 우선적인 권리가 부여된 주식을 말한다.

1) 누적적 우선주

누적적 우선주는 특정 회계연도에 배당을 받지 못하거나 미리 정해진 일정 배당률에 미달하는 경우, 이후 회계연도에 동 배당금액을 우선적으로 지급받을 수 있는 권리가 부여된 우선주를 말한다. 누적적 우선주의 배당금도 배당이 선언된 경우에만 지급의무가 발생하므로 배당금을 선언하지 않은 경우에는 미지급배당금을 부채로 계상해서는 안된다.

> 누적적 우선주배당금 = 우선주자본금 × 최소배당률 × 배당금을 수령하지 못한 기간(당기포함)

2) 참가적 우선주

참가적 우선주는 사전에 정해진 배당률을 우선적으로 수령한 후 보통주가 우선주 배당률과 동일한 금액을 배당받는 경우, 동 금액을 초과하여 배당금으로 처분된 금액에 대하여 이익배당에 참여할 권리를 보통주와 동일하게 부여한 우선주를 말한다. 참가적 우선주는 배당금의 한도가 정해져 있지 않은 완전참가적 우선주와 배당금의 한도가 정해져 있는 부분참가적 우선주로 나누어진다.

① 완전참가적 우선주인 경우 추가배당금

   = 잔여배당금총액 × {우선주자본금/(보통주자본금＋우선주자본금)}

② 부분참가적 우선주인 경우 추가배당금

   = 우선주자본금 × (부분참가율－우선주배당률)

배당금의 배분

(주)삼일은 20X1년 1월 1일에 설립된 회사로 설립시에 보통주와 우선주를 모두 발행하였다. 설립일 이후 자본금의 변동은 없었으며, 20X3년 12월 31일 현재의 보통주자본금과 우선주자본금은 다음과 같다.

　　　보통주자본금(액면 100원, 발행주식수 10,000주)　1,000,000원
　　　우선주자본금(액면 100원, 발행주식수 5,000주)　　500,000원

(주)삼일은 설립한 회계연도부터 20X2년 12월 31일로 종료되는 회계연도까지 어떠한 형태의 배당도 없었다. 20X3년 12월 31일로 종료되는 회계연도의 정기주주총회는 20X4년 3월 13일에 개최할 예정이며, 배당금 총액은 150,000원의 배당을 선언할 예정이다.

(주)삼일이 발행한 우선주가 다음과 같은 경우 (주)삼일이 배당금으로 선언한 금액을 보통주주와 우선주주에게 배분하라.
　　1. 5%, 누적 · 비참가적 우선주
　　2. 5%, 비누적 · 완전참가적 우선주
　　3. 5%, 누적 · 완전참가적 우선주

풀 이

1. 5%, 누적 · 비참가적 우선주
　(1) 누적적 우선주배당금(과거누적분과 당기분) : 500,000원 × 5% × 3=75,000원
　(2) 보통주배당금 : 150,000원－75,000=75,000원

2. 5%, 비누적 · 완전참가적 우선주
　(1) 최소배당금
　　　① 우선주 최소배당금 : 500,000원 × 5%=25,000원
　　　② 보통주 최소배당금 : 1,000,000원 × 5%=50,000원

(2) 잔여배당금의 배분

① 잔여배당금 : 150,000원－25,000－50,000＝75,000원

② 잔여배당금의 우선주 배분액 $75,000원 \times \dfrac{500,000}{500,000+1,000,000} = 25,000원$

③ 잔여배당금의 보통주 배분액 $75,000원 \times \dfrac{1,000,000}{500,000+1,000,000} = 50,000원$

(3) 배당금 총액

① 우선주배당금 : 25,000원＋25,000＝50,000원

② 보통주배당금 : 50,000원＋50,000＝100,000원

3. 5%, 누적·완전참가적 우선주

(1) 최소배당금

① 우선주 과거배당금(누적분) : 500,000원 × 5% × 2 ＝50,000원

② 우선주 최소배당금(당기분) : 500,000원 × 5%   ＝25,000원

③ 보통주 최소배당금 : 1,000,000원 × 5%   ＝50,000원

(2) 잔여배당금의 배분

① 잔여배당금 : 150,000원－50,000－25,000－50,000＝25,000원

② 잔여배당금의 우선주 배분액 : $25,000원 \times \dfrac{500,000}{500,000+1,000,000} = 8,333원$

③ 잔여배당금의 보통주 배분액 : $25,000원 \times \dfrac{1,000,000}{500,000+1,000,000} = 16,667원$

(3) 배당금 총액

① 우선주배당금 : 50,000원＋25,000＋8,333＝83,333원

② 보통주배당금 : 50,000원＋16,667＝66,667원

Ⅱ 자본거래

1 주식의 발행

(1) 보통의 주식발행

보통의 주식발행이란 회사설립 시 발기인 등이 불입하는 원시출자와 회사 설립후 주식을 유상으로 발행하는 유상증자의 경우를 말한다. 원시출자와 유상증자는 각각 법령상 그 절차에 있어서 다소 차이가 있으나, 회사가 법정사항을 기재하여 작성한 주식청약서에 서명날인 함으로써 주식청약을 행하게 된다.

이와 같이 주식청약을 하는 경우에는 일정액의 청약증거금을 동시에 납입하게 되는 것이 보통이며 청약증거금은 그 후 주금의 납입기일에 신주식의 납입금액으로 대체 충당하고 신주납입금액을 초과하는 금액은 청약자에게 반환한다. 이는 회계실무상 신주청약증거금계정으로 처리된다.

예 제

(주)삼일은 회사설립을 위하여 주식 10,000주(1주당 액면금액 5,000원)를 액면금액으로 발행하고 그 전부를 발기인이 인수하여 현금으로 납입하다.

(차) 현금	50,000,000	(대) 자본금	50,000,000

예 제

수권주식수 240,000주, 설립시 발행주식수 60,000주, 1주당 액면금액 5,000원을 가진 회사를 설립하기 위하여 발기인이 5,000주를 인수하고 나머지는 공개모집하되 1주당 5,000원의 주식청약증거금을 받기로 하다. 주식청약결과 공개모집주식수 전체에 대하여 청약이 완료되어 주식을 교부하고 주식청약증거금은 주금납입에 충당하다.

(차) 현금	275,000,000*	(대) 신주청약증거금	275,000,000
(차) 신주청약증거금	275,000,000	(대) 자본금	300,000,000
현금	25,000,000		

*(60,000주－5,000주)×5,000원＝275,000,000원

---

(2) 현물출자

현물출자란 금전 이외의 자산을 출자하여 주식을 배정받는 것을 말한다. 통상 현물출자시에는 영업용 건물이나 토지를 출자하지만 그 대상에 특별한 제한이 있는 것은 아니다. 그러나 상법에서는 자본충실의 원칙에 입각하여 현물출자에 엄격한 제한을 가하고 있다.

현물출자의 경우 현금이 개재되지 않으므로 대상자산과 발행주식의 가액을 어떻게 결정할 것인가의 문제가 발생하게 되는데 현물출자·증여 기타 무상으로 취득한 자산의 가액은 공정가치를 취득원가로 계상한다.

따라서 현물출자를 받은 기업은 취득한 자산의 공정가치를 결정한 후 주식발행시에 다음과 같이 회계처리하여야 한다.

| (차) 현물출자자산(건물 등) | ××× | (대) 자본금 | ××× |
| | | 주식발행초과금 | ××× |

(3) 주식배당

주식배당제도는 원래 결산재무제표상 잉여금이 산출되나 주주에게 배당할 현금이 부족한 경우의 배당정책으로서, 회사자금을 사내에 유보하고 회사의 대외적인 신용을 높이는 효과가 있으며, 주주의 입장에서도 주가가 액면금액보다 높은 경우에는 주식배당이 금전배당보다 유리할 수가 있다.

예제

(주)삼일은 주주총회의 결의에 의하여 이익배당액을 250,000,000원으로 이익잉여금처분안을 결정하고 이 중 100,000,000원만큼은 1주당 액면 5,000원의 신주를 발행하여 교부하고 잔액은 현금으로 지급하기로 하였다(배당소득에 대한 원천징수세액은 무시한다).
배당결의일과 실제배당시점의 분개를 하여라.

풀이

① 배당결의일

| (차) 이익잉여금 | 250,000,000 | (대) 미교부주식배당금 | 100,000,000 |
| | | 미지급배당금 | 150,000,000 |

② 실제배당시점

| (차) 미교부주식배당금 | 100,000,000 | (대) 자본금 | 100,000,000 |
| 미지급배당금 | 150,000,000 | 현금 | 150,000,000 |

(4) 무상증자

무상증자란 주주와의 거래로 인한 잉여금이나 이익잉여금 중 배당이 불가능한 법정적립금을 자본전입함에 따라 자본금을 증가시키는 것을 의미한다. 무상증자는 주주와의 거래로 인한 잉여금 또는 이익잉여금계정을 자본금계정으로 대체하는 것에 불과하므로 회사의 자본구성 내용에 변동을 가져올 뿐 기업의 순자산액에는 전혀 증감이 없다. 또한 무상증자에 의하여 신주를 교부받은 주주의 입장에서는 비록 소유주식수는 증가하더라도 자신의 지분율변동은 일어나지 않는다.

예제

(주)삼일은 주식발행초과금 50,000,000원 법정적립금 100,000,000원을 재원으로 하여 무상증자를 결의하고 액면 5,000원의 신주 30,000주를 발행하여 주주에게 무상교부하다.

(차) 주식발행초과금	50,000,000	(대) 자본금	150,000,000
법정적립금	100,000,000		

---

2 주식발행초과금

(1) 개념

회사의 신주발행 시 그 발행가액은 주식의 액면금액과 일치하거나 액면금액 이상 또는 이하일 수가 있다. 이 중 주식을 액면금액 이상으로 발행하는 경우 신주발행수수료 등 신주발행을 위하여 직접 발생한 기타의 비용을 차감한 후의 주식발행가액 중에서 액면금액을 초과하는 금액을 주식발행초과금이라 한다.

주식발행초과금은 발행시마다 한도없이 계속 적립하며, 회사자본에 전입하거나 결손금을 보전하는 목적으로 처분할 수 있다.

신주발행수수료 등 신주발행을 위하여 직접 발생한 비용은 주식발행가액에서 직접 차감하며, 따라서 주식발행초과금은 주식발행가액에서 신주발행비를 차감한 후의 가액 중에서 액면금액을 초과하는 금액을 계상한다.

(2) 회계처리

주식발행초과금은 주주의 주금납입이 수반되는 유상증자의 경우에만 발생하며 주주의 주금납입절차가 없는 주식배당이나 무상증자의 경우에는 발생하지 아니한다.

주식회사가 자본을 증가하는 경우에는 상법상의 증자절차를 거쳐야 하며 신주발행가액 중 액면금액에 상당하는 금액은 자본금계정에 대기하고 신주발행비를 차감한 후의 신주발행가액과 액면금액의 차액은 주식발행초과금계정의 대변에 계상한다.

예 제

(주)삼일은 신주(1주당 액면금액 5,000원) 10,000주를 1주당 8,000원을 발행가액으로 하여 할증발행하고 전액을 납입받았다.

(차) 현금	80,000,000	(대) 자본금	50,000,000
		주식발행초과금	30,000,000

그러나 통상의 신주발행시 신주청약단계에서 이미 납입받은 신주청약증거금으로 주금납입에 충당하는 것이 일반적이고, 이때의 회계처리는 다음과 같다.

(차) 신주청약증거금	80,000,000	(대) 자본금	50,000,000
		주식발행초과금	30,000,000

현물출자로 취득한 자산의 가액은 공정가치를 취득원가로 하므로, 자산의 취득원가는 원칙적으로 취득한 자산의 공정가치와 교부된 주식의 공정가치 중 보다 명확히 측정되는 것을 기준으로 결정하여야 할 것이다. 따라서 현물출자로 취득한 자산의 취득원가가 교부된 주식의 액면금액을 초과할 경우에는 주식발행초과금이 발생하게 된다.

3 감자차익

(1) 개념 및 범위

감자차익이란 주식회사의 자본을 감소시킨 때 감소된 자본금액이 주금을 환급한 금액 또는 결손의 보전을 한 금액을 초과하는 금액을 말한다. 이러한 감자차익은 발행주식을 무상으로 취득하여 소각하는 경우나 액면금액 이하로 매입소각하는 경우 등에 발생한다.

주식회사의 감자에는 유상감자와 무상감자가 있다. 유상감자는 회사가 사업을 축소하는 경우 또는 불필요한 자금을 주주에게 반환하기 위한 경우에 사용되며, 이와 같은 유상감자는 자본이 감소하는 동시에 회사의 순자산도 현실적으로 감소하여 회사의 규모가 축소되므로 자본의 환급 또는 실질상의 자본감소라고도 한다. 이에 비하여 무상감자는 계산상 자본액이 감소하여도 실질적인 회사의 순자산은 감소하지 않기 때문에 명목상의 자본감소 또는 형식상의 자본감소라고도 한다.

(2) 회계처리

1) 유상감자

발행된 주식을 유상으로 취득하여 소각하는 것을 말하며 주식의 취득으로 인해 순자산이 감소하므로 실질적 감자이다.

예 제

(주)삼일은 자사의 주식 10,000주(1주당 액면금액 5,000원)를 1주당 3,500원으로 매입소각하다.

(차) 자본금	50,000,000	(대) 현금	35,000,000
		감자차익	15,000,000

---

2) 무상감자

현금의 유출도 없고 감자 전·후의 자본총계도 동일하다는 점에서 감자 후에 자본총계가 감소하는 유상감자와 다르다. 무상감자에는 주식수를 감소시키는 법, 주금액의 감소 등의 방법이 있다.

예 제

주식수의 감소
(주)삼일은 당기 중 결손금 70,000,000원의 보전을 위하여 자사주식 10주를 8주로 병합하다. 회사의 자본금은 감자전 500,000,000원(1주당 액면금액 5,000원, 발행주식수 100,000주)이다.

(차) 자본금	100,000,000	(대) 미처리결손금	70,000,000
		감자차익	30,000,000

예 제

주금액의 감소

(주)삼일은 1주당 액면금액 10,000원인 자사의 주식 20,000주 전부에 대하여 액면금액 5,000원으로 무상으로 감소하기로 하고 회사의 결손금 70,000,000원을 보전하기로 하다.

(차) 자본금   100,000,000   (대) 미처리결손금   70,000,000
                                          감자차익   30,000,000

4 자기주식처분이익

자기주식이란 회사가 보유하고 있는 유가증권 중 자사가 발행한 주식을 말한다. 이는 주식을 발행한 회사가 자사발행주식을 매입 또는 증여에 의하여 보유하고 있는 주식을 말하며 재취득주식이라고도 한다. 자기주식의 취득은 상법상 원칙적으로 금지하고 있으나 특별한 경우에는 예외적으로 인정하고 있다. 이 중 소각목적으로 취득한 자기주식을 소각한 경우에는 감자차손익이 발생하지만 이를 매각처분한 때에는 자기주식처분손익이 발생하게 된다.

5 주식할인발행차금

주식할인발행차금이란 주식발행 시 주식발행가액이 액면금액에 미달하는 경우 그 미달하는 금액을 말한다. 신주발행비를 주식발행가액에서 차감하므로 주식을 액면으로 발행하는 경우에도 신주발행비가 발생하면 주식할인발행차금이 계상될 수 있다.

6 자기주식

(1) 개념

자기주식이란 주식회사가 기발행된 주식을 매입 또는 증여에 의하여 재취득한 주식을 말한다. 최근 자본시장에서는 회사의 주가하락을 방지하고 안정된 주가수준을 유지하기 위하여 자기주식을 취득하기도 하고 stock option과 같이 전문경영자 등에 대한 보상을 위하여 자기주식을 취득하기도 한다.

한편, 회사가 자기의 계산으로 자기주식을 취득하면 자본의 환급과 동일한 결과가 생겨 회사재산의 기초를 위태롭게 할 위험성이 있으므로 상법에서는 일정한 경우에만 예외적으로 자기주식의 취득을 인정하고 있다.

자기주식을 매각목적으로 재취득하였든 주식소각목적으로 재취득하였든 이를 구분하지 않고 자기주식의 취득은 모두 취득원가로 자본에서 차감하는 형식으로 기재한다.

(2) 회계처리

자기주식관련 회계처리는 취득시 취득원가로 기록하고 이를 자기주식의 과목으로 분류하는 원가법과 취득시 액면금액으로 기록하고 이를 자본금계정에서 차감하는 형식으로 표시하는 액면금액법이 있다. 한국채택국제회계기준에서는 어느 것을 사용하는지 규정은 없지만 일반적으로 원가법을 사용한다. 원가법은 자기주식을 취득한 때 그 취득원가로서 자기주식계정에 계상하는 방법으로 아래와 같이 일반적인 자산취득에 관련한 회계처리와 동일하다.

① 취득시 분개

(차) 자기주식	×××	(대) 현금	×××

② 처분시 분개

- 취득원가 〈 처분가액

(차) 현금	×××	(대) 자기주식	×××
		자기주식처분이익	×××

- 취득원가 〉 처분가액

(차) 현금	×××	(대) 자기주식	×××
자기주식처분손실[*1]	×××		

[*1] 자기주식처분손실은 자기주식처분이익과 우선적으로 상계하고 그 잔액은 결손금 처리순서에 준하여 처리한다.

③ 소각시 분개

- 취득가액 〈 액면금액

(차) 자본금	×××	(대) 자기주식	×××
		감자차익	×××

- 취득가액 〉 액면금액

(차) 자본금	×××	(대) 자기주식	×××
감자차손*2	×××		

*2 감자차손을 감자차익과 우선적으로 상계하고 그 잔액은 결손금의 처리순서에 준하여 처리한다.

예 제

20X1년초 (주)삼일은 액면 5,000원의 보통주식 2,000주를 15,000,000원에 발행하여 설립되었다. 20X1년 중 그 밖의 자본거래는 없으며, 20X1. 12. 31의 이익잉여금은 500,000원이었다.

다음은 20X1년 중의 자기주식관련 거래내용이다.
- 3월 2일 자기주식 20주를 주당 7,000원에 구입
- 3월 31일에 자기주식 10주를 소각
- 4월 10일에 자기주식 6주를 7,500원에 매각
- 4월 20일에 자기주식 4주를 5,200원에 매각

자기주식거래를 원가법으로 회계처리하여라.

풀 이

(3월 2일)

(차) 자기주식	140,000*	(대) 현금	140,000

* 7,000원×20주=140,000원

(3월 31일)

(차) 자본금	50,000	(대) 자기주식	70,000
감자차손	20,000		

(4월 10일)

(차) 현금	45,000	(대) 자기주식	42,000*
		자기주식처분이익	3,000

* 7,000원×6주=42,000원

(4월 20일)

(차) 현금	20,800	(대) 자기주식	28,000[*1]
자기주식처분이익[*2]	3,000		
자기주식처분손실	4,200		

[*1] 7,000원×4주=28,000원
[*2] 자기주식처분손실은 자기주식처분이익과 우선적으로 상계한다.

7 미교부주식배당금

주식배당이란 회사가 이익잉여금을 불입자본에 전입함으로써 신주를 발행하고 이 주식을 주주의 주식소유비율(지분비율)에 따라서 배정하는 특수한 형태의 배당을 말한다.

주식배당은 회사자금을 사내에 유보하는 효과를 가져오며, 이익은 산출되나 배당할 현금이 부족한 경우에도 배당을 할 수 있는 장점이 있다.

III 손익거래

1 이익잉여금의 의의

이익잉여금은 회사의 정상적인 영업활동, 비유동자산의 처분 및 기타 일시적인 손익거래에 의하여 발생하는 이익을 원천으로 한 이익 중 배당금의 형태로 사외유출되지 아니하고 사내에 유보된 금액을 말한다.

① 법정적립금 : 상법의 규정에 의해 적립된 금액
② 임의적립금 : 정관규정 또는 주주총회의 결의로 적립된 금액(사업확장적립금, 감채적립금, 결손보전적립금 등이 있다)
③ 미처분이익잉여금 : 아직 이익잉여금 처분이 이루어지지 아니한 이익잉여금

2 이익잉여금의 분류

(1) 법정적립금

이익준비금은 상법의 규정에 의하여 주식회사가 강제적으로 기업내부에 유보하여야 하는 법정적립금을 말한다. 즉, 주식회사는 그 자본(법정자본금)의 2분의 1에 달할 때까지 매결산기의 금전에 의한 이익배당액의 10분의 1 이상의 금액을 이익준비금으로 적립하여야 한다(상법 제458조).

이와 같이 상법이 기업으로 하여금 이익의 일부를 기업내부에 적립하도록 규정한 것은 회사의 재무적 기초를 견실히 하고 채권자를 보호하기 위한 것이다. 따라서 매결산기마다 금전배당액의 10분의 1 이상을 계속 누적하여 적립하되, 이익준비금의 금액이 자본금의 2분의 1에 달한 때에는 더 이상 적립하지 않아도 된다.

(2) 임의적립금

임의적립금은 법령에 의하여 강제적으로 적립되는 것이 아니라 정관이나 주주총회의 결의에 의해서 이익잉여금 중 사내에 유보된 적립금을 의미한다. 임의적립금에 해당하는 것은 사업확장적립금, 감채적립금, 배당평균적립금, 결손보전적립금 등이 있다.

(3) 미처분이익잉여금

회사가 벌어들인 이익 중 배당금을 지급하거나 다른 목적으로 적립한 후 남아 있는 잉여금으로 당기 이익잉여금처분계산서의 처분전이익잉여금을 말한다.

3 이익잉여금처분계산서

(1) 의의

이익잉여금은 배당의 형식으로 주주에게 분배되거나 사내에 유보시킨 후 결손보전, 사업확장 등의 목적에 사용된다. 이익잉여금처분계산서는 재무제표는 아니지만 한국채택국제회계기준에서는 상법에서 이익잉여금처분계산서의 작성을 요구하는 경우에 이익잉여금처분계산서를 주석으로 공시하도록 규정하고 있다. 즉, 주식회사가 벌어들인 이익이 어떠한 용도로 처분되며 처분 후 남아있는 이익의 잔액이 얼마인지 알려주기 위하여 작성하는 보고서가 이익잉여금처분계산서이다.

이익잉여금처분계산서

20X1년 1월 1일부터 20X1년 12월 31일까지

Ⅰ. 미처분이익잉여금	×××
전기이월미처분이익잉여금	×××
회계변경의 누적효과	×××
전기오류수정손익	×××
:	:
당기순이익	×××
Ⅱ. 임의적립금 등의 이입액*	×××
합계	×××
Ⅲ. 이익잉여금처분액	(×××)
Ⅳ. 차기이월미처분이익잉여금	×××

재무상태표상
이익잉여금(미처분이익잉여금)

* 임의적립금 등의 이입액 : 미처분이익잉여금으로 배당이나 기타의 목적에 사용하기가 부족한 경우 전기까지 적립해 두었던 임의적립금 등으로 보전한다. 이익잉여금처분액이 이익잉여금 중 일정액을 유보시키는 개념이라면 임의적립금이입액은 유보시킨 이익잉여금을 다시 사용하는 것이다.

(2) 이익잉여금처분계산서와 결손금처리계산서

일반적인 경우에는 이익잉여금처분계산서가 작성되겠지만 회사가 결손이 발생한 경우에는 이익잉여금처분계산서 대신에 결손금처리계산서를 작성해야 한다.

1) 이익잉여금처분계산서

이익잉여금처분계산서는 미처분이익잉여금에서 출발하여 임의적립금이입액을 더하고, 이익잉여금처분액을 차감하여 차기이월이익잉여금을 구하는 방식으로 작성된다. 이때 이익잉여금처분계산서상의 미처분이익잉여금은 다음과 같이 계산된다.

> Ⅰ. 미처분이익잉여금
>   = 전기이월미처분이익잉여금 ± 회계변경의 누적효과 ± 전기오류수정손익
>   − 중간배당액 ± 당기순손익

여기서 전기이월미처분이익잉여금은 전기의 이익잉여금처분계산서상의 차기이월이익잉여금과 같은 금액이다. 이렇게 미처분이익잉여금이 구해지면 차기이월미처분이익잉여금은 다음과 같이 계산된다.

> Ⅳ. 차기이월미처분이익잉여금 = Ⅰ. 미처분이익잉여금 + Ⅱ. 임의적립금 이입액 − Ⅲ. 이익잉여금 처분액

2) 결손금처리계산서

결손금처리계산서의 미처리결손금은 다음과 같이 계산된다.

미처리결손금 = 전기이월미처분이익잉여금(전기이월결손금) ± 회계변경의 누적효과
± 전기오류수정손익 − 중간배당액 ± 당기순손익

이렇게 미처리결손금이 구해지면 차기이월미처리결손금은 다음과 같이 계산된다.

차기이월미처리결손금 = 미처리결손금 − 결손금처리액

① 미처리결손금의 보전

　미처리결손금의 보전은 회사 장부상 이미 계상되어 있는 이익잉여금과 주주와의 거래로 인한 잉여금을 이입하여 처분하는 형식으로 하게 되며, 일반적으로 잉여금은 회사가 자본전입 및 결손보전을 위하여 주주총회에서 결의함으로써 자유롭게 처분된다.

(3) 이익잉여금처분

이익잉여금의 처분은 다음과 같은 과목으로 세분하여 기재한다.

① 이익준비금 적립액
② 이익잉여금처분에 의한 상각 등
　주식할인발행차금상각, 자기주식처분손실보전, 감자차손보전 등을 이익잉여금처분액으로 한다.
③ 배당금

당기에 처분할 배당액으로 하되 금전에 의한 배당과 주식에 의한 배당으로 구분하여 기재한다.

㉠ 현금배당
　현금배당은 현금으로 배당금을 지급하는 것으로 일반적인 형태의 배당이며 적절한 회계처리를 위해서는 배당기준일, 배당결의일, 배당금지급일에 대한 이해가 전제되어야 한다.
　ⓐ 배당기준일 : 배당을 받을 권리가 있는 주주들이 결정되는 날이며 배당기준일이 경과되면 배당권과 주식은 분리되어 거래된다. 따라서 이날 이후의 주식을 배당락된 주식이라 하

며 배당기준일은 일반적으로 당해 기업의 결산일이 된다. 배당금은 결산일 이후 이사회와 주주총회를 통해서 결정되므로 배당기준일에는 아무런 회계처리도 하지 않는다.

ⓑ 배당결의일 : 배당결의일이란 보고기간종료일 후에 이사회에서 이익잉여금을 배당으로 승인한 날이다. 다만, 이사회의 승인내용이 주주총회에서 수정·승인된 경우에는 주주총회일이 배당결의일이 된다. 그러나 우리나라에서는 이사회에서 승인된 내용이 주주총회에서 수정없이 확정되는 경우가 대부분이기 때문에 구분하는 것은 실익이 없다. 주식을 발행한 회사는 배당결의일부터 배당금지급에 대한 채무를 부담하므로 다음과 같은 회계처리가 필요하다.

(차) 미처분이익잉여금	×××	(대) 미지급배당금	×××

ⓒ 배당금지급일 : 배당금으로 결의된 금액을 실제로 지급한 날이며 유동부채로 계상된 미지급배당금을 현금지급액과 상계한다.

(차) 미지급배당금	×××	(대) 현금	×××

ⓛ 주식배당

주식을 발행하여 배당하는 것으로 회사의 순자산이 외부로 유출되지 않으므로 무상증자와 유사하다.

주식배당의 회계처리는 현금배당의 경우 배당금 예정액을 미지급배당금으로 계상하는데 반해 주식배당의 경우에는 미교부주식배당금의 과목으로 분류하여야 한다. 미교부주식배당금은 실제로 주식을 발행, 교부하는 시점에서 자본금 등으로 대체하여야 한다.

회계처리는 다음과 같다.

• 주식배당결의일의 분개

(차) 이익잉여금 　　(배당주식의 액면금액)	×××	(대) 미교부주식배당금	×××

• 주식교부일의 분개

(차) 미교부주식배당금 　　(배당주식의 액면금액)	×××	(대) 자본금	×××

예 제

(주)삼일은 20X1. 2. 24에 주당 액면금액 5,000원이고 발행가액이 8,000원인 보통주 100주를 배당할 것을 결의하고 20X1. 4. 1에 주식을 분배하였다. 이와 관련한 분개를 하여라.

풀 이

① 주식배당결의일

| (차) 이익잉여금 | 500,000 | (대) 미교부주식배당금 | 500,000 |

② 주식분배일

| (차) 미교부주식배당금 | 500,000 | (대) 자본금 | 500,000 |

Ⅳ   자본변동표

1 자본변동표의 의의

자본변동표는 자본의 크기와 그 변동에 관한 정보를 제공하는 재무보고서로서, 자본을 구성하고 있는 각 분류별 납입자본, 각 분류별 기타포괄손익의 누계액과 이익잉여금의 누계액 등에 대한 포괄적인 정보를 제공해 준다. 따라서 기업실체의 자본변동에 관한 정보는 일정 기간 동안에 발생한 기업실체와 소유주(주주)간의 거래 내용을 이해하고 소유주에게 귀속될 이익 및 배당가능이익을 파악하는 데 유용하다.

2 자본변동표의 기본구조

자본변동표에 다음 항목을 표시한다.

① 지배기업의 소유주와 비지배지분에게 각각 귀속되는 금액으로 구분하여 표시한 해당 기간의 총포괄손익
② 자본의 각 구성요소별로, 한국채택국제회계기준 제1008호 '회계정책, 회계추정치 변경과 오류'에 따라 인식된 소급적용이나 소급재작성의 영향
③ 자본의 각 구성요소별로 다음의 각 항목에 따른 변동액을 구분하여 표시한, 기초시점과 기말시점의 장부금액 조정내역
　㉠ 당기순손익
　㉡ 기타포괄손익의 각 항목
　㉢ 소유주로서의 자격을 행사하는 소유주와의 거래(소유주에 의한 출자와 소유주에 대한 배분, 그리고 지배력을 상실하지 않는 종속기업에 대한 소유지분의 변동을 구분하여 표시)

자본변동표나 주석에 당해 기간 동안에 소유주에 대한 배분으로 인식된 배당금액과 주당배당금을 표시한다.

MEMO

01 다음 중 자본 및 자본금에 대한 일반론적 설명으로 옳지 않은 것은?

① 법률적 관점에서 보면 주주지분은 법정자본과 잉여금으로 구분된다.
② 경제적 관점에서 보면 주주지분은 그 조달원천에 따라 불입자본과 유보이익으로 구분된다.
③ 자본금계정은 주주의 불입자본 중 상법의 규정에 따라 정관에 자본금으로 확정되어 있는 법정자본금을 의미한다.
④ 회계등식에 따라 자본과 부채의 합은 자산과 일치해야 하며, 또한 자본과 부채는 자산에 대한 청구권으로서 동등한 권리를 갖는다.

02 결산일이 12월 31일인 (주)삼일은 20X2년 3월 15일 주주총회를 통해 보통주 100주를 배당할 것을 결의하였다. 주식의 실제 분배는 20X2년 4월 2일에 실시하기로 되어 있다. 주식의 주당 액면금액은 5,000원이며, 발행가액(시가)은 10,000원이다. (주)삼일이 20X2년 3월 15일 배당결의일에 행할 회계처리로 옳은 것은?

① 회계처리는 불필요하다.
② (차) 이익잉여금　　　　　500,000원　　(대) 미교부주식배당금　　　　500,000원
③ (차) 이익잉여금　　　1,000,000원　　(대) 미교부주식배당금　　1,000,000원
④ (차) 이익잉여금　　　1,000,000원　　(대) 미교부주식배당금　　　　500,000원
　　　　　　　　　　　　　　　　　　　　　　　　　주식발행초과금　　　　　500,000원

03 다음 중 이익잉여금의 처분거래로 가장 올바르지 않은 것은?

① 이익준비금의 적립　　　　　　　② 현금배당
③ 주식배당　　　　　　　　　　　　④ 자기주식의 취득

04 (주)삼일은 20X1년 초 설립된 회사로 설립 시에 보통주와 우선주를 모두 발행하였다. 설립일 이후 자본금의 변동은 없었으며, 20X3년 12월 31일 현재 보통주자본금과 우선주자본금은 다음과 같다.

구분	주당액면금액	발행주식수	자본금
보통주	1,000원	1,000주	1,000,000원
우선주(*)	1,000원	500주	500,000원

* 누적적 · 비참가적 우선주, 배당률 10%

(주)삼일은 설립된 이후 어떠한 배당도 하지 않았으나 20X3년 12월 31일로 종료되는 회계연도의 정기주주총회에서 배당금 총액을 300,000원으로 선언할 예정일 경우 우선주 주주에게 배분될 배당금은 얼마인가?

① 25,000원   ② 50,000원

③ 150,000원   ④ 300,000원

05 다음 중 이익잉여금 처분에 관한 설명으로 가장 올바르지 않은 것은?

① 이익준비금은 현금배당의 10% 이상을 자본금의 1/2이 될 때까지 의무적립한다.
② 현금배당은 자산과 자본의 감소를 유발한다.
③ 주식할인발행차금 상각으로 이익잉여금을 처분하면 자본금은 증가하고 자본총계는 변함이 없다.
④ 주식배당은 자본금은 증가하나 자본총계는 변함이 없다.

06 다음 중 자본의 차감 항목이 아닌 것은?

① 감자차손   ② 미교부주식배당금
③ 자기주식   ④ 주식할인발행차금

07 다음은 자본거래가 각 자본항목에 미치는 영향을 나타내고 있다. 가장 올바르지 않은 것은?

	자본금	이익잉여금	총자본
① 주식배당	증가	감소	증가
② 주식의 할인발행	증가	불변	증가
③ 자기주식취득	불변	불변	감소
④ 현금배당	불변	감소	감소

08 (주)삼일은 20X1년 10월 1일에 자기주식 150주(주당 액면 5,000원)를 주당 6,000원에 취득하고, 20X1년 11월 2일 50주를 주당 7,000원에, 50주는 20X1년 12월 5일 주당 5,500에 매각하였다. 나머지 50주는 20X1년 12월 31일 주당 6,500원에 매각하였다. 다음 설명 중 가장 옳은 것은?(단, 20X1년 10월 이전에 자기주식 거래는 없었다.)

① 20X1년 10월 1일 거래로 자본이 100,000원 증가한다.
② 20X1년 11월 2일 거래로 자본잉여금이 100,000원 증가한다.
③ 20X1년 12월 5일 거래로 자본이 75,000원이 감소한다.
④ 20X1년 12월 31일 거래로 자본이 325,000원 증가한다.

09 자기주식의 회계처리에 대한 다음의 설명 중 옳지 않은 것은?

① 자기주식 취득시 이익잉여금 총액의 변동이 발생하지 않는다.
② 자기주식 처분거래를 기록하는 시점에서 이익잉여금 총액의 증감은 발생하지 않는다.
③ 자기주식을 소각할 경우 자기주식의 취득원가와 최초 발행가액의 차이를 감자차손 또는 감자차익으로 분류한다.
④ 취득한 자기주식은 취득목적에 관계없이 재무상태표의 자본항목으로 기재한다.

10 다음의 자본항목 중 그 성격이 다른 것은?

① 자기주식
② 감자차손
③ 자기주식처분손실
④ 자기주식처분이익

11 12월 결산법인인 (주)삼일의 20X1년 이익잉여금처분계산서 구성항목이 다음과 같을 때 (주)삼일의 20X1년 말 재무상태표상 '이익잉여금(미처분이익잉여금)' 금액은 얼마인가?

ㄱ. 전기이월미처분이익잉여금	:	1,000,000원
ㄴ. 중간배당	:	(-) 100,000원
ㄷ. 당기순이익	:	1,000,000원
ㄹ. 연차배당(20X2년 4월 지급)	:	(-) 200,000원

① 1,700,000원
② 1,800,000원
③ 1,900,000원
④ 2,000,000원

12 다음 중 (주)삼일의 자본변동표에 표시되지 않는 항목으로 가장 옳은 것은?

① 주식배당
② 무상증자
③ 기계장치의 취득
④ 당기순손실의 발생

13 다음은 (주)삼일의 재무상태표이다.

재무상태표

(주)삼일		20X1년 12월 31일(단위: 원)	
현금	10,000,000	부채	60,000,000
매출채권	20,000,000	자본금	40,000,000
재고자산	30,000,000	주식발행초과금	10,000,000
유형자산	30,000,000	결손금	(20,000,000)
자산총계	90,000,000	부채와자본총계	90,000,000

(주)삼일의 경영자는 누적된 결손금과 관련하여 무상감자를 고려하고 있다. 다음 중 회사가 무상감자를 실시하는 경우에 대한 설명으로 가장 올바른 것은?

① 무상감자를 하면 부채비율(부채/자본)이 높아진다.
② 무상감자와 유상감자 모두 순자산에 미치는 영향은 동일하다.
③ 감자 후의 자본총계는 30,000,000원으로 감자 전과 자본총계가 동일하다.
④ 무상감자 후 주식발행초과금은 감소한다.

14 다음 중 자본변동표에 관한 설명으로 가장 올바르지 않은 것은?

① 납입자본, 이익잉여금, 기타포괄손익 항목별로 포괄손익, 소유주와의 자본거래 등에 따른 변동액을 표시한다.
② 일정 기간 동안에 발생한 기업실체와 소유주간의 거래 내용을 이해하고 소유주에게 귀속될 이익 및 배당가능이익을 파악하는데 유용하다.
③ 재무상태표에 표시되어 있는 자본의 기말잔액만 제시하고 기초잔액은 제공하지 않는다.
④ 지배기업의 소유주와 비지배지분에게 각각 귀속되는 금액으로 구분하여 표시한 해당 기간의 총포괄손익을 표시한다.

15 다음 중 자기주식의 취득·처분에 관한 회계처리에 대한 설명으로 옳지 않은 것은?

① 자기주식 취득 시 취득원가로 기록하고 이를 자기주식의 과목으로 분류한 후 자본에서 차감하는 형식으로 기재하도록 하고 있다.

② 자기주식을 처분하는 경우 처분가액과 취득원가와의 차액을 자기주식처분손익으로 당기손익에 반영한다.

③ 자기주식을 보유하고 있는 기간 동안에 주가가 변동하더라도 자기주식에 대한 평가손익은 인식하지 않는다.

④ 보통주 자기주식을 취득하면 유통보통주식수가 감소하므로 이익이 동일할 경우 기본주당순이익은 증가하게 된다.

16 다음 중 각 거래결과로 인한 자본변동의 방향이 다른 하나는 어느 것인가?(단, 각 사건들은 서로 독립적이라고 가정한다)

① 보유하고 있던 자기주식(취득원가 450원) 15주를 500원에 처분하였다.

② 지분율 25%인 피투자회사로부터 당기순이익 220,000원이 발생했음을 보고받았고, 동시에 현금배당액 55,000원을 받았다.

③ 주주총회 결과 기존 주주들에게 12%의 주식배당을 실시하기로 하고, 즉시 신주를 발행하여 교부하였다. 주식배당 직전시점의 자본금은 10,000,000원이며, 이익잉여금도 충분하다.

④ 액면가액이 주당 10,000원인 주식 300주를 주당 8,000원에 할인발행하였다.

17 다음은 20X1년 (주)삼일의 주요 재무정보의 일부이다. (주)삼일은 20X1년에 신설된 법인으로 당기에는 배당이 존재하지 않는다.

(단위: 원)

	20X1년 12월 31일
자본총계	5,000,000
자본금	1,000,000
주식발행초과금	3,000,000
이익잉여금	1,000,000

다음 중 (주)삼일의 20X1년 말 현재 자본에 대한 설명으로 가장 올바르지 않은 것은?(단, 1주 당 액면금액은 1,000원이다.)

① 20X1년의 주당이익은 1,000원이다.
② 법정자본금은 1,000,000원이다.
③ 발행주식수는 2,000주이다.
④ 20X1년 당기순이익은 1,000,000원이다.

18 다음은 12월 말 결산법인인 (주)삼일의 20X1년 자본거래 내역이다. 20X1년 말 결산시 (주)삼일의 자본에 대한 보고금액으로 올바르게 짝지어진 것은?

ㄱ. 20X1년 2월 4일 회사는 액면가액 5,000원의 주식 100,000주를 주당 7,500원에 발행하였다.
ㄴ. 20X1년 10월 10일 이사회결의를 통하여 (주)삼일의 자기주식 5,000주를 주당 10,000원에 취득하였다.

자동변동표
20X1년 1월 1일부터 20X1년 12월 31일까지

(주)삼일   (단위 : 백만 원)

구분	자본금	주식발행초과금	자기주식	재평가잉여금	이익잉여금	총계
20X1년 초	500	750	(100)	××	××	××
자본의 변동	××	××	××	××	××	××
20X1년 말	(가)	(나)	(다)	××	××	××

	(가)	(나)	(다)
①	500	1,000	(50)
②	500	750	(150)
③	1,000	1,000	(150)
④	1,000	750	(50)

19 결산일이 12월 31일인 (주)삼일의 유상증자 관련 자료는 다음과 같을 때 유상증자 시 행할 분개로 옳은 것은?

> - 20X1년 5월 1일에 현금을 납입받고 보통주 2,000주를 유상증자하였다.
> - 주당 액면금액과 발행가액은 각각 5,000원과 7,000원이다.
> - 유상증자와 직접 관련된 원가 200,000원이 발생하였다.
> - 장부에 1,000,000원의 주식발행초과금이 계상되어 있다.

① (차) 현　　　금　13,800,000원　(대) 자　본　금　13,800,000원

② (차) 현　　　금　13,800,000원　(대) 자　본　금　10,000,000원
　　　　　　　　　　　　　　　　　　　　주식발행초과금　3,800,000원

③ (차) 현　　　금　14,000,000원　(대) 자　본　금　10,000,000원
　　　　　　　　　　　　　　　　　　　　주식발행초과금　4,000,000원

④ (차) 현　　　금　14,000,000원　(대) 자　본　금　10,000,000원
　　　　　　　　　　　　　　　　　　　　주식발행초과금　4,000,000원
　　(차) 신주발행비　　200,000원　(대) 현　　　금　　200,000원

20 다음 중 자기주식의 회계처리에 관한 설명으로 가장 올바르지 않은 것은?

① 취득시 분개
　　(차) 자기주식　　　　　XXX　　(대) 현금　　　　　　　XXX

② 처분시 분개(취득원가〈처분가액)
　　(차) 현금　　　　　　　XXX　　(대) 자기주식　　　　　XXX
　　　　　　　　　　　　　　　　　　　자기주식처분이익　XXX

③ 처분시 분개(취득원가〉처분가액)
　　(차) 현금　　　　　　　XXX　　(대) 자기주식　　　　　XXX
　　　　자기주식처분손실　XXX

④ 소각시 분개(취득원가〈액면금액)
　　(차) 자본금　　　　　　XXX　　(대) 자기주식　　　　　XXX
　　　　감자차손　　　　　XXX

21 다음은 결산일이 12월 31일인 (주)삼일의 20X1년 말 재무상태표상 자본에 관한 정보이다. 20X1년 말 (주)삼일의 기타포괄손익누계액은 얼마인가?

ㄱ. 보통주자본금	50,000,000원
ㄴ. 주식발행초과금	8,000,000원
ㄷ. 해외사업환산이익	3,000,000원
ㄹ. 자기주식	2,500,000원
ㅁ. 미처분이익잉여금	8,000,000원
ㅂ. 유형자산재평가잉여금	4,000,000원

① 4,000,000원
② 7,000,000원
③ 15,000,000원
④ 17,500,000원

22 결산일이 12월 31일인 ㈜삼일의 20X1년 12월 31일 재무상태표의 이익준비금은 100,000원, 임의적립금은 50,000원, 미처분이익잉여금은 300,000원이다. 20X1년 재무제표에 대한 결산승인은 20X2년 3월 23일에 개최된 주주총회에서 이루어졌으며, 그 내용이 다음과 같을 때, 20X2년 3월 23일 현재 미처분이익잉여금은 얼마인가?

- 주식할인발행차금 상계 30,000원
- 현금배당 60,000원
- 이익준비금 적립 : 법정 최소금액(자본금의 1/2에 미달)

① 160,000원
② 204,000원
③ 210,000원
④ 234,000원

Chapter 13 수익

수익의 의의

1 수익의 정의

수익(Income)은 정상적인 경영활동에서 발생하는 경제적 효익의 총유입을 말하며, 자산의 증가 또는 부채의 감소로 나타난다. 다만, 주주의 지분참여로 인한 자본증가는 수익에 포함하지 아니한다.

2 수익 인식의 단계

기업회계기준서 제1115호 '고객과의 계약에서 생기는 수익(Revenue)'은 계약 상대방이 고객인 경우에만 적용한다. 고객이란 기업의 통상적인 활동의 산출물인 재화나 용역을 대가와 교환하여 획득하기로 그 기업과 계약한 당사자를 말한다.

수익(Revenue)은 고객에게 기업의 재화나 용역을 제공하고 대가를 받기로 한 계약에서 발생하는 것으로 부가가치세처럼 제3자를 대신해서 받는 것은 수익으로 보지 않는다. 또한 정유사가 특정 지역 고객 수요를 적시에 충족시키기 위해 서로 유류를 교환하기로 한 계약같이 고객에게 판매를 쉽게 하기 위해 행하는 같은 사업 영역에 있는 기업간의 비화폐성 교환은 수익으로 보지 않는다.

고객과의 계약에서 수익을 인식할 때는 다음의 5단계를 거쳐 계약과 의무를 식별하고 수익금액을 측정하여 수익을 인식한다.

재무회계

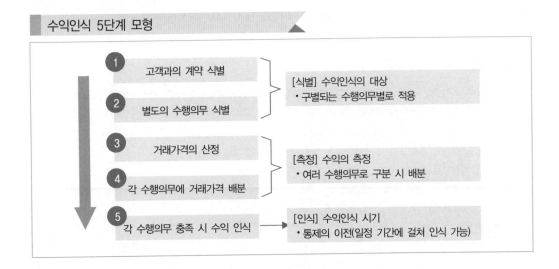

수익인식 5단계 모형

(1) 고객과의 계약을 식별

계약은 둘 이상의 당사자 사이에 집행 가능한 권리와 의무가 생기게 하는 합의로서 서면, 구두 또는 사업관행에 따라 체결된다. 기업회계기준서에 따르면 다음 기준을 모두 충족하는 경우에만 고객과 계약으로 회계처리한다.

① 계약 당사자들이 계약을 승인하고 각자의 의무를 수행하기로 확약한다.
② 이전할 재화나 용역과 관련된 각 당사자의 권리를 식별할 수 있다.
③ 이전할 재화나 용역의 지급조건을 식별할 수 있다.
④ 계약에 상업적 실질이 있다.
⑤ 재화나 용역에 대한 대가의 회수 가능성이 높다.

만약, 계약개시시점에 이러한 판단기준을 충족하지 못한 채 고객으로부터 대가를 수령하였다면 ① 고객에게 재화나 용역을 이전해야 하는 의무가 남아 있지 않고 약속한 대가를 대부분 받았으며 환불되지 않는 경우와 ② 계약이 종료되었고 고객으로 받은 대가가 환불되지 않는 경우 받은 대가를 수익으로 인식하고 그 전까지는 부채로 인식하게 된다.

심화학습

계약의 결합

다음 중 하나 이상에 해당된다면 같은 고객과 체결한 둘 이상의 계약을 하나의 계약으로 회계처리한다. 예를 들어 통신사가 휴대폰과 통신서비스를 고객에게 파는 것은 하나의 계약으로 볼 수 있다.

① 복수의 계약을 하나의 상업적 목적으로 일괄 협상한다.
② 한 계약에서 지급하는 대가(금액)는 다른 계약의 가격이나 수행에 따라 달라진다.
③ 복수의 계약에서 약속한 재화나 용역이 단일 수행의무에 해당한다.

(2) 수행의무의 식별

수행의무란 고객과의 계약에서 구별되는 재화나 용역을 고객에게 이전하기로 한 각 약속을 말한다. 계약 개시시점에 고객과의 계약에서 약속한 재화나 용역을 검토하여 고객에게 ① 구별되는 재화나 용역(또는 재화나 용역의 묶음) 혹은 ② 실질적으로 서로 같고 고객에게 이전하는 방식도 같은 '일련의 구별되는 재화나 용역'을 이전하기로 한 각 약속을 하나의 수행의무로 식별한다. 다만, 이는 계약서에 명시된 약속 뿐만 아니라 관행, 경영방침 등에 의해 고객이 기대하는 것도 포함된다.

만약, 다음 기준을 모두 충족한다면 고객에게 약속한 재화나 용역은 별도로 구별되는 것으로 보아야 한다.

① 고객이 재화나 용역 그 자체에서 효익을 얻거나 고객이 쉽게 구할 수 있는 다른 자원과 함께하여 그 재화나 용역에서 효익을 얻을 수 있다.
② 고객에게 재화나 용역을 이전하기로 하는 약속을 계약 내의 다른 약속과 별도로 식별해 낼 수 있다.

예를 들어 기계장치를 판매하면서 3년간 소모품을 정해진 기간마다 제공하기로 계약하였고, 소모품은 별도로도 판매되고 있다면 판매자는 기계장치의 판매와 소모품의 공급을 별개로 이행할 수도 있으므로 서로 유의적 영향을 주지 않는다. 따라서 판매계약에는 기계장치의 공급과 소모품의 공급이라는 두 개의 수행의무가 있다고 본다.

약속한 재화나 용역이 구별되지 않는다면, 구별되는 재화나 용역의 묶음을 식별할 수 있을 때까지 그 재화나 용역을 약속한 다른 재화나 용역과 결합한다. 경우에 따라서는 그렇게 함으로써 기업이 계약에서 약속한 재화나 용역 모두를 단일 수행의무로 회계처리 하는 결과를 가져올 것이다.

(3) 거래가격의 산정

거래가격이란 고객에게 약속한 재화나 용역을 이전하고 그 대가로 기업이 받을 권리를 갖게 될 것으로 예상하는 금액이며, 부가가치세처럼 제3자를 대신해 회수한 금액은 제외한다. 거래가격을 산정하는 경우 아래와 같은 사항을 반영한다.

1) 변동대가

고객으로부터 받을 대가에 할인, 리베이트, 환불, 장려금 등이 포함되어 있다면 대가가 변동될 수 있다. 또한 판매자가 받을 대가가 미래 사건의 발생 여부에 달려 있는 경우에도 대가가 변동될 수 있다. 예를 들어 구매량이 10,000개 이상이 되는 경우 단가 할인을 해주는 경우 대가가 변동된다고 볼 수 있다.

계약에서 약속한 대가에 변동금액이 포함된 경우에 고객에게 약속한 재화나 용역을 이전하고 그 대가로 받을 권리를 갖게 될 금액을 추정한다. 이때 유의할 점은 변동대가와 관련된 불확실성이 나중에 해소될 때, 이미 인식한 누적 수익 금액 중 유의적인 부분을 되돌리지 않을 가능성이 매우 높은 정도까지만 추정된 변동대가의 일부나 전부를 거래가격에 포함한다.

예 제

(주)삼일은 거래처에 20X1. 1. 1 제품 A를 개당 100원에 공급하기로 계약하였다. 계약에는 만약 고객이 1년 동안 제품 A를 1,000개 넘게 구매하는 경우 개당 가격을 90원으로 소급하여 낮추기로 하였다.
(주)삼일은 20X1. 3. 31 제품 A를 75개를 판매하였으나 연간 1,000개는 넘지 않을 것으로 예상하였다. 그러나 20X1. 6. 30 (주)삼일은 추가로 500개를 판매하였고 연간 판매량이 1,000개를 초과할 것으로 예상하였다.

(주)삼일의 20X1. 3. 31과 20X1. 6. 30에 매출과 관련한 회계처리를 하시오.

풀 이

- 20X1. 3. 31
  (차) 매출채권   7,500원   (대) 매출   7,500원
  7,500원 = 75개 × 100원
- 20X1. 6. 30
  (차) 매출채권   44,250원   (대) 매출   44,250원
  44,250원 = (500개 + 75개) × 90원 − 7,500원

2) 계약에 있는 유의적인 금융요소

고객과의 계약에 따라 합의한 지급시기 때문에 유의적인 금융효익이 고객에게 제공되는 경우 화폐의 시간가치를 반영하여 거래가격을 조정한다. 고객이 별도 금융거래를 하는 경우 적용할 할인율을 사용하여 거래가격을 조정하되, 만약 재화나 용역을 이전하는 시점과 고객이 대가를 지급하는 시점이 1년 이내로 예상된다면 유의적인 금융요소의 영향을 반영하여 약속한 대가를 조정하지 않는 실무적 간편법을 쓸 수 있다.

만약 계약에 다음 요인 중 어느 하나라도 존재하는 경우 금융요소가 없다고 본다.

---

① 고객이 대가를 선급하였고 재화의 이전시점은 고객의 재량에 달린 경우(예: 선불통화카드)
② 대가가 변동될 수 있으며, 금액과 시기를 판매자 혹은 구매자가 통제할 수 없는 경우
   (예: 판매기준 로열티)
③ 대가와 현금판매가격과 차이가 금융요소 외의 이유로 생기는 경우(예: 제품 등의 유지보수의무 이행을 위하여 판매대금의 일부를 2년간 지급 연기)

거래전 선불 및 후불로 대금 수령시 수익인식

판매 전 대금 수령	판매시점	판매 후 대금 수령
현금수령액 **+** 이자 **=** 수익인식		
		현금수령액
	수익인식 ← **+**	이자

예 제

(주)삼일은 거래처에 20X1. 1. 1 제품 A를 2년 후에 이전하기로 하고 4,000원을 수령하였다. 기업의 증분차입이자율이 6%라면 제품 판매시점까지 회계처리는?

풀 이

20X1. 1. 1
(차) 현금   4,000   (대)계약부채   4,000

20X1. 12. 31
(차) 이자비용   240   (대) 계약부채   240

20X2. 12. 31
(차) 이자비용   254   (대) 계약부채   254
      계약부채   4,494   매출   4,494

※ 20X1년 이자비용 = 4,000 × 6% = 240 , 20X2년 이자비용 = (4,000 + 240) × 6% = 254

3) 고객에게 지급할 대가

판매자가 고객에게 현금, 상품권 등을 지급하거나 지급이 예상되는 금액은 고객이 판매자에게 별도 재화나 용역을 공급하고 지급하는 대가가 아니라면 수익에서 차감한다. 예를 들어 (주)삼일이 유통거래처에 10,000원의 제품을 판매하고 1,000원을 납품 후 지급하기로 하였다면 (주)삼일은 9,000원의 수익을 인식하여야 한다.

4) 비현금 대가

고객이 현금 외의 형태로 대가를 약속한 계약의 경우에 거래가격을 산정하기 위하여 비현금 대가를 공정가치로 측정한다. 그러나 비현금 대가의 공정가치를 합리적으로 추정할 수 없는 경우에는, 그 대가와 교환하여 고객에게 약속한 재화나 용역의 개별 판매가격을 참조하여 간접적으로 그 대가를 측정한다.

(4) 거래가격의 배분

거래가격을 각 수행의무별로 수익을 측정하기 위하여 계약 개시시점에 각 수행의무 대상인 재화 혹은 용역의 개별 판매가격을 산정하고 이 가격에 비례하여 거래가격을 배분한다. 예를 들어 전산장비와 관련 프로그램을 1,000원에 판매하였으나 개별 판매가격이 각각 900원과 600원이라면 전산장비 납품의무에 대해서는 600원(1,000원×900원÷1,500원)의 계약금액이 배분되고 프로그램공급은 400원(1,000원×600원÷1,500원)이 배분된다.

개별 판매가격은 기업이 고객에게 약속한 재화나 용역을 별도로 판매할 경우의 가격이다. 개별 판매가격의 최선의 증거는 기업이 비슷한 상황에서 비슷한 고객에게 별도로 재화나 용역을 판매할 때 그 재화나 용역의 관측 가능한 가격이다. 만약, 개별 판매가격을 직접 관측할 수 없다면, 거래가격이 배분되도록 개별 판매가격을 추정한다.

예 제

(주)삼일은 거래처에 20X1. 1. 1 제품 A, B, C를 1,000원에 판매하기로 하였으며, 각 계약을 하나의 상업적 목적으로 일괄 협상하였다. 각 제품은 서로 다른 시기에 공급이 이루어지며 개별 제품을 판매하는 경우 가격은 다음과 같다. 각 제품별로 인식하여야할 거래금액은 얼마인가?

제품 A	제품 B	제품 C	합계
500원	250원	750원	1,500원

풀 이

제품 A: 1,000원 × 500원 ÷ 1,500원 = 333원
제품 B: 1,000원 × 250원 ÷ 1,500원 = 167원
제품 C: 1,000원 × 750원 ÷ 1,500원 = 500원

---

(5) 수익의 인식

고객에게 약속한 재화나 용역, 즉 자산을 이전하여 수행의무를 이행할 때(또는 기간에 걸쳐 이행하는 대로) 수익을 인식한다. 자산은 고객이 그 자산을 통제할 때(또는 기간에 걸쳐 통제하게 되는 대로) 이전된다. 자산에 대한 통제란 자산을 사용하도록 지시하고 자산의 나머지 효익의 대부분을 획득할 수 있는 능력을 말한다.

식별한 각 수행의무를 기간에 걸쳐 이행하는지 또는 한 시점에 이행하는지를 계약 개시시점에

판단한다. 수행의무가 기간에 걸쳐 이행되지 않는다면, 그 수행의무는 한 시점에 이행되는 것이다.

1) 기간에 걸쳐 이행하는 수행의무

다음 기준 중 하나를 충족하면 기업은 재화나 용역에 대한 통제를 기간에 걸쳐 이전하는 것으로 보아 기간에 걸쳐 수익을 인식한다. 즉 진행기준에 따라 수익을 인식한다.

> ① 고객은 기업이 수행하는 대로 기업의 수행에서 제공하는 효익을 동시에 얻고 소비한다.
> ② 기업이 수행하여 만들어지거나 가치가 높아지는 대로 고객이 통제하는 자산을 기업이 만들거나 그 자산 가치를 높인다.
> ③ 기업이 수행하여 만든 자산이 기업 자체에는 대체 용도가 없고, 지금까지 수행을 완료한 부분에 대해 집행 가능한 지급청구권이 기업에 있다.

기간에 걸쳐 수익을 인식하는 경우 투입법 혹은 산출법에 따라 진행률을 측정하되 비슷한 수행의무에는 일관되게 적용하여야 한다. 진행률은 보고기간 말마다 다시 측정하되 회계추정의 변경으로 회계처리한다. 만일 진행률을 합리적으로 추정할 수 없다면 산출물을 합리적으로 측정할 수 있을 때까지 발생원가 범위 내에서 수익을 인식한다.

구분	진행률의 측정	적용 예시
산출법	약속한 재화나 용역의 가치와 비교하여 고객에게 이전한 재화나 용역의 가치에 비례하여 측정	기업이 제공한 용역시간당 금액을 청구할 수 있는 용역계약
투입법	수행의무 이행에 예상되는 총 투입물 대비 실제 투입물에 비례하여 측정	발생원가 혹은 사용한 기계시간 비율로 측정

2) 한 시점에 이행하는 수행의무

수행의무가 기간에 걸쳐 이행되지 않는다면, 그 수행의무는 한 시점에 이행되는 것이다. 고객이 약속된 자산을 통제하고 기업이 수행의무를 이행하는 시점을 판단하기 위해, 다음과 같은 통제 이전의 지표를 참고하여야 한다.

> ① 판매기업이 자산에 대해 현재 지급청구권이 있다.
> ② 고객에게 자산의 법적 소유권이 있다.
> ③ 판매기업이 자산의 물리적 점유를 이전하였다.
> ④ 자산의 소유에 따른 유의적인 위험과 보상이 고객에게 있다.
> ⑤ 고객이 자산을 인수하였다.

3 계약자산과 계약부채

계약 당사자 중 어느 한 편이 계약을 수행했을 때, 기업의 수행 정도와 고객의 지급과의 관계에 따라 그 계약을 계약자산이나 계약부채로 재무상태표에 표시한다. 대가를 받을 무조건적인 권리는 수취채권으로 구분하여 표시한다.

(1) 계약자산과 수취채권

1) 수취채권

수취채권은 기업이 대가를 받을 무조건적인 권리이다. 시간만 지나면 대가를 지급받기로 한 때가 되는 경우에 그 대가를 받을 권리는 무조건적이다. 예를 들면 기업에 현재 지급청구권이 있다면 그 금액이 미래에 환불될 수 있더라도 수취채권을 인식한다.

2) 계약자산

고객이 대가를 지급하기 전이나 지급기일 전에 기업이 고객에게 재화나 용역의 이전을 수행하는 경우에, 그 계약에 대해 수취채권으로 표시한 금액이 있다면 이를 제외하고 계약자산으로 표시한다. 계약자산은 기업이 고객에게 이전한 재화나 용역에 대해 그 대가를 받을 권리이다.

(2) 계약부채

기업이 고객에게 재화나 용역을 이전하기 전에 고객이 대가를 지급하거나 기업이 대가를 받을 무조건적인 권리(수취채권)를 갖고 있는 경우에 기업은 지급받은 때나 지급받기로 한 때(둘 중 이른 시기)에 그 계약을 계약부채로 표시한다. 계약부채는 기업이 고객에게서 받은 대가 또는 지급받을 권리가 있는 대가에 상응하여 고객에게 재화나 용역을 이전하여야 하는 기업의 의무이다.

II 비용의 인식

1 비용의 의의

비용은 제품의 판매나 생산, 용역제공 및 회사의 영업활동을 구성하는 활동으로부터 일정기간 동안 발생한 자산의 유출이나 사용 또는 부채의 발생액이다.

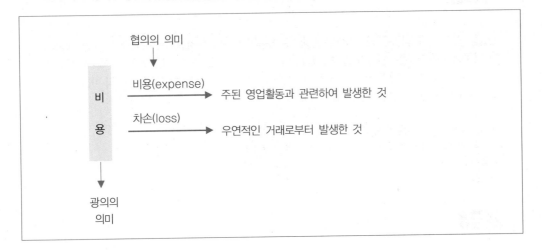

2 비용의 인식기준

비용의 인식이란 비용이 귀속되는 회계기간을 결정하는 것이다.

비용도 수익과 마찬가지로 회사의 경영활동 전과정을 통해서 발생되므로 재산이 감소할 때마다 이를 인식해야 한다. 그러나 현실적으로 이를 엄격히 적용하는 것은 어렵기 때문에 수익이 인식된 시점에서 수익과 관련하여 비용을 인식하는데 이를 수익·비용대응의 원칙이라고 한다.

3 계약체결 증분원가

계약체결 증분원가란 고객과 계약을 체결하기 위해 발생한 원가로, 계약을 체결하지 않았다면 발생하지 않는 원가이다. 만약 해당 원가가 회수될 것으로 예상된다면 이를 자산으로 인식하고 관련 수익을 인식함에 따라 상각한다. 만약 상각기간이 1년 이하라면 실무상 발생시점에 비용으로 인식할 수 있다. 한편 계약체결여부와 무관하게 발생하는 원가나 고객에게 원가를 청구할 수 없는 경우에는 발생시점에 비용으로 인식한다.

예를 들어 고객과 납품계약 체결에 대한 대가로 판매대리인에게 지급한 판매수수료는 계약체결 증분원가로 자산으로 인식하고 납품기간동안 상각을 한다. 만약 상각기간이 1년 이하인 경우 비용으로 처리할 수 있다.

예 제

컨설팅 법인인 (주)삼일은 경쟁입찰을 통해 (주)삼송의 컨설팅 용역을 수주하였다. 계약을 체결하기 위하여 다음과 같은 원가가 발생하였다. 영업사원 수수료는 수주 성공에 따라 지급하기로 한 금액이며 당기 해당 영업팀장의 성과금으로 8,000원의 비용을 지급하였다면 자산과 비용으로 인식하여야 할 금액은 얼마인가?

실사를 위한 외부 법률 수수료	15,000원
제안서 제출을 위한 교통비	25,000원
영업사원 수수료	10,000원
총 발생원가	50,000원

풀 이

	자산	비용
실사를 위한 외부 법률 수수료		15,000원
제안서 제출을 위한 교통비		25,000원
영업사원 수수료	10,000원	
영업팀장 성과금		8,000원
총 발생원가	10,000원	48,000원

법률수수료, 교통비는 계약체결여부와 상관없이 발생하고, 영업팀장의 성과금은 해당 컨설팅 수주 여부에 직접 관련성이 낮으므로 모두 비용으로 인식한다. 반면, 영업사원 수수료는 수주 여부에 따라 발생하므로 자산으로 인식한다.

4 계약이행원가

계약이행원가는 고객과의 계약을 이행할 때 드는 원가로서 다른 기업회계기준서의 적용범위(예: 기업회계기준서 제1002호 '재고자산', 제1016호 '유형자산', 제1038호 '무형자산')에 포함되지 않는다면, 다음 기준을 모두 충족해야만 자산으로 인식하며, 관련된 재화나 용역을 고객에게 이전하는 방식과 일치하는 체계적 기준으로 상각한다.

---

① 원가가 계약이나 구체적으로 식별할 수 있는 예상 계약에 직접 관련된다(예: 기존 계약의 갱신에 따라 제공할 용역에 관련되는 원가, 아직 승인되지 않은 특정 계약에 따라 이전할 자산의 설계원가).
② 원가가 미래의 수행의무를 이행(또는 계속 이행)할 때 사용할 기업의 자원을 창출하거나 가치를 높인다.
③ 원가는 회수될 것으로 예상된다.

계약 또는 구체적으로 식별된 예상 계약에 직접 관련되는 원가에는 다음이 포함된다.

---

① 직접노무원가(예: 고객에게 약속한 용역을 직접 제공하는 종업원의 급여와 임금)
② 직접재료원가(예: 고객에게 약속한 용역을 제공하기 위해 사용하는 저장품)
③ 계약이나 계약활동에 직접 관련되는 원가 배분액(예: 계약의 관리·감독 원가, 보험료, 계약의 이행에 사용된 기기·장비·사용권자산의 감가상각비)
④ 계약에 따라 고객에게 명백히 청구할 수 있는 원가
⑤ 기업이 계약을 체결하였기 때문에 드는 그 밖의 원가(예: 하도급자에게 지급하는 금액)

한편, 다음의 원가는 발생시점에 비용으로 인식한다.

---

① 일반관리원가
② 계약을 이행하는 과정에서 낭비된 재료원가, 노무원가, 그 밖의 자원의 원가로서 계약가격에 반영되지 않은 원가
③ 이미 이행한 (또는 부분적으로 이미 이행한) 계약상 수행의무와 관련된 원가(과거의 수행 정도와 관련된 원가)
④ 이행하지 않은 수행의무와 관련된 원가인지 이미 이행한(또는 부분적으로 이미 이행한) 수행의무와 관련된 원가인지 구별할 수 없는 원가

Ⅲ 다양한 유형의 수익인식 사례

1 위탁판매

(1) 수익인식시점

위탁판매는 위탁자가 제품의 판매를 다른 기업에게 위탁하고 위탁받은 기업(수탁자)이 소비자에게 제품을 판매하는 것을 말한다. 위탁판매수익은 수탁을 받은 유통업체 등이 고객에게 판매하기 전에 제품을 통제하는지 여부에 따라 달라진다. 만약 수탁자가 판매 전에 제품에 대한 통제를 하고 있다면 수탁자가 위탁자로부터 제품을 구입하여 고객에게 직접 판매한 것으로 본다. 하지만 통제를 하고 있지 않다면 수탁자는 중계용역만 제공하는 것이고, 제품은 위탁자가 판매한 것으로 본다.

구분	위탁자 수익	수탁자 수익
수탁자가 제품을 통제하는 경우 (별도 거래)	수탁자에게 판매한 금액	고객에게 판매한 금액
수탁자가 제품을 통제하지 못하는 경우 (위탁판매)	고객에게 판매한 금액	중계 수수료

실무상 위탁자의 입장에서는 수탁자가 그 상품을 판매하였는지의 여부를 수탁자로부터 보고가 없는 한 알 수 없기 때문에 수탁자로부터 판매에 관한 보고서가 송부되어 온 때에 회계처리하는 것이 일반적이다.

(2) 회계처리 사례

① 20X1. 5. 3 (주)삼일은 (주)용산에 판매를 위탁하기 위하여 상품 20,000,000원을 적송하고, 운임 등 제비용으로 250,000원을 현금으로 지급하였다.

(차) 적송품	20,250,000	(대) 재고자산	20,000,000
		현금	250,000

② 20X1. 6. 1 (주)삼일은 위의 적송품에 대하여 (주)용산으로부터 15,000,000원의 선수금을 은행을 통해 송금받았다.

(차) 당좌예금	15,000,000	(대) 선수금	15,000,000

③ 20X1. 6. 20 (주)용산은 적송품을 매출하고 선수금을 차감한 판매금액 14,700,000원(총매출액 30,000,000원, 수수료 비용 300,000원)은 10일 후에 입금하겠다고 통보해왔다.

(차) 선수금	15,000,000	(대) 매 출	30,000,000
매출채권	14,700,000		
판매수수료	300,000		
(차) 매출원가	20,250,000	(대) 적송	20,250,000

④ 10일 후에 (주)삼일은 통장에 잔액이 입금되었음을 확인하였다.

(차) 당좌예금	14,700,000	(대) 적송매출채권	14,700,000

2 반품권이 있는 판매

반품권이 있는 판매는 기업이 고객에게 제품에 대한 통제를 이전하고, 다양한 이유(예: 제품 불만족)로 제품을 반품할 권리를 고객에게 부여한 계약을 말한다. 반품권이 있는 판매는 반품이 예상되는 제품에 대해서는 수익으로 인식하지 않고, '환불부채'로 인식한다. 이때 반품으로 회수할 자산은 회수 비용을 차감한 금액으로 '반환제품회수권'으로 인식한다. 반품자산은 환불부채와 상계하지 않는다. 환불부채를 결제할 때 고객에게서 제품을 회수할 기업의 권리에 대하여 자산과 이에 상응하는 매출원가 조정을 인식한다.

만약, 반품을 예상할 수 없다면 제품을 이전할 때 수익을 인식하지 않고, 반품권과 관련된 불확실성이 해소되는 시점에 수익을 인식하고, 기업이 받은 대가를 전액 환불부채로 인식해야 한다.

---

① 반품을 예상할 수 있는 경우: 고객에게 제품을 이전할 때 반품예상액을 제외한 금액을 수익으로 인식하고, 반품으로 회수할 자산을 반환제품회수권으로 인식
② 반품을 예상할 수 없는 경우: 반품권과 관련된 불확실성이 해소되는 시점에 수익으로 인식

예 제

(주)삼일은 거래처인 (주)반품에게 20X1. 3. 1에 재화 15,000,000원(원가 12,000,000원)을 외상으로 인도하였다. (주)삼일은 인도시점에서 (주)반품에게 20X1. 6. 30까지 반품권을 부여하였다.

1. 재화의 인도시점에 반품을 예상할 수 없는 경우 회계처리를 하시오.
2. 매출 중 2,000,000원(원가 1,600,000원)의 반품을 예상할 수 있는 경우 회계처리를 하시오.

풀 이

1. 반품을 예상할 수 없는 경우에는 인도시점(20X1. 3. 1)에 수익을 인식할 수 없으므로 회계처리 없음

   20X1. 3. 1 : (차) 반환제품회수권 12,000,000원　(대) 재고자산　　12,000,000원

   20X1. 6. 30 : (차) 매출채권　　15,000,000원　(대) 매출　　　　15,000,000원

   　　　　　　　(차) 매출원가　　12,000,000원　(대) 반환제품회수권 12,000,000원

2. 반품을 예상할 수 있는 경우 반품금액을 매출이 아닌 환불부채로, 회수예상되는 자산은 반환제품 회수권으로 인식한다.

   20X1. 3. 1 : (차) 매출채권　　　15,000,000원　(대) 매출　　　　13,000,000원
   　　　　　　　　　　　　　　　　　　　　　　　　　　환불부채　　 2,000,000원
   　　　　　　　(차) 매출원가　　　10,400,000원　(대) 재고자산　　12,000,000원
   　　　　　　　　반환제품회수권　1,600,000원

3 할부판매

(1) 개념

　할부판매란 상품이나 제품을 판매함에 있어서 판매대금을 분할하여 회수하는 조건으로 이루어지는 판매형태로 재화의 판매에 금융요소가 포함되어 있다. 재화판매에 대한 수익인식은 재화가 인도되는 시점에 인식하나 금융요소(이자수익)는 대가를 회수하는 기간 동안 인식하다. 다만, 대금회수가 1년 이내인 단기할부판매의 경우에는 금융요소가 유의적이지 않으므로 이자수익을 별도로 구분하지 않을 수 있다.

(2) 회계처리

장기할부판매로 발생하는 채권의 명목금액과 현재가치의 차액은 현재가치할인차금의 과목으로 하여 장기매출채권의 차감계정으로 표시한다. 장기매출채권은 비유동자산으로 분류하며, 보고기간 말로부터 1년 이내에 만기가 도래하는 부분은 유동자산으로 공시한다.

(차) 장기성매출채권	×××	(대) 매출	×××
		현재가치할인차금	×××

장기할부판매에서 구분된 이자부분은 유효이자율법을 사용하여 가득하는 시점에 수익으로 인식한다. 이때 현재가치할인차금은 채권의 회수기간에 걸쳐 이자수익으로 인식된다.

(차) 현금	×××	(대) 이자수익	×××
현재가치할인차금	×××		

예제

(주)삼일은 20X1. 1. 1에 (주)용산에 상품을 할부판매하였다. 재고자산에 대하여는 계속기록법을 사용하고 있으며, 판매에 관한 사항은 다음과 같을 때 (주)삼일의 회계처리를 하시오(단, 유동성분류는 생략한다).
- 상품의 원가 : 4,000,000원
- 할부금회수방법 : 매년 말에 2,000,000원씩 3년간
- 판매시의 시장이자율 : 연 12%
  - 장기성 매출채권 :
    ① 현재가치 : 2,000,000원×2.40183(3년, 12% 연금현가계수)=4,803,660원
    ② 현재가치할인차금 : 6,000,000원-4,803,660원(현재가치)=1,196,340원
  - 현재가치할인차금 상각표 :

일자	A. 할부금 회수액	B. 이자수익 =D×12%	C. 장기성매출채권 원금회수액(A-B)	D. 장기성매출채권 장부금액(D-C)
20X1. 1. 1				4,803,660원
20X1. 12. 31	2,000,000원	576,439원	1,423,561원	3,380,099원
20X2. 12. 31	2,000,000원	405,612원	1,594,388원	1,785,711원
20X3. 12. 31	2,000,000원	214,289원	1,785,711원	0원

일자	회계처리				
20X1. 1. 1	(차) 장기성매출채권	6,000,000	(대) 매출		4,803,660
			현재가치할인차금		1,196,340
	(차) 매출원가	4,000,000	(대) 상품		4,000,000
20X1. 12. 31	(차) 현금	2,000,000	(대) 장기성매출채권		2,000,000
	(차) 현재가치할인차금	576,439	(대) 이자수익		576,439
20X2. 12. 31	(차) 현금	2,000,000	(대) 장기성매출채권		2,000,000
	(차) 현재가치할인차금	405,612	(대) 이자수익		405,612
20X3. 12. 31	(차) 현금	2,000,000	(대) 장기성매출채권		2,000,000
	(차) 현재가치할인차금	214,289	(대) 이자수익		214,289

4 상품권

(1) 상품권의 개념

상품권이란 그 명칭 또는 형태에 관계없이 발행자가 일정한 금액이나 물품 또는 용역의 수량이 기재된 무기명증표를 발행·매출하고 그 소지자가 발행자에게 제시함으로써 그 증표에 기재된 내용에 따라 상품권발행자로부터 물품 또는 용역을 제공받을 수 있는 유가증권을 말한다. 상품권은 주로 백화점 등에서 발행되는 일종의 유가증권으로서 이의 발행·운용은 상품권법의 규제를 받는다.

(2) 회계처리

1) 매출수익의 인식시점

상품권을 발행한 기업이 수행할 의무는 고객에게 제품 등을 제공하는 것이므로 상품권 판매시점이 아닌 상품권이 발행된 후에 실제 상품의 판매나 용역이 제공되는 시점에서 수익이 발생한다고 본다. 따라서 상품권을 판매한 때에는 선수금(상품권선수금계정 등)으로 처리한다.

2) 상품권의 할인판매

상품권을 할인판매한 경우에는 액면금액 전액을 선수금으로 계상하고 할인액은 상품권할인액계정으로 하여 동 선수금계정에서 차감하는 형식으로 표시하며, 상품권할인액은 추후 물품 등을 제공하거나 판매한 때에 매출에누리로 대체한다.

3) 상품권의 잔액환급시 회계처리

현금을 상환하는 때 또는 물품판매 후 잔액을 환급하여 주는 때에 선수금과 상계한다.

4) 장기 미회수 상품권의 회계처리

상품권의 유효기간이 경과하였으나 상법상의 소멸시효가 완성되지 않은 경우에는 유효기간이 경과된 시점에서 상품권에 명시된 비율에 따라 당기수익으로 인식하고, 상법상의 소멸시효가 완성된 경우에는 소멸시효가 완성된 시점에서 잔액을 전부 당기수익으로 인식한다.

5 설치 조건부 판매

구매자에게 기계장치 등 재화를 판매하면서 설치하는 용역을 제공하는 경우에는 설치용역이 유의적으로 재화와 별도 구분되는 수행의무인지 여부에 따라 회계처리를 한다. 만약 설치용역이 별도 수행의무로 식별되는 경우 각각을 별도 수행의무로 보아 수익을 인식한다. 반면, 별도 수행의무로 식별되지 않는 경우에는 설치와 재화의 판매를 하나의 수행의무로 보아 재화의 통제가 이전되는 시점에 수익을 인식한다.

다음과 같은 경우 재화와 설치용역을 별도로 분리하여 인식한다.

① 유의적 통합용역을 제공하지 않는 경우(예: 기계장치를 인도한 다음 설치하기로 약속한 경우)
② 설치용역이 장비를 유의적으로 고객 맞춤화하거나 유의적으로 변형하지 않은 경우
③ 비록 고객은 장비를 통제하게 된 다음에만 설치용역에서 효익을 얻을 수 있지만, 설치용역이 장비에 유의적으로 영향을 미치지 않는 경우

6 임대업, 대행업, 전자쇼핑몰 등

기업이 고객에게 재화가 이전되기 전에 해당 재화에 대한 통제권을 가지지 않는 경우에 대리인으로서 판매가액 총액을 수익으로 계상할 수 없으며, 받을 권리를 가지는 판매수수료만을 수익으로 인식해야 한다. 다음과 같은 예가 이에 해당한다.

(1) 임대업

임대업을 영위하는 회사는 임대매장에서 발생하는 제화에 대한 통제권을 가지지 않으므로 임차인으로부터 수취하는 임대료만을 수익으로 인식해야 한다.

(2) 대행업

수출업무를 대행하는 종합상사는 판매를 위탁하는 회사를 대신하여 재화를 수출하는 것이므로 판매수수료만을 수익으로 계상해야 한다.

(3) 전자쇼핑몰

제품공급자로부터 받은 제품을 인터넷 상에서 중개판매하거나 경매하고 수수료만을 수취하는 전자쇼핑몰 운영회사는 관련 수수료만을 수익으로 인식해야 한다.

7 시용판매

시용판매는 상품을 고객에게 일정기간 사용하게 한 후 구입 여부를 결정하게 하는 형태의 판매를 말한다. 시용판매에서는 고객의 매입의사표시가 제품 등에 대한 통제의 이전된 것으로 보아 매입의사를 표시한 시점에 수익을 인식한다.

8 고객의 인수(검수 조건부 판매)

고객이 자산을 인수하는 것은 고객이 자산을 통제하게 됨을 나타낼 수 있다. 고객의 인수 조항에서는 검수를 하여 재화 등이 합의한 규격에 부합하지 않는 경우에 계약 취소를 할 수 있다. 따라서 고객이 재화 등의 통제시점을 판단할 때 이러한 검수 여부를 참고한다. 검수 조건부 판매의 경우 수익인식 방법은 아래와 같다.

구분	수익 인식
① 재화나 용역이 합의된 규약에 부합하는지 객관적으로 판단 가능한 경우	실제로 인수되었으므로 형식적인 고객 인수 절차와 관계없이 수익 인식
② 재화나 용역이 합의된 규약에 부합하는지 객관적으로 판단 불가능한 경우	고객이 인수하는 시점에 수익인식

예를 들어 시험·평가 목적으로 제품을 고객에게 인도하고 고객이 시험기간이 경과할 때까지 대금지급을 하지 않기로 하였다면 고객이 제품을 인수하거나 시험기간 경과 전까지 수익을 인식하지 않는다.

9 주문개발하는 소프트웨어의 대가

주문개발하는 소프트웨어도 수행의무를 식별하여 각 수행의무별로 거래가격을 배부하여 수익을 인식한다. 예를 들어 만약 소프트웨어의 주문개발에는 라이선스, 설치용역, 소프트웨어 갱신, 기술지원의 수행의무가 포함된다면 각 수행의무에 따라 거래가격을 배부하여 수익을 인식하여야 할 것이다.

IV 라이선스(License)

1 라이선스의 의의

라이선스는 '소프트웨어', '음악', '특허권' 등 기업의 지적 재산권에 대한 고객의 권리를 말한다. 만약, 고객과의 계약에서 라이선스를 부여하는 수행의무가 그밖에 약속한 재화나 용역과 구별되지 않는다면 단일의 수행의무로 본다.

국제회계기준에서는 고객에게 부여한 라이선스를 '접근권'과 '사용권'으로 구분한다. 라이선스가 '접근권'이라면 라이선스 사용기간에 걸쳐 수익을 인식하고, '사용권'인 경우 라이선스를 부여하는 시점에 수익을 인식한다.

구분	의미	수익인식 방법
접근권	일정기간 판매자가 갱신 등 관리하는 지적재산에 접근할 권리	사용기간에 걸쳐 수익 인식
사용권	라이선스 부여한 시점에 존재하는 지적재산권을 사용할 권리	부여일에 수익 인식

2 접근권과 사용권

'접근권'은 일정 라이선스 기간 동안 라이선스 보유자의 활동에 의하여 영향을 받는 지적재산권에 대한 접근권리이다. 비록 지적재산권의 제공자가 지적재산권을 지속적으로 발전 및 변경시키더라도 고객은 '접근권'이 있다면 계약 기간 동안 계속 사용이 가능할 것이다. 국제회계기준에서는 다음의 요건을 모두 충족하는 경우 라이선스 계약을 '접근권'으로 판단한다.

> ① 고객이 권리를 갖는 지적재산에 유의적으로 영향을 미치는 활동을 기업이 할 것을 계약에서 요구하거나 고객이 합리적으로 예상한다.
> ② 라이선스로 부여한 권리 때문에 고객은 기업 활동이 미치는 긍정적 혹은 부정적 영향에 직접 노출된다.
> ③ 기업이 지적재산권에 영향을 미치는 활동이 행해짐에 따라 고객에게 재화나 용역이 이전되지 않는다.

라이선스 계약이 접근권에 해당하면 일정기간 동안 권리를 부여하는 수행의무가 부여된 것이므로 그 기간에 걸쳐 수익을 인식한다.

'사용권'은 라이선스를 부여한 시점에 존재하는 지적재산권을 사용할 수 있는 권리로 앞의 '접근권'에 해당하지 않는 라이선스를 말한다. 사용권이 부여된 지적재산권은 계약일 현재 존재하는 것으로 계약일 이후 변경 등이 이루어지지 않는다. 따라서 사용권은 권리를 부여한 시점에 수익으로 인식하여야 한다.

예 제

아동용 인기 방송프로그램 제작사인 (주)타요는 20X1년 1월1일 방송 프로그램의 캐릭터를 (주) 서울버스와 4년간 사용계약을 체결하였다. (주)서울버스는 (주)타요의 현재 및 앞으로 방송에 나올 캐릭터 모두 사용할 권리를 가지고 4년간 사용대가로 매년 1천만 원을 지급하기로 하였다. 20X1년 (주)타요의 라이선스에 수익인식 회계처리는?

풀 이

(주)타요는 지적재산권의 사용기간 동안 모든 캐릭터 사용할 권리를 제공할 의무가 있으므로 지적 재산권에 대한 '접근권'을 제공한 것이다. 따라서 제공기간 동안 수익을 인식한다. 이때 사용횟수 등에 제한이 없으므로 시간기준으로 진행률을 측정하는 것이 합리적이다.

(차) 현금	10,000,000	(대) 매출	10,000,000

※ 대가에 포함되어 있는 금융요소는 유의적이지 않다고 가정한다.

예 제

(주)싸이는 20X1년 1월 1일 미국의 유명 레코드사 EMI와 2년간 미국에서 2집 앨범을 텔레비전, 라디오, 광고를 포함한 모든 상업적 매체에서 사용할 권리를 부여하는 라이선스 계약을 1억 원에 체결하였다. 20X1년 (주)싸이의 라이선스에 수익인식 회계처리는?

풀 이

(주)싸이는 20X1년 1월 1일에 존재하는 2집에 대한 지적재산권의 사용권을 제공한 것이므로 '사용권'을 제공한 것이다. 따라서 권리를 제공한 20X1년 1월 1일에 전액 수익을 인식한다.

(차) 현금	100,000,000	(대) 매출	100,000,000

V 고객충성제도

1 고객충성제도의 의의

고객충성제도는 재화나 용역을 구매하는 고객에게 인센티브를 제공하기 위하여 사용된다. 고객이 재화나 용역을 구매하면, 기업은 고객보상점수(흔히 '포인트', '마일리지'라고 한다)를 부여한다. 그러면 고객은 보상점수를 사용하여 재화나 용역을 무상 또는 할인 구매하는 방법으로 보상을 받을 수 있다. 고객충성제도의 예는 다음과 같다.

① 신용카드회사에서 카드이용금액에 비례하여 적립해 주는 포인트제도
② 헤어숍에서 일정횟수를 이용하는 경우 부여하는 무료이용권
③ 항공사에서 일정 마일리지가 누적되는 경우 제공되는 무료항공권
④ 인터넷서점이나 쇼핑몰에서 구입가격의 일부를 적립해 주고 추후에 판매금액에서 공제해 주는 포인트제도

이 제도는 다양한 방법으로 운영되는데, 고객이 보상점수를 사용하기 위해서는 보상점수의 특정 수량이나 금액을 적립하여야 하는 경우도 있다. 또한, 보상점수는 개별적인 구매나 일련의 구매, 특정 기간의 지속된 거래와 연계될 수 있다.

고객충성제도는 기업이 직접 보상을 제공하는 방법과 제3자가 보상을 제공하는 방법이 있다.

2 고객충성제도의 회계처리

보상점수를 부여한 매출거래('최초매출')에는 재화 등의 제공과 보상점수의 제공이라는 별도의 수행의무가 존재한다고 본다. 따라서 전체 거래가격을 제공하는 재화와 보상점수의 개별 판매가격에 기초하여 배부하여 수익을 인식해야 한다.

보상의 제공은 기업이 직접 하는 경우와 제3자가 하는 경우로 나뉘는데, 각각의 회계처리는 다음과 같다.

(1) 기업이 직접 보상을 제공하는 경우

보상점수에 배부된 거래가격은 계약부채로 인식하다가 보상을 제공한 때 수익으로 인식한다. 이때, 수익으로 인식할 금액은 회수될 것으로 기대되는 총 보상점수에서 보상과 교환되어 회수된 보상점수의 상대적 크기에 기초하여야 한다.

(2) 제3자가 보상을 제공하는 경우

보상점수에 배분되는 대가를 기업이 자기의 계산으로(즉, 본인으로) 회수하고 있는지 아니면 제3자를 대신하여(즉, 대리인으로) 회수하고 있는지를 판단하여야 한다.

① 기업이 자기의 계산으로 대가를 회수하는 경우
보상점수에 배분되는 총 대가로 수익을 측정하고 보상과 관련하여 의무를 이행한 때 수익을 인식
② 기업이 제3자를 대신하여 대가를 회수하는 경우
㉠ 수익은 자기의 계산으로 보유하는 순액 즉, 보상점수에 배분되는 대가와 제3자가 제공한 보상에 대해 기업이 지급할 금액 간의 차액으로 측정
㉡ 제3자가 보상을 제공할 의무를 지고 그것에 대한 대가를 받을 권리를 가지게 될 때 그 순액을 수익으로 인식

고객충성제도 수익인식

구분		수익인식시기	수익측정
판매기업이 직접 보상 제공		보상을 제공한 때	보상점수에 배분된 대가
제3자가 보상제공	자기의 계산으로 회수	보상과 관련하여 의무를 이행한 때	보상점수에 배분되는 총 대가
	제3자를 대신하여 회수	제3자가 보상에 대한 대가를 받을 권리를 가지게 될 때	보상점수에 배분되는 대가 – 제3자에게 지급할 금액

예 제

(주)삼일은 구매 10원당 고객충성포인트 1점을 고객에게 보상하는 고객충성제도를 운영한다. 각 포인트는 기업의 제품을 미래에 구매할 때 1원을 할인받을 수 있다.

20X1년 제품을 100,000원 판매하고 10,000포인트를 부여하였다. 제품의 개별 판매가격은 100,000원이고 실제 연도별 포인트 교환액과 총 교환예상포인트가 아래와 같은 경우 연도별 회계처리는?

구분	20X1년	20X2년
실제 교환된 포인트 누적액	4,500p	8,500p
총 교환예상포인트	9,500p	9,700p

풀 이

• 판매시

(차) 현금	100,000	(대) 매출	91,324
		계약부채	8,676

※거래가격의 배분
제품　　91,324　= [100,000원 × (개별 판매가격 100,000원 ÷ 109,500원)]
포인트　 8,676　= [100,000원 × (개별 판매가격 9,500원 ÷ 109,500원)]

• 1차 연도 기업이 인식하는 포인트수익은 (4,500p/9,500p)×8,676원=4,110원

(차) 계약부채	4,110	(대) 매출	4,110

• 2차 연도 기업이 인식하는 포인트수익은 (8,500p/9,700p)×8,676원-4,110원=3,493원

(차) 계약부채	3,493	(대) 매출	3,493

예 제

전기제품 판매상 (주)삼일은 고객이 구매금액 10원마다 (주)아시아항공의 1마일리지를 제공한다.
고객은 (주)아시아항공에서 마일리지로 결제할 수 있다.
(주)삼일의 20X1년 매출은 100,000원에 대해 마일리지를 10,000점을 부여하였고 개별 판매
가격을 기초로 마일리지에 배부된 금액은 10,000원이다.
(주)삼일은 마일리지에 대한 서비스를 본인으로서 자기의 계산으로 하여 (주)아시아항공에 1마일
리지당 0.9원을 지급한다면 20X1년의 회계처리는?

풀 이

- (주)삼일이 자기의 계산으로 대가를 회수하는 경우

  마일리지에 배분된 대가를 자기의 계산으로 회수한다면 마일리지에 배분된 총 10,000원으로 마일
  리지 수익을 측정한다. 항공사에 지급할 9,000원은 비용으로 인식한다.

(차) 현금	100,000	(대) 매출	90,000
		계약부채	10,000
(차) 계약부채	10,000	(대) 마일리지수익	10,000
(차) 마일리지원가	9,000	(대) 미지급비용	9,000

- (주)삼일이 대리인으로서 대가를 회수하는 경우

  항공사를 대신하여 즉, 대리인으로서 대가를 회수한다면 소매상은 자기의 계산으로 보유하는 순액
  으로 수익을 측정한다.

(차) 현금	100,000	(대) 매출	90,000
		마일리지수익	1,000
		미지급비용	9,000

Ⅵ 　보증의무

1 보증의무의 의의

기업은 재화나 용역의 공급과 관련하여 관행, 법률에 뿐만 아니라 마케팅 차원에서 고객에게 다양한 보증을 제공하고 있다. 이러한 보증은 판매기업이 고객에게 계약에 따른 의무를 다하고 있다는 확신을 주고자 이루어지는데 이를 확신유형의 보증(assurance type)이라고 한다. 반면 별도 용역 제공의 일환으로 이루어지기도 하는데 이를 용역유형의 보증(service type)이라고 한다.

확신유형의 보증의 경우 판매의 일환으로 이루어진 것이므로 이에 대해 충당부채와 우발부채의 회계처리를 따른다. 별도 용역유형의 보증의 경우 보증을 별도의 수행의무로 보아 거래가격의 일부를 배부한다.

고객이 보증을 별도로 구매할 수 있는 선택권이 있는 경우는 용역유형의 보증으로 본다. 보증이 확신유형인지를 판단할 때 다음 사항을 고려한다.

① 법률에서 보증을 요구: 분리가능하지 않으므로 별도 용역으로 보기 어렵다.
② 보증기간: 보증기간이 길수록 별도용역을 부여하는 것이므로 용역유형의 보증일 가능성이 높다.
③ 기업이 약속한 업무의 특성: 제품이 합의된 규격에 부합한다는 확신을 주기 위해 해야 하는 보증은 확신유형으로 본다.

보증의 인식

	수익인식시기	수익측정
확신유형의 보증	합의된 규약에 부합한다는 확신의 제공 법률 등에서 요구하는 경우	총공급대가를 수익 인식 충당부채 회계처리
용역유형의 보증	고객에게 별도 용역을 제공 고객이 보증을 별도 구매가능한 경우	총공급대가 중 일부를 보증용역에 배부하여 별도 수행의무로 수익인식

자동차 판매회사인 BNW는 자동차를 5,000만원에 판매하면서 기본적으로 2년간 보증서비스 (warranty)를 제공한다. 하지만 추가로 100만원을 납부하는 경우 1년간 보증연장서비스를 하고 있다. 보증과 관련하여 BNW의 회계처리는?

풀이

• 기본 보증서비스(2년)
  고객에게 정상제품을 판매한다는 보증을 하기 위해 제공하는 것으로 보증이 없이 판매가 이루어지거나 보증을 빼는 조건으로 가격이 할인되지 않으므로 이는 확신유형의 보증이다.
  따라서 5,000만 원을 매출로 인식하고 예상보증비용을 충당부채로 회계처리한다.

• 추가 보증서비스(1년)
  고객이 별도로 계약할 수 있는 보증은 별도 용역유형의 보증이다. 따라서 차량판매금액과 보증서비스 대가를 재화의 판매와 보증의 별도 수행의무로 배부하여 수익을 인식한다.

V 건설계약

1 인식기준

건설계약은 고객의 요구에 따라 건설회사가 공사 등을 완성하기로 하고 대가를 수령하는 계약을 말한다. 건설계약은 ① 기업이 수행하여 만들어지거나 가치가 높아지는 대로 고객이 통제하는 자산을 기업이 만들거나 그 자산 가치를 높이는 경우와 ② 기업이 수행하여 만든 자산이 기업 자체에는 대체 용도가 없고, 지금까지 수행을 완료한 부분에 대해 집행 가능한 지급청구권이 기업에 있는 경우에 기간에 걸쳐 이행하는 수행의무로 보아 진행률을 측정하여 그 기간 동안 진행기준으로 수익을 인식한다.

여기서 유의할 점은 수행의무의 진행률을 합리적으로 측정할 수 있는 경우에만, 기간에 걸쳐 이행하는 수행의무에 대한 수익을 인식한다. 적절한 진행률 측정방법을 적용하는 데 필요한 신뢰할 수 있는 정보가 부족하다면 수행의무의 진행률을 합리적으로 측정할 수 없을 것이다. 어떤 상황(예: 계약 초기 단계)에서는 수행의무의 결과를 합리적으로 측정할 수 없으나, 수행의무를 이행하는 동안에 드는 원가는 회수될 것으로 예상한다. 그 상황에서는 수행의무의 결과를 합리적으로 측정할 수 있을 때까지 발생원가의 범위에서만 수익을 인식한다.

2 진행률의 측정

계약의 진행률은 산출법 혹은 투입법에 따라 측정된다.

(1) 산출법

산출법은 지금까지 이전된 재화나 용역이 고객에게 주는 가치를 직접 측정(예: 지금까지 완료한 수행 정도를 조사, 달성한 결과에 대한 평가, 도달한 단계, 경과한 시간, 인도한 단위나 생산한 단위)한 것에 기초하여 수익을 인식하는 것이다. 이때 '고객에게 주는 가치'란 계약에서 기업의 수행분을 객관적으로 측정하는 것을 말한다.

산출법에 따라 기업이 청구할 수 있는 금액이 고객에게 이전하는 재화나 용역에 비례하는 경우 이 금액을 수익으로 인식할 수 있을 것이다. 예를 들어 기업이 제공한 용역시간당 고정금액을 청구하는 용역계약의 경우 청구액을 수익으로 인식할 수 있다. 산출법은 개념적으로 기업의 수행 정도를 가장 충실하게 나타내지만 실제로 수행정도를 측정하기는 쉽지 않을 것이다.

(2) 투입법

투입법은 수행의무를 이행하기 위해 예상되는 총 투입물 대비 실제 투입된 기업의 노력 또는 투입물(예: 소비한 자원, 사용한 노동시간, 발생원가, 경과한 시간, 사용한 기계 시간)에 기초하여 수익을 인식하는 것이다.

대표적인 투입법에는 ① 원가기준, ② 노동시간기준, ③ 투입물량기준 등이 있다.

구분	진행률의 측정	적용 예시
산출법	약속한 재화나 용역의 가치와 비교하여 고객에게 이전한 재화나 용역의 가치에 비례하여 측정	기업이 제공한 용역시간당 금액을 청구할 수 있는 용역계약
투입법	수행의무 이행에 예상되는 총 투입물 대비 실제 투입물에 비례하여 측정	발생원가 혹은 사용한 기계시간 비율로 측정

일반적으로 투입원가의 정도가 기업의 노력이나 의무이행을 잘 나타내면서 관련 정보를 산정하기 용이하므로 진행률의 측정 방법으로 원가기준(즉, 총 예정원가 대비 실제 원가 투입률)이 많이 사용된다. 따라서 본서에서는 진행률의 측정방법으로 원가기준을 사용하여 내용을 서술한다.

진행기준 하에서는 매 회계기간마다 누적적으로 계약수익과 계약원가를 추정하므로 공사진행률도 당기까지 수행된 누적공사진행률을 산정해야 한다. 그러므로 누적공사진행률은 다음과 같이 산정된다.

$$누적공사진행률 \ = \ \frac{당기말까지 \ 발생된 \ 계약원가 \ 누적액}{당기말 \ 현재 \ 추정총계약원가}$$

진행률 측정방법을 적용할 때, 고객에게 통제를 이전하지 않은 재화나 용역은 진행률 측정에서 제외한다. 이와 반대로, 수행의무를 이행할 때 고객에게 통제를 이전하는 재화나 용역은 모두 진행률 측정에 포함한다.

3 진행기준 적용의 회계처리

(1) 계약수익과 계약원가의 인식

진행기준 하에서는 매 회계기간마다 누적적으로 계약수익과 계약원가를 추정한다. 따라서 계약수익 또는 계약원가에 대한 추정치 변경의 효과는 회계추정의 변경으로 회계처리한다. 변경된 추정치는 변경이 이루어진 회계기간과 그 이후 회계기간의 손익계산서상 인식되는 수익과 비용의 금액 결정에 사용된다. 그러므로 당기에 손익계산서상 인식되는 계약수익은 다음과 같이 산정된다.

당기 계약수익＝전체 계약금액×누적공사진행률－전기까지 기인식된 누적계약수익 금액

계약수익의 인식

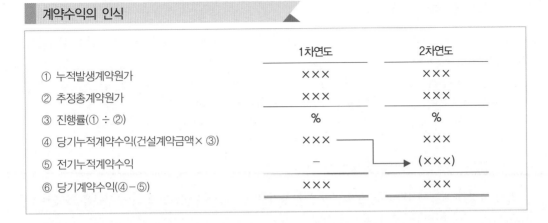

	1차연도	2차연도
① 누적발생계약원가	×××	×××
② 추정총계약원가	×××	×××
③ 진행률(① ÷ ②)	%	%
④ 당기누적계약수익(건설계약금액× ③)	×××	×××
⑤ 전기누적계약수익	–	(×××)
⑥ 당기계약수익(④−⑤)	×××	×××

계약원가 또한 계약수익처럼 아래와 같이 산정된다.

당기 계약원가=전체 계약원가×누적공사진행률−전기까지 기인식된 누적계약원가 금액

(2) 계약원가 발생의 회계처리

1) 계약원가 발생의 회계처리

재료비, 노무비, 경비 등이 발생할 경우 이에 대한 원가를 미성공사계정으로 회계처리 한다. 건설계약회계처리에서 미성공사는 건설공사에 투입되는 원가뿐만 아니라 공사손익에 해당하는 부분도 미성공사로 회계처리 한다. 이에 따라 공사손실이 발생하지 않는 일반적인 건설계약의 재무상태표에 표시되는 미성공사는 수행한 공사의 원가와 공사손익의 합으로 누적계약수익액과 일치한다.

(차) 미성공사	×××	(대) 현금	×××

2) 계약대금 청구의 회계처리

계약에 따라 발주자에게 계약 대금을 청구할 경우에 아래와 같이 회수할 금액에 대하여 공사미수금 계정으로 인식한다. 이에 대한 상대 계정으로는 진행청구액 계정으로 인식하는데 이는 진행기준에 따른 수익인식시기가 아직 도래하지 않음에 따라 발생된, 이후 건설회사가 수행하여야 하는 건설의무로 부채이다.

(차) 공사미수금	×××	(대) 진행청구액	×××

3) 계약대금 회수의 회계처리

이후 건설회사가 공사미수금에 대하여 대금을 수령시에는 공사미수금과 수령한 대금을 상계하는 회계처리를 한다.

(차) 현금	×××	(대) 공사미수금	×××

4) 결산시 수익, 원가의 회계처리

앞서 설명한 계약수익과 계약원가 금액을 진행기준에 따라 계상하고, 그 차이 부분은 1)에서 설명한 바와 같이 미성공사로 회계처리 한다.

(차) 계약원가	×××	(대) 계약수익	×××
미성공사	×××		

결산시에 미성공사계정과 진행청구액계정은 별도로 표시하지 않는다. 공사수익을 의미하는 미성공사와 계약에 따른 대금청구금액을 의미하는 진행청구액의 순액을 공시하는데 두 금액의 크기에 따라 다음과 같이 공시한다.

미성공사 > 진행청구액: 차액을 계약자산계정(자산)으로 공시
미성공사 < 진행청구액: 차액을 계약부채계정(부채)으로 공시

5) 공사완공의 회계처리

건설 공사가 완공되면 미성공사계정과 진행청구액계정금액은 건설계약금액이 되어 동일하게 되며, 이 두 계정을 상계하는 회계처리를 한다.

(차) 진행청구액	×××	(대) 미성공사	×××

예 제

(주)삼일은 20X1. 1. 5에 을회사와 공장건설계약을 맺었다. 총공사계약액은 120,000,000원이며 공사가 완성된 20X3. 12. 31까지 건설과 관련된 회계자료는 다음과 같다. 단, 회사는 회계처리방침으로 진행기준을 적용하고 있으며, 공사진행률 계산은 누적발생계약원가에 기초하여 측정한다.

	20X1	20X2	20X3
당기발생계약원가			
재료비	5,000,000원	8,000,000원	11,000,000원
노무비	13,000,000원	23,000,000원	32,000,000원
경비	2,000,000원	4,000,000원	7,000,000원
계	20,000,000원	35,000,000원	50,000,000원
누적발생원가	20,000,000원	55,000,000원	105,000,000원
추정총계약원가	100,000,000원	110,000,000원	105,000,000원
공사대금청구액(연도별)	35,000,000원	35,000,000원	50,000,000원
공사대금회수액	30,000,000원	30,000,000원	60,000,000원
(모두 기말까지 회수됨)			

1. 각 연도별 계약수익·계약원가·계약이익계산표를 작성하시오.
2. 진행기준을 적용하여 각 연도의 회계처리를 하시오.
3. 20X1년과 20X2년의 재무상태표상 계약자산, 계약부채 금액을 구하시오.

풀 이

1. 각 연도별 계약수익·계약원가·계약이익계산표

	20X1	20X2	20X3
총공사계약금액	120,000,000원	120,000,000원	120,000,000원
누적발생원가	20,000,000원	55,000,000원	105,000,000원
추정총계약원가	100,000,000원	110,000,000원	105,000,000원
진행률	20%*1	50%*2	100%
누적계약수익	24,000,000원	60,000,000원	120,000,000원
전기누적계약수익	–	24,000,000원	60,000,000원
당기계약수익	24,000,000원	36,000,000원*3	60,000,000원
당기계약원가	(20,000,000)	(35,000,000)*4	(50,000,000)
계약이익	4,000,000원	1,000,000원	10,000,000원

*1 20,000,000/100,000,000=20%
*2 55,000,000/110,000,000=50%

*3 60,000,000(누적계약수익)−24,000,000(전기누적계약수익)=36,000,000원
*4 110,000,000×50%(누적계약원가)−20,000,000(전기누적계약원가)=35,000,000원

2. 각 회계연도의 회계처리

〈20X1〉
- 계약원가 발생시

| (차) 미성공사 | 20,000,000 | (대) 현금 | 20,000,000 |

- 계약대금 청구시

| (차) 공사미수금 | 35,000,000 | (대) 진행청구액 | 35,000,000 |

- 계약대금 회수시

| (차) 현금 | 30,000,000 | (대) 공사미수금 | 30,000,000 |

- 기말시점 결산시

| (차) 계약원가 | 20,000,000 | (대) 계약수익 | 24,000,000 |
| 미성공사 | 4,000,000 | | |

〈20X2〉
- 계약원가 발생시

| (차) 미성공사 | 35,000,000 | (대) 현금 | 35,000,000 |

- 계약대금 청구시

| (차) 공사미수금 | 35,000,000 | (대) 진행청구액 | 35,000,000 |

- 계약대금 회수시

| (차) 현금 | 30,000,000 | (대) 공사미수금 | 30,000,000 |

- 기말시점 결산시

| (차) 계약원가 | 35,000,000 | (대) 계약수익 | 36,000,000 |
| 미성공사 | 1,000,000 | | |

〈20X3〉
- 계약원가 발생시

| (차) 미성공사 | 50,000,000 | (대) 현금 | 50,000,000 |

- 계약대금 청구시

| (차) 공사미수금 | 50,000,000 | (대) 진행청구액 | 50,000,000 |

- 계약대금 회수시

| (차) 현금 | 60,000,000 | (대) 공사미수금 | 60,000,000 |

- 기말시점 결산시

(차) 계약원가	50,000,000	(대) 계약수익	60,000,000
미성공사	10,000,000		
(차) 진행청구액	120,000,000	(대) 미성공사	120,000,000

3. 재무상태표상 계약자산, 계약부채 금액

〈20X1〉
- 누적미성공사(24,000,000) 〈 누적진행청구액(35,000,000원)

  계약부채: 11,000,000원

〈20X2〉
- 누적미성공사(24,000,000+36,000,000) 〈 누적진행청구액(35,000,000+35,000,000)

  계약부채: 10,000,000원

4 손실이 예상되는 경우 수익인식

장기공사계약 하에서는 실제로 총 건설계약기간에 대하여, 총계약원가가 총계약수익을 초과하는 경우가 발생할 수 있다. 이 경우, 건설계약에서 예상되는 손실액(총계약원가 – 총계약수익)은 당기에 즉시 비용으로 인식한다.

발생원가에 기초한 투입법을 진행률 측정에 사용하는 계약의 경우에는 해당 계약의 예상손실과 관련하여 이 기준서에 따라 인식한 손실부담계약의 충당부채를 영업부문별로 구분하여 주석으로 공시한다. 다만 「자본시장과 금융투자업에 관한 법률」에 따른 사업보고서 제출대상법인이 아닌 경우에는 공시하지 않을 수 있다.

예 제

(주)삼일은 20X1. 1. 5에 을회사와 공장건설계약을 맺었다. 총공사계약액은 100,000,000원이며 공사가 완성된 20X3. 12. 31까지 건설과 관련된 회계자료는 다음과 같다. 단, 회사는 회계처리방침으로 진행기준을 적용하고 있으며, 공사진행률 계산은 누적발생계약원가에 기초하여 측정한다.

	20X1	20X2	20X3
당기발생계약원가			
재료비	5,000,000원	8,000,000원	16,000,000원
노무비	13,000,000원	23,000,000원	32,000,000원
경비	2,000,000원	4,000,000원	7,000,000원
계	20,000,000원	35,000,000원	55,000,000원
누적발생원가	20,000,000원	55,000,000원	110,000,000원
추정총계약원가	100,000,000원	110,000,000원	110,000,000원
공사대금청구액(연도별)	35,000,000원	35,000,000원	30,000,000원
공사대금회수액 (모두 기말까지 회수됨)	30,000,000원	30,000,000원	40,000,000원

각 연도별 계약이익을 계산하시오.

풀 이

각 연도별 계약이익

	20X1	20X2	20X3
총공사계약금액	100,000,000원	100,000,000원	100,000,000원
누적발생원가	20,000,000원	55,000,000원	110,000,000원
추정총계약원가	100,000,000원	110,000,000원	110,000,000원
진행률	20%[1]	50%[2]	100%
누적계약수익	20,000,000원	50,000,000원	100,000,000원
전기누적계약수익	–	20,000,000원	50,000,000원
당기계약수익	20,000,000원	30,000,000원[3]	50,000,000원
당기계약원가	(20,000,000)	(35,000,000)[4]	(55,000,000)
공사손실조정		(5,000,000)[5]	5,000,000원
계약이익	–	(10,000,000)	–

[1] 20,000,000/100,000,000=20%
[2] 55,000,000/110,000,000=50%
[3] 50,000,000(누적계약수익)-20,000,000(전기누적계약수익)=30,000,000원
[4] 110,000,000×50%(누적계약원가)-20,000,000(전기누적계약원가)=35,000,000원
[5] 예상손실액:
　　50,000,000(차기예상계약수익)-55,000,000(차기예상계약원가)=(-)5,000,000원

MEMO

01 수익인식 5단계 모형에 따라 수익을 인식하는 순서가 아래와 같다면 다음 빈칸에 들어갈 말로 가장 옳은 것은?

[1단계] (㉠)
[2단계] (㉡)
[3단계] 거래가격산정
[4단계] 거래가격배분
[5단계] 수행의무별 수익인식

	㉠	㉡
①	계약식별	수행의무식별
②	계약식별	통제이전
③	수행의무식별	계약식별
④	수행의무식별	통제이전

02 고객충성제도는 재화나 용역을 구매하는 고객에게 인센티브를 제공하기 위하여 사용된다. 다음 중 고객충성제도의 예로 가장 올바르지 않은 것은?

① 신용카드회사에서 카드이용금액에 비례하여 적립해주는 포인트제도
② 헤어숍에서 일정횟수를 이용하는 경우 부여하는 무료이용권
③ 가전회사에서 구매고객에게 1년간 무상수리를 제공하는 무상수리제도
④ 항공사에서 일정 마일리지가 누적되는 경우 제공되는 무료항공권

03 (주)삼일은 20X1년 1월 1일 (주)용산에 상품을 할부로 판매하였다. 할부대금은 매년 말 10,000,000원씩 3년간 회수하기로 하였다. 상품판매시의 시장이자율이 5%인 경우 (주)삼일의 20X2년 1월 1일 재무상태표상 매출채권 잔액은 얼마인가?(3년, 5% 연금현가계수는 2.72320이며, 소수점 이하는 반올림한다.)

① 30,000,000원
② 18,593,600원
③ 9,523,280원
④ 10,000,000원

04 (주)삼일은 20X1년 (주)용산에 1년 동안 1,000개 이상 구매하는 경우 단가를 90원으로 소급 조정하기로 하고 노트북을 개당 100원에 공급하는 계약을 체결하였다. 20X1년 3월 75개를 판매하고 연 1,000개는 넘지 않을 것으로 예상하였으나 6월 경기상승으로 500개를 판매하였고 연 판매량이 1,000개를 초과할 것으로 예상된 경우 (주)삼일의 6월 수익금액은 얼마인가?

① 7,500원
② 44,250원
③ 51,750원
④ 90,000원

05 (주)삼일은 20X1년 1월 1일 (주)한강에 100,000원을 받고 20X2년 12월 31일 제품을 인도하는 판매 계약을 체결하였다. 증분차입이자율이 5%인 경우 (주)삼일이 20X2년 인식할 매출액은 얼마인가?

① 0원
② 100,000원
③ 105,000원
④ 110,250원

06 다음 중 고객과의 계약에서 유의적인 금융요소가 존재하는 것으로 가장 올바른 것은?

① 고객이 대가를 선급하였으나 재화의 이전시점을 고객이 결정할 수 있는 경우
② 대가가 변동될 수 있으며 금액과 시기를 판매자와 구매자가 결정할 수 없는 경우
③ 제품 등의 유지보수 의무 이행하기 위해 판매대금 지급을 연기하는 경우
④ 판매대금을 재화 등을 양도하고 2년 이내에 수령하기로 상호 합의한 경우

07 다음 중 거래유형별 수익인식에 대한 설명으로 옳지 않은 것은?

① 위탁판매는 수탁자가 상품을 고객에게 판매한 시점에 수익을 인식한다.

② 반품권이 있는 판매의 경우 반품을 예상할 수 없다면 제품을 이전할 때 수익을 인식하지 않는다.

③ 할부판매는 재화가 인도되는 시점에 수익을 인식한다.

④ 상품권판매는 상품권이 판매되는 시점에 수익을 인식한다.

08 (주)삼일은 20X1년 1월 1일 판매대금 100,000원을 2년 후에 받기로 하고 (주)용산에 제품을 인도하였다. 증분차입이자율이 10%인 경우 (주)삼일이 20X1년 인식할 매출액은 얼마인가?(10%, 2년 현재가치계수는 0.82645)

① 100,000원

② 90,909원

③ 82,645원

④ 0원

09 전자제품을 제조하여 판매하는 (주)삼일은 20X1년 (주)다업소유통에 제품 50,000원을 판매하였다. 판매와 관련하여 고객들에게 판촉용으로 사용할 6,000원의 상품권 등을 지급하였다. (주)삼일이 20X1년 수익으로 인식할 금액은 얼마인가?

① 50,000원

② 54,000원

③ 44,000원

④ 56,000원

10 무선통신사업을 영위하는 (주)삼일은 20X1년 1월 1일 고객에게 24개월간 통신서비스를 제공하고 핸드폰 단말기를 판매하였다. 계약금액과 개별 판매시 공정가치가 아래와 같을 때 (주)삼일이 20X1년 수익으로 인식할 금액은 얼마인가?(금융요소는 무시하고 소수점 첫 자리에서 반올림함)

구분	계약금액	공정가치(개별판매 시)
핸드폰 단말기	20만 원	80만 원
통신서비스	월 5만 원	월 6만 원

① 95만 원
② 90만 원
③ 80만 원
④ 152만 원

11 다음 중 기간에 걸쳐 수익을 인식하는 경우로 가장 올바른 것은?

① 기업이 기업을 수행하는 대로 기업이 제공하는 효익을 동시에 얻고 소비하는 경우
② 고객에게 자산의 법적 소유권이 이전된 경우
③ 판매기업이 자산의 물리적 점유를 이전한 경우
④ 자산의 소유에 따른 유의적인 위험과 보상이 고객에게 있는 경우

12 (주)삼일중공업은 20X1년 12월 31일 경쟁입찰을 통해 공사기간 2년의 LNG선을 100억 원에 수주하였다. 계약을 체결하기 위해 다음과 같은 원가가 발생하였다. (주)삼일 계약체결을 위한 지출 중 20X1년에 비용으로 인식할 금액은 얼마인가?

구분	금액	비고
법률 검토를 위한 수수료	1,500만 원	
입찰을 위한 용역비	1,000만 원	설계비 등
외부 영업자문사 수수료	3,000만 원	성공수수료
입찰서 작성비용	4,000만 원	인쇄비, 교통비 등

① 4,000만 원   ② 5,000만 원

③ 6,500만 원   ④ 9,500만 원

13 (주)삼일은 20X1년 12월 31일 (주)용산에 1,000,000원(원가 800,000원)의 제품을 판매하고 1년 이내 반품할 수 있는 권리를 부여하였다. 인도일 현재 판매금액 기준 200,000원의 제품이 반품될 것으로 예상된다면 (주)삼일이 20X1년에 인식할 매출액은 얼마인가?

① 0원   ② 100,000원

③ 200,000원   ④ 800,000원

14 (주)삼일은 20X1년 12월 31일 (주)용산에 50,000,000원(원가율 60%)의 제품을 판매하고 1년 이내 반품할 수 있는 권리를 부여하였다. 인도일 현재 판매금액 기준 10,000,000원의 제품이 반품될 것으로 예상된다면 (주)삼일이 20X1년에 인식할 환불부채 금액은 얼마인가?

① 4,000,000원   ② 6,000,000원

③ 10,000,000원   ④ 50,000,000원

15 다음 중 수익인식시점이 재화나 용역의 판매시점인 경우로 가장 옳지 않은 것은?

① 반품가능 재화의 판매로서 반품 관련 위험을 신뢰성 있게 추정할 수 없는 경우
② 수탁자가 재화의 소유에 따른 위험과 효익을 부담하지 않고 위탁자의 대리인으로 재화를 맡아서 판매하는 위탁판매
③ 할부대금의 회수가 장기에 걸쳐 분할되어 있는 장기할부판매
④ 상품권 발행 후 재화를 인도하고 상품권을 받은 경우

16 방송프로그램 제작사인 (주)베이블레이드는 20X1년 1월1일 방송 프로그램의 캐릭터를 장난감 제조사인 (주)손오반에게 2년간 사용할 수 있는 계약을 체결하고 100,000,000원을 받았다. (주)손오반은 현재 및 향후 출시 캐릭터를 사용한 장난감 제작 권리를 가진다. 20X1년 (주)베이블레이드의 라이선스에 수익인식 금액은 얼마인가?

① 　　　　0원
② 25,000,000원
③ 50,000,000원
④ 100,000,000원

17 고객충성제도를 운영하는 (주)삼일은 20X1년 1월 제품 100,000원을 판매하고 10,000포인트를 부여하였다. 1포인트 당 1원을 할인 받을 수 있고, 제품의 개별판매가격은 100,000원이다. 총 교환 예상 포인트는 9,000포인트였으나 20X1년 3,000포인트만 교환되었다면 20X1년 수익인식금액은 얼마인가?

① 91,743원
② 94,495원
③ 90,000원
④ 100,000원

18 (주)서울은 20X1년 1월 1일 (주)용산에 상품을 할부로 판매하였다. 상품의 원가는 7,000,000원이며, 할부대금은 매년 말 3,000,000원씩 3년간 회수하기로 하였다. 또한 시장이자율은 10 % 이며, 연금현가계수(10 %, 3년)는 2.48685이다. 동 할부매출과 관련하여 (주)서울이 20X1년에 인식할 매출총이익과 이자수익은 각각 얼마인가(단, 소수점 이하는 반올림한다)?

	매출총이익	이자수익
①	460,550원	746,055원
②	746,055원	1,200,000원
③	2,000,000원	994,740원
④	2,000,000원	1,200,000원

19 (주)삼일은 20X1년 초에 상품 A, B, C를 3,000,000원에 판매하기로 하는 계약을 고객과 체결하였으며, 각 계약을 하나의 상업적 목적으로 일괄 협상하였다. 당기 중 A와 B 상품에 대한 공급이 완료되었고, 각 상품별 개별 판매가격 및 구매단가가 다음과 같다고 할 때 (주)삼일이 20X1년 매출로 인식할 금액으로 가장 옳은 것은?

구분	A	B	C
개별판매가격	500,000원	2,000,000원	1,000,000원
제조원가	400,000원	1,000,000원	850,000원

① 1,866,667원
③ 2,500,000원
② 2,142,857원
④ 3,000,000원

20 고객과의 계약에서 생기는 수익에 대한 설명으로 가장 옳지 않은 것은?

① 고객에게 이전할 재화나 용역에 대하여 받을 권리를 갖게 될 대가의 회수가능성이 높지 않더라도 계약에 상업적 실질이 존재하고 이전할 재화나 용역의 지급조건을 식별할 수 있으면 고객과의 계약으로 회계처리한다.

② 수익을 인식하기 위해서는 [고객과의 계약 식별–수행의무 식별–거래가격 산정–거래가격을 계약 내 수행의무에 배분–수행의무를 이행할 때 수익인식]의 단계를 거친다.

③ 거래가격 산정 시 제 3자를 대신해서 회수한 금액은 제외되어야 하며, 변동대가, 비현금대가 및 고객에게 지급할 대가 등이 미치는 영향을 고려하여야 한다.

④ 자산은 고객이 그 자산을 통제할 때 이전된다.

21 다음 중 수익인식 기준에 대해서 가장 올바르지 않은 설명은?

① 고객충성제도를 시행하는 경우 보상점수를 배부하는 대가는 상대적 개별판매가격에 따라 배분된 금액이다.

② 매출에 확신유형의 보증을 제공하는 경우 총 판매금액을 수익으로 인식하고 보증에 대해서는 충당부채를 인식한다.

③ 라이선스 계약이 접근권에 해당하면 일정기간 동안 권리를 부여하는 수행의무가 부여된 것이므로 그 기간에 걸쳐 수익을 인식한다.

④ 검사 조건부 판매의 경우 재화나 용역이 합의된 규약에 부합하는 지 객관적으로 판단이 가능한 경우에는 고객이 인수하는 시점에 수익을 인식한다.

22 다음 중 수익에 관한 설명으로 가장 올바르지 않은 것은?

① 수익은 정상적인 경영활동에서 발생하는 경제적 효익의 총유입을 말하며, 자산의 증가 또는 부채의 감소 형태로 나타난다. 다만, 주주의 지분참여로 인한 자본증가는 수익에 포함되지 않는다.

② 수익은 고객에게 기업의 재화나 용역을 제공하고 대가를 받기로 한 계약에서 발생하는 것으로 부가가치세처럼 제3자를 대신해서 받는 것은 수익으로 보지 않는다.

③ 복수의 계약을 하나의 상업적 목적으로 일괄 협상하는 경우에도 복수의 계약에서 약속한 재화나 용역이 단일 수행의무에 해당하지 않는다면 둘 이상의 계약을 하나의 계약으로 회계처리할 수 없다.

④ 정유사가 특정지역 고객수요를 적시에 충족시키기 위해 서로 유류를 교환하기로 한 계약 같이 고객에게 판매를 쉽게 하기 위해 같은 사업 영역에 있는 기업 간의 비화폐성 교환은 수익으로 보지 않는다.

23 (주)서울은 20X1년 1월초 (주)부산에 상품을 할부판매하고 할부금을 매년 말에 2,000,000 원씩 3년간 회수하기로 하였다. (주)서울이 작성한 현재가치할인차금 상각표가 다음과 같을 때, 할부매출과 관련된 20X2년말 매출채권의 장부금액은 얼마인가?

일자	할부금회수액	이자수익 (이자율:12 %)	매출채권 원금회수액	매출채권 장부금액
20X1. 01. 01				4,803,660원
20X1. 12. 31	2,000,000원	576,439원	1,423,561원	XXX
20X2. 12. 31	2,000,000원			XXX
20X3. 12. 31	2,000,000원			XXX

① 1,423,561원 ② 1,785,711원
③ 1,956,538원 ④ 3,380,099원

24 (주)삼일은 20X1년 1월 1일에 (주)대전과 계약을 체결하면서 20X2년 말에 상품(재고자산)을 이전하기로 약속하였다. (주)삼일이 동 계약 체결일에 (주)대전으로부터 상품대금으로 100,000 원을 수령한 경우 (주)삼일은 어느 보고기간에 얼마의 수익을 인식하여야 하는가?(단, (주)삼일의 증분차입이자율은 연 5%라고 가정하고 상품의 이전은 계약대로 이루어졌다고 가정한다.)

① 20X1년에 100,000원을 수익으로 인식
② 20X2년에 100,000원을 수익으로 인식
③ 20X2년에 105,000원을 수익으로 인식
④ 20X2년에 110,250원을 수익으로 인식

25 (주)서울은 20X1년 1월 초 (주)부산에 상품을 할부판매하고 할부금을 매년 말에 2,000,000 원씩 3년간 회수하기로 하였다. (주)삼일이 작성한 현재가치할인차금 상각표가 다음과 같을 때, 다음 항목 중 매년 값이 증가하는 항목으로 가장 옳은 것은?

일자	할부금회수액	이자수익	매출채권 원금회수액	매출채권 장부금액
20X1년 1월 1일				4,803,660원
20X1년 12월 31일	2,000,000원	576,439원	1,423,561원	XXX
20X2년 12월 31일				
20X3년 12월 31일				

① 할부금 회수액
② 이자수익
③ 매출채권 원금회수액
④ 매출채권 장부금액

26 (주)삼일건설은 (주)용산과 20X1년 5월 1일, 총 계약금액 170,000,000원의 다음과 같은 공장신축공사계약을 체결하였다. 회사가 진행기준으로 수익을 인식한다면 (주)삼일건설의 20X2년 계약손익은 얼마인가?(단, 진행률은 누적발생원가기준으로 산정한다.)

	20X1년	20X2년
당기발생계약원가	60,000,000원	72,000,000원
추정총계약원가	150,000,000원	165,000,000원
공사대금청구액(연도별)	50,000,000원	80,000,000원

① 손실 4,000,000원

② 손실 5,000,000원

③ 이익 8,000,000원

④ 이익 9,000,000원

27 (주)삼일건설은 20X1년 1월 1일에 대전시로부터 교량건설을 총공사계약액 50,000,000원에 수주하였다. 공사기간은 20X1년 1월 1일부터 20X3년 12월 31일까지이다. 추정 총계약원가는 40,000,000원으로 공사기간 동안 변동이 없으며, 회사는 누적발생계약원가에 기초하여 공사진행률을 측정하고 있다. 20X1년과 20X2년 계약수익이 다음과 같을 때 20X2년 말 누적공사진행률을 계산한 것으로 가장 옳은 것은?

ㄱ. 20X1년 계약수익: 20,000,000원
ㄴ. 20X2년 계약수익: 10,000,000원

① 10% ② 20%

③ 40% ④ 60%

28 (주)삼일은 20X1년 4월 1일 서울시로부터 총공사계약액 50억 원인 축구경기장 공사를 수주하였다. 공사는 20X3년 8월 1일에 완공되었으며 공사와 관련된 정보는 아래와 같다고 할 때 진행기준을 적용하는 경우 20X2년과 20X3년도의 계약손익은 각각 얼마인가?(단, 진행률은 누적발생원가기준으로 산정한다.)

구분	20X1년	20X2년	20X3년
추정총계약원가	45억 원	48억 원	48억 원
당기발생계약원가	9억 원	27억 원	12억 원
공사대금회수	8억 원	25억 원	10억 원

	20X2년		20X3년	
①	계약손실	0.5억 원	계약손실	0.5억 원
②	계약손실	0.5억 원	계약손실	2.0억 원
③	계약이익	0.5억 원	계약이익	0.5억 원
④	계약이익	0.5억 원	계약이익	2.0억 원

29 (주)서울은 (주)마포로부터 건설공사를 수주하였다. (주)마포와 체결한 건설공사에 손실이 발생할 것으로 예상되는 경우 (주)서울이 수행할 회계처리로 가장 옳은 것은?

① 건설계약에서 예상되는 손실액은 당기에 즉시 비용으로 인식한다.
② 건설계약에서 예상되는 손실액은 진행률에 따라 비용으로 인식한다.
③ 건설계약에서 예상되는 손실액은 공사완료시점에 비용으로 인식한다.
④ 건설계약에서 예상되는 손실액은 전기에 인식했던 수익에서 직접 차감한다.

30 (주)서울은 20X1년 2월 5일에 (주)부산과 공장 건설계약을 맺었다. 총공사계약액은 120,000,000원이며 (주)서울은 누적발생계약원가에 기초하여 진행률을 산정하여 진행기준에 따라 수익을 인식한다. (주)서울의 건설계약과 관련한 20X1년 자료는 다음과 같다.

누적발생원가	추정총계약원가	공사대금청구액
20,000,000원	100,000,000원	30,000,000원

(주)서울의 20X1년말 재무상태표상 계약자산 또는 계약부채의 금액은 얼마인가?

① 계약부채   6,000,000원
② 계약부채   11,000,000원
③ 계약자산   6,000,000원
④ 계약자산   11,000,000원

MEMO

Chapter 14 종업원급여

I 종업원급여의 의의

종업원급여란 종업원이 제공한 근무용역의 대가로 또는 종업원을 해고하는 대가로 기업이 제공하는 모든 종류의 보수를 말한다. 이러한 종업원급여는 단기종업원급여, 퇴직급여, 기타장기종업원급여 및 해고급여로 구분한다.

II 단기종업원급여

1 단기종업원급여의 범위

단기종업원급여는 해고급여를 제외한, 종업원이 관련 근무용역을 제공하는 연차 보고기간 후 12개월이 되기 전에 모두 결제될 것으로 예상하는 종업원급여를 말한다. 단기종업원급여는 다음 급여를 포함한다.

---

① 임금, 사회보장분담금(예: 국민연금 회사부담분)
② 유급연차휴가와 유급병가
③ 이익분배금과 상여금
④ 현직종업원을 위한 비화폐성급여(예: 의료, 주택, 자동차, 무상 또는 일부 보조로 제공되는 재화나 용역)

---

2 인식과 측정

단기종업원급여는 보험수리적방법으로 측정하지 않기 때문에 보험수리적방법으로 측정하는 확정급여형 퇴직급여제도의 측정방법보다는 일반적으로 단순하며, 할인하지 않은 금액으로 측정한다.

(1) 모든 단기종업원급여

종업원이 회계기간에 근무용역을 제공한 대가로 기업이 종업원에게 지급할 것으로 예상되는 급여 중 기업이 이미 지급한 금액을 차감한 후의 금액을 부채(미지급비용)로 인식한다.

(차) 단기종업원급여	×××	(대) 현금	×××
		미지급비용	×××

예를 들어, 당기 중에 발생한 단기종업원급여가 10,000원이며, 지급한 금액이 각각 8,000원인 경우 회계처리는 다음과 같다.

(차) 단기종업원급여	10,000	(대) 현금	8,000
		미지급비용	2,000

(2) 단기유급휴가

유급휴가는 일정한 조건을 갖춘 근로자가 임금을 받으면서 쉴 수 있는 휴가를 말하며, 연차휴가, 병가, 단기장애휴가, 출산·육아휴가 등이 있다.

유급휴가는 누적유급휴가와 비누적유급휴가로 구분한다. 누적유급휴가는 당기에 사용되지 않으면 이월되어 차기 이후에 사용되는 유급휴가를 말하고, 비누적유급휴가는 당기에 사용되지 않으면 이월되지 않고 소멸하는 유급휴가를 말한다.

누적유급휴가의 예상원가는 보고기간 말 현재 미사용 유급휴가가 누적된 결과 기업이 지급할 것으로 예상되는 추가금액으로 측정한다. 다만, 채무를 측정할 때에는 가득되지 않은 누적유급휴가를 사용하기 전에 종업원이 퇴사할 가능성을 고려한다.

비누적유급휴가는 이월되지 않으므로 당기에 사용되지 않은 유급휴가는 소멸된다. 이 경우 종업원이 근무용역을 제공하더라도 관련 급여를 증가시키지 않기 때문에 종업원이 실제로 유급휴가를 사용하기 전에는 부채나 비용을 인식하지 아니한다.

참고로 우리나라의 근로기준법상 사용자는 1년간 80%이상을 근무한 근로자에게 15일의 연차 유급휴가를 주도록 되어 있으며, 종업원이 자신이 보유한 유급휴가를 1년간 행사하지 않으면 소멸하도록 규정하고 있다.

단기유급휴가

구분	성격	회계처리
누적유급휴가	차기 사용 가능	가득 여부에 관계없이 채무로 인식
비누적유급휴가	차기 사용 불가능	사용하기 전에는 부채로 인식 못함

예 제

(주)삼일은 100명의 종업원에게 1년에 5일의 근무일수에 해당하는 유급휴가를 제공하고 있으며, 미사용유급휴가는 다음 1년 동안 이월하여 사용할 수 있다. 유급휴가는 당해연도에 부여된 권리가 먼저 사용된 다음 직전연도에서 이월된 권리가 사용되는 것으로 본다(후입선출법). 20X1년 12월 31일 현재 미사용 유급휴가는 종업원당 평균 2일이고, 과거의 경험에 비추어 볼 때 20X2년도 중에 종업원 92명이 사용할 유급휴가일수는 5일 이하이고, 나머지 8명이 사용할 유급휴가일수는 평균적으로 6.5일이 될 것으로 예상된다. 유급휴가 1일당 지급할 급여는 3,000원으로 예상된다.

1. 20X1년 말에 유급휴가와 관련하여 필요한 회계처리를 제시하시오.
2. 당해 유급휴가제도가 비누적유급휴가제도인 경우 20X1년 말에 필요한 회계처리를 제시하시오.

풀 이

1. (1) 92명분 미사용 유급휴가 : 미사용으로 소멸
   (2) 8명분 미사용 유급휴가 : 8명×(6.5일－5일)×3,000원 = 36,000원
   (3) 회계처리

(차) 단기종업원급여	36,000	(대) 미지급비용	36,000

2. 회계처리 없음.
   비누적유급휴가는 이월되지 않으므로 당기에 사용되지 않은 유급휴가는 소멸되며 관련 종업원이 퇴사하더라도 미사용유급휴가에 상응하는 현금을 수령할 권리는 없다. 따라서 종업원이 근무용역을 제공하더라도 관련 급여를 증가시키지 않기 때문에 종업원이 실제로 유급휴가를 사용하기 전에는 부채나 비용을 인식하지 아니한다.

(3) 이익분배제도 및 상여금제도

이익분배제도란 회사가 호황으로 인하여 잉여자금이 일정규모 이상 축적됐을 경우 그 일부를 종업원의 기여도에 따라 배분하는 성과급의 한 형태를 말한다. 상여금제도란 통상임금 이외에 특별히 지급되는 보너스를 말한다.

종업원의 근로의욕을 고취시키는 이익분배금 및 상여금은 종업원이 제공하는 근무용역으로 인하여 발생하는 것으로써 과거 사건의 결과로 현재의 지급의무(법적의무 또는 의제의무)가 발생하고 해당 채무금액을 신뢰성 있게 추정할 수 있는 경우 예상원가를 인식한다.

의제의무를 측정할 때에는 일부 종업원이 이익분배금이나 상여금을 받지 못하고 퇴사할 가능성을 고려한다. 그리고 이익분배제도 및 상여금제도에 따라 기업이 부담하는 의무는 종업원이 제공하는 근무용역에서 발생하는 것이며 주주와의 거래에서 발생하는 것이 아니므로 이익분배제도 및 상여금제도와 관련된 원가는 이익분배가 아니라 당기비용으로 인식한다.

예 제

(주)삼일은 회계연도 당기순이익의 일정 부분을 해당 회계연도에 근무한 종업원에게 지급하는 이익분배제도를 두고 있다. 20X1년 당기순이익은 5,000,000원이다. 해당 회계연도에 퇴사자가 없다고 가정하면 이익분배금 총액은 당기순이익의 3%가 될 것이지만, 일부 종업원이 퇴사함에 따라 실제로 지급될 이익분배금 총액은 당기순이익의 2.5%로 감소할 것으로 예상된다.

(주)삼일이 20X1년말 이익분배금과 관련하여 수행할 회계처리를 하라.

풀 이

기업은 당기순이익의 2.5%에 상당하는 금액을 부채와 비용으로 인식한다.

(차) 단기종업원급여　　　　125,000　　(대) 미지급급여*　　　　　　125,000
　* 5,000,000원×2.5%=125,000원

1 퇴직급여의 의의와 퇴직급여제도의 종류

퇴직급여는 고용주가 종업원의 퇴직 이후에 지급하는 종업원급여를 말하며, 단기종업원급여와 해고급여는 제외한다. 퇴직급여는 지급시기가 종업원 퇴직시점이기는 하지만 이는 근로에 대한 대가이며, 종업원이 퇴직급여에 대한 수급권을 획득하는 시기가 근속기간 중이므로 기업은 수익·비용대응의 원칙에 따라 예상퇴직급여액을 당해 종업원의 근속기간 중에 비용으로 인식하고 이에 따른 부채를 계상하여야 한다는 것이 관련 회계처리의 핵심이다.

퇴직급여의 범위에는 퇴직금(예: 퇴직일시금과 퇴직연금), 퇴직 후 생명보험이나 퇴직 후 의료급여 등의 다양한 퇴직일 이후의 보상이 포함되지만, 본서에서는 가장 일반적인 퇴직 후 보상제도인 퇴직금을 위주로 설명할 것이다.

기업이 종업원에게 퇴직급여를 지급하는 근거가 되는 협약을 퇴직급여제도라 하는데 퇴직급여 제도는 제도의 주요 규약에서 도출되는 경제적 실질에 따라 다음과 같이 확정기여제도 또는 확정급여제도로 분류된다.

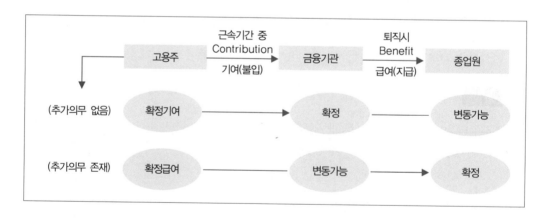

2 확정기여제도

(1) 의의 및 특성

확정기여제도란 기업이 기금에 출연하기로 약정한 금액을 납부하고, 기금의 책임하에 종업원에게 급여를 지급하는 제도로 당해 기금이 모든 종업원급여를 지급할 수 있을 정도로 충분한 자산을 보유하지 못하더라도 기업에게는 추가 납부의 의무가 없는 퇴직급여제도를 말한다.

기업이 부담하는 채무는 당해 기간의 기여금으로 결정되므로 채무나 비용을 측정하기 위해 보험수리적 가정을 세울 필요가 없고 그 결과 사외적립자산의 운용에 따른 기대수익과 실제수익의 차이로 인한 손익이 발생할 가능성도 없다.

(2) 회계처리

확정기여제도에서 기업은 기여금을 약정금액 이상의 추가납부의무가 없으므로 기업은 기여금을 불입함으로써 퇴직급여와 관련된 모든 의무가 종료된다.

기여금의 불입 시 당해 회계기간에 대하여 회사가 납부하여야 할 부담금(기여금)을 퇴직급여(비용)으로 인식한다.

(차) 퇴직급여	×××	(대) 현금및현금성자산	×××

만약 기납부금액이 납부해야 할 기여금보다 적은 경우 일정기간 종업원이 근무용역을 제공하였을 때 기업은 해당 근무용역과 교환하여 확정기여제도하에서 납부해야 할 기여금 중 이미 납부한 기여금을 차감한 금액을 부채(미지급비용)로 인식한다.

(주)삼일은 20X1년 도입한 확정기여제도에 따라 종업원 근무용역에 대한 퇴직급여를 지급한다. (주)삼일이 20X1년 종업원 근무용역과 교환하여 확정기여제도에 납부해야 할 기여금은 200,000원이며, 갑회사는 20X1년 10월 1일 60,000원의 기여금을 납부하였다.

확정기여제도에 대한 기여금의 납부기일이 20X2년 3월 말일 경우 (주)삼일이 20X1년에 해야 할 퇴직급여 회계처리를 하시오.

풀 이

- 20X1. 10. 1.

(차) 퇴직급여	60,000	(대) 현금	60,000

- 20X1. 12. 31.

(차) 퇴직급여	140,000	(대) 미지급비용	140,000

3 확정급여제도

(1) 의의 및 특성

확정급여제도는 확정기여제도 이외의 모든 퇴직급여제도를 말한다. 이 방법은 보험수리적 평가기법에 의하여 퇴직 후 예상급여를 확정시키고 이에 대한 지급을 기업이 보증하는 형태이다. 확정급여제도는 급여의 지급을 위해 기금(금융상품)이 별도로 적립되지 않는 경우도 있으나, 종업원들의 수급권을 보장하기 위하여 법률적으로 별개인 실체나 기금에 보고기업이 기여금을 납부함으로써 전부 또는 부분적으로 기금이 적립(이를 사외적립자산이라 함)되는 경우가 일반적이다.

따라서 확정급여제도에서는 기업이 기금에 미리 기여금을 납부하고, 기금에서 종업원이 제공한 근무용역과 관련된 급여를 퇴직 후에 지급하게 된다. 확정급여제도의 특징은 다음과 같다.

① 기업의 의무는 약정한 급여를 전·현직종업원에게 지급하는 것이다.
② 기업이 보험수리적위험과 투자위험을 실질적으로 부담한다. 보험수리적 실적이나 투자실적이 예상보다 저조하다면 기업의 의무는 증가할 수 있다.

확정급여형 퇴직급여제도에서는 기업이 실질적으로 제도와 관련된 보험수리적위험과 투자위험을 부담하므로, 기금이 모든 종업원급여를 지급할 수 있을 정도로 충분한 자산을 보유하지 못하는 경우 기업에게 추가로 기여금을 납부해야 하는 의무가 발생하게 된다. 따라서 확정급여제도와 관련하여 인식하는 비용은 반드시 당해 기간에 지급기일이 도래한 기여금만을 의미하는 것은 아니라는 것에 유의하여야 한다.

(2) 회계처리

확정급여제도의 회계처리에는 다음과 같은 절차가 필요하다.

---

① 보험수리적 기법 적용
  가. 종업원에게 당기와 과거기간의 근무용역의 대가로 지급한 급여에 대하여 보험수리적 기법(예측단위적립방식)을 사용하여 측정한다. 이 경우,
    ⅰ. 당기와 과거기간에 귀속되는 급여를 결정하고,
    ⅱ. 급여원가에 영향을 미치는 인구통계적 변수(예: 종업원의 이직률과 사망률)와 재무적 변수
       (예: 미래의 임금상승률)에 대해 추정(보험수리적 가정)을 한다.
  나. 확정급여채무의 현재가치와 당기근무원가를 결정하기 위해 급여를 할인한다.
  다. 확정급여채무의 현재가치에서 사외적립자산(즉, 회사의 적립금)의 공정가치를 차감한다.
② 당기손익으로 인식되는 다음의 금액을 결정한다.
  가. 당기근무원가
  나. 과거근무원가와 정산으로 인한 손익
  다. 순확정급여부채 및 사외적립자산의 순이자
③ 기타포괄손익으로 인식되는 순확정급여부채(자산)의 재측정요소를 결정한다. 재측정요소는 다음과 같은 항목으로 구성된다.
  가. 보험수리적손익
  나. 순확정급여부채(자산)의 순이자에 포함된 금액을 제외한 사외적립자산의 수익
  다. 순확정급여부채(자산)의 순이자에 포함된 금액을 제외한 자산인식상한 효과의 변동

---

1) 확정급여채무의 현재가치 및 당기근무원가

기업은 종업원으로부터 제공받은 근무용역에 대하여 급여를 지급해야 하는 채무를 부담한다. 이 채무는 기업이 지급하게 될 급여를 보험수리적기법을 바탕으로 추정하여 측정한다. 그런데 확정급여제도에서 기업이 궁극적으로 부담하게 될 퇴직급여는 기업의 미래 임금인상률, 종업원 이직률과 인구학적인 사망률 등 여러 가지 변수의 영향을 받기 때문에 상당히 불확실하다.

따라서 퇴직급여채무를 측정할 때 그 채무에 대하여 기업이 지급하게 될 궁극적인 원가를 보험수리적 기법(예측단위적립방식)을 사용하여 추정한다.

① 보험수리적 평가방법(예측단위적립방식)

예측단위적립방식은 종업원의 매 근무기간에 대해 추가적인 급여수급권단위가 발생한다고 본다(종업원에게 발생한 급여수급권은 기업의 입장에서는 채무이다). 기업은 각 급여수급권 단위에 대하여 궁극적으로 지급하게 될 급여를 추정하고, 이를 향후 미래에 지급할 것이므로 현재가치로 할인하여 해당 채무를 측정한다.

기업이 종업원으로부터 근무용역을 제공받음에 따라 확정급여제도의 약정에 근거하여 미래에 퇴직급여를 지급해야 하는 채무(종업원의 입장에서는 급여수급권)가 발생한다고 본다. 특히, 종업원의 근무기간에 걸쳐 점진적으로 발생하는 각 채무의 단위(예: 1년차 근무에 대한 채무, 2년차 근무에 대한 채무)는 일반적으로 동일한 가치를 갖는 것으로 본다.

② 보험수리적 가정

예측단위적립방식에 따르면, 기업은 발생한 채무에 대하여 궁극적으로 부담해야 하는 급여를 추정하고 이를 할인하여 채무 및 근무원가 등을 측정한다. 보험수리적 기법에 따라 퇴직급여를 결정할 때 반영되는 보험수리적 가정은 인구통계적 가정(예: 사망률, 이직률, 조기퇴직률 등)과 재무적 가정(예: 할인율, 임금상승률 등)으로 구별된다.

㉠ 할인율

할인율에는 화폐의 시간 가치만을 반영하기 위하여, 보고기간 말 현재 거래층이 두터운(즉, 거래규모가 크고 빈도가 활발한) 시장에서 거래되는 우량회사채의 시장수익률을 참조하여 결정한다. 회사채의 통화 및 만기는 퇴직급여채무의 통화 및 예상지급시기와 일관성이 있어야 한다. 실무적으로 모든 퇴직급여의 예상지급시기, 예상금액과 지급통화를 반영하는 단일의 가중평균할인율을 적용할 수 있다.

만약 그러한 회사채에 대해 거래층이 두터운 시장이 없는 경우에는 보고기간 말 현재 국공채의 시장수익률을 사용한다. 이 경우에도 통화 및 예상 지급시기는 일관성이 있어야 한다.

㉡ 미래 임금상승

미래의 임금상승은 물가상승률, 연공, 승진 및 그 밖의 관련성 있는 요소(예: 고용시장의 수요와 공급 등)을 고려하여 추정해야 한다. 또한, 보고기간 말 기업 퇴직급여제도의 공식적 규약에서 정하고 있는 미래급여의 변동뿐만 아니라 비공식적인 관행(즉, 의제의무)에 따라 발생할 변동도 고려해야 한다.

③ 확정급여채무의 현재가치와 당기근무원가의 측정

보험수리적 가정을 수립한 후에는, 앞서 설명한 것처럼 이에 기초하여 퇴직급여의 궁극인 원가를 추정하고 이를 할인하여 채무 및 근무원가 등을 측정한다. 확정급여채무의 현재가치는 당기와 과거기간에 배분된 급여를 할인하여 결정하고, 당기근무원가는 당기에 배분된 급여를 할인하여 결정한다.

예 제

A회사는 종업원이 퇴직한 시점에 일시불급여를 지급하며, 일시불급여는 종업원의 퇴직 전 최종임금의 1%에 근무연수를 곱하여 산정된다. 종업원의 연간 임금은 1차년도에 10,000원이며 향후 매년 7%(복리)씩 상승하는 것으로 가정하며, 할인율은 10%(우량회사채의 이자율)라고 가정한다. 종업원은 5년간 근무하고 퇴사할 예정이다. 단, 보험수리적 가정 및 기타 추가적인 조정사항은 없다고 가정한다.

• **현금흐름의 분석**

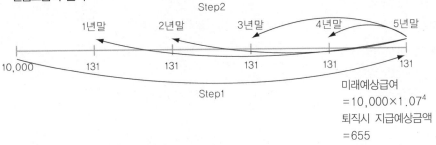

• **Step 1**: 미래 퇴직시점의 평균 임금 산정 및 지급해야 할 일시불 급여의 산정

미래예상급여	$=10,000\times1.07^4$
퇴직시 지급해야 할 일시불 급여	$=10,000\times1.07^4\times1\%\times5년=655$

• **Step 2**: 급여의 기간 배분
예측단위적립방식에 의하여 퇴직시 지급예상금액을 기간에 배분

연간 부담할 퇴직급여	$=655/5년=131$

• **Step 3**: 배분된 급여의 할인
배분된 급여는 미래가치로 계산되었으므로 현재가치로 할인하여 매년 인식해야 함.

구분	01초		01말		02말		03말		04말		05말
01귀속	–		89	×1.1	98	×1.1=	108	×1.1=	119	×1.1=	131
02귀속	–		–		98	×1.1=	108	×1.1=	119	×1.1=	131
03귀속	–		–		–		108	×1.1=	119	×1.1=	131
04귀속	–		–		–		–		119	×1.1=	131
05귀속	–		–		–		–		–		131
확정급여채무	–	89	89 →	107	196	128	324	152	476	179	655
이자비용	–	–		9		20		33		48	
근무원가		89		98		108		119		131	

풀 이

- 01년도 말 회계처리
  (당기근무원가 인식)

  (차) 퇴직급여   89   (대) 확정급여채무   89

- 02년도 말 회계처리
  (당기근무원가 인식)

  (차) 퇴직급여   98   (대) 확정급여채무   98

  (이자원가 인식)

  (차) 퇴직급여   9   (대) 확정급여채무   9

2) 사외적립자산의 공정가치

확정급여제도하에서 기업은 미래에 종업원에게 지급할 퇴직급여의 수급권을 보장하기 위하여 사외기금제도를 이용한다. 사외적립자산은 퇴직급여의 지급을 위하여 사외에 적립된 기금으로 장기종업원급여기금이나 적격보험계약을 말한다. 기금(fund)은 기여금을 받아 이를 운용하여 투자수익을 얻으며, 종업원이 퇴직하면 이 기금에서 종업원에게 퇴직급여를 지급하게 된다.

사외적립자산은 공정가치로 측정하며, 확정급여채무의 현재가치에서 차감하여 순확정급여부채(자산)의 과목으로 하여 재무상태표에 공시한다.

3) 순확정급여부채(자산)의 순이자

순확정급여부채(자산)의 순이자는 순확정급여부채(자산)에 앞서 확정급여채무의 현재가치 평가에 사용된 할인율을 곱하여 결정된다. 순이자를 결정할 때에는, 보고기간 동안의 기여금 납부 및 급여 지급으로 인한 순확정급여부채(자산)의 변동을 고려하여야 한다.

순확정급여부채(자산)의 순이자는 다음과 같이 구성된다.

---

① 확정급여채무에 대한 이자원가
② 사외석립자산에 내한 이자수익(사외직립자산에 대한 이자수익과 (실제)수익의 치이는 재측정요소에 포함한다.)
③ 자산인식상한효과에 대한 이자(자산인식상한효과에 대한 이자와 자산인식상한의 총변동의 차이는 재측정요소에 포함한다.)

순확정급여부채(자산)의 순이자
= 확정급여채무의 이자원가 − 사외적립자산의 이자수익 = 순확정급여부채(자산) × 우량회사채 수익률

〈사외적립자산의 기대수익 인식〉

(차) 사외적립자산	×××	(대) 순확정급여부채의순이자	×××

4) 퇴직급여의 지급과 사외적립자산의 적립

종업원에게 퇴직급여의 지급사유가 발생하면 사외적립자산에서 지출하므로 퇴직급여의 지급은 확정급여채무와 사외적립자산을 상계하는 방식으로 처리된다.

〈퇴직급여의 지급〉

(차) 확정급여채무	×××	(대) 사외적립자산	×××

〈사외적립자산의 적립〉

(차) 사외적립자산	×××	(대) 현금	×××

5) 순확정급여부채(자산)의 재측정요소

순확정급여부채(자산)의 재측정요소는 기타포괄손익으로 인식하고 후속기간에 당기손익으로 재분류하지 않는다.

순확정급여부채(자산)의 재측정요소는 다음과 같은 요소로 구성된다.

---

① 보험수리적손익
② 사외적립자산에 대한 이자수익을 제외한 사외적립자산의 수익
③ 자산인식상한효과에 대한 이자를 제외한 자산인식상한효과의 변동

확정급여채무는 퇴직급여의 지급, 당기근무원가, 이자원가로 결정되며, 사외적립자산은 퇴직금의 지급, 이자수익 및 기여금 납입으로 결정된다. 확정급여채무와 사외적립자산에 이러한 기중 변동분을 반영하면 기말금액이 되어야 하는데, 실제 기말금액이 이와 다르면 확정급여채무나 사외적립자산의 재측정요소가 발생한다.

보험수리적손익은 보험수리적 가정의 변동과 경험조정으로 인하여 확정급여채무 현재가치의 증감이 있을 때 발생한다. 보험수리적손익이 발생하는 원인의 예는 다음과 같다.

① 종업원의 이직률, 조기퇴직률, 사망률, 임금상승률, 급여(제도의 공식적 규약이나 의제의무에 따라 물가상승률에 연동하여 급여가 증액되는 경우) 또는 의료원가가 실제로는 당초 예상보다 높거나 낮은 경우
② 급여지급선택권과 관련된 가정의 변동 효과
③ 종업원의 이직률, 조기퇴직률, 사망률, 임금상승률, 급여(제도의 공식적 규약이나 의제의무에 따라 물가상승률에 연동하여 급여가 증액되는 경우) 또는 의료원가에 대한 추정치가 변경됨에 따른 효과
④ 할인율의 변경에 따른 효과

보험수리적손익은 확정급여제도의 도입, 개정, 축소 또는 정산으로 인한 확정급여채무의 현재가치의 변동 또는 확정급여제도하에서 지급될 급여의 변동을 포함하지 아니한다.

〈확정급여채무의 재측정요소〉

(차) 재측정요소(기타포괄손익) ×××   (대) 확정급여채무   ×××

〈사외적립자산의 재측정요소〉

(차) 재측정요소(기타포괄손익) ×××		(대) 사외적립자산	×××

6) 순확정급여부채(자산)

확정급여채무의 현재가치보다 사외적립자산의 공정가치가 많은 경우 순확정급여자산으로 인식하며, 확정급여채무의 현재가치보다 사외적립자산의 공정가치가 적은 경우에는 순확정급여부채로 인식한다.

7) 확정급여원가의 구성요소

확정급여원가의 구성요소를 다음과 같이 인식한다.

① 근무원가를 당기손익에 인식
② 순확정급여부채(자산)의 순이자를 당기손익에 인식
③ 순확정급여부채(자산)의 재측정요소를 기타포괄손익에 인식

① 근무원가

근무원가는 당기근무원가, 과거근무원가 및 정산으로 인한 손익 등의 요소로 구성된다. 당기근무원가는 당기에 배분된 급여(즉, 당기에 제공받은 근무용역에 대하여 발생한 채무와 관련된 급여)를 할인하여 측정한다. 아래에서는 과거근무원가 및 정산으로 인한 손익에 대해 알아보도록 한다.

㉠ 과거근무원가

ⓐ 정의 및 범위

과거근무원가란 제도개정이나 축소로 인해 발생하는 확정급여채무 현재가치의 변동으로 정의된다.
제도의 개정이란 확정급여제도를 도입하거나 철회하는 것 또는 기존의 확정급여제도 하에서 지급될 급여를 변경하는 것을 말한다. 한편, 제도의 축소는 확정급여제도의 대상이 되는 종업원 수를 유의적으로 감소시킬 때 발생한다. 이러한 축소는 공장폐쇄, 영업중단 및 확정급여제도의 종료나 중단과 같은 사건에서 비롯될 수 있다.

ⓑ 인식

과거근무원가는 다음 중 이른 날에 당기손익으로 인식한다.

- 제도의 개정이나 축소가 일어날 때
- '충당부채, 우발부채 및 우발자산' 기준서에 따라 관련된 구조조정원가를 인식할 때 또는 '종업원급여' 기준서에 따라 해고급여를 인식할 때

ⓒ 정산으로 인한 손익

ⓐ 정의 및 범위

제도의 정산은 확정급여제도에 따라 발생한 급여의 전부나 일부에 대한 법적의무나 의제의무를 기업이 더 이상 부담하지 않기로 하는 거래가 있을 때 일어난다. 단, 제도의 규약에서 정하고 있고 보험수리적 가정에 포함된 지급은 제외한다.

예를 들어 기업이 보험계약의 체결을 통해 확정급여제도에 따른 기업의 유의적인 채무를 보험회사에 일시에 이전하는 것이 정산이다. 따라서 제도의 규약에 따라 종업원이 특정 급여를 지급받을 권리를 행사하여 기업이 일시불현금을 지급하는 것은 정산이 아니다.

ⓑ 인식

정산으로 인한 손익은 정산이 일어나는 때에 당기손익으로 인식한다.

ⓒ 측정

정산으로 인한 손익은 다음 ⅰ과 ⅱ의 차이이다.

ⅰ 정산일에 결정되는 확정급여채무의 현재가치(정산일 현재의 보험수리적 가정(현행 시장이자율과 그 밖의 현행 시장가격 포함)을 사용)
ⅱ 정산가격(이전되는 사외적립자산과 정산과 관련하여 기업이 직접 지급하는 금액을 포함)

Ⅳ 기타장기종업원급여

1 기타장기종업원급여의 범위

기타장기종업원급여(other long-term employee benefits)는 종업원이 관련 근무용역을 제공한 연차보고기간 말부터 12개월 이후에 결제될 종업원급여를 말한다. 기타장기종업원급여에는 다음과 같은 급여가 포함된다.

① 장기근속휴가나 안식년휴가와 같은 장기유급휴가
② 그 밖의 장기근속급여
③ 장기장애급여
④ 이익분배금과 상여금
⑤ 이연된 보상

2 인식 및 측정

일반적으로 기타장기종업원급여를 측정할 때 나타나는 불확실성은 퇴직급여를 측정할 때 나타나는 불확실성에 비하여 크지 않다. 또한 기타장기종업원급여를 새로 도입하거나 변경하더라도 중요한 수준의 과거근무원가가 발생하지는 않을 것이다.

따라서 퇴직급여에 대한 회계처리와는 달리 재측정요소를 기타포괄손익으로 인식하지 않으며, 당기손익으로 인식한다.

참고로 기타장기종업원급여와 관련하여 부채로 인식할 금액은 다음의 차이금액이다.

① 보고기간 말 현재 확정급여채무의 현재가치
② 관련 확정급여채무를 직접 결제하는 데 사용할 수 있는 사외적립자산의 보고기간 말 현재 공정가치

V 해고급여

1 해고급여의 의의

해고급여는 다음 중 하나의 결과로서 종업원을 해고하는 대가로 제공되는 종업원급여를 말한다. 다만, 기업의 제안이 아닌 종업원의 요청으로 인한 해고나 의무적인 퇴직규정으로 인하여 발생하는 종업원급여는 퇴직급여이기 때문에 해고급여에 포함하지 아니한다.

> ① 통상적인 퇴직시점 이전에 종업원을 해고하고자 하는 기업의 결정
> ② 해고의 대가로 기업이 제안하는 급여를 수락하는 종업원의 결정

한편, 기업의 요청에 의한 해고의 경우 종업원의 요청에 의한 해고 시 지급하는 급여보다 더 많은 급여를 제공할 수 있다. 종업원의 요청에 의한 해고로 인해 지급하는 급여와 기업의 요청에 의한 해고로 인해 지급된 더 많은 급여와의 차이가 해고급여이다.

> 해고급여＝기업의 요청에 의한 해고로 지급한 급여－종업원의 요청에 의한 해고로 지급한 급여

2 인식과 측정

해고급여는 다음 중 이른 날에 부채와 비용으로 인식한다.

> ① 기업이 해고급여의 제안을 더 이상 철회할 수 없을 때
> ② 기업이 기업회계기준서 제1037호 '충당부채, 우발부채 및 우발자산'의 적용범위에 포함되고 해고급여의 지급을 수반하는 구조조정에 대한 원가를 인식할 때

여기서 유의할 점은 해고급여는 근무용역의 대가로 제공되는 것이 아니기 때문에, 급여를 근무제공기간에 배분하는 규정을 적용하지 않는다는 것이다.

해고급여는 그 종업원급여의 성격에 따라 최초인식시점에 측정하고, 후속적 변동을 측정 및 인식한다. 한편, 해고급여가 퇴직급여를 증액시키는 것이라면, 퇴직급여에 대한 규정을 적용한다. 그밖의 경우에는 다음과 같이 처리한다.

① 해고급여가 인식되는 연차보고기간 말 이후 12개월 이전에 해고급여가 모두 결제될 것으로 예상되는 경우 단기종업원급여에 대한 규정을 적용하여 측정하고 인식한다.
② 해고급여가 인식되는 연차보고기간 말 이후 12개월 이전에 해고급여가 모두 결제될 것으로 예상되지 않는 경우 기타장기종업원급여에 대한 규정을 적용하여 측정하고 인식한다.

01 다음 중 종업원 급여의 회계처리에 관한 설명으로 가장 올바르지 않은 것은?

> 최부장: 단기종업원급여는 해고급여를 제외한 종업원이 관련 근무용역을 제공하는 연차보고기간 이후 12개월 이전에 모두 결제될 것으로 예상되는 종업원급여를 말한다.
>
> 김차장: 종업원급여는 단기종업원급여, 퇴직급여, 기타장기종업원급여 및 해고급여의 네 가지 범주로 분류된다.
>
> 서과장: 퇴직급여는 통상적인 퇴직시점 이전에 종업원을 해고하고자 하는 기업의 결정 또는 해고의 대가로 기업이 제안하는 급여를 수락하는 종업원의 결정의 결과로, 종업원에게 제공되는 종업원급여를 말한다.
>
> 이사원: 기타장기종업원급여란 종업원이 관련 근무용역을 제공한 연차보고기간 말부터 12개월 이후에 결제될 종업원급여를 말한다.

① 최부장
② 김차장
③ 서과장
④ 이사원

02 다음 중 종업원급여에 관한 설명으로 가장 올바르지 않은 것은?

① 종업원급여는 단기종업원급여, 퇴직급여, 기타장기종업원급여 및 해고급여로 구분된다.

② 단기종업원급여는 보험수리적 방법으로 측정하지 않고 할인도 하지 않는다.

③ 기타장기종업원급여의 재측정요소는 기타포괄손익으로 인식한다.

④ 퇴직급여는 급여의 지급시기와 발생시기가 일치하지 않는다.

03 다음 중 퇴직급여에 관한 설명으로 옳지 않은 것은?

① 확정급여제도란 보험수리적위험과 투자위험을 종업원이 부담하는 퇴직급여제도를 의미한다.
② 확정급여채무의 현재가치는 예측단위적립방식으로 계산된다.
③ 확정기여제도란 기업이 기금에 출연하기로 약정한 금액을 납부하고, 기금의 책임하에 종업원에게 급여를 지급하는 퇴직급여제도이다.
④ 확정급여제도의 경우 사외적립자산은 공정가치로 측정하여 재무상태표에 인식되는 순확정급여부채를 결정할 때 차감한다.

04 다음 중 퇴직급여에 관한 설명으로 가장 올바르지 않은 것은?

① 퇴직급여제도는 확정기여제도와 확정급여제도를 포함한다.
② 당기근무원가는 당기에 종업원이 근무용역을 제공함에 따라 발생하는 확정급여채무의 현재가치 증가액을 말한다.
③ 확정급여제도에서는 사외적립자산을 출연하는데 이때 사외적립자산은 장부금액으로만 측정한다.
④ 확정기여제도는 기업이 기여금을 불입함으로써 퇴직급여와 관련된 모든 의무가 종료된다.

05 (주)삼일은 퇴직급여제도로 확정급여제도를 채택하고 있다. 다음 자료를 이용하여 (주)삼일이 보고기간 종료일 현재 재무상태표에 표시될 순확정급여부채(자산)의 잔액을 계산하시오.

구분	확정급여채무의 현재가치	사외적립자산의 공정가치
금 액	1,000,000원	500,000원

① 300,000원   ② 500,000원
③ 600,000원   ④ 1,000,000원

06 다음의 빈칸에 들어갈 말로 가장 적절한 것끼리 묶인 것은?

> 확정급여제도의 회계처리에서 당기근무원가, 과거근무원가와 정산으로 인한 손익, 순확정급여부채 및 사외적립자산의 순이자는 (㉠)으로 인식한다.
> 보험수리적손익, 순확정급여부채(자산)의 순이자에 포함된 금액을 제외한 사외적립자산의 수익, 순확정급여부채(자산)의 순이자에 포함된 금액을 제외한 자산인식상한 효과의 변동은 (㉡)으로 인식한다.

	㉠	㉡
①	당기손익	당기손익
②	당기손익	기타포괄손익
③	기타포괄손익	당기손익
④	기타포괄손익	기타포괄손익

07 (주)용산은 퇴직급여와 관련하여 확정급여형 퇴직급여제도를 시행하고 있다. 20X1년의 확정급여채무의 현재가치와 사외적립자산의 공정가치 변동내역은 다음과 같다. 20X1년 포괄손익계산서상 기타포괄손익으로 인식할 금액은 얼마인가?(단, 법인세 효과는 고려하지 않는다.)

〈확정급여채무의 현재가치〉

20X1. 1. 1	당기근무원가	이자원가	재측정요소	20X1. 12. 31
1,000,000원	100,000원	20,000원	10,000원	1,130,000원

〈사외적립자산의 공정가치〉

20X1. 1. 1	사외적립자산의 적립	사외적립자산의 기대수익	재측정요소	20X1. 12. 31
500,000원	40,000원	10,000원	0원	550,000원

① 손실 1,000원　　　　② 이익 1,000원
③ 손실 10,000원　　　　④ 이익 10,000원

08 다음 중 확정급여형 퇴직급여제도와 관련하여 당기손익으로 인식되는 항목으로 가장 올바르지 않은 것은?

① 당기근무원가   ② 이자원가

③ 보험수리적손익   ④ 과거근무원가

09 (주)삼일은 확정급여형 퇴직급여제도를 시행하고 있다. 확정급여 채무의 현재가치와 사외적립자산의 공정가치 변동내역이 다음과 같을 경우 20X1년 당기비용으로 인식할 금액은 얼마인가?

〈확정급여채무의 현재가치〉		〈사외적립자산의 공정가치〉	
20X1. 1. 1	100,000원	20X1. 1. 1	50,000원
당기근무원가	10,000원	사외적립자산의 적립	5,000원
이자원가	2,000원	사외적립자산의 기대수익	1,000원
보험수리적손익	200원	재측정요소	0원
20X1. 12. 31	112,200원	20X1. 12. 31	56,000원

① 11,000원   ② 12,000원

③ 12,200원   ④ 13,000원

10 (주)삼일은 종업원이 퇴직한 시점에 일시불급여를 지급하며, 일시불급여는 종업원의 퇴직 전 최종임금의 1%에 근무연수를 곱하여 산정된다. 종업원의 연간 임금은 1차년도에 10,000원이며 향후 매년 7%(복리)씩 상승하는 것으로 가정하며 할인율은 10%라고 가정한다. 종업원은 5년간 근무하고 퇴사할 예정이며, 보험수리적 가정 및 기타 추가적인 조정사항이 없을 경우 다음 항목 중 매년 금액이 증가하는 것은?

① 당기근무원가   ② 이자원가

③ 확정급여채무의 현재가치   ④ ①, ②, ③ 모두

11 다음 중 퇴직급여제도에 관한 설명으로 가장 옳은 것은?

① 확정급여제도에서 가입자의 미래급여금액은 사용자나 가입자가 출연하는 기여금과 기금의 운영 효율성 및 투자수익에 따라 결정된다.

② 확정기여제도는 보험수리적 평가기법에 따라 퇴직 후 예상급여를 확정시키고 이에 대한 지급을 기업이 보증하는 형태이다.

③ 확정급여제도에서는 사외적립자산을 출연하는데 이때 사외적립자산은 장부금액으로만 측정한다.

④ 재측정요소는 후속 기간에 당기손익으로 재분류되지 않으며, 자본 내에서 대체할 수 있다.

12 (주)삼일은 확정급여형 퇴직급여제도를 시행하고 있다. 20X1년말 사외적립자산의 공정가치 금액은 얼마인가?(단, 20X1년에 기여금의 추가불입 및 퇴사자는 없다고 가정한다.)

ㄱ. 20X1년 초 사외적립자산의 공정가치:	2,000,000원
ㄴ. 당기근무원가:	800,000원
ㄷ. 사외적립자산의 기대수익:	200,000원
ㄹ. 사외적립자산의 실제수익:	150,000원

① 2,050,000원 ② 2,150,000원
③ 2,200,000원 ④ 3,000,000원

13 (주)삼일은 20X1년 도입한 확정기여형 종업원 퇴직급여제도를 운영하고 있다. 20X1년 종업원 근무용역에 따라 납부할 퇴직급여기여금은 300,000원이다. 20X1년 10월 31일 1차 납부금액은 120,000원이다. 미납금액의 납부기일은 20X2년 3월 31일이다. 20X1년 12월말 퇴직급여회계처리로 가장 옳은 것은?

① (차) 퇴직급여   120,000원   (대)퇴직급여부채   120,000원
② (차) 퇴직급여   120,000원   (대)미지급비용   120,000원
③ (차) 퇴직급여   180,000원   (대)퇴직급여부채   180,000원
④ (차) 퇴직급여   180,000원   (대)미지급비용   180,000원

14 다음 중 종업원급여(퇴직급여)의 회계처리에 관한 설명으로 가장 옳은 것은?

① 확정기여제도(DC형)를 도입한 기업은 기여금의 운용결과에 따라 추가납부 의무가 있다.
② 확정급여제도(DB형)는 기업이 기여금을 불입함으로써 퇴직급여와 관련된 모든 의무가 종료된다.
③ 확정급여채무(DB형)의 현재가치를 계산할 때 종업원 이직률, 조기퇴직률, 임금상승률, 할인율 등의 가정은 상황 변화에 관계없이 전기와 동일한 값을 적용한다.
④ 확정급여채무와 사외적립자산의 재측정요소는 기타포괄손익으로 인식한다.

15 확정급여제도하에서 기업은 미래에 종업원에게 지급할 퇴직급여의 수급권을 보장하기 위하여 사외기금제도를 이용한다. 다음 중 사외적립자산에 대한 설명으로 가장 옳은 것은?

① 사외적립자산은 공정가치로 측정한다.
② 사외적립자산과 확정급여채무는 차감하지 않고 재무상태표에 각각 자산과 부채로 표시한다.
③ 당해 회계기간에 대하여 회사가 사외에 적립한 기여금은 비용으로 인식한다
④ 사외적립자산은 재측정요소가 발생하지 않는다.

Chapter 15 주식기준보상

I 주식기준보상거래

1 주식기준보상거래의 의의

경영활동을 수행하는 과정에서 회사는 재화나 용역을 제공받는 대가로 종업원이나 기타 거래상대 방에게 주식이나 주식선택권을 부여하는 경우가 많다. 회사가 임원을 포함한 종업원들에게 주식이 나 주식선택권을 부여하는 것은 종업원보상의 성격을 갖고 있으며, 전문용역제공자와 같은 공급자 에게 부여하는 것은 대가지불의 성격을 갖는다. 이렇게 회사가 재화나 용역을 제공받는 대가로 회사 의 지분상품(주식 또는 주식선택권 등)을 부여하거나 회사의 주식이나 다른 지분상품의 가치에 기초 하여 현금이나 기타자산으로 결제하는 거래를 주식기준보상거래라 한다.

2 주식기준보상거래의 종류

주식기준보상거래는 지급형태에 따라 구체적으로 다음의 3가지 유형으로 구분할 수 있다.

1) 주식결제형 주식기준보상거래

회사가 재화나 용역을 제공받는 대가로 회사의 지분상품(주식 또는 주식선택권 등)을 부여하는 주식기준보상거래

2) 현금결제형 주식기준보상거래

회사가 재화나 용역을 제공받는 대가로 회사의 주식이나 다른 지분상품의 가치에 기초하여 현금 이나 기타자산을 지급해야 하는 부채를 재화나 용역의 공급자에게 부담하는 주식기준보상거래

3) 선택형 주식기준보상거래

회사가 재화나 용역을 제공받는 대가로 회사 또는 재화나 용역의 공급자가 약정에 따라 현금(혹은 기타자산)지급이나 지분상품 발행 중 하나의 결제방식을 선택할 수 있는 권리를 부여하는 주식기준 보상거래

II 주식결제형 주식기준보상거래

1 주식결제형 주식기준보상거래의 인식 및 측정

주식결제형 주식기준보상거래는 기업이 재화나 용역을 제공받는 대가로 자신의 지분상품(주식 또는 주식선택권 등)을 부여하는 거래를 말한다.

주식결제형 주식기준보상거래는 재화나 용역을 제공받는 날에 합리적인 판단력과 거래의사가 있는 독립된 당사자 사이의 거래에서 교환되는 가격인 공정가치로 재화나 용역의 대가인 보상원 가를 인식하고 그에 상응하여 자본의 증가를 인식한다.

(1) 보상원가

보상원가란 회사가 주식기준보상거래를 통해 거래상대방에게서 제공받는 재화나 용역의 원가를 말하는데 제공받은 재화나 용역이 자산성이 있을 경우에는 자산으로 인식하며, 자산성을 충족하지 못하였을 경우에는 비용으로 인식한다.

주식결제형 주식기준보상거래는 종업원 및 유사용역제공자로부터 용역을 제공받는 경우와 종업 원이 아닌 자로부터 재화나 용역을 제공받는 경우로 나눌 수 있으며, 각각의 경우에 따른 보상원가 산정방법은 다음과 같다.

1) 종업원 및 유사용역제공자로부터 제공받는 경우

종업원으로부터 제공받는 용역의 공정가치는 일반적으로 신뢰성있게 측정할 수 없을 것이기 때문에 부여일의 지분상품의 공정가치에 기초하여 측정한다.

부여한 지분상품(주식 또는 주식선택권 등)의 공정가치는 추후 가치가 변동하는 경우에도 추정 치를 변경하지 않는다. 지분상품의 공정가치는 다음과 같이 측정한다.

> ① 주식: 주식의 시장가격으로 측정하고, 시장성이 없는 경우에는 공정가치를 추정시장가격으로 측정하되, 주식의 부여조건을 고려하여 조정
> ② 주식선택권: 옵션가격결정모형(옵션가격결정모형이란 시장가격과 미래행사가격의 두 실현가능성과 기간을 고려하여 옵션가치를 산출하는 방법이다)을 적용하여 추정

한편, 기업이 부여한 지분상품에 대한 부여일의 공정가치를 신뢰성 있게 추정할 수 없을 경우에는 재화나 용역을 제공받은 날을 기준으로 지분상품을 내재가치로 측정하며, 부여일부터 주식기준보상 약정이 최종 결제될 때까지 매 결산일에 내재가치를 재측정하여 내재가치 변동액을 당기손익으로 인식한다.

여기서, 내재가치란 거래상대방이 청약할 (조건부 또는 무조건부) 권리를 갖고 있거나 제공받을 권리를 갖고 있는 주식의 공정가치와 거래상대방이 당해 주식에 대해 지불해야 하는 가격의 차이를 말한다. 예를 들면 주식선택권의 행사가격이 15원이고 기초주식의 공정가치가 20원이라면 내재가치는 5원(20원 – 15원)이 된다.

> 내재가치 = 주식의 공정가치 – 행사가격

2) 종업원이 아닌 자로부터 제공받은 경우

종업원이 아닌 자와의 주식기준보상거래에 대해서는 제공받은 재화나 용역의 공정가치를 신뢰성 있게 측정할 수 있다고 보며, 재화나 용역을 제공받은 날을 기준으로 측정한다. 그러나 예외적으로 제공받은 재화나 용역의 공정가치를 신뢰성 있게 측정할 수 없는 경우에는 재화나 용역을 제공받은 날을 기준으로 측정된 지분상품의 공정가치에 기초하여 간접 측정한다. 단, 지분상품의 공정가치를 신뢰성 있게 추정할 수 없을 경우에는 지분상품을 내재가치로 측정한다. 또한 보고기간 말과 최종결 재일에 내재가치를 재측정하고 가치변동액은 당기손익으로 인식한다.

주식결제형 보상거래에서 거래상대방으로부터 제공받는 재화나 용역의 대가인 보상원가 산정방법을 요약하면 다음과 같다.

재화나 용역의 제공자		재화·용역의 측정금액	측정일 기준
종업원 및 유사용역의 제공자	부여한 지분상품의 공정가치를 신뢰성 있게 추정할 수 있는 경우	부여한 지분상품의 공정가치	부여일
	부여한 지분상품의 공정가치를 신뢰성 있게 추정할 수 없는 경우	부여한 지분상품의 내재가치*	재화나 용역을 제공받은 날
종업원이 아닌 거래상대방	제공받은 재화나 용역을 신뢰성 있게 추정할 수 있는 경우	제공받은 재화나 용역의 공정가치	재화나 용역을 제공받은 날
	제공받은 재화나 용역을 신뢰성 있게 추정할 수 없는 경우 · 부여한 지분상품의 공정가치를 신뢰성 있게 추정할 수 있는 경우	부여한 지분상품의 공정가치	재화나 용역을 제공받은 날
	제공받은 재화나 용역을 신뢰성 있게 추정할 수 없는 경우 · 부여한 지분상품의 공정가치를 신뢰성 있게 추정할 수 없는 경우	부여한 지분상품의 내재가치*	재화나 용역을 제공받은 날

* 매우 드문 경우

(2) 가득조건

가득조건이란 주식기준보상약정에 따라 거래상대방이 기업의 지분상품 등을 받을 권리를 획득하게 하는 용역을 기업이 제공받는지를 결정짓는 조건으로 가득조건이 충족되면 거래상대방은 기업의 지분상품을 받을 자격을 획득하게 된다.

가득조건은 목표성과와의 관련성 유무에 따라 용역제공조건과 성과조건으로 구분되며 성과조건은 다시 비시장성과조건과 시장성과조건으로 구분된다.

용역제공조건	거래상대방이 특정기간동안 용역을 제공하여야 하는 조건
성과조건	거래상대방이 특정기간동안 용역을 제공하고 특정 성과목표를 달성하여야 하는 조건 ① 비시장성과조건: 거래상대방의 목표이익, 목표매출액, 목표판매량 등 지분상품의 시장가격과 직접 관련이 없는 성과를 달성해야 하는 조건 ② 시장성과조건: 목표주가의 달성, 주식선택권의 목표내재가치 달성, 기업의 지분상품이나 같은 연결실체 내 다른 기업의 지분상품 시장가격에 관련된 조건

(3) 가득기간

1) 즉시 가득되는 경우: 부여일에 보상원가 즉시 인식

부여한 지분상품이 즉시 가득된다면 거래상대방은 지분상품에 대한 자격을 획득하기 위해 특정기간의 용역을 제공해야 할 의무가 없으므로 기업은 보상원가를 부여일에 전액 인식하고 그에 상응하여 자본의 증가를 인식한다.

2) 특정기간 용역제공 후 가득되는 경우: 미래 용역제공기간에 보상원가 인식

거래상대방이 특정기간의 용역을 제공하여야 부여된 지분상품이 가득된다면, 지분상품의 공정가치를 용역제공기간(가득기간)에 배분하여 인식한다.

예 제

다음 사례를 보고 보상비용의 인식 시기에 대하여 판단하라.

(1) 종업원이 근무계약을 체결하면서 계약 시 보너스로 주식선택권을 부여한 경우
(2) 종업원에게 5년간 근무하는 조건으로 주식선택권을 부여하는 경우
(3) 종업원에게 성과조건을 달성할 때까지 계속 근무하는 것을 조건으로 주식선택권을 부여하였고, 가득기간은 성과조건이 충족되는 시점에 따라 변하는 경우

풀 이

(1) 부여한 지분상품이 즉시 가득되므로, 종업원은 지분상품에 대한 자격을 획득하기 위하여 특정기간 동안 용역을 제공해야 할 의무가 없으므로, 이 경우 제공받은 용역의 전부를 지분상품 부여일에 인식한다.
(2) 주식선택권의 대가에 해당하는 근무용역을 미래 5년의 가득기간에 걸쳐 제공받는 것으로, 보상비용을 근무기간 5년에 걸쳐 보상비용을 인식한다.
(3) 종업원에게 성과조건을 달성할 때까지 계속 근무하는 것을 조건으로 주식선택권을 부여하였고, 가득기간은 성과조건이 충족되는 시점에 따라 변하는 경우에는, 주식선택권의 대가에 해당하는 근무용역을 미래기대가득기간에 걸쳐 제공받는 것으로 본다.

(4) 회계처리

1) 재화나 용역을 제공받은 날

(차) 주식보상비용 또는 자산 ×××	(대) 주식선택권 ×××

　주식결제형 주식기준보상거래의 경우에 제공받은 재화나 용역의 공정가치를 측정한다. 그러나 제공받은 재화나 용역의 공정가치를 신뢰성 있게 측정할 수 없다면 부여한 지분상품의 공정가치에 기초하여 재화나 용역의 공정가치를 간접 측정한다.

　보상원가의 매기 안분액은 주식보상비용의 과목으로 하여 그 성격에 따라 당기비용으로 회계처리한다. 다만, 재고자산, 유형자산, 무형자산 등의 취득원가에 포함되는 경우 관련 한국채택국제회계기준에 따라 처리한다.

① 종업원 및 유사용역제공자에게 제공받은 용역의 보상원가

　종업원 및 유사용역제공자에게 제공받은 용역의 보상원가는 부여한 지분상품의 공정가치에 수량을 곱한 금액으로 산정한다. 지분상품의 공정가치는 부여일 현재로 측정하고 이후의 기간에 공정가치가 변동하는 경우에도 변동분을 반영하지 않는다. 지분상품의 수량은 가득기간 종료시점에 가득될 것으로 예상되는 수량을 기초로 하며, 추정치가 변동하는 경우에는 이를 반영한다(다만, 시장조건에 따라 수량이 변동되는 경우 후속적으로 추정을 변경하지 아니한다).

> 보상원가 = 부여일의 공정가치(변동하지 않음) × 가득될 지분상품의 수량예측치(변동함)

② 종업원이 아닌 자로부터 제공받은 경우

　종업원이 아닌 자에게 제공받은 재화, 용역의 보상원가는 반증이 없는 한 제공받는 재화나 용역의 공정가치는 신뢰성 있게 추정할 수 있다고 본다. 이 때 공정가치는 재화나 용역을 제공받는 날을 기준으로 측정한다. 그러나 드물지만, 제공받는 재화나 용역의 공정가치를 신뢰성 있게 추정할 수 없다면, 제공받는 재화나 용역과 그에 상응하는 자본의 증가는 부여된 지분상품의 공정가치에 기초하여 간접 측정한다. 다만 이 경우에도 재화나 용역을 제공받는 날을 기준으로 측정한다.

> 보상원가 = 재화·용역 제공일의 공정가치(변동하지 않음) × 가득될 지분상품의 수량예측치

가득할 지분상품의 수량예측치는 기대권리소멸률을 사용하여 계산할 수 있다. 예를 들면 20X1년 1월 1일에 부여한 지분상품의 수량이 10,000개, 연평균 기대권리소멸률이 10%, 가득기간이 2년이라고 하면, 가득될 지분상품의 수량은 다음과 같이 계산된다.

$$10,000개 \times (1-10\%)^2 = 8,100개$$

가득될 지분 상품의 수량 예측치

= 부여된 지분상품의 수량 × (1−연평균기대권리소멸률)^n

= 부여된 지분상품의 수량 × (1−가득기간 전체의 기대권리소멸률)

---

n : 가득기간

부여한 지분상품의 공정가치는 변동하지 않음에도 불구하고 가득될 지분상품의 수량예측치가 변동함으로써 보상원가는 변동하게 된다.

가득기간 중의 각 회계연도에 인식할 주식보상비용은 당기말 인식할 누적보상원가에서 전기말까지 인식한 누적보상원가를 차감하여 계산한다.

주식보상비용

= 당기말 누적보상원가 인식액 − 전기말 누적보상원가 인식액

= 당기말 보상원가 × 당기말 용역제공비율* − 전기말 보상원가 × 전기말 용역제공비율*

---

* 용역제공비율 = 부여일부터 당기말까지의 기간 ÷ 가득기간

2) 행사시

① 신주발행의 경우

(차) 현금	×××	(대) 자본금	×××
주식선택권	×××	주식발행초과금	×××

② 자기주식교부의 경우

(차) 현금	×××	(대) 자기주식	×××
주식선택권	×××	자기주식처분이익	×××

권리행사시 신주발행의 경우에는 주식선택권 등에 행사가격을 합한 금액과 신주의 액면가액의 차액을 주식발행초과금으로, 자기주식 교부의 경우는 주식선택권에 행사가격을 합한 금액과 자기주식의 장부금액의 차액을 자기주식처분손익으로 계상한다.

3) 권리미행사시

행사기간 말에 주식선택권이 소멸되더라도 당초 거래가 일어났다는 사실, 즉 지분상품(주식선택권)을 발행하는 대가로 재화나 용역을 제공받았다는 사실에는 변함이 없고 주식선택권이 만기소멸되더라도 기업의 순자산에 변동이 있는 것은 아니다. 따라서 이미 인식한 보상원가는 환입하지 않고 유형의 지분(주식선택권보유자의 지분)이 또 다른 유형의 지분(주주의 지분)으로 대체하는 회계처리를 할 수 있다.

주식선택권의 처리

권리의 행사 여부		주식선택권의 처리	비고
행사함	신주발행교부	신주의 발행금액으로 처리	
	자기주식교부	자기주식의 처분금액으로 처리	
미행사로 소멸함		계속 자본항목으로 분류	다른 계정으로 대체가능

예제

주식결제형 주식기준보상거래 - 신주교부

(주)삼일은 20X1. 1. 1에 종업원 500명에게 각각 주식결제형 주식선택권 100개를 부여하고 3년의 용역제공조건을 부과하였다. 부여일 현재 주식선택권의 단위당 공정가치는 150원으로 추정되었다.

1. 기본조건 : 20X3. 12. 31까지 의무적으로 근무할 것
2. 행사가격 : 600원
3. 권리부여일 주식가격 : 500원(액면가액 500원)
4. 추정권리상실비율 : 20%
5. 매기말 추정한 주가차액보상권의 공정가치는 다음과 같다.
   20X1. 12. 31   150원   20X2. 12. 31   180원
   20X3. 12. 31   200원   20X4. 1. 1   200원

1. 추정권리상실 비율과 실제권리상실 비율이 일치하고 20X4. 1. 1에 모두 행사한 경우 20X1. 1. 1에서 20X4. 1. 1까지의 회계처리를 실시하라. 단, 주식선택권의 보상비용과 관련된 법인세효과는 고려하지 않는 것으로 가정한다.

2. 20X1년 중에 20명이 퇴사하였고, 회사는 가득기간(3년)에 퇴사할 것으로 기대되는 종업원의 추정비율을 20%(100명)에서 15%(75명)로 변경하였다. 20X2년에 실제로 22명이 퇴사하였고, 회사는 가득기간(3년) 전체에 걸쳐 퇴사할 것으로 기대되는 종업원의 추정비율을 다시 12%(60명)로 변경하였다. 20X3년에는 실제로 15명이 퇴사하였다. 결국 20X3년 12월 31일 현재 총 57명이 퇴사하여 주식선택권을 상실하였다. 그 결과 20X4. 1. 1에 443명의 종업원이 행사가격을 모두 납입하고 주식선택권을 행사하였다.
20X1. 1. 1에서 20X4. 1. 1까지의 회계처리를 실시하라(단, 주식선택권의 보상비용과 관련된 법인세효과는 고려하지 않는 것으로 가정한다).

3. (주)삼일이 다음의 각 경우에 해야 할 회계처리를 하라.
   (1) 요구사항 2에서 443명이 권리를 행사하여 장부금액 20,000,000원의 자기주식을 교부한 경우
   (2) 가득기간 이후에 40,000개에 해당하는 주식선택권의 권리가 소멸된 경우

풀 이

1. 회계처리
(1) 20X1. 12. 31

(차) 주식보상비용	2,000,000*	(대) 주식선택권	2,000,000

  * 50,000개×80%×150원×1/3=2,000,000원

(2) 20X2. 12. 31

(차) 주식보상비용	2,000,000*	(대) 주식선택권	2,000,000

  * 50,000개×80%×150원×2/3-2,000,000=2,000,000원

(3) 20X3. 12. 31

(차) 주식보상비용	2,000,000*	(대) 주식선택권	2,000,000

  * 50,000개×80%×150원×3/3-4,000,000=2,000,000원

(4) 20X4. 1. 1

(차) 현금	24,000,000[1]	(대) 자본금	20,000,000[2]
주식선택권	6,000,000	주식발행초과금	10,000,000

  [1] 50,000개×80%×600=24,000,000원
  [2] 50,000개×80%×500=20,000,000원

2. 회계처리

	20X1	20X2	20X3	계
실제퇴사인원	20명	22명	15명	57명
예측퇴사인원/비율	75명(15%)	60명(12%)	57명(11.4%)	57명

(1) 20X1. 12. 31

　　(차) 주식보상비용　　2,125,000*　　(대) 주식선택권　　　　　2,125,000

　　* 50,000개×85%×150원×1/3=2,125,000원

(2) 20X2. 12. 31

　　(차) 주식보상비용　　2,275,000*　　(대) 주식선택권　　　　　2,275,000

　　* 50,000개×88%×150원×2/3-2,125,000=2,275,000원

(3) 20X3. 12. 31

　　(차) 주식보상비용　　2,245,000*　　(대) 주식선택권　　　　　2,245,000

　　* 50,000개×88.6%×150원×3/3-4,400,000=2,245,000원

(4) 20X4. 1. 1

　　(차) 현금　　　　　26,580,000[1)]　　(대) 자본금　　　　　22,150,000[2)]
　　　　주식선택권　　 6,645,000　　　　　　주식발행초과금　 11,075,000

　　[1)] 50,000개×88.6%×600=26,580,000원
　　[2)] 50,000개×88.6%×500=22,150,000원

3. 회계처리

(1) (차) 현금　　　　　26,580,000　　(대) 자기주식　　　　　20,000,000
　　　　주식선택권　　 6,645,000　　　　　자기주식처분이익　 13,225,000

(2) (차) 주식선택권　　 6,000,000　　(대) 자본항목　　　　　 6,000,000

III 현금결제형 주식기준보상거래

현금결제형 주식기준보상거래의 경우, 제공받는 재화나 용역과 그 대가로 부담하는 부채를 부채의 공정가치로 측정한다. 또한, 부채가 결제될 때까지 매 보고기간 말과 결제일에 부채의 공정가치를 재측정하고, 공정가치의 변동액은 당기손익으로 회계처리한다.

1) 재화나 용역을 제공받은 날

(차) 주식보상비용 또는 자산	×××	(대) 부채(장기미지급비용)	×××

2) 매 보고기간종료일(추가 보상원가 인식의 경우)

(차) 주식보상비용 또는 자산	×××	(대) 부채(장기미지급비용)	×××

3) 최종결제일

(차) 부채(장기미지급비용)	×××	(대) 현금 ×××

예 제

현금결제형 주가기준보상거래 – 주가차액보상권

갑회사는 20X1. 1. 1에 종업원 500명에게 각각 현금결제형 주가차액보상권 100개를 부여하고 3년의 용역제공조건을 부과하였다.

1. 기본조건 : 20X3. 12. 31까지 의무적으로 근무할 것
2. 권리부여일 비율 : 500원(액면가액 500원)
3. 추정권리상실비율 : 20%
4. 매기말 추정한 주가차액보상권의 공정가치는 다음과 같다.
   20X1. 12. 31   150원   20X2. 12. 31   180원
   20X3. 12. 31   200원   20X4. 1. 1   200원
5. 20X4. 1. 1에 행사된 주가차액보상권의 현금지급액: 200원

20X1년 중에 20명이 퇴사하였고, 회사는 가득기간(3년)에 퇴사할 것으로 기대되는 종업원의 추정비율을 20%(100명)에서 15%(75명)로 변경하였다. 20X2년에 실제로 22명이 퇴사하였고, 회사는 가득기간(3년) 전체에 걸쳐 퇴사할 것으로 기대되는 종업원의 추정비율을 다시 12%(60명)로 변경하였다. 20X3년에는 실제로 15명이 퇴사하였다. 결국 20X3. 12. 31 현재 총 57명이 퇴사하여 주가차액보상권을 상실하였다. 그 결과 20X4. 1. 1에 443명의 종업원이 주가차액보상권을 행사하였다. 20X1. 1. 1에서 20X4. 1. 1까지의 회계처리를 실시하라(단, 주가차액보상권의 보상비용과 관련된 법인세효과는 고려하지 않는 것으로 가정한다).

풀 이

(1) 20X1. 12. 31

| (차) 주식보상비용 | 2,125,000* | (대) 부채(장기미지급비용) | 2,125,000 |

* 50,000개×85%×150원×1/3=2,125,000원

(2) 20X2. 12. 31

| (차) 주식보상비용 | 3,155,000* | (대) 부채(장기미지급비용) | 3,155,000 |

* 50,000개×88%×180원×2/3-2,125,000=3,155,000원

(3) 20X3. 12. 31

| (차) 주식보상비용 | 3,580,000* | (대) 부채(장기미지급비용) | 3,580,000 |

* 50,000개×88.6%×200원×3/3-5,280,000=3,580,000원

(4) 20X4. 1. 1

| (차) 부채(장기미지급비용) | 8,860,000* | (대) 현금 | 8,860,000 |

* 50,000개×88.6%×200원=8,860,000원

01 다음 중 현금결제형 주식기준보상거래에 대한 설명으로 가장 올바르지 않은 것은?

① 제공받는 재화나 용역과 그 대가로 부담하는 부채를 부채의 공정가치로 측정한다.
② 기업이 재화나 용역을 제공받는 대가로 자신의 지분상품을 부여하는 거래이다.
③ 부채가 결제될 때까지 매 보고기간 말과 결제일에 부채의 공정가치를 재측정한다.
④ 공정가치의 변동액은 당기손익으로 회계처리한다.

[문제 2~3] (주)삼일은 20X1년 1월 1일에 종업원 500명에게 각각 주식선택권 100개를 부여하였다. 부여일 현재 주식선택권의 공정가치는 10원으로 추정되었으며, 종업원에게 부여한 주식선택권의 행사가격은 130원이다. 주당 액면금액은 100원이다.

매 보고기간 말 현재 잔여인원과 가득기간 종료일까지의 퇴사추정비율은 다음과 같다. 단, 가득기간 종료시점의 기대권리소멸률은 실제소멸률과 동일하다.

구분	20X1년	20X2년	20X3년
잔여인원	480명	458명	440명
퇴사추정비율	10%	16%	12%

02 매 보고기간에 인식할 주식보상비용은 얼마인가?

	20X1년	20X2년	20X3년
①	100,000원	130,000원	110,000원
②	150,000원	130,000원	160,000원
③	160,000원	130,000원	100,000원
④	130,000원	150,000원	160,000원

03 20X4년 초 (주)삼일의 종업원 중 100명이 가득된 주식선택권을 행사하였을 경우의 (주)삼일이 인식할 주식발행초과금은 얼마인가?

① 200,000원 ② 300,000원

③ 400,000원 ④ 500,000원

[문제 4~5] (주)한강은 20X1년 1월 1일 행사가격이 100원인 현금결제형 주가차액보상권을 종업원 50명에게 각각 100개를 부여하고, 2년의 용역제공조건을 부과하였다. 20X1년 말 현재 추정한 기대권리소멸률은 10%이며, 20X2년 말 현재 실제권리소멸률은 12%이다. 매 보고기간말 주가차액보상권의 공정가치와 주가는 다음 같다.

구분	20X1년	20X2년	20X3년	20X4년
공정가치	70원	120원	90원	150원
주가	150원	200원	160원	240원

04 (주)한강이 20X1년부터 20X3년까지 인식할 주식보상비용 금액은 얼마인가?

	20X1년	20X2년	20X3년
①	157,500원	194,500원	132,000원
②	157,500원	370,500원	(132,000원)
③	315,000원	213,000원	(132,000원)
④	315,000원	213,000원	132,000원

05 20X4년 12월 31일 가득조건을 충족시킨 종업원 44명 중 30명이 권리를 행사하였을 경우 권리행사분에 대하여 (주)한강이 인식해야 할 주식보상비용은 얼마인가?

① 100,000원

② 120,000원

③ 150,000원

④ 180,000원

06 (주)삼일은 임원 10명에게 3년의 용역제공조건으로 1인당 주식결제형 주식선택권 100개를 부여하였다. 20X4년 주식선택권의 권리행사로 아래와 같이 회계처리한 경우 (주)삼일의 자본항목의 변화로 가장 옳은 것은?

(단위: 원)

| (차변) | 현금 | 20,000,000 | (대변) | 자기주식 | 22,000,000 |
| | 주식선택권 | 5,000,000 | | 자기주식처분이익 | 3,000,000 |

① 3,000,000원 증가

② 20,000,000원 증가

③ 22,000,000원 증가

④ 25,000,000원 증가

07 (주)삼일은 20X1년 1월 1일에 기술이사인 나기술씨에게 다음과 같은 조건의 현금결제형 주가차액보상권 27,000개를 부여하였다. 이 경우 20X1년 포괄손익계산서에 계상할 당기보상비용은 얼마인가(단, 나기술씨는 20X3년 12월 31일 이전에 퇴사하지 않을 것으로 예상된다)?

> ㄱ. 기본조건: 20X3년 12월 31일까지 의무적으로 근무할 것
> ㄴ. 행사가능기간: 20X4년 1월 1일 ~ 20X5년 12월 31일
> ㄷ. 20X1년 초 추정한 주가차액보상권의 공정가치: 200,000원/개
> ㄷ. 20X1년 말 추정한 주가차액보상권의 공정가치: 250,000원/개

① 18 억원　　　　　　　　　② 22.5 억원
③ 27 억원　　　　　　　　　④ 67.5 억원

08 다음 중 주식기준보상거래에 관한 설명으로 가장 올바르지 않은 것은?

① 주식결제형 주식기준보상거래는 기업이 재화나 용역을 제공받는 대가로 기업의 지분상품을 부여하는 것이다.
② 현금결제형 주식기준보상거래는 기업이 재화나 용역을 제공받는 대가로 기업의 지분상품의 가격에 기초하여 현금 등을 지급하는 것이다.
③ 주식결제형 주식기준보상거래의 보상원가 산정시 지분상품의 공정가치는 부여일 현재로 측정하고 이후에 공정가치가 변동되는 경우 변동분을 반영한다.
④ 보상원가란 회사가 주식기준보상거래를 통해 거래상대방에게서 제공받는 재화나 용역의 원가를 말한다.

09 다음 중 주식기준보상 회계처리에 관한 설명으로 가장 올바르지 않은 것은?

① 주식선택권 행사로 신주가 발행되는 경우 행사가격이 액면금액을 초과하는 부분은 주식발행초과금으로 처리한다.

② 가득기간 중 각 회계기간에 인식할 주식보상비용은 당기말 인식할 누적보상원가에서 전기말까지 인식한 누적보상원가를 차감하여 계산한다.

③ 종업원에게 제공받은 용역 보상원가는 부여일 이후 지분상품 공정가치 변동을 반영하여 측정한다.

④ 주식선택권의 권리를 행사하지 않아 소멸되는 경우에도 과거에 인식한 보상원가를 환입하지 않고 계속 자본항목으로 분류한다.

10 다음 중 주식기준보상거래에 관한 설명으로 가장 올바르지 않은 것은?

① 주식기준보상거래는 종업원에게만 부여하고 거래상대방에게 부여하지는 않는다.

② 주식결제형 주식기준보상거래로 재화나 용역을 제공받는 경우에는 자본의 증가를 인식하고, 현금결제형 주식기준보상거래로 재화나 용역을 제공받는 경우에는 부채를 인식한다.

③ 주식결제형 주식기준보상거래에서 종업원으로부터 용역을 제공받는 경우에는 제공받는 용역의 공정가치를 일반적으로 신뢰성 있게 측정할 수 없으므로 부여한 지분상품의 공정가치에 기초하여 측정한다.

④ 현금결제형 주식기준보상거래에서 기업은 부채가 결제될 때까지 매 보고기간 말과 결제일에 부채의 공정가치를 재측정하고, 공정가치 변동액을 당기손익으로 인식한다.

11 (주)삼일은 20X1년 1월 1일 임원 10명에게 용역제공조건으로 주식결제형 주식선택권을 부여하였다. 주식결제형 주식기준보상과 관련하여 20X2년 주식보상비용 계산시 필요한 정보로 가장 올바르지 않은 것은?

① 용역제공기간(가득기간)
② 부여된 지분상품의 수량
③ 연평균기대권리소멸률
④ 보고기간말 현재 주가차액보상권의 공정가치

12 (주)삼일은 20X1년 1월 1일에 기술책임자인 홍길동 이사에게 다음과 같은 조건의 현금결제형 주가차액보상권 300개를 부여하였다. 이 경우 20X2년 포괄손익계산서에 계상될 당기보상비용은 얼마인가(단, 홍길동 이사는 20X3년 12월 31일 이전에 퇴사하지 않을 것으로 예상된다)?

┌───┐
│ ㄱ. 기본조건: 20X3년 12월 31일까지 의무적으로 근무할 것
│ ㄴ. 행사가능기간: 20X4년 1월 1일 ~ 20X5년 12월 31일
│ ㄷ. 20X1년 말 추정한 주가차액보상권의 공정가치 : 15,000원/개
│ ㄷ. 20X1년 말 추정한 주가차액보상권의 공정가치 : 20,000원/개
└───┘

① 1,000,000원   ② 1,125,000원
③ 1,500,000원   ④ 2,500,000원

I 법인세회계

법인세회계란 한 기간의 포괄손익계산서에 계상할 법인세비용과 기말재무상태표에 계상할 법인세 관련 자산과 부채를 확정하는 과정으로 기업의 영업활동(거래)의 결과에 따른 법인세 효과를 그 영업활동(거래)이 보고되는 기간과 동일한 기간의 재무제표에 인식하고자 하는 목적을 갖는다. 발생주의 및 공정가치 평가를 적용하는 기업회계와 권리의무 확정주의 및 역사적원가를 적용하는 세법 간에 차이가 존재하며, 기업회계상 수익·비용과 세법상 익금·손금의 인식방법과 귀속시기에도 차이가 존재하기 때문에 법인세 등 부담세액과 법인세비용 간에 불일치가 발생하게 된다. 이러한 불일치를 조정하는 계정과목이 이연법인세자산(부채)이다.

1 용어의 정의

(1) 회계이익(회계손실)

포괄손익계산서상 법인세비용 차감 전 회계기간의 손익을 말한다.

(2) 과세소득(세무상 결손금)

과세당국이 제정한 법규에 따라 납부할(환급받을) 법인세를 산출하는 대상이 되는 회계기간의 이익(손실)을 말한다.

(3) 당기법인세

회계기간의 과세소득(세무상결손금)에 대하여 납부할(환급받을) 법인세액을 말한다.

(4) 세무기준액

자산·부채의 세무기준액은 세무목적상 당해 자산 또는 부채에 귀속되는 금액을 말한다. 즉, 자산의 세무기준액이란 자산의 장부금액이 회수될 때 기업에 유입될 과세대상 경제적효익에서 세무상 차감될 금액을 말하고, 부채의 세무기준액은 장부금액에서 미래 회계기간에 당해 부채와 관련하여 세무상 공제될 금액을 차감한 금액을 말한다.

예를 들어 기계의 원가가 100원이었다. 세무상 감가상각비 30원은 이미 당기와 과거기간에 공제되었고 미상각잔액은 미래 회계기간에 감가상각이나 처분으로 공제된다. 기계를 사용하여 창출할 수익과 기계의 처분시 차익은 과세대상이며 처분 시 손실은 세무상 차감된다. 이 경우 기계의 세무기준액은 70원이다.

다른 예를 들면 유동부채에 장부금액이 100원인 선수이자가 포함되어 있다. 관련 이자수익은 현금기준으로 이미 과세되었을 경우, 이 선수이자의 세무기준액은 영(0)이다.

(5) 일시적차이

일시적차이란 재무상태표상 자산·부채의 장부금액과 세무회계상 자산·부채의 가액인 세무기준액과의 차이를 말하는데 다음과 같은 이유로 존재한다.

① 회계상 수익과 비용의 인식시점과 세무상 익금과 손금의 인식시점이 다른 경우
② 자산을 공정가치 등으로 평가하여 그 장부금액은 변동하였으나 세무기준액은 변동하지 않는 경우
③ 자산·부채를 최초로 인식하는 시점에 장부금액과 세무기준액이 다른 경우
④ 한국채택국제회계기준에서는 부채로 인식하지 아니하는 준비금을 세무회계상 부채로 인식하는 경우

이와 같은 일시적차이는 크게 가산할 일시적차이와 차감할 일시적차이로 분류할 수 있다.

1) 가산할 일시적차이

자산 및 부채가 회수·상환되는 미래 기간의 과세소득을 증가시키는 효과를 가지는 일시적차이를 말한다. 이는 뒤에서 언급할 이연법인세부채를 발생시키는 차이에 해당한다. 예를 들어 당기손익-공정가치 측정 금융자산 평가이익이 발생한 경우 법인세법(원가법)에 따라 발생연도에는 수익(익금)으로 인정하지 않고, 미래 처분되는 연도에 수익(익금)으로 인정하여 미래 처분연도의 과세소득에 가산하게 된다. 따라서 당기손익-공정가치 측정 금융자산 평가이익은 가산할 일시적차이에 해당한다.

2) 차감할 일시적차이

자산 및 부채가 회수·상환되는 미래 기간의 과세소득을 감소시키는 효과를 가지는 일시적차이를 말한다. 이는 뒤에서 언급할 이연법인세자산을 발생시키는 차이에 해당한다. 예를 들어 당기손익−공정가치 측정 금융자산 평가손실이 발생한 경우 법인세법(원가법)에 따라 발생연도에는 손실(손금)로 인정하지 않고, 미래 처분되는 연도에 손실(손금)로 인정하여 미래 처분연도의 과세소득에서 차감하게 된다. 따라서 당기손익−공정가치 측정 금융자산 평가손실은 차감할 일시적차이에 해당한다.

3) 일시적차이로 인한 이연법인세 인식사례

① 미수수익

미수수익이란 회계상 당기에 발생한 수익을 아직 현금으로 회수하지 못한 것이므로 그만큼 자산으로 인식하는 것이나, 세무상 현금주의를 적용하는 경우라면 세무상으로는 회수하지 못한 당기수익은 없는 것이기 때문에 세무상 자산은 존재하지 않는다. 따라서 이 경우 회계상 자산으로 인식하는 미수수익의 세무기준액은 영(0)이 되며, 가산할 일시적차이가 존재하게 된다.

② 세법상 인정되어 설정되는 준비금

준비금이란 회계상 비용으로 인정되지 않지만 세무상으로는 당기의 비용으로 인정하여 손금에 산입하여 주는 것이다. 그런데 세무상 비용의 발생을 인정하였지만 그에 대응한 세무상 자산의 감소가 없었으므로 세무상 부채를 인식하게 된다. 따라서 준비금의 설정과 관련하여 한국채택국제회계기준상 부채는 존재하지 않으나 설정액만큼 세무상 부채는 존재하는데 그 금액이 세무기준액이 되어 가산할 일시적차이가 존재하게 된다. 준비금을 환입하는 경우에 한국채택국제회계기준상으로는 수익이 아니지만 세무상으로는 부채가 대가없이 소멸되는 것이므로 세무상으로는 수익을 인식하여 익금에 산입하여 주는 것이다. 이때 가산할 일시적차이가 소멸한다.

③ 대여금

일반적으로 회계상 장부금액이 세무상 자산으로 인정되므로 세무기준액은 장부금액과 일치한다. 다만, 대여금 등에 대하여 대손을 인식하는 경우에는 취득원가에서 세무상 대손비용으로 인정된 금액(세무상 대손충당금)을 차감한 금액이 세무기준액이 되며 그 금액이 장부금액과 다를 수 있다. 예를 들면 연말에 대여금 20,000원에 대하여 회계기준에 따라 1,000원(5%)의 대손충당금을 설정하였지만 세무상으로는 200원(1%)만 당기의 대손상각비로 인정되는 경우(즉, 대손상각비로 인식한 1,000원 중 800원이 손금불산입된 경우), 대여금의 회계상 장부금액은 19,000원이지만 세무기준액은 19,800원이 되어 800원의 차감할 일시적차이가 존재하게 된다.

④ 공정가치로 장부에 기록되는 자산

한국채택국제회계기준은 특정 자산의 경우 공정가치를 장부금액으로 하거나 재평가하도록 허용하고 있으나, 세법에서는 원가법만을 인정하므로 장부금액과 세무기준액과의 차이가 발생한다. 이경우 재평가된 자산의 장부금액과 세무기준액의 일시적차이로 인하여 이연법인세부채 또는 자산이 발생하게 된다.

예 제

(주)삼일은 20X1년 7월 1일 지분상품을 10,000원에 구입하고 기타포괄손익-공정가치 측정 금융자산으로 분류하였다. 20X1년 12월 31일 지분상품의 공정가치가 12,000원인 경우 해당 지분상품관련 연도말 회계처리는?(단, 법인세율은 20%라고 가정한다)

풀 이

• 20X1. 7. 1

(차) 기타포괄손익인식금융자산	10,000원	(대) 현금	10,000원

• 20X1. 12. 31

(차) 기타포괄손익인식금융자산	2,000원	(대) 평가이익(기타포괄손익)	2,000원
(차) 평가이익(기타포괄손익)	400원	(대) 이연법인세부채	400원

※ 세법상 유가증권은 원가법만 인정되므로 평가이익을 없애야 한다. 하지만 평가이익을 기타포괄손익으로 회계처리하므로 회계상이익과 세법상 과세소득과 차이가 없다. 따라서 이연법인세부채를 인식하되 법인세비용이 아닌 기타포괄손익과 상계한다.

---

⑤ 전환권대가

한국채택국제회계기준서에서는 복합금융상품(예: 전환사채)의 발행자는 당해 금융상품의 부채요소와 자본요소를 각각 부채와 자본으로 분류한다. 그러나 세무상으로는 발행가액 전체가 부채로 인식되기 때문에, 최초 인식시점에 부채의 세무기준액이 부채의 장부금액과 차이가 나며, 이러한 경우 일시적차이가 존재하므로 이연법인세부채를 인식한다.

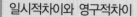

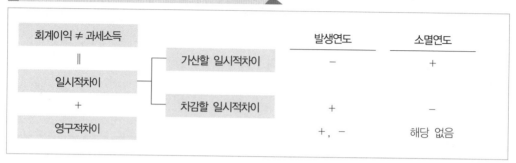

일시적차이와 영구적차이

회계이익 ≠ 과세소득		발생연도	소멸연도
‖	가산할 일시적차이	−	+
일시적차이			
+	차감할 일시적차이	+	−
영구적차이		+, −	해당 없음

Ⅱ 이연법인세의 인식대상

자산 및 부채의 장부금액과 세무기준액의 차이인 일시적차이에 대하여 원칙적으로 이연법인세를 인식하도록 규정하고 있다. 그러나 자산 및 부채의 장부금액과 세무기준액에 차이가 난다고 하여 모두 이연법인세를 인식하는 것은 아니다. 즉, 일시적차이로 인하여 미래 과세소득을 증가 또는 감소시켜, 미래 기간에 납부할 법인세를 가산 또는 차감시키는 경우에만 이연법인세를 인식하는 것이다.

1 이연법인세자산

(1) 의의

차감할 일시적차이의 법인세효과는 미래 법인세부담을 감소시키기 때문에 차감할 일시적차이가 사용될 수 있는 과세소득의 발생가능성이 높은 경우에 모든 차감할 일시적차이에 대하여 이연법인세자산을 인식한다. 다만, 다음에 모두 해당하는 거래에서 자산이나 부채를 최초로 인식할 때 생기는 이연법인세자산은 인식하지 아니한다.

① 사업결합이 아니다.
② 거래 당시 회계이익과 과세소득(세무상결손금)에 영향을 미치지 않는다.
③ 거래 당시 동일한 금액으로 가산할 일시적차이와 차감할 일시적차이가 생기지는 않는다.

또한 종속기업, 지점 및 관계기업에 대한 투자자산, 공동약정 투자지분과 관련된 모든 차감할 일시적차이에 대하여, 다음의 조건을 모두 만족하는 정도까지만 이연법인세자산을 인식한다.

> ① 일시적차이가 예측가능한 미래에 소멸할 가능성이 높다.
> ② 일시적차이가 사용될 수 있는 과세소득이 발생할 가능성이 높다.

(2) 이연법인세자산의 인식

차감할 일시적차이는 미래 회계기간에 과세소득에서 차감되는 형태로 소멸된다. 따라서 차감할 일시적차이가 사용될 수 있는 과세소득의 발생가능성이 높은 경우에만 이연법인세자산을 인식한다.

과세소득의 발생가능성이 높은 경우란 다음의 경우를 말한다.

> 1) 다음의 회계기간에 소멸이 예상되는 충분한 가산할 일시적차이가 있을 때
>   ① 차감할 일시적차이의 소멸이 예상되는 기간과 동일한 회계기간
>   ② 이연법인세자산으로 인하여 발생되는 세무상결손금이 소급공제되거나 이월공제 될 수 있는 회계기간
> 2) 공제가 상쇄될 수 있는 충분한 과세소득의 발생가능성이 높은 경우
> 3) 세무정책으로 적절한 기간에 과세소득을 창출할 수 있는 경우

세무정책이란 세무상결손금이나 세액공제의 이월기간이 만료되기 전의 특정 기간에 과세대상수익을 발생시키거나 증가시키기 위하여 기업이 취할 수 있는 행위이다.

(3) 이연법인세자산의 측정

이연법인세자산은 보고기간 말까지 제정되었거나 실질적으로 제정된 세율(및 세법)에 근거하여 당해 자산이 실현될 회계기간에 적용될 것으로 기대되는 세율을 사용하여 과세당국에 납부할 것으로 예상되는 금액으로 측정한다.

과세대상수익의 수준에 따라 적용되는 세율이 다른 경우에는 일시적차이가 소멸될 것으로 예상되는 기간의 과세소득(세무상결손금)에 적용될 것으로 기대되는 평균세율을 사용하여 이연법인세자산을 측정한다. 이연법인세 계산시 적용되는 평균세율이란 법인세비용(수익)을 회계이익으로 나눈 값을 말한다.

> 이연법인세자산 = 실현가능한 차감할 일시적차이 × 소멸되는 회계연도의 평균세율

(4) 이연법인세자산의 검토

이연법인세자산의 장부금액은 매 보고기간 말에 검토한다. 이연법인세자산의 일부 또는 전부에 대한 혜택이 사용되기에 충분한 과세소득이 발생할 가능성이 더 이상 높지 않다면 이연법인세자산의 장부금액을 감액시킨다. 감액된 금액은 사용되기에 충분한 과세소득이 발생할 가능성이 높아지면 그 범위 내에서 환입한다.

또한, 매 보고기간 말에 과거에 실현가능성이 낮아서 인식하지 아니한 이연법인세자산의 실현가능성에 대하여 재검토하여야 한다. 과거에는 인식하지 않았지만 재검토 시점에 활용 가능한 미래 과세소득이 발생할 가능성이 높아진 경우 그 범위 내에서 이연법인세자산을 인식한다.

예 제

(주)삼일은 20X1. 1. 1에 현금 1,000,000원을 지급하여 기계장치를 취득하였다. (주)삼일은 동 기계장치에 대하여 내용연수 4년, 잔존가치없이 연수합계법으로 감가상각한다(그러나 법인세법상으로 동 기계장치에 대해서는 정액법으로 감가상각해야 한다고 가정). 20X1년부터 (주)삼일의 연도별 법인세비용차감전계속사업이익은 3,000,000원으로 동일하게 발생할 것으로 합리적으로 예상된다. 또한 (주)삼일에 적용되는 법인세율은 30%이다. (주)삼일이 20X1년부터 20X4년까지 수행할 법인세 관련 회계처리를 표시하라.(단, 감가상각 이외의 세무조정사항은 없으며 20X1. 1. 1 이전에 발생한 일시적차이는 없는 것으로 가정한다.)

풀 이

① 20X1년

(차) 이연법인세자산	45,000	(대) 미지급법인세	945,000
법인세비용	900,000		

차감할 일시적차이의 분석은 다음과 같다.

	20X1년 말	20X2년 말	20X3년 말	20X4년 말
자산의 장부금액	600,000원	300,000원	100,000원	0원
자산의 세무기준액	750,000원	500,000원	250,000원	0원
차감할 일시적차이	150,000원	200,000원	150,000원	0원

- 차감할 일시적차이의 증가 : 150,000(20X1년 말)−0(20X0년 말)=150,000원
- 미지급법인세 : (3,000,000+150,000(차감할 일시적차이))×30%=945,000원
- 이연법인세자산의 증가 : 150,000(차감할 일시적차이)×30%=45,000원
- 법인세비용 : 945,000−45,000=900,000원

② 20X2년

(차) 이연법인세자산	15,000	(대) 미지급법인세	915,000
법인세비용	900,000		

- 차감할 일시적차이의 증가 : 200,000(20X2년 말)−150,000(20X1년 말)=50,000원
- 미지급법인세 : (3,000,000+50,000(차감할 일시적차이))×30%=915,000원
- 이연법인세자산의 증가 : 50,000(차감할 일시적차이의 증가)×30%=15,000원
- 법인세비용 : 915,000−15,000=900,000원

③ 20X3년

(차) 법인세비용	900,000	(대) 미지급법인세	885,000
		이연법인세자산	15,000

- 차감할 일시적차이의 감소 : 200,000(20X2년 말)−150,000(20X3년 말)=50,000원
- 미지급법인세 : (3,000,000−50,000(차감할 일시적차이))×30%=885,000원
- 이연법인세자산의 감소 : 50,000(차감할 일시적차이의 감소)×30%=15,000원
- 법인세비용 : 885,000+15,000=900,000원

④ 20X4년

(차) 법인세비용	900,000	(대) 미지급법인세	855,000
		이연법인세자산	45,000

- 차감할 일시적차이의 감소 : 150,000원(20X3년 말)−0(20X4년 말)=150,000원
- 미지급법인세 : (3,000,000−150,000(차감할 일시적차이))×30%=855,000원
- 이연법인세자산의 감소 : 150,000원(차감할 일시적차이의 감소)×30%=45,000원
- 법인세비용 : 855,000+45,000=900,000원

2 이연법인세부채

(1) 의의

가산할 일시적차이가 발생하면 미래 과세소득이 증가하게 되어 미래 납부할 법인세를 증가시킨다. 이로 인하여 미래 자산 유출이 증가하게 되어 이를 이연법인세부채로 계상한다.

(2) 인식

이연법인세자산과는 달리 이연법인세부채의 경우에는 실현가능성을 검토하지 않고 모든 가산할 일시적차이에 대하여 이연법인세부채를 인식한다. 다만, 다음의 경우에는 이연법인세부채를 인식하지 아니한다.

---

① 영업권을 최초로 인식하는 경우
② 다음에 모두 해당하는 거래에서 자산이나 부채를 최초로 인식하는 경우
  ㉠ 사업결합이 아니다.
  ㉡ 거래 당시 회계이익과 과세소득(세무상결손금)에 영향을 미치지 않는다.
  ㉢ 거래 당시 동일한 금액으로 가산할 일시적차이와 차감할 일시적차이가 생기지는 않는다.
③ 종속기업, 지점 및 관계기업 등 투자자산과 관련된 일시적차이에 대하여 지배기업 등이 일시적차이의 소멸시점을 통제할 수 있고, 예측가능한 미래에 일시적차이가 소멸되지 않을 가능성이 높은 경우

---

(3) 이연법인세부채의 측정

이연법인세부채는 보고기간 말까지 제정되었거나 실질적으로 제정된 세율(및 세법)에 근거하여 당해 부채가 결제될 회계기간에 적용될 것으로 기대되는 세율을 사용하여 과세당국에 납부할 것으로 예상되는 금액으로 측정한다.

과세대상수익의 수준에 따라 적용되는 세율이 다른 경우에는 일시적차이가 소멸될 것으로 예상되는 기간의 과세소득(세무상결손금)에 적용될 것으로 기대되는 평균세율을 사용하여 이연법인세부채를 측정한다.

이연법인세부채 = 가산할 일시적차이 × 소멸되는 회계연도의 평균세율

Ⅲ 법인세율의 선택

1 이연법과 자산부채법

일시적차이에 적용할 법인세율을 그 차이가 발생한 시기의 법인세율을 적용할 것인지 또는 차이가 소멸될 시기의 예상법인세율을 적용할 것인지에 따라 이연법과 자산부채법으로 구분된다.

한국채택국제회계기준 제1012호 '법인세'에 따르면 일시적차이의 법인세효과는 재무상태표에 계상되는 이연법인세자산(부채)의 올바른 평가에 초점을 맞추는 자산부채법을 채택하고 있다. 재무상태표 중시사고에 따르면 자산은 미래경제적효익으로, 부채는 미래경제적효익의 희생으로 정의되므로 자산부채법에서는 일시적차이로 인하여 미래 회계연도에 덜 납부하거나 더 납부하게 될 법인세 금액을 이연법인세자산(부채)으로 계상하기 때문에 자산·부채의 올바른 평가가 이루어진다.

2 세금효과의 계산

한국채택국제회계기준은 일시적차이의 법인세효과를 계산하는 경우 당해 일시적차이가 소멸되는 회계연도의 평균세율을 적용하는 자산부채법에 따른다. 자산부채법에서는 이연법인세자산(부채)을 미래경제적효익 또는 미래경제적효익의 희생으로 간주하므로 일시적차이의 세금효과는 보고기간종료일 현재까지 확정된 세율에 기초하여 당해 자산이 회수되거나 부채가 상환될 기간에 적용될 것으로 예상되는 평균세율을 적용하여 측정하여야 한다. 세율이나 세법이 변경되는 경우에는 이를 적절하게 반영한다.

1   자본에 직접 인식되는 법인세비용

동일 회계기간 또는 다른 회계기간에, 당기손익 이외로 인식되는 항목과 관련된 당기법인세와 이연법인세는 당기손익 이외의 항목으로 인식하여야만 수익과 비용의 적절한 대응이 가능하다. 따라서 당기법인세와 이연법인세를 인식하는 경우 법인세비용(법인세수익)으로 인식하지 않고 기타포괄손익으로 인식하거나 해당 자본에서 직접 인식한다.

구분	사례
기타포괄손익으로 인식하는 경우	• 유형자산의 재평가로 인하여 발생하는 장부금액의 변동 • 해외사업장 재무제표의 환산에서 발생하는 외환차이
자본에 직접 인식하는 경우	• 소급 적용되는 회계정책의 변경이나 오류의 수정으로 인한 기초이익잉여금 잔액의 조정 • 복합금융상품(제10장 '금융부채' 참고)의 자본요소에 대한 최초 인식에서 발생하는 금액

> **예 제**
>
> (주)삼일의 20X1년 법인세비용차감전계속영업이익은 1,000원이고 자기주식처분이익이 500원이며, 법인세율은 20%이다. 세법상 준비금 손금산입액 300원을 제외하고 (주)삼일의 당기법인세를 계산하기 위한 기타 세무조정사항은 없다. 법인세비용과 관련된 회계처리를 표시하라.
>
> **풀 이**
>
> | (차) 법인세비용 | 300 | (대) 미지급법인세 | 240*1 |
> |---|---|---|---|
> | | | 이연법인세부채 | 60*2 |
> | (차) 자기주식처분이익 | 100 | (대) 법인세비용 | 100*3 |
>
> *1 당기 납부할 법인세 : (1,000−300+500)×20%=240원
> *2 가산할 일시적차이에 대한 이연법인세 : 300원×20%=60원
> *3 자기주식처분이익 때문에 추가할 납부할 법인세 100원의 법인세효과를 자기주식처분이익에 직접 반영한다.

2 미사용 세무상결손금과 미사용 세액공제

(1) 의의

1) 미사용 세무상결손금

과세소득의 결정에서 총익금이 총손금보다 작은 것을 결손금이라 하며, 미사용 세무상 결손금이란 당기 이전 사업연도에 결손금이 발생하여 당기까지 이월된 것을 말한다. 법인세법에서는 각 사업연도 개시일 전 10년(단, 2009년 이전 발생분 5년) 이내에 개시한 사업연도에서 발생한 결손금으로서 그 후의 각 사업연도 소득금액 또는 과세표준 계산상 공제하지 아니한 금액을 각 사업연도의 소득의 범위 안에서 공제한다고 규정하고 있다. 그리고 중소기업은 각 사업연도에 결손금이 발생한 경우 그 결손금에 대하여 직전사업연도의 소득에 부가된 법인세액을 한도로 환급신청할 수 있다고 규정하고 있어 일반기업은 10년간 이월공제가 가능하고 중소기업은 10년간 이월공제 또는 1년간 소급공제가 가능하다. 따라서 결손금이 발생하게 되면 차기 이후 회계연도의 이익발생시 납부할 법인세가 감소되는 효과가 나타나므로 이연법인세자산을 계상한다.

2) 미사용 세액공제

법인세 산출세액에서 직접 차감하는 세액공제 항목 중 최저한세가 적용되어 공제받지 못하고 향후 기간에 걸쳐 산출세액에서 차감할 수 있도록 이월공제되는 경우가 있다. 이월세액공제액이 발생하게 되면 차기 이후 회계연도의 이익발생시 납부할 법인세가 감소되는 효과가 나타나므로 이연법인세자산을 계상하게 된다. 다만, 미사용 세무상결손금이나 일시적차이를 일으키는 유보사항과는 달리 세액공제액은 전액이 법인세 산출세액에서 직접 차감되므로 이월세액공제액을 이연법인세자산 금액으로 계상한다.

(2) 이연법인세자산의 인식요건

결손금의 이월공제는 차기 이후의 법인세를 감소시킨다는 점에서 차감할 일시적차이와 동일하다. 따라서 결손금의 이월공제로 인한 이연법인세자산의 인식조건은 차감할 일시적차이와 동일하다. 그러나 미사용 세무상결손금이 존재한다는 것은 미래 과세소득이 발생하지 않을 수 있다는 강한 증거가 된다. 따라서 기업이 최근 결손금 이력이 있는 경우, 충분한 가산할 일시적차이가 있거나 미사용 세무상결손금 또는 세액공제가 사용될 수 있는 충분한 미래 과세소득이 발생할 것이라는 설득력 있는 기타 증거가 있는 경우에만 그 범위 안에서 미사용 세무상결손금과 세액공제로 인한 이연법인세자산을 인식한다. 이 경우 이연법인세자산의 금액과 이를 인식하는 근거가 된 증거의 내용을 주석으로 공시한다.

미사용 세무상결손금 또는 세액공제가 사용될 수 있는 과세소득의 발생가능성을 검토할 때 다음의 판단기준을 고려한다.

---

① 동일 과세당국과 동일 과세대상기업에 관련된 가산할 일시적차이가 미사용 세무상결손금이나 세액공제가 만료되기 전에 충분한 과세대상금액을 발생시키는지의 여부
② 미사용 세무상결손금이나 세액공제가 만료되기 전에 과세소득이 발생할 가능성이 높은지의 여부
③ 미사용 세무상결손금이 다시 발생할 가능성이 없는 식별가능한 원인으로부터 발생하였는지의 여부
④ 미사용 세무상결손금이나 세액공제가 사용될 수 있는 기간에 과세소득을 창출할 수 있는 세무정책을 이용할 수 있는지의 여부

미사용 세무상결손금이나 세액공제가 사용될 수 있는 과세소득이 발생할 가능성이 높지 않은 범위까지는 이연법인세자산을 인식하지 아니한다.

예제

(주)삼일은 20X1년에 영업활동을 개시하였으며, 연도별 법인세비용차감전계속사업이익은 다음과 같았으며, 일시적차이와 영구적 차이는 발생하지 않았다. 법인세율은 30%이다. 20X1년에서 20X3년까지의 회계처리를 하여라.

법인세비용차감전계속사업이익	20X1년	20X2년	20X3년
	(500,000원)	250,000원	350,000원

풀이

① 20X1년 회계처리

(차) 이연법인세자산　　　150,000*　　(대) 법인세수익　　　　　　150,000
* 500,000원×30%＝150,000원

20X2년과 20×3년의 과세소득이 20X1년의 결손금을 상쇄할 수 있으므로 이연법인세자산의 자산성이 인정된다.

② 20X2년 회계처리

(차) 법인세비용　　　　　　75,000　　(대) 이연법인세자산　　　　75,000*
* 250,000원×30%＝75,000원

③ 20X3년 회계처리

| (차) 법인세비용 | 105,000 | (대) 미지급법인세 | 30,000* |
| | | 이연법인세자산 | 75,000 |

* (350,000원-250,000원)×30%=30,000원

3 현재가치평가 배제

현재가치평가를 하기 위해서는 일시적차이가 소멸되는 회계연도를 예측해야 하는데 이는 현실적으로 불가능하다. 따라서 이연법인세자산·부채는 보고기간 종료일로부터 1년 초과시점에 실현되는 경우에도 현재가치로 평가하지 않는다.

V 법인세비용의 계산절차

포괄손익계산서에 계상될 법인세비용은 당기법인세에 이연법인세자산(부채)을 가감한 금액이다. 따라서 우선 당기법인세를 먼저 계산해야 한다. 다음은 포괄손익계산서에 계상될 법인세비용을 도출하는 절차이다.

① 과세소득에 당기세율을 곱하여 당기법인세를 계산한다.

> 당기법인세=법인세법상 당기에 납부할 법인세

② 당기말 재무상태표에 계상될 이연법인세자산·부채를 계산한다.

> 당기말 현재의 이연법인세자산(부채)
> =당기말 현재 인식대상의 누적 일시적차이×일시적차이가 소멸되는 기간의 예상세율

③ 이연법인세자산(부채)의 당기변동액을 계산한다. 당기말 현재의 이연법인세자산(부채)에서 전기말 현재의 이연법인세자산(부채)을 차감하면 당기변동액이 도출된다.

④ 포괄손익계산서에 계상될 법인세비용을 도출한다.

$$법인세비용 = 당기법인세 \pm 이연법인세자산(부채)의 \ 당기 \ 변동액$$

(주)삼일은 20X1년에 영업을 시작하였다. 다음은 (주)삼일의 법인세와 관련된 자료이다.

법인세비용차감전계속사업이익	2,000,000원
일시적차이가 아닌 차이	
접대비한도초과액	600,000원
일시적차이	
감가상각비한도초과액	900,000원
제품보증충당부채설정액	200,000원
예금미수이자(△유보)	(1,600,000원)
과세표준	2,100,000원
세 율	30%

위의 자료에서 감가상각비한도초과액은 20X2년부터 20X4년까지 매년 300,000원씩 소멸될 것이고, 제품보증충당부채 설정액은 20X2년과 20X3년에 걸쳐 100,000원씩 소멸할 것으로 추정된다. 그리고 예금미수이자는 20X2년에 전액 소멸될 것으로 추정된다.
(주)삼일의 20X1년의 법인세비용과 이연법인세자산(부채) 계산하고 필요한 분개를 하여라(세율은 매년 동일하다고 가정한다).

풀 이

① 당기법인세 = 2,100,000 × 30% = 630,000원
② 당기말 이연법인세자산(부채)을 도출

구분	20X1(당기)	20X2	20X3	20X4
감가상각비한도초과액	900,000원	(300,000원)	(300,000원)	(300,000원)
제품보증충당부채설정액	200,000원	(100,000원)	(100,000원)	
예금미수이자	(1,600,000원)	1,600,000원		
합계	(500,000원)	1,200,000원	(400,000원)	(300,000원)
세율	30%	30%	30%	30%
이연법인세자산(부채)	(150,000원)	360,000원	(120,000원)	(90,000원)

당기말 이연법인세부채 = 150,000원

③ 이연법인세부채의 변동액 계산

전기말 이연법인세부채=0원

당기말 이연법인세부채=150,000원

따라서 이연법인세부채 150,000원 증가

④ 손익계산서에 계상될 법인세비용=당기법인세+이연법인세부채 증가

=630,000+150,000=780,000원

⑤ 회계처리

| (차) 법인세비용 | 780,000 | (대) 미지급법인세 | 630,000 |
| | | 이연법인세부채 | 150,000 |

VI 재무제표의 표시와 공시

1 이연법인세자산 · 부채 및 법인세비용의 표시

(1) 유동 · 비유동의 구분

이연법인세자산(부채)은 재무상태표에 비유동자산(비유동부채)으로 분류한다.

(2) 자산과 부채의 상계표시

1) 당기법인세자산과 당기법인세부채의 상계

당기법인세자산은 과거기간 이미 납부한 금액이 그 기간 동안 납부하여야 할 금액을 초과 시 과세당국으로부터 환급받을 미수법인세를 의미하며, 당기법인세부채란 당기 및 과거기간에 대한 당기법인세 중 납부되지 않은 미지급법인세를 의미한다.

다음의 조건을 모두 충족하는 경우에만 당기법인세자산과 당기법인세부채를 상계한다.

① 기업이 인식된 금액에 대한 법적으로 집행가능한 상계권리를 가지고 있다.
② 기업이 순액으로 결제하거나, 자산을 실현하는 동시에 부채를 결제할 의도가 있다.

2) 이연법인세자산과 이연법인세부채의 상계

다음의 조건을 모두 충족하는 경우에만 이연법인세자산과 이연법인세부채를 상계하여 재무상태표에 순액으로 표시한다.

① 기업이 당기법인세자산과 당기법인세부채를 상계할 수 있는 법적으로 집행가능한 권리를 가지고 있다.
② 이연법인세자산과 이연법인세부채가 다음의 각 경우에 동일한 과세당국에 의해서 부과되는 법인세와 관련되어 있다.
  ㉠ 과세대상기업이 동일한 경우
  ㉡ 과세대상기업은 다르지만 당기법인세 부채와 자산을 순액으로 결제할 의도가 있거나, 유의적인 금액의 이연법인세부채가 결제되거나 이연법인세자산이 회수될 미래의 각 회계기간마다 자산을 실현하는 동시에 부채를 결제할 의도가 있는 경우

한국채택국제회계기준 제1012호 '법인세'에서는 동일 과세당국이 부과하는 법인세이고, 기업이 당기법인세자산과 당기법인세부채를 상계할 수 있는 법적으로 집행 가능한 권리를 가진 경우에만 이연법인세자산·부채를 상계하도록 규정하고 있다.

법인세자산(부채)의 공시

구분	재무상태표 표시	요건
당기법인세자산 (부채)	상계한 금액을 유동자산(부채)로 보고	상계권리와 순액결제의도
이연법인세자산 (부채)	상계한 금액을 비유동자산(부채)로 보고	① 당기법인세의 상계권리 ② 동일한 과세당국과 과세대상기업

(3) 법인세비용의 표시

정상활동 손익과 관련된 법인세비용(수익)을 포괄손익계산서에 표시한다.

(4) 공시

법인세비용(수익)의 구성요소는 다음을 포함한다.

① 당기법인세비용(수익)
② 과거기간의 당기법인세에 대하여 당기에 인식한 조정사항
③ 일시적차이의 발생과 소멸로 인한 이연법인세비용(수익)의 금액
④ 새로운 세금의 부과나 세율의 변동으로 인한 이연법인세비용(수익) 금액
⑤ 당기법인세비용을 감소시키는 데 사용된 이전에 인식하지 못한 세무상결손금, 세액공제 또는 전기이전의 일시적차이로 발생한 효익의 금액
⑥ 이연법인세비용을 감소시키는 데 사용된 과거에 인식하지 못한 세무상결손금, 세액공제 또는 과거기간의 일시적차이로 인한 효익의 금액
⑦ 이연법인세자산의 감액 또는 전기이전 감액의 환입에서 발생한 이연법인세비용
⑧ 한국채택국제회계기준 제1008호 '회계정책, 회계추정치 변경과 오류'에 따라, 소급적으로 회계처리할 수 없으므로 당기손익에 포함된 회계정책의 변경 및 오류와 관련된 법인세비용(수익)의 금액

또한 아래의 사항도 별도로 공시되어야 한다.

① 자본에 직접 가감되는 항목과 관련된 당기법인세와 이연법인세 총액
② 법인세비용(수익)과 회계이익의 관계에 대한 설명. 다음 중 하나의 형식을 사용하거나 두 가지 형식을 모두 사용하여 설명할 수 있다.
　가. 회계이익에 적용세율을 곱하여 산출한 금액과 법인세비용(수익)간의 수치 조정 및 적용세율의 산출근거
　나. 평균유효세율과 적용세율간의 수치 조정 및 적용세율의 산출근거
③ 직전 회계기간 대비 적용세율의 변동에 대한 설명
④ 재무상태표에 이연법인세자산으로 인식되지 않은 차감할 일시적차이, 미사용 세무상결손금, 미사용 세액 공제 등의 금액(만일 만료시기가 있는 경우, 당해 만료시기)
⑤ 이연법인세부채로 인식되지 않은 종속기업, 지점 및 관계기업에 대한 투자자산, 그리고 공동약정 투자지분과 관련된 일시적차이 총액
⑥ 일시적차이, 미사용 세무상결손금 및 미사용 세액공제의 각 유형별로 다음의 사항
　가. 표시되는 각 회계기간의 재무상태표에 인식된 이연법인세자산과 부채의 금액
　나. 이연법인세수익 또는 비용이 재무상태표에 인식된 금액의 변동으로부터 명확히 나타나지 않는 경우, 당기손익으로 인식된 이연법인세수익 또는 비용의 금액
⑦ 중단영업이 있는 경우, 다음 사항으로 인한 법인세비용
　가. 중단으로 인한 이익이나 손실
　나. 중단된 영업의 정상 활동에서 당기 중 발생한 손익과 이에 상응하는 비교표시되는 각 과거기간의 금액
⑧ 재무제표의 공표가 승인되기 전에 주주에게 배당을 제안하거나 선언하였으나 재무제표에 부채로 인식되지 않은 배당금의 법인세효과
⑨ 기업이 취득자인 사업결합으로 인하여 취득자가 취득 전에 인식한 이연법인세자산 금액이 변동한 경우, 그 변동금액
⑩ 사업결합으로 획득한 이연법인세효익을 취득일에 인식하지 않았지만 취득일 후에 인식한 경우, 이연법인세효익을 인식하는 원인이 된 사건이나 상황의 변동에 대한 설명

01 다음 중 재무상태표상 자산·부채의 장부금액과 세무회계상 자산·부채의 가액인 세무기준액의 일시적차이를 발생시키는 항목으로 가장 옳은 것은?

① 감가상각비 한도초과액

② 접대비 한도초과액

③ 기부금 한도초과액

④ 임원퇴직금 한도초과액

02 다음 중 법인세회계에 대한 설명으로 옳지 않은 것은?

① 이연법인세자산은 유동자산과 비유동자산으로 구분된다.

② 이연법인세부채는 비유동부채로만 계상한다.

③ 차감할 일시적차이에 대응할 수 있는 미래 과세이익의 발생 가능성이 높은 경우에 이연 법인세 자산을 인식한다.

④ 이연법인세자산과 이연법인세부채를 측정할 때 평균세율을 적용하여 측정한다.

03 다음은 (주)삼일의 법인세비용 관련 자료이다. 20X2년 손익계산서에 계상될 법인세비용은 얼마인가?

ㄱ. 20X2년 말 미지급법인세 :	2,000,000원
ㄴ. 20X1년 말 이연법인세자산 잔액 :	300,000원
ㄷ. 20X2년 말 이연법인세자산 잔액 :	500,000원

① 1,600,000원

② 1,800,000원

③ 2,000,000원

④ 2,100,000원

04 다음 중 법인세회계에 대한 설명으로 가장 옳지 않은 것은?

① 법인세회계의 이론적 근거는 수익·비용대응의 원칙이다.
② 차감할 일시적차이는 이연법인세자산을 발생시킨다.
③ 이연법인세자산과 부채는 현재가치로 할인한다.
④ 일시적차이로 인해 법인세비용과 당기법인세에 차이가 발생한다.

05 다음은 (주)삼일의 20X1년 이연법인세 계산에 필요한 자료이다. 다음 자료를 토대로 이연법인
세 금액을 계산하시오.

ㄱ. 가산할 일시적차이:	2,000,000원
(20X4년에 2,000,000원 전액 실현)	
ㄴ. 20X4년 예상되는 평균세율:	10%
ㄷ. 3년, 1원의 현가계수:	0.6086

① 이연법인세자산   121,720원
② 이연법인세자산   200,000원
③ 이연법인세부채   121,720원
④ 이연법인세부채   200,000원

06 (주)삼일은 20X1년에 영업을 개시하였다. (주)삼일의 과세소득과 관련된 자료는 다음과 같다. 20X1년 말 재무상태표에 계상될 이연법인세자산(부채)(A)과 포괄손익계산서에 계상될 법인세비용(B)는 각각 얼마인가?

법인세비용차감전순이익	3,000,000원
가산(차감)조정	
일시적차이가 아닌 차이	600,000원
일시적차이	800,000원
과세표준	4,400,000원 (세율: 30%)

〈 추가자료 〉
ㄱ. 일시적차이가 사용될 수 있는 미래과세소득의 발생가능성은 높다고 가정한다.
ㄴ. 일시적차이는 20X2년, 20X3년에 걸쳐 400,000원씩 소멸하며, 미래에도 세율의 변동은 없는 것으로 가정한다.

		(A)	(B)
①	이연법인세부채	180,000원	1,140,000원
②	이연법인세자산	240,000원	1,080,000원
③	이연법인세부채	420,000원	1,320,000원
④	이연법인세자산	420,000원	1,560,000원

[문제 7~9] 20X1년에 영업을 개시한 (주)삼일의 과세소득과 관련된 자료는 다음과 같다.

법인세비용 차감전 순이익	1,000,000원
가산(차감)조정	
일시적차이가 아닌 차이	200,000원
일시적차이	600,000원
과세표준	1,800,000원
세율	20%

* 일시적차이는 20X2년과 20X3년에 걸쳐 300,000원씩 소멸하며, 미래에도 세율의 변동은 없는 것으로 가정한다.

07 (주)삼일의 20X1년 국세청에 납부할 당기법인세는 얼마인가?

① 200,000원
② 360,000원
③ 480,000원
④ 440,000원

08 (주)삼일의 20X1. 12. 31 재무상태표에 계상될 이연법인세자산(부채)은 얼마인가?

① 이연법인세자산 120,000원
② 이연법인세자산 240,000원
③ 이연법인세부채 120,000원
④ 이연법인세부채 240,000원

09 (주)삼일의 20X1년 포괄손익계산서에 계상될 법인세비용은 얼마인가?

① 120,000원
② 240,000원
③ 360,000원
④ 480,000원

[문제 10~11] (주)삼일의 20X1년 과세소득과 관련된 다음 자료를 이용하여 물음에 답하라.

법인세비용 차감전 계속사업이익	6,000,000원
가산(차감)조정	
일시적차이가 아닌 차이	900,000원
일시적차이 : 전기발생분 소멸	(100,000원)
감가상각비 한도초과액	400,000원
정기적금미수이자	(500,000원)
과세표준	6,700,000원
당기세율	30%
입법화된 미래세율	
20X2년 : 40%	
20X3년 이후 : 45%	

* 감가상각비 한도초과액은 20X2년과 20X3년에 걸쳐 200,000원씩 소멸하며, 정기적금미수이자는 20X2년에 전액 소멸할 것이다.

한편, (주)삼일의 20X0년 말 현재 미래 차감할 일시적차이는 100,000원이었다(퇴직급여충당부채 한도초과액). 동 금액과 관련된 일시적차이는 당기 중 모두 소멸되었다.

10 (주)삼일의 20X1. 12. 31 재무상태표에 표시될 이연법인세자산(부채)은 얼마인가?

① 이연법인세부채 10,000원
② 이연법인세부채 20,000원
③ 이연법인세부채 30,000원
④ 이연법인세자산 4,000원

11 (주)삼일의 20X1년 포괄손익계산서에 계상될 법인세비용은 얼마인가?

① 1,980,000원 ② 2,000,000원
③ 2,020,000원 ④ 2,070,000원

12 (주)삼일은 결손이 누적되고 미래 과세소득이 발생하지 않을 것이라 판단하여 미사용 세무상 결손금에 대하여 더 이상 이연법인세자산을 인식하지 않기로 하였다. 전기까지 인식하였던 세무상 결손금에 대한 이연법인세자산을 더 이상을 인식하지 않을 경우 (주)삼일의 재무제표에 미치는 영향으로 가장 옳은 것은?

① 부채비율(부채/자본)의 감소
② 당기순이익의 감소
③ 법인세비용의 감소
④ 법인세비용차감전순이익의 감소

13 20X1년 초에 설립된 (주)삼일은 장기건설계약과 관련된 수익을 재무보고 목적으로는 진행기준을 적용하여 인식하고, 세무신고 목적으로는 완성기준을 적용하여 인식하고 있다.

연도	진행기준	완성기준
20X1년	600,000원	100,000원

법인세율이 20%일 경우 상기 자료를 토대로 (주)삼일이 20X1년 말 인식할 이연법인세자산(부채)의 금액은 얼마인가?

① 이연법인세자산 100,000원
② 이연법인세자산 200,000원
③ 이연법인세부채 100,000원
④ 이연법인세부채 200,000원

14 (주)삼일의 20X1년도 법인세와 관련한 세무조정사항은 다음과 같다. 20X0년 12월 31일 현재 이연법인세자산과 이연법인세부채의 잔액은 없었다. 법인세법상 당기손익-공정가치 측정 금융자산 평가이익은 익금불산입하고 기타 법인세법과의 차이는 손금불산입한다. 20X1년도의 포괄손익계산서의 법인세비용은 얼마인가?(단, 이연법인세자산의 실현가능성은 높으며, 법인세율은 20%이고 이후 변동이 없다고 가정한다.)

> - 법인세비용차감전순이익: 2,000,000원
> - 접대비 한도초과액: 100,000원
> - 감가상각비 한도초과액: 60,000원
> - 당기손익-공정가치 측정 금융자산 평가이익: 20,000원

① 420,000원
② 424,000원
③ 436,000원
④ 440,000원

15 (주)삼일은 20X1년 7월 1일 지분상품을 1,000원에 구입하고 기타포괄손익-공정가치 측정 금융자산으로 분류하였다. 20X1년 12월 31일 지분상품의 공정가치가 1,400원인 경우 해당 지분상품이 법인세비용에 미치는 영향은 얼마인가?(단, 법인세율은 20%라고 가정한다.)

① 400원
② 80원
③ 200원
④ 0원

16 다음 중 이연법인세자산·부채와 관련한 회계처리에 대한 설명으로 가장 옳은 것은?

① 모든 당기법인세 및 이연법인세의 효과는 당기손익 계산에 포함된다.
② 1년 내 소멸될 것으로 예상되는 이연법인세자산·부채에 대하여 유동성 분류가 필요하다.
③ 이연법인세자산·부채가 소멸되는 회계연도를 예측하여 결산일 기준으로 현재가치 평가를 수행하여야 한다.
④ 이연법인세자산의 장부금액은 매 보고기간 말마다 재검토되어야 한다.

17 20X1년 초 사업을 개시한 (주)삼일의 과세소득과 관련된 다음 자료를 이용하여 20X1년 말 재무상태표상의 이연법인세자산(부채)금액을 구하면 얼마인가?

법인세비용차감전순이익	4,000,000원
가산(차감)조정	
접대비한도초과액	600,000원
감가상각비한도초과액	900,000원
제품보증충당부채 설정액	500,000원
과세표준	6,000,000원
세율	25%

〈 추가자료 〉
ㄱ. 차감할 일시적차이가 사용될 수 있는 미래과세소득의 발생가능성은 높다고 가정한다.
ㄴ. 감가상각비한도초과액에 대한 일시적차이는 20X2년, 20X3년, 20X4년에 걸쳐 300,000원씩 소멸하며, 제품보증충당부채 설정액에 대한 일시적차이는 20X3년 소멸할것으로 예상된다. 일시적차이가 소멸될 것으로 예상되는 기간의 과세소득에 적용될 것으로 기대되는 평균세율은 다음과 같다.

연도	20X2년	20X3년	20X4년
세율	25%	30%	30%

① 이연법인세부채 225,000원
② 이연법인세자산 255,000원
③ 이연법인세부채 325,000원
④ 이연법인세자산 405,000원

18 다음은 20X1년 초에 설립된 (주)삼일의 20X1년도 법인세 관련 자료이다.

- 법인세비용차감전순이익   500,000원
- 감가상각비 한도초과액(일시적 차이)   100,000원
- 20X1년 법인세율은 30%이며, 20X2년부터는 영구적으로 20%의 법인세율이 적용됨

20X1년도 법인세비용(A)과 20X1년 말 이연법인세자산(B)은 각각 얼마인가?(단, 차감할 일시적 차이의 미래 실현가능성은 높다.)

	(A)	(B)
①	160,000원	20,000원
②	165,000원	20,000원
③	165,000원	30,000원
④	160,000원	30,000원

19 다음은 (주)삼일의 20X1년과 20X2년 말의 법인세회계와 관련된 내역이다. 20X2년도에 (주)삼일이 계상하여야 할 법인세비용은 얼마인가?

구 분	20X1년 말	20X2년 말
이연법인세자산	10,000원	50,000원
이연법인세부채	30,000원	10,000원
20X2년 당기법인세	200,000원	

① 110,000원   ② 120,000원
③ 140,000원   ④ 190,000원

20 다음 중 이연법인세자산으로 인식할 수 있는 항목으로 가장 올바르지 않은 것은?

① 차감할 일시적차이
② 가산할 일시적차이
③ 미사용 세무상결손금
④ 미사용 세액공제

21 다음은 (주)삼일의 20X1년과 20X2년 말의 법인세회계와 관련된 내역이다. 20X2년 말 (주)삼일의 이연법인세부채 금액은 얼마인가?

	20X1년 말	20X2년 말
이연법인세자산	10,000원	50,000원
이연법인세부채	50,000원	?
20X2년 당기법인세	200,000원	
20X2년 법인세비용	150,000원	

① 10,000원
② 40,000원
③ 60,000원
④ 100,000원

회계변경과 오류수정

Ⅰ 회계변경

1 회계변경의 의의

회계변경이란 새로운 사실의 발생 또는 기업이 처한 경제적·사회적 환경의 변화 등에 따라 기존에 적용해 오던 회계처리방법이 기업의 재무상태나 경영성과를 적정하게 표시하지 못할 경우 새로운 회계처리방법으로 변경하는 것을 말한다.

회계변경의 유형은 회계정책의 변경, 회계추정치 변경으로 구분된다.

회계변경은 목적적합한 정보를 제공할 순 있지만, 기간간 비교가능성을 저해할 수 있으므로 회계변경으로 인한 영향을 정보이용자들에게 충분히 공시할 필요가 있다.

2 회계변경의 유형

(1) 회계정책의 변경

기업이 재무제표를 작성·표시하기 위하여 적용하는 구체적인 원칙, 근거, 관습, 규칙 및 관행을 회계정책이라고 하며 회계정책의 변경은 재무제표의 작성과 보고에 적용하던 회계정책을 다른 회계정책으로 바꾸는 것을 말한다.

회계정책의 변경이란 한국채택국제회계기준에서 허용하는 정책에서 한국채택국제회계기준에서 인정하는 또 다른 회계정책으로 변경하는 것을 말한다.

이러한 경우의 예는 다음과 같다.

① 재고자산 원가흐름의 가정변경(예: 선입선출법에서 이동평균법으로 변경)
② 유형자산과 무형자산의 측정기준 변경(예: 원가모형에서 재평가모형으로 변경)
③ 투자부동산의 측정기준 변경(예: 원가모형에서 공정가치모형으로 변경)

회계정책은 임의로 변경할 수 없으며, 다음 중 하나에 해당되는 경우에 회계정책을 변경할 수 있다.

---

① 한국채택국제회계기준에서 회계정책의 변경을 요구하는 경우
② 회계정책의 변경을 반영한 재무제표가 거래, 기타 사건 또는 상황이 재무상태, 재무성과 또는 현금흐름에 미치는 영향에 대하여 신뢰성 있고 더 목적적합한 정보를 제공하는 경우

위에서 제시한 기준 중 어느 하나라도 충족하지 못한다면, 동일 기간 내에 그리고 기간 간에 동일한 회계정책을 적용하여야 한다. 그러나 과거에 발생한 거래와 실질이 다른 거래, 기타 사건 또는 상황에 대하여 다른 회계정책을 적용하는 경우나 과거에 발생하지 않았거나 발생하였어도 중요하지 않았던 거래, 기타 사건 또는 상황에 대하여 새로운 회계정책을 적용하는 경우는 회계정책 변경에 해당하지 않는다.

(2) 회계추정치 변경

회계추정치란 측정불확실성의 영향을 받는 재무제표상 화폐금액을 말한다. 회계정책은 측정불확실성을 고려하여 재무제표의 항목을 측정하도록 요구할 수 있다. 즉, 회계정책은 직접 관측할 수 없어 추정해야 하는 화폐금액으로 재무제표의 항목을 측정하도록 요구할 수 있다. 이 경우, 기업은 회계정책에서 정한 목적을 이루기 위해 회계추정치를 개발한다. 회계추정치의 개발은 이용할 수 있고 신뢰성 있는 가장 최근 정보에 기초한 판단이나 가정이 수반된다. 회계추정치의 예는 다음과 같다.

---

① 기대신용손실에 대한 손실충당금
② 재고자산 항목의 순실현가능가치
③ 자산이나 부채의 공정가치
④ 유형자산 항목의 감가상각비
⑤ 보증의무에 대한 충당부채

회계추정치를 개발하기 위해 측정기법과 투입변수를 사용한다. 측정기법에는 추정기법(예: 기업회계기준서 제1109호 '금융상품'을 적용하여 기대신용손실에 대한 손실충당금을 측정하는 데 사용하는 기법)과 평가기법(예: 기업회계기준서 제1113호 '공정가치 측정'을 적용하여 자산이나 부채의 공정가치를 측정하는 데 사용하는 기법)이 포함된다. 합리적 추정을 사용하는 것은 재무제표 작성의 필수적인 과정이며 재무제표의 신뢰성을 손상시키지 않는다.

회계추정치의 근거가 되었던 상황의 변화, 새로운 정보의 획득, 새로운 상황의 전개나 추가 경험의 축적이 있는 경우에 회계추정치 변경이 필요할 수 있다. 성격상 회계추정치 변경은 과거기간과 연관

되지 않으며 오류수정으로 보지 아니한다. 투입변수나 측정기법의 변경이 회계추정치에 미치는 영향은 전기오류수정에서 비롯되지 않는 한 회계추정치 변경이다. 측정기준의 변경은 회계추정치 변경이 아니라 회계정책의 변경에 해당한다. 회계정책의 변경과 회계추정치 변경을 구분하는 것이 어려운 경우에는 이를 회계추정치 변경으로 본다.

(3) 회계변경의 처리방법

1) 회계정책변경의 처리방법

회계정책의 변경은 특정기간에 미치는 영향이나 누적효과를 실무적으로 결정할 수 없는 경우를 제외하고는 다음과 같이 회계처리한다.

① 경과규정이 있는 한국채택국제회계기준을 최초 적용하는 경우에 발생하는 회계정책의 변경은 해당 경과규정에 따라 회계처리한다.
② 경과규정이 없는 한국채택국제회계기준을 최초 적용하는 경우에 발생하는 회계정책의 변경이나 자발적인 회계정책의 변경은 소급적용한다.

소급적용이란 새로운 회계정책을 처음부터 적용한 것처럼 거래, 기타 사건 및 상황에 적용하는 것을 말한다. 소급적용하는 경우 비교표시되는 가장 이른 과거기간의 영향받는 자본의 각 구성요소의 기초 금액과 비교 공시되는 각 과거기간의 기타 대응금액을 새로운 회계정책이 처음부터 적용된 것처럼 조정한다. 즉, 소급적용이란 새로운 회계처리방법을 적용하여 누적효과를 계산하고 이를 이익잉여금에 가감한 후 전기의 재무제표를 재작성하는 방법이다. 여기서 회계변경의 누적효과란 회계변경연도 이전의 기간에 새로운 회계처리방법을 처음부터 적용한 경우 변경전과 변경후의 순이익의 차이를 말한다.

회계변경의 누적효과(Cumulative effect)
= 변경전 방법에 의한 당해 항목의 재무상태표의 기초장부금액 – 변경후 방법에 의한 당해 항목의 재무상태표의 기초장부금액

새로운 회계정책을 소급적용하는 경우 과거의 특정 기간에 미치는 영향이나 누적효과를 실무적으로 결정할 수 없는 경우에는 실무적으로 소급적용할 수 있는 가장 이른 회계기간의 자산 및 부채의 기초장부금액에 새로운 회계정책을 적용하고 그에 따라 변동하는 자본 구성요소의 기초금액을 조정한다.

또한, 새로운 회계정책을 소급적용하려 하지만 당기 기초시점에 과거기간 전체에 대하여 새로운 회계정책의 누적효과를 실무적으로 결정할 수 없는 경우, 실무적으로 적용할 수 있는 가장 이른 날부터 새로운 회계정책을 전진적용하여 비교정보를 재작성한다.

소급법을 적용하게 되면 전기의 재무제표를 수정하기 때문에 기간별 비교가능성이 제고되지만, 과거에 이미 공표된 재무제표를 수정하게 되므로 재무제표의 신뢰성이 저하되며 재작성하는 데 많은 비용과 시간이 소요된다는 단점이 있다.

회계정책의 변경

구분		내용
원칙		새로운 회계정책이 처음부터 적용된 것으로 조정
회계변경의 영향을 실무적으로 결정할 수 없는 경우	특정기간에만 결정 못함	실무적으로 소급적용할 수 있는 가장 이른 회계기간에 새로운 회계정책을 적용하고, 자본구성요소의 기초금액을 조정
	과거기간 전체에 대해 결정 못함	실무적으로 적용할 수 있는 가장 이른 날부터 새로운 회계정책을 전진적용하여 비교정보를 재작성

예제

20X1년도 설립된 (주)삼일은 재고자산의 원가흐름에 대한 가정을 20X2년까지 선입선출법을 적용하여 단가결정을 하였으나, 20X3년부터 평균법으로 변경하였다. 이러한 회계정책의 변경은 한국채택국제회계기준에서 제시하는 조건을 충족한다. 다음은 20X1년과 20X3년까지 선입선출법을 적용한 약식재무제표이다. (주)삼일은 당기와 전기 재무제표를 공시한다.

〈재무상태표〉

과목	20X1년	20X2년	20X3년
재고자산	45,000원	50,000원	55,000원
기타자산	300,000원	375,000원	365,000원
총계	345,000원	425,000원	420,000원
부채	100,000원	130,000원	90,000원
자본금	200,000원	200,000원	200,000원
이익잉여금	45,000원	95,000원	130,000원
총계	345,000원	425,000원	420,000원

〈포괄손익계산서〉

과목	20X1년	20X2년	20X3년
매출	320,000원	380,000원	400,000원
매출원가	(185,000원)	(255,000원)	(275,000원)
기초재고	-	45,000원	50,000원
당기매입액	230,000원	260,000원	280,000원
기말재고액	(45,000원)	(50,000원)	(55,000원)
기타손익(순액)	(90,000원)	(75,000원)	(90,000원)
당기순이익	45,000원	50,000원	35,000원

(주)삼일이 재고자산의 단가결정방법을 평균법으로 적용하였다면 매 회계기간말의 재고자산 금액은 다음과 같다.

	20X1년	20X2	20X3년
재고자산	35,000원	45,000원	50,000원

〈요구사항 1〉 (주)삼일이 평균법으로의 회계정책변경에 대한 소급효과를 모두 결정할 수 있다고 가정할 경우 20X3년 비교공시할 재무상태표와 포괄손익계산서를 모두 작성하라.

〈요구사항 2〉 (주)삼일이 평균법으로의 회계정책변경에 대한 소급효과를 실무적으로 결정할 수 없으나, 평균법을 적용한 20X3년 초 재고자산은 45,000원임을 결정할 수 있다고 가정할 때, 20X3년 비교공시할 재무상태표와 포괄손익계산서를 모두 작성하라.

〈요구사항 3〉 (주)삼일이 평균법으로의 회계정책변경에 대한 소급효과를 실무적으로 결정할 수 없고, 평균법을 적용한 20X3년 초 재고자산의 금액을 결정할 수 없다고 가정할 때, 20X3년 비교공시할 재무상태표와 포괄손익계산서를 모두 작성하라.

풀 이

〈요구사항 1〉 회계정책변경에 대한 소급효과를 모두 결정할 수 있다고 가정할 경우

〈재무상태표〉

과목	20X2년초	20X2년	20X3년
재고자산	35,000원	45,000원	50,000원
기타자산	300,000원	375,000원	365,000원
총계	335,000원	420,000원	415,000원
부채	100,000원	130,000원	90,000원
자본금	200,000원	200,000원	200,000원
이익잉여금	35,000원	90,000원	125,000원
총계	335,000원	420,000원	415,000원

〈포괄손익계산서〉

과목		20X2년	20X3년
매출		380,000원	400,000원
매출원가		(250,000원)	(275,000원)
기초재고		35,000원	45,000원
당기매입액		260,000원	280,000원
기말재고액		(45,000원)	(50,000원)
기타손익(순액)		(75,000원)	(90,000원)
당기순이익		55,000원	35,000원

20X3년도의 회계처리는 다음과 같다.

(차) 이익잉여금	5,000	(대) 매출원가	5,000
(차) 매출원가	5,000	(대) 재고자산	5,000

〈요구사항 2〉 회계정책변경에 대한 소급효과를 실무적으로 결정할 수 없으나, 평균법을 적용한 20X3년 초 재고자산은 45,000원임을 결정할 수 있다고 가정할 경우

〈재무상태표〉

과목	20X2년	20X3년
재고자산	50,000원	50,000원
기타자산	375,000원	365,000원
총계	425,000원	415,000원
부채	130,000원	90,000원
자본금	200,000원	200,000원
이익잉여금	95,000원	125,000원
총계	425,000원	415,000원

〈포괄손익계산서〉

과목	20X2년	20X3년
매출	380,000원	400,000원
매출원가	(255,000원)	(275,000원)
기초재고	45,000원	45,000원
당기매입액	260,000원	280,000원
기말재고액	(50,000원)	(50,000원)
기타손익(순액)	(75,000원)	(90,000원)
당기순이익	50,000원	35,000원

20X3년도의 회계처리는 다음과 같다.

| (차) 이익잉여금 | 5,000 | (대) 매출원가 | 5,000 |
| (차) 매출원가 | 5,000 | (대) 재고자산 | 5,000 |

〈요구사항 3〉 (주)삼일이 평균법으로의 회계정책변경에 대한 소급효과를 실무적으로 결정할 수 없고
20X3년 초 재고자산의 금액을 결정할 수 없다고 가정할 경우

〈재무상태표〉

과목	20X2년	20X3년
재고자산	50,000원	50,000원
기타자산	375,000원	365,000원
총계	425,000원	415,000원
부채	130,000원	90,000원
자본금	200,000원	200,000원
이익잉여금	95,000원	125,000원
총계	425,000원	415,000원

〈포괄손익계산서〉

과목	20X2년	20X3년
매출	380,000원	400,000원
매출원가	(255,000원)	(280,000원)
기초재고	45,000원	50,000원
당기매입액	260,000원	280,000원
기말재고액	(50,000원)	(50,000원)
기타손익(순액)	(75,000원)	(90,000원)
당기순이익	50,000원	30,000원

(차) 매출원가   5,000   (대) 재고자산   5,000

2) 회계추정치 변경의 처리방법

회계추정치 변경효과는 다음의 회계기간의 당기손익에 포함하여 전진적으로 인식한다.

① 변경이 발생한 기간에만 영향을 미치는 경우에는 변경이 발생한 기간
② 변경이 발생한 기간과 미래기간에 모두 영향을 미치는 경우에는 변경이 발생한 기간과 미래기간

즉, 전진법에서는 과거에 보고된 재무제표에 대해서는 어떠한 수정도 하지 않는다. 따라서 회계
변경으로 인한 누적효과를 전혀 반영하지 않고 당기와 미래기간에만 변경된 회계처리방법을 적용한
다. 이 방법을 적용하게 되면 전기의 재무제표를 수정하지 않으므로 재무제표의 신뢰성이 제고되나
비교가능성은 저하된다.

(주)삼일은 20X1. 1. 1에 취득한 내용연수 5년의 기계장치 100,000원을 정률법으로 상각하여 오던 중 20X3. 1. 1에 정액법으로 감가상각방법을 변경하기로 하였다. (주)삼일이 취득한 기계장치의 내용연수 종료시점의 잔존가치는 없으며, 정률법의 경우 상각률은 40%로 가정한다.

〈요구사항 1〉 (주)삼일이 회계변경으로 인하여 20X3년 인식할 감가상각비를 계산하라.
〈요구사항 2〉 (주)삼일이 다음과 같은 방법에 따라 회계변경을 회계처리하는 경우 해야 할 회계처리를 하라.

풀 이

1. 20X3년도 감가상각비
   (1) 변경전 방법에 의한 기초장부금액

구분	20X1년	20X2년	합계
감가상각비	40,000원^{*1}	24,000원^{*2}	64,000원

   ^{*1} $100,000 \times 40\% = 40,000$
   ^{*2} $(100,000 - 40,000) \times 40\% = 24,000$

   (2) 20X3년도 감가상각비의 계산
   ㉠ 20X3년 초 장부금액

취득원가	100,000
감가상각누계액	(64,000)
20X3년 초 장부금액	36,000원

   ㉡ 20X3년도 감가상각비 : $(36,000 - 0) \div 3 = 12,000$

2. 회계처리

구분	회계처리
20X3. 1. 1	분개 없음
20X3. 12. 31	(차) 감가상각비　12,000　(대) 감가상각누계액　12,000

(4) 공시

1) 회계정책의 변경

한국채택국제회계기준을 최초로 적용함으로써 발생하는 회계정책의 변경과 관련하여 다음 사항을 공시한다.

---

① 관련 한국채택국제회계기준의 명칭
② 경과규정에 따라 회계정책을 변경한 경우 그 사실
③ 회계정책 변경의 성격
④ 경과규정이 있는 경우 그 내용
⑤ 미래기간에 영향을 미칠 수 있는 경과규정이 있는 경우 그 내용
⑥ 실무적으로 적용할 수 있는 범위까지 당기 및 비교표시된 각 과거기간의 다음 항목
    ㉠ 회계정책 변경의 영향을 받는 재무제표의 각 항목별 조정금액
    ㉡ 주당이익을 공시하는 경우, 기본주당이익과 희석주당이익의 조정금액
⑦ 실무적으로 적용할 수 있는 범위까지, 비교표시된 회계기간보다 앞선 기간에 귀속되는 조정금액
⑧ 특정 과거기간이나 비교표시된 회계기간보다 앞선 기간에 대하여 실무적으로 소급적용할 수 없는 경우, 그 사유 및 회계정책변경의 적용방법과 적용한 시기에 관한 내용

회계정책의 자발적 변경이 있는 경우에는 다음 사항을 공시한다.

---

① 회계정책 변경의 성격
② 새로운 회계정책이 재무정보의 신뢰성과 목적적합성의 제고에 기여하는 근거
③ 실무적으로 적용할 수 있는 범위까지, 비교표시된 각 과거기간의 다음 항목
    ㉠ 회계정책 변경의 영향을 받는 재무제표의 각 항목별 조정금액
    ㉡ 주당이익을 공시하는 경우, 기본주당이익과 희석주당이익의 조정금액
④ 실무적으로 적용할 수 있는 범위까지, 비교표시된 회계기간보다 앞선 기간에 귀속되는 조정금액
⑤ 특정 과거기간이나 비교표시된 회계기간보다 앞선 기간에 대하여 실무적으로 소급적용할 수 없는 경우, 소급적용할 수 없는 사유 및 회계정책변경의 적용방법과 적용한 시기에 관한 내용

---

2) 회계추정치 변경

회계추정치 변경에 대해서는 당기에 영향을 미치거나 미래기간에 영향을 미칠 것으로 예상되는 변경내용과 변경효과의 금액을 공시한다. 다만, 미래기간에 미치는 영향을 실무적으로 추정할 수 없는 경우에는 추정할 수 없다는 사실만 공시한다.

Ⅱ 오류수정

1 오류의 의의

오류수정이란 전기 또는 그 이전의 재무제표에서 발생한 오류를 당기에 발견하여 수정하는 것을 뜻한다. 기업의 회계처리 과정상 통상적으로 발생할 수 있는 회계오류는 다음과 같은 것이 있다.

(1) 회계기준 적용의 오류

한국채택국제회계기준에 위배되어 회계처리를 한 경우에 발생하는 오류이다. 한국채택국제회계기준에 따라 발생주의로 수익을 인식해야 하나 현금주의로 수익을 인식한 경우가 이에 해당된다.

(2) 추정의 오류

추정이 합리적이지 못함으로써 발생하는 오류이다. 오류수정은 회계추정치 변경과 구별된다. 회계추정치는 성격상 추가 정보가 알려지는 경우에 변경이 필요할 수도 있는 근사치이다. 예를 들어, 우발상황의 결과에 따라 인식되는 손익은 오류수정에 해당하지 아니한다.

(3) 계정분류의 오류

고의나 과실로 재무상태표나 포괄손익계산서의 계정과목을 잘못 분류하는 경우에 발생한다.

(4) 산술적 계산오류

덧셈이나 뺄셈 등 계산의 잘못으로 인하여 발생하는 오류이다.

(5) 사실의 간과 및 부정

비용이나 수익의 발생을 기록하거나 다음기로 이연시키는 등의 사실을 간과한 경우에 발생한다. 회계변경과 오류수정은 구분해야 한다. 회계정책의 변경은 한국채택국제회계기준에서 다른 정책으로 변경하는 것이나 회계정책의 오류는 일반적으로 인정되지 않은 회계정책을 적용한 경우에 발생하는 것이므로 이러한 면에서 회계변경과 회계오류가 구별이 된다.

2 오류의 유형

회계처리의 오류를 발견했을 경우에는 적절하게 수정을 해야 하는데 오류유형에 따라 수정하는 방법이 다르므로 그 유형을 분류할 필요가 있다.

(1) 재무상태표에만 영향을 미치는 오류

자산, 부채 및 자본계정의 분류상의 오류로 인해 발생힌다. 예를 들면 장기재무의 상환일이 1년 이내에 도래하는데도 유동성대체를 하지 않은 경우 또는 매출채권을 미수금으로 분류한 경우 등이 해당된다. 이런 오류가 발견되었을 때에는 계정재분류를 하면 된다.

(2) 손익계산서에만 영향을 미치는 오류

재무상태표에만 영향을 미치는 오류와 같이 손익계산서의 계정분류상의 오류로 인해 발생한다. 매출할인을 영업외비용으로 처리한 경우 또는 무형자산상각비를 감가상각비로 기장한 경우 등이 해당된다.

오류가 발생했던 기간의 장부를 마감(이하 재무제표 발행을 승인하는 것과 동일한 의미임)하기 전에 오류를 발견했다면 재분류하는 분개를 하여 수정을 하고 장부가 마감된 후에 발견했다면 아무런 분개를 할 필요가 없다. 왜냐하면 손익항목은 장부가 마감되면 이익잉여금으로 대체되어 다음기로 잔액이 이월되지 않기 때문이다.

(3) 재무상태표와 손익계산서 모두에 영향을 미치는 오류

이 오류는 순이익에 영향을 미치는 오류로 감가상각비를 과대계상하여 순이익이 과소계상되고 유형자산의 장부금액도 과소계상되는 경우가 이에 해당된다. 재무상태표나 손익계산서 한 쪽에만 영향을 미치는 오류는 순이익에 영향을 미치지 않지만 재무상태표와 손익계산서 모두에 영향을 미치는 오류는 순이익에 영향을 미치며, 이는 자동적으로 조정되는 오류와 자동적으로 조정되지 않는 오류로 구분된다.

자동적으로 조정되는 오류는 두 회계기간을 통하여 오류의 영향이 자동적으로 조정되는 오류이다. 예를 들면 선급보험료를 과소계상한 경우 전기의 보험료는 과대계상된다. 한편, 당기로 넘어오면 전기에 선급보험료가 과소계상된 만큼 당기의 보험료는 과소계상된다. 두 회계연도를 합산하면 보험료와 순이익이 정확히 계상되고, 당기말 선급보험료의 잔액도 적절하게 나타난다. 즉, 오류가 발생한 다음 회계연도에는 전년도 오류가 자동적으로 수정되는 효과가 생긴다.

자동적으로 조정되지 않는 오류는 두 회계기간의 경과만으로 오류가 조정되지 않고 오류가 재무제표에 미치는 영향이 소멸하는데 세 회계연도 이상이 소요되는 오류이다. 예를 들면, 유형자산의 자본적 지출을 수익적 지출로 간주하여 당기비용으로 처리한 경우 감가상각비는 과소계상된다. 만약, 유형자산의 내용연수가 5년이라고 하면 상각이 완료되는 5년 동안 감가상각비는 과소계상되는 것이다.

3 오류수정의 회계처리

오류는 재무제표 구성요소의 인식, 측정, 표시 또는 공시와 관련하여 발생할 수 있다. 기업의 재무상태, 재무성과 또는 현금흐름을 특정한 의도대로 표시하기 위하여 중요하거나 중요하지 않은 오류를 포함하여 작성된 재무제표는 한국채택국제회계기준에 따라 작성되었다고 할 수 없다.

당기 중에 발견한 당기의 잠재적 오류는 재무제표의 발행승인일 전에 수정한다. 그러나 중요한 오류가 후속기간에 발견되는 경우, 이러한 전기오류는 해당 후속기간의 재무제표에 비교표시된 재무정보를 재작성하여 수정한다. 중요한 오류란 어떠한 항목이 개별적으로나 집합적으로 재무제표에 기초한 경제적 의사결정에 영향을 미치는 경우의 당해 오류를 말한다. 예를 들어, 20X1년 이전에 발생된 중요한 오류를 20X3년에 발견하고, 20X3년과 20X2년도 비교재무제표를 공시할 경우 오류로 인한 누적효과를 20X2년도 기초금액에 반영하여 재무제표를 재작성한다.

중요한 전기오류를 소급하여 수정하는 방법은 다음과 같다.

---

① 오류가 발생한 과거기간의 재무제표가 비교표시되는 경우: 그 재무정보를 재작성
② 오류가 비교표시되는 가장 이른 과거기간 이전에 발생한 경우: 비교표시되는 가장 이른 과거기간의 자산, 부채 및 자본의 기초금액을 재작성

전기오류의 수정은 오류가 발견된 기간의 당기손익으로 보고하지 않는다. 따라서 과거기간의 정보는 실무적으로 적용할 수 있는 최대한 앞선 기간까지 소급하여 재작성한다.

비교표시되는 하나 이상의 과거기간의 비교정보에 대해 특정기간에 미치는 오류의 영향을 실무적으로 결정할 수 없는 경우, 실무적으로 소급재작성할 수 있는 가장 이른 회계기간의 자산, 부채 및 자본의 기초금액을 재작성한다.

당기 기초시점에 과거기간 전체에 대한 오류의 금액을 실무적으로 결정할 수 없는 경우(예: 회계정책 적용 오류 등), 실무적으로 적용할 수 있는 가장 이른 날부터 전진적으로 비교정보를 재작성한다. 따라서 적용시점 이전 기간의 자산, 부채 및 자본에 대한 누적효과를 조정하지 아니한다.

4 회계오류의 사례

(1) 자동적으로 조정되는 오류

1) 선급비용의 오류

(주)삼일해운의 회계감사인은 20X2년 회계감사시에 회사가 20X1. 7. 1부터 20X2. 6. 30 까지의 1년분 자동차보험료 1,200,000원을 전액 20X1년의 비용으로 회계처리했음을 발견했다. (주)삼일해운은 20X2년과 20X1년의 당기순이익을 각각 30,000,000원과 20,000,000원으로 보고하였다.

위의 오류를 수정하여 반영한 20X2년과 20X1년의 수정후 당기순이익은 얼마인가?

<table>
<tr><td></td><td colspan="2" align="center">포괄손익계산서</td></tr>
<tr><td></td><td align="center">20X2년도</td><td align="center">20X1년도</td></tr>
<tr><td>수정전 당기순이익</td><td align="center">30,000,000원</td><td align="center">20,000,000원</td></tr>
<tr><td>보험료 과대계상</td><td align="center">–</td><td align="center">600,000원</td></tr>
<tr><td>보험료 과소계상</td><td align="center">(600,000원)</td><td align="center">–</td></tr>
<tr><td>수정후 당기순이익</td><td align="center">29,400,000원</td><td align="center">20,600,000원</td></tr>
</table>

(주)삼일해운은 20X1년에 선급비용으로 600,000원을 과소계상했으므로 20X1년분 보험료비용을 600,000원만큼 과대계상한 것이 되며 20X2년의 보험료가 600,000원만큼 과소계상된다.

20X1년 : 선급비용의 과소계상 ⇒ 당기비용의 과대계상 ⇒ 당기순이익의 과소계상
20X2년 : 당기비용의 과소계상 ⇒ 당기순이익의 과대계상

위의 사례에서 20X2년의 장부를 마감하기 전에 감사인이 오류를 발견하였다면 오류수정분개는 다음과 같다.

(차) 보험료	600,000	(대) 이익잉여금	600,000

한편, 감사인이 위의 오류를 20X2년 장부를 마감한 후 발견했다면 20X2년과 20X1년에 걸쳐 오류의 영향이 자동적으로 조정되므로 수정분개를 할 필요가 없다.

2) 미지급비용의 오류

(주)효상건설의 회계감사인은 20X2년 회계감사시에 회사가 20X1. 7. 1부터 20X2. 6. 30까지의 1년분 이자비용 1,000,000원을 전액 20X2년 이자지급시 비용으로 처리했음을 발견했다. (주)효상건설은 20X2년과 20X1년의 당기순이익을 각각 10,000,000원과 9,000,000원으로 보고하였다.

위의 오류를 수정하여 반영한 20X2년과 20X1년의 수정후 당기순이익은 얼마인가?

포괄손익계산서

	20X2년도	20X1년도
수정전 당기순이익	10,000,000원	9,000,000원
이자비용 과대계상	500,000원	–
이자비용 과소계상	–	(500,000원)
수정후 당기순이익	10,500,000원	8,500,000원

(주)효상건설은 20X1년에 미지급비용을 500,000원을 과소계상했으므로 20X1년분 이자비용을 500,000원만큼 과소계상한 것이 되며 20X2년의 이자비용이 500,000원만큼 과대계상된다.

20X1년 : 미지급비용의 과소계상 ⇒ 당기비용의 과소계상 ⇒ 당기순이익의 과대계상
20X2년 : 당기비용의 과대계상 ⇒ 당기순이익의 과소계상

위의 사례에서 20X2년의 장부를 마감하기 전에 감사인이 오류를 발견하였다면 오류수정분개는 다음과 같다.

(차) 이익잉여금	500,000	(대) 이자비용	500,000

선급비용의 예와 마찬가지로 20X2년의 장부를 마감한 후 감사인이 오류를 발견하였다면 2년에 걸쳐 자동적으로 오류가 영향이 조정되므로 아무런 수정분개가 필요없다.

3) 재고자산의 오류

(주)한강은 20X2년과 20X1년의 당기순이익을 각각 1,000,000원과 2,000,000원으로 보고하였고 매출원가와 관련한 자료를 다음과 같이 감사인에게 제시하였다.

매출원가		
	20X2년도	20X1년도
기초상품재고액	200,000원	400,000원
당기매입	2,000,000원	1,000,000원
판매가능상품재고액	2,200,000원	1,400,000원
기말상품재고액	(400,000원)	(200,000원)
매출원가	1,800,000원	1,200,000원

(주)한강의 감사인은 20X2년도의 회계감사시에 20X1년도의 기말상품재고액이 80,000원만큼 과대계상되었음을 발견하였다. (주)한강의 기말상품재고액의 과대계상오류를 수정한 후의 매출원가는 얼마인가? 또한 20X2년과 20X1년의 오류수정 후 당기순이익은 얼마인가?

㉠ 수정 후 매출원가

매출원가		
	20X2년도	20X1년도
기초상품재고액	120,000원	400,000원
당기매입	2,000,000원	1,000,000원
판매가능상품재고액	2,120,000원	1,400,000원
기말상품재고액	(400,000원)	(120,000원)
매출원가	1,720,000원	1,280,000원

㉡ 수정 후 당기순이익

손익계산서		
	20X2년도	20X1년도
수정전 당기순이익	1,000,000원	2,000,000원
매출원가 과대계상	80,000원	-
매출원가 과소계상	-	(80,000원)
수정후 당기순이익	1,080,000원	1,920,000원

(주)한강은 20X1년도의 기말상품재고액을 과대계상하였으므로 20X1년도의 매출원가는 동액만큼 과소계상되었으며 20X2년도의 기초상품재고액은 과대계상되었고 동액만큼 매출원가가 과대계상된다.

20X1년 : 기말상품재고 과대계상 ⇒ 매출원가 과소계상 ⇒ 당기순이익 과대계상
20X2년 : 기초상품재고 과대계상 ⇒ 매출원가 과대계상 ⇒ 당기순이익 과소계상

위의 사례에서 20X2년의 장부를 마감하기 전에 감사인이 오류를 발견하였다면 오류수정분개는 다음과 같다.

(차) 이익잉여금	80,000	(대) 매출원가	80,000

(2) 자동적으로 조정되지 않는 오류

앞서 설명한 바와 같이 자동적으로 조정되지 않는 오류는 두 회계기간의 경과만으로 오류가 조정되지 않고 오류가 재무제표에 미치는 영향이 소멸하는데 세 회계연도 이상이 소요되는 오류이다. 다음은 자동적으로 조정되지 않는 오류의 사례이다.

1) 감가상각비의 오류

(주)용산은 20X1년 초에 건물을 구입하였다. 건물의 취득원가는 95,000,000원이며, 내용연수는 10년, 잔존가치는 없고 정액법으로 감가상각을 하였다. (주)용산은 이 건물에 대한 취득세 및 등록세 5,000,000원을 취득원가에 가산하지 않고 세금과 공과로 하여 당기비용으로 처리하였다. (주)용산의 감사인이 20X2년 감사시에 이 오류사실을 적발하였다. 회사가 행한 잘못된 회계처리와 올바른 회계처리를 하고 오류를 수정하는 분개를 하라.

㉠ 회사가 행한 분개

20X1년 : (차) 세금과공과	5,000,000	(대) 현금	5,000,000
(차) 감가상각비	9,500,000	(대) 감가상각누계액	9,500,000
20X2년 : (차) 감가상각비	9,500,000	(대) 감가상각누계액	9,500,000

㉡ 올바른 분개

20X1년 : (차) 건물	5,000,000	(대) 현금	5,000,000
(차) 감가상각비	10,000,000	(대) 감가상각누계액	10,000,000
20X2년 : (차) 감가상각비	10,000,000	(대) 감가상각누계액	10,000,000

ⓒ 오류수정분개

| (차) 건물 | 5,000,000 | (대) 이익잉여금 | 4,500,000* |
| (차) 감가상각비 | 500,000 | (대) 감가상각누계액 | 1,000,000 |

* 5,000,000원(20X1년 세금과공과)−500,000원(20X1년 감가상각비)=4,500,000원

(주)용산은 건물에 대한 취득세 및 등록세를 건물의 취득원가에 가산하여 20X1년부터 향후 10년 간 감가상각비로 회계처리하지 않고 20X1년 전액을 일시에 비용처리함에 따라 두 회계기간의 경과 만으로는 자동적으로 조정되지 않는 오류를 유발하였다. 이러한 오류를 발견한 경우 오류수정분개를 하려면 회사가 행한 분개와 올바른 분개를 비교하여 다음의 순서를 밟는 것이 좋다.

① 재무상태표계정의 차이를 수정한다.
  재무상태표계정은 다음 회계연도에도 지속적으로 사용할 수 있는 계정이므로 계정과목별로 상계하여 순액으로 표시하면 된다.
② 포괄손익계산서계정의 차이를 수정한다.
  장부가 마감된 전년도의 포괄손익계산서계정은 이익잉여금계정으로 마감되므로 계정과목 및 발생연도에 상관없이 이익잉여금의 과목으로 처리한다.
  장부가 마감되지 않은 포괄손익계산서계정들은 계정과목별로 상계하여 순액으로 표시한다.

5 공시

중요한 전기오류로 인하여 재무제표를 소급하여 재작성하는 경우 아래의 사항을 공시한다.

① 전기오류의 성격
② 실무적으로 적용할 수 있는 범위까지 비교표시 된 각 과거기간의 다음 항목
  ㉠ 오류수정의 영향을 받는 재무제표의 각 항목별 수정금액
  ㉡ 주당이익을 공시하는 경우, 기본주당이익과 희석주당이익의 수정금액
③ 비교표시 되는 가장 이른 과거기간의 기초금액의 수정금액
④ 특정 과거기간에 대하여 실무적으로 소급재작성할 수 없는 경우, 그 사유 및 오류수정의 적용방법과 적용한 시기에 관한 내용

01 다음 중 회계변경 및 오류수정의 회계에 관한 내용으로 가장 올바르지 않은 것은?

① 회계정책의 변경은 재무제표의 작성과 보고에 적용하던 회계정책을 다른 회계정책으로 바꾸는 것을 말한다.

② 외상매출의 비중이 매우 낮아서 중요성의 판단에 따라 대손회계처리를 직접차감법으로 회계처리해 오던 기업이 외상매출의 비중이 중요해짐에 따라 대손회계처리를 충당금설정법으로 변경하는 경우는 회계변경으로 보지 않는다.

③ 유형자산이나 무형자산을 원가모형에서 재평가모형으로 회계정책을 최초로 변경하는 경우에는 소급 적용한다.

④ 회계정책의 변경과 회계추정치 변경을 구분하는 것이 어려운 경우에는 이를 회계추정치 변경으로 본다.

02 다음 중 회계변경과 오류수정에 관한 설명으로 가장 올바르지 않은 것은?

① 회계정책의 변경을 반영한 재무제표가 거래, 기타 사건 또는 상황이 재무상태, 재무성과 또는 현금흐름에 미치는 영향에 대하여 신뢰성 있고 더 목적적합한 정보를 제공하는 경우에는 회계정책을 변경할 수 있다.

② 전기오류수정은 중요한 오류라 할지라도 당기손익에 반영한다.

③ 제조원가 계산시 수율 변경은 회계추정으로 본다.

④ 회계정책의 변경으로 인한 누적효과를 합리적으로 결정하기 어려운 경우에 실무적으로 소급적용이 가능한 가장 이른 회계기간에 반영한다.

03 다음 중 회계추정치 변경에 해당하지 않는 것은?

① 대손추정의 변경
② 재고자산의 원가흐름의 가정을 선입선출법에서 평균법으로 변경
③ 유형자산 내용연수의 변경
④ 유형자산 잔존가치의 변경

04 다음 중 회계변경과 오류수정에 관한 설명으로 가장 올바르지 않은 것은?

① 회계정책의 변경이란 재무제표의 작성과 보고에 적용하던 회계정책을 다른 회계정책으로 바꾸는 것을 말한다.
② 재고자산의 원가흐름의 가정을 선입선출법에서 이동평균법으로 변경하는 것은 회계정책의 변경에 해당한다.
③ 유형자산 및 무형자산의 내용연수 및 잔존가치의 변경은 회계추정변경으로 본다.
④ 회계정책의 변경과 회계추정치 변경을 구분하는 것이 어려운 경우에는 이를 회계정책의 변경으로 본다.

05 (주)삼일은 20X1년 회계감사 중 다음과 같은 오류 사항이 발견되었다. 다음 중 그 성격이 다른 하나는 무엇인가?

① 기초 재고자산의 과대계상
② 부가세예수금을 미지급금으로 분류
③ 장기차입금의 유동성대체 미실시
④ 접대비를 기부금으로 분류

06 (주)삼일은 20X1년 1월 1일에 취득한 내용연수 5년의 기계장치 100,000원을 정률법으로 상각하여 오던 중 20X3년 1월 1일에 정액법으로 감가상각방법을 변경하기로 하였다. (주)삼일이 취득한 기계장치의 내용연수 종료시점의 잔존가치는 없으며, 정률법의 상각률이 40%일 경우 (주)삼일이 회계변경으로 인하여 20X3년 인식할 감가상각비는 얼마인가?

① 12,000원　　　　　② 14,400원
③ 20,000원　　　　　④ 40,000원

07 김회계사는 ㈜삼일의 20X1 회계연도 감사과정에서 다음과 같은 사실을 발견하였다. 동 발견사항에 대하여 수정할 경우 ㈜삼일의 수정 후 20X1년 법인세비용차감전순이익은 얼마인가?

> ㄱ. 회사가 제시한 20X1년 법인세비용차감전순이익: 300,000,000 원
> ㄴ. 담당공인회계사가 발견한 사항 :
>   – 20X1년 중 설치조건부 판매를 하였고 이에 대해 ㈜삼일은 200,000,000 원의 매출총이익을 인식하였음. 이와 관련하여 20X1년 말 현재 계약의 중요한 부분을 차지하는 설치가 아직 완료되지 않았음을 발견함
>   – ㈜삼일은 20X1년 7월 1일 건물에 대한 보험료 1년치 100,000,000 원을 선급하고 지출하는 시점에 전액 보험료로 비용처리하였음

① 100,000,000원
② 150,000,000원
③ 250,000,000원
④ 350,000,000원

08 (주)삼일은 유형자산의 측정기준을 원가모형에서 재평가모형으로 변경하였다. 유형자산에 대하여 재평가모형을 적용하는 것이 재무상태, 재무성과 또는 현금흐름에 미치는 영향에 대하여 신뢰성 있고 더 목적적합한 정보를 제공하는 경우 해당 측정기준의 변경은 다음 중 어디에 해당하는가?

① 회계추정치 변경
② 회계정책의 변경
③ 오류수정
④ 관련법규의 개정

09 (주)삼일의 보고기간말 현재 수정전 당기순이익이 10,000,000원이다. 보고기간말과 재무제표 발행승인일 사이에 다음의 사건들이 발생한 경우 수정 후 당기순이익은 얼마인가?

> ㄱ. 보고기간말 이후 화재로 인한 건물 200,000원의 손실 발생
> ㄴ. 당기손익-공정가치 측정 금융자산의 공정가치가 보고기간 말과 재무제표가 확정된 날 사이에 하락하여 150,000원 추가 손실 발생
> ㄷ. 보고기간말 이전에 존재했던 소송사건의 결과가 보고기간말 이후에 확정되어 100,000원의 손실 발생

① 9,550,000원
② 9,850,000원
③ 9,900,000원
④ 10,000,000원

10 (주)삼일의 외부감사인이 회계감사 과정에서 다음과 같은 사실을 발견하였다. 동 발견사항에 대하여 수정할 경우 20X1년 (주)삼일의 수정후 당기순이익(손실)은 얼마인가?(단, 법인세효과는 고려하지 않는다)

> (1) (주)삼일이 제시한 20X1년 수정전 당기순이익 : 300,000,000원
> (2) 외부감사인이 발견한 사항
> (주)삼일은 20X1년 12월 26일에 (주)하나에 판매를 위탁하기 위하여 상품을 발송하였고, (주)하나는 동 수탁상품을 20X2년 1월 3일에 제3자에게 판매함. (주)삼일은 동 위탁매출에 대하여 상품을 발송한 시점인 20X1년 12월 26일에 매출(5억원)과 이에 대응되는 매출원가(4억원)를 인식함.

① 이익 110,000,000원
② 이익 200,000,000원
③ 손실 100,000,000원
④ 손실 200,000,000원

11 (주)삼일은 20X2년에 처음으로 회계감사를 받았는데, 기말상품재고에 대하여 다음과 같은 오류가 발견되었다. 20X1년 및 20X2년에 (주)삼일이 보고한 당기순이익이 다음과 같을 때, 20X2년의 오류수정 후 당기순이익은 얼마인가?(단, 법인세효과는 무시한다)

연도	당기순이익	기말상품재고오류
20X1년	30,000원	3,000원 과대평가
20X2년	35,000원	2,000원 과소평가

① 30,000원

② 36,000원

③ 38,000원

④ 40,000원

12 (주)삼일의 20X3년 말 회계감사과정에서 발견된 기말재고자산 관련 오류사항은 다음과 같다.

20X1년 말	20X2년 말	20X3년 말
5,000원 과대	2,000원 과대	3,000원 과대

위의 오류사항을 반영하기 전 20X3년 말 이익잉여금은 100,000원, 20X3년도 당기순이익은 30,000원이었다. 오류를 수정한 후의 20X3년 말 이익잉여금(A)과 20X3년도 당기순이익(B)은 각각 얼마인가?(단, 오류는 중요한 것으로 가정한다)

	(A)	(B)
①	90,000원	27,000원
②	97,000원	27,000원
③	90,000원	29,000원
④	97,000원	29,000원

13 20X1년에 설립된 (주)삼일은 재고자산의 원가흐름에 대한 가정을 20X1년까지 선입선출법을 적용하여 단가결정을 하였으나, 20X2년부터 평균법으로 변경하였다. 원가흐름에 대한 가정에 따른 각 연도말 재고자산의 장부금액이 다음과 같다.

	20X1년	20X2년
선입선출법	45,000원	30,000원
평균법	35,000원	45,000원

(주)삼일이 평균법으로의 회계정책변경에 대한 소급효과를 모두 결정할 수 있다고 가정할 경우 상기 회계변경이 20X2년 말 이익잉여금에 미치는 영향은 얼마인가(단, 상기 회계변경 반영 전 (주)삼일의 20X1년 말 및 20X2년 말 재무상태표에는 선입선출법을 적용한 금액으로 재고자산이 표시되어 있다)?

① 5,000원 증가
② 10,000원 증가
③ 5,000원 감소
④ 10,000원 감소

14 (주)삼일은 20X1년 7월 1일 500,000원 (내용연수 5년, 잔존가치 100,000원)에 건물을 취득하고, 20X1년 말 정액법으로 감가상각 하였다. 그런데 (주)삼일은 건물에 내재된 미래경제적효익의 예상되는 소비형태의 유의적인 변동을 반영하기 위하여, 20X2년 초부터 감가상각방법을 연수합계법으로 변경하고 잔존내용연수는 3년, 잔존가치는 없는 것으로 재추정하였다. 20X2년 말 건물의 장부금액은 얼마인가? (감가상각은 월할 상각하며, 건물에 대한 손상차손누계액은 없다.)

① 125,000원
② 195,000원
③ 210,000원
④ 10,000원 감소

Chapter 18 주당이익

I 주당이익의 개념

1 개념

　주당이익(Earnings Per Share : EPS)이란 회계기간의 경영성과에 대한 보통주 1주당 지분의 측정치를 말하며, 기업의 당기순이익(보통주이익)을 가중평균유통보통주식수로 나누어 산출한 지표를 말한다. 이를 보통주만을 발행한 기업을 가정하여 산식으로 표현하면 다음과 같다.

$$주당이익 = \frac{보통주\ 귀속\ 당기순손익}{가중평균유통보통주식수}$$

　주당이익은 재무정보이용자가 기업의 경영성과와 배당정책을 평가하고, 기업의 잠재력을 예측하며, 증권분석 및 투자에 관한 합리적인 의사결정을 할 수 있도록 하는 유용한 정보를 제공하는데, 주당이익의 유용성을 살펴보면 다음과 같다.

　첫째, 특정기업의 경영성과를 기간별로 비교하는 데 유용하다. 즉, 연속적인 두 회계기간의 주당순이익을 비교함으로써 두 기간의 경영성과에 대하여 의미있는 비교를 할 수 있다.

　둘째, 특정기업의 주당순이익을 주당배당금 지급액과 비교해봄으로써 당기순이익 중 사외에 유출되는 부분과 사내에 유보되는 부분의 상대적 비중에 관한 유용한 정보를 용이하게 얻을 수 있다.

　셋째, 주가를 주당이익으로 나눈 수치인 주가수익률(Price-Earning Ratio : PER)은 사외유통주식을 평가하는 투자지표의 하나인데, 주당이익은 주가수익률의 계산에 기초자료가 된다.

$$PER = 주가 \div EPS$$
$$주가 = PER \times EPS$$

주가수익률이 낮다는 것은 주당순이익에 비해 시가가 낮게 형성되어 있다는 것을 의미하므로 주가가 향후 상승할 가능성이 있다는 것을 암시해 준다.

한국채택국제회계처리기준 제1033호 '주당이익'은 이익분배에 대해 서로 다른 권리를 가지는 보통주 종류별로 기본주당이익과 희석주당이익을 계속영업이익과 당기순이익에 대하여 계산하고 포괄손익계산서에 표시하도록 하고 있다.

Ⅱ 기본주당이익

1 산출방법

기본주당이익은 보통주 1주당 이익을 말하는 것으로 특정회계기간의 당기순손익을 그 기간에 유통된 보통주식수를 가중평균한 주식수로 나누어 계산된다.

기본주당이익은 기본주당순이익과 기본주당계속영업이익으로 구분되며 기본주당순이익은 보통주당기순이익을 그 기간에 유통된 보통주식수를 가중평균한 주식수로 나누어 계산하고, 기본주당계속영업이익은 보통주에 귀속되는 계속영업이익을 가중평균유통보통주식수로 나누어 산출한다.

주당계속영업이익과 주당순이익의 기본계산 산식은 다음과 같다.

$$\text{기본주당계속영업이익(손실)} = \frac{\text{보통주계속영업이익(손실)}}{\text{가중평균유통보통주식수}}$$

$$\text{기본주당순이익(손실)} = \frac{\text{보통주당기순이익(손실)}}{\text{가중평균유통보통주식수}}$$

다만, 참가적 우선주를 발행한 회사는 참가적 우선주에 귀속되는 이익과 보통주에 귀속되는 이익을 구분하여 각각 주당계속영업이익 및 주당순이익을 산정한다.

(1) 가중평균유통보통주식수

1) 의의

주당계속영업이익과 주당순이익을 계산할 때는 한 회계기간 동안의 당기순이익을 분자로 사용하므로 이와 대응을 이루기 위해서는 분모에도 어떤 특정시점의 유통주식수를 사용할 것이 아니라, 그 회계기간 동안 평균적으로 유통된 주식수를 사용하는 것이 필요하다. 그러나 이 때 기초시점의 유통주식수와 기말시점의 유통주식수를 합계하여 2로 나눈 단순평균주식수를 사용하는 것은 의미가 없으므로 주식의 유통기간을 가중치로 한 가중평균유통보통주식수를 사용하여야 한다.

이 경우 유통기간에 따른 가중치는 그 회계기간의 총 일수에 대한 특정 보통주의 유통일수의 비율로 산정한다.

2) 기산일

가중평균유통보통주식수를 산정하기 위한 보통주유통일수 계산의 기산일은 통상적으로 주식발행의 대가를 받을 권리가 발생하는 시점(일반적으로 주식발행일)이다. 보통주유통일수를 계산하는 기산일은 주식발행과 관련된 특정 조건에 따라 결정되며, 주식발행에 관한 계약의 실질을 적절하게 고려한다. 보통주유통일수를 계산하는 기산일의 예를 들면 다음과 같다.

① 현금납입의 경우 현금을 받을 권리가 발생하는 날
② 보통주나 우선주 배당금을 자발적으로 재투자하여 보통주가 발행되는 경우 배당금의 재투자일
③ 채무상품의 전환으로 인하여 보통주를 발행하는 경우 최종이자발생일의 다음날
④ 그 밖의 금융상품에 대하여 이자를 지급하거나 원금을 상환하는 대신 보통주를 발행하는 경우 최종이자발생일의 다음날
⑤ 채무를 변제하기 위하여 보통주를 발행하는 경우 채무변제일
⑥ 현금 이외의 자산을 취득하기 위하여 보통주를 발행하는 경우 그 자산의 취득을 인식한 날
⑦ 용역의 대가로 보통주를 발행하는 경우 용역제공일

3) 우선주의 처리

주당계속영업이익과 주당순이익은 보통주 1주에 귀속할 계속영업이익과 순이익을 의미하므로 당해 결산기말 현재 발행된 총주식수에서 우선주식수를 공제하여 가중평균유통보통주식수를 계산한다.

4) 자기주식(보통주)의 처리

자기주식은 취득시점 이후부터 매각시점까지의 기간 동안 가중평균유통보통주식수에 포함하지 아니한다.

5) 무상증자, 주식배당, 주식분할 및 주식병합의 처리

무상증자, 주식배당, 주식분할 및 주식병합이 실시되는 경우에는 자원의 실질적인 변동을 유발하지 않으면서 유통보통주식수의 변동이 일어난다.

따라서 당기 중에 무상증자, 주식배당, 주식분할 및 주식병합이 실시된 경우에는 기초에 실시된 것으로 간주하여 가중평균유통보통주식수를 증가 또는 감소시켜 준다. 다만, 기중에 유상증자 등으로 발행된 신주에 무상증자 등이 실시된 경우에는 당해 유상신주의 납입일에 실시된 것으로 간주하여 가중평균유통보통주식수를 조정한다.

기중에 주식분할이 실시된 경우에는 주식분할 이전의 주식수와 이후의 주식수가 동질성을 갖지 못한다. 그러므로 이 경우에는 주식분할이 기초시점에서 실시된 것으로 가정하여 주식분할 이전의 주식수를 주식분할 이후의 주식수로 다시 표시한 후에 가중평균주식수를 구해야 한다. 주식분할에 대하여 이와 같이 소급적 처리(retroactive treatment)를 하는 이유는 주식분할의 결과 주식수에는 변화가 발생하였지만 영업활동에 사용된 자본에는 아무런 변화가 없기 때문이며, 특히 주식분할 이후의 주식수를 기준으로 삼는 이유는 기업의 자본이 향후 주식분할 이후의 주식수로 표현되기 때문이다.

6) 유상증자

당기 중에 유상증자로 보통주가 발행된 경우에는 가중평균유통보통주식수를 당해 주식의 납입일을 기준으로 기간경과에 따라 가중평균하여 조정한다.

공정가치 미만으로 유상증자를 실시한 경우 발행된 보통주는 공정가치 유상증자로 발행된 보통주와 무상증자로 발행된 보통주로 구분한다. 이 때 공정가치는 유상증자 권리행사일 전의 공정가치를 말한다.

---

① 공정가치 유상증자 시 발행가능 주식수: 유상증자 납입액 ÷ 유상증자 권리행사일 전의 공정가치
② 무상증자 주식수: 공정가치 미만 유상증자로 발행된 총주식수 − 공정가치 유상증자 시 발행가능주식수

공정가치 미만 유상증자가 실시되는 경우 무상증자비율은 공정가치 유상증자가 먼저 실시되고 무상증자는 나중에 실시된 것으로 간주하여 계산한다.

$$무상증자비율 = \frac{무상증자\ 주식수}{유상증자\ 전\ 유통주식수\ +\ 공정가치\ 유상증자\ 시\ 발행가능주식수}$$

---

7) 전환금융상품

전환금융상품은 전환권을 행사하는 경우 보통주로 전환되는 금융상품으로 전환우선주를 예로 들수 있다.

상법 제350조에서는 전환금융상품에 대해 전환간주일규정을 두고 있어, 기중에 전환이 되었더라도, 이자 및 이익 배당에 관하여 전환간주일시점에 간주된 것으로 보고 지급한다.

전환금융상품은 전환간주일에 관계없이 실제로 전환된 날부터 보통주식수에 포함시켜 유통보통주식수를 조정한다. 그러나 보통주로 반드시 전환하여야 하는 전환금융상품은 계약체결시점부터 보통주식수에 포함하여 유통보통주식수를 조정한다.

예제

유상증자 및 무상증자 등의 가중평균유통보통주식수

(주)삼일의 기중 보통주식수 변동내역은 다음과 같다.

• 기초	95,000주
• 기중	
4. 1 유상증자	10,000
7. 1 신주인수권의 행사	5,000
9. 1 무상증자(10%)	11,000
• 기말	121,000주

4월 1일에 실시한 유상증자는 공정가치 미만으로 실시되었으며, 유상증자 권리행사일 전의 공정가치는 주당 200원이고 유상증자시의 주당 발행가액은 100원이다. 가중평균유통보통주식수는 월수계산한다.

(주)삼일의 가중평균유통보통주식수를 계산하시오.

풀이

1. 무상증자비율
   (1) 무상증자 주식수

유상증자 주식수	10,000주
공정가치 유상신주(10,000주 × 100원) ÷ 200원	(5,000주)
무상증자 주식	5,000주

   (2) 무상증자비율 : 5,000 ÷ (95,000 + 5,000) = 5%

2. 가중평균유통보통주식수
  (1) 적수계산

기간	조정 전	무상증자조정	조정 후	월수	적수
1. 1~ 3.31	95,000주	(1+0.05)(1+0.1)	109,725주	3개월	329,175주
4. 1~ 6.30	105,000	(1+0.1)	115,500	3	346,500
7. 1~ 8.31	110,000	(1+0.1)	121,000	2	242,000
9. 1~12.31	121,000	–	121,000	4	484,000
				12개월	1,401,675주

  (2) 가중평균유통보통주식수 : 1,401,675주 ÷ 12 = 116,806주

가중평균유통보통주식수의 계산

구분	주식수 계산	비고
유상증자, 신주인수권 및 옵션의 행사	납입일부터 포함	공정가치 미만 유상증자는 공정가치유상증자와 무상증자가 혼합된 것으로 간주
무상증자 · 주식배당 · 주식분할 · 주식병합	기초부터 포함	유상증자분에 대한 무상증자 등은 유상증자일부터 포함 (보고기간종료일 후에 발생하는 경우에도 반영)
전환금융상품의 권리행사	실제로 전환된 날부터 포함	보통주로 반드시 전환하여야 하는 전환금융상품은 계약체결시점부터 보통주식수에 포함
자기주식	보유기간은 제외	

(2) 보통주당기순이익과 보통주계속영업이익

1) 일반적인 경우

보통주계속영업이익(손실)은 포괄손익계산서상 법인세 차감전 계속영업이익(손실)에 세후 우선주배당금 및 법인세 차감전 계속영업이익(손실)에 상응하는 법인세비용을 차감하여 산정하고, 보통주당기순이익(손실)은 포괄손익계산서상의 당기순이익(손실)에서 세후 우선주배당금을 차감하여 산정한다.

2) 누적적 우선주

누적적 우선주는 배당금을 지급하지 못하였을 경우, 그 부족액을 후년도의 이익에서 충당할 수 있는 우선주를 말하는데, 누적적 우선주의 배당금은 배당결의 여부에 관계없이 손실이 발생한 경우에도 당해 회계기간과 관련된 세후배당금을 차감하여 산정한다.

3) 참가적 우선주

참가적 우선주에 귀속되는 손익은 보통주에 귀속되는 손익과 구분되므로 참가적우선주에 배분된 순이익을 차감한 후 보통주에 대한 주당이익을 산출한다.

4) 우선주 재매입

기업이 공개매수 방식으로 우선주를 재매입할 때 우선주 주주에게 지급한 대가의 공정가치가 우선주의 장부금액을 초과하는 부분은 우선주 주주에 대한 이익배분으로서 보통주에 귀속되는 당기순손익을 계산할 때 차감하여 산정한다.

5) 전환우선주

전환우선주 발행기업이 처음의 전환조건보다 유리한 조건을 제시하거나 추가적인 대가를 지불하여 조기 전환을 유도하는 경우가 있는데 이 경우 처음의 전환조건에 따라 발행될 보통주의 공정가치를 초과하여 지급하는 보통주나 그 밖의 대가의 공정가치는 보통주에 귀속되는 당기순손익에서 차감하여 산정한다.

예제

기본주당순이익과 기본주당계속영업이익

(주)삼일의 20X1회계연도 당기순이익과 자본금 변동상황이 다음과 같을 경우 유상증자시 무상증자비율과 기본주당계속영업이익과 기본주당순이익을 구하시오. 20X1회계연도 이익에 대한 배당은 현금배당으로 우선주 10%이다.

1. 계속영업이익(법인세비용 차감 후)　　　50,000,000원
2. 당기순이익　　　　　　　　　　　　　　60,000,000원

3. 자본금 변동사항(액면 500원)

	보통주자본금		우선주자본금	
	주식수	금액	주식수	금액
• 기초	90,000	45,000,000원	20,000	10,000,000원
• 기중				
7. 1 유상증자	20,000	10,000,000원	4,000	2,000,000원
9. 1 무상증자 10%	11,000	5,500,000원	2,400	1,200,000원
11. 1 자기주식취득	(1,000)	(500,000원)	–	–
• 기말	120,000	60,000,000원	26,400	13,200,000원

4. 유상증자 전일의 보통주식의 종가　　　　　20,000원
5. 유상증자시 발행가액　　　　　　　　　　　10,000원

풀 이

---

1. 무상증자 비율
   (1) 무상증자 주식수

유상증자 주식수		20,000주
공정가치 유상신주(20,000주 × 10,000원) ÷ 20,000원 =		(10,000주)
무상증자 주식		10,000주

   (2) 무상증자비율 : 10,000 ÷ (90,000 + 10,000)=10%

2. 기본주당계속영업이익과 기본주당순이익
   (1) 기중평균유통보통주식수
       ① 적수계산

기간	조정전	무상증자조정	조정후	가중치	적수
1. 1~ 6.30	90,000	(1+0.1)(1+0.1)	108,900	181일	19,710,900주
7. 1~ 8.31	110,000	(1+0.1)	121,000	62	7,502,000
9. 1~10.31	121,000	–	121,000	61	7,381,000
11. 1~12.31	120,000	–	120,000	61	7,320,000
				365일	41,913,900주

   ② 기중평균유통보통주식수 : 41,913,900주 ÷ 365일=114,833주

   (2) 보통주계속영업이익과 보통주당기순이익
       ① 20X1 회계연도 우선주배당금

구주(무상주 포함) 10,000,000 × (1+0.1) × 10%=	1,100,000원
유상신주(무상주 포함) 2,000,000 × (1+0.1) × 10% × 184/365=	110,904원
	1,210,904원

② 보통주계속영업이익 : 50,000,000-1,210,904=48,789,096원

③ 보통주당기순이익 : 60,000,000-1,210,904=58,789,096원

(3) 기본주당계속영업이익과 기본주당순이익

① 기본주당계속영업이익 : 48,789,096 ÷ 114,833주=425원

② 기본주당순이익 : 58,789,096 ÷ 114,833주=512원

Ⅲ 희석주당이익

1 산출방법

주당이익이란 기업의 당기이익을 유통보통주식수로 나누어 산출한 금액으로 회계기간의 경영성과에 대한 보통주 1주당의 이익을 나타낸다. 주당이익은 기본주당이익과 희석주당이익으로 구분할 수 있는데, 희석주당이익은 실제 발행된 보통주뿐만 아니라 보통주로 전환될 수 있는 잠재적 보통주까지 감안하여 산출한 주당이익을 말한다.

$$\text{희석주당계속영업이익(손실)} = \frac{\text{희석계속영업이익(손실)}}{\text{가중평균유통보통주식수+잠재적 보통주식수}}$$

$$\text{희석주당순이익(손실)} = \frac{\text{희석당기순이익(손실)}}{\text{가중평균유통보통주식수+잠재적 보통주식수}}$$

(1) 잠재적 보통주

잠재적 보통주란 보통주를 받을 수 있는 권리가 보유자에게 부여된 금융상품이나 계약 등을 말하며, 전환우선주나 전환사채가 여기에 해당한다. 전환우선주나 전환사채의 투자자는 사전에 결정된 전환조건에 따라 발행회사에게 보통주로의 전환을 청구할 수 있으며, 전환청구를 받은 발행회사는 당초 발행한 우선주나 전환사채를 회수하고 보통주를 발행 · 교부한다.

잠재적 보통주는 모두 희석주당이익을 계산할 때 고려하는 것이 아니라 희석효과가 있는 경우에만 그 영향을 고려하는데, 희석효과가 있는 잠재적 보통주를 희석성 잠재적 보통주라고 한다.

잠재적 보통주의 예는 다음과 같다.

① 보통주로 전환할 수 있는 금융부채나 지분상품(예: 전환사채, 전환우선주)

② 옵션과 주식매입권

③ 사업인수나 자산취득과 같이 계약상 합의에 따라 조건이 충족되면 발행하는 보통주

(2) 잠재적 보통주의 희석효과

희석성 잠재적 보통주는 기초에 전환 또는 행사된 것으로 본다. 다만, 당해 희석성 잠재적 보통주의 발행일이 당기 중인 경우에는 그 발행일을 기준으로 희석성 잠재적 보통주의 주식수에 포함한다.

옵션이나 신주인수권 등은 당기 중 보통주의 평균시장가격이 행사가격 이상인 경우에 한하여 자기주식법을 사용하여 계산한 주식수를 희석성 잠재적 보통주의 주식수에 포함하고 전환우선주 및 전환사채는 전환가능한 보통주식수를 희석성 잠재적 보통주의 주식수에 포함한다.

1) 자기주식법이란 보통주식을 행사가격으로 발행하여 유입된 현금으로 시중에 유통되는 자기주식을 구입한다는 가정하에 행사가격으로 발행될 주식의 수와 그 유입된 현금으로 시장에서 구입가능한 자기주식의 수의 차이를 희석주당이익 계산시 분모에 가산하는 것이다.

> 신주인수권부사채나 옵션의 희석성 잠재적 보통주주식수 = 행사가격으로 발행될 주식수
> − 행사시 유입될 현금으로 구입가능한 자기주식수(행사시 유입될 현금/시가평균)

예를 들어 행사가액이 15,000원인 주식선택권이 5,000주 있고 시가평균이 30,000원이라고 할 때의 신주인수권의 희석성 잠재적 보통주주식수는 다음과 같이 계산된다.

① 행사가격으로 발행될 주식수=5,000주

② 행사시 유입될 현금으로 구입가능한 자기주식수$=\dfrac{\text{₩}15,000\times5,000\text{주}}{\text{₩ }30,000}=2,500\text{주}$

③ 신주인수권부사채의 희석성 잠재적 보통주주식수=5,000주−2,500주=2,500주

2) 희석성 잠재적 보통주의 전환이나 행사 등으로 발행되는 주식수는 희석성 잠재적 보통주의 소유자에게 가장 유리한 전환비율 또는 행사가격을 이용하여 계산한다.

3) 경영자에게 일정기간 후 주식의 시가에 따라 주식을 발행하여 지급하기로 하는 등 일정한 조건을 만족하면 발행될 주식의 경우 조건이 만족되지 않았다면 당기 말이 조건부기간의 만료기간이라는 가정하에 발행가능한 주식수를 사용하여 주식수를 조정한다.

4) 당기 중에 옵션 또는 신주인수권을 행사하였거나 전환우선주 또는 전환사채가 전환된 경우에는 기초부터 옵션행사일 또는 전환간주일까지를 희석성 잠재적 보통주의 주식수에 포함한다. 당기 중에 조건이 만족되어 기본주당순이익 계산시 포함된 조건부발행주식은 기초부터 조건만족일까지를 희석성 잠재적 보통주의 주식수에 포함한다. 행사일, 전환간주일 또는 조건만족일부터 기말까지는 기본주당계속영업이익 및 기본주당순이익의 계산시 유통보통주식수에 포함한다.

5) 발행자 또는 소유자가 주식 또는 현금 청산을 선택할 수 있는 옵션 등은 반증이 없는 한 주식으로 청산한다고 간주한다.

6) 수종의 보통주 청구가능증권이 발행되어 있는 경우에는 희석효과가 가장 큰 것부터 하나씩 포함시키면서 주당순이익을 계산한다. 만약 하나의 희석성 잠재적 보통주를 포함한 주당순이익이 이를 포함하기 전의 주당순이익보다 커지면 그 희석성 잠재적 보통주는 희석효과를 가지지 않으므로 희석성 잠재적 보통주의 주식수 계산에서 제외한다.

가중평균유통보통주식수와 잠재적 보통주식수

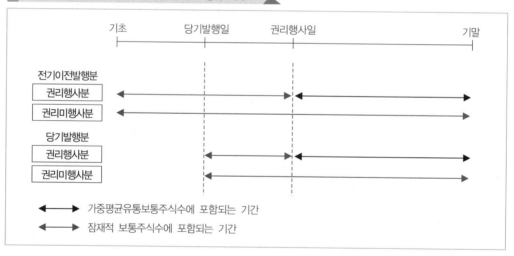

(3) 희석당기순이익과 희석계속영업이익

희석계속영업이익(손실)은 보통주계속영업이익(손실)에 전환우선주로 인한 배당금, 희석성 잠재적 보통주로 인한 비용에 [1－한계세율]을 곱한 금액을 가산하여 산정한다.

희석당기순이익(손실)은 보통주당기순이익(손실)에 전환우선주로 인한 배당금, 희석성 잠재적 보통주로 인한 비용에 [1－한계세율]을 곱한 금액을 가산하여 산정한다.

Ⅳ 재무제표 표시 및 공시

1 재무제표의 표시

이익의 분배에 대해 서로 다른 권리를 가지는 보통주 종류별로 이에 대한 기본주당이익과 희석주당이익을 지배기업의 보통주에 귀속되는 계속영업손익과 당기순손익에 대하여 계산하고 포괄손익계산서에 표시한다.

한편 중단영업에 대해 보고하는 기업은 중단영업에 대한 기본주당이익과 희석주당이익을 포괄손익계산서에 표시하거나 주석으로 공시한다. 기본주당이익과 희석주당이익이 부의 금액(즉, 주당손실)인 경우에도 표시한다.

주당이익의 공시

포괄손익계산서	
A사 　　　　　　　20X1년 1월 1일부터 12월 31일까지	
계속영업이익	×××
중단영업이익	×××
당기순이익	×××
기타포괄이익	×××
총포괄이익	×××
주당계속영업이익	
기본주당이익	×××
희석주당이익	×××
주당순이익	
기본주당이익	×××
희석주당이익	×××

2 공시

주당이익과 관련된 다음의 사항을 공시하여야 한다.

① 기본 및 희석주당이익의 계산에서 분자로 사용된 금액과 그 금액으로부터 당기에 지배기업에 귀속되는 당기순손익으로의 조정내역
② 기본 및 희석주당이익의 계산에서 분모로 사용된 가중평균유통보통주식수와 이들 간의 조정내역
③ 표시되는 기간에는 반희석효과 때문에 희석주당이익을 계산할 때 고려하지 않았지만 잠재적으로 미래에 기본주당이익을 희석할 수 있는 금융상품(조건부발행보통주를 포함)의 내용
④ 보고기간 후에 발생한 거래로서, 보고기간 말 이전에 발생했다면 기말에 유통되는 보통주식수나 잠재적보통주식수를 유의적으로 변동시켰을 보통주나 잠재적보통주 거래에 대한 설명

MEMO

01 다음 중 가중평균유통보통주식수 산정방법에 대하여 가장 올바른 설명을 하고 있는 사람은?

① 김부장: 자기주식은 취득시점 이후부터 매각시점까지의 기간동안 가중평균유통보통주식 수에 포함하지 않습니다.

② 이차장: 당기 중 무상증자를 실시한 경우, 무상증자를 실시한 날짜를 기준일로 하여 가 중평균유통주식수를 계산합니다.

③ 박과장: 당기 중 유상증자로 보통주가 발행된 경우 기초에 실시된 것으로 간주하여 주식 수를 조정합니다.

④ 정사원: 가중평균유통보통주식수에는 결산기말 현재 발행된 우선주식수를 포함해야 합 니다.

02 다음 정보를 이용하여 (주)삼일의 주가를 계산하시오.

ㄱ. 업종 평균 주가수익률(PER)	10배
ㄴ. (주)삼일의 당기순이익	50,000원
ㄷ. (주)삼일의 가중평균유통보통주식수	1,000주

① 500원   ② 5,000원

③ 10,000원   ④ 50,000원

03 (주)삼일의 20X1년 당기순이익은 10,000,000원이며, 우선주배당금은 1,000,000원이다. (주)삼일의 20X1년 1월 1일 유통보통주식수는 18,000주이며, 10월 1일에는 유상증자를 통 해 보통주 8,000주를 발행하였다. (주)삼일의 20X1년도 기본주당순이익은 얼마인가?(단, 유 상신주의 발행금액과 공정가치는 동일하며, 가중평균 유통보통주식수는 월할로 계산한다)

① 300원   ② 350원

③ 400원   ④ 450원

04 다음은 (주)삼일의 20X1년 회계연도(20X1년 1월 1일~20X1년 12월 31일) 당기순이익과 자본에 대한 자료이다. (주)삼일의 20X1년 회계연도 기본주당이익은 얼마인가?(단, 유통보통 주식수는 월할계산을 가정한다)

ㄱ. 당기순이익: 100,000,000원
ㄴ. 보통주식수 내역
  – 기초(1월 1일) 보통주식수   20,000주
  – 기중(7월 1일) 공정가치로 유상증자   10,000주

① 3,333원   ② 4,000원
③ 5,000원   ④ 10,000원

05 (주)삼일의 20X1년 보통주식수 변동내역은 다음과 같다.

1/1	기초	10,000주
7/1	무상증자(10%)	1,000주
12/13	기말	11,000주

(주)삼일의 20X1년 당기순이익이 11,550,000원인 경우 기본주당순이익은 얼마인가?

① 1,000원   ② 1,050원
③ 1,100원   ④ 1,150원

[문제 6~7] 다음은 (주)삼일의 20X1 회계연도(20X1. 1. 1~20X1. 12. 31) 당기순이익과 자본금변동사항에 대한 자료이다.

---

a. 당기순이익   500,000,000원
b. 자본금 변동사항(액면 5,000원)

	보통주자본금	
기 초	50,000주	250,000,000원
기 중		
4. 1. 유상증자(20%)	10,000주	50,000,000원
10. 1. 자기주식구입	(2,000)주	(10,000,000원)

• 유통보통주식수 계산시 월할계산을 가정한다.
• 4. 1. 유상증자시 시가 이하로 유상증자하지 않았다.

c. 20X1회계연도 이익에 대한 배당(현금배당)
  우선주 배당금: 20,000,000원

---

06 (주)삼일의 20X1년도 가중평균유통보통주식수는 몇 주인가?

① 56,000주   ② 57,000주
③ 58,000주   ④ 59,000주

07 (주)삼일의 20X1년도 기본주당순이익은 얼마인가?(단, 가중평균유통보통주식수는 60,000주로 가정한다)

① 4,000원   ② 6,000원
③ 8,000원   ④ 10,000원

08 (주)삼일의 20X1년 가중평균유통보통주식수는 2,000주이며, 기본주당순이익은 5,000원이다. 희석당기순이익은 11,250,000원이며 잠재적 보통주식수가 500주이라고 한다면 희석주당순이익은 얼마인가?

① 4,500원   ② 5,000원

③ 5,500원   ④ 6,000원

09 다음 중 '기본주당이익'의 계산에 관한 설명으로 가장 올바르지 않은 것은?

① 당해 회계기간과 관련한 누적적 우선주에 대한 세후배당금은 배당이 결의된 경우에만 당기순손익에서 차감한다.

② 기본주당이익은 지배기업의 보통주에 귀속되는 특정 회계기간의 당기순손익을 그 기간의 유통된 보통주식수를 가중평균한 주식수로 나누어 계산한다.

③ 당기 중에 무상증자를 실시한 경우, 당해 사건이 있기 전의 유통보통주식수를 비교표시되는 최초기간의 개시일에 그 사건이 일어난 것처럼 비례적으로 조정한다.

④ 채무를 변제하기 위하여 보통주를 발행하는 경우, 채무변제일이 가중평균유통보통주식수를 산정하기 위한 보통주 유통일수 계산의 기산일이 된다.

10 희석주당이익은 실제 발생된 보통주뿐만 아니라 보통주로 전환될 수 있는 잠재적 보통주까지 감안하여 산출한 주당이익을 말한다.

$$\text{희석주당순이익} = \frac{\text{희석당기순이익}}{\text{가중평균유통보통주식수} + \text{잠재적 보통주식수}}$$

다음 중 잠재적 보통주에 해당하는 것으로 가장 올바르지 않은 것은?

① 보통주로 전환할 수 있는 전환사채
② 보통주로 전환할 수 있는 전환우선주
③ 사업인수나 자산취득과 같이 계약상 합의에 따라 조건이 충족되면 발행하는 보통주
④ 회사가 보유하고 있는 자기주식

11 다음은 (주)삼일의 제11기(20X1년 1월 1일 ~ 20X1년 12월 31일) 당기순이익과 자본금 변동상황에 대한 자료이다. 이를 이용하여 (주)삼일의 20X1년도 가중평균유통보통주식수를 구하시오.

ㄱ. 당기순이익: 100,000,000원
ㄴ. 자본금변동사항(액면금액 500원)

	보통주자본금		우선주자본금	
기　　초	5,000주	2,500,000원	2,000주	1,000,000원
4월1일 무상증자(40%)	2,000주	1,000,000원	600주	300,000원

ㄷ. 20X1년 7월 1일에 자기주식(보통주) 1,000주를 1,000,000원에 취득
ㄹ. 무상신주의 배당기산일은 원구주에 따르며, 유통보통주식수는 월할로 계산

① 5,000주　　　　　　　　② 5,500주
③ 6,000주　　　　　　　　④ 6,500주

12 (주)삼일의 20X1년 초 자본의 일부 내역은 다음과 같다.

	보통주	우선주
액면금액	5,000원	5,000원
발행주식수	15,000주	2,000주
자기주식	1,000주	0주

다음은 20X1년 중 주식수의 변동내역이다.

> 20X1년 4월 30일 보통주 유상증자 1,200주 발행
> 20X1년 6월 30일 보통주 유상증자 500주 발행
> 20X1년 10월 31일 보통주 자기주식 300주 취득
> 20X1년 11월 30일 보통주 자기주식 240주 재발행

20X1년의 기중평균유통보통주식수는 얼마인가?(단, 기중평균유통발행주식수는 월수로 계산한다)

① 14,000주   ② 14,880주
③ 15,000주   ④ 15,020주

관계기업이란 투자자가 유의적인 영향력을 보유하는 기업을 말한다. 여기서 유의적인 영향력은 피투자자의 재무정책과 영업정책에 관한 의사결정에 참여할 수 있는 능력을 말하며, 지배력과 공동지배력은 아니다.

I 지분법 회계

1 지분법 적용 대상

지분법은 투자자가 피투자자에 대해 유의적인 영향력을 행사할 수 있는 경우에 적용한다. 유의적인 영향력(significant influence)이란 투자자가 피투자자의 재무정책과 영업정책에 관한 의사결정에 참여할 수 있는 능력을 말하며 한국채택국제회계기준에서는 다음의 지분율기준 또는 실질영향력기준을 만족하는 경우 투자자가 피투자자에 대하여 유의적인 영향력을 행사할 수 있는 것으로 보아 지분법을 적용하도록 규정하고 있다.

(1) 지분율기준

투자자가 직접으로 또는 간접(예: 종속기업을 통하여)으로 피투자자에 대한 의결권의 20% 이상을 소유하고 있다면 명백한 반증이 있는 경우를 제외하고는 유의적인 영향력이 있는 것으로 본다. 유의적인 영향력 판단을 위한 지분율 계산에 고려할 사항은 다음과 같다.

① 유의적인 영향력을 판단함에 있어 피투자자에 대한 의결권은 투자자의 지분율과 종속기업이 보유하고 있는 지분율의 단순합계로 계산한다.
② 기업이 해당 피투자자에 대하여 유의적인 영향력이 있는지 여부를 평가할 때에는, 다른 기업이 보유한 잠재적 의결권을 포함하여 현재 행사할 수 있거나 전환할 수 있는 잠재적 의결권의 존재와 영향을 고려하여야 한다.

(2) 실질영향력기준

투자자가 직접으로 또는 간접(예: 종속기업을 통하여)으로 피투자자에 대한 의결권의 20% 미만을 소유하고 있다면 유의적인 영향력이 없는 것으로 본다. 다만, 유의적인 영향력이 있다는 사실을 명백하게 제시할 수 있는 경우는 제외하는데, 다음 중 하나 이상에 해당하는 경우 일반적으로 유의적인 영향력이 있다는 사실을 명백하게 제시할 수 있는 경우이다.

> ① 피투자자의 이사회나 이에 준하는 의사결정기구에 참여하는 경우
> ② 배당이나 다른 분배에 관한 의사결정에 참여하는 것을 포함하여 정책결정과성에 참여하는 경우
> ③ 투자자와 피투자자 사이의 중요한 거래가 있는 경우
> ④ 경영진의 상호 교류가 이루어지는 경우
> ⑤ 필수적 기술정보를 제공하는 경우

유의적인 영향력을 행사할 수 있는 경우에도, 12개월 이내에 매각할 목적으로 투자주식을 취득하여 적극적으로 매수자를 찾고 있는 경우에 해당하는 투자주식은 매각예정비유동자산으로 분류하고 한국채택국제회계기준 제1105호 '매각예정비유동자산과 중단영업'을 적용하여 회계처리한다. 만일, 매각예정으로 분류된 투자주식이 더 이상 그 분류기준을 충족하지 않는다면 매각예정으로 분류된 그 시점부터 지분법을 적용하여 회계처리한다.

2 적용재무제표

(1) 보고기간종료일이 다른 경우

투자자는 지분법을 적용할 때 가장 최근의 이용가능한 관계기업의 재무제표를 사용한다. 투자자의 보고기간종료일과 관계기업의 보고기간종료일이 다른 경우, 관계기업은 투자자의 재무제표와 동일한 보고기간종료일의 재무제표를 재작성한다. 그러나 실무적으로 재작성이 어려운 경우 투자자 재무제표의 보고기간종료일과 관계기업 재무제표의 보고기간종료일 사이에 발생한 유의적인 거래나 사건의 영향을 반영하여 회계처리한다.

이 경우에도 투자자의 보고기간종료일과 관계기업의 보고기간종료일 간의 차이는 3개월 이내이어야 한다. 보고기간의 길이 그리고 보고기간종료일의 차이는 매 기간마다 동일하여야 한다.

(2) 회계정책

유사한 상황에서 발생한 동일한 거래와 사건에 대하여 동일한 회계정책을 적용하여 투자자의 재무제표를 작성하되, 관계기업이 유사한 상황에서 발생한 동일한 거래와 사건에 대하여 투자자의 회계정책과 다른 회계정책을 사용한 경우, 투자자는 관계기업의 회계정책을 투자자의 회계정책과 일관되도록 적절히 수정해야 한다.

3 지분법 회계처리

지분법이란 투자자산을 최초에 원가로 인식하고, 취득시점 이후 발생한 피투자자의 순자산 변동액 중 투자자의 지분을 해당 투자자산에 가감하여 보고하는 회계처리방법이다.

따라서 지분법을 적용하여 투자자산을 평가하게 되면 최종적으로 투자자산금액은 피투자자의 순자산 장부금액 중 투자자의 지분에 해당하는 금액과 일치하게 된다. 그러나 최초로 지분법을 적용하는 시점의 투자자산금액은 일반적으로 피투자자의 순자산 장부금액 중 투자자의 지분에 해당하는 금액과 일치하지 않는다. 즉 투자자가 피투자자에 대하여 유의적인 영향력을 행사할 수 있게 되는 시점의 투자자의 투자자산금액은 피투자자의 순자산 장부금액 중 투자자의 지분에 해당하는 금액과 일치하지 않는 경우가 많다. 이로 인하여 지분법을 적용하는 경우 이러한 차이를 조정하여 최종적으로 투자자산금액을 피투자자의 순자산 장부금액 중 투자자의 지분에 해당하는 금액과 일치시켜야 하는데 지분법회계는 이러한 차이를 일시에 조정하지 않고 일정 기간동안 조정하도록 하고 있다. 즉, 지분법회계는 취득원가로 기록된 관계기업투자주식에 대하여 다음과 같은 방법을 적용하여 투자자산금액이 피투자자의 순자산 장부금액 중 투자자의 지분에 해당하는 금액으로 되도록 하고 있다.

- 관계기업투자주식의 취득시점 이후 발생한 지분법피투자자의 순자산 장부금액 변동액 중 투자자의 지분율에 해당하는 금액(이하 '지분변동액'이라 함)을 당해 관계기업투자주식에 가감한다.
  - ⇒ 이를 통하여 투자시점 이후의 피투자자에 대한 지분변동액이 관계기업투자주식 평가에 반영된다.
- 투자자산을 취득한 시점에 투자자산의 원가와 관계기업의 식별가능한 자산과 부채의 순공정가치 중 투자자의 지분에 해당하는 금액과의 차이는 다음과 같이 회계처리한다.
  - ⇒ 영업권: 관계기업에 관련된 영업권은 해당 투자자산의 장부금액에 포함된다. 영업권의 상각은 허용되지 않는다.
  - ⇒ 염가매수차익: 염가매수차익이 발생하는 경우 취득한 기간의 당기순손익에 포함된다.

(1) 지분법 최초 적용시점의 차이에 대한 회계처리

투자자가 투자주식을 취득함에 있어 그 취득금액이 피투자자의 순자산 장부금액 중 투자자의 지분율에 해당하는 금액과 다른 이유는 크게 2가지가 있다. 첫 번째는 회계상의 평가액인 피투자자의 순자산 장부금액과 순자산 공정가치가 차이가 나기 때문이며, 두 번째는 미래의 초과수익력 등으로 인하여 발생하는 영업권(또는 염가매수차익) 등으로 인한 것이다. 따라서 지분법을 최초로 적용하는 시점의 투자자산금액(투자자산의 취득대가)과 피투자자의 순자산 장부금액 중 투자자의 지분율에 해당하는 금액과의 차액은 순자산 공정가치와 장부금액의 차액에 대한 지분해당액과 영업권 등('투자차액'이라 함)으로 구성된다고 볼 수 있다.

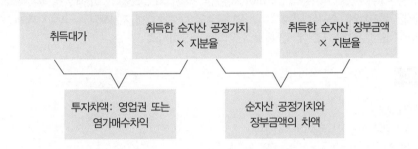

1) 투자차액

투자차액은 투자자산을 취득한 시점에 투자자산의 원가와 피투자자의 식별가능한 자산과 부채의 순공정가치 중 투자자의 지분에 해당하는 금액과의 차이금액을 말한다. 이러한 투자차액은 미래의 초과수익력 등으로 인하여 발생하며, 영업권 또는 염가매수차익으로 보아 회계처리한다.

영업권의 경우 상각하지 않으며, 염가매수차익은 투자자산을 취득한 회계기간에 지분법이익에 포함한다.

> 투자차액＝투자주식의 취득원가 − (피투자자의 순자산 공정가치 × 지분율)

2) 순자산 공정가치와 장부금액의 차액

투자자산의 취득시점에 지분법피투자자의 식별가능한 자산·부채를 공정가치로 평가한 금액과 장부금액의 차이금액 중 투자자의 지분율에 해당하는 금액은 당해 자산·부채에 대한 지분법피투자자의 처리방법에 따라 상각 또는 환입한다.

(주)삼일은 (주)용산의 주식(지분율 30%)을 취득하여 유의적인 영향력을 행사할 수 있게 되었다. 주식 취득일 현재의 (주)용산에 관한 자료는 다음과 같다.

순자산 장부금액 :	100억 원
순자산 공정가치 :	150억 원
투자자산 취득대금(30%) :	50억 원

(주)삼일은 (주)용산의 투자주식에 대하여 지분법을 적용하기로 하였다. 이 경우 동 투자주식의 취득금액을 투자차액, 순자산 공정가치와 장부금액의 차액에 대한 지분해당액, 피투자자의 순자산 장부금액 중 투자자의 지분에 해당하는 금액으로 구분하시오.

1. 투자차액
   =취득대가-순자산공정가치×지분율
   =50억 원-150억 원×30%=5억 원(영업권)
2. 순자산 공정가치와 장부금액의 차액에 대한 지분해당액
   =(순자산 공정가치-순자산 장부금액)×지분율
   =(150억 원-100억 원)×30%=15억 원
3. 피투자자의 순자산 장부금액 중 투자자의 지분에 해당하는 금액
   =순자산 장부금액×지분율
   =100억 원×30%=30억 원

취득대가 (50억 원)	=	투자차액	5억 원
		순자산 공정가치와 장부금액의 차액	15억 원
		피투자자의 순자산 장부금액 중 투자자의 지분에 해당하는 금액	30억 원

(2) 지분법적용 이후 지분변동액에 대한 회계처리

지분법은 관계기업 투자를 최초에 원가로 인식하고, 취득일 이후에 발생한 피투자자의 지분변동액 중 투자자의 지분에 해당하는 금액을 장부금액에 가감한다.

① 피투자자의 당기순이익(손실)발생 : 피투자자의 당기순이익(손실) 중 투자자의 지분에 해당하는 금액을 당기손익으로 처리(예: 지분법이익(손실))한다.
② 투자회사의 배당금수령 : 피투자회사가 배당금지급을 결의한 시점에 투자회사가 수취하게 될 배당금 금액을 관계기업투자주식에서 직접 차감한다.
③ 기타포괄손익의 증가 또는 감소로 인한 변동 : 피투자자의 기타포괄손익 중 투자자의 지분에 해당하는 금액을 기타포괄손익으로 처리(예: 지분법자본변동)한다. 기타포괄손익의 증감이 발생하는 경우로는 유형자산의 재평가나 외화환산차이 등이 있다.

(3) 지분법에 따른 구체적인 회계처리절차

• 관계기업투자주식의 취득시, 취득시점에서 지분증권을 취득원가로 기록한다.

(차) 관계기업투자주식	×××	(대) 현금및현금성자산	×××

• 피투자자기업이 배당금 지급을 결의한 경우, 투자주식 원본의 회수로 보아 관계기업투자주식의 장부금액을 감소시킨다.

(차) 미수배당금	×××	(대) 관계기업투자주식	×××

• 피투자기업이 당기순이익(손실)을 보고한 경우 피투자기업의 당기순이익(손실) 중 투자기업의 지분에 해당하는 금액만큼 관계기업투자주식의 장부금액을 증가(감소)시키고 동 금액을 지분법이익(손실)으로 인식한다.

(차) 관계기업투자주식	×××	(대) 지분법이익	×××

• 지분법 최초 적용시점의 순자산공정가치와 순자산장부금액의 차액은 일정기간 동안 상각 또는 환입한다.

(차) 지분법이익	×××	(대) 관계기업투자주식	×××

(주)삼일은 20X1. 1. 1에 (주)용산의 보통주 40%를 4,000,000원에 취득하였고 그 결과 (주)용산의 의사결정에 유의적인 영향력을 행사할 수 있게 되었다. 주식취득일 현재 (주)용산의 순자산 장부금액은 8,000,000원이고 자산·부채의 장부금액은 공정가치와 동일하였다.

(주)용산은 20X1년과 20X2년의 당기순이익을 각각 3,000,000원과 2,000,000원으로 보고하였으며, (주)용산은 20X2. 3. 20에 (주)삼일에 900,000원을 배당하기로 결의하였다. 양회사의 결산일은 모두 12월 31일이다. 이 경우 (주)삼일의 20X1년과 20X2년의 회계처리를 하고 재무상태표와 포괄손익계산서에 당해 지분증권과 관련된 항목을 표시하라.

① 투자주식취득시점의 취득금액과 피투자기업순자산가액의 투자기업지분율 해당금액과의 차이

   ㉠ 차이=취득원가-피투자기업의 순자산장부금액×지분율

        =4,000,000원-(8,000,000원×40%)=800,000원

   ㉡ 차이의 구성내역

      • 투자차액=취득원가-피투자기업의 순자산공정가치×지분율

           =4,000,000원-(8,000,000원×40%)=800,000원

      • 순자산공정가치와 장부금액의 차이 없음.

   (주)삼일이 (주)용산의 영업권 가치를 고려해서 (주)용산의 주식을 순자산장부금액에 비해 800,000원 비싸게 취득한 것이다.

② 회계처리

   ㉠ 20X1년 회계처리

      • 20X1. 1. 1(주식취득시) :

(차) 관계기업투자주식	4,000,000	(대) 현금및현금성자산	4,000,00

      • 20X1. 12. 31(결산시) :

        -피투자기업의 당기순이익 반영

(차) 관계기업투자주식	1,200,000	(대) 지분법이익	1,200,000*

          *3,000,000원×40%=1,200,000원

   ㉡ 20X2년 회계처리

      • 20X2. 3. 20(배당금결의시) :

(차) 미수배당금	900,000	(대) 관계기업투자주식	900,000

      • 20X2. 12. 31(결산시) :

        -피투자기업의 당기순이익 반영

(차) 관계기업투자주식	800,000	(대) 지분법이익	800,000*

          *2,000,000원×40%=800,000원

③ 부분 재무제표

구분	20X1년	20X2년
재무상태표		
관계기업투자주식	5,200,000원	5,100,000원
포괄손익계산서		
지분법이익	1,200,000원	800,000원

(4) 내부미실현손익의 제거

투자자(투자자의 연결대상 종속기업 포함)와 관계기업 사이의 '상향' 거래나 '하향' 거래에서 발생한 당기손익에 대하여 투자자는 그 관계기업에 대한 투자지분과 무관한 손익까지만 투자자의 재무제표에 인식한다. '상향' 거래란 관계기업이 투자자에게 판매하는 등의 거래를 말하고 '하향' 거래는 투자자가 관계기업에게 판매하는 등의 거래를 말한다. 이러한 거래의 결과로 발생한 관계기업의 당기손익 중 투자자의 지분은 제거한다.

상향판매의 경우에는 다음 두 가지 방법으로 내부거래로 인한 미실현손익을 제거한다.

① 미실현손익 중 지분해당액을 제거하면서 관계기업투자주식의 장부금액을 조정하는 방법
② 미실현손익 중 지분해당액을 제거하면서 이전된 자산의 장부금액을 조정하고 관계기업투자주식의 장부금액을 감소시키지 않는 방법

예제

투자자는 관계기업에 대한 지분 20%를 보유하고 있다. 관계기업은 원가 300원의 재고자산을 투자자에게 500원에 매각하였는데, 동 재고자산은 해당 보고기간 말까지 제3자에게 매각되지 않았다. 관계기업은 이 거래로 인해 200원의 이익을 인식하였고, 투자자의 20% 지분해당액은 40원이다. 위에서 설명하고 있는 두 가지 방법을 따를 경우 이러한 상향판매로 인한 미실현손익의 제거 분개는 어떻게 수행되어야 하는지 설명하시오.

풀이

① 미실현손익 중 지분해당액을 제거하면서 관계기업투자주식의 장부금액을 조정하는 방법: 지분법손실 40원을 인식하면서 관계기업투자주식의 장부금액을 40원 감소시키는 것이며, 이렇게 감소된 관계기업투자주식의 장부금액은 동 자산을 제3자에게 매각될 때까지 조정하지 않는다.

② 미실현손익 중 지분해당액을 제거하면서 이전된 자산의 장부금액을 조정하고 관계기업투자주식의 장부금액을 감소시키지 않는 방법: 지분법손실 40원을 인식하면서 이전된 재고자산의 장부금액을 40원 감소시키고, 제3자에게 동 재고자산을 매각하는 경우 지분법이익을 인식하면서 재고자산의 장부금액을 증가시킨다.

하향판매의 경우에는 다음 두 가지 방법으로 미실현손익을 제거한다.

① 미실현손익 중 지분해당액을 제거하면서 관계기업투자주식의 장부금액을 조정하는 방법
② 미실현손익 중 지분해당액만큼 관계기업투자주식의 장부금액을 조정하면서, 지분법손익이 아닌 내부거래와 관련하여 발생한 손익을 조정하는 방법

예 제

투자자는 관계기업에 대한 지분 20%를 보유하고 있다. 투자자는 원가 300원의 재고자산을 관계기업에게 500원에 매각하였는데, 동 재고자산은 해당 보고기간 말까지 제3자에게 매각되지 않았다. 투자자는 이 거래로 인해 200원의 이익을 인식하였고, 투자자의 20% 지분해당액은 40원이다. 위에서 설명하고 있는 두 가지 방법을 따를 경우 이러한 하향판매로 인한 미실현손익의 제거 분개는 어떻게 수행되어야 하는가?

풀 이

① 미실현손익 중 지분해당액을 제거하면서 관계기업투자주식의 장부금액을 조정하는 방법: 관계기업투자주식의 장부금액을 40원 감소시키면서, 지분법손실 40원을 인식한다.
② 미실현손익 중 지분해당액만큼 관계기업투자주식의 장부금액을 조정하면서, 지분법손익이 아닌 내부거래와 관련하여 발생한 손익을 조정하는 방법: 관계기업투자주식의 장부금액을 40원 감소시키면서, 매출액 100원(500원×20%)과 매출원가 60원(300원×20%)을 각각 감소시키는 방법이다.

4 재무제표 표시

지분법을 적용한 관계기업 투자는 비유동자산으로 분류하고, 아래와 같은 사항들을 별도로 공시하도록 하고 있다.

---

① 공표된 시장가격이 있는 경우, 관계기업 투자의 공정가치
② 관계기업의 자산, 부채, 수익, 당기순손익의 총액을 포함한 요약 재무정보
③ 투자자가 직접으로 또는 종속기업을 통하여 간접으로 소유한 피투자자에 대한 의결권(또는 잠재적 의결권)이 20% 미만이기 때문에 유의적인 영향력이 없다고 하는 가정에도 불구하고, 유의적인 영향력이 있다고 결론을 내린 이유
④ 투자자가 직접으로 또는 종속기업을 통하여 간접으로 소유한 피투자자에 대한 의결권(또는 잠재적 의결권)이 20% 이상이기 때문에 유의적인 영향력이 있다고 하는 가정에도 불구하고, 유의적인 영향력이 없다고 결론을 내린 이유
⑤ 지분법을 적용할 때 투자자 재무제표의 보고기간종료일이나 보고기간과 다른 관계기업의 재무제표를 사용한 경우, 그 관계기업 재무제표의 보고기간종료일. 그리고 재무제표의 보고기간종료일이 다르거나 보고기간이 다른 관계기업 재무제표를 사용한 이유
⑥ 관계기업이 투자자에게 현금배당이나 차입금 상환 또는 선수금 반환과 같은 방법으로 자금을 이전하는 데 유의적인 제약(예: 차입 약정이나 감독규제사항)이 있는 경우, 그 성격과 범위
⑦ 관계기업의 손실에 대하여 인식을 중지한 경우, 관계기업의 손실 중 인식하지 못한 투자자 지분의 당기분과 누계액
⑧ 문단 13에 따라 관계기업에 대하여 지분법을 적용하지 않은 경우, 그 사실
⑨ 지분법을 적용하지 않은 관계기업들의 경우, 각각 또는 집단별 자산, 부채, 수익, 당기순손익의 총액을 포함한 요약재무정보

---

01 다음 중 지분법과 관련된 설명으로 가장 올바르지 않은 것은?

① 투자자가 직접 또는 간접으로 피투자자에 대한 의결권의 20% 이상을 소유하고 있다면 명백한 반증이 없는 한 유의적인 영향력이 있는 것으로 본다.

② 기업이 해당 피투자자에 대하여 유의적인 영향력이 있는지 여부를 평가할 때에는 다른 기업이 보유한 잠재적 의결권은 고려하지 않는다.

③ 투자자의 보고기간종료일과 관계기업의 보고기간종료일이 다른 경우, 관계기업은 투자자의 재무제표와 동일한 보고기간종료일의 재무제표를 재작성한다.

④ 유의적인 영향력이란 투자자가 피투자자의 재무정책과 영업정책에 관한 의사결정에 참여할 수 있는 능력을 말한다.

02 다음 중 관계기업 투자주식의 회계에 관한 설명으로 가장 올바르지 않은 것은?

① 유의적인 영향력 판단에는 지분율 기준과 실질 영향력 기준이 있다.

② 유의적인 영향력을 판단함에 있어 피투자자에 대한 의결권은 투자자의 지분율과 지배기업이 보유하고 있는 지분율의 합계로 계산한다.

③ 투자자가 직접으로 또는 간접으로 피투자자에 대한 의결권의 20% 미만을 소유하고 있다면 유의적인 영향력이 없는 것으로 본다.

④ 경영진의 상호교류가 이루어지는 경우 유의적인 영향력이 있는 것으로 본다.

03 20X1년 초 (주)삼일은 (주)한양의 보통주 40%를 900,000원에 취득하여 유의적인 영향력을 행사하게 되었다. 주식취득일 현재 (주)한양의 순자산장부금액은 2,000,000원으로 공정가치와 동일하였다. (주)한양의 20X1년 당기순이익이 300,000원이라 할 때 20X1년 말 (주)삼일의 재무상태표에 기록될 관계기업투자주식(지분법적용투자주식)의 장부금액은 얼마인가? (단, 20X1년 말 영업권과 관련된 손상차손 인식금액은 없다)

① 900,000원 　　　　　　　　　　② 920,000원
③ 1,020,000원 　　　　　　　　　　④ 1,200,000원

04 (주)삼일은 20X1. 1. 1에 (주)용산의 보통주 30%를 3,000,000원에 취득하였고 그 결과 (주)용산의 의사결정에 유의적인 영향력을 행사할 수 있게 되었다. (주)용산의 재무정보 및 기타 관련정보가 다음과 같을 경우 (주)삼일의 20X1년 말(보유 1년차 말) 현재 관계기업투자주식 장부금액은 얼마인가?

(주)용산에 대한 재무정보
① 20X1. 1. 1 현재 순자산 장부금액 : 10,000,000원(공정가치와 일치함)
② 20X1년 당기순이익 : 1,000,000원
③ 양 회사간 내부거래는 없었다.

① 3,000,000원 　　　　　　　　　　② 3,240,000원
③ 3,300,000원 　　　　　　　　　　④ 4,000,000원

05 (주)삼일은 20X1년 초에 (주)용산의 주식 25 % 를 1,000,000원에 취득하면서 유의적인 영향력을 행사할 수 있게 되었다. 취득일 현재 (주)용산의 순자산 장부금액은 4,000,000원이며, 자산 및 부채의 장부금액은 공정가치와 동일하다. (주)용산은 20X1년도에 당기순이익 800,000원과 기타포괄이익 100,000원을 보고하였다. (주)삼일이 20X1년 중에 (주)용산으로부터 중간배당금 50,000원을 수취하였다면, ㈜삼일이 20X1년도 당기손익으로 인식할 지분법이익은 얼마인가?

① 185,000원   ② 200,000원

③ 212,000원   ④ 225,000원

06 지분법은 투자자가 피투자자에 대해 유의적인 영향력을 행사할 수 있는 경우에 적용한다. 다음 중 유의적인 영향력을 행사할 수 있는 경우에 해당하는 것은?(A회사는 투자자, B회사는 피투자자이다)

① A회사는 B회사의 주식을 40% 보유하고 있으나 계약상 B회사에 관한 의결권을 행사할 수 없다.

② A회사는 12개월 이내에 매각할 목적으로 B회사의 의결권 있는 주식을 15% 취득하여 적극적으로 매수자를 찾고 있는 중이다.

③ A회사는 B회사의 주식을 20% 보유하고 있으나 모두 우선주이며 의결권은 없다.

④ A회사는 B회사의 의결권 있는 주식의 15%를 보유하고 있으나 B회사의 이사회에 참여할 수 있다.

07 주식취득일 현재 (주)삼이의 순자산 공정가치는 9,000,000원이었다. 20X1. 1. 1에 (주)삼일은 (주)삼이의 보통주 30%를 3,000,000원에 취득하여 유의적인 영향력을 행사할 수 있게 되었다. (주)삼일의 관계기업투자주식 취득원가 중 영업권에 해당하는 금액은 얼마인가?

①   0원   ②   300,000원

③ 800,000원   ④ 1,000,000원

08 지분법은 투자자가 피투자자에 대해 유의적인 영향력을 행사할 수 있는 경우에 적용한다. 다음 중 유의적인 영향력을 행사할 수 있는 경우에 해당하는 것으로 가장 올바르지 않은 것은?

① 피투자자의 이사회나 이에 준하는 의사결정기구에 참여하는 경우
② 필수적 기술정보를 제공하는 경우
③ 투자자와 피투자자 사이의 중요한 거래가 있는 경우
④ 투자자와 피투자자가 동일지배하에 있는 경우

09 다음 중 지분법 회계처리에 관한 설명으로 가장 올바르지 않은 것은?

① 영업권의 상각은 허용되지 않는다.
② 염가매수차익이 발생하는 경우 취득한 기간의 당기순손익에 포함한다.
③ 투자회사가 수취하게 될 배당금 금액은 취득한 기간의 당기순손익에 포함한다.
④ 관계기업투자주식의 장부금액이 '영(0)' 이하가 될 경우 지분변동액에 대한 인식을 중지한다.

10 다음 중 지분법 회계처리에 관한 설명으로 가장 올바르지 않은 것은?

① 지분법은 취득시점에서 관계기업투자주식을 취득원가로 기록한다.
② 피투자회사의 당기순이익 중 투자회사의 지분에 해당하는 금액은 투자회사의 지분법이익
으로 보고된다.
③ 피투자회사가 배당금지급을 결의한 시점에 투자회사가 수취하게 될 배당금 금액을 관계
기업투자주식에서 직접 차감한다.
④ 투자자와 관계기업 사이의 내부거래에서 발생한 당기손익에 대하여 투자회사의 지분에
해당하는 금액까지만 투자자의 재무제표에 인식한다.

11 20X1년 1월 1일 (주)삼일은 (주)용산의 보통주 30%를 850,000원에 취득하여 유의적인 영
향력을 행사하게 되었으며, 취득 당시 (주)용산의 순자산 장부금액과 공정가치는 2,000,000
원으로 동일하였다. 20X1년 (주)용산의 자본은 아래와 같으며, 20X1년 7월 1일 중간배당으로
100,000원을 주주들에게 지급하였고 그 외 자본의 변동은 모두 당기순이익으로 인한 것이다.

(단위 : 원)

	20X1년 1월 1일	20X1년 12월 31일
자본금	900,000	900,000
이익잉여금	1,100,000	1,300,000
합계	2,000,000	2,200,000

20X1년 말 (주)삼일이 포괄손익계산서에 인식할 지분법이익은 얼마인가?

① 60,000원 　　　　　　　② 75,000원
③ 90,000원 　　　　　　　④ 120,000원

12 20X1년 초에 (주)삼일은 (주)용산의 주식 30%를 1,000,000원에 취득하면서 (주)용산에 대해 유의적인 영향력을 갖게 되었다. 20X1년 초 (주)용산의 순자산 장부금액은 2,000,000원이었으며, 건물을 제외한 자산과 부채에 대해서는 공정가치와 장부금액이 일치하였다. 동 건물의 공정가치는 장부금액보다 200,000원 높게 평가되었으며, 잔존내용연수 5년, 잔존가치 0원, 정액법으로 감가상각하고 있다. (주)용산의 20X1년 당기순이익이 300,000원 일 경우, (주)삼일의 20X1년 말 재무제표상 관계기업투자주식의 장부금액은 얼마인가?

① 98,000원
② 1,078,000원
③ 1,090,000원
④ 1,102,000원

13 (주)삼일은 20X1년 1월 1일에 (주)용산의 발행주식총수의 40%를 4,000원에 취득하였으며, (주)용산의 주식은 지분법으로 회계처리한다. 주식취득일 현재 (주)용산의 자산·부채의 장부금액은 공정가치와 동일하였다. 20X1년 초와 20X1년 말 (주)용산의 순자산장부금액은 아래와 같으며 20X1년 중 이익잉여금의 처분은 없었다.

구분	20X1년 1월 1일	20X1년 12월 31일
자본금	5,000원	5,000원
이익잉여금	5,000원	25,000원
순자산장부금액	10,000원	30,000원

(주)삼일의 20X1년 말 재무상태표에 계상될 (주)용산의 관계기업투자주식(지분법적용투자주식) 장부금액은 얼마인가?

① 11,000원
② 11,800원
③ 12,000원
④ 13,000원

14 (주)삼일은 20X1년 1월 1일에 (주)용산의 보통주 30 % 를 3,000,000원에 취득하였고 그 결과 (주)용산의 의사결정에 유의적인 영향력을 행사할 수 있게 되었다. (주)용산에 대한 재무 정보 및 기타 관련정보가 다음과 같을 경우 (주)삼일의 20X1년 말 현재 관계기업투자주식의 장부금액은 얼마인가?

> (주)용산에 대한 재무정보
> ㄱ. 20X1년 1월 1일 현재 순자산장부금액 : 9,000,000원(공정가치와 동일)
> ㄴ. 20X1년 총포괄이익 : 1,000,000원(기타포괄이익 200,000원 포함)
> * ㈜용산의 20X1년 중 순자산 장부금액 변동은 당기순이익 및 기타포괄이익으로 인한 것 외에 없다고 가정한다.

① 3,000,000원 　　　　　　　② 3,240,000원

③ 3,300,000원 　　　　　　　④ 3,360,000원

MEMO

Chapter 20 환율변동효과

I 환율변동효과의 인식

기업은 외화거래나 해외사업장의 운영과 같은 방법으로 외화관련 활동을 수행한다. 이러한 외화거래와 해외사업장의 운영사항을 재무제표에 반영하고 환산하는 과정에서 환율변동효과가 나타난다.

외화 매출·매입 거래 + 해외사업장 재무제표 → **환율변동효과 발생**

II 기능통화, 표시통화 및 외화거래

1 기능통화

기능통화란 영업활동이 이루어지는 주된 경제 환경의 통화를 말한다. 기능통화는 그와 관련된 실제 거래, 사건과 상황을 반영하여 결정한다. 따라서 기능통화는 일단 결정된 이후에는 실제 거래, 사건과 상황에 변화가 있지 않는 한 변경할 수 없다.

기업은 기능통화로 거래를 인식해야 하므로 외화거래가 발생한 경우 기능통화로 환산하여 장부에 기록하는데 다음 사항을 고려하여 기능통화를 결정한다.

주요지표
① 재화와 용역의 공급가격에 주로 영향을 미치는 통화(흔히 재화와 용역의 공급가격을 표시하고 결제하는 통화)
② 재화와 용역의 공급가격을 주로 결정하는 경쟁요인과 법규가 있는 국가의 통화
③ 재화를 공급하거나 용역을 제공하는데 드는 노무원가, 재료원가와 그 밖의 원가에 주로 영향을 미치는 통화 (흔히 이러한 원가를 표시하고 결제하는 통화)

보조지표
① 재무활동(즉, 채무상품이나 지분상품의 발행)으로 조달되는 통화
② 영업활동에서 유입되어 통상적으로 보유하는 통화

2 표시통화

표시통화란 재무제표를 표시할 때 사용하는 통화로서 기업은 어떤 통화든지 표시통화로 사용할 수 있다. 다만 기능통화와 표시통화가 다른 경우에는 기능통화를 표시통화로 환산하여 기업의 경영성과와 재무상태를 재무제표에 보고해야 하는데 이를 재무제표환산이라고 한다.

이때 재무상태표의 자산과 부채는 보고기간 말의 마감환율을 적용하고, 포괄손익계산서의 수익과 비용은 해당 거래일의 환율을 적용한다. 이때 발생하는 환산차이는 기타포괄손익으로 인식한다.

기능통화와 표시통화

구분	정의	비고
기능통화	영업활동이 이루어지는 주된 경제 환경의 통화	회계장부기록
표시통화	재무제표에 표시되는 통화	

III 외화거래의 기능통화로 보고

1 외화거래의 최초인식

외화거래(기능통화가 아닌 거래)는 외화로 표시되어 있거나 외화로 결제되어야 하는 거래로서 다음을 포함한다.

① 외화로 가격이 표시되어 있는 재화나 용역의 매매
② 지급하거나 수취할 금액이 외화로 표시된 자금의 차입이나 대여
③ 외화로 표시된 자산의 취득이나 처분, 외화로 표시된 부채의 발생이나 상환

외화거래를 최초로 인식하는 경우 거래일의 환율을 외화금액에 적용하여 기능통화로 기록한다. 예를 들어, 은행으로부터 20X1년 10월 1일 외화차입금 $100를 차입한 경우, 거래발생일인 20X1년 10월 1일의 현물환율이 1,200원/$이라면 기록할 금액은 다음과 같다. 단, 기능통화는 원화이다.

$$\$100(외화금액) \times 1,200원/\$(현물환율) = 120,000원(기능통화금액)$$

단, 외화거래가 빈번하게 발생하는 경우에는 중요한 환율변동이 있지 않다면 해당기간의 평균환율을 사용할 수 있다.

거래일은 거래의 인식요건을 최초로 충족하는 날이다. 실무적으로는 거래일의 실제 환율에 근접한 환율을 자주 사용한다. 예를 들어, 일주일이나 한 달 동안 발생하는 모든 외화거래에 대하여 해당 기간의 평균환율을 사용할 수 있다. 그러나 환율이 유의적으로 변동된 경우에 해당기간의 평균환율을 사용하는 것은 부적절하다.

2 외화거래의 보고기간 말 환산

(1) 화폐성항목과 비화폐성항목

외화거래에서 발생한 자산과 부채의 외화환산방법은 해당 자산과 부채의 성격에 따라 화폐성항목과 비화폐성항목으로 나누어 보고기간 말의 환율변동효과를 다르게 처리한다.

1) 화폐성항목

화폐성항목이란 미래에 확정되었거나 결정가능할 수 있는 화폐단위의 수량으로 받을 권리 또는 지급할 의무가 있는 자산과 부채를 말한다.

예를 들어, 현금으로 지급하는 연금과 그 밖의 종업원급여, 현금으로 상환하는 충당부채, 부채로 인식하는 현금배당 등이 화폐성항목에 속한다. 또 수량이 확정되지 않은 자신의 지분상품이나 금액이 확정되지 않은 자산을 받거나 주기로 한 계약의 공정가치가 화폐단위로 확정되었거나 결정가능할 수 있다면 이러한 계약도 화폐성항목에 속한다.

2) 비화폐성항목

비화폐성항목이란 미래에 확정되었거나 결정가능할 수 있는 화폐단위의 수량으로 받을 권리 또는 지급할 의무가 아닌 자산과 부채를 말한다. 예를 들어, 재화와 용역에 대한 선급금(예: 선급임차료), 영업권, 무형자산, 재고자산, 유형자산, 비화폐성 자산의 인도에 의해 상환되는 충당부채 등이 비화폐성항목에 속한다.

(2) 보고기간 말 환산

1) 화폐성항목

화폐성항목은 마감환율로 환산하고, 외환차이를 당기손익으로 인식한다.

2) 비화폐성항목

비화폐성항목은 역사적원가로 측정하느냐, 공정가치로 측정하느냐에 따라 환율변동효과 처리방법에 차이가 있다.

① 공정가치나 역사적원가를 선택적으로 적용할 수 있는 경우

㉠ 역사적원가로 측정하는 비화폐성 외화항목: 거래일의 환율
   거래일의 환율로 환산을 하므로 외환차이가 발생하지 않는다.

㉡ 공정가치로 측정하는 비화폐성 외화항목: 공정가치가 결정된 날의 환율
   공정가치평가손익을 당기손익으로 인식하는 경우에는 외환차이도 당기손익으로 인식하고, 공정가치평가손익을 기타포괄손익으로 인식하는 경우에는 외환차이도 기타포괄손익으로 인식한다. 예를 들면, 유형자산의 재평가에서 생기는 평가손익은 기타포괄손익으로 인식하는데, 이러한 자산이 외화로 측정된다면 그 가치가 결정된 날의 환율로 재평가금액을 환산하며 이때 생기는 외환차이도 기타포괄손익으로 인식한다.

보고기간 말의 외화환산과정은 아래와 같다.

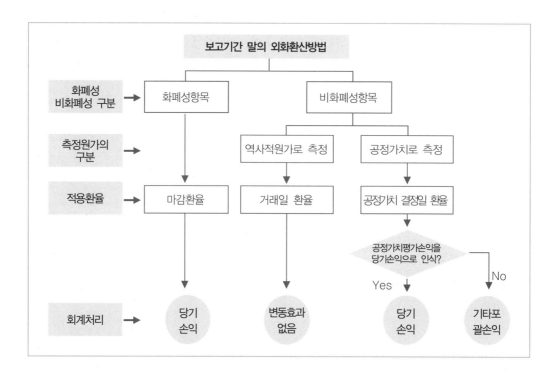

② 둘 이상의 금액을 비교하여 장부금액을 결정하는 항목

예를 들어 취득원가와 순실현가능가치 중에서 작은 금액으로 재고자산을 측정하거나, 또는 손상을 시사하는 징후가 있는 자산들에 대해서는 잠재적 손상차손을 고려하기 전 장부금액과 회수가능액 중 작은 금액으로 측정하는 경우가 있다.

둘 이상의 금액을 비교하여 장부금액이 결정되는 자산이 비화폐성항목이고 외화로 측정되는 경우에는 다음의 두 가지를 비교하여 장부금액을 결정한다.

> ① 그 금액이 결정된 날의 환율(즉, 역사적원가로 측정한 항목의 경우 거래일의 환율)로 적절하게 환산한 취득원가나 장부금액
> ② 그 가치가 결정된 날의 환율(예: 보고기간 말의 마감환율)로 적절하게 환산한 순실현가능가치나 회수가능액

위 ①과 ②를 비교하는 경우 기능통화를 기준으로 할 때는 손상차손을 인식하나 외화를 기준으로 할 때는 손상차손을 인식하지 않을 수 있으며 반대의 경우도 나타날 수 있다.

손상된 비화폐성 외화항목의 장부금액
= MIN[외화표시 취득금액 × 취득시 환율, 외화표시 기말 순실현가능가치 × 마감환율]

예제

보고기간 말의 외화자산의 장부금액 결정

(주)삼일은 재고자산을 $2,000을 매입하여 보고기간 말 현재 보유중이다. 매입시 현물환율은 1,000원/$이며, 보고기간 말 현물환율은 1,200원/$이다. (주)삼일의 기능통화는 원화이다.

1. (주)삼일의 재고자산 순실현가능가치는 $1,700일 때 보고기간 말 재고자산의 장부금액과 평가손익을 각각 계산하라.
2. (주)삼일의 재고자산 순실현가능가치는 $1,500일 때 보고기간 말 재고자산의 장부금액과 평가손익을 각각 계산하라.

풀이

1. 장부금액과 평가손익
   매입일의 재고자산 장부금액=$2,000×1,000원=2,000,000원
   보고기간 말 순실현가능가치=$1,700×1,200원=2,040,000원
   보고기간 말 재고자산의 장부금액=MIN[매입일의 재고자산 장부금액, 보고기간 말 순실현가능가치]
   =2,000,000원
   평가손익=2,000,000원-2,000,000원=0원

2. 장부금액과 평가손익
   매입일의 재고자산 장부금액=$2,000×1,000원=2,000,000원
   보고기간 말 순실현가능가치=$1,500×1,200원=1,800,000원
   보고기간 말 재고자산의 장부금액=MIN[매입일의 재고자산 장부금액, 보고기간 말 순실현가능가치]
   =1,800,000원
   평가손익=2,000,000원-1,800,0000원=200,000원

(3) 결제시점의 외환차이

1) 화폐성항목

화폐성항목의 환산에 사용한 환율이 회계기간 중 최초로 인식한 시점이나 전기의 재무제표 환산 시점의 환율과 다르기 때문에 생기는 외환차이는 그 외환차이가 생기는 회계기간의 손익으로 인식한다.

거래일과 결제일의 환율변동으로 인한 외환차이는 거래가 발생한 회계기간에 결제되는 경우에는 모든 외환차이를 그 회계기간에 인식한다. 그러나 거래가 후속 회계기간에 결제되는 경우에는 각 회계기간의 환율변동에 따른 외환차이를 결제일까지 각 회계기간에 인식한다.

구분	외환차이 계산
한 회계기간 중에 발생 및 결제되는 경우	외화금액 × (결제일 환율－거래일 환율)
특정 회계기간에 발생하고 다음 회계기간 이후에 결제되는 경우	외화금액 × (결제일 환율－직전 보고기간 말 외화환산 시 적용한 환율)

실무상 보고기간 말의 외환차이는 외화환산손익, 결제시점의 외환차이는 외환차손익 계정을 사용한다.

2) 비화폐성항목

비화폐성항목에서 생긴 손익을 기타포괄손익으로 인식하는 경우에 그 손익에 포함된 환율변동효과도 기타포괄손익으로 인식한다. 그러나 비화폐성항목에서 생긴 손익을 당기손익으로 인식하는 경우에는 그 손익에 포함된 환율변동효과도 당기손익으로 인식한다.

예제

화폐성 자산, 부채의 외환차이
(주)삼일은 20X1. 2. 1 미국의 A회사에 US$100,000의 외상매출을 하였다. (주)삼일은 US$20,000는 20X1. 12. 10에 회수하였으며, US$80,000는 20X2. 2. 10 동 금액을 은행에서 네고(nego)하여 현금을 수취하였다. 당사의 기능통화는 원화이며, 달러화대비 원화의 환율은 다음과 같다.

일자	20X1. 2. 1	20X1. 12. 10	20X1. 12. 31	20X2. 2. 10
환율(₩/$)	1,000	1,200	1,400	1,300

외상매출일로부터 현금회수일까지 (주)삼일이 수행할 회계처리는?

풀 이

- 20X1. 2. 1

  (차) 매출채권　　　　100,000,000　　(대) 매출　　　　　　100,000,000

- 20X1. 12. 10

  (차) 현금　　　　　　24,000,000　　(대) 매출채권　　　　20,000,000
  　　　　　　　　　　　　　　　　　　　외환차익　　　　　4,000,000*

  　*(1,200-1,000)×US$20,000=4,000,000원

- 20X1. 12. 31

  (차) 매출채권　　　　32,000,000　　(대) 외화환산이익　　32,000,000*

  　*(1,400-1,000)×US$80,000=32,000,000원

- 20X2. 2. 10

  (차) 현금　　　　　　104,000,000　　(대) 매출채권　　　　112,000,000
  　　외환차손　　　　　8,000,000*

  　*(1,400-1,300)×US$80,000=8,000,000원

예 제

비화폐성 자산, 부채의 외환차이

(주)삼일은 20X1년 1월 10일에 타회사의 지분상품을 $5,000에 취득하였다. (주)삼일은 지분상품을 공정가치측정항목 중 기타포괄손익인식항목으로 분류하였다.
20X1년 말 지분상품의 공정가치는 $5,500이다. (주)삼일은 20X2년 1월 10일에 지분상품 전부를 $5,700에 처분하였다. 관련 환율은 다음과 같다.

일자	20X1. 1. 10	20X1. 12. 31	20X2. 1. 10
환율(₩/$)	1,200	1,100	1,150

(주)삼일이 행해야 할 취득일부터 처분일까지의 일련의 회계처리를 행하라.

풀 이

- 20X1. 1. 10

  (차) 기타포괄손익인식금융자산 6,000,000　(대) 현금　　　　　　6,000,0000

539

- 20X1. 12. 31

  (차) 기타포괄손익인식금융자산 50,000   (대) 평가이익(기타포괄손익)   50,000*

    *금융자산 기말장부금액=$5,500×1,100원=6,050,000원
    금융자산평가이익=6,050,000-6,000,000=50,000원

- 20X2. 1. 10

  (차) 현금   6,555,000*   (대) 기타포괄손익인식금융자산   6,050,000
                                              평가이익(기타포괄손익)   505,000

    *$5,700 × 1,150원=6,555,000원

3 기능통화의 변경

　기능통화는 기업과 관련된 실제 거래, 사건과 상황을 반영하여 기능통화가 결정된다. 기능통화가 결정된 후에는 원칙적으로 이를 변경할 수 없다. 하지만 실제 거래, 사건과 상황에 변화가 일어난 경우에는 기능통화를 변경할 수 있다. 예를 들어, 재화나 용역의 공급가격에 주로 영향을 미치는 통화의 변경은 기능통화의 변경을 초래할 수 있다.

　기능통화가 변경되는 경우에는 새로운 기능통화에 의한 환산절차를 변경한 날부터 전진적용한다. 즉, 기능통화가 변경된 날의 환율을 사용하여 모든 항목을 새로운 기능통화로 환산한다. 비화폐성 항목의 경우에는 새로운 기능통화로 환산한 금액이 역사적원가가 된다.

IV 기능통화가 아닌 표시통화의 사용

1 표시통화로의 환산

　재무제표는 어떠한 통화로도 보고할 수 있다. 재무제표를 표시할 때 사용되는 통화를 표시통화라고 하는데, 일반적인 경우에는 표시통화와 기능통화가 일치한다.

　표시통화의 선택에는 제한이 없으나, 영업활동이 이루어지는 주된 경제 환경의 통화와 재무제표 표시 통화가 다른 경우 기능통화로 표시된 재무제표를 표시통화로 환산해야 한다.

예를 들어, 서로 다른 기능통화를 사용하는 개별기업으로 구성되는 연결실체는 연결재무제표를 작성하기 위하여 각 기업의 경영성과와 재무상태를 같은 통화로 표시한다.

기능통화가 초인플레이션 경제의 통화가 아닌 경우, 경영성과와 재무상태를 기능통화와 다른 표시통화로 환산하는 방법은 다음과 같다.

환산 대상	적용 환율
① 재무상태표(비교표시하는 재무상태표 포함)의 자산과 부채	해당 보고기간 말의 마감환율
② 포괄손익계산서(비교표시하는 포괄손익계산서 포함)의 수익과 비용	해당 거래일의 환율(유의적으로 차이나지 않는다면 해당 기간의 평균환율 가능)
③ ①과 ②의 환산에서 생기는 외환차이	기타포괄손익으로 인식

실무적으로 수익과 비용항목을 환산할 때 거래일의 환율에 근접한 환율(예를 들어, 해당 기간의 평균환율)을 자주 사용한다. 그러나 환율이 유의적으로 변동한 경우에는 일정기간의 평균환율을 사용하는 것은 부적절하다.

위에서 재무상태표와 포괄손익계산서의 환산에서 생기는 외환차이는 기타포괄손익으로 인식하는데, 재무상태표와 포괄손익계산서의 환산에서 생기는 외환차이의 발생원인은 다음과 같다.

① 수익과 비용은 해당 거래일의 환율로 환산하고 자산과 부채는 마감환율로 환산하기 때문이다.
② 순자산의 기초 잔액을 전기의 마감환율과 다른 마감환율로 환산하기 때문이다.

이러한 환율의 변동은 현재와 미래의 영업현금흐름에 직접적으로 영향을 미치지 않거나 거의 미치지 않으므로 이러한 외환차이는 당기손익으로 인식하지 아니한다. 외환차이의 누계액은 해외사업장이 처분될 때까지 자본의 별도 항목으로 표시한다.

한국에서 영업을 하는 (주)삼일의 미국 현지법인인 (주)삼이의 재무제표이다. (주)삼이는 20X1년 초에 설립되었으며, (주)삼이의 기능통화인 달러화로 작성한 20X1년 시산표는 다음과 같다.

과목	20X1년
자산	$4,000
비용	1,500
합계	**$5,500**
부채	1,000
자본금	2,000
이익잉여금	
수익	2,500
합계	**$5,500**

환율은 다음과 같다.

일자	20X1년 초	20X1년 말	20X1년 평균
환율(₩/$)	1,000	1,200	1,150

표시통화가 원화일 때 (주)삼일의 20X1년도 재무상태표와 포괄손익계산서를 작성하라. 단 수익 비용은 평균환율을 적용한다.

20X1년 시산표

과목	외화(기능통화)	환율	원화(표시통화)
자산	$4,000	1,200	4,800,000원
비용	1,500	1,150	1,725,000원
합계	**$5,500**		**6,525,000원**
부채	1,000	1,200	1,200,000원
자본금	2,000	1,000	2,000,000원
이익잉여금			
수익	2,500	1,150	2,875,000원
외환차이			450,000원
합계	**$5,500**		**6,525,000원**

포괄손익계산서

수익	2,875,000원
비용	(1,725,000원)
당기순이익	1,150,000원
기타포괄이익(외환차이)	450,000원
총포괄이익	1,600,000원

재무상태표

자산	4,800,000원	부채	1,200,000원
		자본금	2,000,000원
		기타포괄이익	450,000원
		이익잉여금	1,150,000원
	4,800,000원		4,800,000원

2 해외사업장의 환산

해외사업장을 연결 또는 지분법을 적용하여 보고기업의 재무제표에 포함되도록 하기 위하여 해외사업장의 경영성과와 재무상태를 보고기업의 표시통화로 환산하는 경우에는 자산과 부채는 기말의 마감환율로, 수익비용은 거래일의 환율로 환산하며, 그 외환차이는 기타포괄손익으로 인식한다.

3 해외사업장의 처분 또는 일부 처분

해외사업장을 처분하는 경우 기타포괄손익과 별도의 자본항목으로 인식한 해외사업장관련 외환차이의 누계액은 해외사업장의 처분손익을 인식하는 시점에 (재분류조정으로) 자본에서 당기손익으로로 재분류한다.

01 다음 중 기능통화에 의한 외화거래의 보고에 관한 설명으로 가장 올바르지 않은 것은?

① 기능통화로 외화거래를 최초로 인식하는 경우에 거래일의 외화와 기능통화 사이의 현물환율을 외화금액에 적용하여 기록한다.

② 역사적원가로 측정하는 비화폐성 외화항목은 마감환율로 매 보고기간말 환산한다.

③ 화폐성항목의 결제시점에 생기는 외환차이는 그 외환차이가 생기는 회계기간의 손익으로 인식한다.

④ 비화폐성항목에서 생긴 손익을 기타포괄손익으로 인식하는 경우에 그 손익에 포함된 환율변동효과도 기타포괄손익으로 인식한다.

02 다음은 기능통화의 변경에 대한 내용이다. 적절하지 않은 것은?

① 표시통화와 달리 기능통화는 실제 거래, 사건과 상황을 반영하므로 일단 기능통화를 결정하면 변경할 수 없는 것이 원칙이다.

② 기능통화를 변경한 경우에는 새로운 환산절차를 변경일부터 전진적으로 적용해야 한다.

③ 기능통화를 변경한 경우에는 재무제표의 모든 항목을 변경일의 현물환율로 환산한다.

④ 비화폐성항목의 경우에는 새로운 기능통화로 환산하지 않는다.

03 다음 중 기능통화와 표시통화에 관한 설명으로 가장 올바르지 않은 것은?

① 기능통화란 영업활동이 이루어지는 주된 경제환경의 통화로서 기업의 본사가 속해있는 국가의 통화를 의미한다.

② 표시통화란 재무제표를 표시할 때 사용하는 통화로서 기업은 어떤 통화든지 표시통화로 사용할 수 있다.

③ 기업의 표시통화와 기능통화가 다른 경우에는 경영성과와 재무상태를 표시통화로 환산하여 재무제표에 보고한다.

④ 기능통화로 외화거래를 최초로 인식하는 경우에 거래일의 외화와 기능통화 상의 현물환율을 외화금액에 적용하여 기록한다.

04 다음 중 화폐성 항목만으로 구성된 것은?

① 매출채권, 투자부동산, 자본금

② 미지급금, 선수금, 건물

③ 재고자산, 매입채무, 선급금

④ 미수금, 단기대여금, 매입채무

05 다음 중 환율변동효과와 관련하여 괄호 안에 들어갈 단어로 가장 옳은 것은?

> 기능통화와 표시통화가 다른 경우 표시통화로 재무상태와 경영성과를 환산하여 보고해야 한다. 재무상태표의 자산과 부채는 (ㄱ)을 적용하고, 포괄손익계산서의 수익과 비용은 (ㄴ)을 적용하되 환율이 유의적으로 변동하지 않을 경우에는 (ㄷ)을 적용할 수 있다.

	ㄱ	ㄴ	ㄷ
①	보고기간 말의 마감환율	해당 거래일의 환율	해당 기간의 평균환율
②	보고기간 말의 마감환율	해당 기간의 평균환율	해당 거래일의 환율
③	해당 기간의 평균환율	보고기간 말의 마감환율	해당 거래일의 환율
④	해당 기간의 평균환율	해당 거래일의 환율	보고기간 말의 마감환율

06 (주)샛별은 통신 및 관측에 사용되는 민간용 인공위성을 제조 판매하는 기업이다. 아래 자료를 이용하여 물음에 답하라.

> ㄱ. 인공위성의 제조판매 산업은 단위당 판매금액이 100억 원 이상이며, 매출순이익률(당기순이익/매출)이 80% 내외가 되는 높은 이익률이 보장된 산업이다.
> ㄴ. (주)샛별이 생산하는 인공위성의 수요자 중 90%는 유럽연합(EU)에 속한 국가의 통신회사이고, 나머지 10%는 미국의 통신회사이다. 따라서 (주)샛별은 영업활동이 이루어지는 주된 경제 환경인 유럽의 법규와 제품규격에 맞게 제품을 생산하며, 제품의 가격 역시 해당 기준 충족 여부에 따라 차이가 있다.
> ㄷ. (주)샛별의 매매계약서에 표시된 인공위성 제품의 가격은 수요자가 속한 국가의 통화인 유로(€) 또는 달러($)로 표시하고, 제품이 판매되는 거래일의 국제환율을 적용하여 구매자로부터 유럽통화인 유로(€)로 수령하여 보유 관리한다. (주)샛별이 인공위성을 제조하는데 필요한 부품의 매입과 제작에 종사하는 근로자의 임금지급 결제통화는 한국통화인 원(₩)이다.

기능통화, 표시통화의 정의와 (주)샛별의 경영환경을 고려하여 자료에서 제시된 통화들을 모두 분류할 때 다음 중 가장 적절한 것은?

	기능통화	표시통화
①	원	달러
②	유로	달러
③	유로	원
④	달러	원

07 '환율변동효과'에 대한 내용으로 다음 중 옳지 않은 것은?

① 기능통화란 영업활동이 이루어지는 주된 경제 환경의 통화를 말한다.
② 표시통화란 재무제표를 표시할 때 사용하는 통화를 말한다.
③ 외화거래를 최초로 인식하는 경우 거래일의 외화와 기능통화 사이의 현물환율을 외화금액에 적용하여 기능통화로 기록한다.
④ 공정가치로 측정하는 비화폐성 외화항목의 경우에는 거래일의 환율로 환산한다.

NEW

08 (주)삼일의 자동차 제조업을 영위하는 업체로서 기능통화는 원화이다. 20X1년 회계연도 (20X1년 1월 1일 ~ 20X1년 12월 31일) 중 발생한 수출실적이 다음과 같을 경우 (주)삼일의 20X1년 말 재무상태표상 매출채권과 포괄손익계산서상 외화환산손익으로 가장 옳은 것은?

ㄱ. 수출액 및 대금회수일

수출일	수출액	대금회수일
20X1년 11월 21일	$ 80,000	20X2년 1월 20일

ㄴ. 일자별 환율

일자	20X1년 11월 21일	20X1년 12월 31일	20X2년 1월 20일
환율	1,100원/$	1,080원/$	1,170원/$

ㄷ. 기타정보
상기 수출대금은 대금회수일에 이상없이 모두 회수되었으며, 상기 수출과 관련된 매출채권 이외의 채권·채무는 없다.

	매출채권	외화환산손익
①	86,400,000원	손실 1,600,000원
②	86,400,000원	손실 7,200,000원
③	93,600,000원	이익 1,600,000원
④	93,600,000원	이익 7,200,000원

09 (주)월드는 보스톤에 영업·재무 활동이 독립적으로 운영되는 현지법인을 20X1년 1월 1일에 설립하였다. 현지법인의 기능통화는 달러화이다.

(1) 현지법인의 20X1년 결산일인 12월 31일 현재 재무상태표 관련 자료는 다음과 같다. 이익잉여금은 전부 당기순이익으로 구성되어 있다.

재무상태표

20X1년 12월 31일 (단위: $)

자산	700	부채	200
		자본금	100
		이익잉여금	400

(2) 현지법인의 20X1년 포괄손익계산서 관련 자료는 다음과 같다. 포괄손익계산서의 모든 항목은 연평균 균등하게 발생하였다.

포괄손익계산서

20X1년 1월 1일부터 20X1년 12월 31일까지 (단위:$)

매출액	1,000
매출원가	(500)
매출총이익	500
판매관리비	(100)
당기순이익	400

(3) 환율 자료는 다음과 같다.

20X1년 1월 1일	: 1$ = 1,000원
연평균환율	: 1$ = 1,200원
20X1년 12월 31일	: 1$ = 1,100원

위 자료를 이용하여 현지법인의 재무제표를 표시통화(원화)로 환산하는 경우 외환차이는 얼마인가?(단, 세금효과는 무시한다)

① 외환차이 (−)20,000원   ② 외환차이 20,000원
③ 외환차이 (−)30,000원   ④ 외환차이 30,000원

10 다음은 한국채택국제회계기준 하에서의 기능통화와 표시통화에 대한 내용이다. 적절하지 않은 것을 고르시오.

① 표시통화와 기능통화를 동일한 화폐로 결정할 수 없다.
② 기업은 어떤 통화든지 표시통화로 사용할 수 있다.
③ 표시통화란 재무제표를 표시할 때 사용하는 통화이다.
④ 기능통화란 영업활동이 이루어지는 주된 경제환경의 통화이다.

11 환율변동효과와 관련하여 괄호 안에 들어갈 단어로 가장 옳은 것은?

> 기능통화와 표시통화가 다른 경우 표시통화로 재무상태와 경영성과를 환산하여 보고해야 한다. 재무상
> 태표의 자산과 부채는 보고기간 말의 (㉠)을 적용하고 포괄손익계산서의 수익과 비용은 해당 거래
> 일의 환율을 적용한다. 이때 발생하는 환산차이는 (㉡)으로 인식한다.

	㉠	㉡
①	마감환율	기타포괄손익
②	거래일의 환율	기타포괄손익
③	마감환율	당기손익
④	거래일의환율	당기손익

12 (주)삼일은 20X1년 3월 30일 기계장치를 2,500달러에 구입하였으며 이에 대한 결제일이 20X2년 4월 1일이다. 이에 관련된 각 시점의 환율은 다음과 같다.

20X1년 3월 30일의 환율	1,000원/달러
20X1년 12월 31일의 환율	1,200원/달러
20X2년 4월 1일의 환율	1,100원/달러

상기 거래와 관련하여 (주)삼일이 20X1년 말 현재 계상할 외화환산손익은 얼마인가?

① 외화환산이익 100,000원
② 외화환산손실 100,000원
③ 외화환산이익 500,000원
④ 외화환산손실 500,000원

13 한국에서 영업을 하는 (주)삼일의 종속기업인 (주)LA(미국 현지법인)는 20X1년 초에 설립되었으며, 설립 시 자본금은 $1,000이다. (주)LA의 기능통화인 달러화로 작성한 20X1년 말 재무제표의 구성내역은 다음과 같다(단, 자본총계는 자본금 $1,000 와 당기순이익 $2,000로 구성되어 있고 자본금은 설립 시 출자 이후 변동이 없다).

과목	자산총계	부채총계	자본총계
20X1년 말	$5,000	$2,000	$3,000

일자별 환율은 다음과 같다.

일자	20X1년 초	20X1년 말	20X1년 평균
환율(원/$)	1,000	1,200	1,150

(주)삼일은 연결재무제표를 작성하기 위해 (주)LA의 재무제표를 (주)삼일의 기능통화이자 표시통화인 원화로 환산하려고 한다. 다음 중 (주)LA의 재무제표 구성내역의 환산결과로 가장 올바르지 않은 것은?

① 자산총계 5,750,000원
② 부채총계 2,400,000원
③ 자본금 1,000,000원
④ 당기순이익 2,300,000원

14 원화를 기능통화로 사용하고 있는 (주)삼일은 20X1년 10월 1일에 중국 현지공장에서 재고자산을 CNY 2,000에 매입하여 기말까지 보유하고 있다. 이 재고자산의 기말 순실현가능가치는 CNY 1,800이다. CNY 대비 원화의 환율이 다음과 같을 때 (주)삼일이 20X1년 상기 재고자산에 대하여 인식할 평가손실 금액은 얼마인가?

- 20X1년 10월 1일: CNY 1 = 110원
- 20X1년 12월 31일: CNY 1 = 115원

① 13,000원　　　　　　　　② 92,000원
③ 132,000원　　　　　　　　④ 142,000원

15 다음 중 재무제표의 외화환산에 관한 설명으로 가장 올바르지 않은 것은?

① 기능통화와 표시통화가 다른 경우 표시통화로 재무상태와 경영성과를 환산하여 보고해야 한다.
② 연결실체는 연결재무제표를 작성하기 위하여 각 기업의 경영성과와 재무상태를 같은 통화로 표시한다.
③ 포괄손익계산서의 수익과 비용은 마감환율을 적용한다.
④ 재무제표의 환산에서 생기는 외환차이는 기타포괄손익으로 인식한다.

16 (주)삼일은 20X1년 4월 1일에 유형자산으로 분류되는 토지를 $10,000에 취득하였다. (주)삼일은 유형자산에 대해 재평가모형을 적용하고 있으며, 매년 말에 공정가치로 재평가한다. 20X1년 말 토지의 공정가치가 $15,000일 경우, (주)삼일이 20X1년 말에 인식할 재평가잉여금(기타포괄손익)은 얼마인가?(단, (주)삼일의 기능통화는 원화이며, 관련 환율은 다음과 같다)

일자	20X1년 4월 1일	20X1년 12월 31일
환율(₩/$)	1,000	1,200

① 2,000,000원
② 3,000,000원
③ 5,000,000원
④ 8,000,000원

17 다음 중 기능통화, 표시통화 및 외화거래에 대한 설명으로 가장 올바르지 않은 것은?

① 재무제표를 표시통화로 환산할 때 발생하는 환산차이는 당기손익으로 인식한다.
② 외화거래를 보고기간 말에 기능통화로 환산할 때 화폐성항목은 마감환율로 환산하고, 외환차이를 당기손익으로 인식한다.
③ 외화거래를 보고기간 말에 기능통화로 환산할 때 역사적원가로 측정하는 비화폐성항목은 거래일의 환율로 환산하기 때문에, 외환차이가 발생하지 않는다.
④ 외화거래를 보고기간 말에 기능통화로 환산할 때 공정가치로 측정하는 비화폐성항목은 공정가치가 결정된 날의 환율로 환산하며, 외환차이는 당기손익 또는 기타포괄손익으로 인식한다.

MEMO

I 파생상품

1 개념

파생상품(derivatives)은 주식, 채권, 이자율, 환율 등 금융상품을 기초자산 또는 기초변수로 하여 기초자산의 가치변동에 따라 가격이 결정되는 금융상품을 말하며, 다음 세 가지 특징을 모두 가진다.

① 기초변수의 변동에 따라 가치가 변동한다.

② 최초 계약 시 순투자금액이 필요하지 않거나 시장 요소의 변동에 비슷한 영향을 받을 것으로 예상되는 다른 유형의 계약보다 적은 순투자금액이 필요하다.

③ 미래에 결제된다.

파생상품은 기초변수 즉, 대상을 무엇으로 하느냐에 따라 금리, 주식, 통화관련 상품으로 구분되며, 계약의 형태에 따라서 선도, 선물, 스왑, 옵션 등으로 구분된다.

선도거래	미래 일정시점에 약정된 가격에 의해 계약상의 특정 대상을 사거나 팔기로 계약당사자 간에 합의한 거래
선물	선도거래와 유사하나 조직화된 시장에서 정해진 방법으로 거래됨
스왑	특정 기간 동안에 발생하는 일정한 현금흐름을 다른 현금흐름과 교환하는 연속된 선도거래
옵션	계약당사자 간에 정하는 바에 따라 일정한 기간 내에 미리 정해진 가격으로 외화나 유가증권 등을 사거나 팔 수 있는 권리에 대한 계약

2 파생상품의 경제적 기능

파생금융상품은 기본적으로 위험회피와 투기의 기회를 제공하는 기능을 가진다. 파생금융상품의 기능을 나누어 설명하면 다음과 같다.

첫째, 가격변동위험을 전가시킨다. 이는 파생금융상품의 전통적인 기능으로서 위험회피자(hedger)에게 금융자산의 가격변동위험을 회피할 수 있는 기회를 제공한다. 한편 투기자(speculator)는 이러한 위험을 부담하여 이익을 얻을 수 있는 기회를 갖게 된다.

둘째, 미래시장가격에 대한 예측치를 제공한다. 파생상품시장은 별도로 형성되는 것이 아니라 현물시장의 상품의 수요와 공급에 대한 정보와 수많은 거래자들 나름대로의 예측도 반영되고 있어서 결국 파생금융상품의 가격은 실물자산(기초자산)의 미래가격을 예시하는 기능을 가지게 된다.

셋째, 자금흐름의 탄력성을 증대시킨다. 투자자는 파생금융상품을 활용하여 자신들의 목적에 맞도록 보유자산 또는 보유예정자산을 구성함으로써 금리, 만기, 현금흐름 등을 조정할 수 있어 자금이 탄력적으로 관리된다. 특히 부외거래라는 파생금융상품 거래의 특성상 기존 재무상태표상 자산, 부채구조를 변경함으로써 소요되던 기회비용의 지출없이도 자금의 운용에 있어 동일한 효과를 볼 수 있다.

넷째, 금융비용을 절감시킨다. 기존의 전통적 금융상품에 비해 훨씬 적은 계약금으로도 거래 계약을 체결할 수 있으므로 신용위험을 감소시킬 수 있고, 대부분 반대매매로 청산이 가능하여 현물의 구입과 운송에 드는 비용이 절감된다.

다섯째, 금융시장의 효율성을 제고한다. 금융시장은 전문적으로 시장정보를 수집하고 평가하는 다수의 참가자들을 시장에 참여시킴으로써 시장정보의 질을 높이고 정보비용을 감소시키며 이용가능한 정보가 시장가격에 보다 효율적으로 반영되도록 한다.

Ⅱ 파생상품의 종류

1 선물의 의미

선물(futures)이란 미래의 특정 날짜에 특정한 자산을 일정한 가격으로 일정한 수량만큼 매입하거나 매도하겠다는 계약을 의미하며, 선물거래의 경우에는 선물계약의 매도자와 매입자 모두에게 권리와 의무가 동시에 주어진다는 점이 옵션과 다른 점이라고 할 수 있다. 즉, 선물거래의 경우에는 계약의 매입자와 매도자가 각자의 입장에서 불리할 때에는 반대거래 또는 실제로 계약의 이행을 통하여 계약내용을 이행할 의무를 지면서, 동시에 각자의 입장에서 유리할 때에는 거래상대방에게 계약이행을 요구하여 이익을 실현할 수 있는 권리를 동시에 가지게 되는 것이다. 반면에 옵션거래의 경우에는 옵션의 매도자는 옵션의 매입자가 권리를 행사할 때 반드시 응해야만 할 의무가 있지만, 옵션의 매입자는 유리할 때 권리를 행사할 수 있는 권리만을 보유하고 있다는 측면에서 옵션은 권리와 의무가 매입자와 매도자에게 분리되어 있다.

2 선도거래(forward transaction)와 선물거래(futures transaction)

(1) 선도거래(forward transaction)의 특징

선도거래는 미래의 현물가격의 변화위험을 헷징(hedging)하기 위하여 미래의 특정 인수도(만기)일에 특정의 자산을 일정한 가격으로 특정의 수량만큼 매입하거나 매도하겠다는 계약을 거래당사자가 일대일로 체결하는 것을 말한다. 이러한 선도거래는 계약의 표준화가 되어 있지 않기 때문에 시장에서 동일한 계약을 찾기가 어려울 뿐만 아니라 현물가격의 변화가 불리하게 발생하는 경우에는 선도계약이 불이행될 위험을 가지고 있다.

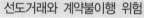
선도거래와 계약불이행 위험

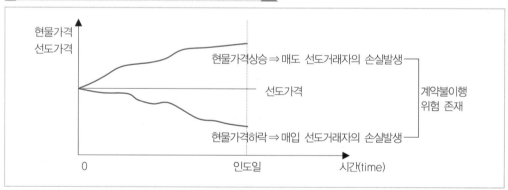

(2) 선물거래(futures transaction)의 특징

신규거래시의 선물거래절차를 흐름도를 이용하여 정리하면 다음과 같다.

선물거래절차

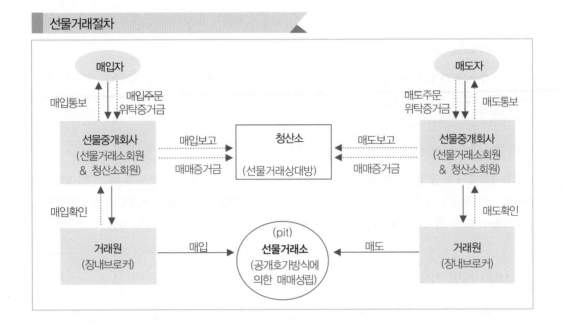

1) 증거금제도

선물가격이 고객에게 불리하게 변동되었을 경우에도 결제를 성실히 이행하겠다는 것을 보증하기 위하여 담보적 성격으로 계약당 반드시 예치해야 하는 금액을 증거금(margin requirement)이라고 한다. 이러한 증거금제도를 통하여 선물가격이 하락하는 경우 매수자의 계약위반가능성으로부터 매도자를 보호하고, 실제로 선물가격이 상승하는 경우에는 매도자의 계약위반가능성으로부터 매수자를 보호함으로써 거래쌍방의 채무불이행위험을 제거하고 거래의 유동성을 확보할 수 있다.

2) 일일정산제도(marking to market or daily settlement system)

선물거래소 내에 위치하거나 선물거래소 밖에 독립적인 기관으로 존재하는 청산소는 선물거래당사자들의 증거금수준을 매일매일 정산하여 추가적인 증거금의 납부가 필요할 때에는 거래당사자들에게 증거금의 납부를 요구(margin call)하고, 증거금 잔액이 개시증거금수준 이상으로 증가하였을 때에는 거래당사자들이 증거금을 인출(margin collection)할 수 있도록 하는 역할을 수행하는데, 이를 일일정산제도라고 한다.

즉, 매일매일의 평가손익을 증거금에 반영하는 체계적인 과정을 일일정산제도라고 한다. 이러한 평가과정에서 당일차금과 갱신차금이 발생할 수 있는데, 당일차금이란 신규매매 당일의 평가손익을 의미하며, 갱신차금은 신규매매 후 전일의 모든 미결제약정을 당일의 최종결제가격으로 재평가할 때의 평가손익을 의미한다.

3) 거래소(exchange)

선물거래소는 결제회원이 선물계약을 체결하거나 결제를 이행하는 장소를 말한다. 한국의 경우 한국거래소 내에 선물거래소가 있다.

4) 청산소(clearing house)

선물거래에서 매입자와 매도자로부터 개시증거금 및 추가증거금을 납입하도록 하고, 반대거래를 통하여 선물거래를 청산하는 업무를 수행하는 곳을 청산소라고 한다. 이러한 청산소는 일반적으로 선물거래소 내에 위치하거나 선물거래소 밖에 독립적인 기관으로 존재하기도 한다.

(3) 선물거래의 기능

선물거래는 현물시장에서의 거래에 관련된 여러 가지 문제점이나 결함을 보완해 주는 역할을 수행한다. 즉, 선물시장은 현물시장만 존재한다면 누구나 부담하게 되는 위험을 적극적인 방법으로 회피하기 위한 수단을 제공하는 위험회피기능, 현물가격 예시기능, 현물시장의 유동성 향상기능, 현물가격의 안정화 기능, 자본형성기능, 새로운 투자수단의 제공기능 등의 역할을 수행하고 있다.

1) 위험회피(hedging)기능

현물포지션과 관련된 거래를 원하는 투자자들은 미래의 가격위험을 헷징하기 위하여 선물을 이용하게 된다. 이러한 선물거래의 위험헷징(hedging)기능은 선물거래를 활성화하는 근본적인 목적에 부합하는 것이다. 선물거래를 통하여 위험을 회피하기를 원하는 투자자들(hedgers)은 자신의 위험을 투기자들에게 이전시켜 주고, 대신 투기거래자들은 투기적 거래에 의한 이익을 실현할 수 있게 된다. 따라서 선물시장의 위험회피기능을 선물시장의 위험전가기능(risk transfer function)이라고도 한다.

앞에서 살펴 본 위험자산의 포트폴리오 구성을 통하여 위험을 회피하는 방법이 상대적으로 소극적인 방법이라면 이러한 선물거래나 옵션거래 및 스왑거래 등은 보다 적극적으로 위험을 회피하는 방법이라고 할 수 있다.

2) 가격예시(price discovery)기능 ⇒ 장기적 현물가격의 안정화 기능

선물가격은 장기적으로 미래 현물시장의 수요와 공급에 관한 정보를 사전적으로 반영하고 있기 때문에 현물가격에 대한 정보를 제공하게 된다. 이와 같이 선물가격은 미래의 현물가격에 대한 예시기능(price discovery)을 수행하게 되는 것이다. 시간이 지남에 따라 시장참가자들의 예측된 상황이 변동하게 되면 선물가격은 그에 따라 다시 변화하게 된다. 결국 이러한 과정을 통하여 선물가격은 현물가격에 대한 정보제공에 많은 영향을 미치게 된다. 이러한 선물시장의 가격예시기능은 장기적으로 현물가격을 안정화시키는 기능을 발휘하게 된다.

3) 현물시장의 유동성 향상 기능

선물시장은 현물시장에 존재하는 위험을 조정할 수 있게 함으로써 현물거래에 대한 보완적인 기능을 담당하게 된다. 따라서 선물시장은 현물시장의 위험에 대한 분산기능을 제공함으로써 현물시장의 유동성을 향상시키는 역할을 한다.

4) 현물가격의 안정화 기능

앞에서 살펴 본 선물시장의 위험전가기능을 통하여 현물시장의 유동성을 향상시킬 수 있을 뿐만 아니라 현물가격의 안정화를 달성할 수 있다. 즉, 선물시장이 존재함으로써 현물시장에서의 가격위험을 회피하면서 현물거래가 활발히 이루어질 수 있는 것이다.

5) 자본형성기능

선물시장은 투기거래자들의 자금을 선물시장으로 끌어들임으로써 헷저들의 산업자금을 형성하게 하는 자본형성기능(capital formation function)을 담당하게 된다. 선물시장이 정상적이고 효율적인 시장으로 자리잡게 되면 투기적인 이익을 원하는 선물거래자들의 부동자금이 금융시장으로 유입됨으로써 건전한 산업자본의 전환이 가능하게 된다. 따라서 기업들은 증거금에 해당되는 소액의 자본으로도 대규모의 자금을 관리할 수 있기 때문에 선물시장이 없을 때보다 많은 여유자금을 운용할 수 있다.

6) 새로운 투자수단의 제공기능

선물시장은 일반적인 투자자들에게 기초자산인 증권 이외에 새로운 투자대상으로서 선물에 투자를 하여 이익을 실현할 수 있는 기회를 제공하게 된다. 즉, 선물시장은 투자자들에게 새로운 투자수단을 제공하는 기능을 담당하게 되는 것이다.

7) 재고자산의 다기간 배분기능

현실적으로 곡물류는 장기보관이 가능한 것이 많다. 따라서 곡물이 생산된 연도의 곡물에 대한 가격위험을 헷징하기 위한 선물거래뿐만 아니라 생산된 곡물의 재고에 대한 가격위험을 헷징하기 위한 선물거래가 발전하게 되었다. 결국 곡물선물은 곡물재고선물까지 확대됨에 따라 곡물자산을 다기간에 걸쳐 분산시킴으로써 곡물류의 장기적인 수급을 안정화하는데 기여하고 있다. 그러므로 선물시장은 재고자산의 다기간 배분기능을 통하여 자원배분의 효율성을 증대시킨다.

3 옵션거래

(1) 옵션의 의미

옵션(options)이란 미래의 특정 날짜에 특정 자산을 일정한 가격으로 일정한 수량만큼 매입하거나 매도할 수 있는 거래를 말한다. 이 때 특정의 날짜를 만기(maturity or expiration date)라고 하고, 특정의 자산을 기초자산(underlying asset)이라고 하며, 일정한 가격을 행사가격(exercise or striking price)이라고 한다.

옵션거래에서 옵션의 매도자는 옵션의 매입자가 권리를 행사할 때 반드시 응해야만 할 의무가 있지만, 옵션의 매수자는 유리할 때 권리를 행사할 수 있는 권리만을 보유하고 있다는 측면에서 옵션은 권리와 의무가 매입자와 매도자에게 분리되어 있다. 즉, 옵션의 매도자는 의무만 보유하게 되고, 반면에 옵션의 매입자는 권리만을 보유하게 된다.

(2) 옵션의 종류

1) 권리의 유형에 따른 구분

① 콜옵션(call options)

미래의 특정 날짜에 특정 자산을 미리 정한 가격으로 일정한 수량만큼 살 수 있는 권리를 콜옵션(call options)이라고 한다. 보통주, 신주인수권, 전환사채의 전환권 등은 콜옵션의 성격을 갖는다. 예를 들어 보통주의 경우에는 기업의 총자산을 기초자산으로 하고 부채의 액면금액을 행사가격으로 하는 콜옵션이라고 볼 수 있다. 즉, 기업의 총자산 가치가 부채의 액면금액 이상의 가치를 가진다면 주주들은 부채를 상환함으로써 잔여자산에 대한 청구권을 행사할 수 있는 것이다.

② 풋옵션(put options)

미래의 특정 날짜에 특정 자산을 미리 정한 가격으로 일정한 수량만큼 팔 수 있는 권리를 풋옵션 (put options)이라고 한다. 은행의 보증, 보험회사의 보험 등은 풋옵션의 성격을 갖는다.

2) 행사시점에 따른 구분

미국형옵션	만기일 이전에는 언제라도 권리를 행사할 수 있는 옵션
유럽형옵션	만기일에만 권리를 행사할 수 있는 옵션

3) 기초변수에 따른 분류

주식옵션	개별주식을 기초변수로 하는 옵션
주가지수옵션	각국 주식시장의 지수를 기초변수로 하여 거래가 성립되는 옵션
통화옵션	각국의 통화(호주 달러, 일본 엔화, 영국 파운드 등)를 기초변수로 하는 옵션

(3) 옵션관련 용어

옵션은 기초자산을 대상으로 하는 거래로서 기초자산에 대한 간접적인 거래가 이루어진다. 기초자산에 대한 직접적인 거래의 경우와는 달리 옵션거래에서는 특별히 다음과 같은 용어 (terminologies)를 사용한다.

1) 매입옵션(purchased option)

콜옵션이나 풋옵션을 매입한 경우를 말한다. 즉, 특정 자산을 매입하거나 매도할 수 있는 권리를 일정한 가격을 지불하고 매입한 경우이다.

2) 매도옵션(written option)

콜옵션이나 풋옵션을 매도한 경우를 말한다. 즉, 특정한 자산을 매입하거나 매도할 수 있는 권리를 일정한 대금을 받고 매도한 경우이다.

3) 미청산약정(미청산계약, open interest)

미청산약정(미청산계약, open interest)이란 당일 거래시간이 종료될 때까지 반대매매에 의한 청산(liquidation) 또는 실물인수도에 의한 결제가 이루어지지 않고 남아 있는 누적 계약수를 의미하며, 매입포지션(long position) 한 계약(1 contract)과 매도포지션(short position) 한 계약 (1 contract)을 묶어 한 개의 미청산계약(약정)으로 표시한다.

(4) 옵션의 기능

1) 위험회피(hedging) 기능

옵션을 이용하여 기초자산의 가격변동 위험을 회피할 수 있다. 즉, 기초자산 가격이 하락할 것으로 예상되는 경우 기초자산을 보유한 투자자는 풋옵션을 매입하고, 기초자산의 가격이 상승할 것으로 예상되는 경우 기초자산의 매입을 희망하는 투자자는 콜옵션을 매입함으로써 가격 변동위험을 회피할 수 있다.

2) 주식투자의 레버리지효과 : 콜옵션의 경우

옵션을 이용하는 경우에는 상대적으로 저렴한 옵션가격을 지불하고 주식투자의 효과를 달성할 수 있다. 즉, 콜옵션에 대한 투자의 경우 기초자산의 가격이 상승하면 일정한 투자자금으로 기초자산인 주식에 투자할 때보다 많은 기초자산에 대한 콜옵션을 구입함으로써 훨씬 높은 투자수익을 실현할 수 있고, 기초자산의 가격이 하락하면 기초자산인 주식에 투자하는 경우보다 상대적으로 적은 콜옵션 매입가격만큼의 손실만 부담하면 된다. 따라서 옵션은 주식투자에 대한 레버리지(수익확대) 효과를 가져다 주는 기능을 수행하고 있는 것이다.

3) 새로운 투자수단의 제공

옵션은 기초자산의 가격에 대한 예상과는 관계없이 그 자체로서 좋은 투자의 대상이 될 수 있으며, 기초자산이 투자의 대상으로서 적절하지 않은 경우에도 그 기초자산에 대한 옵션은 충분히 매력적인 투자의 대상이 될 수 있다. 즉, 옵션은 그 자체가 하나의 투자대상이 되며, 기초자산의 매입이나 매도와는 무관하게 옵션에 대한 거래에 참여하는 경우에는 투자목적으로 옵션거래에 참여하는 것이라고 할 수 있다.

Ⅲ 파생상품 회계처리

1 파생상품의 용어 정의

(1) 위험회피대상항목

공정가치나 미래현금흐름의 변동위험에 노출되어 있고, 위험회피대상으로 지정된 자산, 부채, 확정계약, 발생가능성이 매우 높은 예상거래 또는 해외사업장에 대한 순투자를 말한다.

(2) 위험회피수단

공정가치나 현금흐름의 변동이 지정된 위험회피대상항목의 공정가치나 현금흐름의 변동을 상쇄할 것으로 기대하여 지정한 파생상품 또는 비파생금융자산(또는 비파생금융부채)을 말한다. 다만, 비파생금융자산 및 비파생금융부채는 환율변동위험을 회피하기 위한 경우에만 가능하다.

(3) 위험회피

위험회피대상항목의 공정가치 또는 미래현금흐름 변동을 부분적 또는 전체적으로 상계하기 위해 하나 이상의 위험회피수단을 지정하는 것을 말한다.

(4) 매매목적

위험회피목적이 아닌 모든 파생상품의 거래목적을 말한다.

(5) 확정계약

미래의 특정 시기에 거래대상의 특정 수량을 특정 가격으로 교환하기로 하는 구속력 있는 약정을 말한다.

(6) 내재파생상품

내재파생상품은 파생상품이 아닌 주계약을 포함하는 복합상품의 구성요소이며, 복합상품의 현금흐름 중 일부를 독립적인 파생상품의 경우와 유사하게 변동시키는 금융상품을 말한다.

내재파생상품은 내재파생상품이 포함되지 않았을 경우에 발생할 현금흐름의 전부나 일부를 이자율, 금융상품가격, 일반상품가격, 환율 등에 따라 변경시킨다. 특정 금융상품에 부가되어 있더라도, 계약상 당해 금융상품과는 독립적으로 양도할 수 있거나 당해 금융상품과는 다른 거래상대방이 있는 파생상품은 내재파생상품이 아니며, 별도의 금융상품이다.

복합계약이 금융자산을 주계약으로 포함하지 않는 경우로 내재파생상품은 다음을 모두 충족할 때 주계약과 분리하여 파생상품으로 회계처리한다.

---

① 내재파생상품의 경제적 특성 및 위험이 주계약의 경제적 특성 및 위험과 밀접하게 관련되어 있지 않다.
② 내재파생상품과 동일한 조건을 가진 별도의 금융상품 등이 파생상품의 정의를 충족한다.
③ 복합계약의 공정가치 변동을 당기손익으로 인식하지 않는다.(즉, 당기손익－공정가치 측정 금융부채에 내재된 파생상품은 분리하지 아니한다)

---

2 파생상품회계의 일반원칙

위험회피수단으로 지정되지 않고 매매목적으로 보유하고 있는 파생상품의 평가손익은 당기손익으로 계상하고 위험회피수단으로 지정된 파생상품의 평가손익은 위험회피유형별로 회계처리가 달라진다.

파생상품 등은 당해 계약상의 권리와 의무에 따라 자산 또는 부채로 인식하여 재무제표에 계상하여야 한다. 이는 파생상품 등이 발생시키는 권리 또는 의무가 자산 또는 부채의 정의에 부합되므로 재무제표에 보고되어야 한다는 것이다.

파생상품 등의 계약자체는 공정가치로 평가되어야 한다. 기말에는 파생상품 등에 대해 공정가치로 평가한 후 평가손익은 당기손익에 반영하거나, 기타포괄손익으로 인식한 후 자본항목(기타포괄손익누계액)으로 계상된다. 즉, 위험회피대상항목의 위험회피를 위하여 위험회피수단으로 지정된 파생상품의 평가손익은 위험회피회계에 따라 처리하여야 한다.

여기서 위험회피대상항목은 공정가치변동위험 또는 미래현금흐름변동위험에 노출된 자산, 부채, 확정계약 또는 미래에 예상되는 거래를 말한다. 위험회피대상항목은 자산, 부채, 확정계약, 미래예상거래의 단일항목뿐만 아니라 유사한 위험특성을 가진 이들 항목이 결합될 수 있다.

위험회피수단은 공정가치나 현금흐름의 변동이 지정된 위험회피대상항목의 공정가치나 현금흐름의 변동을 상쇄할 것으로 기대하여 지정한 파생상품 또는 비파생금융자산(또는 비파생금융부채)이다. 다만, 비파생금융자산 및 비파생금융부채는 환율변동위험을 회피하기 위한 경우에만 가능하다.

파생상품 등의 평가손익 회계처리

거래목적	파생상품 등 평가기준	회계처리	비고
매매목적*	공정가치	당기손익처리	
공정가치위험회피	공정가치	당기손익처리	
현금흐름위험회피	공정가치	당기손익처리	위험회피에 효과적이지 못한 부분
		기타포괄손익처리	위험회피에 효과적인 부분
해외사업장순투자위험회피	공정가치	당기손익처리	위험회피에 효과적이지 못한 부분
		기타포괄손익처리	위험회피에 효과적인 부분

* 위험회피목적으로 거래하였으나 위험회피회계 적용요건을 충족하지 못하는 경우도 포함

3 위험회피회계

위험회피회계(hedge accounting)란 위험회피대상항목과 위험회피수단에 대한 손익이 상쇄되어 동일한 회계기간에 보고될 수 있도록 위험회피대상항목과 위험회피수단을 대칭적으로 인식하고 평가하는 회계처리를 말한다.

위험회피회계는 그 위험회피의 대상에 따라 공정가치위험회피회계와 현금흐름위험회피회계, 해외사업장순투자위험회피로 구분된다.

위험회피회계를 적용하기 위해서는 아래와 같은 적용요건을 충족해야 한다.

---

① 위험회피관계는 적격한 위험회피수단과 적격한 위험회피 대상항목으로만 구성된다.
② 위험회피의 개시시점에 위험회피관계와 위험회피를 수행하는 위험관리의 목적과 전략을 공식적으로 지정하고 문서화한다. 이 문서에는 위험회피수단, 위험회피대상항목, 회피대상위험의 특성과 위험회피관계가 위험회피효과에 대한 요구사항을 충족하는지를 평가하는 방법이 포함되어야 한다.
③ 위험회피관계는 다음의 위험회피효과에 관한 요구사항을 모두 충족한다.
  −위험회피대상항목과 위험회피수단 사이에 경제적 관계가 있다.
  −신용위험의 효과가 위험회피대상항목과 위험회피수단의 경제적 관계로 인한 가치 변동보다 지배적이지 않다.
  −위험회피관계의 위험회피비율은 기업이 실제로 위험을 회피하는 위험회피대상항목의 수량과 위험회피대상항목의 수량의 위험을 회피하기 위해 기업이 실제 사용하는 위험회피수단의 수량의 비율과 같다.

---

(1) 공정가치위험회피회계

위험회피대상항목이 자산, 부채, 확정계약으로서 당해 항목의 공정가치변동을 상쇄하기 위하여 파생상품 등을 이용하는 것을 말한다. 여기서 위험회피대상항목의 공정가치변동은 고정이자율수취조건 대출금, 고정이자율지급조건 차입금, 재고자산매입 확정계약, 재고자산매출 확정계약 등의 공정가치변동을 의미한다.

위험회피수단에 대한 손익은 당해 회계연도에 당기손익으로 인식한다.

또한 위험회피대상항목의 회피대상위험에 대한 손익은 당해 회계연도에 당기손익으로 반영하고 위험회피대상항목의 장부금액을 수정한다. 즉, 위험회피수단과 위험회피대상항목은 서로 반대의 손익을 인식하여 공정가치가 변동할 위험을 상계한다.

단, 위험회피대상이 기타포괄손익-공정가치 측정 금융자산인 지분상품일 경우 위험회피수단과 대상 모두 기타포괄손익으로 인식한다.

예제

12월 결산법인인 (주)삼일은 차입금 US$100를 6개월 후인 20X1. 3. 31에 상환하기로 하는 확정계약을 20X0. 10. 1에 체결하였다.

한편, 회사는 US$의 ₩(원)에 대한 계약체결시점부터 상환시점까지의 통화선도환율변동에 따른 확정계약의 위험을 회피하기 위하여 다음과 같은 통화선도거래계약을 역시 동일자에 체결하였다.

- 통화선도거래계약 체결일 : 20X0년 10월 1일
- 계약기간 : 6개월(20X0년 10월 1일 ~ 20X1년 3월 31일)
- 계약조건 : US$100을 수취하고 110,000원을 지급함.

상기 거래의 위험회피유형은 무엇인가?

풀이

상환금액의 환율변동에 따른 공정가치변동 위험을 통화선도거래계약으로 회피하는 공정가치위험회피의 형태이다.

---

(2) 현금흐름위험회피회계

현금흐름위험회피는 위험회피대상항목이 미래에 예상되는 거래로서 당해 거래에 따른 미래현금흐름변동을 상쇄하기 위하여 파생상품 등을 이용하는 것을 말한다.

여기서 예상거래의 미래현금흐름변동은 재고자산의 미래예상매입에 따른 취득가액변동, 재고자산의 미래예상매출에 따른 매출액변동 등을 의미한다.

현금흐름위험회피회계는 위험회피수단에 대한 손익 중 위험회피에 효과적인 부분은 기타포괄손익으로 인식하여 자본(기타포괄손익누계액)으로 처리하고 위험회피에 효과적이지 않은 부분은 당해 회계연도에 당기손익으로 인식한다.

기타포괄손익누계액으로 처리한 부분은 향후 미래예상거래가 손익에 영향을 미치는 회계연도에 당기손익으로 인식한다.

(3) 순투자의 위험회피

해외사업장순투자의 위험회피는 다음과 같이 현금흐름위험회피와 유사하게 회계처리한다.

---

① 위험회피수단의 손익 중 위험회피에 효과적인 부분은 기타포괄손익으로 인식한다.
② 위험회피수단의 손익 중 비효과적인 부분은 당기손익으로 인식한다.

위험회피수단의 손익 중 위험회피에 효과적이어서 기타포괄손익으로 인식한 부분은 향후 해외사업장의 처분시점에 재분류조정으로 자본에서 당기손익으로 재분류한다.

예제

12월 결산법인인 (주)삼일은 제조공정에 사용하기 위한 금을 시장을 통하여 매입하고 있는데, 향후 예상매출을 고려했을 때 금 10온스를 20X2년 3월 31일에 매입할 것이 거의 확실하다. 한편, (주)삼일은 20X2년 3월 31일에 매입할 금의 시장가격변동에 따른 위험을 피하기 위하여 다음과 같은 조건으로 장외시장에서 금선도계약을 체결하였다.

- 금선도거래계약 체결일 : 20X1년 11월 1일
- 계약기간 : 5개월(20X1년 11월 1일 ~ 20X2년 3월 31일)
- 계약조건 : 결제일에 금 10온스의 선도거래계약금액과 결제일 시장가격과의 차액을 현금으로 수수함(금선도계약가격 310,000원/온스).
  금선도거래는 위험회피에 효과적이며, 현재 시점의 현물가격은 미래시점의 기대현물가격과 같다고 가정한다.

상기 거래의 위험회피유형은 무엇인가?

풀 이

금의 시장가격변동위험으로 인해 차후 예상되는 금매입거래의 미래현금흐름 변동위험을 금선도거래계
약으로 회피하려는 현금흐름위험회피의 형태이다.
- 위험회피대상항목 : 예상거래(금매입거래)
- 위험회피수단 : 금선도거래

---

4 선도거래

(1) 선도거래의 회계처리

1) 매매목적 선도거래의 회계처리

① 계약체결 시 통화선도거래의 인식

계약체결일에는 당해 통화선도거래의 공정가치를 자산 또는 부채로 계상한다. 계약당시에는 그
공정가치의 순액을 계상함으로써 실질적으로 재무상태표에 계상되는 부분은 없게 된다. 즉, 통화선
도거래의 공정가치가 '0'이기 때문에 별도의 회계처리가 없다.

② 평 가

매매목적 통화선도거래의 공정가치변동분은 통화선도평가손익계정의 과목으로 하여 당기손익으
로 처리하고, 통화선도 과목을 자산 및 부채로 유동자산이나 유동부채로 인식한다.

이때 공정가치는 잔여만기가 동일한 통화선도거래가격(forward rate)을 기준으로 한다. 통화
선도환율은 주요금융기관이 제시하는 통화선도환율을 참고로 하여 금융결제원 자금중개실이 보고기
간종료일에 고시하는 원화 대 미달러화간 통화선도환율 및 이러한 원화 대 미달러화간 통화선도환율
과 미달러화 대 기타통화간 통화선도환율을 재정한 원화 대 기타통화간 통화선도환율을 사용한다.

통화선도환율변동액은 만기시점의 현금흐름이므로 현재시점의 공정가치를 구하기 위해서는 이를
적절한 할인율로 할인해야 한다.

매매목적의 통화선도거래

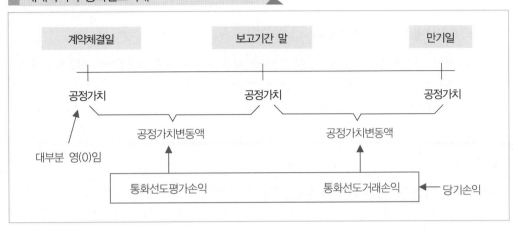

예제

(주)삼일은 20X1년 11월 1일 투기목적으로 3개월 후에 $100을 740원/$에 매입하는 통화선도 거래계약을 체결하였다(단, 현재가치를 적용하지 않고 신용위험에 대한 사항을 추가로 고려하지 않기로 함).
환율에 대한 자료는 다음과 같다.

일자	현물환율	30일 forward rate	90일 forward rate
20X1. 11. 1	750	–	740
20X1. 12. 31	770	760	–
20X2. 1. 31	780	–	–

풀이

일자	선물매입자	선물매도자
20X1. 11. 1 (계약체결일)	회계처리 없음	회계처리 없음
20X1. 12. 31 (회계연도말)	(차) 통화선도(재무상태표)　2,000 (대) 통화선도평가이익　2,000* 　* $100×(760−740)= 2,000	(차) 통화선도평가손실　2,000 (대) 통화선도(재무상태표)　2,000* 　*$100×(740−760)=−2,000
20X2. 1. 31 (계약실행일)	(차) 현금($)　78,000 (대) 현금　74,000 　통화선도(재무상태표)　2,000 　통화선도거래이익　2,000* 　* $100×(780−760)= 2,000	(차) 현 금　74,000 　통화선도(재무상태표)　2,000 　통화선도거래손실　2,000 (대) 현금($)　78,000

2) 공정가치위험회피의 회계처리

① 계약체결시 통화선도거래의 인식

계약체결일에는 당해 통화선도거래의 공정가치를 자산 또는 부채로 계상한다. 이때에도 매매목적 선도거래와 마찬가지로 그 공정가치의 순액을 계상하므로 그 공정가치의 순액은 '0'이다. 따라서 실질적으로 재무상태표에 계상되는 부분은 없게 된다.

② 평 가

위험회피대상항목 및 위험회피수단 평가손익을 당기손익으로 인식한다.

위험회피수단인 통화선도거래의 공정가치 변동분은 매매목적인 경우와 같이 결산시에는 통화선도평가손익의 과목으로 당기손익으로 처리하며, 계약실행시에는 통화선도거래손익의 과목으로 하여 당기손익으로 처리한다.

예 제

12월 결산법인인 A회사는 기계 1대를 US$100에 6개월 후인 20X2. 3. 31에 구입하기로 하는 확정계약을 20X1. 10. 1에 체결하였다. 이러한 확정계약은 법적 강제력을 가지는 계약으로서 불이행시에는 그에 따른 위약금을 지불하기로 하는 내용을 포함하고 있다. 한편, A회사는 US$의 ₩(원)에 대한 계약체결시점부터 기계구입시점까지의 통화선도환율변동에 따른 확정계약의 위험을 회피하기 위하여 다음과 같은 통화선도거래계약을 역시 동일자에 체결하였다(단, 공정가치위험회피를 선택하였다고 가정).

- 통화선도거래계약 체결일 : 20X1. 10. 1
- 계약기간 : 6개월(20X1. 10. 1 ~ 20X2. 3. 31)
- 계약조건 : US$100을 수취하고 110,000원을 지급함

환율에 대한 자료는 다음과 같다.

일자	현물환율(₩/$)	통화선도환율(₩/$)
20X1. 10. 1	1,000	1,100(만기 6개월)
20X1. 12. 31	1,110	1,140(만기 3개월)
20X2. 3. 31	1,200	–

※ 파생상품평가손익에 대한 현재가치평가는 생략한다.

풀 이

일자	회계처리
20X1. 10. 1 (계약체결일)	(확정계약) 확정계약은 미이행계약이므로 계약시점에 별도의 회계처리 없음. (통화선도거래) 계약체결일에 통화선도거래의 공정가치는 '0'이므로 별도의 회계처리 없음.
20X1. 12. 31 (회계연도 말)	(확정계약) (차) 기타영업손실　　　　　4,000*　　(대) 확정계약(재무상태표)　　4,000 　　(확정계약평가손실)(I/S) 　　*US$100 × (1,140-1,100)=4,000 (통화선도거래) (차) 통화선도(재무상태표)　　4,000　　(대) 기타영업이익　　　　　4,000* 　　　　　　　　　　　　　　　　　　(통화선도평가이익)(I/S) 　　*US$100 × (1,140-1,100)=4,000
20X2. 3. 31 (계약실행일)	(확정계약) (차) 기타영업손실　　　　　6,000*　　(대) 확정계약(재무상태표)　　6,000 　　(확정계약평가손실)(I/S) 　　*US$100 × (1,200-1,140)=6,000 (통화선도거래) (차) 현금(US$)　　　　120,000　　(대) 현금　　　　　　　110,000 　　　　　　　　　　　　　　　　　　통화선도(재무상태표)　　4,000 　　　　　　　　　　　　　　　　　　기타영업이익　　　　　6,000* 　　　　　　　　　　　　　　　　　　(통화선도거래이익)(I/S) 　　*US$100 × (1,200-1,140)=6,000 (기계구입거래) (차) 기계　　　　　　　110,000　　(대) 현금(US$)　　　　120,000 　　확정계약(재무상태표)　10,000

※ 확정계약에 대한 통화선도거래에 따라 기계의 원화취득가액은 현행환율변동과 관계없이 110,000원으로 정해지게 되며, 기계의 취득가액은 실제 인도시점이 아닌 확정계약시점의 통화선도환율로 계상된다.

3) 현금흐름위험회피의 회계처리

통화선도거래의 공정가치 변동분 중 위험회피에 효과적인 부분은 통화선도평가손익계정의 과목으로 기타포괄손익으로 인식한 후 기타포괄손익누계액으로 계상한 다음, 위험회피대상항목으로 지정된 미래 예상거래가 당기손익에 영향을 미치는 회계기간에 당기손익으로 인식한다.

통화선도거래의 공정가치 변동분 중 위험회피에 효과적이지 못한 부분은 통화선도평가손익계정의 과목으로 하여 당기손익으로 처리한다.

예제

(주)삼일은 외국의 수입업자에게 $10,000의 상품을 판매하기로 20X1년 11월 1일에 약정하고, 상품은 20X2년 2월 1일에 인도하기로 하며, 대금결제에 대비하여 판매계약시점에서 3개월 후에 660원/$으로 $10,000를 매도할 수 있는 통화선도계약을 체결하였다.
환율에 대한 자료는 다음과 같다.

(단위 : ₩/$)

일자	20X1. 11. 1 (계약일)	20X1. 12. 31 (결산일)	20X2. 2. 1. (계약실행일)
Forward rate	660(3개월)	655(1개월)	–
현물환율	670	665	640

단, 파생상품평가손익에 대한 현재가치평가는 생략한다.

풀이

일자	회계처리				
20X1. 11. 1 (계약체결일)	회계처리 없음.				
20X1. 12. 31 (결산일)	(차) 통화선도(재무상태표)	50,000	(대) 현금흐름위험회피적립금 　　　(기타포괄손익)	50,000*	
	* $10,000×(660-655)=50,000원				
20X2. 2. 1 (계약실행일)	(차) 현금 (차) 현금	6,400,000 6,600,000	(대) 매출 (대) 현금 　　　통화선도(재무상태표) 　　　현금흐름위험회피적립금 　　　(기타포괄손익)	6,400,000 6,400,000 50,000 150,000	
	(차) 현금흐름위험회피적립금 　　　(기타포괄손익누계액)	200,000	(대) 매출	200,000	

MEMO

01 다음 괄호 안에 들어갈 단어로 가장 옳은 것은?

> (   )은 주식, 채권, 이자율, 환율 등 금융상품을 기초자산 또는 기초변수로 하여 기초자산의 가치
> 변동에 따라 가격이 결정되는 금융상품을 말한다.

① 파생상품
③ 비파생상품

② 금융상품
④ 옵션

02 다음 중 선물(futures)과 옵션(option)에 관한 설명으로 가장 올바르지 않은 것은?

① 미국형 옵션은 만기일에만 권리를 행사할 수 있는 옵션이며, 유럽형 옵션은 만기일 이전
　에는 언제라도 권리를 행사할 수 있는 옵션이다.
② 선물거래에는 매일매일의 평가손익을 증거금에 반영하는 체계적인 과정인 '일일정산제도'
　가 있다.
③ 선물과 옵션 모두 파생상품에 해당한다.
④ 선물과 옵션 모두 위험회피기능을 가지고 있다.

03 파생상품은 주식, 채권, 이자율, 환율 등 금융상품을 기초자산 또는 기초변수로 하여 기초자산
의 가치변동에 따라 가격이 결정되는 금융상품을 말한다. 다음 중 파생상품이 가지고 있는 세
가지 특성이 아닌 것은?

① 최초 계약시 순투자금액이 필요하지 않거나 시장 요소의 변동에 비슷한 영향을 받을 것
　으로 예상되는 다른 유형의 계약보다 적은 순투자금액이 필요하다.
② 기초변수의 변동에 따라 가치가 변동한다.
③ 파생상품의 결제방법은 차액결제가 가능해야 한다.
④ 미래에 결제된다.

04 다음 중 파생상품의 특성으로 볼 수 없는 것은?

① 기초변수에 따라 가치가 달라진다.
② 최초 투자시 적은 금액의 순투자금액이 필요하다.
③ 미래에 결제된다.
④ 정형화된 금융시장에서 거래된다.

05 다음은 파생상품에 대한 용어들의 정의이다. 옳지 않은 것은 어느 것인가?

① 위험회피대상항목 : 공정가치 변동위험에 노출된 자산, 부채 및 확정계약과 미래현금흐름변동위험에 노출된 예상거래를 말한다.
② 옵션 : 계약 당사자간에 정하는 바에 따라 일정한 기간 내에 미리 정해진 가격으로 외화나 유가증권 등을 사거나 팔 수 있는 권리에 대한 계약을 말한다.
③ 내재파생상품 : 계약상의 명시적 또는 암묵적 조건이 해당 계약의 현금흐름이나 공정가치에 파생상품과 유사한 영향을 미치는 경우 그 명시적 또는 암묵적 조건을 말한다.
④ 선도거래 : 수량, 규격, 품질 등이 표준화되어 있는 특정 대상에 대하여 현재시점에서 결정된 가격에 의해 미래 일정시점에 인도, 인수할 것을 약정한 계약으로서 조직화된 시장에서 정해진 방법으로 거래되는 것을 말한다.

06 다음 중 선물거래의 특징에 관한 설명으로 가장 올바르지 않은 것은?

① 증거금제도   ② 일일정산제도
③ 비표준화 계약   ④ 청산소

07 (주)삼일은 상품 $1,000을 외상으로 매입하고, 대금을 6개월 후에 달러($)로 지급하기로 하였다. 이 경우 (주)삼일은 외화매입채무 $1,000이 환율변동위험에 노출되게 되어 이를 회피하기 위하여 약정된 환율로 6개월 후 $1,000을 매입하는 통화선도계약을 체결하였다. 해당 거래의 위험회피유형으로 가장 옳은 것은?

① 현금흐름위험회피
② 공정가치위험회피
③ 해외사업장순투자위험회피
④ 매매목적위험회피

08 다음 중 파생상품과 관련한 회계처리에 대한 설명으로 옳지 않은 것은?

① 위험회피수단으로 지정되지 않고 매매목적 등으로 보유하고 있는 파생상품의 평가손익은 자본조정으로 계상한다.
② 매매목적의 파생상품은 공정가치로 평가한다.
③ 위험회피대상항목은 공정가치변동위험 또는 미래현금흐름 변동위험에 노출된 자산, 부채, 확정계약 또는 미래에 예상되는 거래를 말한다.
④ 파생상품은 해당 계약에 따라 발생된 권리와 의무를 자산, 부채로 인식하여 재무제표에 계상한다.

09 (주)삼일은 상품을 $2,000을 외상으로 매출하고, 대금을 9개월 후에 달러($)로 지급받기로 하였다. 이 경우 (주)삼일은 외화매출채권 $2,000은 환율변동위험에 노출되게 되었다. 해당 거래와 관련하여 환율변동위험을 회피할 수 있는 방법으로 가장 옳은 것은?

① 약정된 환율로 9개월 후 $2,000을 매도하는 통화선도계약을 체결한다.
② 약정된 환율로 9개월 후 $2,000을 매입하는 통화선도계약을 체결한다.
③ 약정된 환율로 9개월 후 $2,000을 거래할 수 있는 콜옵션을 매입한다.
④ 약정된 환율로 9개월 후 $2,000을 거래할 수 있는 풋옵션을 매도한다.

10 (주)삼일은 20X1년 10월 1일 미국으로부터 원재료를 100달러에 수입하고 대금은 5개월 후에 지급하기로 하였다. 이와 함께 환율이 상승하고 있는 최근의 추세가 앞으로도 지속될 것으로 예상하고 5개월 후에 100달러를 1,200원/달러에 매입하는 통화선도계약을 체결하였다. 환율정보는 다음과 같다. 회사의 결산일은 12월 31일 이며 이 계약은 20X2년 2월 28일에 실행되었다. 주어진 계약과 관련되어 20X1년과 20X2년의 회계처리에 대한 설명으로 올바른 것은?

일자	현물환율	선도환율
20X1년 10월 1일	1,180원/$	1,200원/$(5개월)
20X1년 12월 31일	1,210원/$	1,220원/$(2개월)
20X2년 2월 28일	1,230원/$	−

① 20X1년 12월 31일에는 통화선도평가이익 2,000원이 인식된다.
② 20X1년 12월 31일에는 통화선도평가손익을 인식하지 않는다.
③ 20X2년 2월 28일에 인식할 통화선도거래이익은 2,000원이다.
④ 20X2년 2월 28일에 인식할 통화선도거래이익은 없다.

11 (주)백두는 20X1년 9월 1일에 미국에 제품 $1,000,000를 수출하고 수출대금은 3개월 후인 20X1년 11월 30일에 받기로 하였다. (주)백두의 대표이사는 환율하락에 따른 수출대금의 가치감소를 우려하여 20X1년 11월 30일에 결제일이 도래하는 통화선도계약 $1,000,000을 이용하여 환위험을 회피(Hedging)하려고 한다. 통화선도의 약정환율이 1,150원/$이고 일자별 환율이 다음과 같을 경우 환위험 회피를 위한 통화선도의 거래형태(Position)와 매출채권 및 통화선도 관련손익을 바르게 설명한 것은?

일자	환율
20X1년 9월 1일	1,200원/$
20X1년 11월 30일	1,100원/$

	통화선도Position	외환차손익	통화선도거래손익
①	매도계약(short position)	손실 100,000,000원	이익 50,000,000원
②	매도계약(short position)	이익 100,000,000원	손실 50,000,000원
③	매도계약(short position)	손실 100,000,000원	손실 100,000,000원
④	매입계약(long position)	손실 100,000,000원	이익 50,000,000원

12 다음 중 파생상품회계의 일반원칙에 관한 설명으로 가장 올바르지 않은 것은?

① 매매목적으로 보유하고 있는 파생상품의 평가손익은 당기손익으로 처리한다.

② 위험회피회계를 적용하기 위해서는 일정한 요건을 충족해야 한다.

③ 공정가치 위험회피회계에서 위험회피수단에 대한 손익은 당해 회계연도의 당기손익으로 인식한다.

④ 현금흐름 위험회피회계에서 위험회피에 효과적이지 않은 부분은 당해 회계연도의 기타포괄손익으로 인식한다.

13 다음 거래목적 중 파생상품평가손익을 당기손익으로 처리하지 않는 것은?

① 매매목적으로 체결한 파생상품의 평가손익
② 공정가치위험회피 목적으로 체결한 파생상품의 평가손익
③ 현금흐름위험회피 목적으로 체결한 파생상품의 평가손익 중 위험회피에 효과적인 부분
④ 현금흐름위험회피 목적으로 체결한 파생상품의 평가손익 중 위험회피에 효과적이지 못한 부분

14 다음 중 파생상품과 관련한 회계처리에 대한 설명으로 가장 올바르지 않은 것은?

① 파생상품은 당해 계약상의 권리와 의무에 따라 자산 또는 부채로 인식하여 재무제표에 계상하여야 한다.
② 내재파생상품은 파생상품이 아닌 주계약을 포함하는 복합상품의 구성요소이며, 복합상품의 현금흐름 중 일부를 독립적인 파생상품의 경우와 유사하게 변동시키는 금융상품을 말한다.
③ 위험회피수단으로 지정되지 않고 매매목적 등으로 보유하고 있는 파생상품의 평가손익은 기타포괄손익으로 계상해야 한다.
④ 위험회피대상항목은 공정가치 변동위험 또는 미래현금흐름 변동위험에 노출된 자산, 부채, 확정계약 또는 미래에 예상되는 거래를 말한다.

15 (주)삼일은 원재료 $2,000을 외상으로 매입하고, 대금을 9개월 후에 달러($)로 지급하기로 하였다. 이 경우 (주)삼일의 외화매입채무 $2,000은 환율변동위험에 노출되게 되었다. 해당 거래와 관련하여 환율변동위험을 회피할 수 있는 방법으로 가장 옳은 것은?

① 약정된 환율로 9개월 후 $2,000을 매도하는 통화선도계약을 체결한다.
② 약정된 환율로 9개월 후 $2,000을 매입하는 통화선도계약을 체결한다.
③ 약정된 환율로 9개월 후 $2,000을 거래할 수 있는 콜옵션을 매입한다.
④ 약정된 환율로 9개월 후 $2,000을 거래할 수 있는 풋옵션을 매도한다.

16 (주)삼일은 6개월 후에 $2,000의 재고자산을 구입할 예정이며 현재 환율은 1,000원/$이다. 그러나 6개월 후에 환율이 1,100원/$으로 상승한다면 재고자산의 매입으로 인한 현금 유출액은 당초 계획보다 증가하게 될 것이다. (주)삼일은 이를 회피하기 위하여 6개월 후에 $2,000를 $1당 1,050원에 매입하는 통화선도계약을 체결하였다. 해당 거래의 위험회피유형으로 가장 옳은 것은?

① 공정가치위험회피
② 현금흐름위험회피
③ 해외사업장순투자위험회피
④ 매매목적위험회피

MEMO

Chapter 22 리스

I 리스거래의 기초개념 및 용어

1 리스거래의 기초개념

(1) 리스거래의 의의

리스(lease)란 대가와 교환하여 자산(기초자산)의 사용권을 일정 기간 이전하는 계약이나 계약의 일부를 말한다. 여기서 리스의 대상이 되는 자산을 기초자산이라고 하고, 대가와 교환하여 기초자산을 일정 기간 제공하는 기업을 리스제공자(lessor)라 하며, 대가와 교환하여 기초자산의 사용권을 일정 기간 얻게 되는 기업을 리스이용자(lessee)라고 한다. 리스거래는 외관상 임대차 형식을 취하고 있으나 경제적 실질과 구체적인 법률관계에서 일반적인 임대차와는 차이가 있다.

리스란 물건의 소유자 등이 임대료의 지불을 받는 것을 조건으로 타인에게 그 물건을 사용하도록 하는 계약으로 민법상의 임대차계약을 포함하는 개념이나, 최근의 리스의 개념은 주로 기계설비 등의 유형자산을 구입하는데 필요한 자금조달의 금융적 기능을 강조하는 형태가 되고 있다. 즉, 명목상으로는 임대차계약을 맺고 있으나 실질적으로는 물적 금융의 성격을 가지고 있다.

한국채택국제회계기준 제1116호 '리스'에서 언급된 리스의 정의는 대가와 교환하여 자산(기초자산)의 사용권을 일정 기간 이전하는 계약이나 계약의 일부를 말하는 것이다. 여기에서 리스의 정의는 포괄적인 것으로 여신전문금융업법상의 시설대여거래뿐 아니라 이와 유사한 렌탈거래 및 임대차거래를 모두 포함하는 계약이다. 이 기준서는 다음을 제외한 모든 리스(전대리스에서 사용권자산의 리스를 포함함)에 적용한다.

> ① 광물, 석유, 천연가스, 이와 비슷한 비재생 천연자원을 탐사하거나 사용하기 위한 리스
> ② 리스이용자가 보유하는 기업회계기준서 제1041호 '농림어업'의 적용범위에 포함되는 생물자산 리스
> ③ 기업회계기준해석서 제2112호 '민간투자사업'의 적용범위에 포함되는 민간투자사업
> ④ 리스제공자가 부여하는 기업회계기준서 제1115호 '고객과의 계약에서 생기는 수익'의 적용범위에 포함되는 지적재산 라이선스
> ⑤ 기업회계기준서 제1038호 '무형자산'의 적용범위에 포함되는, 라이선싱 계약에 따라 영화필름, 비디오 녹화물, 희곡, 원고, 특허권, 저작권과 같은 항목에 대하여 리스이용자가 보유하는 권리

리스거래의 절차

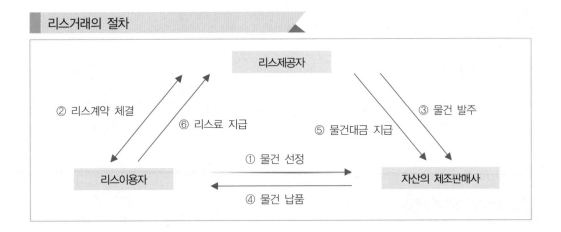

(2) 리스의 효익과 한계

① 효 익

㉠ 자산취득자금의 차입효과

자산구입대금을 차입한 것과 동일한 효과가 있다.

㉡ 진부화 위험의 회피

리스기간 종료시 리스자산의 반환, 구입, 재리스 중에서 선택할 수 있으므로 기술혁신에 따른 진부화의 위험이 감소된다.

㉢ 편리한 자금관리

자산구입대금을 차입금으로 조달하면 원금을 상환하는 부담이 있으나, 리스의 경우에는 일정 리스료만 정기적으로 지급하면 되므로 자금의 관리가 간편하다.

② 한계

㉠ 고액의 리스료

리스료가 감가상각비와 자금코스트를 합한 것보다 고액이다.

㉡ 실질적 이용의 한계

리스제공자에 귀속된 소유권으로 인하여 리스이용자는 자산처분, 용도변경, 중도해약 등이 사실상 불가능하다.

2 리스의 기본용어

(1) 리스약정일(약정일)

리스계약일과 리스의 주요 조건에 대하여 계약당사자들의 합의날 중 이른 날을 말한다.

리스약정일을 기준으로 운용리스나 금융리스로 분류하며, 리스변경이 있는 경우에만 분류를 다시 판단한다.

(2) 리스개시일(개시일)

리스제공자가 리스이용자에게 기초자산을 사용할 수 있게 하는 날을 말한다. 리스개시일은 리스의 최초인식일(즉, 리스에 따른 자산, 부채, 수익 및 비용을 적절하게 인식하는 날)이 된다.

리스약정일과 리스개시일

구 분	회계처리 적용
리스약정일	리스약정일을 기준으로 운용리스와 금융리스 분류
리스개시일	리스에 따른 자산, 부채, 수익, 비용을 최초로 인식하는 날

(3) 리스기간

리스기간이란 리스이용자가 기초자산 사용권을 갖는 해지불능기간을 말한다. 리스기간에는 리스이용자가 리스 연장선택권을 행사할 것이 상당히 확실한 경우에 그 선택권의 대상 기간과 리스이용자가 리스 종료선택권을 행사하지 않을 것이 상당히 확실한 경우에 그 선택권의 대상 기간 당해 추가기간을 포함한다.

(4) 리스료

기초자산 사용권과 관련하여 리스기간에 리스이용자가 리스제공자에게 지급하는 금액으로 다음 항목으로 구성된다.

> 리스료 = 고정리스료+변동리스료 + 매수선택권의 행사가격 + 종료선택권
> + 잔존가치 보증에 따라 지급이 예상되는 금액

① 고정리스료(실질적인 고정리스료를 포함하고, 리스 인센티브는 차감): 리스기간의 기초자산 사용권에 대하여 리스이용자가 리스제공자에게 지급하는 금액에서 변동리스료를 뺀 금액
② 지수나 요율(이율)에 따라 달라지는 변동리스료: 리스기간에 기초자산의 사용권에 대하여 리스이용자가 리스제공자에게 지급하는 리스료의 일부로서 시간의 경과가 아닌 리스개시일 후 사실이나 상황의 변화 때문에 달라지는 부분
③ 리스이용자가 매수선택권을 행사할 것이 상당히 확실한 경우에 그 매수선택권의 행사가격
④ 리스기간이 리스이용자의 종료선택권 행사를 반영하는 경우에, 그 리스를 종료하기 위하여 부담하는 금액

리스이용자의 경우에 리스료는 잔존가치보증에 따라 리스이용자가 지급할 것으로 예상되는 금액도 포함한다. 리스제공자의 경우에 리스료는 잔존가치보증에 따라 리스이용자, 리스이용자의 특수관계자, 리스제공자와 특수 관계에 있지 않고 보증의무를 이행할 재무적 능력이 있는 제3자가 리스제공자에게 제공하는 잔존가치보증을 포함한다.

(5) 잔존가치보증

리스제공자와 특수 관계에 있지 않은 당사자가 리스제공자에게 제공한, 리스종료일의 기초자산 가치(또는 가치의 일부)가 적어도 특정 금액이 될 것이라는 보증을 말한다.

(6) 무보증잔존가치

리스제공자가 실현할 수 있을지 확실하지 않거나 리스제공자의 특수관계자만이 보증한, 기초자산의 잔존가치 부분을 말한다.

(7) 리스총투자, 리스순투자 및 미실현 금융수익

리스총투자는 금융리스에서 리스제공자가 받게 될 리스료와 무보증잔존가치의 합계액을 말하며, 리스순투자는 리스총투자를 리스의 내재이자율로 할인한 금액을 말한다. 또한 미실현 금융수익은 리스총투자와 리스순투자의 차이를 말한다.

- 리스총투자 = 리스료 + 무보증잔존가치
- 리스순투자 = 리스총투자를 리스의 내재이자율로 할인한 현재가치
        = 리스료의 현재가치 + 무보증잔존가치의 현재가치
- 미실현 금융수익 = 리스총투자 − 리스순투자

(8) 내재이자율

내재이자율이라 함은 리스료 및 무보증잔존가치의 현재가치 합계액을, 기초자산의 공정가치와 리스제공자의 리스개설직접원가의 합계액과 동일하게 하는 할인율을 말한다. 이는 리스제공자 입장에서 리스투자에 대한 수익률과 동일한 개념이다.

기초자산의 공정가치 + 리스개설직접원가 = (리스료 + 무보증잔존가치)의 현재가치[*]

* 리스제공자의 내재이자율로 할인함.

(9) 리스개설직접원가

리스개설직접원가란 리스를 체결하지 않았더라면 부담하지 않았을 리스체결의 증분원가를 말한다. 다만, 금융리스와 관련하여 제조자나 판매자인 리스제공자가 부담하는 원가는 제외한다.

(10) 증분차입이자율

리스이용자의 증분차입이자율은 리스이용자가 비슷한 경제적 환경에서 비슷한 기간에 걸쳐 비슷한 담보로 사용권자산과 가치가 비슷한 자산 획득에 필요한 자금을 차입한다면 지급해야 하는 이자율을 말한다.

리스제공자 입장에서 리스료와 무보증잔존가치의 합계액은 미래 현금수취예상액이고 이를 현재 시점에서 평가하기 위하여 내재이자율을 사용한다. 리스이용자의 경우에도 리스거래를 리스제공자와 동일한 방법으로 회계처리하기 위해서는 리스제공자의 내재이자율을 알아야 하나 쉽게 산정할 수 없는 경우 리스이용자의 증분차입이자율을 사용한다.

(11) 선택권 리스료

리스를 연장하거나 종료하는 선택권의 대상 기간(리스기간에 포함되는 기간은 제외)에 기초자산 사용권에 대하여 리스이용자가 리스제공자에게 지급하는 리스료를 말한다.

(12) 리스 인센티브

리스와 관련하여 리스제공자가 리스이용자에게 지급하는 금액이나 리스이용자의 원가를 리스제공자가 보상하거나 부담하는 금액을 말한다.

(13) 단기리스

단기리스는 리스 개시일에, 리스기간이 12개월 이하인 리스를 말하며, 매수선택권이 있는 리스는 단기리스에 해당하지 않는다.

Ⅱ 리스이용자의 회계처리

1 사용권자산 및 리스부채의 인식

리스이용자는 리스개시일에 사용권자산과 리스부채를 인식한다.

(1) 리스부채의 최초 측정

리스이용자는 리스개시일에 그날 현재 지급되지 않은 리스료의 현재가치로 리스부채를 측정한다. 리스개시일에 리스부채의 측정치에 포함되는 리스료는 리스기간에 걸쳐 기초자산을 사용하는 권리에 대한 지급액 중 그날 현재 지급되지 않은 다음 금액으로 구성된다.

> ① 고정리스료(실질적인 고정리스료를 포함하고, 받을 리스 인센티브는 차감)
> ② 지수나 요율(이율)에 따라 달라지는 변동리스료
> ③ 잔존가치보증에 따라 리스이용자가 지급할 것으로 예상되는 금액
> ④ 리스이용자가 매수선택권을 행사할 것이 상당히 확실한 경우에 그 매수선택권의 행사가격
> ⑤ 리스기간이 리스이용자의 종료선택권 행사를 반영하는 경우에 그 리스를 종료하기 위하여 부담하는 금액

리스부채 계산시 리스료의 현재가치를 계산할 때 적용해야 할 할인율은 리스제공자의 내재이자율이며, 만약 이를 쉽게 산정할 수 없다면, 리스이용자의 증분차입이자율을 사용한다.

(2) 사용권자산의 최초 측정

리스이용자는 리스개시일에 사용권자산을 원가로 측정한다. 사용권자산의 원가는 다음 항목으로 구성된다.

> ① 리스부채의 최초 측정금액
> ② 리스개시일이나 그 전에 지급한 리스료(받은 리스 인센티브는 차감)
> ③ 리스이용자가 부담하는 리스개설직접원가
> ④ 리스 조건에서 요구하는 대로 기초자산을 해체하고 제거하거나, 기초자산이 위치한 부지를 복구하거나, 기초자산 자체를 복구할 때 리스이용자가 부담하는 원가의 추정치

리스부채는 사용권자산에서 차감하는 형식으로 표시하지 않는다. 재무상태표에서 부채를 유동과 비유동으로 구분하여 표시하고 있다면 리스부채도 동일하게 구분하여 표시하며, 사용권자산과 리스부채는 다른 자산과 부채와 구분하여 표시하거나 공시한다.

리스개시의 회계처리

구분	리스이용자의 회계처리			
리스개설 직접원가발생	(차) 리스개설직접원가	×××	(대) 현금, 미지급금	×××
리스기간 개시일	(차) 사용권자산	×××	(대) 리스부채	×××
			리스개설직접원가	×××
			선급리스료	×××
			복구충당부채	×××

리스부채 = 리스료를 내재이자율로 할인한 현재가치*

 * 내재이자율을 쉽게 산정할 수 없다면 리스이용자의 증분차입이자율로 할인함.

리스자산 = 리스부채 최초 측정금액 + 리스개시일 전에 지급한 리스료
 + 리스이용자의 리스개설직접원가 + 복구원가 추정치

2 수익과 비용 인식

(1) 금융원가, 리스부채의 안분

리스이용자가 매기 지급하는 리스료를 금융원가와 리스부채의 상환액으로 나눈다. 금융원가는 매기 부채의 잔액에 대하여 일정한 기간이자율이 산출되도록 리스기간의 각 회계기간에 배분한다.

(2) 감가상각비

감가상각대상인 사용권자산의 감가상각정책은 리스이용자가 소유한 다른 감가상각대상자산의 감가상각정책과 일관되어야 한다. 만약 리스이용자가 리스기간 종료시점까지 자산의 소유권을 획득할 것이 확실하지 않다면 리스기간과 자산의 내용연수 중 짧은 기간에 걸쳐 감가상각한다.

① 소유권 이전: 사용권자산 감가상각비 = (사용권자산 취득원가 − 잔존가치) ÷ 내용연수
② 반환조건: 사용권자산 감가상각비 = 사용권자산 취득원가 ÷ 상각기간*

* 자산의 내용연수와 리스기간 중 짧은 기간

(3) 손상여부

사용권자산의 손상여부는 한국채택국제회계기준 제1036호 '자산손상'에 따라 손상여부를 검토한다.

구분	(금융리스) 리스제공자		리스이용자
금융수익 및 금융원가	이자수익 ←	일치하지 않음 →	이자비용
사용권자산 감가상각비			감가상각비

리스기간과 경제적 내용연수 중 짧은 기간에 걸쳐 감가상각

후속측정기간의 회계처리

구분	리스이용자의 회계처리
수익·비용 인식	(차) 이자비용　　×××　　(대) 현금　　××× 　　　리스부채　　×××
감가상각비 인식	(차) 감가상각비　　×××　　(대) 감가상각누계액　×××
리스자산의 손상시	(차) 사용권자산손상차손　　×××　　(대) 손상차손누계액　×××

예제

(주)삼일리스는 (주)용산과 기계장치에 대해서 금융리스계약을 체결하였다. 관련 자료는 다음과 같다.

1. 리스료 총액 : 1,500,000원(매 300,000원씩 5회 후불지급)
2. 리스자산 취득가액(리스약정일인 20X2년 1월 1일 현재 공정가치와 일치함)
   : 1,137,237원(내용연수 10년, 잔존가치 0원)
3. 리스이자율 : 연 10%
4. 리스기간 : 5년

리스이용자의 20X2. 1. 1과 12. 31의 회계처리를 하시오.

풀 이

〈이자 및 원금상환표〉

(단위 : 원)

구분	리스료	리스이자	원금상환액	리스채권, 채무
20X2. 1. 1				1,137,237원
20X2.12.31	300,000원	113,723원*¹	186,277원*²	950,960원*³
20X3.12.31	300,000원	95,096원	204,904원	746,056원
20X4.12.31	300,000원	74,605원	225,395원	520,661원
20X5.12.31	300,000원	52,066원	247,934원	272,727원
20X6.12.31	300,000원	27,273원	272,727원	0원
계	1,500,000원	362,763원	1,137,237원	

*¹ 1,137,237×10%=113,723원
*² 300,000−113,723=186,277원
*³ 1,137,237−186,277=950,960원

    1) 20X2. 1. 1 리스개시일

      (차) 사용권자산   1,137,237   (대) 리스부채   1,137,237

    2) 20X2. 12. 31 리스료 지급시

      (차) 리스부채   186,277   (대) 현금   300,000

          이자비용   113,723

    3) 감가상각

      (차) 감가상각비   227,447*   (대) 감가상각누계액   227,447

    * 1,137,237원 ÷ 5년=227,447원

(4) 리스기간 완료시 회계처리

리스이용자는 리스기간이 종료하면 리스자산을 리스제공자에게 돌려줄 것이다. 이때 리스이용자 등이 리스기간 종료시 리스자산의 잔존가치 중 일부 또는 전부를 보증한 경우 그 금액과 반환할 실제 리스자산의 잔존가치와의 차액을 현금으로 보증할 채무가 발생하게 된다. 만일 실제 잔존가치(공정가치)가 보증잔존가치보다 크다면 리스이용자는 리스제공자에게 지급할 금액이 없을 것이다. 그러나 리스자산의 실제 잔존가치(공정가치)가 보증잔존가치보다 낮으면 리스이용자는 리스제공자에게 리스자산을 반환하는 동시에 차액을 현금으로 지불하여야 한다.

완료시점에 리스부채의 잔액은 잔존가치 보증에 따라 지급할 것으로 예상한 금액만이 남게 되며, 만일 현금으로 보상할 실제 금액이 잔존가치 보증에 따라 지급할 것으로 예상한 금액 보다 크게 발생하면 이 금액만큼을 리스자산보증손실로 처리한다.

이 경우 리스이용자의 회계처리는 다음과 같다.

구분	리스이용자의 회계처리			
리스기간 완료시	(차) 리스부채	×××	(대) 사용권자산	×××
	감가상각누계액	×××	현금*1	×××
	리스자산보증손실	×××		

*1 (보증잔존가치−반환시 리스자산 공정가치)만큼 인식한다.

3 인식면제

리스이용자는 다음 리스를 사용권자산과 리스부채를 인식하지 않기로 선택할 수 있다.

① 단기리스
② 소액 기초자산 리스

단기리스나 소액 기초자산 리스에 대해 사용권자산과 리스부채를 인식하지 않기로 선택한 경우에 리스이용자는 해당 리스에 관련되는 리스료를 리스기간에 걸쳐 정액 기준이나 다른 체계적인 기준에 따라 비용으로 인식한다. 다른 체계적인 기준이 리스이용자의 효익의 형태를 더 잘 나타내는 경우에는 그 기준을 적용한다.

III 리스제공자의 회계처리

1 리스의 분류기준

리스제공자는 각 리스를 운용리스 아니면 금융리스로 분류한다. 즉, 리스는 기초자산의 소유에 따른 위험과 보상이 누구에게 귀속되느냐에 의하여 금융리스와 운용리스로 분류된다. 따라서 어느 경우에 소유에 따른 위험과 보상1)이 이전된 것으로 볼 것이냐에 대한 판단기준이 필요하다.

---

1) 위험은 유휴 생산능력이나 기술적 진부화로 생기는 손실 가능성과 경제적 상황의 변화로 생기는 수익의 변동성을 포함하며, 기초자산의 경제적 내용연수에 걸친 수익성 있는 운영과 가치의 상승이나 잔존가치 실현에서 생기는 차익에 대한 예상으로 나타날 수 있다.

리스의 분류

리스가 금융리스인지 운용리스인지는 계약의 형식보다는 거래의 실질에 달려 있다. 리스가 일반적으로 금융리스로 분류되는 상황(개별적으로나 결합되어)의 예는 다음과 같다.

① 소유권이전약정기준: 리스기간 종료시점 이전에 기초자산의 소유권이 리스이용자에게 이전되는 리스

② 염가매수선택권 약정기준: 리스이용자가 선택권을 행사할 수 있는 날의 공정가치보다 충분히 낮을 것으로 예상되는 가격으로 기초자산을 매수할 수 있는 선택권을 가지고 있고, 그 선택권을 행사할 것이 리스약정일 현재 상당히 확실한 경우

③ 리스기간기준: 기초자산의 소유권이 이전되지는 않더라도 리스기간이 기초자산의 경제적 내용연수의 상당 부분을 차지하는 경우

④ 공정가치회수기준: 리스약정일 현재, 리스료의 현재가치가 적어도 기초자산 공정가치의 대부분에 해당하는 경우

⑤ 범용성 없는 자산: 기초자산이 특수하여 해당 리스이용자만이 주요한 변경 없이 사용할 수 있는 경우

한편, 리스가 금융리스로 분류될 수 있는 상황의 지표(개별적으로나 결합되어)는 다음과 같다.

① 리스이용자가 리스를 해지할 수 있는 경우에 리스이용자가 해지에 관련되는 리스제공자의 손실을 부담하는 경우

② 잔존자산의 공정가치 변동에서 생기는 손익이 리스이용자에게 귀속되는 경우(예를 들어, 리스종료시점에 매각대가의 대부분에 해당하는 금액이 리스료 환급의 형태로 리스이용자에게 귀속되는 경우)

③ 리스이용자가 시장리스료보다 현저하게 낮은 리스료로 다음 리스기간에 리스를 계속할 능력이 있는 경우

여기에서 주의할 점은 앞에서 열거한 경우에 해당할 때에도 항상 금융리스로 분류하는 것은 아니다. 계약의 다른 속성들을 고려할 때 리스자산의 소유에 따른 위험과 보상의 대부분을 이전하지 않는다는 사실이 분명하다면 그 리스는 운용리스로 분류한다. 예를 들어, 리스기간 종료시점에 기초자산의 소유권을 그 시점의 공정가치에 해당하는 변동지급액으로 이전하거나, 변동리스료가 있고 그 결과로 리스제공자가 기초자산의 소유에 따른 위험과 보상의 대부분을 이전하지 않는 경우가 있다.

2 운용리스의 회계처리

(1) 운용리스자산의 취득 및 리스개시

운용리스는 기초자산의 소유에 따른 위험과 보상의 대부분을 이전하지 않는 리스를 말한다. 실질적인 임대차거래와 유사한 리스로 운용리스는 리스기간이 비교적 짧고 합의된 기간 전에 예고에 의한 중도해지가 인정되고 있다. 리스물건의 보수·관리 등은 원칙적으로 리스제공자가 부담하며 금융적 성격보다는 서비스의 제공이라는 측면이 강하다.

리스제공자의 운용리스자산 취득 및 리스개시에 대한 회계처리

구분	리스제공자의 회계처리				
리스개설 직접원가 발생	(차) 리스개설직접원가	×××	(대) 현금		×××
리스자산 취득	(차) 선급리스자산	×××	(대) 현금, 미지급금		×××
리스기간 개시일	(차) 운용리스자산	×××	(대) 선급리스자산		×××
			리스개설직접원가		×××

운용리스의 협상 및 계약단계에서 발생한 리스개설직접원가는 운용리스자산의 장부금액에 추가하고 리스료수익에 대응하여 리스기간 동안 비용으로 인식한다.

(2) 수익과 비용의 인식

1) 수익의 인식

운용리스에서 리스료수익은 리스자산의 사용효익이 감소하는 기간적 형태를 잘 나타내는 다른 체계적인 인식기준이 없다면, 비록 리스료가 매기 정액으로 수취되지 않더라도 리스료수익(보험료나 수선비와 같은 용역제공에 대한 대가 수령액은 제외)은 리스기간에 걸쳐 정액기준으로 인식한다.

2) 비용의 인식

① 감가상각비

리스료수익의 획득과정에서 발생하는 감가상각비를 포함한 원가는 비용으로 인식한다. 또한 운용리스자산의 감가상각정책은 리스제공자가 소유한 다른 유사자산의 일반 감가상각정책과 일관되어야 한다.

② 손상여부

운용리스자산의 손상여부는 한국채택국제회계기준서의 제1036호 '자산손상'에 따라 손상여부를 검토한다.

예제

1. 리스기간 : 20X1. 4. 1 ～ 20X5. 3. 31
2. 결산일 : 매년 12. 31
3. 리스료지급 : 매년 4. 1 선급, 1～3회 각 200,000원 / 4회 100,000원
운용리스인 경우 리스제공자의 20X1년 및 20X2년 회계처리를 하시오.

풀이

- 매기 리스료 $= \dfrac{\text{총리스료}}{\text{리스기간}}$

  $= \dfrac{200,000원 \times 3회 + 100,000원}{4년}$

  $= 175,000원$

- 20X1년 리스료 $= 175,000원 \times \dfrac{9}{12} = 131,250원$

- 20X2년 리스료 $= 175,000원$

① 20X1. 4. 1

| (차) 현금 | 200,000 | (대) 수입리스료 | 200,000 |

② 20X1. 12. 31

| (차) 수입리스료 | 68,750 | (대) 선수리스료 | 68,750 |

③ 20X2. 1. 1

(차) 선수리스료	68,750	(대) 수입리스료	68,750

④ 20X2. 4. 1

(차) 현금	200,000	(대) 수입리스료	200,000

⑤ 20X2. 12. 31

(차) 수입리스료	93,750	(대) 선수리스료	93,750*

* 68,750+200,000-175,000=93,750원

3 금융리스의 회계처리

(1) 금융리스자산의 취득 및 리스개시

리스거래가 금융리스로 분류될 경우 리스제공자는 리스개시일에 금융리스에 따라 보유하는 자산을 재무상태표에 인식하고 그 자산을 리스 순투자와 동일한 금액의 수취채권으로 표시한다.

리스제공자 입장에서는 당해 리스거래와 관련하여 예상되는 현금유입금액은 리스료뿐만 아니라 무보증잔존가치도 포함하여야 한다. 왜냐하면, 리스이용자가 보증을 하지 않는 무보증잔존가치가 존재한다고 해서 리스기간 종료시 리스자산의 잔존가치가 감소하는 것은 아니기 때문이다. 따라서 리스채권으로 인식할 금액은 금융리스의 리스 순투자와 동일한 금액으로 리스료의 현재가치와 무보증잔존가치의 현재가치 합계이며, 이는 기초자산의 공정가치(취득원가)에 리스개설직접원가를 가산한 금액과 동일하다.

리스채권 = 리스순투자 = 기초자산의 공정가치+리스개설직접원가
= (리스료+무보증잔존가치)를 내재이자율로 할인한 현재가치

여기서 리스개설직접원가는 리스를 체결하지 않았더라면 부담하지 않았을 리스 체결의 증분원가를 말한다.

제조자도 판매자도 아닌 리스제공자의 금융리스의 경우, 리스개설직접원가는 리스채권의 최초인식액에 포함되고 리스기간에 인식되는 수익을 감소시킨다. 내재이자율의 정의에 따라 리스개설직접원가가 자동적으로 리스채권액에 포함되므로 별도로 계산하여 가산할 필요가 없다. 제조자나 판매자인 리스제공자에 의해 리스의 협상 및 계약단계에서 리스와 관련하여 발생한 원가는 리스개설직접원가의 정의에서 제외한다. 따라서 당해 원가는 리스순투자에서 제외하고 매출이익이 인식될 때 비용으로 인식하는데, 금융리스에서는 일반적으로 리스기간개시일에 인식한다.

금융리스자산의 취득 및 리스개시의 회계처리

구분	리스제공자의 회계처리			
리스개설 직접원가발생	(차) 리스개설직접원가	×××	(대) 현금, 미지급금	×××
리스자산취득	(차) 선급리스자산	×××	(대) 현금, 미지급금	×××
리스기간 개시일	(차) 리스채권	×××	(대) 선급리스자산 리스개설직접원가	××× ×××

(2) 수익과 비용 인식

1) 채권의 원금회수와 이자수익의 인식

금융리스에서는 기초자산의 법적소유에 따른 위험과 보상의 대부분이 이전되므로, 리스료는 리스채권의 원금회수액과 이자수익으로 구분하여 회계처리한다. 이때 이자수익은 리스제공자의 금융리스 순투자 금액에 대하여 일정한 기간수익률을 반영하는 방식을 적용하여 인식하며, 리스제공자의 내재이자율을 적용한다.

2) 금융리스채권의 손상차손

리스제공자는 리스총투자를 계산할 때 사용한 무보증잔존가치를 정기적으로 검토한다. 추정무보증잔존가치가 줄어든 경우에 리스제공자는 리스기간에 걸쳐 수익배분을 조정하고, 리스채권의 장부금액은 감소시키고, 그 감소액은 즉시 당기비용으로 인식한다.

금융리스의 후속측정기간의 회계처리

구분	리스제공자의 회계처리			
수익·비용 인식	(차) 현금	×××	(대) 이자수익 리스채권	××× ×××
리스채권의 손상시	(차) 리스채권손상차손	×××	(대) 리스채권	×××

금융리스의 회계처리-후급인 경우

(주)삼일리스는 (주)용산과 기계장치에 대해서 금융리스계약을 체결하였다. 관련 자료는 다음과 같다.

1. 리스료 총액 : 1,500,000원(매 300,000원씩 5회 후불지급)

2. 리스자산 취득가액(리스약정일인 20X2년 1월 1일 현재 공정가치와 일치함)
   : 1,137,237원(내용연수 10년, 잔존가치 0원)
3. 리스이자율 : 연 10%
4. 리스기간 : 5년

리스회사의 20X2. 1. 1과 12. 31의 회계처리를 하시오.

〈이자 및 원금상환표〉

(단위 : 원)

구분	리스료	리스이자	원금상환액	리스채권, 채무
20X2. 1. 1				1,137,237원
20X2.12.31	300,000원	113,723원[*1]	186,277원[*2]	950,960원[*3]
20X3.12.31	300,000원	95,096원	204,904원	746,056원
20X4.12.31	300,000원	74,605원	225,395원	520,661원
20X5.12.31	300,000원	52,066원	247,934원	272,727원
20X6.12.31	300,000원	27,273원	272,727원	0원
계	1,500,000원	362,763원	1,137,237원	

[*1] 1,137,237×10%=113,723원
[*2] 300,000-113,723=186,277원
[*3] 1,137,237-186,277=950,960원

  1) 리스자산 취득시

    (차) 선급리스자산   1,137,237   (대) 현금   1,137,237

  2) 20X2. 1. 1 리스개시일

    (차) 리스채권   1,137,237   (대) 선급리스자산   1,137,237

  3) 20X2. 12. 31 리스료 수취시

    (차) 현금   300,000   (대) 리스채권   186,277
                                      이자수익   113,723

예제

금융리스의 회계처리-선급인 경우

1. 리스기간 20X1. 1. 1 ～ 20X3. 12. 31, 매기초 100,000원 선급
2. 취소불능리스계약, 3년 후 6,000원에 자산을 구입할 수 있는 염가구매선택권(리스이용자가 선택권을 행사할 수 있는 시점의 공정가치보다 충분하게 낮을 것으로 예상되는 가격으로 리스자산을 매수할 수 있는 선택권) 행사할 가능성이 확실함.
3. 자산의 내용연수 6년, 정액법으로 상각, 리스제공자 기대수익률 10%
4. 리스자산의 공정가치는 리스료의 현재가치와 동일하다.

리스회사와 리스이용자의 매기 1. 1과 12. 31의 회계처리를 하시오.

풀이

(1) 리스의 분류 : 당 계약은 리스이용자가 선택권을 행사할 수 있는 날의 공정가치보다 충분히 낮을 것으로 예상되는 가격으로 기초자산을 매수할 수 있는 선택권을 가지고 있고, 선택권을 행사할 것이 리스약정일 현재 상당히 확실하므로 금융리스이다.

(2) 리스채권 및 리스부채의 금액확정
 1) 미래현금흐름

구분	20X1. 1. 1	20X2. 1. 1	20X3. 1. 1	20X3. 12. 31
고정리스료	100,000원	100,000원	100,000원	−
염가매수선택권	−	−	−	6,000원

 2) 현재가치의 계산 : 100,000+100,000×연금의 현재가치(2년, 10%)+6,000×1원의 현재가치(3년, 10%)=278,062원

〈이자 및 원금상환표〉

(단위 : 원)

구분	고정리스료	리스이자	원금상환액	리스채권, 채무
20X1. 1. 1	100,000원	−	100,000원	178,062원
20X1. 12. 31	−	17,806원	−	195,868원
20X2. 1. 1	100,000원	−	100,000원	95,868원
20X2. 12. 31	−	9,586원	−	105,454원
20X3. 1. 1	100,000원	−	100,000원	5,454원
20X3. 12. 31	−	546원	−	6,000원

(3) 회계처리

일자	리스제공자	리스이용자
20X1. 1. 1	(차) 리스채권　　　278,062 　　(대) 선급리스자산　　　278,062	(차) 사용권자산　278,062*1 　　(대) 리스부채　　　　278,062
	(차) 현금　　　　　100,000 　　(대) 리스채권　　　　100,000	(차) 리스부채　　　100,000 　　(대) 현금　　　　　100,000
20X1. 12. 31	(차) 미수수익　　　　17,806 　　(대) 이자수익　　　　　17,806	(차) 이자비용　　　　17,806*2 　　(대) 미지급이자　　　　17,806
	－	(차) 감가상각비　　　46,344*3 　　(대) 감가상각누계액　　46,344
20X2. 1. 1	(차) 현금　　　　　100,000 　　(대) 미수수익　　　　　17,806 　　　　리스채권　　　　82,194	(차) 미지급이자　　　17,806 　　　리스부채　　　82,194 　　(대) 현금　　　　　100,000
20X2. 12. 31	(차) 미수수익　　　　9,586*4 　　(대) 이자수익　　　　　9,586	(차) 이자비용　　　　9,586 　　(대) 미지급이자　　　　9,586 (차) 감가상각비　　　46,344 　　(대) 감가상각누계액　　46,344
20X3. 1. 1	(차) 현금　　　　　100,000 　　(대) 미수수익　　　　　9,586 　　　　리스채권　　　　90,414	(차) 미지급이자　　　9,586 　　　리스부채　　　90,414 　　(대) 현금　　　　　100,000
20X3. 12. 31	(차) 미수수익　　　　　546*5 　　(대) 이자수익　　　　　　546	(차) 이자비용　　　　　546 　　(대) 미지급이자　　　　　546 (차) 감가상각비　　　46,344 　　(대) 감가상각누계액　　46,344
20X3. 12. 31 염가매수 선택권 행사	(차) 현금　　　　　　6,000 　　(대) 미수수익　　　　　　546 　　　　리스채권　　　　5,454	(차) 미지급이자　　　　546 　　　리스부채　　　5,454 　　(대) 현금　　　　　　6,000

*1 100,000×2.73554+6,000×0.75131　　　　= 278,062원
*2 (278,062−100,000)×10%　　　　　　　　= 17,806원
*3 278,062÷6년　　　　　　　　　　　　　= 46,344원
*4 (278,062−100,000−82,194)×10%　　　　= 9,586원
*5 (278,062−100,000−82,194−90,414)×10% = 　546원

Ⅳ 공시사항

리스와 관련하여 리스제공자와 리스이용자가 공시할 사항은 다음과 같다.

(1) 리스제공자

1) 운용리스

① 리스수익
② 지수나 요율(이율)에 따라 달라지지 않는 변동리스료 관련 수익

2) 금융리스

① 매출손익
② 리스순투자의 금융수익
③ 리스순투자 측정치에 포함되지 않은 변동리스료에 관련되는 수익

(2) 리스이용자

① 기초자산 유형별 사용권자산의 감가상각비
② 리스부채에 대한 이자비용
③ 금융리스로 회계처리 하지 않는 단기리스인 경우 단기리스에 관련되는 비용
④ 금융리스로 회계처리 하지 않는 소액 기초자산 리스인 경우 소액자산 리스에 관련되는 비용
⑤ 리스부채 측정치에 포함되지 않은 변동리스료에 관련되는 비용
⑥ 사용권자산의 전대리스에서 생기는 수익
⑦ 리스의 총 현금유출
⑧ 사용권자산의 추가
⑨ 판매후리스 거래에서 생기는 모든 차손익
⑩ 보고기간 말 현재 기초자산 유형별 사용권자산의 장부금액

01 다음 중 리스료에 포함되는 항목으로 가장 올바르지 않은 것은?

① 리스기간 종료시점의 잔존가치 중 보증되지 않은 금액
② 지수나 요율(이율)에 따라 달라지는 변동리스료
③ 리스이용자가 매수선택권을 행사할 것이 상당히 확실한 경우에 그 매수선택권의 행사가격
④ 고정리스료

02 다음 중 ( ) 안에 들어갈 단어로 가장 옳은 것은?

> ( )은 이라 함은 리스료 및 무보증잔존가치의 현재가치 합계액을, 기초자산의 공정가치와 리스제공자의 리스개설직접원가의 합계액과 동일하게 하는 할인율을 말한다.

① 내재이자율   ② 증분차입이자율
③ 증분리스이자율   ④ 우량회사채이자율

03 일반적으로 금융리스로 분류하는 사례로 가장 옳지 않은 것은?

① 리스기간 종료시점 이전에 기초자산의 소유권이 리스이용자에게 이전되는 리스
② 리스이용자가 선택권을 행사할 수 있는 날의 공정가치보다 충분히 낮을 것으로 예상되는 가격으로 기초자산을 매수할 수 있는 선택권을 가지고 있고, 그 선택권을 행사할 것이 리스약정일 현재 상당히 확실한 경우
③ 기초자산의 소유권이 이전되지는 않더라도 리스기간이 기초자산의 경제적 내용연수의 상당 부분을 차지하는 경우
④ 계약의 다른 속성들을 고려할 때 기초자산의 소유에 따른 위험과 보상의 대부분을 이전하지 않는다는 사실이 분명한 경우

04 리스에 관한 다음 기술 중 옳지 않은 것은?

① 단기리스와 소액 기초자산 리스는 리스이용자가 사용권자산과 리스부채를 인식하지 않을
수 있다.

② 금융리스에서 리스제공자가 리스채권으로 인식할 금액은 리스료의 현재가치와 무보증잔
존가치의 현재가치를 합한 금액이다.

③ 리스총투자는 금융리스에서 리스제공자가 수령하는 리스료와 무보증잔존가치의 합계액
을 말한다.

④ 리스는 리스개시일을 기준으로 운용리스나 금융리스로 분류한다.

05 다음 중 리스에 관한 설명으로 가장 옳은 것은?

① 기초자산이 특수하여 해당 리스이용자만이 주요한 변경 없이 사용할 수 있는 경우 운용
리스로 분류한다.

② 리스이용자는 반드시 사용권자산과 리스부채를 인식하여야 한다.

③ 운용리스의 경우 리스제공자는 운용리스자산과 관련된 감가상각비를 계상한다.

④ 리스약정일 현재 리스료의 현재가치가 기초자산 공정가치에 현저히 미달하는 경우에 반
드시 금융리스로 분류한다.

06 다음은 리스와 관련된 용어에 대한 설명이다. 가장 올바르지 않은 것은?

① 리스총투자는 금융리스에서 리스제공자가 받게 될 리스료와 무보증잔존가치의 합계액을
말한다.

② 리스순투자는 리스총투자를 리스의 내재이자율로 할인한 금액을 말하며, 리스개시일 현
재 기초자산의 공정가치와 리스제공자가 지출한 리스개설직접원가로 구성된다.

③ 내재이자율은 리스제공자의 목표수익률을 의미하며, 내재이자율 산정 시에는 리스료만
을 고려하고 무보증잔존가치는 제외한다.

④ 변동리스료는 리스기간 중에 기초자산의 사용권에 대하여 리스이용자가 리스제공자에게
지급하는 리스료의 일부로서 시간의 경과가 아닌 리스개시일 후 사실이나 상황의 변
화 때문에 달라지는 부분을 말한다.

07 (주)삼일은 20X1년 1월 1일 (주)용산리스로부터 기계장치를 3년간 리스하기로 하고, 매년 말 고정리스료로 1,000,000원씩 지급하기로 하였다. 리스계약을 체결하는 과정에서 (주)삼일은 100,000원의 리스개설직접원가를 지출하였고, (주)용산리스는 50,000원의 리스개설직접원가를 지출하였다. 동 기계장치는 원가모형을 적용하고 내용연수는 5년이며 정액법으로 감가상각한다. 리스기간 종료시 동 기계장치는 (주)용산리스에 반환하는 조건이다. 리스개시일 현재 (주)용산리스의 내재이자율은 알 수 없으며, (주)삼일의 증분차입이자율은 10 % 이다. (주)삼일이 리스개시일에 인식할 사용권자산은 얼마인가?

기간	단일금액 1원의 현재가치 (할인율 10 %)	정상연금 1원의 현재가치 (할인율 10 %)
3년	0.7513	2.4869

① 2,486,900원 ② 2,536,900원
③ 2,586,900원 ④ 2,636,900원

08 (주)삼일리스는 20X1년 1월 1일(리스약정일)에 (주)대구(리스이용자)와 기계장치에 대한 금융리스계약을 체결하였으며, 관련자료는 다음과 같다. 이러한 리스거래로 인하여 리스이용자인 (주)대구가 20X1년에 인식할 이자비용과 감가상각비의 합계액은 얼마인가?(단, 계산금액은 소수점 첫째자리에서 반올림함을 원칙으로 하고, 가장 근사치를 답으로 선택한다)

> ㄱ. 리스기간: 3년(리스기간 종료시 (주)대구는 소유권을 이전 받음)
> ㄴ. 리스료 총액: 300,000원(매 100,000원씩 매년 말 3회 후불)
> ㄷ. 리스자산의 취득원가: 240,183원(리스약정일의 공정가치와 동일)
> ㄹ. 리스자산의 내용연수와 잔존가치: 내용연수 5년, 잔존가치 40,183원
> ㅁ. 리스의 내재이자율: 연 12%
> ㅂ. 이자율 12%, 3년 연금현가계수: 2.40183
>   이자율 12%, 3년 현가계수: 0.71178

① 24,018원 ② 28,822원
③ 40,000원 ④ 68,822원

09 리스이용자인 (주)부산은 20X1년 1월 1일에 리스회사와 리스기간 3년의 차량운용리스계약을 체결하였다. 리스계약서상 리스료의 지급기일은 다음과 같다. 리스이용자인 (주)부산은 차량운용리스계약이 소액 기초자산 리스에 해당하여 사용권자산과 리스부채를 인식하지 않기로 선택하였다. (주)부산이 20X1년에 인식해야 할 리스료는 얼마인가?

지급기일	리스료
20X1년 12월 31일	1,500,000원
20X2년 12월 31일	2,000,000원
20X3년 12월 31일	2,500,000원

① 1,500,000원   ② 2,000,000원

③ 2,500,000원   ④ 6,000,000원

10 삼일리스는 20X1. 1. 1에 매기말 15,000원 지급조건의 금융리스계약을 체결하고 4년간의 리스기간종료후 소유권을 (주)용산에 이전하기로 하였다. 리스약정일 현재의 리스료의 현가는 40,000원이고, 리스자산의 내용연수 5년, 잔존가치 0, 감가상각방법은 정액법이다. (주)용산이 사용권자산에 대하여 20X1년에 인식할 감가상각비는 얼마인가?

① 0원   ② 10,000원

③ 8,000원   ④ 12,000원

11 삼일리스는 20X1년 1월 1일 (주)용산과 금융리스계약을 체결하였다. 20X1년 (주)용산의 사용권자산에 대한 감가상각비(정액법 적용)는 얼마인가?(단, 소수 첫째 자리에서 반올림한다)

> ㄱ. 리스기간: 20X1년 1월 1일 ~ 20X9년 12월 31일
> ㄴ. 리스자산 내용연수: 10년
> ㄷ. 리스자산 잔존가치: 0(영)
> ㄹ. 리스료 지급방법: 매년 초 15,000원
> ㅁ. 리스실행일 현재 리스료의 현재가치: 120,000원
> ㅂ. 리스실행일 현재 공정가치: 120,000원
> ㅅ. 리스기간 종료 후 소유권을 (주)용산에 이전하기로 하였다.

① 12,000원   ② 13,000원
③ 13,333원   ④ 14,444원

12 다음 중 (   ) 안에 들어갈 단어로 가장 옳은 것은?

> 리스이용자의 (   )은 리스이용자가 비슷한 경제적 환경에서 비슷한 기간에 걸쳐 비슷한 담보로 사용권자산과 가치가 비슷한 자산 획득에 필요한 자금을 차입한다면 지급해야 하는 이자율을 말한다.

① 내재이자율   ② 증분차입이자율
③ 증분리스이자율   ④ 우량회사채이자율

13 20X1년 1월 1일 (주)삼일은 (주)SM리스회사와 다음과 같은 조건으로 금융리스 계약을 체결하였다. 리스기간 동안 매년 말 지급될 고정리스료로 가장 옳은 것은?

> ㄱ. 리스자산의 공정가치 500,000원(내용연수 4년, 잔존가치 없음, 정액법 상각)
> ㄴ. 리스기간은 3년이고 리스료는 매년 말 정액으로 지급함
> ㄷ. (주)삼일은 리스기간 종료시 소유권 이전 약정을 체결(약정가액 50,000원)
> ㄹ. 내재이자율 10%
>   - 3기간 10% 정상연금 현가계수는 2.48685, 현가계수는 0.75131
>   - 4기간 10% 정상연금 현가계수는 3.16986, 현가계수는 0.68301

① 55,830원   ② 65,830원

③ 75,830원   ④ 185,952원

14 리스제공자인 (주)삼일은 20X1년 1월 1일을 리스개시일로 하여 다음과 같은 내용의 기계장치 리스계약을 (주)SM과 체결하였다.

> ㄱ. (주)삼일은 리스개설일에 기초자산을 공정가치 850,000에 취득하고 동일자에 리스개설직접원가로 20,398원 지출
> ㄴ. 기초자산의 내용연수는 5년, 정액법으로 상각
> ㄷ. 리스기간은 3년이며, 고정리스료 350,000원은 매년 말 수취
> ㄹ. 내재이자율 10%
>   - 3기간 10% 정상연금 현가계수는 2.48685, 현가계수는 0.75131

상기 리스가 금융리스로 분류될 경우 (주)삼일이 리스개시일에 리스채권으로 인식할 금액으로 가장 옳은 것은?

① 638,614원   ② 850,000원

③ 870,398원   ④ 878,000원

15 리스이용자인 (주)삼일은 20X1년 1월 1일을 리스개시일로 하여 차량운반구를 다음과 같은 조건으로 리스하기로 하였다.

> ㄱ. 리스기간은 3년이며, 고정리스료 150,000원은 매년 말 수취
> ㄴ. 리스기간 종료시 추정잔존가치는 10,000원이며, 그 중 (주)삼일이 보증한 부분은 5,000원
> ㄷ. 내재이자율 10%
>   - 3기간 10% 정상연금 현가계수는 2.48685, 현가계수는 0.75131

(주)삼일이 잔존가치보증에 따라 지급할 금액을 5,000원이라고 예상할 경우 리스개시일에 사용권자산으로 인식할 금액으로 가장 옳은 것은?

① 310,000원 ② 376,784원
③ 380,541원 ④ 384,297원

MEMO

Chapter 23 현금흐름표

I 현금흐름표의 의의

　현금흐름표는 기업의 현금흐름을 나타내는 표로서 현금의 변동내용을 명확하게 보고하기 위하여 당해 회계기간에 속하는 현금의 유입과 유출내용을 적정하게 표시하는 보고서이다. 이러한 현금흐름표는 회계기간말 현재 현금의 유동성 확보를 위한 기중의 거래별 내역을 알 수 있게 해 주며 회계기간말 현재의 기업의 자금동원능력을 평가할 수 있는 자료를 제공해 준다.

　현금흐름표는 기업의 영업·투자 및 재무활동에 의하여 발생되는 현금의 흐름에 관한 전반적인 정보를 상세하게 제공해 줌으로써 포괄손익계산서의 보조기능을 수행함과 동시에 기업의 자산, 부채 및 자본의 변동을 가져오는 현금흐름거래(cash flow transaction)에 관한 정보를 제공해 줌으로써 재무상태표의 보조기능도 아울러 수행한다. 각 재무제표간의 관계를 도표로 나타내면 다음과 같다.

상호관계

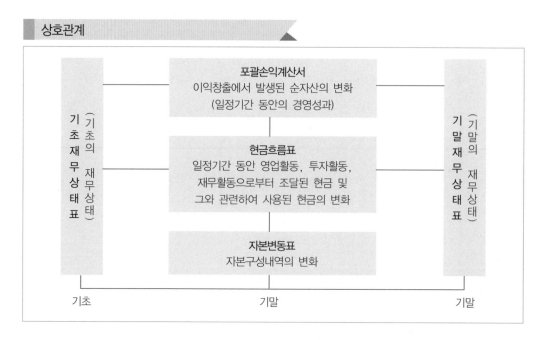

재무회계

II 현금흐름표의 유용성 및 한계

1 현금흐름표의 유용성

현금흐름표는 영업활동에 관한 정보뿐만 아니라 투자활동 및 재무활동에 관한 정보도 제공한다. 또한 현금흐름표는 이익의 질, 회사의 지급능력, 재무적 신축성을 평가하는 데 있어서도 유용한 정보를 제공하며 경영자나 일반투자자의 의사결정에 영향을 미치는 중요한 정보를 제공한다.

(1) 영업활동 현금흐름과 당기순이익간의 차이에 관한 정보

간접법을 적용하여 작성된 현금흐름표에서는 포괄손익계산서상의 당기순이익에 현금의 유출이 없는 비용 등을 가산하고, 현금의 유입이 없는 수익 등을 차감하여 영업활동에서 조달된 현금을 파악함으로써 기업의 가장 중요한 활동인 수익획득활동으로부터 조달된 현금에 대한 유용한 정보를 제공한다. 예를 들어, 유형자산에 대한 감가상각비는 비록 포괄손익계산서에 비용으로 보고되기는 하나 실제 현금지출을 수반하지 않는다.

(2) 투자활동에 관한 정보

현금흐름표는 조달된 현금을 어떠한 투자활동에 사용하였는가에 대한 구체적인 정보를 제공해 주며, 투자활동과 관련된 자산의 감소를 통하여 유입된 현금의 내역에 관한 정보를 제공한다.

(3) 재무활동에 관한 정보

현금흐름표는 회사의 고유한 영업활동(수익창출활동) 이외에 재무활동 현금흐름의 내역을 보여준다. 즉 어떠한 재무활동에 의해 현금이 조달되었고, 장기부채의 상환 등 어떠한 재무활동에 얼마만큼의 현금을 사용하였는가에 관한 정보를 제공한다.

(4) 미래현금흐름에 관한 정보

현금흐름표는 포괄손익계산서와 함께 이용함으로써 미래의 현금흐름액, 시기 및 불확실성을 예측하는 데 도움을 준다. 즉, 발생주의에 의하여 인식·측정된 당기순이익과 현금흐름과의 상관관계와 차이의 원인을 설명해 줌으로써 기업의 미래현금창출능력과 실현시기에 대한 예측을 가능하게 한다.

(5) 부채상환능력과 배당금지급능력에 관한 정보

현금흐름표는 기업의 현금창출능력에 대한 정보를 제공함으로써 부채상환능력과 배당의 지급과 같은 지속적인 영업활동 가능여부에 대한 판단을 가능하게 한다.

2 현금흐름표의 한계

현금흐름표는 기간간의 관계를 보여주지 않음으로써 장기현금흐름에 대한 전망을 평가하는 데 불완전한 정보를 제공한다. 따라서 미래 현금흐름에 대한 전망을 평가하는 데 있어서는 현금흐름표 단독으로 보다는 포괄손익계산서 또는 재무상태표와 연관하여 파악하는 것이 좋다.

현금흐름표가 재무상태표나 포괄손익계산서보다 절대적으로 나은 정보를 제공하는 것이 아니라 재무상태표와 포괄손익계산서가 제공하지 못하는 정보를 추가적으로 제공함으로써 보완적인 기능을 갖는다는 것에 유의할 필요가 있다.

III 현금흐름표의 형식 및 현금및현금성자산의 개념

1 현금흐름표의 형식

현금흐름표는 현금흐름을 영업활동, 투자활동 및 재무활동으로 구분하여 표시함으로써, 이러한 활동이 기업의 재무상태와 현금 및 현금성자산의 금액에 미치는 영향을 재무제표이용자가 평가할 수 있도록 정보를 제공한다.

현금흐름표

A사	20X1년 1월 1일부터 12월 31일까지	
영업활동 현금흐름 ←	〔직접법과 간접법 중 선택〕	×××
투자활동 현금흐름		×××
유형자산취득		(×××)
설비의 처분		×××
……		×××
재무활동 현금흐름		×××
유상증자		×××
장기차입금		×××
금융리스부채의 지급		(×××)
……		
현금및현금성자산의 환율변동효과		×××
현금및현금성자산의 증감		×××
기초 현금및현금성자산		×××
기말 현금및현금성자산		×××

2 현금및현금성자산

(1) 현금및현금성자산의 의의

현금및현금성자산은 보유현금과 요구불예금(이상 '현금') 및 현금성자산을 말한다.

현금에는 지폐, 주화 이외에도 타인발행당좌수표, 자기앞수표, 송금환, 우편환, 만기도래한 공사채이자표, 만기도래한 어음, 일람출급어음과 같이 일반 지급수단으로 쓰이는 대용증권이 포함된다.

한편, 현금성자산이라 함은 유동성이 매우 높은 단기투자자산으로서 확정된 금액의 현금으로 전환이 용이하고 이자율 등 변동에 따른 가치변동의 위험이 경미한 투자자산으로서 취득당시 만기(또는 상환일)가 3개월 이내에 도래하는 것을 말하며 예를 들어, 취득당시 만기가 3개월 이내에 도래하는 채권 또는 취득당시 상환일까지의 기간이 3개월 이내인 상환우선주가 현금성자산에 해당될 수 있다.

① **현금(cash)**: 보유현금과 요구불예금
② **현금성자산(cash equivalent)**: 유동성이 높은 단기투자자산으로서 확정된 금액의 현금으로 전환이 용이하고 가치변동의 위험이 경미한 자산

Ⅳ 현금흐름 유형의 구분

현금흐름표는 재무상태표상 기초와 기말시점의 현금의 차이에 대해서 현금 이외의 자산·부채·자본의 변동내역 중 현금흐름에 영향을 미치는 사항의 증감내역으로 현금의 변동원인을 파악하는 재무제표이다.

현금흐름표에서는 기업의 경영활동에 따른 현금흐름을 영업활동·투자활동·재무활동으로 구분하고 있으며, 이는 재무상태표의 현금 이외의 자산·부채·자본의 변동원인이 3가지 활동 중 하나에 속한다는 의미이다. 따라서 현금흐름표상의 현금의 변동은 3가지 활동의 현금 유입과 유출을 파악함으로써 알 수 있다.

위의 내용을 요약하여 그림으로 나타내면 다음과 같다.

재무상태표의 경영활동분석

자산	부채 및 자본
현금및현금성자산	영업활동과 관련된 부채(매입채무 등)
영업활동과 관련된 자산(매출채권 등)	재무활동과 관련된 부채(차입금 등)
	재무활동과 관련된 자본(자본금 등)
투자활동과 관련된 자산(유형자산 등)	이익잉여금(영업활동)

1 영업활동 현금흐름

영업활동 현금흐름은 기업의 주요 수익창출활동 그리고 투자활동이나 재무활동이 아닌 기타의 활동을 의미하는데, 기업이 외부의 재무자원에 의존하지 않고 영업을 통하여 차입금 상환, 영업능력의 유지, 배당금 지급 및 신규투자 등에 필요한 현금흐름을 창출하는 정도에 대한 중요한 지표가된다.

영업활동 현금흐름은 주로 기업의 주요 수익창출활동에서 발생하므로, 영업활동현금흐름은 일반직으로 당기순손익의 결정에 영향을 미치는 거래나 그 밖의 사건의 결과로 발생한다.

영업활동 현금흐름의 예는 다음과 같다.

① 재화의 판매와 용역의 제공에 따른 현금유입
② 로열티, 수수료, 중개료 및 기타수익에 따른 현금유입
③ 재화와 용역의 구입에 따른 현금유출
④ 종업원과 관련하여 직·간접적으로 발생하는 현금유출
⑤ 보험회사의 경우 수입보험료, 연금 및 기타 급부금과 관련된 현금유출입
⑥ 법인세의 납부 또는 환급(단, 재무와 투자활동에 명백히 관련있는 것은 제외)
⑦ 단기매매목적으로 보유하는 계약에서 발생하는 현금유출입

영업활동에서 유의해야 할 점은 다음과 같다.

(1) 설비매각과 같은 거래에서 인식된 처분손익

설비매각과 같은 거래에서 인식된 처분손익은 투자활동 현금흐름으로 포함되어야 한다. 그러나임대목적으로 보유하다가 나중에 판매목적으로 보유하는 자산을 제조하거나 취득하기 위한 현금지급액은 영업활동 현금흐름에 포함되어야 한다. 또한 이러한 자산의 임대 및 후속적인 판매로 수취하는 현금도 영업활동 현금흐름으로 포함되어야 한다.

(2) 단기매매목적으로 보유하는 자산에서 발생하는 현금흐름

기업이 단기매매목적으로 유가증권이나 대출채권을 보유할 경우, 판매를 목적으로 취득한 재고자산과 유사한 성격으로 보아 단기매매목적으로 보유하는 유가증권의 취득과 판매에 따른 현금흐름은 영업활동으로 분류한다. 마찬가지로 금융회사의 경우, 주요수익창출활동과 관련되어 있는 현금선지급이나 대출채권은 영업활동으로 분류한다.

2 투자활동 현금흐름

투자활동이란 장기성자산 및 현금성자산에 속하지 않는 기타투자자산의 취득과 처분에 관련된 활동을 말한다. 투자활동 현금흐름은 미래수익과 미래현금흐름을 창출할 자원을 확보하기 위하여 지출된 정도를 나타내기 때문에 현금흐름을 별도로 구분 공시하는 것이 중요하다.

투자활동 현금흐름의 예는 다음과 같다.

① 유형·무형자산 및 기타 장기성자산의 취득에 따른 현금유출(자본화된 개발원가와 자가건설 유형자산에 관련된 지출이 포함)과 처분에 따른 현금유입

② 다른 기업의 지분상품이나 채무상품 및 조인트벤처 투자지분의 취득에 따른 현금유출과 처분에 따른 현금유입(현금성자산으로 간주되는 상품이나 단기매매목적으로 보유하는 상품의 취득에 따른 유출액과 처분에 따른 유입액은 제외)

③ 제3자에 대한 선급금 및 대여금에 의한 현금유출과 회수에 따른 현금유입(금융회사의 현금 선지급금과 대출채권은 제외)

④ 선물계약, 선도계약, 옵션계약 및 스왑계약에 따른 현금유출과 현금유입(단기매매목적으로 계약을 보유하거나 현금유출입이 재무활동으로 분류시 제외)

파생상품계약에서 식별가능한 거래에 대하여 위험회피회계를 적용하는 경우, 그 계약과 관련된 현금흐름은 위험회피대상 거래의 현금흐름과 동일하게 분류한다. 예를 들어, 위험회피대상 거래의 현금흐름이 영업활동과 관련된 것이라면 위험회피 목적의 파생상품계약과 관련된 현금흐름도 영업활동 현금흐름으로 분류한다.

3 재무활동 현금흐름

재무활동은 기업의 납입자본과 차입금의 크기 및 구성내용에 변동을 가져오는 활동을 말한다.

재무활동 현금흐름은 미래현금흐름에 대한 자본 제공자의 청구권을 예측하는 데 유용하기 때문에 현금흐름을 별도로 구분 공시하는 것이 중요하다.

재무활동 현금흐름의 예는 다음과 같다.

① 주식이나 기타 지분상품의 발행에 따른 현금유입

② 주식의 취득이나 상환에 따른 소유주에 대한 현금유출

③ 담보·무담보부사채 및 어음의 발행과 기타 장·단기차입에 따른 현금유입

④ 차입금의 상환에 따른 현금유출

⑤ 리스이용자의 리스부채 상환에 따른 현금유출

4 현금흐름의 활동구분에서 주의해야 할 항목

(1) 이자와 배당금

이자와 배당금의 수취 및 지급에 따른 현금흐름은 각각 별도로 공시한다. 각 현금흐름은 매 기간 일관성 있게 영업활동, 투자활동 또는 재무활동으로 분류한다.

금융회사의 경우 이자지급, 이자수입 및 배당금수입은 일반적으로 영업활동 현금흐름으로 분류한다. 그러나 다른 업종의 경우 이러한 현금흐름의 분류방법에 대하여 합의가 이루어지지 않았다.

이자지급, 이자수입 및 배당금수입은 당기순손익의 결정에 영향을 미치므로 영업활동 현금흐름으로 분류할 수 있다. 그러나 대체적인 방법으로 이자지급, 이자수입 및 배당금수입은 재무자원을 획득하는 원가나 투자자산에 대한 수익으로 보아 각각 재무활동 현금흐름이나 투자활동 현금흐름으로 분류할 수도 있다.

배당금의 지급은 재무자원을 획득하는 비용이므로 재무활동 현금흐름으로 분류할 수 있다. 그러나 대체적인 방법으로 재무제표이용자들에게 기업이 배당금을 지급할 수 있는 능력이 있는지 여부를 판단하는 데 도움을 주기 위하여 영업활동 현금흐름의 구성요소로 분류할 수도 있다.

이자와 배당의 수취 및 지급의 활동분류

구분	분류이유	활동	비고
이자지급	당기순손익의 결정에 영향을 미침	영업활동	재무활동 분류가능
이자수입		영업활동	투자활동 분류가능
배당금수입		영업활동	투자활동 분류가능
배당금의 지급	재무자원의 획득비용	재무활동	영업활동 분류가능

(2) 법인세

법인세로 인한 현금흐름은 별도로 공시하며 재무활동과 투자활동에 명백히 관련되지 않는 한 영업활동 현금흐름으로 분류한다.

법인세의 지급은 일반적으로 영업활동 현금흐름으로 분류한다. 그러나 투자활동이나 재무활동으로 분류한 현금흐름을 유발하는 개별 거래와 관련된 법인세 현금흐름을 실무적으로 식별할 수 있다면 투자활동이나 재무활동으로 적절히 분류한다.

(3) 비현금거래

현금및현금성자산의 사용을 수반하지 않는 투자활동과 재무활동 거래 즉, 비현금거래의 경우 당기에 현금흐름을 수반하지 않으므로 그 항목을 현금흐름표에서 제외한다.

비현금거래의 예를 들면 다음과 같다.

① 자산 취득시 직접 관련된 부채를 인수하거나 금융리스를 통하여 자산을 취득하는 경우
② 주식 발행을 통한 기업의 인수
③ 채무의 지분전환

(4) 외화현금흐름

외화거래에서 발생하는 현금흐름은 현금흐름 발생일의 환율을 외화 금액에 적용하여 환산한 기능통화 금액으로 기록하며, 화폐성외화항목은 마감환율로 환산하여 기록하여야 한다.

화폐성외화항목은 기중에 변동이 없었더라도, 환율변동으로 인한 미실현손익이 발생하게 된다. 환율변동으로 인한 미실현손익은 현금흐름이 아니지만 외화로 표시된 현금및현금성자산의 환율변동효과는 기초와 기말의 현금및현금성자산을 조정하기 위해 현금흐름표에 보고한다. 이 금액은 영업활동, 투자활동 및 재무활동 현금흐름과 구분하여 별도로 표시하여야 한다.

V 현금흐름표의 작성절차

수정후시산표로부터 작성되는 다른 재무제표와는 달리 현금흐름표는 다음과 같은 자료를 이용하여 작성된다.

재무상태표	자산, 부채, 자본의 기초 및 기말 잔액에서 각 계정의 기중 변동액에 대한 정보를 얻을 수 있다.
포괄손익계산서	영업활동 현금흐름을 계산하는 데 필요한 정보를 얻을 수 있다.
주요한 재무정보	기중 현금유입과 현금유출을 결정하는 데 유용한 추가적인 정보를 준다.

위와 같은 자료로부터 현금흐름표를 작성하기 위해서는 다음과 같은 4가지 단계를 거치게 된다.

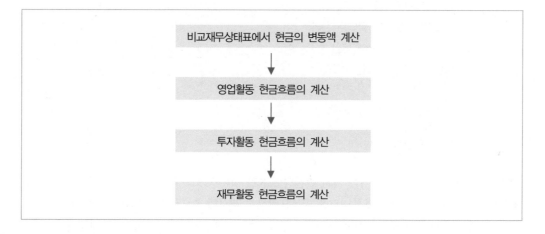

1 영업활동 현금흐름

현금흐름표를 작성하는 방법에는 영업활동 현금흐름을 어떻게 계산하느냐에 따라 간접법과 직접법에 의한 현금흐름표를 작성할 수 있다.

(1) 직접법

직접법이란 재화의 판매, 용역의 제공 등 영업활동 거래의 원천별로 유입된 현금의 흐름에서 영업활동 거래로 유출된 현금흐름을 차감하여 영업활동 현금흐름을 구하는 방법이다. 즉, 직접법은 총현금유입과 총현금유출을 주요 항목별로 구분하여 표시하는 방법으로, 총현금유입과 총현금유출의 주요 항목별 정보는 다음을 통하여 얻을 수 있다.

① 회계기록

② 매출, 매출원가(금융회사의 경우에는 이자수익과 기타 유사한 수익 및 이자비용과 기타 유사한 비용) 및 그 밖의 포괄손익계산서 항목에 다음 항목을 조정

　　㉠ 회계기간 동안 발생한 재고자산과 영업활동에 관련된 채권·채무의 변동

　　㉡ 기타 비현금항목

　　㉢ 투자활동 현금흐름이나 재무활동 현금흐름으로 분류되는 기타 항목

이자지급과 법인세 납부를 영업활동 현금흐름으로 분류할 경우, 직접법에 의한 영업활동 현금흐름은 다음과 같이 표시된다.

직접법에 의한 현금흐름표

(단위: 원)

영업활동현금흐름	
고객으로부터의 유입된 현금	×××
공급자와 종업원에 대한 현금유출	(×××)
영업에서 창출된 현금	×××
이자지급	(×××)
법인세의 납부	(×××)
영업활동순현금흐름	×××

직접법은 당기순이익에서 조정을 거쳐 현금의 흐름을 사후적으로 확인하는 간접법에 비하여 영업거래의 다양한 원천별 현금의 흐름내역을 일목요연하게 제시해 줌으로써 진정한 의미에서의 현금흐름을 파악할 수 있는 방법으로 미래현금흐름을 추정하는 데 보다 유용한 정보를 제공한다.

직접법에 의한 영업활동에 의한 현금흐름

현금유입의 원천 및 유출의 용도	현금주의 방법	발생주의 조정방법
고객으로부터 현금유입액	현금매출 매출채권 중 현금회수액 선수금 수령액	매출액(I/S상) 　－매출채권의 증가(＋감소) 　＋선수금의 증가(－감소)
공급업자에 대한 현금유출	현금매입 매입채무 중 현금지급액	매출원가(I/S상) 　－재고자산의 증가(＋감소) 　＋매입채무의 증가(－감소) 　－선급금의 증가(－감소)
종업원에 대한 현금유출	급료 등 지급액 기타 현금지출비용	종업원급여(I/S상) 　＋미지급급여의 증가(－감소)

현금유입의 원천 및 유출의 용도	현금주의 방법	발생주의 조정방법
기타영업비용에 대한 현금유출	기타영업비용	기타영업비(I/S상) −선급영업비증가(+감소) −미지급영업비감소(+증가) +충당부채의 증가(−감소)
이자수취	이자수익 중 현금수령액	이자수익(I/S상) −미수이자의 증가(−감소) +선수이자의 증가(−감소)
배당금수취	배당금수익 중 현금수령액	배당금수익(I/S상) −미수배당금 증가(−감소)
이자지급	이자비용 중 현금지급액	이자비용(I/S상) +미지급이자의 증가(−감소) −선급이자의 증가(+감소) +사채할인발행차금상각분
법인세납부	법인세의 지급	법인세비용(I/S상) −선급법인세의 증가(−감소) +미지급법인세의 증가(−감소) +이연법인세부채 증가(−감소) −이연법인세자산 증가(+감소)

(주의) I/S(포괄손익계산서)상 매출원가, 판매비와관리비, 이자비용, 법인세비용은 비용항목으로 (−)로 표시되어 있다. 따라서 영업활동과 관련된 자산의 증가(감소)는 차감(가산)되어야 하고 부채의 증가(감소)는 가산(차감)되어야 한다.

이제부터는 현금유입의 원천 및 유출 용도별로 작성사례를 살펴보기로 하자.

예제

다음 자료를 통해 고객으로부터의 유입된 현금을 계산하시오.

매출채권			
기초	100	회수	50
매출	200	기말	250
	300		300

대손충당금			
대손	−	기초	27
기말	28	당기설정	1
	28		28

선수금			
당기매출	40	기초	20
기말	10	당기수령	30
	50		50

포괄손익계산서	
매출	400
대손상각비	1

고객으로부터 현금유입액	
매출(I/S)	400
매출채권증가액	-150
선수금감소액	-10
대손상각비(I/S)	-1
대손충당금증가	+1
계	240

예 제

다음 자료를 통해 공급업자에 대한 현금유출액을 계산하시오.

매입채무				재고자산			
지급	200	기초	150	기초	800	매출원가	1,200
기말	50	당기매입	100	당기매입	1,100	기말	700
	250		250		1,900		1,900

포괄손익계산서	
매출원가	1,200

풀 이

공급자에 대한 현금유출	
매출원가	-1,200
재고자산감소	100
매입채무감소	-100
계	-1,200

예 제

다음 자료를 통해 종업원에 대한 현금유출액을 계산하시오.

미지급급여				포괄손익계산서	
지급	200	기초	150	종업원급여	1,000
기말	50	당기발생	100		
	250		250		

풀 이

종업원에 대한 현금유출	
종업원급여	−1,000
미지급급여의 감소	−100
계	−1,100

예 제

다음 자료를 통해 기타영업비에 대한 현금유출액을 계산하시오.

미지급비용				선급비용			
지급	800	기초	50	기초	30	당기비용	70
기말	150	당기발생	900	당기지급	100	기말	60
	950		950		130		130

포괄손익계산서	
판매비와관리비	1,000

풀 이

기타영업비에 대한 현금유출액	
판매비와관리비	−1,000
미지급비용의 증가	100
선급비용의 증가	−30
계	−930

다음 자료를 통해 이자수취와 이자지급에 대한 현금유출입액을 계산하시오.

미수이자			
기초	100	회수	450
당기발생	400	기말	50
	500		500

미지급이자			
지급	200	기초	150
기말	50	당기발생	100
	250		250

사채할인발행차금			
기초	100	상각	50
		기말	50
	100		100

포괄손익계산서	
이자수익	400
이자비용	150*

풀 이

이자수취		이자지급	
이자수익(I/S)	400	이자비용(I/S)	−150
미수이자감소	50	미지급이자감소	−100
계	450	사채할인발행차금 상각액	50
		계	−200

* 손익계산서상 이자비용은 100원(미지급이자)와 50원(사채할인차금상각액)이 된다.
이를 분개로 표시해 보면

(차) 이자비용	150	(대) 미지급이자	100
		사채할인발행차금	50

(2) 간접법

간접법은 손익계산서상의 법인세비용차감전순손익에서 시작하여 현금의 유·출입이 없는 비용과 수익계정을 가감하고 영업활동과 관련된 자산부채변동을 가감하여 영업활동 현금흐름을 산출하는 방법으로 발생주의에 의한 당기순이익에서 어떠한 조정을 거쳐 현금의 흐름이 산출되는지에 주안점을 두므로 재무상태표, 포괄손익계산서와의 유용한 연관성을 제시해 준다.

간접법을 적용하는 경우, 영업활동 순현금흐름은 법인세비용차감전순손익에 다음 항목들의 영향을 조정하여 결정한다.

① 회계기간 동안 발생한 재고자산과 영업활동에 관련된 채권·채무의 변동
　　－매출관련항목 : 매출채권, 대손충당금, 선수금 등
　　－매입관련항목 : 재고자산, 매입채무, 선급금 등
　　－기타 수익관련항목 : 미수수익, 선수수익 등
　　－기타 비용관련항목 : 선급비용, 미지급비용 등
② 비현금항목: 감가상각비, 충당부채, 이연법인세, 외화환산손익, 대손상각비, 퇴직급여
③ 투자활동 현금흐름이나 재무활동 현금흐름으로 분류되는 기타 모든 항목: 금융자산평가·처분손익, 유형자산처분손익, 사채상환손익 등

대체적인 방법으로, 영업활동 순현금흐름은 포괄손익계산서에 공시된 수익과 비용, 그리고 회계기간 동안 발생한 재고자산과 영업활동에 관련된 채권·채무의 변동을 보여줌으로써 간접법으로 표시할 수 있다.

그러나 간접법으로 영업활동 현금흐름을 작성하더라도 이자 및 배당금수취, 이자지급 및 법인세납부는 직접법을 적용한 것처럼 별도로 표시해야 한다. 예를 들어, 이자비용을 법인세비용차감전순이익에서 가산하고 이자지급을 직접법을 적용한 것처럼 별도로 차감하여 영업활동 순현금흐름을 구한다.

이자지급과 법인세납부를 영업활동 현금흐름으로 분류할 경우 영업활동 현금흐름은 아래와 같이 작성한다.

간접법에 의한 현금흐름표	(단위: 원)
영업활동현금흐름	
법인세비용차감전순이익	×××
가감 :	
감가상각비	×××
외화환산손실	×××
투자수익	(×××)
이자비용	×××
매출채권 및 기타채권의 증가	(×××)
재고자산의 감소	×××
매입채무의 감소	(×××)
영업에서 창출된 현금	×××
이자지급	(×××)
법인세의 납부	(×××)
영업활동순현금흐름	×××

1) 회계기간동안 발생한 재고자산과 영업활동에 관련된 채권·채무의 변동

간접법에 의한 영업활동 현금흐름을 계산할 경우에 영업활동과 관련된 자산·부채의 변동을 가감해야 한다. 포괄손익계산서상의 당기순이익은 발생주의에 의해서 계산된 것이므로 이를 현금주의로 전환하기 위해서는 손익항목과 관련된 자산증가(감소)는 차감(가산)해야 하고 부채의 증가(감소)는 가산(차감)해야 한다.

영업활동별로 자산·부채를 조정하는 방법은 직접법에 의한 현금흐름표 작성부분을 참조하고 여기서는 간단한 예제를 통해서 매출채권의 증가를 왜 차감해야 하는지에 대해서만 설명하기로 하겠다.

예 제

회계기간 동안 발생한 재고자산과 영업활동에 관련된 채권·채무의 변동

다음은 20X1년도 (주)한강의 매출채권과 관련된 항목으로서 매출채권의 T-계정과 손익계산서이다. 매출액 중 매출채권의 증가액을 제외한 모든 금액이 현금으로 수취되고 지불되었다(당기법인세는 없는 것으로 가정한다).

매출채권				포괄손익계산서	
기초	–	회수액	900	매출	1,000
매출	1,000	기말	100	매출원가	500
				법인세비용차감전순손익	500

1. 20X1년도의 현금주의 손익계산서를 작성하시오.
2. 20X1년도의 현금흐름표를 간략히 작성하시오.
3. 요구사항 1과 2에서 매출채권의 증감액이 어떻게 조정되는지 설명해 보시오.

풀 이

1. 현금주의 손익계산서

현금주의 손익계산서	
현금회수액	900
현금지급액	(500)
현금이익	400

2. 현금흐름표

I. 영업활동 현금흐름		400
법인세비용차감전순이익	500	
가감		
매출채권의 증가	(−)100	
영업활동에서 창출된 현금흐름	400	
법인세 납부	–	
영업활동 순현금흐름	400	

3. 매출채권증가액의 조정에 대한 설명

　　발생주의 당기순이익을 산출하기 위해서 발생한 당기 매출액은 1,000원이다. 그러나 이 중 900원은 회수되었고 100원은 미회수 되어 기말 매출채권을 구성하고 있다. 요구사항 1에서는

매출액에서 현금회수분만을 나타내기 때문에 900원으로 기록한 것이지만 요구사항 2의 경우에는 당기순이익이 매출 1,000원에 대한 것이므로 매출채권증가액 100원만큼은 차감되어야 하는 것이다.

이와 같은 개념으로 영업활동과 관련된 자산의 증가는 차감하고 자산의 감소는 가산해야 한다. 또한 영업활동과 관련된 부채의 증가는 가산하고 부채의 감소는 차감해야 한다.

2) 현금유출·유입이 없는 수익·비용

영업활동과 관련된 비용으로는 감가상각비, 대손상각비, 퇴직급여 등이 있으며 손익계산서상의 법인세비용차감전순손익에서 차감되어 있다. 그러나 이런 유형의 비용들은 현금의 유출을 수반하지 않기 때문에 당기순이익에 가산해야 한다.

예 제

영업활동과 관련된 비용

(주)한강은 20X1. 1. 1에 50,000원의 컴퓨터 한 대를 가지고 영업을 시작했다. 자산은 이 컴퓨터 한 대뿐이며, 부채는 없고 자본금은 50,000원이다. 20X1년 중 총수익은 60,000원이었는데 모두 현금으로 받았고, 40,000원의 총비용 중 감가상각비 10,000원을 제외한 모든 비용도 현금으로 지불하였다.

1. 20X1년도의 포괄손익계산서를 작성하시오.
2. 20X1년도의 재무상태표를 작성하시오.
3. 20X1년도의 현금흐름은 얼마인지 계산하시오.

풀 이

1. 20X1년도 포괄손익계산서

총수익	60,000원
총비용	40,000원
당기순이익	20,000원

2. 20X1년도 재무상태표

기초재무상태표

자산		부채	
현금	–	자본	
유형자산	50,000원	자본금	50,000원
		이익잉여금	–
총계	50,000원	총계	50,000원

기말재무상태표

자산		부채	
현금	30,000원	자본	
유형자산	40,000원	자본금	50,000원
		이익잉여금	20,000원
총계	70,000원	총계	70,000원

3. 20X1년도 현금흐름

현금흐름=20,000원+10,000원=30,000원

영업활동 현금흐름은 당기순이익에 현금의 유출을 수반하지 않는 비용인 감가상각비 10,000원을 가산한 30,000원이 되며 이것은 재무상태표상의 현금의 변동액과 일치한다.

감가상각비 이외에도 대손상각비, 퇴직급여 등도 현금유출이 없는 비용으로서 당기순이익에 가산된다. 같은 논리로 현금의 유입이 없는 수익인 유가증권평가이익, 외화환산이익 등은 당기순이익에서 차감되어야 한다.

3) 투자활동 현금흐름이나 재무활동 현금흐름으로 분류되는 기타 모든 항목

투자와 재무활동과 관련된 이익이나 손실이 당기순이익에 반영되어 있다면 영업활동 현금흐름을 산출하기 위하여 이 항목을 당기순이익에서 가감할 필요성이 있다.

취득가격이 50,000원인 토지를 30,000원에 판매했다면 이 기업은 다음과 같이 회계처리할 것이다.

(차) 현금	30,000	(대) 토지	50,000
유형자산처분손실	20,000		

이 거래와 관련하여 현금이 30,000원이 유입되었고, 이는 현금흐름표상에서 투자활동 현금흐름으로 보고된다. 이 거래에서 발생한 유형자산처분손실은 투자활동 현금흐름을 계산할 때 여기에 반영되어 유형자산처분으로 인한 현금유입이 30,000원으로 기록되고 있다. 한편, 유형자산처분손실은 이미 당기순이익 계산에 반영되어 당기순이익이 20,000원만큼 감소되어 있다. 따라서 영업활동 현금흐름의 계산시 유형자산처분손실이 더해지지 않는다면 영업활동으로 인한 현금유입이 과소계상된다.

유형자산처분손실 이외에도 유가증권처분손실, 사채상환손실 등도 영업활동 현금흐름 계산시 당기순이익에 가산해야 한다. 같은 논리로 유형자산처분이익, 유가증권처분이익, 사채상환이익 등은 영업활동 현금흐름 계산시 당기순이익에서 차감되어야 한다.

예제

투자·재무활동에 관련된 비용(수익)의 가산(차감)

(주)한강은 20X1. 1. 1에 50,000원의 컴퓨터 한 대와 30,000원의 복사기 한 대를 가지고 영업을 시작했다. 부채는 없고 자본금은 80,000원이다. 20X1년 중 복사기를 40,000원에 처분하고 처분이익을 10,000원 계산하였다. 총수익은 60,000원이었는데 모든 수익을 현금으로 받았고, 40,000원의 총비용 중 감가상각비(컴퓨터) 10,000원을 제외한 모든 비용도 현금으로 지불하였다.
1. 20X1년도의 포괄손익계산서를 작성하시오.
2. 20X1년도의 재무상태표를 작성하시오.
3. 20X1년도의 현금흐름은 얼마인지 계산하시오.

풀이

1. 20X1년도 손익계산서

총수익	60,000원
총비용	40,000원
당기순이익	20,000원

2. 20X1년도 재무상태표

기초재무상태표

자산		부채	
현금	–	자본	
유형자산	80,000원	자본금	80,000원
		이익잉여금	–
총계	80,000원	**총계**	80,000원

기말재무상태표

자산		부채	
현금	60,000원	자본	
유형자산	40,000원	자본금	80,000원
		이익잉여금	20,000원
총계	100,000원	**총계**	100,000원

3. 20X1년도 현금흐름

유형자산의 처분으로 인한 현금흐름 40,000원은 투자활동 현금흐름으로 인하여 현금흐름표에 보고된다. 영업활동 현금흐름은 당기순이익에 이미 유형자산처분이익 10,000원이 포함되어 있으므로 10,000원을 차감하지 않으면 10,000원만큼 영업활동 현금흐름이 과대계상된다.

영업활동 현금흐름액 : 20,000원－10,000원＋10,000원＝	20,000원
투자활동 현금흐름액 :	40,000원
현금의 변동액 :	60,000원

간접법에 의한 영업활동 순현금흐름

(주)삼일은 20X1년도 법인세비용차감전순손익으로 200,000원을 보고하였다. 당기의 재무상태표와 포괄손익계산서에서 발췌한 자료들은 다음과 같다.

감가상각비	50,000원
사채상환손실	4,000원
유형자산처분이익	12,000원
외화환산이익	70,000원
법인세비용	5,000원
매출채권의 감소	30,000원
재고자산의 증가	4,000원
매입채무의 감소	15,000원
미지급법인세의 증가	3,000원

위의 자료를 바탕으로 (주)삼일의 20X1년도 영업활동 현금흐름을 간접법으로 구하시오(단, 법인세로 인한 현금흐름은 영업활동 현금흐름으로 분류한다).

풀 이

법인세비용차감전순손익	200,000원
가감	
감가상각비	50,000원
사채상환손실	4,000원
유형자산처분이익	(12,000원)
외화환산이익	(70,000원)
매출채권의 감소	30,000원
재고자산의 증가	(4,000원)
매입채무의 감소	(15,000원)
영업활동에서 창출된 현금	183,000원
법인세 납부*	(2,000원)
영업활동으로 인한 현금흐름	181,000원

*법인세 납부액 = 당기법인세비용 - 미지급법인세액의 증가
　　　　　　 = 5,000원-3,000원=2,000원

(3) 투자활동 및 재무활동 현금흐름

영업활동 현금흐름과 달리 투자활동 및 재무활동 현금흐름은 당해 거래로 인하여 유입·유출될 현금을 현금흐름표에 각각 구분하여 표시한다. 투자활동 및 재무활동 현금흐름을 계산하기 위해서 관련 재무상태표 계정의 당기 증가 및 감소거래를 파악하고, 당해 거래가 현금이 개입된 거래라면 현금흐름표에 표시한다. 또한 현금 유입액과 유출액은 상계하지 않고 각각 총액으로 현금흐름에 표시한다.

예제

투자활동 현금흐름

(주)삼일의 20X1년, 20X2년도 비교재무상태표에서 건물계정과 관련된 증감사항 및 증감원인은 다음과 같다.

구분	20X1년	20X2년
건물장부금액	2,000원	2,100원

(증감원인)
1) 취득원가 500원의 건물을 처분하였는데, 처분당시 감가상각누계액은 200원이었으며 건물처분으로 처분이익이 50원 발생하였다.
2) 건물의 20X2년 중 감가상각비는 800원이다.

위의 자료에 근거하여 20X2년도 투자활동 현금흐름을 표시해 보시오.

풀이

(투자활동 현금흐름)

Ⅱ. 투자활동 현금흐름
- 건물의 취득 (1,200)
- 건물의 처분 350

* 건물의 취득금액 = 2,100원(기말) - 2,000원(기초) + 300원(처분) + 800원(감가상각) = 1,200원
　건물의 처분금액 = 장부금액 300원 + 처분이익 50원 = 350원

재무활동 현금흐름

SAC기업의 20X1년, 20X2년도 비교재무상태표에서 사채계정과 관련된 사채할인발행차금계정의 증감상황 및 증감원인은 다음과 같다.

구분	20X1년	20X2년
사채	15,000원	20,000원
사채할인발행차금	(2,000원)	(2,300원)

(증감원인)
1) 사채할인발행차금 당기 상각액은 500원이다.

위의 자료에 근거하여 20X2년도 재무활동 현금흐름을 표시해 보시오.

(재무활동 현금흐름)

Ⅲ. 재무활동 현금흐름
* 사채의 발행*   4,200

* 사채의 액면은 5,000원이 증가하였으나 800원만큼 할인발행하였기 때문에 사채의 발행으로 인한 현금
  유입액은 4,200원이다.

VI 현금의 유입과 유출이 없는 거래 - 주석공시

현금의 유입과 유출을 초래하지는 않았지만 기업의 총재무자원의 변동을 보고하기 위하여 반드시 포함되어야 할 중요한 거래들은 현금흐름표에 관련된 주석사항에 별도로 표시하도록 되어 있다.

1 현물출자로 인한 유형자산취득

주식을 교부하여 유형자산을 취득한 결과 자본금의 증가를 초래한 경우, 이는 현금의 유입과 유출 없이 유형자산을 취득하게 되므로, 현금자금에 영향을 주지 않고 유형자산의 증가를 가져오는 거래가 된다.

2 유형자산의 연불구입

이 경우 유형자산의 증가와 더불어 장기부채가 증가하게 되므로 현금의 유입과 유출 없이 유형자산의 증가를 가져오는 거래가 된다.

3 무상증자

무상증자는 자본잉여금이나 이익잉여금 중 배당이 불가능한 법정적립금이 자본금에 전입되는 거래이므로 현금의 유입과 유출이 없이 자본금이 증가되는 거래가 된다.

4 주식배당

무상증자의 경우와 마찬가지로 단순히 이익잉여금 중 일부가 자본금에 전입되는 거래이므로 현금의 유입과 유출이 없이 자본금이 증가된다.

5 전환사채의 전환

이는 전환사채를 주식으로 전환함으로써 현금자금의 변동 없이 비유동부채(전환사채)가 줄어들고 자본금과 자본잉여금(전환조건에 따라)이 늘어나는 거래이다.

01 다음 중 현금흐름표에 대한 설명으로 올바르지 않은 것은?

① 현금흐름표는 영업활동에 관한 정보뿐만 아니라 투자활동 및 재무활동에 관한 정보도 제공한다.

② 현금흐름표는 기업의 현금흐름을 나타내는 표로서 현금의 변동내용을 명확하게 보고하기 위하여 당해 회계기간에 속하는 현금의 유입과 유출내용을 적정하게 표시하는 보고서를 말한다.

③ 현금흐름표상 현금및현금성자산은 보유현금과 요구불예금(이상 '현금') 및 현금성자산을 말한다.

④ 영업활동은 장기성자산 및 현금성자산에 속하지 않는 기타투자자산의 취득과 처분에 관련된 활동을 말한다.

02 다음 중 재무활동 현금흐름의 증가를 초래하는 거래는 무엇인가?

① 발행한 전환사채의 주식전환

② 장기차입금의 차입

③ 무상증자로 인한 자본의 증가

④ 현물출자로 인한 유형자산의 취득

03 현금흐름표의 작성방법에는 직접법과 간접법이 있다. 이에 대한 다음 설명 중 틀린 것은?

① 간접법은 당기순이익과 영업활동 현금과의 차이를 명확하게 보여준다.
② 직접법과 간접법은 영업활동뿐만 아니라 투자활동 재무활동도 현금흐름표상 표시방법이 다르다.
③ 직접법은 현금흐름을 개별 항목별로 파악할 수 있기 때문에 전문회계지식이 없더라도 그 내용을 쉽게 파악할 수 있다.
④ 간접법은 현금의 유입액 및 유출액을 매출거래나 매입거래 등과 같은 영업활동이 세부거래를 중심으로 파악할 수 없다는 한계점이 있다.

04 (주)삼일은 20X1년 포괄손익계산서상 기계장치와 관련하여 감가상각비 15,000원, 처분이익 30,000원을 보고하였다. 다음 자료를 이용하여 20X1년 기계장치 처분으로 인한 투자활동 순현금흐름을 계산하면 얼마인가?(단, 기중 기계장치의 취득은 없다)

구 분	20X0년 12월 31일	20X1년 12월 31일
기계장치	100,000원	60,000원
감가상각누계액	(30,000원)	(25,000원)
장부금액	70,000원	35,000원

① 45,000원 유입
② 50,000원 유입
③ 65,000원 유입
④ 70,000원 유입

05 제조업을 영위하는 (주)삼일의 다음 거래에 따른 결과를 현금흐름표상 영업활동, 투자활동 및 재무활동 현금흐름으로 나타낸 것이다. 가장 올바르지 않은 것은?

① 유형자산의 취득에 따른 현금유출 – 투자활동 현금흐름
② 원재료 구입에 따른 현금유출 – 영업활동 현금흐름
③ 매출채권 할인에서 발생하는 현금유입 – 투자활동 현금흐름
④ 주식의 발행에 따른 현금유입 – 재무활동 현금흐름

06 (주)삼일은 20X1년 12월 17일에 환매채를 1,000,000원에 취득하였다. 이 환매채는 만기가 20X2년 1월 17일이고, 큰 거래비용이 없이 현금으로 전환가능하고, 이자율의 변동이 거의 없다. 이 환매채의 취득은 현금흐름표의 영업활동, 투자활동, 재무활동 중에서 어디에 공시되는가?

① 영업활동
② 투자활동
③ 재무활동
④ 어느 활동에도 공시되지 않는다.

07 다음은 (주)삼일의 매입활동과 관련된 재무상태표와 포괄손익계산서의 일부이다. 매입활동 관련 현금유출액은 얼마인가?

	20X0년 12월 31일	20X1년 12월 31일
ㄱ. 재무상태표 일부		
매입채무	10,000,000원	35,000,000원

ㄴ. 당기 재고자산 매입액은 160,000,000원이다.

① 100,000,000원   ② 120,000,000원

③ 135,000,000원   ④ 155,000,000원

08 다음 자료를 이용하여 (주)삼일의 20X2년 영업활동 현금흐름을 구하면 얼마인가? (단, 법인세 납부액은 영업활동 현금흐름에 해당하지 않으며, 이자ㆍ배당과 관련된 손익항목 및 현금흐름의 유입ㆍ유출은 없다)

ㄱ. 법인세비용차감전순이익: 5,000,000원
ㄴ. 재무상태표

구분	20X1년 12월 31일	20X2년 12월 31일
매출채권	8,500,000원	8,000,000원
매입채무	7,000,000원	7,300,000원

① 5,200,000원   ② 5,500,000원

③ 5,800,000원   ④ 6,000,000원

09 다음은 (주)삼일의 현금흐름표상 활동별 현금 유출입을 표시한 것이다. 다음 중 (주)삼일의 현금흐름표에 대한 분석으로 가장 올바르지 않은 것은?

영업활동 현금흐름	투자활동 현금흐름	재무활동 현금흐름
현금유입(+)	현금유출(−)	현금유출(−)

① 영업활동 현금흐름이 (+)이므로, 분명 당기순이익이 발생했을 것이다.

② 유형자산의 처분으로 투자활동 현금흐름을 (+)로 만들 수 있다.

③ 영업활동 현금흐름을 증가시키기 위해 배당금의 지급은 재무활동 현금흐름으로 분류할 수 있다.

④ 재무활동 현금흐름이 (−)이니 차입금상환, 배당금지급 등이 있었을 것이다.

10 다음은 (주)삼일의 영업활동으로 인한 현금흐름을 계산하기 위한 자료이다. (주)삼일의 영업활동으로 인한 현금흐름이 (+)5,000,000원이라고 할 때 당기순이익은 얼마인가?

(단위: 원)

유형자산처분손실	200,000	매출채권의 증가	900,000
감가상각비	300,000	재고자산의 감소	1,000,000
		매입채무의 감소	500,000

① 3,300,000원

② 4,300,000원

③ 4,500,000원

④ 4,900,000원

11 다음 (주)삼일의 20X1년 재무제표 관련 자료를 이용할 때 현금흐름표에 보고될 영업활동현금 흐름은 얼마인가?

당기순이익	20,000원	감가상각비	4,600원
매출채권의 증가	15,000원	재고자산의 감소	2,500원
매입채무의 증가	10,400원		

① 20,200원　　　　　　　　　② 21,000원
③ 22,500원　　　　　　　　　④ 33,200원

12 삼일은 20X1년에 설립되었으며, 20X1년에 아래와 같은 이자비용 회계처리를 수행하였다. (주)삼일이 20X1년 현금흐름표에 인식할 이자지급액으로 가장 옳은 것은?

(차)	이자비용	1,100,000원	(대)	미지급비용	800,000원
				현금	300,000원

① 300,000원　　　　　　　　② 　500,000원
③ 600,000원　　　　　　　　④ 1,000,000원

13 다음 중 이자와 배당금의 수취 및 지급에 대한 현금흐름에 대한 설명 중 가장 올바르지 않은 것은?

① 이자수입은 손익의 결정에 영향을 미치므로 영업활동 현금흐름으로만 분류해야 한다.
② 이자지급은 영업활동 또는 재무활동 현금흐름으로 분류가능하다.
③ 배당금지급은 영업활동 또는 재무활동 현금흐름으로 분류가능하다.
④ 배당금수입은 투자자산에 대한 수익으로 보아 투자활동 현금흐름으로 분류할 수 있다.

14 현금의 유입과 유출이 없더라도 중요한 거래는 현금흐름표에 관련된 주석사항에 별도로 표시하여야 한다. 다음 중 현금의 유입과 유출이 없는 거래인 것은?

① 현물출자로 인한 유형자산의 취득 　　② 유상증자
③ 유형자산의 현금 취득 　　　　　　　④ 전환사채의 발행

15 다음은 (주)삼일의 20X2년과 20X1년 기말의 재무상태표이다. 이 자료를 이용하여 (주)삼일의 20X2년 중 영업활동 현금흐름을 구하면 얼마인가?

(1) 재무상태표

	20X2년 기말	20X1년 기말
자산		
현금및현금성자산	55,000원	50,000원
매출채권	30,000원	20,000원
기계장치	150,000원	100,000원
감가상각누계액	(35,000원)	(20,000원)
자산총계	200,000원	150,000원
부채		
매입채무	50,000원	20,000원
단기차입금	–	30,000원
부채총계	50,000원	50,000원
자본		
자본금	20,000원	20,000원
이익잉여금	130,000원	80,000원
자본총계	150,000원	100,000원
부채와 자본총계	200,000원	150,000원

(2) 추가정보
- 당기 중 기계장치의 처분은 없었다.
- 전기 말 단기차입금은 당기 중 전액 현금상환하였다.
- 이익잉여금은 전액 당기순이익으로 인해 증가하였다.
- 20X2년의 법인세비용차감전순이익은 50,000원이다.
- 20X2년의 법인세비용은 없다.

① 5,000원 　　　　　　　　　② 50,000원
③ 85,000원 　　　　　　　　　④ 100,000원

16 (주)삼일은 기중에 다음과 같은 자금의사결정을 하였다. 아래의 의사결정으로 인한 현금흐름 중 투자활동 관련 순현금흐름은 얼마인가?

매출채권의 회수	950,000원
차입금의 상환	1,000,000원
유형자산의 처분	800,000원
관계기업투자주식의 취득	1,000,000원
유상증자	2,000,000원
급여의 지급	500,000원
배당금의 지급	800,000원
무형자산의 취득	500,000원

① 500,000원 현금유입
② 500,000원 현금유출
③ 700,000원 현금유입
④ 700,000원 현금유출

17 (주)삼일의 20X1년도 당기순이익은 91,000원이다. 다음에 제시된 자료를 이용하여 (주)삼일의 20X1년도 영업활동현금흐름을 구하면 얼마인가(단, 이자지급 및 법인세납부는 영업활동으로 분류한다)?

〈20X1년도 ㈜삼일의 재무자료〉

유형자산처분손실	3,000원	사채상환이익	2,000원
사채의 감소	7,000원	미지급이자의 증가	2,000원
재고자산(순액)의 증가	3,000원	매출채권(순액)의 증가	2,000원
매입채무의 증가	3,000원	미지급법인세의 감소	3,000원

① 68,000원
② 87,000원
③ 89,000원
④ 91,000원

18 다음 중 현금흐름표 작성과 관련하여 직접법과 간접법 중 선택해서 작성할 수 있는 부분으로 가장 옳은 것은?

① 영업활동 현금흐름
② 투자활동 현금흐름
③ 재무활동 현금흐름
④ 현금및현금성자산의 환율변동효과

19 (주)삼일의 20X1년도 포괄손익계산서상 이자비용은 100,000원이다. 다음 자료를 이용하여 (주)삼일이 20X1년도에 현금으로 지급한 이자금액을 계산하면 얼마인가?

구 분	20X0년 12월 31일	20X1년 12월 31일
미지급이자	10,000원	25,000원
선급이자	10,000원	5,000원

① 70,000원
② 80,000원
③ 70,000원
④ 100,000원

20 다음 중 영업활동으로 인한 현금흐름으로 분류되지 않는 것은?

① 재화와 용역의 구입에 따른 현금유출
② 종업원급여와 관련하여 발생하는 현금유출
③ 단기매매목적으로 보유하는 자산에서 발생하는 현금흐름
④ 장기차입금에 따른 현금유입

21 다음 자료를 이용하여 영업활동으로 인한 현금흐름을 계산하시오.

당기순이익	2,500,000원	선급비용의 증가	200,000원
감가상각비	300,000원	재고자산의 감소	100,000원
유형자산처분손실	450,000원	매입채무의 증가	350,000원

① 2,000,000원

② 2,500,000원

③ 3,000,000원

④ 3,500,000원

22 다음 중 현금흐름표상 활동의 구분이 다른 하나를 고르면?

① 재화와 용역의 구입에 따른 현금유출
② 단기매매목적으로 보유하는 계약에서 발생하는 현금유출입
③ 리스이용자의 리스부채 상환에 따른 현금유출
④ 로열티, 수수료, 중개료 및 기타수익에 따른 현금유입

23 다음은 (주)삼일의 이자수익과 관련된 재무제표 자료이다.

ㄱ. 재무상태표 관련자료

구분	20X2년 12월 31일	20X1년 12월 31일
미수이자	20,000원	30,000원
미지급이자	40,000원	20,000원

ㄴ. 포괄손익계산서 관련자료

구분	20X2년	20X1년
이자수익	200,000원	150,000원

(주)삼일의 20X2 년 현금흐름표에 표시될 이자수취액은 얼마인가?

① 180,000원   ② 190,000원
③ 200,000원   ④ 210,000원

24 (주)삼일의 20X1년도 매출액은 100,000원이고 대손상각비로 5,000원을 계상하였다. 다음의 자료를 이용하여 (주)삼일의 매출로 인한 현금유입액을 계산하면 얼마인가?

	20X1년 1월 1일	20X1년 12월 31일
매출채권	10,000원	20,000원
대손충당금	1,000원	2,000원

① 56,000원   ② 66,000원
③ 76,000원   ④ 86,000원

25 다음의 자료를 이용하여 20X1년의 현금흐름표를 직접법에 의하여 작성할 경우 공급자에 대한 현금유출액은 얼마인가?

- 20X1년 매출원가는 60,000원이다.
- 20X1년 재고자산 및 매입채무 관련 자료

구 분	20X1년 1월 1일	20X1년 12월 31일
재고자산	5,000원	9,000원
매입채무	2,000원	4,000원

① 58,000원   ② 60,000원

③ 62,000원   ④ 64,000원

26 다음 자료의 빈칸에 들어갈 말로 알맞게 짝지어진 것은?

- 영업활동으로 인한 현금흐름   50,000원   • 법인세비용차감전순이익   500,000원
- 감가상각비   300,000원   • 재고자산의 증가   300,000원
- 유형자산처분손실   150,000원   • 매입채무의 (ㄱ)   (ㄴ)원

	ㄱ	ㄴ
①	증가	1,250,000
②	증가	600,000
③	감소	600,000
④	감소	1,250,000

Chapter

연습문제
정답 및 해설

Chapter 1 | 재무보고와 국제회계기준

01 ③ 종업원은 급여인상에 대한 협상을 위하여 회사에 대한 재무적 정보를 필요로 한다.

02 ② 국제회계기준은 개별재무제표가 아닌 연결재무제표 중심이다.

03 ④ 재무회계는 법적 강제력을 가지지만 관리회계는 법적 강제력을 가지지 않는다.

04 ② 재무회계는 정형화된 보고양식인 재무제표를 사용하고, 관리회계는 작성 및 사용에 법적강제력이 없다.

05 ① 국제적으로 통일된 회계기준에 의하여 재무제표가 작성되면 회계정보의 국제적 비교가능성과 신뢰성이 제고될 수 있다.

06 ④ 재무제표는 투자자나 채권자 등 기업의 외부정보이용자들의 경제적 의사결정에 유용한 기업의 정보를 제공하기 위하여 작성된다.

07 ① 일반목적재무보고의 목적은 현재 및 잠재적 투자자, 대여자와 그 밖의 채권자가 기업에 자원을 제공하는 것과 관련된 의사결정을 할 때 유용한 보고기업 재무정보를 제공하는 것이다. 보고기업의 경영진도 해당 기업에 대한 재무정보에 관심이 있다. 그러나 경영진은 그들이 필요로 하는 재무정보를 내부에서 구할 수 있기 때문에 일반목적재무보고서에 의존할 필요가 없다.

08 ③ ① 국제회계기준은 원칙중심의 회계기준으로 상세하고 구체적인 회계처리 방법을 제시하기 보다는 회사 경영자가 경제적 실질에 기초하여 합리적으로 회계처리할 수 있도록 회계처리의 기본원칙과 방법론을 제시하는 데 주력한다.

② 국제회계기준은 국제자본시장의 이용자들에게 목적적합한 정보를 제공하기 위해 자산과 부채를 원칙적으로 공정가치로 측정하여 공시할 것을 요구하고 있다.

④ 국제회계기준은 개별 국가의 법률 및 제도에 따른 차이와 기업의 상황을 반영할 수 있도록 국제회계기준의 적용에 최소한 적용되어야 하는 지침을 규정하여 정보이용자를 보호하기 위해 공시를 강화하고 있다.

09 ② 한국채택국제회계기준에서는 비용의 성격별 또는 기능별 분류방법 중에서 신뢰성 있고 더욱 목적적합한 정보를 제공할 수 있는 방법을 적용하여 당기손익으로 인식한 비용의 분석내용을 표시한다.

| Chapter 2 | 재무보고를 위한 개념체계 |

01 ④ 미래의 현금흐름에 대한 예측이 반영된 재무성과는 일반목적재무보고서가 제공하는 정보에 포함되지 않는다.

02 ④ 이 개념체계는 한국채택국제회계기준이 아니므로 이 개념체계의 어떠한 내용도 회계기준이나 회계기준의 요구사항에 우선하지 아니한다.

03 ④ 분·반기보고서를 작성하게 되면 재무정보의 적시성을 향상시키게 된다.

04 ④ 비용은 부채가 증가하는 경우뿐만 아니라 자산이 감소하는 경우에도 인식될 수 있다.

05 ③ 재무정보가 과거 평가에 대한 피드백을 제공하는 것은 확인가치를 가지는 것이다.

06 ④ 기업의 특유한 측면의 목적적합성으로 미리 정할 수 없다.

07 ④ 관측 가능하지 않는 가격이나 가치의 추정치도 추정치로서의 금액을 명확하고 정확하게 기술하고, 추정 절차의 성격과 한계를 설명하며, 그 추정치를 도출하기 위한 적절한 절차를 선택하고 적용하는 데 오류가 없다면 그 추정치의 표현은 충실하다고 할 수 있다.

08 ① 표현의 충실성에서 오류가 없다는 것은 현상의 기술에 오류나 누락이 없고, 보고 정보를 생산하는데 사용되는 절차의 선택과 적용 시 절차상 오류가 없음을 의미하며, 모든 면에서 완벽하게 정확하다는 것을 의미하지는 않는다.

09 ① 자산을 취득하거나 창출할 때의 역사적 원가는 자산의 취득 또는 창출에 발생한 원가의 가치로서, 자산을 취득 또는 창출하기 위하여 지급한 대가와 거래원가를 포함한다.

10 ④ 때로는 하나의 보강적 질적특성이 다른 질적특성의 극대화를 위해 감소되어야 할 수도 있다.

11 ① 주석은 재무제표에 포함되며 재무회계개념체계의 적용을 받는다.

12 ① 재무정보가 예측가치를 갖기 위해서 그 자체가 예측치 또는 예상치일 필요는 없다. 예측가치를 갖는 재무정보는 이용자들 자신이 예측하는 데 사용된다.

13 ① (ㄱ)은 예측가치, (ㄴ)은 확인가치, (ㄷ)은 중요성에 대한 설명이다.

14 ② 규제기관 그리고 투자자, 대여자와 그 밖의 채권자가 아닌 일반대중도 일반목적재무보고서가 유용하다고 여길 수 있다. 그렇더라도 일반목적재무보고서는 이러한 그 밖의 집단을 주요 대상으로 한 것이 아니다.

15 ③ 계량화된 정보가 검증가능하기 위해서 단일점추정치이어야 할 필요는 없다.

16 ① 비교가능성, 검증가능성, 적시성 및 이해가능성은 목적적합하고 충실하게 표현된 정보의 유용성을 보강시키는 질적 특성이다.

17 ② 경영진이 기업을 청산하거나 경영활동을 중단할 의도를 가지고 있지 않거나, 청산 또는 경영활동의 중단 외에 다른 현실적 대안이 없는 경우가 아니면 계속기업을 전제로 재무제표를 작성한다.

Chapter 3 | 재무제표 표시

01 ③ 한국채택국제회계기준에서는 재무상태표의 형식이나 항목의 순서를 제시하고 있지 않고 있으므로, 기업마다 재무상태표의 양식 및 재무상태표에 포함할 항목을 재량적으로 결정하는 것이 가능하다.

02 ④ 매출원가는 최소한의 표시항목이 아니다.

03 ① 재무상태표는 일정시점인 보고기간 말의 재무상태표를 나타내는 보고서이다.

04 ③ 포괄손익계산서에서 비용을 표시할 때는 성격별로 분류하여 표시하는 방법과 기능별로 분류하여 표시하는 방법 중 선택할 수 있다.

05 ② ① 재무상태표의 형식이나 계정과목순서에 대해서 강제규정을 두고 있지 않다.
③ 유동성배열법, 유동성/비유동성법, 혼합표시방법이 모두 가능하다.
④ 원래의 결제기간이 12개월을 초과하고, 보고기간 후 재무제표 발행승인일 전에 지급기일을 장기로 재조정하는 약정이 체결되었으나 보고기간 후 12개월 이내에 결제일이 도래하면 유동부채로 분류한다.

06 ④ 해외사업장의 재무제표 환산으로 인한 손익은 후속적으로 재분류되는 항목이다.

07 ② 포괄손익계산서에서 비용을 표시할 때에는 기능별 분류뿐만 아니라 성격별 분류 방식도 사용 가능하다.

08 ③ 매출채권 400,000원 + 재고자산 600,000원 + 선급금 50,000원 = 1,050,000원

09 ④ 비용을 기능별로 분류하여 손익계산서를 작성한 기업은 비용의 성격별 배부에 대한 내용을 주석에 추가적으로 공시하여야 한다.

10 ④ 보고기간 후 12개월 이상 부채의 결제를 연기할 수 있는 무조건의 권리를 가지고 있는 경우에는 비유동부채로 분류한다.

11 ② 재고자산에 대한 재고자산평가충당금과 매출채권에 대한 대손충당금과 같은 평가충당금을 차감하여 관련 자산을 순액으로 측정하는 것은 상계표시에 해당하지 아니한다.

12 ④ 기능별 분류란 비용을 매출원가, 그리고 물류원가와 관리활동원가 등과 같이 기능별로 분류하는 방법으로 매출원가를 다른 비용과 분리하여 공시하는 것이 특징이다.

13 ② 기타포괄손익 항목은 관련 법인세 효과를 차감한 순액으로 표시하는 방법과 기타포괄손익 항목과 관련된 법인세 효과 반영 전 금액으로 표시하고, 각 항목들에 관련된 법인세 효과는 단일 금액으로 합산하여 표시하는 방법 중에서 한 가지 방법으로 표시할 수 있다.

14 ② 포괄손익계산서에서 당기순손익과 총포괄손익 간에 차이를 발생시키는 항목은 기타포괄손익을 의미하며, 확정급여제도의 재측정요소는 기타포괄손익에 해당한다.

15 ① 경영진이 경영활동의 중단 이외에 다른 현실적 대안이 없는 경우 재무제표는 계속기업의 기준 하에 작성되지 않는다.

16 ② 재무제표와 주석에 적용하는 중요성의 기준은 다를 수 있다. 즉, 재무제표에는 중요하지 않아 구분하여 표시하지 않은 항목이라도 주석에서는 구분 표시해야 할 만큼 충분히 중요할 수 있다.

Chapter 4 | 보고기간후사건, 특수관계자 공시, 중간재무보고

01 ④ 경영진이 보고기간 후에, 기업을 청산하거나 경영활동을 중단할 의도를 가지고 있거나, 청산 또는 경영활동의 중단 외에 다른 현실적 대안이 없다고 판단하는 경우에는 계속기업의 기준에 따라 재무제표를 작성해서는 아니된다.

02 ④ 보고기간 말 이후 투자자산의 공정가치 하락은 보고기간 말의 상황과 관련된 것이 아니라 보고기간 후에 발생한 상황이 반영된 것이므로 재무제표의 수정을 요하는 사건이 아니다.

03 ① 보고기간 말과 재무제표 발행승인일 사이에 발생한 투자자산의 공정가치 하락분은 재무제표의 수정을 요하지 않는다.

04 ② 지배기업과 그 종속기업 사이의 관계는 거래의 유무에 관계없이 공시한다.

05 ④ 수정을 요하는 보고기간 후 사건이란 보고기간 말에 존재하였던 상황에 대해 증거를 제공하는 사건을 말한다.

06 ④ 보기에서 제시된 상황들은 수정을 요하는 보고기간후사건에 해당된다.

07 ② 포괄손익계산서는 당해 중간기간과 당해 회계연도 누적기간을 직전 회계연도의 동일기간과 비교하는 형식으로 작성한다.

08 ④ 배당금에 대한 회계처리는 배당금지급결의일에 회계처리한다.

09 ③ 공정가치의 하락은 일반적으로 보고기간 말의 상황과 관련된 것이 아니라 보고기간 후에 발생한 상황이 반영된 것이다. 따라서 그 투자자산에 대해서 재무제표에 인식된 금액을 수정하지 아니한다.

10 ② 지배기업과 그 종속기업 사이의 관계는 거래의 유무에 관계없이 공시하며, 기업은 지배기업의 명칭을 공시한다.

11 ① 자본변동표는 당 회계연도 1월 1일부터 9월 30일까지의 누적기간을 대상으로 작성하고 직전 회계연도의 동일 기간을 대상으로 작성한 자본변동표와 비교 표시한다.

12 ③ ① 최상위 지배자와 지배기업이 다른 경우에는 최상위 지배자의 명칭도 공시한다.
② 주요 경영진에 대한 보상에는 단기종업원급여, 퇴직급여, 기타 장기종업원급여, 해고급여, 주식기준보상 등을 포함한다.
④ 지배기업과 그 종속기업 사이의 관계는 거래의 유무에 관계없이 공시한다.

13 ① 한국채택국제회계기준에서는 특수관계자의 범위를 규정하고 있으며, 당해기업과 통상적인 업무 관계를 맺고 있는 경우에는 특수관계자로 규정되어 있지 않다.

Chapter 5 재고자산

01 ④ 판매원가는 재고자산의 취득원가에 포함할 수 없으며 발생기간의 비용으로 인식하여야 한다.

02 ① 선입선출법은 물량의 실제흐름과는 관계없이, 먼저 구입한 상품이 먼저 사용되거나 판매된 것으로 가정하여 기말재고액을 결정하는 방법이다.

03 ③ 실지재고조사법이란 정기적으로 실지재고조사를 통하여 재고수량을 파악하는 방법으로 상품재고장에 입고기록만 할 뿐, 출고기록을 하지 않기 때문에 당기판매수량은 당기판매가능수량(기초재고수량+당기매입수량)에서 기말실지재고수량을 차감하여 계산한다.

04 ④ 당기비용 = 500,000원 + 2,000,000원 − 1,000,000원 = 1,500,000원

05 ④ 계속기록법의 매출원가: 25,500,000원
계속기록법의 기말재고자산: 6,500,000원 + 20,000,000원 + 12,000,000 − 25,500,000원 = 13,000,000원
실지재고조사법의 매출원가: 6,500,000원 + 20,000,000원 + 12,000,000원 − 10,000,000원 = 28,500,000원
실재재고자산법의 기말재고자산: 10,000,000원

06 ② 기초매출채권(2,000,000원) + 총매출액 = 현금회수액(7,000,000원) + 매출할인
(10,000원) + 8.21. 매출채권잔액(2,400,000원)
∴ 총매출액 = 7,410,000원
순매출액 = 7,410,000원 − 10,000(매출할인) = 7,400,000원
매출원가 = 7,400,000원 × (1−20%) = 5,920,000원
기초재고자산 + 당기매입액 = 매출원가 + 8.21. 현재 재고자산
500,000원 + 6,300,000원 = 5,920,000원 + 8.21. 현재 재고자산
∴ 8.21. 현재 재고자산 = 880,000원
재고자산 손실액 = 880,000원 − 10,000원(운송상품) − 200,000원(처분가치)
= 670,000원

07 ② (USD 1,000 − USD 120) × @1,100 + 80,000원 = 1,048,000원

08 ④ 재고자산 구입 후 상품의 하자로 인해 매입대금을 할인받는 경우 재고자산의 매입가액
에서 차감한다.

09 ② 재고 매입단가가 지속적으로 상승한다면 매출총이익률은 총평균법을 적용했을 때보다
선입선출법을 적용했을 경우 상대적으로 더 크다.

10 ③ 일반제조기업이 영업활동에 사용할 목적으로 보유하고 있는 토지, 건물 등은 유형자산
으로 분류되나, 부동산매매업을 영위하고 있는 기업이 보유하고 있는 판매목적의 부동
산은 재고자산으로 분류한다.

11 ① (상품)재고자산감모손실 :

$$\frac{4,400,000원}{1,100개} × (1,100개 − 1,000개) = 400,000원$$

12 ① 기말재고자산
선입선출법 적용시: 1,000개 × @3,000 + 1,000개 × @2,800 = 5,800,000원
총평균법 적용시: 2,000개 × @2,450 = 4,900,000원
평균단가: 6,000,000원 + 5,000,000원 + 5,600,000원 + 3,000,000원
= 19,600,000/8,000개 = 2,450원

13 ② 완성될 제품이 원가 이상으로 판매될 것으로 예상하는 경우에는 그 생산에 투입하기 위
해 보유하는 원재료 및 기타 소모품을 감액하지 않는다.

14 ① 매출액: 25개 × @130 = 3,250원
매출원가: 10개 × @100 + 15개 × @110 = 2,650원
매출총이익: 3,250원 − 2,650원 = 600원

15 ① 재고자산으로 표시될 순장부금액
= 1,500개 × @90 + 4,500개 × @500 + 2,000개 × @300 = 2,985,000원

16 ① 매출원가
= 기초재고자산 + 매입액 − 비정상재고자산감모손실 − 기말재고자산
= 400,000원 + 1,000,000원 − 20,000원 − 300,000원 = 1,080,000원

17 ③ 기말 재고자산의 금액
= 1,500개 × @14,500 + 500개 × @14,000 = 28,750,000원

18 ④ 총평균법:

$$\frac{1,000개 \times @100 + 500개 \times @120 + 1,500개 \times @140 + 200개 \times @150}{1,000개 + 500개 + 1,500개 + 200개} \times 700개$$

= 87,500원

선입선출법: 200개 × @150 + 500개 × @140 = 100,000원
차이금액: 100,000원 − 87,500원 = 12,500원

19 ① 재고자산의 감액을 초래했던 상황이 해소되거나 경제상황의 변동으로 순실현가능가치
가 상승한 명백한 증거가 있는 경우에는 최초의 장부금액을 초과하지 않는 범위 내에서
평가손실을 환입한다.

20 ④ 순실현가능가치 = @160 − @160 × 5% = @152
재고자산감모손실 = (100개 − 95개) × @200 = 1,000원
재고자산평가손실 = 95개 × (@200 − @152) = 4,560원
당기손익에 미치는 영향 = 1,000원 + 4,560원 = 5,560원 감소

21 ① 순실현가능가치 = 170,000원 − 40,000원 = 130,000원
저가법 적용 후 기말재고자산 장부금액 = MIN(150,000원, 130,000원)
= 130,000원
비용계상액 = 판매가능상품 − 저가법 적용 후 기말재고자산 장부금액
= 450,000원 − 130,000원 = 320,000원

22 ③   3월 5일 이동평균법 단가 = $\dfrac{90,000원 + 30,000원}{1,000개 + 200개}$ = @100

6월 8일 이동평균법 단가 = $\dfrac{@100 \times 300개 + 22,000원}{300개 + 200개}$ = @104

기말재고자산 금액 = @104 × 400개 = 41,600원

23 ④   재료원가, 노무원가 및 기타 제조원가 중 비정상적으로 낭비된 부분, 후속 생산단계에 투입하기 전에 보관이 필요한 경우 이외에 발생하는 보관원가는 재고자산의 취득원가에 포함할 수 없으며 발생기간의 비용으로 인식하여야 한다.

24 ①   완성될 제품이 원가 이상으로 판매될 것으로 예상하는 경우에는 그 생산에 투입하기 위해 보유하는 원재료 및 기타 소모품을 감액하지 않는다.

25 ③   재고자산평가손실 = 4,000,000원 − 3,000,000원 = 1,000,000원

Chapter 6   유형자산

01 ④   일상적인 수선·유지와 관련하여 발생하는 원가는 해당 유형자산의 장부금액에 포함하여 인식하지 않고 발생시점에 당기손익으로 인식한다.

02 ④   토지와 건물 일괄구입 후 기존 건물 철거로 발생한 폐자재들을 처리하는 비용이 발생하는 경우에는 동 비용을 토지의 원가에 가산한다.

03 ④   정부보조금을 관련 자산에서 차감하는 방법으로 표시하는 경우 유형자산의 장부금액은 유형자산 취득금액에서 관련 정부보조금 및 감가상각누계액을 차감하여 표시된다.

04 ③   올바른 회계처리

(차) 현금	3,500,000	(대) 컴퓨터	5,000,000
감가상각누계액	1,500,000		

따라서 회사는 감가상각비 500,000원만큼 영업이익을 과소계상하고 있다. 하지만 유형자산처분이익이 500,000원만큼 과대계상되었으므로 법인세차감전계속사업이익은 동일하다.

05 ④ 기계장치A의 경우 장부금액보다 회수가능액이 작기 때문에 유형자산손상차손을 인식하여야 한다.

유형자산손상차손
= 225,000,000 − max(150,000,000, 135,000,000) = 75,000,000원

06 ③ 매입가격 100,000,000원 + 운송비 5,000,000원 + 설치 및 조립비 3,000,000원+ 정상적인 가동여부를 확인하는데 소요된 원가 2,000,000원 = 110,000,000원

07 ② 평균지출액 = 10,000,000 + 8,000,000 × 6/12 + 9,000,000 × 4/12
= 17,000,000원

자본화 할 차입원가 = 특정목적차입금 8,000,000원 × 10% +
일반목적차입금 min[(17,000,000원 − 8,000,000원),
(20,000,000원 × 6/12)] × 8%
= 800,000원 + 720,000원 = 1,520,000원

08 ② 자본화이자율 = $\dfrac{\text{일반목적차입금에 대한 실제발생비용}}{\text{평균차입금총액}}$

= $\dfrac{(10,000,000원 × 6\%) + (20,000,000원 × 9\% × 6/12)}{10,000,000원 + (20,000,000원 × 6/12)}$ = 7.5%

09 ② 시장이자율이 하락하는 경우 유형자산의 사용가치를 증대시키므로 손상의 징후로 보기 어렵다.

10 ① 당기 재평가된 금액 4억 원 중 20X1년에 당기손실로 인식한 재평가감소액 1억 원은 20X2년에 당기손익으로 인식하고 나머지 3억 원은 재평가잉여금(기타포괄손익누계액)으로 인식한다.

11 ② 20X2년 말 기계장치 장부금액 = 40,000원 − 40,000원/4년 = 30,000원
회수가능가액 = min[80,000원, (100,000원 − 100,000원/5년 × 2년)]= 60,000원
손상환입액 = 60,000원 − 30,000원 = 30,000원

12 ② 정액법으로 상각하므로 매년 감가상각비가 동일하다.
취득원가 = 200,000원 × 4년 + 100,000원 = 900,000원

13 ② 20X2년도 당기순이익에 미치는 영향 : (15,000 − 7,000) − 5,000 = 3,000 감소

| 14 | ④ | (차) 기계장치 | 7,401,800* | (대) 현금 | 5,000,000 |
| | | 현재가치할인차금 | 598,200 | 장기미지급금 | 3,000,000 |

　　　　* 5,000,000원 + 1,000,000 × 2.4018 = 7,401,800원

15	②	(차) 기계장치	3,000,000	(대) 차량운반구	4,000,000
		감가상각누계액	2,000,000	현금	300,000
				유형자산처분이익	700,000

16 ③ 자산의 장부금액이 재평가로 인하여 증가된 경우 원칙적으로 그 증가액은 기타포괄손익(재평가잉여금)으로 인식한다.

17 ④ 일상적인 수선·유지와 관련하여 발생하는 원가는 해당 유형자산의 장부금액에 포함하여 인식하지 않고 발생시점에 당기손익으로 인식한다. 또한 유형자산의 일부를 대체할 때 발생하는 원가가 인식기준을 충족하는 경우에는 이를 해당 유형자산의 장부금액에 포함하여 인식하고 대체되는 부분의 장부금액은 제거한다.

18 ② 20X1년 말에 증가할 유형자산의 금액 = 10억원 + (2억원 − 2억원×1/4) + 1억원 = 12.5억원

19 ① 처분시점까지 건물 감가상각누계액: (5,000,000 − 500,000) × 39/240 = 731,250원
유형자산처분손실: 7,000,000 − (4,268,750 + 3,000,000) = 268,750원

20 ④ 토지 재평가이익이 발생하는 경우 비유동자산과 자본이 증가하나 부채는 감소하지 않는다.

21 ③ 20X1년 말 기계장치 장부금액 = max(순공정가치, 사용가치) = 35,000,000원
20X2년 감가상각비 = 35,000,000/10년 = 3,500,000원

22 ② 감가상각방법은 적어도 매 회계연도 말에 재검토하며, 재검토 결과 자산에 내재된 미래경제적효익의 예상되는 소비형태에 유의적인 변동이 있다면 이를 반영하기 위하여 감가상각방법을 변경한다. 이러한 변경은 회계추정의 변경으로 회계처리한다.

23 ① 기계장치의 취득금액 = 700,000,000원 + 15,000,000원 = 715,000,000원

24 ④ 처분금액: 3억 원
장부금액: 5억 원 − (5억 원 − 0원)×45개월/120개월 = 3.125억 원
유형자산처분손실: 3억 원 − 3.125억 원 = −0.125억 원

25 ③ 차입원가 자본화
= 5,000,000원 × 12% × 12/12 − 1,000,000원 × 9% × 6/12 = 555,000원

26 ② 20X2년말 장부금액: 1,000,000원 − (1,000,000원 − 0원) × 1/5 × 2년
= 600,000원
20X3년말 장부금액: 600,000원 + 100,000원 − (700,000원 − 0원) × 1/5
= 560,000원

27 ③ ① 재평가모형을 적용하는 경우에도 손상징후를 검토한 후 손상차손을 인식한다.
② 회수가능액은 당해 자산의 순공정가치와 사용가치 중 큰 금액이다.
④ 자산손상을 시사하는 징후가 있는지를 검토할 때는 외부정보와 내부정보를 모두 고려한다.

28 ④ 20×2년말 장부금액 = 20×2년말 공정가치 = 100,000원

29 ③ 20X2년 감가상각비 = (12,000만원 − 0원) × 1/10 = 1,200만원
20X2년말 장부금액 = 12,000만원 − 1,200만원 = 10,800만원
20X1년말에 손상차손을 인식하지 않았을 경우의 20X2년말 장부금액
= 30,000만원 − (30,000만원 − 0원) × 1/10 = 27,000만원
20X2년말 회수가능액 = MAX(28,000만원, 22,000만원) = 28,000만원
20X2년말 손상차손환입 = MIN(28,000만원, 27,000만원) − 10,800만원
= 16,200만원

30 ① 정액법: (5,000,000원 − 500,000원) × 1/5 = 900,000원
정률법: 5,000,000원 × 0.451 = 2,255,000원
생산량비례법: (5,000,000원 − 500,000원) × 1,500개/6,000개 = 1,125,000원
연수합계법 : (5,000,000원 − 500,000원) × 5/15 = 1,500,000원

31 ④ 재평가로 인하여 자산이 감소된 경우 그 감소액은 당기손실로 인식한다. 그러나 그 자산에 대한 재평가잉여금의 잔액이 있다면 그 금액을 한도로 재평가감소액을 기타포괄손익으로 인식한다.

32 ① 취득원가 = 제공한 자산의 장부금액 + 현금지급액
= (3,500,000원 − 1,200,000원) + 300,000원 = 2,600,000원

Chapter 7	무형자산

01 ① 무형자산 : 320,000 + 180,000 = 500,000원

02 ① 비용인식금액 = 연구단계 발생원가 + 개발단계 발생 원가 중 무형자산 인식기준을
충족하지 못하는 원가

03 ③ 4월 1일과 5월 1일 지출한 것만 무형자산으로 인식하고 7월 1일부터 감가상각한다.
비용인식금액 = 연구비 200,000 + 자산인식 조건을 충족하지 못한 개발비
1,500,000 + 무형자산 상각비 (500,000 + 800,000)/5 × 6/12
= 1,830,000원

04 ② 훈련을 통해 습득된 종업원의 기술은 기업이 충분히 통제하기가 어렵기 때문에 무형자
산의 정의를 충족하지 못한다.

05 ③ 무형자산으로 인식되기 위하여 갖추어야 할 요건은 식별가능성, 통제, 미래 경제적 효
익이며, 사업결합으로 취득할 것은 그 요건이 아니다.

06 ② 손상검토 시 회수가능액은 순공정가치와 사용가치 중 큰 금액을 기준으로 판단하여야
한다.

07 ③ 고정고객, 시장점유율, 고객과의 관계, 고객의 충성도 등은 기업이 통제할 수 없으므
로 일반적으로 무형자산의 정의를 충족하지 못한다.

08 ③ ① 20X1년 말 무형자산
120,000원 – 120,000원 × 1/5 × 3/12 = 114,000원
② 20X1년 무형자산상각비: 6,000원

09 ③ 20,000,000원/min[경제적 내용연수, 법적 권리 보유기간] × 3/12 = 1,000,000원

10 ① 내부적으로 창출된 영업권은 무형자산으로 인식하지 않는다.

11 ④ 무형자산의 잔존가치, 상각기간, 상각방법을 변경하는 경우에는 회계추정의 변경으로
보고 전진적용하여 회계처리한다.

12 ① 비한정 내용연수는 상각하지 않고, 무형자산은 사용가능한 시점부터 상각해야 하므로 4년에 걸쳐 상각해야 한다.(200,000원/4년 = 50,000원)

13 ④ 내부적으로 창출된 브랜드, 고객목록 및 이와 유사한 항목에 대한 지출은 무형자산으로 인식하지 않는다. 왜냐하면 내부적으로 창출한 브랜드, 제호, 출판표제, 고객 목록과 이와 실질이 유사한 항목은 사업을 전체적으로 개발하는 데 발생한 원가와 구별할 수 없기 때문이다.

14 ③ 총비용
= 연구비 + 자산인식조건을 만족하지 못한 개발비 + 무형자산 상각비
= (3,000,0000원 + 27,000,000원) + 7,000,000원 + (40,000,000원 - 0원)
  ×1/10×6/12 = 39,000,000원

15 ① 상각은 자산이 사용할 수 있는 때부터 시작한다. 따라서 당기말 현재 신약개발활동이 계속 진행 중이라면 아직 사용할 수 없는 상태이기 때문에 상각을 하지 않는다.

16 ① 20X1년말 손상차손 인식 전 장부금액 = 500,000원 - (500,000원 - 0원)×1/5
= 400,000원
20X1년말 회수가능액 = MAX(400,000원, 360,000원) = 400,000원
20X1년말 특허권 장부금액 = 400,000원 즉, 손상차손은 0원임

17 ① 무형자산의 경제적효익이 소비되는 형태를 신뢰성 있게 결정할 수 없는 경우에는 정액법을 적용하여 상각한다.
무형자산상각비 = (6,000,000원 - 0원) × 1/5 × 3/12 = 300,000원

| Chapter 8 | 투자부동산 |

01 ④ 정상적인 영업과정에서의 판매를 위한 부동산이나 이를 위하여 건설 또는 개발 중인 부동산은 재고자산으로 분류하여야 한다.

02 ④ 투자부동산의 공정가치를 산정할 때에는 매각이나 다른 형태의 처분으로 발생할 수 있는 거래원가를 차감하지 않고 산정한다.

03 ③ 투자부동산평가이익 = 12억 원 – 8억 원 = 4억 원, 즉 당기순이익이 4억 원 증가한다.

04 ④ 금융리스로 제공한 부동산은 투자부동산에 해당되지 않는다. 리스 기준서에 따라 자산을 장부에서 제거한다.

05 ① (1) (주)삼일은 투자부동산에 대해 감가상각비를 인식한다.
  20X1년 감가상각비 = 40억 원 ÷ 20년 = 2억 원
  (2) (주)용산은 투자부동산에 대해 평가손실을 인식한다.
  평가손실 = 40억 원 – 36억 원 = 4억 원
  즉, (주)삼일이 (주)용산보다 당기순이익 2억 원을 더 많이 계상된다.

06 ④ 공정가치모형 적용시 감가상각을 하지 않고 평가손익을 당기손익으로 인식한다.

07 ① 재고자산을 공정가치로 평가하는 투자부동산으로 대체하는 경우, 재고자산의 장부금액과 대체시점의 공정가액의 차액을 당기손익으로 인식한다.

08 ④ 투자부동산 금액
  = 100,000,000원 + 80,000,000원 = 180,000,000원

09 ② 공정가치모형을 적용하는 투자부동산을 유형자산으로 대체하는 경우, 대체시점에서 발생한 재평가차액을 당기손익으로 인식한다.

10 ③ 투자부동산평가이익: 1,100,000원 – 900,000원 = 200,000원
  감가상각비: (1,100,000원 – 0원)×1/10×3/12 = 27,500원
  당기순손익에 미치는 영향 = 투자부동산평가이익 – 감가상각비
  = 200,000원 – 27,500원 = 172,500원 증가

11 ③ 원가모형이기 때문에 당기순이익에 미치는 영향은 감가상각비 만큼 감소이다.
  감가상각비 = (600,000,000원 – 60,000,000원) ×1/30 ×3/12 = 4,500,000원

12 ③ 정상적인 영업과정에서 판매하기 위한 부동산이나 이를 위하여 건설 또는 개발 중인 부동산, 자가사용부동산, 금융리스로 제공한 부동산은 투자부동산에 해당하지 않는 경우의 예이다.

13 ① 정상적인 영업과정에서 판매하기 위한 부동산을 제3자에게 운용리스제공을 개시한 경우 재고자산에서 투자부동산으로 계정대체한다.

Chapter 9	금융자산

01 ④ 확정수량의 자기지분상품을 확정금액의 현금 등 금융자산을 교환하여 결제하는 방법 외의 방법으로 결제되거나 결제될 수 있는 파생상품은 발행자 입장에서 금융부채로 분류하여야 한다.

02 ④

통화	100,000원
타인발행수표	200,000원
보통예금	300,000원
당좌예금	300,000원
	900,000원

* 일반적 상거래에서 발생한 선일자수표는 매출채권으로 분류함.

03 ③ 현금및현금성자산 = 요구불예금 + 타인발행수표 + 취득일로부터 상환일까지의 기간이 2개월인 상환우선주
= 1,650,000원 + 2,500,000원 + 1,000,000원 = 5,150,000원

04 ④ 신용위험이 유의적으로 증가하지 않은 경우 12개월 기대신용손실금액을 손실충당금으로 측정한다.

05 ③ 단기매매 목적으로 보유하는 경우 기타포괄손익-공정가치 측정 금융자산으로 분류할 수 없다.

06 ④ 당기손익-공정가치 측정 금융자산 취득시 지출된 거래원가는 당기비용으로 처리한다.

07 ④ 채무상품으로 분류되는 기타포괄손익-공정가치 측정 금융자산은 손상차손을 인식한다.

08 ④ (10,200원 - 9,500원) × 1,000주 = 70,000원(평가이익)

09 ③ 20X1년 평가이익 = (1,100원 - 1,000원) × 1,000주 = 100,000원
20X2년 평가손실 = (900원 - 1,000원) × 1,000주 = 100,000원
지분상품이 기타포괄손익-공정가치 측정 금융자산으로 분류되는 경우 처분하더라도 평가손익을 당기손익으로 재분류되지 않는다.

10 ④ 취득가액 = 원금 1,000,000원 및 표시이자 100,000원을 시장이자율 12%로 할인한 현재가치 = 951,963원

20X1년 말 장부가액 = 951,963 + (951,963 × 12% − 100,000) = 966,199원

11 ④ 장부금액 = 0.79719 × 1,100,000 + 0.89286 × 100,000 = 966,195원

공정가치 = 0.84168 × 1,100,000 + 0.91743 × 100,000 = 1,017,591원

평가이익 = 1,017,591 − 966,195 = 51,396원

기타포괄손익−공정가치 측정 금융자산으로 분류되는 채무상품은 평가이익을 기타포괄손익으로 인식한다.

12 ③ 한국채택국제회계기준 제1109호 '금융상품'에서는 상각후원가측정금융자산과 기타포괄손익−공정가치 측정 금융자산으로 분류되는 채무상품에 대해서 손상차손을 규정하고 있다. 즉, 당기손익−공정가치 측정 금융자산과 지분상품에 대해서는 손상차손을 인식하지 않는다.

13 ② 100,000 × 0.79719 + 10,000 × 1.69005 = 96,620원

14 ① 결산전 대손충당금 잔액 = 51,000,000원 − 10,000,000원 = 41,000,000원

당기말 대손충당금 추정액 = 49,270,000원

결산시 대손상각비 = 49,270,000원 − 41,000,000원 = 8,270,000원

15 ③ 원리금 수취와 매도가 목적인 채무상품은 기타포괄손익−공정가치 측정 금융자산으로 분류한다.

16 ① 유동부채가 유동자산을 초과한 것을 손상에 대한 객관적인 증거로 보지는 않는다.

17 ① 금융자산을 아무런 조건 없이 매도한 경우는 소유에 따른 위험과 보상의 대부분을 이전하는 경우의 예이다.

18 ④ 기타포괄손익−공정가치 측정 금융자산(채무상품)에서 발생한 평가손익은 처분시점에 당기손익으로 재분류되므로, 처분손익은 [처분가액 − 취득가액(상각후원가)]이다.

처분일의 상각후원가 = 취득원가 + 처분일까지의 사채할인발행차금 상각액

= 885,839 + (885,839 × 15% − 100,000) = 918,715원

처분손익 = 990,000 − 918,715 = 71,285원(이익)

19 ② 계약상현금흐름수취목적인 채무상품은 상각후원가측정금융자산으로 분류하고 단기매매목적의 지분상품은 당기손익-공정가치 측정 금융자산으로 분류한다. 당기손익-공정가치 측정 금융자산의 거래원가는 비용으로 인식하되 기타포괄손익-공정가치 측정 금융자산의 거래원가는 취득원가에 산입한다.

20 ② 기타포괄손익-공정가치 측정 금융자산 중 지분상품의 처분손익은 기타포괄손익으로 인식하고 기존의 기타포괄손익누계액은 당기손익으로 재분류하지 않는다.

21 ③ 기타포괄손익-공정가치 측정 금융자산 중 채무상품의 처분손익은 기타포괄손익을 감안하여 산정하여 기존의 기타포괄손익누계액은 당기손익으로 재분류한다.

22 ① 금융자산 제거의 경제적 실질 판단 시 법률상 금융자산의 이전 여부는 고려요소가 아니다. 금융자산은 당해 금융자산의 현금흐름에 대한 계약상 권리가 소멸하거나 당해 금융자산을 양도하며 그 양도가 위험과 보상의 이전 정도에 따른 제거조건을 충족하는 경우 제거한다.

23 ④ 기업이 자신의 지분상품으로 결제되거나 결제될 수 있는 계약으로서 수취할 자기지분상품의 수량이 변동가능한 비파생상품은 금융자산이다.

24 ① 유출될 현금
$$= \frac{24,000,000원}{1.08} + \frac{224,000,000원}{1.08^2} + 200,000,000원 \times 0.5\%$$
$$= 215,266,118원$$

25 ② 당기손익-공정가치 측정 금융자산의 평가손익
= 6주 × (@3,000 - @2,000) = 6,000원 이익

26 ③ 20X1년말 기타포괄손익누계액 = 20X1년말 공정가치 - 취득원가
= 150,000원 - (100,000원 + 10,000원) = 40,000원

27 ③ 기타포괄손익-공정가치 측정 금융자산으로 분류되는 채무상품의 손실충당금은 기타포괄손익에서 인식하고 재무상태표에서 금융자산의 장부금액을 줄이지 아니한다.

28 ④   〈해설〉

20×2년 대손충당금

대손확정	30,000원	기초	42,500원
기말	85,000원	대손상각비	72,500원
	115,000원		115,000원

29 ②   20X1년말 : 1,000주 × (@6,500 - @5,000) = 1,500,000원 ∴이익
20X2년말 : 1,000주 × (@4,900 - @5,000) = -100,000원 ∴손실

30 ③   매입채무와 미지급금은 거래상대방에게 현금 등 금융자산을 인도하기로 한 계약상 의무이기 때문에 금융부채에 해당한다.

31 ③   (950,266원 × 1.1 - 80,000원) × 10% = 96,529원

32 ①   ② 주식처분으로 인한 처분손익 : 기타포괄손익으로 인식
③ 공정가치평가로 인한 평가손익 : 기타포괄손익으로 인식
④ 주식취득과 관련하여 발생한 거래원가 : 취득원가에 가산

33 ③   자기지분상품으로 결제되거나 결제될 수 있는 계약 중 인도할 자기지분상품의 수량이 변동가능한 비파생상품은 금융부채에 해당하며, 인도할 자기지분상품의 수량이 확정된 비파생상품은 지분상품에 해당한다.

Chapter 10 | 금융부채

01 ②   매입채무와 미지급금은 금융부채에 해당한다.

02 ④   확정수량의 자기지분상품에 대하여 확정금액으로 결제하기로 한 파생상품의 경우 지분상품으로 본다.

03 ④   부채의 요소와 자본의 요소가 복합되어 있는 상품은 복합금융상품이다.

04 ①   전환사채에 대한 설명이다.

05 ④ 계약에 의하지 않은 부채나 자산은 금융부채나 금융자산이 아니다. 이러한 예로는 정부가 부과하는 법적 요구사항에 따라 발생하는 법인세와 관련된 부채를 들 수 있다. 제11장 '충당부채, 우발부채 및 우발자산'에서 정의하고 있는 의제의무도 계약에서 발생한 것이 아니며, 금융부채가 아니다.

06 ③ 실제운용형태가 단기적 이익획득 목적으로 공동으로 관리되는 특정 금융상품 포트폴리오를 구성하는 금융부채가 당기손익인식금융부채이다.

07 ① 위험회피수단으로 회계처리하지 아니하는 파생상품부채의 경우가 단기매매금융부채의 예가 된다.

08 ① 장부금액 $= 100,000 \times 0.75131 + A \times 2.48685 = 87,565$이므로 A는 5,000원이다. 따라서 20X1년 말 장부금액은 $87,565 + (87,565 \times 10\% - 5,000)$ $= 91,322$원이다.

09 ③ 사채할증발행시 인식할 이자비용은 현금이자에서 사채할증발행차금을 차감한 금액이며, 사채를 할인발행할 경우 사채할인발행차금 상각액은 점차 증가하게 된다.

10 ② 사채할증발행의 경우 만기에 가까워질수록 유효이자율법에 의한 이자비용이 매년 감소한다.

11 ③ 20X1년 1월 1일 사채의 발행금액
$= 1,000,000$원 $\times 0.71178 + 100,000 \times 2.40183 = 951,963$원

20X1년 말 사채의 장부금액
$= 951,963$원 $+ (951,963 \times 12\% - 100,000) = 966,199$원

20X1년 총 이자비용 = 직전년도 말 장부가액 × 유효이자율
$= 966,199 \times 12\% = 115,944$원

12 ② 액면이자가 시장이자보다 큰 경우 할증발행되며 만기로 갈수록 상각후원가가 감소한다.

13 ③ 사채의 발행금액
$= 1,300,000$원 $\times 0.89286 + 1,200,000 \times 0.79719 + 1,100,000 \times 0.71178$
$= 2,900,304$원

* 1차연도에는 원금 3,000,000원에 대한 이자 300,000원이 지급되나, 매년 말 원금이 1/3씩 상환되므로, 매년 말 지급되는 이자금액이 감소함에 유의해야 한다.

14 ③

〈유효이자율법에 의한 상각표〉

	유효이자 (12%)	액면이자 (10%)	상각액	장부금액 (BV)	상환 후 장부금액
20X1. 1. 1				2,900,304원	
20X1. 12. 31	348,036원	300,000원	48,036	2,948,340원	1,948,340원
20X2. 12. 31	233,801원	200,000원	33,801	1,982,141원	982,141원
20X3. 12. 31	117,859원*	100,000원	17,859*	1,000,000원	0원

* 117,852.92원 ⇒ 17,859원 단수차이 조정

15 ③ 만기까지 이자비용으로 인식할 금액은 표시이자의 합계액에서 사채할증발행차금을 차감한 금액이다.

총 이자비용 = 표시이자의 합계액 + 사채할증발행차금
$$= (100,000,000원 \times 10\% \times 3년) - (105,154,000 - 100,000,000)$$
$$= 24,846,000원$$

16 ① 매도시 사채의 장부금액 = 951,980원 + (951,980 × 12%) − (1,000,000 × 10%)
$$= 966,218원$$
사채상환이익 = 966,218원 − 847,180 = 119,038원

17 ③ 사채의 발행금액
$$= 100,000,000원 \times 0.79383 + 100,000 \times 2.57710 = 105,154,000원$$

18 ① 복합금융상품과 관련하여 전환사채, 비분리형신주인수권부사채 등에 포함되어 있는 전환권, 신주인수권 등의 파생상품은 발행조건에 따라 자본으로 분류될 수도 있고, 부채로 분류될 수도 있다.

19 ① 전환사채의 발행금액과 미래현금흐름의 현재가치를 일치시켜주는 이자율은 유효이자율이다.

20 ① 현금 등 금융자산을 인도하는 계약에 해당하는 사채 부분은 금융부채로 분류되며, 전환권의 행사시 발행될 주식의 수량이 확정되지 않았으므로 전환권가치 또한 금융부채로 분류된다.

21 ③

전환사채의 발행금액	2,000,000원
일반사채의 가치 2,260,000원* × 0.7118+140,000 × 2.4018=	1,944,920원
전환권대가	55,080원

* 2,000,000원 × 113% = 2,260,000원

전환권조정 = 상환할증금 + 전환권대가 = 260,000 + 55,080 = 315,080원

22	②	(차) 전환사채	1,200,000	(대) 전환권조정	80,000
		사채상환할증금	100,000	자본금	300,000*
		전환권대가	60,000	주식발행초과금	980,000

* $(1,200,000 ÷ 40,000) × 10,000 = 300,000$원

23 ① 전환사채는 사채 보유자의 희망에 따라 주식으로 전환한 수 있는 권리가 내재되어 있는 사채를 말한다. 반면에, 신주인수권부사채는 사채 보유자의 희망에 따라 유가증권 소유자가 사전에 약정된 가격으로 보통주의 발행을 청구할 수 있는 권리가 부여된 사채를 말한다.

24 ① 만기에 상환될 금액은 액면금액과 상환할증금 22,000,000원이다.

25 ② 전환권의 행사시 발행될 주식의 금액과 수량이 확정되어 있으므로 지분상품요소에 해당한다. 따라서 전환사채 발행시 전환권대가 1,000,000원을 자본으로 인식한다.

26 ④ 전환사채처럼 자본과 부채 요소가 함께 있는 금융상품을 복합금융상품이라고 한다.

27 ③ 전환사채와 달리 신주인수권부사채는 권리를 행사하는 경우 주금의 납입이 이루어지므로 사채가액이 소멸하지 않는다. 다만, 행사시점에 신주인수권은 소멸하므로 그에 상응하는 사채권면액에 대하여는 상환할증금을 지급하지 않는다.

28 ① 부채비율은 경우에 따라 증가할 수도 있고 감소할 수도 있다.

29 ④ 당기손익인식금융부채의 관련되는 거래원가는 당기손익으로 처리한다.

30 ② 연속상환사채는 원금의 상환이 주기적으로 이루어지는 사채이다.

31 ② 20X1년 1월 1일 회계처리

(차) 현　　금　　　　　105,151*　　　(대) 사　　　채　　　　　100,000
　　　　　　　　　　　　　　　　　　　　　　사채할증발행차금　　 5,151

　　 * 100,000 × 0.7938 + 10,000 × 2.5771 = 105,151

20X1년 12월 31일 회계처리

(차) 이 자 비 용　　　　　8,412*　　　(대) 현　　　금　　　　　 10,000
　　 사채할증발행차금　　 1,588

　　 * 105,151 × 8% = 8,412

(차) 사　　　채　　　　100,000　　　(대) 현　　　금　　　　 105,000
　　 사채할증발행차금　　 3,563
　　 사채상환손실　　　　 1,437

32 ④ 연속상환사채의 발행금액은 일반사채와 마찬가지로 사채로부터 발생하는 미래현금흐름을 사채발행시점의 시장이자율로 할인한 현재가치가 된다.

33 ① 상환금액 : 1,000,000원 × 0.8264 + 100,000원 × 1.7355 = 999,950원
장부금액 : 1,000,000원 × 0.8573 + 100,000원 × 1.7833 = 1,035,630원
사채상환이익 : 1,035,630원 − 999,950원 = 35,680원

Chapter 11　충당부채, 우발부채 및 우발자산

01 ② 충당부채는 지출의 시기 또는 금액이 불확실한 부채를 말한다. 충당부채는 과거사건이나 거래의 결과로 현재의무가 존재하고, 당해 의무를 이행하기 위하여 경제적효익이 있는 자원이 유출될 가능성이 높으며, 해당 의무의 이행에 필요한 금액을 신뢰성 있게 추정할 수 있을 때 재무상태표에 부채로 인식한다.

02 ④ 구조조정의 일환으로 관련 자산을 매각할 때 예상처분이익은 구조조정충당부채를 측정하는 데 반영하지 아니한다.

03 ① 충당부채는 자원의 유출가능성이 높고 금액을 신뢰성 있게 추정이 가능한 경우 인식한다.

04 ④ 화재, 폭발 또는 기타 재해에 의한 재산상의 손실에 대비한 보험에 가입하고 있지 않는 다는 사실만으로 현재 의무가 발생한 것은 아니므로 충당부채 설정 대상이 아니다.

05 ③ 우발부채는 충당부채와 달리 재무상태표에 부채로 기록하지 않고 주석으로 공시한다.

06 ① 전체 의무를 충당부채로 인식하고, 변제할 것이 거의 확실시되는 금액은 별도의 자산으로 처리한다.

07 ② 50억 원 × 5% − 2억 원 = 0.5억 원

08 ② 계속 근무하는 직원에 대한 재배치비용 2,000,000원과 구조조정과 관련된 자산의 예상처분이익 1,000,000원은 구조조정충당부채의 인식 대상이 아니다.

09 ② 당기 매출에 대한 예상보증비용 = 2,000억 원 × 2% = 40억 원
(참고) 기말 충당부채 계상액 = 총 예상비용 − 당기 기발생비용 = 20억 원

10 ② 20X2년 말 재무상태표상 제품보증충당부채로 계상할 금액은 20X2년도 매출 2,000,000원의 2%인 40,000원에서 실제 발생된 20,000원을 제외한 20,000원을 제품보증충당부채로 계상한다.

11 ① 법적의무가 없더라도 의제의무가 있는 경우 충당부채로 인식한다.

12 ④ 충당부채는 재무상태표 본문에 부채로 인식하여야 한다.

13 ③ 충당부채의 금액
= 50,000원 × 15% + 200,000 원 × 5% = 17,500원

14 ④ 보고기간 말에는 주기적인 수선을 수행해야할 의무가 기업의 미래 행위와 관계없이 존재하지 않기 때문에 충당부채를 인식하지 아니한다.

15 ④ 회피 불가능한 원가는 계약을 이행하기 위하여 필요한 원가와 계약을 이행하지 못하였을 때 지급하여야 할 보상금 중 적은 금액이다.

16 ② ① 미래의 예상 영업손실은 충당부채로 인식하지 아니한다.
③ 충당부채는 지출하는 시기 또는 금액이 불확실한 부채를 말한다.
④ 충당부채의 화폐의 시간가치 영향이 중요한 경우에는 의무를 이행하기 위하여 예상되는 지출액의 현재가치로 평가한다.

17 ② 복구충당부채 = $\dfrac{200,000원}{1.15}$ = 124,184원

18 ② 20X0년 12월 31일 충당부채를 인식하지 아니한다. 다만 의무를 이행하기 위하여 경제적 효익이 있는 자원을 유출할 가능성이 희박하지 않다면, 우발부채를 공시한다.

Chapter 12 자본

01 ④ 부채는 자본에 비해 자산에 대한 우선적 청구권을 갖는다. 자본은 부채의 확정적 청구권을 제외한 잔여지분에 대한 청구권을 갖는다고 볼 수 있다.

02 ② 20X2. 3. 15(주주총회에서 확정)

(차) 이익잉여금   500,000   (대) 미교부주식배당금   500,000

20X2. 4. 2
(차) 미교부주식배당금   500,000   (대) 자본금   500,000

따라서 20X1년 12월 31일 시점의 회계처리는 없다.

03 ④ 자기주식은 자본조정항목으로 자기주식의 취득은 이익잉여금의 처분과 무관하다.

04 ③ 우선주 주주에게 배분될 배당금 : 500,000원 × 10% ×3년 = 150,000원

05 ③ 주식할인발행차금 상각으로 이익잉여금을 처분하면 자본금 및 자본총계에 모두 변동이 없다.

06 ② 감자차손, 자기주식, 주식할인발행차금은 차변잔액으로 자본의 차감항목이나, 미교부주식배당금은 대변잔액으로 자본의 차감항목이 아니다.

07 ① 주식배당의 경우 총자본은 변동되지 아니한다.

08 ④ 20X1년 10월1일: 자기주식 취득액 6,000 × 150주 = 900,000만큼 자본이 감소한다.
20X1년 11월 2일: 자본이 자기주식 처분금액(350,000원)만큼 증가한다.
20X1년 12월 5일: 자본이 자기주식 처분금액(275,000원)만큼 증가한다.

09 ③ 자기주식 소각 시 자기주식 취득원가와 액면금액의 차이를 감자차익 또는 감자차손으로 처리한다.

10 ④ 자기주식, 감자차손, 자기주식처분손실은 자본의 차감 항목인 반면, 자기주식처분이익은 자본의 가산 항목이다.

11 ③ 이익잉여금(미처분이익잉여금)에는 연차배당은 고려하지 않는다.

12 ③ 기계장치의 취득은 자산의 변동으로 기록되므로 자본변동표에는 표시되지 않는다.

13 ③ ① 무상감자는 자본의 구성항목이 바뀔 뿐, 순자산 금액에는 영향을 미치지 않는다. 따라서 부채비율도 변동하지 않는다.
② 유상감자는 현금을 대가로 지급하기 때문에 감자차익 또는 감자차손이 발생할 수 있다. 무상감자는 대가를 지급하지 않기 때문에 감자차익만 발생한다.
④ 주식발행초과금은 무상감자에 영향을 받지 않는다.

14 ③ 재무상태표에 표시되어 있는 자본의 기초잔액과 기중의 변동 및 기말잔액을 모두 제공한다.

15 ② 자기주식처분이익과 자기주식처분손실은 당기손익에 반영하지 않고, 자본항목으로 반영하여야 한다.

16 ③ ① 자기주식을 처분하였으므로 처분가액만큼 자본 증가(차감항목인 자기주식이 감소하고 가산항목인 자기주식처분이익 증가)
② 지분법이익만큼 이익잉여금(자본)증가, 현금배당수령은 자본변동 없음
③ 주식배당의 경우 이익잉여금이 감소하고 동액만큼 자본금이 증가하므로 자본변동 없음
④ 할인발행이더라도 주식발행가액만큼 자본 증가

17 ③ 발행주식수 = 1,000,000/1,000원 = 1,000주

18 ③ ㄱ. (차) 현금   750,000,000   (대) 자본금   500,000,000
                                                    주식발행초과금   250,000,000
      ㄴ. (차) 자기주식   50,000,000   (대) 현금   50,000,000

      따라서 (가)   500백만 + 500백만 = 1,000백만
           (나)   750백만 + 250백만 = 1,000백만
           (다) (100)백만 + (50)백만 = (150)백만

| 19 | ② | 신주발행수수료 등 신주발행을 위하여 직접 발생한 비용은 주식발행가액에서 직접 차감한다. |

20 ④ 소각시 분개(취득원가<액면금액)

(차) 자본금	XXX	(대) 자기주식	XXX
		감자차익	XXX

21 ② 기타포괄손익누계액
= 해외사업환산이익 + 재평가잉여금 = 3,000,000원 + 4,000,000원
= 7,000,000원

22 ② 미처분이익잉여금 : 300,000 - 30,000 - 60,000 - 6,000 = 204,000원

Chapter 13 ｜ 수익

01 ① 고객은 기업이 수행하는 대로 기업의 수행에서 제공하는 효익을 동시에 얻고 소비하는 것은 기간에 걸쳐 이행하는 수행의무의 예이다.

02 ③ 고객충성제도는 재화나 용역을 구매하고자 하는 고객에게 인센티브를 제공하기 위하여 사용된다. 고객충성제도에 의하면 고객은 부여받은 보상점수를 사용하여 재화나 용역을 무상 또는 할인 구매하는 방법으로 보상 받을 수 있다.

03 ② 유의적인 금융요소가 포함되어 있으므로 매출액은 $10,000,000 \times 2.7232 = 27,232,000$원, 1년 후 장부가액은 $27,232,000 + (27,232,000 \times 5\%) - 10,000,000 = 18,593,600$원

04 ② 누적 매출액 $(90원 \times 575개) - 100원 \times 75개 = 44,250$원을 6월 수익으로 인식한다.

05 ④ 유의적인 금융요소가 포함되어 있으므로 이자수익을 포함하여 인도시점에 매출을 인식한다. 매출액 $= 100,000 \times (1 + 0.05)^2 = 110,250$원

06 ④ 2년 이내에 대가를 수령하는 판매에는 유의적인 금융요소가 있다고 본다.

07 ④ 상품권판매의 경우 상품권을 판매한 때에는 선수금으로 처리하며, 상품의 판매나 용역이 제공되는 시점에 수익을 인식한다.

08 ③ 유의적인 금융요소가 포함되어 있으므로 매출액은 $100,000 \times 0.82645 = 82,645$원이다.

09 ③ 고객에게 지급하는 대가는 매출액에서 차감한다.
(50,000원 − 6,000원 = 44,000원)

10 ① 총 계약금액 = 20만 원 + 24 × 5만 원 = 140만 원
핸드폰 매출 = 140 × 80/(80 + 24 × 6) = 50만 원
2년간 통신서비스매출 = 140만 원 − 50만 원 = 90만 원
20X1년 매출 = 핸드폰 매출 50만 원 + 통신서비스매출 90만 원 × 12/24
= 95만 원

11 ① 기업이 수행하는 대로 기업이 제공하는 효익을 동시에 얻고 소비하는 경우 기간에 걸쳐 수익을 인식한다.

12 ③ 성공수수료로 지급하는 외부 영업자문사 수수료는 자산으로 인식하고 수익인식기간에 걸쳐 상각한다.

13 ④ 반품이 예상되는 경우 반품예상액을 수익에서 차감한다.

14 ③ 반품이 예상되는 경우 반품예상액을 환불부채로 계상하고, 회수가 예상되는 자산은 반환제품회수권(자산)으로 인식한다.

15 ① 만약, 반품을 예상할 수 없다면 제품을 이전할 때 수익을 인식하지 않고, 반품권과 관련된 불확실성이 해소되는 시점에 수익을 인식하고, 기업이 받은 대가를 전액 환불부채로 인식해야 한다.

16 ③ 라이선스 계약은 접근권에 해당하므로 사용기간에 걸쳐 수익을 인식한다.

17 ② 제품수익 = $100,000 \times (100,000/(100,000 + 9,000)) = 91,743$
(총)포인트수익 = 100,000 − 91,743 = 8,257
20X1년 수익금액 = 제품 91,743원 + 교환된 포인트수익 8,257 × (3,000/9,000)
= 94,495원

18 ① (1) 20X1년 1월 1일 매출액 및 매출채권 :
3,000,000 × 2.48685 = 7,460,550원
(2) 매출총이익 : 7,460,550 − 7,000,000 = 460,550원
(3) 이자수익 : 7,460,550 × 10% = 746,055원

19 ② 고객과 계약금액을 각 수행의무별로 수익을 측정하기 위하여 계약 개시시점에 각 수행의무 대상인 재화 혹은 용역의 개별판매가격을 산정하고 이 가격에 비례하여 거래가격을 배부한다. 따라서 당기 매출은 (500,000 + 2,000,000)/3,500,000 × 3,000,000 = 2,142,857원

20 ① 고객에게 이전할 재화나 용역에 대하여 받을 권리를 갖게 될 대가의 회수가능성이 높지 않다면 계약으로 회계처리할 수 없다.

21 ④ 검사 조건부 판매의 경우 재화나 용역이 합의된 규약에 부합하는지 객관적으로 판단이 가능한 경우에는 실제로 인수되었으므로 형식적인 고객 인수 절차와 관계없이 수익을 인식한다.

22 ③ 복수의 계약을 하나의 상업적 목적으로 일괄 협상하는 경우, 한 계약에서 지급하는 대가가 다른 계약의 가격이나 수행에 따라 달라지는 경우, 복수의 계약에서 약속한 재화나 용역이 단일 수행의무에 해당하는 경우 중 하나 이상에 해당된다면 같은 고객과 체결한 둘 이상의 계약을 하나의 계약으로 회계처리한다.

23 ② 매출채권의 장부금액
= (4,803,660원 × 1.12 − 2,000,000원) × 1.12 − 2,000,000원
= 1,785,711원

24 ④ 20X2년 매출액: 100,000원 × 1.05^2 =110,250원

25 ③ 할부금 회수액: 매년 일정
이자수익: 매년 감소
매출채권 원금회수액: 매년 증가
매출채권 장부금액: 매년 감소

26 ① 20X1년 누적진행률 = 600,000/1,500,000 = 40%
20X2년 누적진행률 = (600,000 + 720,000)/1,650,000 = 80%
20X2년 공사수익 = 170,000,000 × 80% − 170,000,000 × 40%
= 68,000,000원
20X2년 공사손익 = 68,000,000 − 72,000,000 = −400,000(손실)

27 ④ 20X1년 수익 = 50,000,000 × 당기발생원가/40,000,000 = 20,000,000
따라서 20X1년 발생원가는 16,000,000원이고 진행율은 40%
20X2년 수익 = 50,000,000 × 누적발생원가/40,000,000 − 20,000,000
= 10,000,000
따라서 20X2년 발생원가는 24,000,000원이고 진행율은 60%

28 ③ 20X1년 수익 = 누적수익률(20%) × 수익금액 50억 원 = 10억 원
20X1년 이익 = 10억 원 − 9억 원 = 1억 원
20X2년 수익 = 누적진행률(75%) × 50억 원 − 전기수익인식 10억 원
= 27.5억 원
20X2년 이익 = 27.5억 원 − 27억 원 = 0.5억 원
20X3년 수익 = 누적진행률(100%) × 수익금액 50억 원 − 전기수익인식 37.5억 원
= 12.5억 원
20X3년 이익 = 12.5억 원 − 12억 원 = 0.5억 원

29 ① 건설계약에서 손실이 예상되는 경우 손실액을 즉시 비용으로 인식한다.

30 ① 20X1년 공사수익 = 120,000,000 × 20,000,000/100,000,000 = 24,000,000원
미성공사 24,000,000 〈 공사대금청구액 30,000,000 이므로 계약부채 6,000,000원

Chapter 14 종업원급여

01 ③ 통상적인 퇴직시점 이전에 종업원을 해고하고자 하는 기업의 결정 또는 해고의 대가로 기업이 제안하는 급여를 수락하는 종업원의 결정의 결과로 종업원에게 제공되는 종업원급여는 해고급여이다.

02 ③ 장기종업원급여는 퇴직급여에 대한 회계처리와는 달리 재측정요소를 기타포괄손익으로 인식하지 않으며, 당기손익으로 인식한다.

03 ① 확정급여제도란 보험수리적위험과 투자위험을 기업이 부담하고 기업이 약정한 급여를 종업원에게 지급할 의무를 가지는 급여제도를 말한다.

04 ③ 확정급여제도의 경우 사외적립자산은 공정가치로 측정하여 재무상태표에 인식되는 순확정급여부채를 결정할 때 차감한다.

05 ② 순확정급여부채(자산)의 잔액: 확정급여채무의 현재가치 − 사외적립자산의 공정가치 = 1,000,000원 − 500,000원 = 500,000원(부채)

06 ② 당기근무원가, 과거근무원가와 정산으로 인한 손익, 순확정급여부채 및 사외적립자산의 순이자는 당기손익으로 인식하고, 보험수리적손익, 순확정급여부채(자산)의 순이자에 포함된 금액을 제외한 사외적립자산의 수익, 순확정급여부채(자산)의 순이자에 포함된 금액을 제외한 자산인식상한 효과의 변동은 기타포괄손익으로 인식한다.

07 ③ 확정급여채무 및 사외적립자산의 재측정요소를 기타포괄손익으로 인식한다.

08 ③ 확정급여형 퇴직급여제도와 관련하여 발생한 보험수리적손익은 기타포괄손익으로 인식된다.

09 ① 당기비용으로 인식하는 금액은 당기근무원가, 이자원가에서 사외적립자산의 기대수익을 차감한 금액이다.(10,000원 + 2,000원 − 1,000원 = 11,000원)

10 ④ 종업원의 근무 일수가 누적될수록 당기근무원가, 이자원가, 확정급여부채 측정금액은 모두 증가하게 된다.

11 ③ 사외적립자산은 공정가치로 측정하며, 확정급여채무의 현재가치에서 차감하여 순확정급여부채(자산)의 과목으로 하여 재무상태표에 공시한다.

12 ② 사외적립자산의 공정가치 = 2,000,000원 + 150,000원 = 2,150,000원

13 ④ 기여금의 불입 시 당해 회계기간에 대하여 회사가 납부하여야 할 기여금을 퇴직급여(비용)으로 인식한다. 만약 기납부금액이 납부해야 할 기여금보다 적은 경우 일정기간 종업원이 근무용역을 제공하였을 때 기업은 해당 근무용역과 교환하여 확정기여제도하에서 납부해야 할 기여금 중 이미 납부한 기여금을 차감한 금액을 부채(미지급비용)로 인식한다.

14 ④ ① 확정급여제도(DB형)를 도입한 기업은 기여금의 운용결과에 따라 추가납부 의무가
있다.
② 확정기여제도(DC형)는 기업이 기여금을 불입함으로써 퇴직급여와 관련된 모든 의
무가 종료된다.
③ 확정급여채무(DB형)의 현재가치를 계산할 때 종업원 이직률, 조기퇴직률, 임금상
승률, 할인율 등의 가정은 상황 변화에 따라 적절히 수정한다.

15 ① ② 확정급여채무의 현재가치가 사외적립자산의 공정가치 보다 클 경우 사외적립자산의
공정가치를 확정급여채무의 현재가치에서 차감하여 순확정급여부채의 과목으로 재
무상태표에 표시한다.
③ 당해 회계기간에 대하여 회사가 사외에 적립한 기여금은 자산(사외적립자산)으로 인
식한다.
④ 사외적립자산에 대한 이자수익을 제외한 사외적립자산의 수익을 재측정요소로 인식
한다.

Chapter 15 | 주식기준보상

01 ② ②는 주식결제형 주식기준보상거래에 대한 설명이다.

02 ② 보상원가의 산정

구분	개당가치	행사가능수량	보상원가
20X1년	10원	100개 × 500명 × (1−10%)=45,000	450,000원
20X2년	10원	100개 × 500명 × (1−16%)=41,000	420,000원
20X3년	10원	100개 × 500명 × (1−12%)=44,000	440,000원

주식보상비용

구분	보상원가	인식할 주식보상비용	
20X1년	450,000원	450,000원× 1/3 =	150,000원
20X2년	420,000원	420,000원× 2/3 −150,000 =	130,000원
20X3년	440,000원	440,000원× 3/3 −280,000 =	160,000원

03 ③ 신주 발행교부시 회계처리

(차) 현금	1,300,000	(대) 자본금	1,000,000
주식선택권	100,000*	주식발행초과금	400,000

　* 주식선택권: 100명 × 100개 × 10원 = 100,000원

04 ② 보상원가의 산정

구분	개당가치	행사가능수량	보상원가
20X1년	70원	100개 × 50명 × (1-10%) = 4,500	315,000원
20X2년	120원	100개 × 50명 × (1-12%) = 4,400	528,000원
20X3년	90원	100개 × 50명 × (1-12%) = 4,400	396,000원

구분	보상원가	인식할 주식보상비용(주식보상비용환입)	
20X1년	315,000	315,000원× 1/2 =	157,500원
20X2년	528,000	528,000원× 2/2 -157,500 =	370,500원
20X3년	396,000	396,000원-528,000 =	(-)132,000원

05 ③ 신주 발행교부시 회계처리

(차) 장기미지급비용	270,000*1	(대) 현금	420,000*2
주식보상비용	150,000		

　*1 100개 × 30명 × 90원 = 270,000원
　*2 100개 × 30명 × (240원-100원) = 420,000원

06 ② 자기주식 처분으로 인한 자본증가 22,000,000 + 자기주식처분이익 3,000,000 - 주식선택권의 행사로 인한 감소 5,000,000 = 20,000,000(증가)

07 ② 당기보상비용 = 27,000개 × 250,000원 × 1/3 = 22.5억원

08 ③ 부여한 지분상품의 공정가치는 추후 가치가 변동하는 경우에도 추정치를 변경하지 않는다.

09 ③ 부여한 지분상품(주식 또는 주식선택권 등)의 공정가치는 추후 가치가 변동하는 경우에도 추정치를 변경하지 않는다.

10 ① 주식기준보상거래는 종업원이 아닌 다른 거래상대방에게 부여할 수 있다. 종업원이 아닌 자와의 주식기준보상거래에 대해서는 제공받은 재화나 용역의 공정가치를 신뢰성있게 측정할 수 있다고 보며, 재화나 용역을 제공받은 날을 기준으로 측정한다.

11 ④ 보고기간말 현재 주가차액보상권의 공정가치는 현금결제형 주식기준보상과 관련하여
       주식보상비용 계산시 필요한 정보이다.

12 ④ 20X2년 당기보상비용 : 300개 × 20,000원 × 2/3 - 300개 × 15,000원 ×
       1/3 = 2,500,000원

Chapter 16 | 법인세

01 ① 감가상각비 한도초과액은 일시적 차이를 발생시킨다.

02 ① 이연법인세자산은 비유동자산으로 구분한다.

03 ② (차) 이연법인세자산   200,000   (대) 미지급법인세   2,000,000
           법인세비용   1,800,000

04 ③ 이연법인세자산과 부채는 현재가치로 할인하지 않는다.

05 ④ 가산할일시적차이는 이연법인세부채를 발생시키며, 이연법인세자산과 부채는 현재가치
       로 할인하지 않는다.
       이연법인세 부채금액은 2,000,000 × 10% = 200,000원

06 ② (차) 이연법인세자산   240,000   (대) 미지급법인세 1,320,000
           법인세비용   1,080,000

07 ② 1,800,000원 × 20% = 360,000원

08 ① 이연법인세자산 600,000원 × 20% = 120,000원

09 ② (차) 법인세비용   240,000   (대) 미지급법인세   360,000
           이연법인세자산   120,000

10 ③

일시적차이의 소멸 시기

	계	20X2년	20X3년
20X1년 발생분			
감가상각비한도초과	(400,000)	(200,000)	(200,000)
정기적금미수이자	500,000	500,000	
	100,000	300,000	(200,000)
법인세율		40%	45%
이연법인세부채	30,000	120,000	(90,000)

11 ④

당기초 이연법인세자산   ₩ 30,000
당기말 이연법인세부채   ₩ 30,000

(차) 법인세비용	2,070,000	(대) 미지급법인세	2,010,000
		이연법인세자산	30,000
		이연법인세부채	30,000

12 ②

이연법인세자산의 환입액만큼 법인세비용이 증가하므로 당기순이익이 감소하게 된다.

13 ③

이연법인세부채 = 500,000원 × 20% = 100,000

14 ①

법인세부담액: (2,000,000원 + 100,000원 + 60,000원 − 20,000원) × 20%
        = 428,000원
이연법인세자산 = (60,000원 − 20,000원) × 20% = 8,000원
법인세비용 = 428,000원 − 8,000원 = 420,000원

15 ④

기타포괄손익인식금융자산의 일시적차이는 과세소득과 당기손익과 차이는 발생하지 않으므로 관련자본(기타포괄손익)에서 직접가감한다.

16 ④

① 동일 회계기간 또는 다른 회계기간에, 당기손익 이외로 인식되는 항목과 관련된 당기법인세와 이연법인세는 당기손익 이외의 항목으로 인식한다.

17 ④

이연법인세자산 = 300,000원 × 25% + (600,000원 + 500,000원) × 30%
        = 405,000원

18 ① 이연법인세자산 = 100,000원 × 20% = 20,000원
당기법인세 = (500,000원 + 100,000원) × 30% = 180,000원
법인세비용
= 당기법인세 − 이연법인세자산 증가액 = 180,000원 − 20,000원 = 160,000원

19 ③ 법인세비용
= 당기법인세 − 이연법인세자산 증가 − 이연법인세부채 감소
= 200,000원 − 40,000원 − 20,000원 = 140,000원

20 ② 가산할 일시적차이에서는 이연법인세부채가 인식될 수 있다.

21 ③ (1) 법인세비용 = 당기법인세 − 이연법인세자산의 증가 − 이연법인세부채의 감소
        150,000 = 200,000 − 40,000 − 이연법인세부채의 감소
        ∴ 이연법인세부채의 감소 = 10,000
     (2) 20X2년 말 이연법인세부채
        = 20X1년 말 이연법인세부채 − 이연법인세부채의 감소
        = 50,000 − 10,000 = 40,000원

Chapter 17 회계변경과 오류수정

01 ③ 유형자산이나 무형자산을 원가모형에서 재평가모형으로 회계정책을 최초로 변경하는
경우에는 소급 적용하지 않고 전진적으로 회계처리한다.

02 ② 전기오류수정이 중요한 오류에 해당하면 소급적용하여야 한다.

03 ② 재고자산 원가흐름의 가정을 선입선출법에서 평균법으로 변경하는 것은 회계정책의 변
경이다.

04 ④ 회계정책의 변경과 회계추정치 변경을 구분하는 것이 어려운 경우에는 이를 회계추정
치 변경으로 본다.

05 ① 포괄손익계산서 혹은 재무상태표 계정간 계정대체 오류는 각각 재무상태표 및 포괄손
익계산서에만 영향을 준다. 그러나 기초 재고자산의 과대계상은 매출원가 및 기말 재고
자산에 모두 영향을 미친다.

06 ① 20X1년 말 장부가액 = 100,000 − (100,000 × 40%) = 60,000원
20X2년 말 장부가액 = 60,000 − (60,000 × 40%) = 36,000원
20X3년 말 장부가액 = 36,000/잔존내용연수 3년 = 12,000원

07 ②

수정 전 이익	300,000,000원
설치조건부판매	(−)200,000,000원
선급보험료	50,000,000원 = 100,000,000원 × 6/12
수정 후 이익	150,000,000원

08 ② 회계정책의 변경에 해당된다.

09 ③ 수정 후 당기순이익
= 10,000,000원 − 100,000원 = 9,900,000원

10 ② 수정 후 당기순이익
= 300,000,000원 − (500,000,000원 − 400,000,000원) = 200,000,000원
이익

11 ④

구 분	20X1년	20X2년
수정 전 당기순이익	30,000원	35,000원
20X1년말 3,000원 과대평가	−3,000원	3,000원
20X2년말 2,000원 과소평가		2,000원
수정 후 당기순이익	27,000원	40,000원

12 ④

구 분	20X1년	20X2년	20X3년
20X1년말 5,000원 과대평가	−5,000원	5,000원	
20X2년말 2,000원 과대평가		−2,000원	2,000원
20X3년말 3,000원 과대평가			−3,000원
오류수정이 당기순이익에 미치는 영향	−5,000원	3,000원	−1,000원

20X3년 말 이익잉여금(A): 100,000원 − 5,000원 + 3,000원 − 1,000원
= 97,000원
20X3년도 당기순이익(B): 30,000원 − 1,000원 = 29,000원

13 ③ (1) 회계정책 변경이 연도별 당기순이익에 미치는 연도별 영향

회계정책	20X1년	20X2년
20X1년말 재고 감소	(−)10,000원	10,000원
20X2년말 재고 감소		(−)5,000원
합 계	(−)10,000원	5,000원

(2) 20X2년 말 이익잉여금에 미치는 영향 : (−)10,000원 + 5,000원 = (−)5,000원

14 ② (1) 20X1년 말 장부금액 = 500,000 − (500,000 − 100,000)×1/5×6/12 = 460,000원

(2) 20X2년 말 장부금액 = 460,000 − (460,000 − 0)×3/6 = 230,000원

Chapter 18 주당이익

01 ① ② 당기 중 무상증자를 실시한 경우에는 기초에 실시된 것으로 간주하여 가중평균유통 보통주식수를 증가 또는 감소시켜 준다. 다만, 기중에 유상증자 등으로 발행된 신주에 무상증가 실시된 경우에는 당해 유상신주의 납입일에 실시된 것으로 간주하여 가중평균유통보통주식수를 조정한다.

③ 당기 중 유상증자로 보통주가 발행된 경우에는 가중평균유통보통주식수를 당해 주식의 납입일 기준으로 기간경과에 따라 가중평균하여 조정한다.

④ 주당순이익은 보통주 1주에 귀속할 순이익을 의미하므로 당해 결산기말 현재 발행된 총주식수에서 우선주식수를 공제하여 가중평균유통보통주식수를 계산한다.

02 ① 주가수익률(PER) = 주가/주당순이익

$$주가 = 주가수익률 \times 주당순수익 = 10 \times \frac{50,000원}{1,000주} = 500원$$

03 ④ 유통보통주식수 = 18,000 × 12/12 + 8,000 × 3/12 = 20,000주

보통주 당기순이익 = 10,000,000원 − 1,000,000 원 = 9,000,000원

기본주당순이익 = 9,000,000원/20,000주 = 450원

04 ② 유통보통주식수 = 20,000 + 10,000 × 6/12 = 25,000주
기본주당순이익 = 100,00,000원/25,000주 = 4,000원

05 ② 무상증자의 기산일은 기초이다. 따라서 주당순이익은 11,550,000/11,000
= 1,050원

06 ② 유통보통주식수 = 50,000 + 10,000 × 9/12 − 2,000 × 3/12 = 57,000주

07 ③ 기본주당순이익 = (500,000,000원 − 20,000,000원)/60,000주 = 8,000원

08 ① 희석주당순이익 = 11,250,000원/(2,000주 + 500주) = 4,500원

09 ① 누적적 우선주의 배당금은 배당결의 여부에 관계없이 손실이 발생한 경우에도 당해 회
계기간과 관련된 세후배당금을 차감하여 산정한다.

10 ④ 잠재적 보통주란 보통주를 받을 수 있는 권리가 보유자에게 부여된 금융상품이나 계약
등을 말하며, 보통주로 전환할 수 있는 금융부채나 지분상품(예: 전환사채, 전환우선
주), 옵션과 주식매입권, 사업인수나 자산취득과 같이 계약상 합의에 따라 조건이 충족
되면 발행하는 보통주가 잠재적 보통주의 예이다.

11 ④ 가중평균유통보통주식수 = 5,000주 × 1.4 × 12/12 − 1,000주 × 6/12
= 6,500주

12 ④ 가중평균유통보통주식수
= 14,000주 × 12/12 + 1,200주 × 8/12 + 500주 × 6/12 − 300주 × 2/12
+ 240주 × 1/12= 15,020주

| Chapter 19 | 관계기업 |

01 ② 기업이 해당 피투자자에 대하여 유의적인 영향력이 있는지 여부를 평가할 때에는, 다른
기업이 보유한 잠재적 의결권을 포함하여 현재 행사할 수 있거나 전환할 수 있는 잠재
적 의결권의 존재와 영향을 고려하여야 한다.

02 ② 유의적인 영향력을 판단함에 있어 피투자자에 대한 의결권은 투자자의 지분율과 종속기업이 보유하고 있는 지분율의 합계로 계산한다.

03 ③ 900,000 + 300,000원 × 40% = 1,020,000원

04 ③ (1) 지분법이익 = 1,000,000원 × 30% = 300,000원
(2) 관계기업투자주식의 장부금액 = 3,000,000 + 300,000 = 3,300,000원

05 ② 지분법이익 : 800,000 × 25% = 200,000원

06 ④ 피투자자의 이사회나 이에 준하는 의사결정기구에 참여하는 경우 유의적인 영향력이 있음을 명백하게 제시할 수 있다.

07 ② 영업권 = 취득금액 − 순자산 공정가치 × 지분율
= 3,000,000원 − 9,000,000원 × 30% = 300,000원

08 ④ 투자자와 피투자자가 동일지배하에 있는 경우는 유의적인 영향력이 있다고 보지 않는다.

09 ③ 피투자회사가 배당금지급을 결의한 시점에 투자회사가 수취하게 될 배당금 금액을 관계기업투자주식에서 직접 차감한다.

10 ④ 투자자와 관계기업 사이의 내부거래에서 발생한 당기손익에 대하여 투자자는 그 관계기업에 대한 투자지분과 무관한 손익까지만 투자자의 재무제표에 인식한다.

11 ③ 당기순이익 = 기말이익잉여금 − (기초이익잉여금 − 배당금지급)
= 1,300,000원 − (1,100,000원 − 100,000원) = 300,000원
지분법이익 = 당기순이익 × 지분율 = 300,000원 × 30% = 90,000원

12 ② 관계기업투자주식의 장부금액
= 1,000,000원 + (300,000원 − 200,000원×1/5)×30% = 1,078,000원

13 ③ 관계기업투자주식 장부금액 = 4,000원 + 20,000원 × 40% = 12,000원

14 ③ 관계기업투자주식의 장부금액 : 3,000,000 + 1,000,000 × 30% = 3,300,000원

| Chapter 20 | 환율변동효과 |

01 ② 역사적원가로 측정하는 비화폐성 외화항목은 거래일의 환율로 환산한다.

02 ④ 기능통화가 변경되는 경우에는 새로운 기능통화에 의한 환산절차를 변경한 날부터 전진적용한다. 다시 말하면, 기능통화가 변경된 날의 환율을 사용하여 모든 항목을 새로운 기능통화로 환산하는 것이다. 비화폐성항목의 경우에는 새로운 기능통화로 환산한 금액이 역사적원가가 된다.

03 ① 기능통화는 영업활동이 이루어지는 주된 경제환경의 통화로 정의되며, 본사가 속해있는 국가의 통화와는 무관하다.

04 ④ 미수금, 단기대여금, 매출채권, 매입채무, 미지급금은 화폐성항목이며, 투자부동산, 자본금, 선수금, 건물, 재고자산, 선급금은 비화폐성항목이다.

05 ① 기능통화와 표시통화가 다른 경우 표시통화로 재무상태와 경영성과를 환산하여 보고해야 한다. 재무상태표의 자산과 부채는 보고기간 말의 마감환율을 적용하고, 포괄손익계산서의 수익과 비용은 해당 거래일의 환율을 적용하되 환율이 유의적으로 변동하지 않을 경우에는 해당 기간의 평균환율을 적용할 수 있다.

06 ③ 기능통화란 영업활동이 이루어지는 주된 경제환경의 통화를 말하며, 표시통화란 재무재표를 표시할 때 사용하는 통화를 말한다.

07 ④ 비화폐성항목의 경우에는 공정가치가 결정된 날의 환율로 환산한다.

08 ① (1) 매출채권 : $80,000 × 1,080원/$ = 86,400,000원
(2) 외화환산손실 : $80,000 × (1,080원/$ − 1,100원/$) = (−)1,600,000원

09 ③

재무상태표의 환산

자산	$700 × 1,100 = 770,000원	부채	$200 × 1,100 = 220,000원
		자본금	$100 × 1,000 = 100,000원
외환차이	30,000원	이익잉여금	$400 × 1,200 = 480,000원
계	800,000원	계	800,000원

10 ① 표시통화는 기능통화를 포함하여 어떠한 통화로도 사용할 수 있다.

11 ① 기능통화와 표시통화가 다른 경우 표시통화로 재무상태와 경영성과를 환산하여 보고해야 한다. 재무상태표의 자산과 부채는 보고기간 말의 마감환율을 적용하고 포괄손익계산서의 수익과 비용은 해당 거래일의 환율을 적용한다. 이때 발생하는 환산차이는 기타포괄손익으로 인식한다.

12 ④ 외화환산손익
= $2,500 × (@1,200 − @1,000) = 500,000원 손실

13 ① 자산 : $5,000 × @1,200 = 6,000,000원
부채 : $2,000 × @1,200 = 2,400,000원
자본금 : $1,000 × @1,000 = 1,000,000원
당기순이익 : $2,000 × @1,150 = 2,300,000원

14 ① 평가손실 = CNY 2,000 × @110 − CNY 1,800 × @115 = 13,000원

15 ③ 포괄손익계산서(비교표시하는 포괄손익계산서 포함)의 수익과 비용은 해당 거래일의 환율로 환산한다. 실무적으로 수익과 비용항목을 환산할 때 거래일의 환율에 근접한 환율(예: 해당 기간의 평균환율)을 자주 사용한다. 그러나 환율이 유의적으로 변동한 경우에는 일정기간의 평균환율을 사용하는 것은 부적절하다.

16 ④ 재평가잉여금 : $15,000 × @1,200 − $10,000 × @1,000 = 8,000,000원

17 ① 재무제표를 표시통화로 환산할 때 발생하는 환산차이는 기타포괄손익으로 인식한다.

Chapter 21 | 파생상품

01 ① 주식, 채권, 이자율, 환율 등 금융상품을 기초자산 또는 기초변수로 하여 기초자산의 가치변동에 따라 가격이 결정되는 금융상품은 파생상품이다.

02 ① 유럽형 옵션은 만기일에만 권리를 행사할 수 있는 옵션이며, 미국형 옵션은 만기일 이전에는 언제라도 권리를 행사할 수 있는 옵션이다.

03 ③ 파생상품의 정의 총액결제 또는 차액결제와 무관하다.

04 ④ 파생상품은 정형화된 시장에서 거래된다는 것을 요구하지 않는다.(예, 선물거래)

05 ④ 조직화된 시장에서 정해진 방법으로 거래되는 것은 선물거래라고 한다.

06 ③ ③은 선도거래의 특징이다.

07 ② 환율변동에 따라 현재 보유하고 있는 매입채무의 공정가치의 변화를 회피하기 위한 것이므로 공정가치위험회피회계를 적용한다.

08 ① 위험회피수단으로 지정되지 않고 매매목적 등으로 보유하고 있는 파생상품의 평가손익은 당기손익으로 계상한다.

09 ① 일정시점에 통화를 미리 약정된 환율로 서로 매매하기로 현시점에서 약속하고, 약정 기일 도래 시 약정된 환율로 매매하는 거래를 통화선도거래라고 한다. 6개월 후 달러를 매도해야 하는 포지션에 있으므로 통화선도 매도계약을 체결한다.

10 ① 통화선도평가이익 = $100 × 1,220 − $100 × 1,200 = 2,000원
통화선도거래이익 = $100 × 1,230 − $100 × 1,220 = 1,000원

11 ① 3개월 후 달러를 매도하여야 하므로 통화선도 매도계약을 체결한다.
외화환산손익 = $1,000,000 × (1,100 − 1,200) = (−)100,000,000원(손실)
통화선도 거래손익 = $1,000,000 × (1,150 − 1,100) = 50,000,000원(이익)

12 ④ 현금흐름 위험회피회계에서 위험회피에 효과적이지 않은 부분은 당해 회계연도의 당기손익으로 인식한다.

13 ③ 현금흐름위험회피 목적으로 체결한 파생상품의 평가손익 중 위험회피에 효과적인 부분은 기타포괄손익으로 처리한다.

14 ③ 위험회피수단으로 지정되지 않고 매매목적으로 보유하고 있는 파생상품의 평가손익은 당기손익으로 계상하고 위험회피수단으로 지정된 파생상품의 평가손익은 위험회피유형별로 회계처리가 달라진다.

15 ② 9개월 후 달러를 매입해야 하는 포지션에 있으므로 통화선도 매입계약을 체결한다.

16 ② 현금흐름위험회피는 위험회피대상항목이 미래에 예상되는 거래로서 당해 거래에 따른 미래현금흐름변동을 상쇄하기 위하여 파생상품 등을 이용하는 것을 말한다. 여기서 예상거래의 미래현금흐름변동은 재고자산의 미래예상매입에 따른 취득가액변동, 재고자산의 미래예상매출에 따른 매출액변동 등을 의미한다.

Chapter 22 리스

01 ① 리스기간 종료시점의 잔존가치 중 보증되지 않은 금액은 리스료에 포함되지 않는다.

02 ① 내재이자율이라 함은 리스료 및 무보증잔존가치의 현재가치 합계액을, 기초자산의 공정가치와 리스제공자의 리스개설직접원가의 합계액과 동일하게 하는 할인율을 말한다.

03 ④ 계약의 다른 속성들을 고려할 때 리스자산의 소유에 따른 위험과 보상의 대부분을 이전하지 않는다는 사실이 분명한 경우에는 운용리스로 분류한다.

04 ④ 리스는 리스약정일을 기준으로 운용리스나 금융리스로 분류한다.

05 ③ ① 기초자산이 특수하여 해당 리스이용자만이 주요한 변경 없이 사용할 수 있는 경우 일반적으로 금융리스로 분류한다.
② 리스이용자는 사용권자산과 리스부채를 인식하여야 한다. 그러나 단기리스와 소액 기초자산 리스의 경우에는 사용권자산과 리스부채를 인식하지 않을 수 있다.
④ 리스약정일 현재 리스료의 현재가치가 기초자산 공정가치의 대부분에 해당하는 경우 일반적으로 금융리스로 분류한다.

06 ③ 내재이자율이라 함은 리스료 및 무보증잔존가치의 현재가치 합계액을, 기초자산의 공정가치와 리스제공자의 리스개설직접원가의 합계액과 동일하게 하는 할인율을 말한다.

07 ③ 사용권자산 = 1,000,000 × 2.4869 + 100,000 = 2,586,900

08 ④ 이자비용 = 240,183 × 12% = 28,822원
감가상각비 = (240,183 − 40,183)/5년 = 40,000원

09 ② 20X1년 비용인식금액 = (1,500,000 + 2,000,000 + 2,500,000)/3
= 2,000,000원

10 ③ 사용권자산 = 40,000원
감가상각기간: 5년
20X1년 감가상각비 = (40,000원 − 0원) ÷ 5년 = 8,000원

11 ① 사용권자산 = 120,000원
감가상각기간: 10년
20X1년 감가상각비 = (120,000원 − 0원) ÷ 10년 = 12,000원

12 ② 리스이용자의 증분차입이자율은 리스이용자가 비슷한 경제적 환경에서 비슷한 기간에 걸쳐 비슷한 담보로 사용권자산과 가치가 비슷한 자산 획득에 필요한 자금을 차입한다면 지급해야 하는 이자율을 말한다.

13 ④ (고정리스료(x) × 2.48685) + (50,000 × 0.75131)= 기초자산 공정가치 500,000
따라서 x = 185,952원

14 ③ 리스채권 = 리스순투자 = 기초자산의 공정가치 + 리스개설직접원가
= 850,000 + 20,398 = 870,398원

15 ② 고정리스료 150,000 × 2.48685 + 보증잔존가치 5,000 × 0.75131
= 376,784원

Chapter 23   현금흐름표

01 ④ 장기성자산 및 현금성자산에 속하지 않는 기타투자자산의 취득과 처분에 관련된 활동은 투자활동이다.

02 ② ①, ③, ④는 현금의 유입이 없는 거래이다. ②는 재무활동현금흐름이 증가한다.

03 ② 투자활동과 재무활동의 표시방법은 직접법과 간접법이 동일하다.

04 ②

유형자산처분이익	30,000원
감가상각비	(-)15,000원
기계장치 장부금액의 감소	35,000원
투자활동 순현금흐름	50,000원

05 ③ 매출채권 할인에서 발생하는 현금유입-영업활동 현금흐름

06 ④ 회사가 취득한 환매채는 현금성자산이므로 어느 활동과도 관계가 없다.

07 ③ 현금매입액 160,000,000 − 부채증가액 25,000,000 = 135,000,000원

08 ③ 영업활동현금흐름
= 법인세비용차감전순이익 5,000,000 + 매출채권감소 500,000
+ 매입채무증가 300,000 = 5,800,000원

09 ① 영업활동현금흐름이 (+)이지만 반드시 당기순이익이지 않을 수도 있다.

10 ④ 당기순이익(x)

(+) 유형자산처분손실	200,000
(+) 감가상각비	300,000
(−) 매출채권 증가	900,000
(+) 재고자산의 감소	1,000,000
(−) 매입채무의 감소	500,000
영업현금흐름	5,000,000

x = 4,900,000원

11 ③ 영업활동현금흐름
= 당기순이익 20,000 + 감가상각비 4,600 − 매출채권 증가 15,000
+ 재고자산 감소 2,500 + 매입채무 증가 10,400
= 22,500원

12 ① 분개상 현금유출액 300,000원

13 ① 이자수입은 영업활동 또는 투자활동 현금흐름으로 분류할 수 있다.

14 ① 현물출자로 인한 유형자산의 취득은 현금의 유출입이 없는 거래이다.

15 ③ 당기 현금증가액=영업활동 현금흐름+투자 및 재무활동 현금흐름
5,000원 = X + (−50,000 − 30,000)
영업활동 현금흐름 = 85,000원

16 ④ 유형자산의 처분 800,000 − 관계기업투자주식의 취득 1,000,000 − 무형자산의 취득 500,000원 = (−)700,000

17 ③

당기순이익	91,000원
유형자산처분손실	3,000원
사채상환이익	(−)2,000원
미지급이자의 증가	2,000원
재고자산(순액)의 증가	(−)3,000원
매출채권(순액)의 증가	(−)2,000원
매입채무의 증가	3,000원
미지급법인세의 감소	(−)3,000원
영업활동현금흐름	50,000원

18 ① 현금흐름표를 작성하는 방법에는 영업활동 현금흐름을 어떻게 계산하느냐에 따라 간접법과 직접법에 의한 현금흐름표를 작성할 수 있다.

19 ②

이자비용	(−)100,000원
미지급이자의 증가	15,000원
선급이자의 감소	5,000원
이자지급액	(−)80,000원

20 ④ 장기차입금 차입에 따른 현금유입은 재무활동 현금흐름이다.

21 ④ 당기순이익 2,500,000 + 유형자산처분손실 450,000 + 감가상각비 300,000 − 선급비용의 증가 200,000 + 재고자산의 감소 100,000 + 매입채무의 증가 350,000 = 3,500,000원

22 ③ 리스이용자의 리스부채 상환에 따른 현금유출은 재무활동으로 분류한다. 나머지 보기는 영업활동이다.

23	④	이자수익	200,000원
		미수이자의 감소	10,000원
		이자수취액	210,000원

24	④	매출액	100,000원
		대손상각비	−5,000원
		매출채권의 증가	−10,000원
		대손충당금의 증가	1,000원
		현금유입액	86,000원

25	③	매출원가	−60,000원
		재고자산의 증가	−4,000원
		매입채무의 증가	2,000원
		현금유출액	−62,000원

26	③	법인세비용차감전순이익	500,000원
		감가상각비	300,000원
		유형자산처분손실	150,000원
		재고자산의 증가	−300,000원
		매입채무의 감소	−600,000원
		영업활동 현금흐름	50,000원

Chapter

모의고사

국가공인 재경관리사 문제지

재무회계/세무회계/원가관리회계 각 과목당 40 문항(총 120 문항)

제한시간	수험번호	성명	생년월일
세 과목 150 분			

응시자 주의사항

1. 시 험   시 간 : 14:00 ~ 16:30(150 분) 세 과목 동시 시행합니다.
2. 지 정   좌 석 : 수험번호별 지정좌석에 착석하여 주십시오.
3. 인적사항 기재 : 시험 문제지 상단에 수험번호, 성명, 생년월일을 기재하여 주십시오.
4. 답 안 지 작성 : 답안카드 뒷면의 '답안카드 작성요령 및 주의사항'을 꼭 읽고 답안을
　　　　　　　　　작성하여 주십시오.
5. 시 험   실 시 : 방송타종 또는 감독관의 지시에 따라 시작하십시오.
6. 부 정   행 위 : 부정행위를 하였을 때 당 회 시험은 무효 처리하며 향후 2 년간 응시자격을
　　　　　　　　　제한합니다.

삼일회계법인

본 시험은 현행 기준인 한국채택국제회계기준(K-IFRS)에 따라 출제되었습니다.

【1】 다음 중 국제회계기준의 특징으로 볼 수 없는 것은?

① 국제회계기준은 원칙중심의 회계기준이다.
② 국제회계기준은 연결재무제표가 아닌 개별재무제표 중심이다.
③ 국제회계기준의 가장 큰 특징은 역사적 원가에 기초한 측정에서 공정가치 측정으로 대폭 그 방향을 전환하였다는 점이다.
④ 국제회계기준은 각국의 협업을 통해 기준을 제정한다.

【2】 다음 중 유용한 재무정보의 질적 특성에 관한 설명으로 가장 올바르지 않은 것은?

① 목적적합한 재무정보는 정보이용자의 의사결정에 차이가 나도록 할 수 있다. 재무정보에 예측가치, 확인가치 또는 이 둘 모두가 있다면 그 재무정보는 의사결정에 차이가 나도록 할 수 있다.
② 표현충실성은 모든 면에서 정확한 것을 의미하지는 않는다. 오류가 없다는 것은 현상의 기술에 오류나 누락이 없고, 보고 정보를 생산하는 데 사용되는 절차의 선택과 적용 시 절차상 오류가 없음을 의미한다. 이 맥락에서 오류가 없다는 것은 모든 면에서 완벽하게 정확하다는 것을 의미하지는 않는다.
③ 검증가능성은 합리적인 판단력이 있고 독립적인 서로 다른 관찰자가 어떤 서술이 표현충실성이라는 데, 비록 반드시 완전히 일치하지는 못하더라도, 의견이 일치할 수 있다는 것을 의미한다. 계량화된 정보가 검증가능하기 위해서 단일 점추정치이어야 한다.
④ 비교가능성, 검증가능성, 적시성 및 이해가능성은 목적적합하고 충실하게 표현된 정보의 유용성을 보강시키는 질적 특성이다. 때로는 하나의 보강적 질적 특성이 다른 질적 특성의 극대화를 위해 감소되어야 할 수도 있다.

【3】 다음 중 자산의 측정방법에 대한 설명으로 가장 올바르지 않은 것은?

① 사용가치 : 기업이 자산의 사용과 궁극적인 처분으로 얻을 것으로 기대하는 현금흐름의 현재가치

② 현행원가 : 기업이 자산의 사용과 궁극적인 처분으로 얻을 것으로 기대하는 미래현금흐름의 할인하지 아니한 명목가치

③ 역사적원가 : 기업이 자산을 취득 또는 창출하기 위하여 지급한 대가(거래원가 포함)

④ 공정가치 : 자산 측정일에 시장참여자 사이의 정상거래에서 자산을 매도할 때 받을 가격

【4】 다음 중 재무제표의 작성 및 표시에 관한 설명으로 가장 올바르지 않은 것은?

① 경영진은 재무제표를 작성할 때 계속기업으로서의 존속가능성을 평가해야 한다.

② 매출채권에 대해 대손충당금을 차감하여 순액으로 측정하는 것은 상계표시에 해당한다.

③ 기업은 현금흐름 정보를 제외하고는 발생기준 회계를 사용하여 재무제표를 작성한다.

④ 중요하지 않은 항목은 성격이나 기능이 유사한 항목과 통합하여 표시할 수 있다.

【5】 다음 중 12월 말 결산법인인 (주)삼일의 3분기 중간재무보고서에 대한 설명으로 가장 올바르지 않은 것은?

① 자본변동표는 당 회계연도 7월 1일부터 9월 30일까지의 중간기간과 1월 1일부터 9월 30일까지의 누적기간을 대상으로 작성하고 직전 회계연도의 동일 기간을 대상으로 작성한 자본변동표와 비교 표시한다.

② 포괄손익계산서는 당 회계연도 7월 1일부터 9월 30일까지의 중간기간과 1월 1일부터 9월 30일까지의 누적기간을 대상으로 작성하고 직전 회계연도의 동일 기간을 대상으로 작성한 포괄손익계산서와 비교 표시한다.

③ 현금흐름표는 당 회계연도 1월 1일부터 9월 30일까지의 누적기간을 대상으로 작성하고 직전 회계연도의 동일 기간을 대상으로 작성한 현금흐름표와 비교 표시한다.

④ 재무상태표는 당 회계연도 9월 30일 현재를 기준으로 작성하고 직전 회계연도 12월 31일 재무상태표와 비교 표시한다.

【6】 다음 중 재무상태표상 재고자산으로 분류되어야 할 항목으로 가장 올바르지 않은 것은?

① 부동산매매업을 영위하는 기업에서 보유하는 판매목적 토지

② 자동차제조회사 공장에서 생산 중에 있는 미완성 엔진

③ 건설회사에서 분양사업을 위해 신축하는 건물

④ 의류회사에서 공장의 일부를 폐쇄하면서 처분하고자 하는 설비자산

【 7 】 자동차 부품제조업을 영위하고 있는 (주)삼일은 당기 중 원자재를 후불 조건으로 수입하는 과정에서 다음과 같은 항목의 원가가 발생하였다. 동 매입거래에 의하여 재무상태표 상에 증가하게 될 재고자산의 가액은 얼마인가? (단, 거래당시의 환율은 $1 = 1,000원이다)

ㄱ. 재고자산의 매입원가	USD 1,000
ㄴ. 매입할인	USD 100
ㄷ. 운송보험료	100,000원
ㄹ. 환급 불가한 수입관세 및 제세금	20,000원
ㅁ. 재고자산 매입관리부서 인원의 매입기간 인건비	50,000원

① 900,000원
② 1,000,000원
③ 1,020,000원
④ 1,070,000원

【 8 】 다음은 (주)삼일의 20X1회계연도 결산시 재고자산과 관련된 자료이다. 재고자산과 관련된 결산수정분개가 당기손익에 미치는 영향으로 가장 옳은 것은?

ㄱ. 결산수정분개전 기말재고자산 장부상 수량	100개
ㄴ. 결산수정분개전 기말재고자산 장부상 매입단가	200원/개
ㄷ. 기말재고자산 실사수량	95개
ㄹ. 기말재고자산의 예상판매가격	160원/개
ㅁ. 기말재고자산의 예상판매비용	예상판매가격의 5%

① 4,800원 증가
② 5,560원 증가
③ 4,800원 감소
④ 5,560원 감소

【 9 】 (주)서울은 사용 중이던 차량운반구A를 (주)부산이 사용하던 차량운반구B와 교환하였다. 이 교환과 관련하여 (주)서울은 공정가치의 차액 300,000원을 현금으로 지급하였다. 이 경우 (주)서울이 차량운반구B의 취득원가로 인식해야 할 금액은 얼마인가?(단, 동 거래는 상업적 실질이 결여된 거래임)

(단위: 원)

	차량운반구A	차량운반구B
취득원가	3,500,000	4,000,000
감가상각누계액	1,200,000	1,500,000
공정가치	1,700,000	2,000,000

① 2,600,000원　　　　　　　　　② 2,300,000원

③ 2,000,000원　　　　　　　　　④ 1,700,000원

【 10 】 (주)삼일은 공장을 신축하기로 하였으며, 이와 관련하여 20X1년 1월 1일 24,000,000원을 지출하였고, 공장은 20X3년 중에 완공될 예정이다. (주)삼일은 공장신축을 위해서 아래와 같이 특정목적으로 차입을 하였다. (주)삼일이 유형자산 건설과 관련된 차입원가를 자본화할 때 20X1년 특정차입금과 관련하여 자본화할 차입원가는 얼마인가?(단, 편의상 월할계산 한다고 가정한다)

차입금액	차입기간	연이자율	비고
24,000,000원	20X1년 5월 1일~20X2년 6월 30일	5%	공장신축을 위한 특정차입금

① 600,000원　　　　　　　　　② 700,000원

③ 800,000원　　　　　　　　　④ 960,000원

【 11 】 (주)삼일의 재무팀장은 재무제표를 최종 검토하던 중 20X1년 12월 31일에 손상차손을 인식한 건물에 대해 당기(20X2년) 중 어떠한 회계처리도 하지 않았다는 사실을 발견하여 이를 반영하려 한다. 아래 내용을 참고하여 수정 후 당기 손익계산서 상 감가상각비와 손상차손환입 금액을 가장 올바르게 나열한 것은?

> 20X1년 12월 31일의 손상전 장부금액은 30,000만원이고 손상후 장부금액은 12,000만원 이다. 동 건물의 20X1년 12월 31일 기준 잔존내용연수는 10년, 잔존가치는 0원이고 감가상각방법은 정액법이다. 20X2년 말에 손상차손환입을 시사하는 징후가 발생하였고 20X2년 12월 31일 현재 동 건물의 순공정가치는 28,000만원, 사용가치는 22,000만원 이다.

	감가상각비	손상차손환입
①	1,000만원	10,000만원
②	1,000만원	11,200만원
③	1,200만원	16,200만원
④	1,200만원	17,200만원

【 12 】 다음 중 내부적으로 창출한 무형자산에 관한 설명으로 가장 올바르지 않은 것은?

① 내부적으로 창출한 영업권은 원가를 신뢰성 있게 측정할 수 없고 기업이 통제하고 있는 식별가능한 자원이 아니기 때문에 자산으로 인식하지 아니한다.

② 내부 프로젝트의 연구단계에서는 미래경제적효익을 창출할 무형자산이 존재한다는 것을 제시할 수 없기 때문에 연구단계에서 발생한 지출은 발생시점에 비용으로 인식한다.

③ 무형자산을 창출하기 위한 내부 프로젝트를 연구단계와 개발단계로 구분할 수 없는 경우에는 그 프로젝트에서 발생한 지출은 모두 개발단계에서 발생한 것으로 본다.

④ 재료, 장치, 제품, 공정, 시스템이나 용역에 대한 여러 가지 대체안을 탐색하는 활동은 연구단계에 속하는 활동의 일반적인 예에 해당한다.

【13】 제조업을 영위하고 있는 (주)삼일은 신제품 개발활동과 관련하여 6,000,000원을 개발비로 계상하였다(해당 개발비는 무형자산인식기준을 충족함). 해당 무형자산은 20X1년 10월 1일부터 사용 가능하며, 내용연수는 5년이고 잔존가치는 없다. 동 개발비의 경제적 효익이 소비되는 형태를 신뢰성 있게 결정할 수 없다고 가정할 경우, 개발비 관련하여 20X1년에 인식할 무형자산상각비는 얼마인가?

① 300,000원
② 600,000원
③ 1,200,000원
④ 6,000,000원

【14】 다음 중 투자부동산으로 분류되는 것으로 가장 옳은 것은?

① 자가사용 부동산
② 정상적인 영업과정에서 판매하기 위한 부동산이나 이를 위하여 건설 또는 개발 중인 부동산
③ 금융리스로 제공한 부동산
④ 장래 사용목적을 결정하지 못한 채로 보유하고 있는 토지

【 15 】 (주)삼일의 20X1년말 재무상태표에 표시될 기타포괄손익-공정가치 측정 금융자산의 기타포괄손익누계액은 얼마인가?

> (주)삼일은 20X0년초 기타포괄손익-공정가치 측정 금융자산을 취득하였다. 취득시 공정가치는 100,000원이고, 취득관련수수료는 10,000원이다. 20X0년말 동 금융자산의 공정가치는 100,000원이다. 20X1년말 동 금융자산의 공정가치는 150,000원이다.

① 10,000원 　　　　　　　　　② 20,000원
③ 40,000원 　　　　　　　　　④ 50,000원

【 16 】 다음 중 금융자산의 손상 발생에 대한 객관적인 증거로 보기에 가장 올바르지 않은 것은?

① 이자지급이나 원금상환의 불이행이나 지연과 같은 계약 위반
② 차입자의 재무적 어려움에 관련된 경제적 또는 법률적 이유로 인한 당초 차입조건의 불가피한 완화
③ 차입자의 파산이나 기타 재무구조조정의 가능성이 높은 상태가 된 경우
④ 유동부채가 유동자산을 초과하는 경우

【 17 】 다음 중 양도자가 소유에 따른 위험과 보상의 대부분을 이전하는 경우에 해당하는 예로 가장 옳은 것은?

① 금융자산을 아무런 조건이 없이 매도한 경우
② 유가증권대여계약을 체결한 경우
③ 양도자가 매도 후에 미리 정한 가격 또는 매도가격에 양도자에게 금전을 대여하였더라면 그 대가로 받았을 이자수익을 더한 금액으로 양도자산을 재매입하는 거래의 경우
④ 양도자가 양수자에게 발생가능성이 높은 대손의 보상을 보증하면서 단기 수취채권을 매도한 경우

【 18 】 다음 중 전환사채에 관한 설명으로 가장 올바르지 않은 것은?

① 전환권대가에 해당하는 부분은 무조건 부채로 계상한다.
② 전환사채는 전환사채보유자의 요구에 따라 주식으로 전환할 수 있는 권리가 내재되어 있어 일반적으로 일반사채보다 표면금리가 낮게 책정되어 발행된다.
③ 상환할증금지급조건의 전환사채는 발행시점에 상환할증금을 인식한다.
④ 전환사채는 일반사채와 전환권의 두 가지 요소로 구성되는 복합적 성격을 지닌 금융상품이다.

【 19 】 다음과 같은 조건의 사채를 발행한 경우 동 사채로 인하여 만기까지 인식해야 하는 총 이자비용은 얼마인가?

> ㄱ. 액면금액 : 50,000,000원
> ㄴ. 발행일 : 20X1년 1월 1일
> ㄷ. 만기일 : 20X3년 12월 31일
> ㄹ. 액면이자율 및 이자지급조건 : 연 4 %, 매년 말 지급
> ㅁ. 발행일의 시장이자율 : 6 %
> ㅂ. 이자율 6 %, 3년 연금현가계수 : 2.6730
>   이자율 6 %, 3년 현가계수 : 0.8396

① 2,674,000원   ② 5,037,600원
③ 6,000,000원   ④ 8,674,000원

【 20 】 다음 중 충당부채의 회계처리에 관한 설명으로 가장 옳은 것은?

① 미래의 예상 영업손실은 최선의 추정치를 금액으로 하여 충당부채로 인식한다.

② 충당부채로 인식하는 금액은 현재의무의 이행에 소요되는 지출에 대한 보고기간 말 현재의 최선의 추정치이어야 하며 이 경우 관련된 사건과 상황에 대한 불확실성이 고려되어야 한다.

③ 충당부채란 과거사건이나 거래의 결과에 의한 현재의무로서, 그 의무를 이행하기 위하여 자원이 유출될 가능성이 높고 지출 금액이 불확실하지만, 지출 시기는 확정되어 있는 의무를 의미한다.

④ 충당부채의 명목금액과 현재가치의 차이가 중요하더라도 의무를 이행하기 위하여 예상되는 지출액의 명목금액으로 평가한다.

【 21 】 다음은 자본거래가 각 자본항목에 미치는 영향을 나타내고 있다. 가장 올바르지 않은 것은?

	자본금	이익잉여금	총자본
① 주식배당	증가	감소	불변
② 주식의 할인발행	증가	불변	증가
③ 자기주식취득	불변	불변	감소
④ 현금배당	불변	감소	불변

【 22 】 (주)삼일은 20X1년 초 설립된 회사로 설립 시에 보통주와 우선주를 모두 발행하였다. 설립일 이후 자본금의 변동은 없었으며, 20X3년 12월 31일 현재 보통주자본금과 우선주자본금은 다음과 같다.

구분	주당액면금액	발행주식수	자본금
보통주	1,000원	1,000주	1,000,000원
우선주(*)	1,000원	500주	500,000원

* 누적적 · 비참가적 우선주, 배당률 5%

(주)삼일은 설립된 이후 어떠한 배당도 하지 않았으나 20X3년 12월 31일로 종료되는 회계연도의 정기주주총회에서 배당금 총액을 300,000원으로 선언할 예정일 경우 우선주 주주에게 배분될 배당금은 얼마인가?

① 275,000원
② 100,000원
③ 75,000원
④ 25,000원

【 23 】 다음 중 한국채택국제회계기준 1115호(고객과의 계약에서 생기는 수익) 기준서의 내용으로 가장 올바르지 않은 것은?

① 제품 등의 유지보수 의무를 이행하기 위해 판매대금 지급이 연기된 경우 고객과의 계약에서 유의적인 금융요소가 존재하는 것으로 본다.
② 고객과 납품계약 체결에 대한 대가로 판매대리인에게 지급한 판매수수료는 계약체결증분원가에 해당한다.
③ 라이선스 계약이 접근권에 해당하면 일정기간 동안 권리를 부여하는 수행의무가 부여된 것이므로 그 기간에 걸쳐 수익을 인식한다.
④ 매출에 확신유형의 보증을 제공하는 경우 총 판매금액을 수익으로 인식하고 보증에 대해서는 충당부채를 인식한다.

【 24 】 (주)삼일은 20X1년 12월 31일 (주)용산에 1,000,000원(원가 800,000원)의 제품을
판매하고 1년 이내 반품할 수 있는 권리를 부여하였다. 인도일 현재 200,000원이
반품될 것으로 예상된다면 (주)삼일이 20X1년에 인식할 매출액은 얼마인가?

① 　　　 0원 　　　　　　　　　② 100,000원
③ 200,000원 　　　　　　　　　④ 800,000원

【 25 】 (주)삼일건설은 20X1년 1월 1일에 대전시로부터 교량건설을 총공사계약액
50,000,000원에 수주하였다. 공사기간은 20X1년 1월 1일부터 20X3년 12월
31일까지이다. 추정 총계약원가는 40,000,000원으로 공사기간 동안 변동
이 없으며, 회사는 누적발생계약원가에 기초하여 공사진행률을 측정하고
있다. 20X1년과 20X2년 계약수익이 다음과 같을 때 20X2년 말 누적공사진
행률을 계산한 것으로 가장 옳은 것은?

| ㄱ. 20X1년 계약수익 : 20,000,000원 |
| ㄴ. 20X2년 계약수익 : 10,000,000원 |

① 10 % 　　　　　　　　　② 20 %
③ 40 % 　　　　　　　　　④ 60 %

【 26 】 (주)삼일은 퇴직급여제도로 확정급여제도를 채택하고 있다. 다음 자료를 이용하여 (주)삼일이 보고기간 종료일 현재 재무상태표에 표시될 순확정급여부채(자산)의 잔액을 계산하시오.

구분	확정급여채무의 현재가치	사외적립자산의 공정가치
금 액	5,000,000원	1,500,000원

① 1,500,000원
② 3,500,000원
③ 5,000,000원
④ 6,500,000원

【 27 】 (주)삼일은 20X1년 1월 1일에 종업원 1인에게 현금결제형 주식선택권 10,000개를 부여하였다. 동 보상에 대한 대가로 해당 종업원이 20X3년 12월 31일까지 근로를 제공하기로 약정하였다면, (주)삼일이 20X1년 포괄손익계산서에 계상할 주식보상비용은 얼마인가?

ㄱ. 20X1년 말 추정한 주가차액보상권의 공정가치: 600,000원/개
ㄴ. 행사가능기간: 20X4년 1월 1일~20X6년 12월 31일

① 10억 원
② 20억 원
③ 30억 원
④ 40억 원

【 28 】 다음은 (주)삼일의 20X1년과 20X2년 말의 이연법인세자산·부채의 내역이다. (주)삼일이 20X2년에 인식할 법인세비용은 얼마인가?(20X2년 과세소득에 대하여 부담할 법인세액은 280,000원이다)

<각 회계연도말 재무상태표상 금액>

구분	20X2년 말	20X1년 말
이연법인세자산	150,000원	–
이연법인세부채	–	50,000원

① 80,000원
② 150,000원
③ 430,000원
④ 480,000원

【 29 】 다음 중 이연법인세자산으로 인식할 수 있는 항목으로 가장 올바르지 않은 것은?

① 가산할 일시적차이
② 차감할 일시적차이
③ 미사용 세무상결손금
④ 미사용 세액공제

【 30 】 20X1 년에 설립된 ㈜삼일은 재고자산의 원가흐름에 대한 가정을 20X1 년까지 선입선출법을 적용하여 단가결정을 하였으나, 20X2 년부터 평균법으로 변경하였다. 원가흐름에 대한 가정에 따른 각 연도말 재고자산의 장부금액이 다음과 같다.

	20X1년	20X2년
선입선출법	45,000원	50,000원
평균법	35,000원	45,000원

(주)삼일이 평균법으로의 회계정책변경에 대한 소급효과를 모두 결정할 수 있다고 가정할 경우 상기 회계변경이 20X2년 말 이익잉여금에 미치는 영향은 얼마인가(단, 상기 회계변경 반영 전 (주)삼일의 20X1년 말 및 20X2년 말 재무상태표에는 선입선출법을 적용한 금액으로 재고자산이 표시되어 있다)?

① 5,000 원 증가
② 10,000 원 증가
③ 5,000 원 감소
④ 10,000 원 감소

【 31 】 다음 중 회계추정의 변경에 해당하는 것으로 가장 올바르지 않은 것은?

① 수취채권의 대손상각률 변경
② 재고자산 원가흐름의 가정을 선입선출법에서 평균법으로 변경
③ 유형자산 감가상각방법의 변경
④ 유형자산 내용연수의 변경

【 32 】 (주)삼일의 20X1년 당기순이익은 3,000,000원이다. ㈜삼일의 20X1년 1월 1일 유통 보통주식수는 10,000주이며, 4월 1일 자기주식 1,000주를 취득하였고, 10월 1일에 는 유상증자를 통해 3,000주를 발행하였다. 20X1년 우선주배당금이 400,000원인 경우, ㈜삼일의 20X1년 기본주당순이익은 얼마인가? (단, 가중평균유통주식수는 월수로 계산한다)

① 300 원
③ 260 원

② 280 원
④ 240 원

【 33 】 다음 중 지분법과 관련된 설명으로 가장 올바르지 않은 것은?

① 투자자가 직접 또는 간접으로 피투자자에 대한 의결권의 20% 이상을 소유하고 있다면 명백한 반증이 없는 한 유의적인 영향력이 있는 것으로 본다.
② 기업이 해당 피투자자에 대하여 유의적인 영향력이 있는지 여부를 평가할 때에 는 다른 기업이 보유한 잠재적 의결권은 고려하지 않는다.
③ 투자자의 보고기간종료일과 관계기업의 보고기간종료일이 다른 경우, 관계기업 은 투자자의 재무제표와 동일한 보고기간종료일의 재무제표를 재작성한다.
④ 유의적인 영향력이란 투자자가 피투자자의 재무정책과 영업정책에 관한 의사결 정에 참여할 수 있는 능력을 말한다.

【 34 】 20X1년 1월 1일 (주)삼일은 (주)용산의 발행주식총수의 30 % 를 6,000원에 취득하였다. 주식취득일 현재 (주)용산의 순자산장부금액은 18,000원이고 자산 · 부채의 장부금액은 공정가치와 동일하였다. 20X1년 손익계산서상 당기순이익은 6,000원이다. (주)삼일의 20X1년 말 재무상태표에 계상될 (주)용산의 투자주식금액 및 관련 지분법이익은 각각 얼마인가?

	투자주식금액	지분법이익
①	7,200원	1,800원
②	7,200원	3,000원
③	7,800원	1,800원
④	7,800원	3,000원

【 35 】 외화거래를 최초로 인식하는 경우 거래일의 외화와 기능통화 사이의 현물환율을 외화금액에 적용하여 기능통화로 기록한다. 다음의 외화자산 및 부채 중 보고기간 말의 마감환율을 적용하여 환산하여야 할 화폐성항목으로 가장 올바르지 않은 것은?

① 선수금　　　　　　　　　　② 매입채무
③ 매출채권　　　　　　　　　　④ 장기차입금

【 36 】 다음 거래목적 중 파생상품평가손익을 기타포괄손익으로 인식하여 자본항목
(기타포괄손익누계액)으로 처리하는 것은?

① 공정가치위험회피 목적의 파생상품평가손익
② 매매목적의 파생상품평가손익
③ 현금흐름위험회피 목적으로 체결한 파생상품의 평가손익 중 위험회피에 효과적
인 부분
④ 현금흐름위험회피 목적으로 체결한 파생상품의 평가손익 중 위험회피에 효과적
이지 못한 부분

【 37 】 다음 중 리스에 관한 설명으로 가장 옳은 것은?

① 기초자산이 특수하여 해당 리스이용자만이 주요한 변경 없이 사용할 수 있는 경
우 운용리스로 분류한다.
② 리스이용자는 반드시 사용권자산과 리스부채를 인식하여야 한다.
③ 운용리스의 경우 리스제공자는 운용리스자산과 관련된 감가상각비를 계상한다.
④ 리스약정일 현재 리스료의 현재가치가 기초자산 공정가치에 현저히 미달하는 경
우에 반드시 금융리스로 분류한다.

【 38 】 (주)삼일은 20X1년 1월 1일 ㈜용산리스로부터 기계장치를 3년간 리스하기로 하고, 매년 말 고정리스료로 1,000,000원씩 지급하기로 하였다. 리스계약을 체결하는 과정에서 (주)삼일은 100,000원의 리스개설직접원가를 지출하였고, (주)용산리스는 50,000원의 리스개설직접원가를 지출하였다. 동 기계장치는 원가모형을 적용하고 내용연수는 5년이며 정액법으로 감가상각한다. 리스기간 종료시 동 기계장치는 (주)용산리스에 반환하는 조건이다. 리스개시일 현재 ㈜용산리스의 내재이자율은 알 수 없으며, (주)삼일의 증분차입이자율은 10 % 이다. (주)삼일이 리스개시일에 인식할 사용권자산은 얼마인가?

기간	단일금액 1원의 현재가치 (할인율 10%)	정상연금 1원의 현재가치 (할인율 10%)
3년	0.7513	2.4869

① 2,486,900원

② 2,536,900원

③ 2,586,900원

④ 2,636,900원

【 39 】 다음 중 영업활동 현금흐름의 변동을 초래하는 거래가 아닌 것은 무엇인가?

① 원재료의 매입 및 종업원급여의 지급

② 단기매매목적으로 보유하는 계약에서 발생하는 현금유출입

③ 비품 및 차량운반구의 취득

④ 로열티, 수수료, 중개료 및 기타수익에 따른 현금유입

【 40 】 다음은 (주)삼일의 20X1년 재무제표 관련 자료를 이용하여 현금흐름표에 보고될 영업활동현금흐름은 얼마인가?

당기순이익	50,000원	감가상각비	2,500원
유형자산처분이익	1,800원	매출채권의 감소	15,000원
재고자산의 증가	10,000원	매입채무의 감소	22,000원

① 23,700원   ② 33,700원

③ 35,500원   ④ 37,300원

국가공인 재경관리사 문제지

재무회계/세무회계/원가관리회계 각 과목당 40 문항(총 120 문항)

제한시간	수험번호	성명	생년월일
세 과목 150 분			

응시자 주의사항

1. **시 험 시 간** : 14:00 ~ 16:30(150 분) 세 과목 동시 시행합니다.

2. **지 정 좌 석** : 수험번호별 지정좌석에 착석하여 주십시오.

3. **인적사항 기재** : 시험 문제지 상단에 수험번호, 성명, 생년월일을 기재하여 주십시오.

4. **답 안 지 작 성** : 답안카드 뒷면의 '답안카드 작성요령 및 주의사항'을 꼭 읽고 답안을 작성하여 주십시오.

5. **시 험 실 시** : 방송타종 또는 감독관의 지시에 따라 시작하십시오.

6. **부 정 행 위** : 부정행위를 하였을 때 당 회 시험은 무효 처리하며 향후 2 년간 응시자격을 제한합니다.

삼일회계법인

본 시험은 현행 기준인 한국채택국제회계기준(K-IFRS)에 따라 출제되었습니다.

【1】 다음은 재무회계와 관리회계를 비교한 것이다. 빈칸에 들어갈 내용으로 가장 옳은 것은?

구분	재무회계	관리회계
주된목적	외부정보이용자의 경제적 의사결정에 유용한 정보의 제공	경영자의 관리적 의사결정에 유용한 정보의 제공
보고대상	(ㄱ)	(ㄴ)
보고양식	재무제표	(ㄷ)

	(ㄱ)	(ㄴ)	(ㄷ)
①	외부이해관계자	내부이용자	일정한 양식 없음
②	외부이해관계자	내부이용자	재무제표
③	내부이용자	외부이해관계자	재무제표
④	내부이용자	외부이해관계자	일정한 양식 없음

【2】 다음 중 일반목적재무보고의 목적에 관한 설명으로 가장 올바르지 않은 것은?

① 일반목적재무보고의 목적은 현재 및 잠재적 투자자, 대여자 및 기타 채권자가 기업에 자원을 제공하는 것에 대한 의사결정을 할 때 유용한 보고기업 재무정보를 제공하는 것이다.

② 현재 및 잠재적 투자자, 대여자 및 기타채권자에 해당하지 않는 기타 당사자들(예를 들어, 감독당국)이 일반목적재무보고서가 유용하다고 여긴다면 이들도 일반목적재무보고의 주요 대상에 포함된다.

③ 보고기업의 경제적 자원과 청구권의 성격 및 금액에 대한 정보는 정보이용자가 보고기업의 재무적 강점과 약점을 식별하는 데 도움을 줄 수 있다.

④ 보고기업의 경제적 자원과 청구권의 변동은 그 기업의 재무성과, 그리고 채무상품 또는 지분상품의 발행과 같은 그 밖의 사건 또는 거래에서 발생한다.

【 3 】 다음 중 재무제표를 통해 제공되는 정보가 이용자에게 유용하기 위해 갖추어야 할 속성 가운데 근본적인 질적 특성에 해당되는 것들로만 짝지어진 것은?

① 중요성, 예측가치와 확인가치, 충실한 표현
② 중요성, 비교가능성, 검증가능성
③ 적시성, 이해가능성, 충실한 표현
④ 비교가능성, 검증가능성, 적시성

【 4 】 다음 중 포괄손익계산서에 관한 설명으로 가장 올바르지 않은 것은?

포괄손익계산서	
(주)삼일 20X1년 1월 1일부터 20X1년 12월 31일까지	
매출액	×××
매출원가	(×××)
매출총이익	×××
판매비	(×××)
관리비	(×××)
영업이익	×××
기타수익	×××
기타비용	(×××)
금융원가	(×××)
법인세비용차감전순이익	×××
법인세비용	(×××)
당기순이익	×××
기타포괄손익	×××
총포괄이익	×××

① 포괄손익계산서에서 비용을 기능별 분류를 하는 경우 성격별 분류에 대한 추가 정보를 주석에 공시해야 한다.
② 금융원가는 포괄손익계산서에 표시해야 할 최소한의 항목 중 하나이다.
③ 기타포괄손익은 손익거래의 결과임에도 불구하고 당기손익에는 포함되지 않는 항목들을 의미한다.
④ 상기 포괄손익계산서는 비용을 성격별로 분류하고 있다.

【 5 】 다음 중 특수관계자 공시에 대한 설명으로 가장 옳은 것은?

① 최상위 지배자와 지배기업이 다른 경우에는 최상위 지배자의 명칭은 공시하지 않는다.

② 주요 경영진에 대한 보상에는 단기종업원급여만을 포함한다.

③ 보고기업에 유의적인 영향력을 행사할 수 있는 개인은 보고기업과 특수관계자 이다.

④ 지배기업의 보고서에서 지배기업과 거래가 있는 종속기업만 명칭을 공시한다.

【 6 】 단일 제품을 생산하는 (주)삼일은 제품생산에 투입될 취득원가 100,000원의 원재료와 제조원가 200,000원의 제품 재고를 보유하고 있다. 원재료의 현행대체원가가 90,000원이고 제품의 순실현가능가치가 230,000원일 때, 저가법에 의한 재고자산평가손실은?(단, 기초에 재고자산평가충당금은 없다.)

① 0원   ② 10,000원

③ 20,000원   ④ 30,000원

【 7 】 (주)삼일은 재고자산을 선입선출법에 의하여 평가하고 있다. 다음의 자료를 토대로 (주)삼일의 20X1년 기말재고자산의 금액을 측정한 것으로 가장 옳은 것은?

	장 부 수 량	취 득 단 가	장 부 금 액
전 기 이 월	3,000개	@ 12,000	36,000,000원
구입(20X1. 07. 01)	2,000개	@ 14,000	28,000,000원
시용판매(20X1. 11. 25)(*)	4,800개		
구입(20X1. 12. 22)	1,500개	@ 14,500	21,750,000원
차 기 이 월	1,700개		

(*) (주)삼일은 당기 중 4,800개를 시용판매 하였으나 그 중 300개는 고객이 기말 현재까지 매입의사를 표시하지 않고 있다.

① 24,550,000원   ② 24,650,000원
③ 28,750,000원   ④ 29,000,000원

【 8 】 다음 중 재고자산의 평가에 관한 설명으로 가장 올바르지 않은 것은?

① 재고자산은 취득원가와 순실현가능가치 중 낮은 금액으로 측정한다.
② 상품 및 제품의 순실현가능가액은 예상판매가격에서 추가예상원가 및 기타 판매 비용을 차감한 금액으로 추정한다.
③ 원재료의 현행대체원가가 장부금액보다 낮게 추정된다면 예외없이 재고자산평 가손실이 발생한다.
④ 재고자산의 판매가 계약에 의해 확정되어 있는 경우 순실현가능가액은 그 계약 가격에 기초한다.

【9】 다음 중 회사가 정부보조금으로 취득한 유형자산이 있을 경우와 관련된 설명으로 가장 올바르지 않은 것은?

① 정부보조금 회계처리 방법 결정에 있어서 기업에 어느 정도의 재량권이 부여되어 있다.

② 정부보조금은 재무상태표에 이연수익으로 표시할 수 있다.

③ 정부보조금은 재무상태표에 관련 자산에서 차감하는 방법으로 표시할 수 있다.

④ 정부보조금을 관련 자산에서 차감하는 방법으로 표시하는 경우 유형자산의 장부금액은 유형자산 취득금액으로 한다.

【10】 통신업을 영위하고 있는 (주)삼일은 20X1년 7월 1일 5억 원에 취득하여 사용해 오던 건물 A(내용연수 10년, 정액법, 잔존가치 0원)를 20X5년 4월 1일 3억 원에 처분하였다. 다음 중 (주)삼일이 건물 A 의 처분과 관련하여 20X5년 포괄손익계산서에 인식할 계정과 금액으로 짝지어진 것은? (단, (주)삼일은 건물을 원가모형으로 후속측정한다)

① 유형자산처분이익, 10,000,000원
② 유형자산처분이익, 12,500,000원
③ 유형자산처분손실, 10,000,000원
④ 유형자산처분손실, 12,500,000원

【11】 다음 중 유형자산의 재평가모형 회계처리에 관한 설명으로 가장 올바르지 않은 것은?

① 재평가의 빈도는 재평가되는 유형자산의 공정가치 변동에 따라 달라진다.

② 자산의 장부금액이 재평가로 인하여 증가된 경우 원칙적으로 그 증가액은 당기손익(재평가이익)으로 인식한다.

③ 자산의 장부금액이 재평가로 인하여 감소한 경우 원칙적으로 그 감소액은 당기손익(재평가손실)으로 인식한다.

④ 특정 유형자산을 재평가할 때, 동일한 분류 내의 유형자산은 동시에 재평가한다.

【 12 】 다음은 20X1년 (주)삼일의 엔진 개발과 관련하여 20X1년 6월 30일까지 발생한 지출에 대한 자료이다. 동 엔진이 20X1년 7월 1일부터 사용가능할 것으로 예측된 경우 20X1년 (주)삼일이 엔진 개발과 관련하여 무형자산 상각비를 포함한 인식해야 할 총비용은 얼마인가?(단, 엔진 개발비에 대하여 내용연수 10년, 정액법 상각함)

연구단계	개발단계
• 엔진 연구 결과의 평가를 위한 지출 : 3,000,000원	• 자산인식조건을 만족하는 개발 단계 지출 : 40,000,000원
• 여러 가지 대체안 탐색 활동을 위한 지출: 27,000,000원	• 자산인식조건을 만족하지 않는 개발 단계 지출: 7,000,000원

① 30,000,000원

② 37,000,000원

③ 39,000,000원

④ 75,000,000원

【 13 】 (주)삼일이 20X1년 초에 취득한 특허권 관련 자료는 다음과 같다.

취득원가	내용연수	20X1년 말	
		순공정가치	사용가치
500,000원	5년	400,000원	360,000원

특허권은 정액법으로 상각하며, 잔존가치는 0원이다. (주)삼일이 20X1년 말에 인식할 특허권 장부금액과 관련 손상차손 금액은 얼마인가?

	장부금액	손상차손
①	400,000원	0원
②	360,000원	0원
③	400,000원	40,000원
④	360,000원	40,000원

【 14 】 다음 중 투자부동산의 후속 측정에 관한 설명으로 가장 옳은 것은?

① 투자부동산으로 분류된 건물에 대하여 공정가치모형을 적용할 경우 감가상각은 하지 않는다.
② 투자부동산은 보고기간 말에 공정가치모형과 원가모형 중 하나를 선택하여 각각의 투자부동산에 다르게 선택하여 적용할 수 있다.
③ 투자부동산의 공정가치모형 적용시 공정가치 변동으로 발생하는 손익은 당기손익에 반영하지 않는다.
④ 투자부동산은 원가모형만 적용이 가능하다.

【 15 】 다음 중 금융상품에 대한 설명으로 가장 올바르지 않은 것은?

① 금융상품은 정기예·적금과 같은 정형화된 상품뿐만 아니라 다른 기업의 지분상품, 거래상대방에게서 현금 등 금융자산을 수취할 계약상의 권리 등을 포함하는 포괄적인 개념이다.
② 한국채택국제회계기준은 보유자에게 금융자산을 발생시키고 동시에 상대방에게 금융부채나 지분상품을 발생시키는 모든 계약을 금융상품으로 정의하였다.
③ 매입채무와 미지급금은 금융부채에 해당하지 않는다.
④ 현금및현금성자산, 지분상품 및 채무상품은 금융자산에 해당한다.

【 16 】 (주)삼일은 20X1년 1월 1일에 다음과 같은 조건의 상각후원가측정금융자산을 취득 당시의 공정가치로 취득하였다. 이 경우 (주)삼일의 재무상태표상 상각후원가측정금융자산의 20X1년 말 장부금액은 얼마인가?(소수점 첫 번째 자리에서 반올림한다)

ㄱ. 액면금액: 100,000원
ㄴ. 발행일: 20X1년 1월 1일
ㄷ. 만기일: 20X2년 12월 31일(2년)
ㄹ. 액면이자율: 10%, 매년 말 지급조건
ㅁ. 시장이자율: 20X1년 1월 1일 현재 12%
ㅂ. 현가계수

이자율	현가계수		
	1년	2년	계
12%	0.89285	0.79719	1.69004

① 96,000원
② 96,620원
③ 98,214원
④ 100,000원

【 17 】 다음 중 금융자산 제거의 경제적 실질 판단 요소에 포함되는 사항으로 가장 올바르지 않은 것은?

① 금융자산의 현금흐름 양도에 대한 판단
② 법률상 금융자산의 이전여부
③ 금융자산의 소유에 따른 위험과 보상의 이전여부
④ 금융자산에 대한 통제권 상실여부

【 18 】 (주)삼일은 20X1년 4월 1일 사채(액면 1,000,000원, 표시이자율 10%, 이자지급일 매년 3월 31일 후급, 만기 3년)를 951,980원에 발행을 하였다. (주)삼일이 동 사채를 20X2년 4월 1일 847,180원에 상환할 경우 이로 인한 사채상환손익은 얼마인가?(20X1년 4월 1일의 시장이자율은 12%이며, 사채발행차금은 유효이자율법으로 상각한다.)

① 사채상환이익 119,038원   ② 사채상환손실 119,038원

③ 사채상환손실 190,788원   ④ 사채상환이익 190,788원

【 19 】 다음 중 사채 보유자의 희망에 따라 주식으로 전환할 수 있는 권리가 내재되어 있는 사채를 무엇이라 하는가?

① 전환사채
② 영구채
③ 신주인수권부사채
④ 회사채

【 20 】 (주)삼일은 제조상의 결함이나 하자에 대하여 1년간 제품보증을 시행하고 있다. 20X1년 7월 1일에 판매된 5,000,000원의 제품에서 중요하지 않은 결함이 발견된다면 50,000원의 수리비용이 발생하고, 치명적인 결함이 발생하면 300,000원의 수리비용이 발생할 것으로 예상한다. 20X1년 7월 1일의 매출액 5,000,000원에 대하여 판매된 제품의 80%에는 하자가 없을 것으로 예상하고, 제품의 15%는 중요하지 않은 결함이 발견될 것으로 예상하고, 5%는 치명적인 결함이 있을 것으로 예상하였다. (주)삼일이 20X1년 말에 인식할 충당부채의 금액은 얼마인가?(단, 20X1년에는 결함이나 하자가 발생하지 않았다)

① 7,500원   ② 15,000원

③ 17,500원   ④ 22,500원

【 21 】 20X1년 초 사업을 개시한 (주)삼일은 판매 후 3년 동안 제품에서 발생하는 결함을 무상으로 수리해주고 있으며, 보증비용은 매출액의 2%로 추정된다. 20X1년 말 재무상태표에 제품보증충당부채로 계상되어야 할 금액은 얼마인가?

> ㄱ. 20X1년 매출액은 2,000억 원임
> ㄴ. 20X1년 중 당기 매출분에 대해 20억 원의 제품보증비가 발생함

① 10억 원
② 20억 원
③ 30억 원
④ 40억 원

【 22 】 (주)삼일은 20X1년 초 설립되었으며, 설립 시에 다음과 같은 주식을 발행하였다. 20X2년까지 회사의 배당액은 없었으며, 20X3년 말 현재 배당가능이익을 모두 배당할 계획이다.

> 1. 자본금에 대한 사항
>   보통주자본금(액면 500원, 발행가액 800원, 발행주식수 2,000주)
>   우선주자본금(액면 500원, 발행가액 600원, 발행주식수 1,000주)
>   우선주의 최소배당률은 4%임
> 2. 20X3년 말 현재 배당가능이익 : 200,000원

우선주가 비누적적, 비참가적 우선주인 경우 20X3년 말 현재의 우선주배당금은?

① 8,000원
② 20,000원
③ 24,000원
④ 40,000원

【 23 】 다음 중 고객과의 계약에서 생기는 수익에 관한 설명으로 가장 옳은 것은?

① 고객에게 이전할 재화나 용역에 대하여 받을 권리를 갖게 될 대가의 회수가능성
이 높지 않더라도 계약에 상업적 실질이 존재하고 이전할 재화나 용역의 지급조
건을 식별할 수 있으면 고객과의 계약으로 회계처리한다.

② 수익을 인식하기 위해서는 [고객과의 계약 식별 - 수행의무 식별 - 거래가격 산
정 - 거래가격을 계약 내 수행의무에 배분 - 수행의무를 이행할 때 수익인식]의
단계를 거친다.

③ 거래가격 산정시 제 3자를 대신해서 회수한 금액도 포함되어야 하며, 변동대가,
비현금대가 및 고객에게 지급할 대가 등이 미치는 영향을 고려하여야 한다.

④ 자산은 고객이 그 자산을 통제하지 않더라도 인도하였을 때 이전된다.

【 24 】 (주)서울은 20X1년 1월 1일 ㈜용산에 상품을 할부로 판매하였다. 상품의 원가는
7,000,000원이며, 할부대금은 매년 말 3,000,000원씩 3년간 회수하기로 하였다.
또한 시장이자율은 10 % 이며, 연금현가계수(10 %, 3년)는 2.48685이다. 동 할부매
출과 관련하여 ㈜서울이 20X1년에 인식할 매출총이익은 얼마인가(단, 소수점 이하
는 반올림한다)?

① 460,550원
② 546,550원
③ 746,055원
④ 946,055원

【 25 】 (주)삼일건설은 20X1년 건설공사를 계약금액 1,500,000원에 수주하였다. 각 회계연도 말 (주)삼일건설의 계약원가와 계약대금 청구액 및 회수액에 대한 정보는 다음과 같다.

	20X1년	20X2년	20X3년
누적발생계약원가(A)	200,000	600,000	1,300,000
추정총계약원가(B)	1,000,000	1,200,000	1,300,000
누적진행률(A/B)	20%	50%	100%
대금청구액	250,000	550,000	700,000
대금회수액	200,000	400,000	900,000

(주)삼일이 20X1년과 20X2년 재무상태표상 인식해야 할 계약자산(계약부채) 금액은 얼마인가?

	20X1년		20X2년	
①	계약부채	50,000원	계약부채	50,000원
②	계약부채	50,000원	계약자산	50,000원
③	계약자산	50,000원	계약부채	50,000원
④	계약자산	50,000원	계약자산	50,000원

【 26 】 (주)삼일은 확정급여형 퇴직급여제도를 시행하고 있다. 확정급여 채무의 현재가치와 사외적립자산의 공정가치 변동내역이 다음과 같을 경우 20X1 년 당기비용으로 인식할 금액은 얼마인가?

<확정급여채무의 현재가치>		<사외적립자산의 공정가치>	
20X1. 1. 1	100,000원	20X1. 1. 1	50,000원
당기근무원가	10,000원	사외적립자산의 적립	5,000원
이자원가	2,000원	사외적립자산의 기대수익	1,000원
보험수리적손익	200원	재측정요소	0원
20X1. 12. 31	112,200원	20X1. 12. 31	56,000원

① 11,000원 ② 12,000원
③ 12,200원 ④ 13,000원

【 27 】 (주)한강은 20X1년 1월 1일 행사가격이 100원인 현금결제형 주식선택권을 종업원 50명에게 각각 100개를 부여하고, 2년의 용역제공조건을 부과하였다. 보고기간 말 현재 추정한 기대권리소멸률은 20X1년 10%, 20X2년 12%이다.

구분	20X1년	20X2년	20X3년	20X4년
공정가치	70원	120원	90원	150원
주가	150원	200원	160원	240원

(주)한강이 20X1년부터 20X3년까지 인식할 주식보상비용 금액은 얼마인가?

	20X1년	20X2년	20X3년
①	157,500원	194,500원	132,000원
②	157,500원	370,500원	(132,000원)
③	315,000원	213,000원	(132,000원)
④	315,000원	213,000원	132,000원

【 28 】 다음 중 재무상태표상 자산·부채의 장부금액과 세무회계상 자산·부채의 가액인 세무기준액의 차이를 발생시키는 항목으로 가장 옳은 것은?

① 당기손익-공정가치 측정 금융자산 평가이익
② 접대비 한도초과액
③ 기부금 한도초과액
④ 업무무관 벌과금 납부액

【 29 】 (주)삼일의 과세소득과 관련된 다음 자료를 이용하여 20X1년 말 재무상태표상의 이연법인세자산(부채)금액을 구하면 얼마인가?

법인세비용차감전순이익	4,000,000원
가산(차감)조정	
일시적차이가 아닌 차이	600,000원
일시적차이	900,000원
과세표준	5,500,000원(세율 : 25 %)

< 추가자료 >
ㄱ. 일시적차이가 사용될 수 있는 미래과세소득의 발생가능성은 높다고 가정한다.
ㄴ. 일시적차이는 20X2년, 20X3년, 20X4년에 걸쳐 300,000원씩 소멸하며, 일시적차이가 소멸될 것으로 예상되는 기간의 과세소득에 적용될 것으로 기대되는 평균세율은 30 % 로 동일하다.
ㄷ. 20X0년 말 재무상태표상 이연법인세자산(부채)은 없다.

① 이연법인세부채 225,000원
② 이연법인세자산 270,000원
③ 이연법인세부채 325,000원
④ 이연법인세자산 370,000원

【 30 】 다음 중 회계변경에 대한 설명으로 가장 올바르지 않은 것은?

① 회계정책의 변경은 재무제표의 작성과 보고에 적용하던 회계정책을 다른 회계정책으로 바꾸는 것을 말한다.

② 재고자산의 진부화 여부에 대한 판단추정치를 변경하는 것은 회계정책의 변경에 해당한다.

③ 회계변경이 회계정책의 변경인지 회계추정의 변경인지 구분하는 것이 어려운 경우에는 이를 회계추정의 변경으로 본다.

④ 회계추정의 변경에 대하여 회계처리시 회사는 과거에 보고된 재무제표에 대하여 어떠한 수정도 하지 않는다.

【 31 】 (주)삼일의 20X3년 말 회계감사과정에서 발견된 기말재고자산 관련 오류사항은 다음과 같다. 위의 오류사항을 반영하기 전 20X3년 말 이익잉여금은 100,000 원, 20X3년 당기순이익은 30,000 원이었다. 오류를 수정한 후의 20X3년 말 이익잉여금(A)과 20X3년 당기순이익(B)은 각각 얼마인가(단, 오류는 중요한 것으로 가정한다)?

20X1년 말	20X2년 말	20X3년 말
5,000 원 과대	2,000 원 과소	3,000 원 과대

	(A)	(B)
①	90,000원	29,000원
②	97,000원	25,000원
③	90,000원	25,000원
④	97,000원	29,000원

【 32 】 희석주당이익은 실제 발생된 보통주뿐만 아니라 보통주로 전환될 수 있는 잠재적 보통주까지 감안하여 산출한 주당이익을 말한다. 다음 중 잠재적 보통주에 해당하는 것으로 가장 올바르지 않은 것은?

$$\text{희석주당순이익} = \frac{\text{희석당기순이익}}{\text{가중평균유통보통주식수} + \text{잠재적 보통주식수}}$$

① 보통주로 전환할 수 있는 전환사채
② 보통주로 전환할 수 있는 전환우선주
③ 사업인수나 자산취득과 같이 계약상 합의에 따라 조건이 충족되면 발행하는 보통주
④ 회사가 보유하고 있는 자기주식

【 33 】 20X1 년 초에 (주)삼일은 (주)용산의 주식 30 % 를 1,000,000 원에 취득하면서 (주)용산에 대해 유의적인 영향력을 갖게 되었다. 20X1 년 초 (주)용산의 순자산 장부금액은 2,000,000 원이었으며, 건물을 제외한 자산과 부채에 대해서는 공정가치와 장부금액이 일치하였다. 동 건물의 공정가치는 장부금액보다 200,000 원 높게 평가되었으며, 잔존내용연수 5 년, 잔존가치 0 원, 정액법으로 감가상각하고 있다. (주)용산의 20X1 년 당기순이익이 300,000 원일 경우, (주)삼일의 20X1 년 말 재무제표상 관계기업투자주식의 장부금액은 얼마인가?

① 98,000원
② 1,078,000원
③ 1,090,000원
④ 1,102,000원

【 34 】 다음 중 지분법 회계처리에 관한 설명으로 가장 올바르지 않은 것은?

① 지분법은 취득시점에서 관계기업투자주식을 취득원가로 기록한다.
② 피투자회사의 당기순이익 중 투자회사의 지분에 해당하는 금액은 투자회사의 지분법이익으로 보고된다.
③ 피투자회사가 배당금지급을 결의한 시점에 투자회사가 수취하게 될 배당금 금액을 당기순이익으로 인식한다.
④ 투자자와 관계기업 사이의 내부거래에서 발생한 당기손익에 대하여 투자자는 그 관계기업에 대한 투자지분과 무관한 손익까지만 투자자의 재무제표에 인식한다.

【 35 】 환율변동효과에 관한 설명으로 옳지 않은 것은?

① 영업활동이 이루어지는 주된 경제 환경의 통화를 기능통화, 재무제표를 표시할 때 사용하는 통화를 표시통화라고 한다.
② 비화폐성항목에서 발생한 손익을 당기손익으로 인식하는 경우에는 그 손익에 포함된 환율변동효과도 당기손익으로 인식하며, 비화폐성항목에서 발생한 손익을 기타포괄손익으로 인식하는 경우에는 그 손익에 포함된 환율변동효과도 기타포괄손익으로 인식한다.
③ 기능통화의 변경에 따른 효과는 전진적용하여 회계처리한다
④ 외화거래를 기능통화로 보고함에 있어서 매 보고기간 말의 화폐성 외화항목은 거래일의 환율로 환산하며, 비화폐성 외화항목은 마감환율로 환산한다.

【 36 】 다음 중 파생상품과 관련한 회계처리에 대한 설명으로 가장 올바르지 않은 것은?

① 파생상품은 당해 계약상의 권리와 의무에 따라 자산 또는 부채로 인식하여 재무제표에 계상하여야 한다.

② 내재파생상품은 파생상품이 아닌 주계약을 포함하는 복합상품의 구성요소이며, 복합상품의 현금흐름 중 일부를 독립적인 파생상품의 경우와 유사하게 변동시키는 금융상품을 말한다.

③ 위험회피대상항목은 공정가치 변동위험 또는 미래현금흐름 변동위험에 노출된 자산, 부채, 확정계약 또는 미래에 예상되는 거래를 말한다.

④ 위험회피수단으로 지정되지 않고 매매목적 등으로 보유하고 있는 파생상품의 평가손익은 기타포괄손익으로 계상해야 한다.

【 37 】 리스에 관한 다음 기술 중 옳지 않은 것은?

① 단기리스와 소액 기초자산 리스는 리스이용자가 사용권자산과 리스부채를 인식하지 않을 수 있다.

② 금융리스에서 리스제공자가 리스채권으로 인식할 금액은 리스료의 현재가치와 무보증잔존가치의 현재가치를 합한 금액이다.

③ 리스총투자는 금융리스에서 리스제공자가 수령하는 리스료와 무보증잔존가치의 합계액을 말한다.

④ 리스는 리스개시일을 기준으로 운용리스나 금융리스로 분류한다.

【 38 】 (주)삼일리스는 20X1년 1월 1일 ㈜용산과 금융리스계약을 체결하였다. 20X1년 ㈜용산이 사용권자산에 대해 인식할 감가상각비(정액법 적용)는 얼마인가?

> ㄱ. 리스기간: 20X1년 1월 1일 ~ 20X4년 12월 31일
> ㄴ. 기초자산 내용연수 : 5년
> ㄷ. 기초자산 잔존가치 : 0(영)
> ㄹ. 리스료 지급방법 : 리스기간 동안 매년 말 지급
> ㅁ. 리스실행일 현재 리스료의 현재가치 : 400,000원
> ㅂ. ㈜용산의 리스개설직접원가 : 100,000원
> ㅅ. 리스기간 종료 후 소유권을 ㈜용산에 이전하기로 하였다.

① 80,000원
② 100,000원
③ 133,333원
④ 144,444원

【 39 】 제조업을 영위하는 (주)삼일의 다음 거래에 따른 결과를 현금흐름표상 영업활동, 투자활동 및 재무활동 현금흐름으로 나타낸 것이다. 가장 올바르지 않은 것은?

① 유형자산의 취득에 따른 현금유출 – 투자활동 현금흐름
② 원재료 구입에 따른 현금유출 – 영업활동 현금흐름
③ 매출채권 매각에서 발생하는 현금유입 – 투자활동 현금흐름
④ 자금차입에 따른 현금유입 – 재무활동 현금흐름

【 40 】 다음은 (주)삼일의 감사보고서에 나타난 재무상태표 중 매출채권과 대손충당금에 관한 부분이다. 20X2년 포괄손익계산서상의 매출액은 560,000원, 대손상각비가 30,000원이다. 매출활동으로 인한 현금유입액은 얼마인가?

구 분	20X2년 12월 31일	20X1년 12월 31일
매출채권	500,000원	400,000원
대손충당금	(70,000원)	(50,000원)

① 450,000원

② 480,000원

③ 510,000원

④ 600,000원

1 ② 　국제회계기준은 개별재무제표가 아닌 연결재무제표 중심이다.

2 ③ 　계량화된 정보가 검증가능하기 위해서 단일 점추정치이어야 할 필요는 없다.

3 ② 　자산의 현행원가는 측정일 현재 동등한 자산의 원가로서 측정일에 지급할 대가와 그 날에 발생할 거래원가를 포함한다.

4 ② 　매출채권에 대해 대손충당금을 차감하여 순액으로 측정하는 것은 상계표시에 해당하지 않는다.

5 ① 　자본변동표는 당 회계연도 1월 1일부터 9월 30일까지의 누적기간을 대상으로 작성하고 직전 회계연도의 동일 기간을 대상으로 작성한 자본변동표와 비교 표시한다.

6 ④ 　④ 유형자산으로 분류한다.

7 ③ 　$1,000 × (1,000원/$) + 20,000원 = 1,020,000원

8 ④ 　순실현가능가치 = @160 − @160 × 5% = @152
재고자산감모손실 = (100개 − 95개)× @200 = 1,000원
재고자산평가손실 = 95개 × (@200 − @152) = 4,560원
당기손익에 미치는 영향 = 1,000원 + 4,560원 = 5,560원 감소

9 ① 　3,500,000원 − 1,200,000원 + 300,000원 = 2,600,000원

10 ③ 　24,000,000원 × 5% × (8/12) = 800,000원

11 ③ 　20X2년 감가상각비 = (12,000만원 − 0원) × 1/10 = 1,200만원
20X2년말 장부금액 = 12,000만원 − 1,200만원 = 10,800만원
20X1년말에 손상차손을 인식하지 않았을 경우의 20X2년말 장부금액
= 30,000만원 − (30,000만원 − 0원) × 1/10 = 27,000만원
20X2년말 회수가능액 = MAX(28,000만원, 22,000만원) = 28,000만원
20X2년말 손상차손환입 = MIN(28,000만원, 27,000만원) − 10,800만원
　　　　　　　　　　= 16,200만원

12 ③ 무형자산을 창출하기 위한 내부 프로젝트를 연구단계와 개발단계로 구분할 수 없는 경우에는 그 프로젝트에서 발생한 지출은 모두 연구단계에서 발생한 것으로 본다.

13 ① 6,000,000원 / 5년 × (3/12) = 300,000원

14 ④ 장래 사용목적을 결정하지 못한 채로 보유하고 있는 토지는 투자부동산에 해당한다.

15 ③ 20X1년말 기타포괄손익누계액 = 20X1년말 공정가치 − 취득원가
= 150,000원 − (100,000원 + 10,000원) = 40,000원

16 ④ 유동부채가 유동자산을 초과하는 경우는 금융자산 손상 발생에 대한 객관적인 증거에 해당하지 않는다.

17 ① ②, ③, ④ 양도자가 소유에 따른 위험과 보상의 대부분을 이전하는 경우에 해당한다.

18 ① 전환권대가에 해당하는 부분은 자본으로 계상한다.

19 ④ (1)사채의 발행금액 =
50,000,000 × 0.8396 + 2,000,000 × 2.6730 = 47,326,000원
(2) 총이자비용 =
(50,000,000 + 2,000,000 × 3) − 47,326,000 = 8,674,000원

20 ② ① 미래의 예상 영업손실은 충당부채로 인식하지 아니한다.
③ 충당부채란 과거사건이나 거래의 결과에 의한 현재의무로서, 그 의무를 이행하기 위하여 자원이 유출될 가능성이 높고 지출금액을 신뢰성 있게 추정할 수 있는 의무를 의미한다.
④ 충당부채의 명목금액과 현재가치의 차이가 중요한 경우 의무를 이행하기 위하여 예상되는 지출액의 현재가치로 평가한다.

21 ④ 현금배당의 경우 총자본이 감소한다.

22 ③ 누적적, 비참가적 성격이므로 우선주배당금은 500,000 × 5% × 3년 = 75,000원이다.

23 ① 대가와 현금판매가격의 차이가 금융요소 이외의 이유로 생기는 경우는 금융요소가 없다고 본다.

24 ④ 반품이 예상되는 경우 반품예상액을 수익에서 차감한다.

25 ④ 누적공사진행률 = $\dfrac{20,000,000 + 10,000,000}{50,000,000}$ =60%

26 ② 순확정급여부채(자산)의 잔액 = 확정급여채무의 현재가치-사외정립자산의 공정가치

27 ② (10,000개 × 600,000)/3년 = 20억

28 ①

(차) 법인세비용	80,000원	(대) 미지급법인세	280,000원
이연법인세부채	50,000원		
이연법인세자산	150,000원		

29 ① 가산할 일시적차이는 이연법인세부채를 인식할 수 있는 항목이다.

30 ③ (1) 회계정책변경이 연도별 당기순이익에 미치는 연도별 영향

회계정책	20X1년	20X2년
20×1년말 재고 감소	(−)10,000원	10,000원
20×2년말 재고 감소		(−)5,000원
합 계	(−)10,000원	5,000원

(2) 20X2년 말 이익잉여금에 미치는 영향 : (−)10,000원 + 5,000원 = (−)5,000원

31 ② 재고자산 원가흐름의 가정을 선입선출법에서 평균법으로 변경하는 것은 회계정책의 변경에 해당한다.

32 ③ 기본주당순이익= $\dfrac{3,000,000원 - 400,000원}{10,000주 - 1,000주 \times 9/12 + 3,000주 \times 3/12}$ =60%

33 ② 기업이 해당 피투자자에 대하여 유의적인 영향력이 있는지 여부를 평가할 때에는, 다른 기업이 보유한 잠재적 의결권을 포함하여 현재 행사할 수 있거나 전환할 수 있는 잠재적 의결권의 존재와 영향을 고려하여야 한다.

34 ③ (1) 투자주식금액 : 6,000 + 6,000 × 30% = 7,800원
(2) 지분법이익 : 6,000 × 30% = 1,800원

35 ① 비화폐성항목이란 미래에 확정되었거나 결정가능할 수 있는 화폐단위의 수량으로 받을 권리 또는 지급할 의무가 아닌 자산과 부채를 말한다. 예를 들어, 재화와 용역에 대한 선급금, 영업권, 무형자산, 재고자산, 유형자산, 비화폐성 자산의 인도에 의해 상환되는 충당부채, 선수금 등이 비화폐성항목에 속한다.

36 ③ 현금흐름위험회피 목적으로 체결한 파생상품의 평가손익 중 위험회피에 효과적인 부분은 기타포괄손익으로 인식하여 기타포괄손익누계액으로 처리한다.

37 ③ ① 기초자산이 특수하여 해당 리스이용자만이 주요한 변경 없이 사용할 수 있는 경우 일반적으로 금융리스로 분류한다.
② 리스이용자는 사용권자산과 리스부채를 인식하여야 한다. 그러나 단기리스와 소액 기초자산 리스의 경우에는 사용권자산과 리스부채를 인식하지 않을 수 있다.
④ 리스약정일 현재 리스료의 현재가치가 기초자산 공정가치의 대부분에 해당하는 경우 일반적으로 금융리스로 분류한다.

38 ③ 사용권자산 = 1,000,000 × 2.4869 + 100,000 = 2,586,900

39 ③ 유형자산의 취득은 투자활동현금흐름으로 분류한다

40 ②
당기순이익	50,000원
감가상각비	2,500원
유형자산처분이익	(−)1,800원
매출채권의 감소	15,000원
재고자산의 증가	(−)10,000원
매입채무의 감소	(−)22,000원
영업활동현금흐름	33,700원

1 ① 재무회계는 외부이해관계자를 대상으로 하며, 관리회계는 내부이용자를 대상으로 하여 일정한 양식이 없다.

2 ② 규제기관 그리고 투자자, 대여자와 그 밖의 채권자가 아닌 일반대중도 일반목적재무보고서가 유용하다고 여길 수 있다. 그렇더라도 일반목적재무보고서는 이러한 그 밖의 집단을 주요 대상으로 한 것이 아니다.

3 ① 비교가능성, 검증가능성, 적시성 및 이해가능성은 목적적합하고 충실하게 표현된 정보의 유용성을 보강시키는 질적 특성이다.

4 ④ 비용을 기능별로 구분하고 있다.

5 ③ ① 최상위 지배자와 지배기업이 다른 경우에는 최상위 지배자의 명칭도 공시하여야 한다.
② 주요 경영진에 대한 보상에는 단기종업원급여 외 퇴직급여, 기타 장기종업원급여, 해고급여, 주식기준보상을 포함한다.
④ 지배기업과 종속기업 사이의 관계는 거래의 유무에 관계없이 공시한다.

6 ① Min[300,000원, 320,000원] = 300,000원

7 ③ 기말 재고자산의 금액
= 1,500개 × @14,500 + 500개 × @14,000 = 28,750,000원

8 ③ 원재료의 현행대체원가가 장부금액보다 낮게 추정되더라도 완성될 제품이 원가 이상으로 판매되는 경우 감액하지 않으므로 예외없이 재고자산평가손실이 발생하지는 않는다.

9 ④ 정부보조금을 관련 자산에서 차감하는 방법으로 표시하는 경우 유형자산의 장부금액은 유형자산 취득금액에서 보조금 수령액을 차감한 금액으로 한다.

10 ④ 20X5년 4월 1일 감가상각누계액 = (5억/10년) × 3.75년 = 187,500,000원
유형자산처분손실 = 312,500,000원 - 300,000,000원 = 12,500,000원

11 ② 자산의 장부금액이 재평가로 인하여 증가된 경우 원칙적으로 그 증가액은 재평가잉여금으로 인식한다.

12 ③ 3,000,000원 + 27,000,000원 + 7,000,000원 + (40,000,000원/10년)
×(6/12) = 39,000,000원

13 ① 20X1년말 손상차손 인식 전 장부금액 = 500,000원 − (500,000원 − 0원)×1/5
= 400,000원
20X1년말 회수가능액 = MAX(400,000원, 360,000원) = 400,000원
20X1년말 특허권 장부금액 = 400,000원 즉, 손상차손은 0원임

14 ③ ② ④ 투자부동산은 보고기간 말에 공정가치모형과 원가모형 중 하나를 선택하여 모든
투자부동산에 적용한다.
③ 투자부동산에 대하여 공정가치모형을 선택한 경우에는 최초 인식 후 모든 투자부
동산을 공정가치로 측정하고 공정가치 변동으로 발생하는 손익은 발생한 기간의 당
기손익에 반영한다.

15 ③ 매입채무와 미지급금은 금융부채에 해당한다.

16 ③ (100,000원 + 10,000원) × 0.89285 = 98,214원

17 ② 금융자산 제거의 경제적 실질 판단 요소에 법률상 금융자산의 이전여부는 무관하다.

18 ① 매도시 사채의 장부금액 = 951,980원 + (951,980 × 12%) − (1,000,000 × 10%)
= 966,218원
사채상환이익 = 966,218원 − 847,180 = 119,038원

19 ① 전환사채에 대한 설명이다.

20 ④ 50,000원 × 15% + 300,000원 × 5% = 22,500원

21 ② 당기 매출에 대한 예상보증비용 = 2,000억 원 × 2% = 40억 원
(참고) 기말 충당부채 계상액 = 총 예상비용 − 당기 기발생비용 = 20억 원

22 ② 우선주의 최소배당률이 4%라 함은 액면총액의 4%를 배당하여야 한다는 의미이다.
한편, 비누적적 우선주이므로 20X3년에 대한 배당만 분배하면 된다.
우선주배당금 : 500,000원 × 4% = 20,000원
나머지 200,000원 − 20,000 = 180,000원은 모두 보통주 몫이 된다.

23 ② ① 다음의 다섯 가지 기준을 모두 충족하는 경우에만 고객과의 계약으로 회계처리한다.

ㄱ. 계약 당사자들이 계약을 승인하고 각자의 의무를 수행하기로 확약한다.

ㄴ. 이전할 재화나 용역과 관련된 각 당사자의 권리를 식별할 수 있다.

ㄷ. 이전할 재화나 용역의 지급조건을 식별할 수 있다.

ㄹ. 계약에 상업적 실질이 있다.

ㅁ. 재화나 용역에 대한 대가의 회수 가능성이 높다.

③ 거래가격 산정시 제3자를 대신해 회수한 금액은 제외하며, 변동대가, 비현금대가 및 고객에게 지급할 대가 등이 미치는 영향을 고려하여야 한다.

④ 자산은 고객이 그 자산을 통제할 때 이전된다.

24 ④ $3,000,000 \times 2.48685 - 7,000,000 = 460,550$원

25 ③ 20X1년 누적미성공사 $300,000 >$ 누적진행청구액 $250,000$

→ 계약자산 $50,000$원

20X2년 누적미성공사 $750,000(300,000 + 450,000) <$ 누적진행청구액

$800,000(250,000 + 550,000)$ → 계약부채 $50,000$원

26 ① 당기비용으로 인식하는 금액은 당기근무원가, 이자원가에서 사외적립자산의 기대수익을 차감한 금액이다.$(10,000$원 $+ 2,000$원 $- 1,000$원 $= 11,000$원$)$

27 ② 보상원가의 산정

구분	개당가치	행사가능수량	보상원가
20X1년	70원	100개 × 50명 × (1−10%) = 4,500	315,000원
20X2년	120원	100개 × 50명 × (1−12%) = 4,400	528,000원
20X3년	90원	100개 × 50명 × (1−12%) = 4,400	396,000원

구분	보상원가	인식할 주식보상비용(주식보상비용환입)	
20X1년	315,000	315,000원 ÷ 2 =	157,500원
20X2년	528,000	528,000원 − 157,500 =	370,500원
20X3년	396,000	396,000원 − 528,000 =	(−)132,000원

28 ① 당기손익인식금융자산의 평가이익은 일시적 차이를 발생시킨다.

29 ② 이연법인세자산 = 차감할 일시적차이 × 소멸되는 회계연도의 평균세율

$= 900,000 \times 30\% = 270,000$ 원

30 ② 재고자산의 진부화 여부에 대한 판단추정치를 변경하는 것은 회계추정치 변경에 해당한다.

31 ② (1) 오류수정이 연도별 당기순이익에 미치는 연도별 영향

오류	20X1년 오류수정	20X2년 오류수정	20X3년 오류수정
20×1년말 5,000원 과대	(−)5,000원	5,000원	
20×2년말 2,000원 과소		2,000원	(−)2,000원
20×3년말 3,000원 과대			(−)3,000원
합 계	(−)5,000원	7,000원	(−)5,000원

(2) 20X3년 말 이익잉여금 :
100,000원 − 5,000원 + 7,000원 − 5,000원 = 97,000원
(3) 20X3년 당기순이익 : 30,000원 − 5,000원 = 25,000원

32 ④ 잠재적 보통주란 보통주를 받을 수 있는 권리가 보유자에게 부여된 금융상품이나 계약 등을 말하며, 잠재적 보통주의 예로는 보통주로 전환할 수 있는 금융부채나 지분상품(예: 전환사채, 전환우선주), 옵션과 주식매입권, 사업인수나 자산취득과 같이 계약상 합의에 따라 조건이 충족되면 발행하는 보통주 등이 있다.

33 ② 관계기업투자주식의 장부금액 = 1,000,000 + {300,000 − (200,000 − 0) × 1/5} × 30% = 1,078,000원

34 ③ 피투자회사가 배당금지급을 결의한 시점에 투자회사가 수취하게 될 배당금 금액을 관계기업투자주식에서 직접 차감한다.

35 ④ 외화거래를 기능통화로 보고함에 있어서 매 보고기간 말의 화폐성 외화항목은 마감환율로 환산하며, 역사적원가로 측정하는 비화폐성 외화항목은 거래일의 환율로 환산한다.

36 ④ 위험회피수단으로 지정되지 않고 매매목적으로 보유하고 있는 파생상품의 평가손익은 당기손익으로 계상해야 한다.

37 ④ 리스는 리스약정일을 기준으로 운용리스나 금융리스로 분류한다.

38 ④ (1) 20X1년초 사용권자산의 원가 = 400,000 + 100,000 = 500,000원
(2) 20X1년말 감가상각비 = (500,000 − 0) × 1/5 = 100,000원

39 ③ 매출채권 매각에서 발생하는 현금유입은 영업활동 현금흐름에 해당한다.

40 ①

매출액	560,000원
대손상각비	(−)30,000원
매출채권의 증가	(−)100,000원
대손충당금의 증가	20,000원
현금유입액	450,000원

국가공인 재경관리사 자격검정시험 답안지

※ 답안카드 작성요령
윗면의 답안카드 작성요령과 주의사항을 꼭 읽고 답안을 작성하십시오.

성별: 남 / 여

생년월일

성명 (왼쪽부터 차례로 기재하십시오)

수험번호

학력사항
- 대학원 졸업 / 재학 / 졸업예정
- 대학교 졸업 / 재학 / 전문대졸 / 고졸
- 학력: 대학원졸 / 전문대졸 / 고졸 / 기타

직업: 직장인 / 기타
- 학생 졸업준비생 / 취업준비생

자격취득목적
- 취업시 우대(희사명)
- 인사고가(희사명)
- 학점인정(대학명)
- 졸업요건(대학명)
- 자기계발( )
- 기타( )

※ 감독위원 날인이 없으면 무효처리됨.

감독위원 확인 (인)

답안표기란

재무회계 (1~40)

세무회계 (41~80)

원가관리회계 (81~120)

국가공인 재경관리사 자격검정시험 답안지

※ 답안카드 작성요령
밑줄의 답안카드 작성요령과 주의사항을 꼭 읽고 답안을 작성하십시오.

답 안 표 기 란

재무회계					세무회계					원가관리회계				
1 ① ② ③ ④					41 ① ② ③ ④					81 ① ② ③ ④				
2 ① ② ③ ④					42 ① ② ③ ④					82 ① ② ③ ④				
3 ① ② ③ ④					43 ① ② ③ ④					83 ① ② ③ ④				
4 ① ② ③ ④					44 ① ② ③ ④					84 ① ② ③ ④				
5 ① ② ③ ④					45 ① ② ③ ④					85 ① ② ③ ④				
6 ① ② ③ ④					46 ① ② ③ ④					86 ① ② ③ ④				
7 ① ② ③ ④					47 ① ② ③ ④					87 ① ② ③ ④				
8 ① ② ③ ④					48 ① ② ③ ④					88 ① ② ③ ④				
9 ① ② ③ ④					49 ① ② ③ ④					89 ① ② ③ ④				
10 ① ② ③ ④					50 ① ② ③ ④					90 ① ② ③ ④				
11 ① ② ③ ④					51 ① ② ③ ④					91 ① ② ③ ④				
12 ① ② ③ ④					52 ① ② ③ ④					92 ① ② ③ ④				
13 ① ② ③ ④					53 ① ② ③ ④					93 ① ② ③ ④				
14 ① ② ③ ④					54 ① ② ③ ④					94 ① ② ③ ④				
15 ① ② ③ ④					55 ① ② ③ ④					95 ① ② ③ ④				
16 ① ② ③ ④					56 ① ② ③ ④					96 ① ② ③ ④				
17 ① ② ③ ④					57 ① ② ③ ④					97 ① ② ③ ④				
18 ① ② ③ ④					58 ① ② ③ ④					98 ① ② ③ ④				
19 ① ② ③ ④					59 ① ② ③ ④					99 ① ② ③ ④				
20 ① ② ③ ④					60 ① ② ③ ④					100 ① ② ③ ④				
21 ① ② ③ ④					61 ① ② ③ ④					101 ① ② ③ ④				
22 ① ② ③ ④					62 ① ② ③ ④					102 ① ② ③ ④				
23 ① ② ③ ④					63 ① ② ③ ④					103 ① ② ③ ④				
24 ① ② ③ ④					64 ① ② ③ ④					104 ① ② ③ ④				
25 ① ② ③ ④					65 ① ② ③ ④					105 ① ② ③ ④				
26 ① ② ③ ④					66 ① ② ③ ④					106 ① ② ③ ④				
27 ① ② ③ ④					67 ① ② ③ ④					107 ① ② ③ ④				
28 ① ② ③ ④					68 ① ② ③ ④					108 ① ② ③ ④				
29 ① ② ③ ④					69 ① ② ③ ④					109 ① ② ③ ④				
30 ① ② ③ ④					70 ① ② ③ ④					110 ① ② ③ ④				
31 ① ② ③ ④					71 ① ② ③ ④					111 ① ② ③ ④				
32 ① ② ③ ④					72 ① ② ③ ④					112 ① ② ③ ④				
33 ① ② ③ ④					73 ① ② ③ ④					113 ① ② ③ ④				
34 ① ② ③ ④					74 ① ② ③ ④					114 ① ② ③ ④				
35 ① ② ③ ④					75 ① ② ③ ④					115 ① ② ③ ④				
36 ① ② ③ ④					76 ① ② ③ ④					116 ① ② ③ ④				
37 ① ② ③ ④					77 ① ② ③ ④					117 ① ② ③ ④				
38 ① ② ③ ④					78 ① ② ③ ④					118 ① ② ③ ④				
39 ① ② ③ ④					79 ① ② ③ ④					119 ① ② ③ ④				
40 ① ② ③ ④					80 ① ② ③ ④					120 ① ② ③ ④				

수 험 번 호
(1) (2)
① ② ③ ④ ⑤ ⑥ ⑦ ⑧ ⑨ ⓪

생 년 월 일
(1) (2)
① ② ③ ④ ⑤ ⑥ ⑦ ⑧ ⑨ ⓪

성별
남 ○ 여 ○

성 명
(1) (2)
(왼쪽부터 차례로 기재하십시오)

최종학력
대학원졸 ○
대학원 재학 ○
대학교 졸 ○
대학 졸업 ○
대학 재학 ○
전문대졸 ○
고교졸 ○

대학원졸
대학 졸업
전문대졸
고졸
기타

학생여부
학생 ○
취업준비생 ○

직장인
기타

자격취득목적
○ 취업시 우대(　　　)
○ 인사고과(　회사명　)
○ 학점인정(　대학명　)
○ 졸업요건(　대학명　)
○ 자기개발(　　　)
○ 기타(　　　)

※ 감독위원 날인이 없으면 무효처리됨.

감 독 위 원
확 인
감 독 위 원 (인)

국가공인 재경관리사 자격검정시험 답안지

※ 답안카드 작성요령
  밑면의 답안카드 작성요령과 주의사항을 꼭 읽고 답안을 작성하십시오.

재 무 회 계			세 무 회 계			원 가 관 리 회 계

답 안 표 기 란

(답안 표기란: 문항 1~120번, 각 문항 ① ② ③ ④)

1~20, 21~40, 41~60, 61~80, 81~100, 101~120

성별
남 / 여

생년월일
(1) (2)

수험번호
(1) (2)

성명
(왼쪽부터 차례로 기재하십시오)
(1) (2)

최종학력
- 대학원졸 / 대학원재학
- 대학졸 / 대학재학
- 전문대졸 / 전문대재학
- 고졸 / 고재

직업
- 학생 / 직장인
- 취업준비생 / 기타

자격취득목적
- 취업시 우대 (취시우)
- 인사고가 (회사명)
- 학점인정 (대학명)
- 졸업요건 (대학명)
- 자기개발 ( )
- 기타 ( )

※ 감독위원 날인이 없으면 무효처리됨.
감독위원 확인 (인)

재경관리사 대비 K-IFRS 재무회계

2024년 12월 10일 개정24판 6쇄 발행

저 자 **삼일회계법인**
발행인 이 희 태
발행처 **삼일인포마인**

저 자 와
협의하에
인지생략

서울특별시 용산구 한강대로 273 용산빌딩 4층
등록 : 1995. 6. 26 제3-633호
TEL : (02) 3489-3100
FAX : (02) 3489-3141

ISBN 979-11-6784-212-1 13320

정가 27,000원